DIREITO
DA COMUNICAÇÃO SOCIAL

VOL. I

Do Autor:

1. *Os direitos inderrogáveis dos accionistas*, 1966, 250 págs. (policopiado).
2. "Efeitos jurídicos dos contratos de trabalho inválidos executados", in *Economia e Finanças – Anais do ISCEF*, tomo I, vol. XXXVI, 1968, 66 págs..
3. "A Comunidade Económica Europeia e a harmonização das legislações sobre sociedades", in *Boletim do Ministério da Justiça*, n° 182 (1969), pág. 248 a 274.
4. **"Responsabilidade civil dos administradores de sociedades anónimas e dos gerentes de sociedades por quotas"**, in *Boletim do Ministério de Justiça*, n.° 192, 193, 194 e 195 (1970), 470 págs. (como colaborador do Prof. Doutor Raúl Ventura);
5. "Transformação de sociedades", in *Boletim do Ministério da Justiça*, n.° 218, 219, 220 (1973), 255 págs. (como colaborador do Prof. Doutor Raúl Ventura).
6. "A fixação de salários segundo a qualificação dos empregos", in *Boletim do CFB*, n.° 12/1969 e 1,2 e 3/1970, 12 págs..
7. *La participation des travailleurs aux décisions dans l'entreprise* (nota técnica para preparação de aulas do INSEAD), 1971, 17 págs. policopiadas.
8. "Les relations de travail et l'entreprise au Portugal", in *Direito e Justiça*, vol. I, 1980, pág. 189 a 208.
9. "A Lei sobre as Comissões de Trabalhadores", in *Revista da Ordem dos Advogados*, ano 40, 1980, II, pág. 443 a 467.
10. *Autogestão em Portugal – Relatório da Comissão Interministerial para análise da problemática das empresas em autogestão*, Lisboa, Dir.-Ger. Cont. Imp., 1980, 384 págs..
11. "A adesão de Portugal e os movimentos dos Trabalhadores", in *Portugal e o Alargamento das Comunidades Europeias*, Lisboa, Inteuropa, 1981, pág. 435 a 489.
12. *Direito do Trabalho – vol. I – Relações Individuais* (lições dadas na Universidade Católica em 1980-81), 318 págs..
13. Direito Comercial (lições dadas na Faculdade de Direito da Universidade de Lisboa em 1981-82, e 1983-84), 3 vols., 1526 págs..
14. "Cooperativa", in *Polis-Enciclopédia Verbo da Sociedade e do Estado*, vol. I.
15. "Factoring", in *Polis-Enciclopédia Verbo da Sociedade e do Estado*, vol. II.
16. "Direito europeu das sociedades", in *Temas de Direito Comunitário*, Lisboa, Ordem dos Advogados, 1983, pág. 51 a 77.
17. A entrada de Portugal na CEE e as suas consequências nos domínios do trabalho, do emprego e da segurança social (entrevista) in *Pessoal*, Maio/Junho 1983, n° 3 (2ª série), pág. 47-53.
18. "A estrutura das sociedades anónimas na proposta modificada de 5ª Directiva", in *Boletim da Ordem dos Advogados*, n° 24, Março/1984, pág. 13-15.
19. *Direito do Trabalho – vol. III – Participação nas decisões da empresa* (lições dadas na Universidade Católica em 1983-84), 315 págs..
20. "Comentários sobre Concertação Social e Política de Rendimentos em Portugal: Experiência recente e perspectivas para a década de 80", in *Pacto Social e Política de Rendimentos*, editado por Aníbal Cavaco Silva, Lisboa, FCH da Universidade Católica, 1984, pág. 301 a 304.
21. "Obrigações", in *Polis-Enciclopédia Verbo da sociedade e do Estado*, vol. IV.
22. "Seguro", in *Polis*.
23. "Título de crédito", in *Polis*.
24. *Noções de Gestão Financeira para Juristas* (Seminário realizado na Ordem dos Advogados, em 2,4 e 6.12.1985, em colaboração com Arthur Andersen & Co.), 1985.
25. "O Projecto de Código das Sociedades – Parte Geral" (intervenção no seminário promovido pelo IPSD, em 13 e 14.7.1984, na Associação Comercial do Porto), in *Código das Sociedades Comerciais e Legislação Complementar*, Lisboa, E.P.S.D., 1987, pág. 457 a 472.
26. "Sociedades anónimas", in *Código das Sociedades Comerciais e Legislação Complementar*, Lisboa, 1987, pág. 484 a 500.
27. *Direito Comercial*, Lisboa, A.A.F.D.L., **vol. I**, 1987-88, 401 págs., **vol. II**, 1989, 527 págs., **vol. III**, 1989-90, 391 págs..
28. "Vinculação da sociedade", in *Novas Perspectivas do Direito Comercial*, Coimbra, Liv. Almedina, 1988, pág. 377 a 354.
29. "Grupos de sociedades", in *Novas Perspectivas do Direito Comercial*, pág. 377 a 399.
30. *Agrupamento Europeu de Interesse Económico – Nota Justificativa e Anteprojecto de Decreto-Lei*, 1989, 91 págs..
31. *Contrato de compra e venda internacional*, Lisboa 1989, 17 págs..
32. *Textos de Política Social Europeia*, Lisboa, Univ. Cat. Port., CEE, 1989.
33. *Os Administradores de Sociedades Anónimas*, Lisboa, Almedina, 1993, 868 págs.
34. *Participação dos trabalhadores e emigrantes no capital das empresas privatizadas*, Lisboa, Conselho Económico e Social, 1996.
35. Artigos diversos para a *Verbo – Enciclopédia Luso-brasileira de Cultura*: "Apólice" (2 págs.); "Assembleia geral" (3 págs.); "Associação em participação" (1 pág.); "Código das Sociedades Comerciais" (2 págs.); "Comandita" (1 pág.); "Comissão de Trabalhadores" (2 págs.); "Cessão financeira (*Factoring*)" (2 págs.); 1994-96.
36. *Direito Bancário* (Lições), Lisboa, Univ. Católica Portuguesa, 1997, 175+28 págs..
37. "A governação da empresa e o comportamento ético", in *A Ética nas Empresas Portuguesas*, Lisboa, Forum dos Administradores de Empresas, 1997, pág. 85-124.
38. "Parecer sobre a capacidade de gozo das sociedades comerciais e os poderes dos seus administradores", in *Rev. Ordem Advogados*, ano 57, 1997, II, pág. 739-776.
39. "Direito do Trabalho (1926-1974)", in *Dicionário de História de Portugal* (dirigido por António Barreto e Maria Filomena Mónica), Porto, Figueirinhas, 1998.
40. "Aborto a pedido não!", in http://www.terravista.pt/enseada/1881/lbricor.html.

LUÍS BRITO CORREIA

DIREITO DA COMUNICAÇÃO SOCIAL

VOL. I

REIMPRESSÃO DA EDIÇÃO DE SETEMBRO 2000

Prefácio de
Jorge Miranda

ALMEDINA
1955-2005

DIREITO DA COMUNICAÇÃO SOCIAL

AUTOR
LUÍS BRITO CORREIA

EDITOR
EDIÇÕES ALMEDINA, SA
Rua da Estrela, n.º 6
3000-161 Coimbra
Tel: 239 851 904
Fax: 239 851 901
www.almedina.net
editora@almedina.net

EXECUÇÃO GRÁFICA
G.C. GRÁFICA DE COIMBRA, LDA.
Palheira – Assafarge
3001-453 Coimbra
producao@graficadecoimbra.pt

Junho, 2005

DEPÓSITO LEGAL
155582/00

Toda a reprodução desta obra, por fotocópia ou outro qualquer processo,
sem prévia autorização escrita do Editor,
é ilícita e passível de procedimento judicial contra o infractor.

ABREVIATURAS

AACS	— Alta Autoridade para a Comunicação Social
Ac	— Acórdão
AcD	— *Acórdãos Doutrinais do Supremo Tribunal Administrativo*
ACT	— Acordo colectivo de trabalho
AE	— Acordo de empresa
AR	— Assembleia da República
BFD	— *Boletim da Faculdade de Direito (da Universidade de Coimbra)*
BGB	— Bürgerliches Gesetzbuch (Código Civil alemão, de 1896)
BMJ	— *Boletim do Ministério da Justiça*
Bol CE	— *Boletim das Comunidades Europeias*
Bol UE	— *Boletim da União Europeia*
BTE	— *Boletim do Trabalho e do Emprego*
CAdm	— Código Administrativo
CCiv	— Código Civil português, de 1966
CCJ	— Comissões de Conciliação e Julgamento
CCom	— Código Comercial português, de 1888
CCoop	— Código Cooperativo, de 1996
CCT	— Convenção colectiva de trabalho
CECA	— Comunidade Europeia do Carvão e do Aço
CEDH	— Convenção Europeia dos Direitos do Homem
CEE	— Comunidade Económica Europeia
CJ	— *Colectânea de Jurisprudência*
CNot	— Código do Notariado
CPC	— Código de Processo Civil de 1961
CPen	— Código Penal de 1995
CPI	— Código da Propriedade Industrial
CPPen	— Código de Processo Penal
CPubl	— Código da Publicidade, aprovado pelo Dec.-Lei n.º 330/90, de 23 de Outubro
CRCiv	— Código do Registo Civil
CRCom	— Código do Registo Comercial
CRP	— Constituição da República Portuguesa, de 2.4.1976, revista em 1982, 1989, 1992 e 1997.
CRPred	— Código do Registo Predial
CSC	— Código das Sociedades Comerciais
CCTF	— *Cadernos de Ciência e Técnica Fiscal*
CDA	— Código do Direito de Autor e dos Direitos Conexos, de 14.3.1985
CNPD	— Comissão Nacional de Protecção de Dados

CT	— Comissões de Trabalhadores
CTF	— *Ciência e Técnica Fiscal*
D	— *Recueil Dalloz*
DA	— Decisão arbitral
DAR	— *Diário da Assembleia da República*
Dec.	— Decreto
Dec.-Lei	— Decreto-Lei
DN	— Despacho Normativo
DG	— *Diário do Governo*
Dir	— *O Direito*
DLReg	— Decreto Legislativo Regional
DR	— *Diário da República*
DReg	— Decreto Regulamentar
DRegReg	— Decreto Regulamentar Regional
DS	— *Diário das Sessões*
Dir.ª	— Directiva
DUDH	— Declaração Universal dos Direitos do Homem
EIR	— Estatuto da Imprensa Regional, aprovado pelo Dec.-Lei n.º 106/88, de 31.3
EJorn de 1979	— Estatuto do Jornalista, aprovado pela Lei n.º 62/79, de 20.9
EJorn de 1999	— Estatuto do Jornalista, aprovado pela Lei n.º 1/99, de 13.1
IRCT	— Instrumento de regulamentação colectiva de trabalho
JOCE	— *Jornal Oficial das Comunidades Europeias*
LAACS	— Lei da Alta Autoridade para a Comunicação Social — Lei n.º 43/98, de 6.8
LAP	— Lei das Associações Patronais — DL n.º 215-C/75, de 30.4
LCCT	— Regime jurídico da cessação do contrato individual de trabalho e da celebração e caducidade do contrato de trabalho a termo, aprovado pelo DL n.º 64-A/89, de 27.2
LCI	— Lei da Criminalidade Informática — Lei n.º 109/91, de 17.8
LComT	— Lei das Comissões de Trabalhadores — L n.º 46/79, de 12.9
LCT	— Regime jurídico do contrato individual de trabalho, aprovado pelo DL n.º 49.408, de 24.11.1969
LDT	— Lei da duração do trabalho — DL n.º 409/71, de 27.9
LG	— Lei da greve — L 65/77, de 12.9
LImp de 1975	— Lei de Imprensa de 1975- Dec.-Lei n.º 85-C/75, de 26.2
LImp de 1999	— Lei de Imprensa de 1999 — Lei n.º 2/99, de 13.1
LRádio	— Lei relativa ao exercício da actividade de radiodifusão — Lei n.º 87/88, de 30 de Julho
LRCT	— Lei da Regulamentação Colectiva de Trabalho — Dec.-Lei n.º 519-C1/79, de 29.12
LSind	— Lei das Associações Sindicais — DL 215-B/75, de 30.4
LTV	— Lei da televisão — Lei n.º 31-A/98, de 14.7
OIT	— Organização Internacional do Trabalho
Port	— Portaria
PE	— Portaria de extensão

PRT	— Portaria de regulamentação de trabalho
RCM	— Resolução do Conselho de Ministros
RDES	— *Revista de Direito e de Estudos Sociais*
Rel	— Tribunal da Relação
RelC	— Tribunal da Relação de Coimbra
RelE	— Tribunal da Relação de Évora
RelL	— Tribunal da Relação de Lisboa
RelP	— Tribunal da Relação do Porto
Res	— Resolução
Res AR	— Resolução da Assembleia da República
RFD	— *Revista da Faculdade de Direito, da Universidade de Coimbra*
RFDUL	— *Revista da Faculdade de Direito da Universidade de Lisboa*
RLJ	— *Revista de Legislação e de Jurisprudência*
ROA	— *Revista da Ordem dos Advogados*
RT	— *Revista dos Tribunais*
S	— *Recueil Sirey*
SIur	— *Scientia Iuridica*
STA	— Supremo Tribunal Administrativo
STJ	— Supremo Tribunal de Justiça
TC	— Tribunal Constitucional
UE	— União Europeia

Nota: No texto, a data dos diplomas publicados no *Diário da República*, I série, é a data da publicação.

PREFÁCIO

I

1. A liberdade de expressão abrange qualquer exteriorização da vida própria das pessoas: crenças, convicções, ideias, ideologias, opiniões, sentimentos, emoções, actos de vontade. E pode revestir quaisquer formas: a palavra oral ou escrita, a imagem, o gesto, o próprio silêncio.

Em sentido amplo, revela-se indissociável das mais diversas liberdades: da liberdade de consciência, de religião e de culto, da liberdade de criação cultural, da liberdade de aprender e ensinar, da liberdade de manifestação; assim como do direito de petição e de acção popular e do direito à greve e, de certo modo, da liberdade de profissão, do direito de iniciativa económica e do direito de propriedade. O direito à palavra e a inviolabilidade da correspondência e de outros meios de comunicação privada constituem suas garantias. E sem liberdade de expressão atinge-se o direito ao desenvolvimento da personalidade.

Em sentido restrito, a liberdade de expressão recorta-se por exclusão de partes; vem a ser essencialmente liberdade de expressão do pensamento; e correlaciona-se então com a liberdade de informação e a de comunicação social. Para além do direito geral de expressão, a Constituição consagra o direito de resposta e de rectificação, os direitos de antena e de réplica política e a liberdade de propaganda eleitoral. E, noutra instância, os Deputados não respondem, civil, criminal ou disciplinarmente pelos votos e opiniões que emitam no exercício das suas funções.

2. A liberdade de informação tem em vista, ao invés, a interiorização de algo externo: consiste em apreender ou dar a apreender factos e notícias e nela prevalece o elemento cognoscitivo. Compreende o direito de informar, de se informar e de ser informado correspondendo o exercício do primeiro direito a uma atitude activa e relacional, o segundo a uma atitude activa e pessoal e o terceiro a uma atitude passiva e receptiva.

São múltiplas as projecções destes direitos. Elas encontram-se no direito à informação jurídica, no direito de acesso dos cidadãos aos dados informatizados que lhes digam respeito, no direito de serem esclarecidos objectivamente e de serem informados acerca da gestão dos assuntos públicos, no direito de os peticionários serem informados, em prazo razoável, sobre o resultado da apreciação das suas petições, no direito das comissões de trabalhadores nas empresas de receberem todas as informações necessárias ao exercício da sua actividade, no direito de informação dos consumidores, no direito dos cidadãos de serem informados pela Administração, sempre que o requeiram, sobre o andamento de processos em que sejam directamente interessados, bem como de conhecerem as resoluções definitivas que sobre elas sejam tomadas.

Enquanto que a liberdade geral de informação não tem (salvo no âmbito da comunicação social) destinatários ou sujeitos passivos predeterminados ou particulares, os direitos especiais de informação postulam relações bilaterais e têm como contrapartida deveres de prestação de facto.

3. A liberdade de comunicação social congloba a liberdade de expressão e a liberdade de informação, com três notas distintas:

a) A pluralidade de destinatários, o carácter colectivo ou de massas, sem reciprocidade;

b) O princípio da máxima difusão (ao contrário da comunicação privada ou correspondência, conexa com a reserva da intimidade da vida privada e familiar);

c) A utilização de meios adequados — hoje, a imprensa escrita, os meios audiovisuais e os meios electrónicos.

A liberdade de expressão e os direitos de se informar e de ser informado são individuais, ainda quando exercidos colectiva ou institucionalmente. Mas a liberdade de comunicação social, essa apresenta-se, necessariamente, institucional, visto que pressupõe organização (e organização de empresa), ainda que dependa sempre da actividade de pessoas individualmente consideradas (os jornalistas, os colaboradores, e até os leitores, os ouvintes, os telespectadores).

A liberdade de expressão e a liberdade de informação, na sua tríplice face, situam-se *de pleno* no campo dos direitos fundamentais. A liberdade de comunicação social é ambivalente: envolve um feixe de direitos e traduz-se, ao mesmo tempo, num fenómeno de poder, de poder de facto.

Prefácio

4. Perante a informação, na perspectiva da comunicação social, ressaltam nítidas as diferenças de posições dos cidadãos em geral e dos jornalistas em particular.

Quanto aos cidadãos em geral, aquilo que sobretudo importa é o direito de se informarem e o direito de serem informados. Diversamente, nos jornalistas, que são os profissionais da informação, não se afigura possível dissociar esses direitos e o direito de informar: verifica-se uma conjugação, uma interpenetração, ou, de certa maneira, uma tensão dialéctica entre esses três aspectos.

Nos cidadãos em geral, o direito de se informar surge, antes de mais, como um direito negativo, o direito de não terem impedimentos, ou de não sofrerem sanções por procurarem informação. Para os jornalistas, não é apenas um direito negativo: é também um direito positivo, e nesta dupla vertente justamente vai encontrar-se o direito de acesso às fontes de informação (como antecedente do direito de se informar) para depois poderem informar.

O direito de informar manifesta-se outrossim de modo diferente nos cidadãos e nos jornalistas. Naqueles vai a par ou manifesta-se em conjunto com a liberdade de expressão. Nos jornalistas é muito mais do que isso: é um direito de expressão e um direito de criação; e é um direito oponível não só ao Estado mas ainda à empresa de comunicação social em que os jornalistas trabalham (e, por esta banda, pode ser qualificado como um dos segmentos da liberdade interna de comunicação social).

5. Os grandes contrastes políticos e ideológicos da modernidade têm-se reflectido naturalmente em toda a problemática, em síntese, acabada de descrever. O liberalismo proclamou a ideia de liberdade de expressão e de imprensa e ainda hoje é isso que distingue os regimes democráticos pluralistas seus herdeiros dos regimes autoritários e totalitários, sejam quais forem as inspirações destes.

No século XIX, a imprensa era só a imprensa escrita; a liberdade de informação não possuía autonomia frente à liberdade de expressão; os factores individuais prevaleciam sobre os empresariais; e o estado apenas interferia *a posteriori* através da justiça penal em caso de crimes de abuso de liberdade de imprensa.

Nos regimes democráticos pluralistas actuais (produto da passagem do governo representativo clássico ou burguês à democracia representativa e com maior ou menor influência de Estado social), a liberdade de informação adquire um relevo crescente ligada à formação de vontade popular; realçam-se as estruturas institucionais e organizatórias; a comunicação social como um todo torna-se objecto da Constituição material; e desenvolvem-se mecanismos de auto e hetero-regulação.

Enfim, nos regimes autoritários e totalitários, as restrições (por via de censura ou de outros veículos) atingem o conteúdo essencial das liberdades; coarcta-se ou repudia-se o pluralismo; tende-se à funcionalização da informação aos fins dos regimes; e, no limite, o Estado arroga-se o poder de informar os cidadãos, em detrimento do direito de estes se informarem ou do direito dos órgãos de comunicação social de os informarem.

Por outro lado, a par das transformações políticas, avultam as mudanças tecnológicas e, nos últimos anos, o extraordinário incremento da informática e da electrónica. Ter-se-á chegado àquilo a que se vem chamando, com mais ou menos rigor, a "sociedade da informação", associada à globalização.

II

6. É um estudo jurídico, em perspectiva interdisciplinar, de largo fôlego, sobre toda esta problemática, que agora publica LuÍS BRITO COR-REIA, colmatando uma grave lacuna existente na doutrina portuguesa.

Numa vasta introdução, depois de se definirem conceitos básicos, traça-se a história da comunicação social, distinguindo quatro sucessivos períodos no nosso País — até 1850, de 1850 a 1926, de 1926 a 1974 e após 1974 — em correspondência com o aparecimento da imprensa, da grande imprensa, de meios audiovisuais e da informática e com os contrastes políticos de liberdade e censura.

Apontam-se depois os principais sistemas de enquadramento da comunicação social: o britânico (auto-regulamentação da imprensa escrita e desregulamentação da rádio e da televisão), o norte-americano (liberdade, concorrência, concentração e desregulamentação) e o francês (liberdade e regulamentação da imprensa e desregulamentação da rádio e da televisão). E, em face deles, procura-se situar o sistema português actual.

A seguir, enunciam-se as fontes de Direito da comunicação social, internas e internacionais, com particularíssimo relevo para os problemas suscitados pelas directivas da Alta Autoridade para a Comunicação

Social, pelas convenções colectivas do trabalho e pelo código deontológico dos jornalistas.

Na parte I, trata-se dos sujeitos de comunicação social — pessoas singulares e colectivas, assim como grupos não personalizados, sejam titulares de órgãos de comunicação social, ou intervenientes directos na expressão e na informação, sejam ainda leitores, radio-ouvintes ou telespectadores. Os princípios constitucionais da universalidade e da igualdade têm aqui directa incidência.

As empresas de comunicação social são objecto de largo capítulo em que se enunciam os princípios comuns (pluralismo e concorrência, independência perante o poder político e o poder económico, transparência do capital, especialidade) e se descrevem os regimes próprios das empresas de imprensa escrita, de radiodifusão, de televisão, de distribuição por cabo e de comunicação social electrónica.

Sobre os jornalistas versa outro capítulo: definição, espécies, regime contratual, título profissional, direitos (nomeadamente, liberdade de acesso às fontes de informação, segredo profissional, independência, participação), deveres, sindicalização, segurança social.

Também noutros capítulos, menos desenvolvidos são referidos outros sujeitos e outras entidades: colaboradores, Alta Autoridade para a Comunicação Social, Administração pública, Igreja Católica, organizações internacionais.

A parte II do livro é dedicada à liberdade de comunicação social — ou seja, à actividade em que interferem, em diferentes situações fácticas e jurídicas, os sujeitos antes considerados.

Inserido no âmbito dos direitos fundamentais e contemplada hoje tanto pelo Direito Constitucional quanto pelo Direito Internacional, a liberdade de comunicação social surge nas suas múltiplas implicações frente às demais liberdades e nas suas distintas manifestações consoante os meios utilizados.

Estudaram-se igualmente os deveres dela incindíveis: deveres de segredo (de Estado, religioso, de justiça, profissional, bancário, segurador), deveres de divulgação conexos com direitos de entidades exteriores aos órgãos de comunicação social (direito de resposta e de rectificação das pessoas, direito de antena, direito a tempo de emissão, direito de resposta e de réplica) e deveres relativos ao conteúdo (objectividade, isenção, pluralismo, defesa da língua e da cultura portuguesas, deveres ou limites de liberdade diante dos direitos de outrem à honra e à reserva da intimidade da vida privada).

O I Volume fecha com um capítulo sobre o direito à informação (direito de se informar e de ser informado, acesso à informação política, administrativa, estatística, económica e a acontecimentos proeminentes).

7. Como se vê, são apresentados os grandes temas da comunicação social nos dias de hoje, enquadrados sistematicamente e observados minuciosamente. O leitor atento encontra no livro todos os dados básicos do Direito da comunicação social português e, a partir deles, as pistas para uma útil reflexão e um nunca esgotado debate.

Luís Brito Correia presta, assim, um inestimável serviço a todos — e deveriam ser *todos* (jornalistas, empresários, políticos, cidadãos) — que se interessem pela comunicação social como fenómeno centralíssimo da vida colectiva e de alcance cada vez mais sem fronteiras. Oferece-o com apurado domínio das matérias. E oferece-o com rigor e honestidade — o rigor e a honestidade que têm marcado o seu percurso intelectual e que bem patentes se acham na sua extensa e rica bibliografia.

O único risco vem a ser, inevitavelmente, o da desactualização. Mas, por certo, com a mesma exigência com que elaborou o volume, neste momento publicado, o Autor saberá acompanhar a evolução das tecnologias, dos factores políticos e das normas jurídicas e saberá acrescentar, em novas edições, os indispensáveis elementos informativos e doutrinais.

Lisboa, 12 de Junho de 2000

Jorge Miranda

NOTA PRELIMINAR

O texto seguinte foi escrito para servir de elemento de estudo para os alunos da disciplina de direito da comunicação social do Curso de Comunicação Social e Cultural da Faculdade de Ciências Humanas da Universidade Católica Portuguesa, em Lisboa. Começou a ser elaborado no 1.º semestre de 1995-96 e tem vindo a ser completado e actualizado, à medida que vou tendo ocasião de voltar a leccionar a matéria.

Tive, desde o início, a preocupação de não me limitar à mera descrição sintética dos princípios jurídicos (porventura, mais adequada a não juristas), acrescentando a fundamentação (mínima...) do que afirmo — ao menos, por menção das respectivas fontes —, bem como incluindo referências bibliográficas que permitam o aprofundamento das questões. Penso que estas informações são úteis para quem deseje fazer um estudo sério da matéria — inclusivamente, para juristas, profissionais encartados ou simples curiosos.

Compreende-se que a leitura do texto assim escrito não é tão aliciante como a de um romance, de uma revista ou de um jornal. Parece-me, todavia, adequado a uma aprendizagem de nível universitário.

Fui escrevendo à medida da minha própria investigação e do interesse que encontrei em certas referências — num momento em que não existia, nem existe ainda, nenhum manual de direito português da comunicação social.

O tempo disponível para expor a matéria nas aulas e a prioridade a atribuir a certos assuntos — inclusivamente, para atender ao legítimo interesse dos alunos (futuros profissionais da comunicação social) — fazem com que o texto agora apresentado exceda o que foi dado nas aulas, em determinado semestre (tendo, aliás, o programa mudado de semestre para semestre). Pareceu-me, todavia, preferível não suprimir nada do que escrevi inicialmente e mantém actualidade (ao menos como história).

A frequência da actividade legislativa e jurisprudencial, neste domínio, torna rapidamente desactualizado o texto. Tenho-me esforçado por o actualizar, à medida que vou conhecendo novos diplomas ou outras fontes (e tenho tempo disponível para isso...). Não é fácil, todavia, evitar, num texto escrito ao longo de vários anos, que escape à actualização uma ou outra referência. Nalguns casos (*maxime*, nas secções sobre sistemas jurídicos estrangeiros), o tempo disponível não me permitiu mesmo a actualização, desde 1996 — sob pena de não avançar noutros capítulos. Espero que o leitor tenha cuidado e benevolência. Aliás, se publicasse o texto só quando estivesse todo ele actualizado, provavelmente, nunca o publicaria.

Tenho consciência de muitas deficiências do texto, mas pareceu-me preferível publicá-lo como está do que esperar pela perfeição, só alcançável noutro mundo. O que apresento pode, pelo menos, servir de ponto de partida para futuros desenvolvimentos, sem necessidade de repetir o trabalho que tive.

Lisboa, 24.7.2000.

INTRODUÇÃO

CAPÍTULO I

Importância e noção do direito da comunicação social

SECÇÃO I

Importância da comunicação social
na sociedade contemporânea

1. Na sociedade contemporânea, os **meios de comunicação social** desempenham um papel de grande **importância** na informação, na promoção da cultura, na formação e na ocupação dos tempos livres.

Aos acontecimentos mais espectaculares (revoluções, viagens espaciais, campeonatos desportivos, casamentos reais, etc.) podem hoje assistir simultaneamente milhões de pessoas, como telespectadores ou radiouvintes. Por meio da imprensa, da rádio, da televisão e da Internet, os cidadãos podem adquirir um conhecimento da realidade que lhes permite participar nas grandes decisões políticas e formar um juízo crítico sobre os governantes.

A *pluralidade* de meios de comunicação social disponíveis — e o mesmo é dizer, a concorrência entre eles — é uma garantia fundamental da transmissão da *verdade*: a possibilidade de serem desmentidos no dia (ou no minuto) seguinte é um incentivo muito forte para o rigor, porque implica o risco de perda de *credibilidade* futura — que é um valor fundamental neste domínio (se outras motivações não houver...).

O risco de denúncia pelos meios de comunicação social constitui um forte incentivo para evitar abusos e excessos no exercício do *poder* político e económico ou mesmo na vida privada ([1]).

([1]) São numerosos os casos em que a comunicação social tem tido um papel importante no combate à corrupção (Lockeed, Color de Melo, etc.), ao comércio com países que não respeitam direitos fundamentais (Cuba, África do Sul, no tempo do *apartheid*, Irão, etc.), etc.. Os acontecimentos das últimas décadas em Timor Lorosae são mais uma prova da importância fundamental da comunicação social para a defesa

A comunicação social tornou-se no *quarto poder do Estado* ([1]), ao lado do legislativo, do executivo e do judicial. É reconhecida como condição e garantia do sistema político democrático e da promoção dos direitos da pessoa humana. Utilizada (bem ou mal) quer como instrumento do poder político quer como contra-poder, contribui, muitas vezes decisivamente para fazer e desfazer carreiras políticas — e nem sempre com razão ([2]).

Simultaneamente, tem um importante papel educativo (ou deseducativo), de movimentação de solidariedades, de difusão da arte e da cultura e de entretenimento.

Toda a vida social assenta em opiniões e crenças e, por isso, a comunicação delas, sobretudo através de meios massificados, constitui um dos mais relevantes problemas sociais. Os meios de comunicação social podem facilmente incitar ao ódio e à guerra, como contribuir para criar comunidades de pessoas que se respeitam e se amam em liberdade.

---

dos direitos fundamentais da pessoa humana: o direito à autodeterminação, a liberdade de comunicação social, a liberdade de deslocação, o direito de propriedade e até o direito à vida. Basta lembrar a influência da reportagem televisiva de Max Stahl sobre o massacre de Santa Cruz e dos noticiários sobre os posteriores massacres e outras barbaridades dos indonésios e das milícias para a mobilização internacional a favor do referendo e da intervenção militar e humanitária de apoio aos timorenses. Deve recordar-se, também, o empenhamento dos indonésios e das milícias em dificultar as actividades de jornalistas e até em matar alguns deles.

([1]) Esta expressão é um sinal da enorme influência da comunicação social sobre as decisões do poder político, por via da pressão que a opinião pública pode exercer sobre os deputados e os governantes. Em democracia, não significa, obviamente, que a comunicação social se tenha tornado numa instituição do Estado (v. g. um instrumento de propaganda ao serviço de ditadores ou governantes menos democráticos, que foi e, nalguns casos, ainda é), até porque a maioria das empresas mediáticas são privadas. Pelo contrário, a comunicação social pode considerar-se "quarto poder", sobretudo, quando consegue opor-se ou impor-se aos governantes, a ponto de os levar a mudar de decisão ou mesmo de os afastar do poder, e quando influencia significativamente a escolha dos governantes. A influência sobre a opinião pública é muitas vezes decisiva em períodos eleitorais. Por isso, alguns chegam a dizer que a comunicação social é, hoje, o "primeiro poder".

([2]) Entre casos portugueses recentes e polémicos, podem citar-se os de Carlos Melancia, Miguel Cadilhe, Leonor Beleza, António Vitorino e Veiga Simão. No estrangeiro, ficaram célebres os casos de Profumo, Richard Nixon (Watergate), Color de Melo e Bill Clinton ("Monicagate"), entre outros.

Introdução

21

2. Sendo, por natureza, um *fenómeno social*, a comunicação de massas pode ser utilizada para o bem como para o mal e, por isso, não pode deixar de estar **sujeita a normas** *éticas*, assim como a **normas** *jurídicas*.

A informação mediática deve fundar-se na verdade, na liberdade, na justiça e na solidariedade e estar ao serviço do bem comum, evitando a manipulação da opinião pública ([1]).

Por outro lado, afecta ou promove interesses morais e patrimoniais de tal modo importantes (o bom nome das pessoas, receitas ligadas à publicidade, etc.), que o *direito* **da comunicação social** assume, na actualidade, um *grande relevo*.

Não admira, pois, que a liberdade de comunicação e os seus limites sejam *objecto dos mais importantes diplomas jurídicos*: a Constituição da República, a Declaração Universal dos Direitos do Homem, das Nações Unidas, etc..

Apesar disso, por surpreendente que possa parecer, é um ramo de direito relativamente desprezado pela doutrina portuguesa ([2]), a pretexto da sua falta de unidade dogmática. Justifica-se, por consequência, um esforço de compreensão e estruturação das normas jurídicas — qualquer que seja a sua natureza — que têm em comum o facto de regularem este mundo fascinante da comunicação social ([3]).

Para qualquer pessoa, mas, sobretudo, para quem tenciona dedicar-se a uma profissão nos meios de comunicação social (como jorna-

---

([1]) S. Paulo recomenda aos Efésios que "nenhuma palavra má saia da vossa boca, mas somente a palavra boa que possa edificar na fé e fazer bem aos que vos ouvem (...). Seja eliminado do meio de vós tudo o que é azedume, cólera, indignação ou maledicência, bem como toda a espécie de maldade" (Ef., 4, 29-32).

([2]) Não existe, neste momento, em Portugal (diversamente do que se passa noutros países), nenhum manual, nenhum tratado, nem sequer lições universitárias, abrangendo o conjunto das matérias do direito da comunicação social.

([3]) Sobre a importância da comunicação social e do seu direito, cf. ANÍBAL ALVES, "Imprensa", in *Polis*, vol. III, pág. 430 e segs.; F. BALSEMÃO, *Informar ou depender*, Lisboa, 1971; A. RODRIGUES, *Comunicação Social e Jornalismo, Os Media Escritos*, Lisboa, 1981; V. SILVA LOPES, *Iniciação ao Jornalismo*, Lisboa, 1980; R. CAYROL, *Les Médias — Presse écrite, radio, télévision*, Paris, PUF, 1991, pág. 423 e segs.; J. M. AUBY — R. DUCOS-ADER, *Droit de l'information*, 2ª ed., pág. 87 e segs.; MARTIN LOEFFLER, *Presserecht — Kommentar — Band I — Landespressegesetze*, Muenchen, C. H. Beck, 3ª ed., 1983, pág. 2 e seg..

lista, gestor, publicitário, juiz, advogado ou noutra função), o **estudo do direito** que os regula é, obviamente, *importante*:

a) Para conhecer os *limites* da liberdade de actuação de cada um, para além dos quais pode haver motivo para sanções, mais ou menos graves, uma vez que podem pôr-se em causa valores fundamentais das pessoas e dos patrimónios;

b) Para conhecer os *instrumentos* úteis postos à disposição dos profissionais e da generalidade das pessoas, para defesa dos seus direitos eventualmente ameaçados ou ofendidos.

SECÇÃO II
Noção comum e noção jurídica de comunicação social; distinção de figuras afins

1. É habitual começar o estudo aprofundado de uma matéria pela **delimitação**, tão rigorosa quanto possível, do seu *objecto*.

Tratando-se de uma disciplina jurídica, tal delimitação é fundamental para determinar o *âmbito de aplicação* **das normas** ([1]).

É *difícil*, porém, dar uma *definição* rigorosa e consensual de comunicação social, enquanto objecto do direito; e é sabido que também se discute o próprio conceito de direito.

2. *Comunicação social* é uma expressão recente, que, num sentido amplo, abrange todos os meios de comunicar ou transmitir ao público informações, ideias ou factos: a imprensa, a rádio, a televisão, a Internet e outros meios ainda ([2]).

Utilizam-se, aliás, **várias** *expressões* para referir a comunicação social, nem todas sendo sinónimas: imprensa escrita e audiovisual, comunicação de massas, informação, "mass media" ([3]), etc..

([1]) Por exemplo, o art. 197.º do CPen estabelece penas mais graves para vários crimes contra a reserva da vida privada quando sejam praticados "através de meio de comunicação social". Assim, para saber quando deve aplicar-se a pena agravada é necessário determinar se o meio utilizado é ou não um meio de comunicação social.

([2]) Cf. Decreto sobre os Meios de Comunicação Social (*Inter mirifica*), do Concílio Vaticano II, de 5.12.1963, I, que parece ter sido o primeiro texto a utilizar a expressão "meios de comunicação social".

([3]) É curioso observar que, em países com língua de origem latina, tem vindo a ser adoptado frequentemente o termo "media" (pronunciado à inglesa e, por vezes,

Introdução 23

A generalidade das pessoas tem uma *noção comum* do que seja a imprensa, a rádio e a televisão. Ao falar de imprensa lembra-se, sobretudo, dos jornais e revistas, ou também dos livros e cartazes, e toda a gente, hoje, ouve rádio ou vê televisão, sabendo minimamente do que se trata. Importa, porém, procurar uma *noção mais rigorosa*, que permita distinguir a comunicação social de outras realidades afins.

A *comunicação social* é, certamente, um modo de transmissão de *informações* ao público ([2]). Trata-se, pois, de um conjunto de actividades que, por meio de escritos, palavras, sons, imagens e outros sinais, contribuem para tornar públicos (isto é, conhecidos ou cognoscíveis por uma multiplicidade de pessoas) factos, dados, ideias, conhecimentos, sentimentos, opiniões, desejos ou vontades — em suma, *notícias* ([3]).

A comunicação é *social* na medida em que se dirige a uma multiplicidade de pessoas que vivem em sociedade.

Não há comunicação social sem *publicação* ou, pelo menos, sem possibilidade ou vocação para ser ou se tornar conhecido pelo público. A LImp 1999 dá uma noção de publicação no art. 10.º, limitando-a às "reproduções *impressas* de textos ou imagens disponíveis ao público". Essa definição faz sentido para a imprensa, como delimitação do âmbito de aplicação da própria Lei. Resta saber se não será de admitir uma noção mais ampla de publicação, comum a tudo quanto é destinado ao público; mas também não há uma definição clara, rigorosa, geral e admitida por todos de publicação, neste sentido.

Tão pouco é fácil definir *público*. Pode entender-se melhor o que seja público por observação de noções que lhe são contrapostas. A expressão público (adjectivo) contrapõe-se a privado, a pessoal, a particular, a secreto. Quando se fala do público (substantivo) tem-se, nor-

---

mesmo escrito mídia), por influência anglo-saxónica, apesar de ser uma palavra de origem latina e para que existe tradução em vernáculo: meios. É uma manifestação lamentável de menosprezo pela língua pátria. Media, sem acento nem aspas ou itálico, sugere o pretérito perfeito do verbo medir. E média é termo de estatística. Em todo o caso, as expressões média e multimédia têm-se tornado usuais, no nosso domínio, sendo esta última dificilmente substituível.

([2]) Comunicação vem do latim *communico, communicas, communicare, communicavi, communicatum*, que significa pôr em comum, informar, participar.

([3]) Notícia vem do latim *notitia, notitiae*, que significa conhecimento, ideia ou conceito que formamos de alguma coisa, informação, observação, apontamento, exposição sucinta. É da família do verbo *nosco* (ou *gnosco*), *noscis, noscere, novi, notum*, que significa conhecer, saber, compreender — donde vem nota, noção e novidade.

malmente, em vista um conjunto — mais ou menos numeroso e mais ou menos determinado — de pessoas. Na verdade, o público, enquanto destinatário da comunicação, pode ser diferenciado segundo vários critérios: um jornal ou uma emissão de rádio pode destinar-se aos estudantes de uma escola, aos cristãos de uma paróquia ou de uma ou várias dioceses, aos amadores de futebol, à generalidade dos portugueses adultos ou e jovens, etc.. Por outras palavras, os vários meios de comunicação social podem destinar-se a diversos *públicos*.

Deste modo, *publicação pressupõe a multiplicação de um objecto destinado ao público* (como, por exemplo, um jornal diário) ou *a acessibilidade de um mesmo objecto a uma pluralidade de pessoas* (como, por exemplo, num jornal de parede ou numa imagem observável pela televisão ou num texto disponível através da Internet); e exprime o carácter *colectivo* ou *de massas* da difusão ou da recepção de informações ("lato sensu").

Os mesmos **meios** (instrumentos) de comunicação podem, contudo, servir, alternativa ou simultaneamente, para utilizações públicas ou privadas. Por exemplo, é possível utilizar as ondas hertzianas tanto para um noticiário radiodifundido como para troca de cumprimentos entre dois radioamadores ou dois utilizadores de telemóveis; e pode utilizar-se a técnica da televisão por cabo para ver quem toca à porta de casa.

3. Os meios de comunicação social podem ser utilizados para o *bem* e para o *mal*, para promover uns interesses ou para prejudicar outros. Compreende-se, por isso, facilmente, que eles sejam **objecto de normas éticas** e **de normas jurídicas** — para salvaguarda dos interesses legítimos das pessoas, segundo critérios de justiça e com eventual recurso à força para os fazer valer.

Quem estuda direito precisa, porém, de delimitar o campo de aplicação das normas que utiliza e, por isso, tem necessidade de definir um *conceito jurídico*, rigoroso, dos meios de comunicação social — ou de cada um deles — e de os distinguir de figuras afins. Tal conceito jurídico não pode deixar de se basear em normas jurídicas, embora incumba à doutrina a sua construção.

Esta tarefa é tanto mais delicada quanto se trata de um direito fundamental consagrado na Constituição: dela depende a afirmação ou negação da tutela constitucional de um dos direitos, liberdades e garantias.

Introdução 25

Não existe, actualmente, uma *definição* consagrada, geral e precisa de comunicação social, embora esta expressão seja usada pela lei, nomeadamente, pela Constituição (no art. 38.º).

Relativamente à comunicação de informações, ideias ou factos, a Constituição consagra quatro grandes **liberdades afins**: a liberdade religiosa, a liberdade de ensino, a liberdade de criação cultural e a liberdade de comunicação social.

A *liberdade religiosa* — liberdade de consciência, de religião e de culto (CRP art. 41.º) — envolve a liberdade de acreditar num Deus (ou em vários, ou em nenhum), de manifestar essa fé, privada ou publicamente, individual ou colectivamente, divulgá-la, promovê-la e cumprir os preceitos e ritos a ela ligados ([1]).

A *liberdade de educação* — liberdade de aprender e ensinar (CRP art. 43.º) — corresponde à liberdade de adquirir ou transmitir conhecimentos de toda a ordem, de modo sistemático e relativamente duradouro, em escolas ou outros estabelecimentos de ensino, públicos ou privados ([2]).

A *liberdade de criação cultural* significa a liberdade de inventar, produzir e divulgar obras científicas, literárias e artísticas (CRP art. 42.º)([3]).

A *liberdade de comunicação social, por sua vez, corresponde à liberdade de transmissão de informações, ideias e factos a um público, mais ou menos vasto, por meios adequados (imprensa, rádio, televisão,*

([1]) Cf. JORGE MIRANDA, *Direito Constitucional — Tomo IV — Direitos Fundamentais*, 1993, pág. 355 e segs.; J. J. GOMES CANOTILHO — VITAL MOREIRA, *Constituição da República Portuguesa Anotada*, Coimbra, Coimbra Editora, 3.ª ed., 1993, pág. 242 e segs.; ANTUNES VARELA, *Lei da Liberdade Religiosa e Lei de Imprensa*, Coimbra, Coimbra Editora, L.da, 1972; ANTÓNIO MONTES MOREIRA, *A Liberdade Religiosa*, Braga, Ed. Franciscana, 1971; JÓNATAS E. MENDES MACHADO, *Liberdade Religiosa numa Comunidade Constitucional Inclusiva — Dos Direitos da Verdade aos Direitos dos Cidadãos*, Coimbra, Coimbra Ed., 1996; JORGE MIRANDA, "A liberdade religiosa em Portugal e o anteprojecto de 1997", in *Direito e Justiça*, Vol. XII, 1998, T. 2, pág. 3 e segs..

([2]) Cf. JORGE MIRANDA, *Direito Constitucional — Tomo IV — Direitos Fundamentais*, 1993, pág. 377 e segs.; PAULO PULIDO ADRAGÃO, *A Liberdade de Aprender e a Liberdade das Escolas Particulares*, Lisboa, Univ. Católica Ed., 1995; J. J. GOMES CANOTILHO — VITAL MOREIRA, *Constituição da República Portuguesa Anotada*, 1993, pág. 248 e segs..

([3]) Cf. J. J. GOMES CANOTILHO — VITAL MOREIRA, *Constituição da República Portuguesa Anotada*, 1993, pág. 246 e seg.; KAREL VASAK, *As Dimensões Internacionais dos Direitos do Homem*, Lisboa, LTC/UNESCO, 1983, pág. 148 e segs..

Internet, etc.) a mensagens relativamente curtas, frequentes e heterogé-neas ([1]).

Na verdade, a *Constituição* consagra, entre os "direitos liberdades e garantias pessoais", a "liberdade de expressão e informação" (art. 37.º) e, em especial, a "liberdade de imprensa e meios de comunicação social" (art. 38.º), dedicando mais um artigo à "Alta Autoridade para a Comunicação Social" (art. 39.º) e outro aos "direitos de antena, de resposta e de réplica política" (art. 40.º).

A Constituição não define, porém, nem lhe competia definir, o que seja a comunicação social.

Pelo conteúdo dos preceitos referidos pode deduzir-se que ela tem em vista a imprensa, a radiodifusão e a televisão, porque os refere expressamente; mas tão pouco define o que seja cada um destes meios de comunicação social. Podem, é certo, encontrar-se nos preceitos constitucionais alguns elementos importantes para a delimitação dos conceitos de imprensa, radiodifusão e televisão. Nomeadamente, a referência aos "jornalistas" e "colaboradores", aos "jornais" e "quaisquer outras publicações". Tais referências são, contudo, insuficientes para construir um conceito rigoroso de comunicação social, que abranja todos e só os meios sujeitos a um regime jurídico comum.

Certo é que, após as Revisões constitucionais de 1982 e de 1989, não parece restarem dúvidas quanto à utilização do conceito de comunicação social, como género, de que são espécies a imprensa, a rádio e a televisão. Deste modo, o **conceito constitucional de** *imprensa* passou a ser, mais claramente, o chamado ***conceito restrito***, afastando-se o conceito amplo, que nela abrangia tanto a *imprensa escrita* como a *audiovisual* ([2]).

Compreende-se que a *doutrina* tenha construído um conceito amplo de imprensa, quando a rádio e a televisão não eram objecto de disposições legais suficientemente explícitas e completas. Para resolver os problemas jurídicos destes meios, pareceu conveniente aplicar à rádio e à televisão as regras concebidas para a imprensa e, por isso, pensou-se

---

([1]) Cf. JORGE MIRANDA, *Direito Constitucional — Tomo IV — Direitos Fundamentais*, 1993, pág. 399 e segs.; J. J. GOMES CANOTILHO — VITAL MOREIRA, *Constituição da República Portuguesa Anotada*, 1993, pág. 224 e segs..

([2]) Em face da versão original da CRP de 1976, era possível sustentar que esta utilizava um conceito amplo de imprensa. Neste sentido, cf. NUNO E SOUSA, *A Liberdade de Imprensa*, pág. 18 e segs..

Introdução 27

poder alargar o conceito de imprensa (escrita) à "imprensa" audiovisual. A partir do momento em que existe — como existe — legislação específica da rádio e da televisão, com um regime parcialmente diferente do da imprensa (escrita), não se vê motivo para utilizar um *conceito amplo de imprensa* — embora possa manter-se a ideia da *lei de imprensa como **matriz** do regime da liberdade da comunicação social*, através dos seus vários meios.

Só assim se explica, aliás, que a LImp de 1975 tenha incluído uma referência a actos praticados em meios de comunicação audiovisual (art. 66.º, n.º 1). A LImp de 1999 não contém já qualquer referência como essa.

Por outro lado, o modo como está consagrada a liberdade de comunicação social [1] leva a afastar, claramente, tentativas de construção de um **conceito material de imprensa** (ou de comunicação social), que limitaria a imprensa, *em função do conteúdo*, à publicação de produtos impressos no sector do interesse público geral, no âmbito de uma *função pública* da imprensa, excluindo do conceito (e da tutela constitucional) as publicações derivadas de um mero interesse *comercial* do publicador [2], ou de interesses de mero recreio ou sensação do leitor [3].

Assim, deve considerar-se *acolhido pela Constituição* um **conceito formal** de meios de comunicação social (e de imprensa), delimitado, fundamentalmente, em função dos *métodos de produção e difusão* (ou multiplicação) e do seu *destino* (o público) e incluindo, como **espécies**, a imprensa, a radiodifusão e a televisão [4].

O problema que pode pôr-se é o de saber *se este conceito é limitativo*, de modo que não possa invocar-se a liberdade de comunicação social relativamente a outros meios, mais recentes, como, por exemplo,

---

[1] Esta expressão é adoptada frontalmente por JORGE MIRANDA (*Manual de Direito Constitucional*, 1993, tomo IV, pág. 399), que a considerava (na versão de 1988, pág. 345) como espécie do género *liberdades da comunicação*, que incluía, além daquela, a liberdade religiosa e a liberdade de ensino.

[2] Cf. JOÃO MOREIRA DOS SANTOS, *Imprensa Empresarial — Da Informação à Comunicação*, Porto, Asa, 1995, pág. 23 e segs., que considera abrangida no termo imprensa empresarial "as publicações periódicas de carácter jornalístico editadas em benefício próprio por empresas de capitais públicos ou privados, cuja edição não representa a principal actividade".

[3] Temos em vista a teoria de KLEIN, apresentada e justamente criticada por NUNO E SOUSA, *A Liberdade de Imprensa*, pág. 5 e segs..

[4] Neste sentido, em face da versão de 1975 da CRP, cf. NUNO E SOUSA, *A Liberdade de Imprensa*, pág. 8 e segs..

as redes de computadores de acesso aberto ao público (v.g., a Internet). A liberdade de expressão e informação está consagrada em termos amplos, que abrangem "qualquer outro meio" (CRP art. 37.º). As disposições sobre os meios de comunicação social, contidas no art. 38.º, nem sempre são, todavia, aplicáveis sem adaptações a outros meios aí não explicitamente previstos.

Parece, assim, conveniente um alargamento explícito (por via de revisão constitucional) de algumas dessas disposições, para que esses novos meios beneficiem das garantias constitucionais. A Constituição não impede, porém, que a lei ordinária discipline as respectivas actividades.

Por outras palavras, o *conceito jurídico-constitucional* de meios de comunicação social pode não coincidir com o *conceito da lei ordinária* (este pode ser mais amplo ([1])).

4. Os *diplomas de origem internacional*, a que a Constituição (nos art. 8.º e 16.º) dá relevância hierarquicamente superior à da lei ordinária ([2]), embora consagrem, com várias formulações, a liberdade de expressão e de informação, e mencionem expressamente a imprensa, o cinema, a rádio e a televisão entre os meios de comunicação social, também não permitem construir um conceito rigoroso desta ou sequer de imprensa.

5. Para isso, é necessário recorrer a disposições da *lei ordinária*, que não deixam de suscitar algumas dúvidas importantes, sobretudo em casos de fronteira. É tarefa da jurisprudência e da doutrina esclarecer tais dúvidas.

Quando estudarmos o regime de cada um dos meios de comunicação social, haveremos de aprofundar estas questões. Por agora, importa, sobretudo, apreender o núcleo essencial dos principais meios de comunicação social e distingui-los das principais figuras afins, sem deixar de formular algumas das dúvidas que preocupam a doutrina. Para isso,

---

([1]) CRP art. 16.º, n.º 1.

([2]) Cf. a Declaração Universal dos Direitos do Homem, de 10.12.1948, art. 19.º, a Convenção Europeia dos Direitos do Homem, de 4.11.1950, art. 10.º, o Pacto Internacional de Direitos Cívicos e Políticos, de 16.12.1966, art. 19.º, e o Acto Final da Conferência de Helsínquia sobre a Segurança e Cooperação na Europa, de 1.8.1975, "2-Informação".

Introdução   29

vamos partir das disposições legais que delimitam o âmbito de aplicação dos principais diplomas reguladores da imprensa, da radiodifusão e da televisão, confrontando-os com alguns outros preceitos afins.

6.1. Assim, quanto à *imprensa*, o art. 9.º, n.º 1, da Lei n.º 2/99, de 13.1 (LImp de 1999) diz o seguinte:

"1 — Integram o conceito de imprensa, para efeitos da presente lei, todas as reproduções impressas de textos ou imagens disponíveis ao público, quaisquer que sejam os processos de impressão e reprodução e o modo de distribuição utilizado.

2 — Excluem-se boletins de empresa, relatórios, estatísticas, listagens, catálogos, mapas, desdobráveis publicitários, cartazes, folhas volantes, programas, anúncios, avisos, impressos oficiais e os correntemente utilizados nas relações sociais e comerciais" ([1]).

Deste modo, a *noção legal* de imprensa assenta, hoje, em três elementos fundamentais:

a) a *forma*: reprodução impressa;

b) o *conteúdo*: escritos ou imagens, com exclusão de alguns tipos de impressos ([2]); e

c) o *fim*: a difusão pelo público.

a) Forma — A ideia de *reprodução* pretende exprimir a repetição ou multiplicação de um mesmo objecto.

A referência a *impressão* tem, manifestamente, em vista diversos processos pelos quais podem reproduzir-se escritos ou imagens em papel ou noutros materiais adequados.

([1]) O n.º 1 do art. 2.º do Dec.-Lei n.º 85-C/75, de 26.2 (LImp de 1975), dizia o seguinte: "Entende-se por imprensa todas as reproduções impressas para serem difundidas, que serão designadas por publicações, com excepção dos impressos oficiais e dos correntemente utilizados nas relações sociais".

([2]) A LImp de 1975 não explicitava o elemento do *conteúdo* (escritos ou imagens) a que a anterior Lei n.º 5/71, de 5.11, dava relevo; mas tinha de reconhecer-se que a noção de reprodução impressa implica um certo objecto, que não pode deixar de ser um escrito ou uma imagem. Por outro lado, para o confronto da imprensa com outros meios de comunicação social, o conteúdo é relevante. E a própria LImp de 1975, ao excluir do conceito de imprensa os impressos oficiais e os correntemente utilizados nas relações sociais" dava relevo ao conteúdo. Por isso, para a construção *doutrinária* do conceito de imprensa parecia importante considerar mais este elemento, mesmo quando a lei não o referia explicitamente.

No início da evolução histórica, estes processos, também designados *artes gráficas*, consistiram, essencialmente, em fazer numerosas reproduções de um original, utilizando, primeiro, meios mecânicos (caracteres móveis e prensa ou prelo) e, mais recentemente, meios foto-mecânicos e químicos.

A LImp de 1999 não limita, porém, a imprensa à reprodução gráfica, antes abrange toda a *reprodução a partir de uma matriz* ([1]). Deste modo, ficam incluídas no conceito legal a impressão tipográfica, a litográfica, em "offset", dactilográfica, fotográfica, xerográfica, heliográfica, a jacto de tinta, "laser", holográfica, a fotocópia, etc. — isto é, as reproduções de informações em exemplares iguais que não precisam para a sua difusão de instalação especial (livros, jornais, revistas, folhas volantes, circulares, brochuras, etc.) ([2]).

A expressão "reprodução impressa de textos ou imagens" parece indicar que não se pretendeu adoptar um conceito de imprensa tão amplo que incluísse a chamada "imprensa" audiovisual ([3]).

Tão pouco fica abrangida pelo conceito legal de imprensa a **comunicação social electrónica** (v. g., a Internet), pois a simples consulta de um ciberjornal implica reprodução num monitor, mas não impressão. O utilizador pode ou não imprimir o que lê. E, se não houver impressão, não estamos no âmbito da imprensa, em face da definição do art. 9.º da LImp de 1999.

Esta observação é tanto mais importante quanto não existe ainda, em Portugal, legislação específica para a comunicação social electrónica, paralela à que LImp, LRádio, LTV. Daí resulta uma lacuna da lei, a integrar nos termos gerais adiante referidos, v.g., por recurso à analogia ([4]).

([1]) Repare-se na expressão legal "quaisquer que sejam os processos de impressão e reprodução". No mesmo sentido era a LImp de 1975.

([2]) Em sentido próximo deste, cf. Ac RelP de 25.7.1984, in *CJ*, IX-4, pág. 245.

([3]) Em face da LImp de 1975, alguns autores sugeriam que ela abria caminho à inclusão (num conceito *amplo* de imprensa) da impressão discográfica e cinematográfica (neste sentido, cf. MIGUEL REIS, *Legislação da Comunicação Social Anotada*, pág. 15), senão mesmo da fonográfica e videográfica (v.g., de textos ou imagens fixas) — sem prejuízo da aplicação de disposições legais específicas, quando existissem. Em todo o caso, o relatório a LImp de 1975 mostra claramente que não se pretendeu adoptar um conceito de imprensa tão amplo que incluísse a chamada "imprensa" audiovisual (n.º 3) — o que não impediu, aliás, a referência do art. 66.º, n.º 1, a "instrumentos ou formas de comunicação audiovisual" — que contradiz tal pretensão...

([4]) Há disposições comuns a todos os meios de comunicação social (e nem só), que, naturalmente, também se aplicam aos jornais electrónicos. É o caso, por exem-

Introdução 31

c) **Conteúdo** — Para um conceito *restrito* de imprensa é importante o conteúdo do impresso: um *texto escrito* ou uma *imagem fixa*. É também isso que distingue a imprensa (escrita) da chamada "imprensa" audiovisual, que tem por objecto a difusão de sons e imagens em movimento: a fonografia (a produção e difusão de fonogramas, em discos, cassetes, discos compactos, etc.), a radiodifusão (sonora), o cinema, a videografia (a produção e difusão de videogramas, em cassetes, discos compactos, CD-ROM, etc.), a televisão e a Internet.

Como vimos, a LImp de 1999 *exclui* expressamente do seu âmbito de aplicação e, por conseguinte, são de afastar do conceito de imprensa os boletins de empresa, relatórios, estatísticas, listagens, catálogos, mapas, desdobráveis publicitários, cartazes, folhas volantes, programas, anúncios, avisos, impressos oficiais e os correntemente utilizados nas relações sociais e comerciais. Se pode dizer-se que os cartazes se caracterizam mais pela forma (uma folha de grandes dimensões para afixação), todos os outros meios podem definir-se sobretudo atendendo ao conteúdo.

A enumeração do n.º 2 do art. 9.º da LImp de 1999 deve considerar-se taxativa (¹).

A maior parte dos meios aí indicados suscitam dificuldades de definição ou de determinação do regime jurídico.

i — Assim, os **impressos oficiais** eram já excluídos do conceito de imprensa pela LImp de 1975, entendendo-se, então, como tais os impressos através dos quais a uma entidade pública comunica qualquer mensagem, bem como, ao que parece, os formulários utilizados para requerimentos ou declarações dos cidadãos à Administração Pública. Compreende-se tal restrição, na medida em que tais impressos estão, normalmente, sujeitos a uma disciplina jus-publicística própria. São, deste

---

plo, do disposto na CRP art. 37.º e 39.º, no CPen art. 180.º a 189.º. 192.º, n.º 1, al. d), 193.º, 195.º a 198.º, 199.º, etc.. Há também algumas disposições específicas para a comunicação social electrónica, mas em domínios restritos. É o que se passa com o disposto no Regulamento do Registo da Comunicação Social (Dec. Reg. n.º 8/99, de 9.6), que, no art. 13.º, impõe o registo das publicações periódicas electrónicas e, por consequência, das respectivas empresas jornalísticas, pressupondo um conceito de publicações electrónicas, que, a meu ver, é mais amplo do que o da LImp de 1999.

(¹) Neste sentido, cf. J. L. MORAIS ROCHA, *Nova Lei de Imprensa*, Lisboa, Petrony, 1999, pág. 48.

modo, afastados do conceito de imprensa os impressos utilizados para um fim oficial. Entre eles parece deverem incluir-se as publicações oficiais (*Diário da República, Boletim do Trabalho e do Emprego*, etc.).

ii — Além disso, são — e eram já — excluídos do regime — e do conceito — de imprensa os impressos "*correntemente utilizados nas relações sociais*". No fundo, pretende-se com esta expressão contrapor o que se destina a publicação ou difusão pelo público e aquilo que é reservado às relações privadas entre as pessoas — por estar abrangido pelo princípio, igualmente constitucional, da "inviolabilidade da correspondência e dos outros meios de comunicação privada" (CRP art. 34.º ([1])). Por exemplo, não deve considerar-se imprensa uma carta ou missiva, mesmo com a forma de circular, destinada a pessoas determinadas, um cartão de visita, um convite para um almoço ou jantar privado, uma convocatória para uma reunião privada ou assembleia geral de uma associação ou sociedade comercial fechada.

Mais delicado é saber o que se considera "correntemente" como privado ou público. Com esta expressão, a Constituição parece deixar ao critério do entendimento comum (corrente), em certo tempo e lugar, aquilo que se considera ser do domínio privado ou do domínio público da comunicação. Deste modo, o que hoje é privado pode amanhã ser público e vice-versa; o que é privado para a generalidade das pessoas, pode ser considerado público para outras pessoas (v.g., titulares de cargos políticos). Entramos aqui num campo de grande actualidade e em franca mutação, nos últimos anos, em que tem havido acentuada controvérsia. Mais adiante tentaremos aprofundar a localização exacta desta fronteira.

Por agora, importa, sobretudo, acentuar que não se trata necessariamente de uma questão de *número de exemplares* produzidos. Um impresso de conteúdo informativo (que não seja um simples anúncio ou aviso) com um único exemplar pode estar abrangido pela lei de imprensa, se se destinar a ser afixado e, nessa medida, tornado acessível ao público (a uma multiplicidade de pessoas indeterminadas) ([2]). Um

---

([1]) Constava também da CRP de 1933, art. 8.º, n.º 6.º.

([2]) Pelo menos, enquanto não tiver sido publicado um regulamento da actividade editorial e das publicações não periódicas, como aquele a que se referia o art. 70.º da LImp de 1975. Cf. também o art. 66.º desta lei.

Introdução 33

impresso de que sejam feitos muitos exemplares, mas que se destine a um grupo restrito de pessoas e diga respeito a um acontecimento meramente privado não estará, em princípio, sujeito a ela.

Também não é critério decisivo a **periodicidade** do impresso.

Aliás, a LImp de 1999 classifica as publicações em periódicas e não periódicas ([1]) e ambas as espécies estão por ela abrangidas (art. 10.º, al. a), e 11.º).

iii — Diversamente do que dispunha a LImp de 1975, a LImp de 1999 exclui do regime — e do conceito — de imprensa os impressos *"correntemente utilizados nas relações comerciais"*. Parece ter em vista os impressos de mera publicidade comercial, bem como circulares distribuídas pelas empresas a clientes, que não caibam num dos outros conceitos anteriormente enunciados.

iv — As restantes categorias de impressos excluídos do conceito de imprensa pela LImp de 1999 (que não pela anterior) — **boletins de empresa, relatórios, estatísticas, listagens, catálogos, mapas, desdobráveis publicitários, cartazes, folhas volantes, programas, anúncios, avisos** — são caracterizados pelo seu conteúdo, que pode ser variado, mas também, nalguns casos pela forma (desdobráveis, cartazes, folhas volantes).

O problema principal que pode suscitar-se a seu respeito é o de saber qual o regime aplicável: não sendo a LImp *directamente* aplicável, que lei aplicar? Caso não haja legislação específica, parece que terá de se aplicar *por analogia* a LImp, embora com as adaptações necessárias a cada caso e ressalvando as disposições excepcionais (CCiv art. 10.º e 11.º) ([2]).

Do confronto do art. 9.º da LImp 1999 com o art. 2.º da LImp de 1975 resulta claramente que a nova lei adopta um conceito de imprensa *mais restrito* que o da lei anterior.

([1]) A que o art. 2.º, n.º 2 a 4 da LImp de 1975 chamava unitárias. O art. 70.º da LImp de 1975, que previa a possibilidade de um regime específico para as publicações unitárias, não tem correspondência na LImp de 1999.

([2]) A LImp de 1975 era directamente aplicável também, ao menos para alguns efeitos, à *afixação ou exposição em paredes ou em outros lugares públicos* de cartazes, anúncios, avisos, programas e em geral quaisquer impressos, manuscritos, desenhos, publicações ou quaisquer outros instrumentos (art. 66.º). Sobre o direito de afixação, cf. EMMANUEL DERIEUX, *Droit de la Communication*, Paris, LGDJ, 1991, pág. 256 e segs..

c) **Fim** — Essencial ao conceito de imprensa é que as reproduções sejam destinadas a **difusão**, disseminação ou distribuição pelo público, sejam colocadas à *aisposição* do público, is o é, de um número, mais ou menos elevado, de pessoas.

Normalmente, os destinatários de publicações serão pessoas não previamente determinadas (o jornal é feito para ser vendido a quem ocasionalmente o quiser comprar); mas nada impede que, pe.o menos, uma parte delas sejam previamente determir adas (v.g., no caso de venda por assinatura).

Importante é que não se trate de mensagens *endereçadas* a um grupo restrito e predeterminado de pessoas, pois isso é característico da *correspondência*, à qual se aplica o princípio do sigilo (CRP art. 34.º).

6.2. Integram o conceito de imprensa as reproduções impressas com as características que acabam de ser referidas, a que a lei chama *publicações* (LImp art. 10.º).

Para a compreensão do conceito de imprensa convém ter presentes as principais **classificações de publicações**, abrangidas pela LImp. Esta lei distingue-as, no art. 10.º e segs., segundo quatro *critérios*: a periodicidade, a nacionalidade, o conteúdo e o âmbito geográfico e temático.

a) Atendendo à *periodicidade*, a LImp distingue entre publicações *periódicas* e *não periódicas* (art. 11.º).

"1 — São periódicas as publicações editadas em série contínua, sem limite definido de duração, sob o mesmo título e abrangendo períodos determinados de tempo.

2 — São não periódicas as publicações editadas de um só vez, em volumes ou fascículos, com conteúdo normalmente homogéneo".

Deste modo, fica clara a contraposição entre, por um lado, os jornais (diários), os semanários, as revistas (ainda que dedicadas a certo tema), as circulares informativas ("newsletters" ([1])), os jornais de parede (afixados), que são **publicações *periódicas***, e, por outro lado, os livros (mesmo os livros publicados mensalmente, em colecções, como os romances policiais, os publicados em fascículos e as colectâneas de ensaios) e os folhetos, que são **publicações *não periódicas*** ([2]).

([1]) Desde que não sejam boletins de empresa.

([2]) A distinção entre publicações periódicas e publicações na periódicas é relevante, juridicamente, para vários efeitos, como, por exemplo, quanto ao regime do direito de resposta, que não é facilmente exequível nas publicações não periódicas.

Introdução 35

As empresas que editam publicações periódicas chamam-se *empresas jornalísticas*, enquanto as que editam publicações não periódicas são designadas *empresas editoriais* (LImp art. 7.º) — estando sujeitas a estatutos diferenciados ([1]).

Aliás, também estão abrangidas pela LImp as *empresas noticiosas*, cujo "principal objecto é a recolha e difusão de notícias, comentários e imagens, para publicação na imprensa periódica" (LImp art. 8.º), ou seja, a divulgação de mensagens para outras empresas de comunicação social e só indirectamente para o público.

b) Atendendo à **nacionalidade**, a LImp classifica as publicações em *portuguesas* e *estrangeiras* (art. 12.º).

"1 — São publicações portuguesas as editadas em qualquer parte do território português, independentemente da língua em que forem redigidas, sob marca e responsabilidade de editor português ou com nacionalidade de qualquer Estado membro da União Europeia, desde que tenha sede ou qualquer forma de representação permanente em território nacional.

2 — São publicações estrangeiras as editadas noutros países ou em Portugal sob marca e responsabilidade de empresa ou organismo oficial estrangeiro que não preencha os requisitos previstos no número anterior.

3 — As publicações estrangeiras difundidas em Portugal ficam sujeitas aos preceitos da presente lei, à excepção daqueles que, pela sua natureza, lhes não sejam aplicáveis".

c) Atendendo ao **conteúdo**, a LImp classifica as publicações em *doutrinárias* e *informativas*, distinguindo entre estas as *de informação geral* e as *de informação especializada* (art. 13.º).

"1 — São publicações doutrinárias aquelas que, pelo conteúdo ou perspectiva de abordagem, visem predominantemente divulgar qualquer ideologia ou credo religioso.

2 — São informativas as que visem predominantemente a difusão de informações ou notícias".

([1]) Às empresas jornalísticas é aplicável o disposto nos art. 19.º a 23.º da LImp de 1999, que não se aplicam às empresas editoriais.

36   *Direito da Comunicação Social*

3 — São publicações de informação geral as que tenham por objecto predominante a divulgação de notícias ou informações de carácter não especializado.

4 — São publicações de informação especializada as que se ocupem predominantemente de uma matéria, designadamente científica, literária, artística ou desportiva.

d) Atendendo ao **âmbito geográfico e temático**, a LImp distingue publicações *de âmbito nacional, regional* e *destinadas às comunidades portuguesas* (art. 14.º).

"1 — São publicações de âmbito nacional as que, tratando predominantemente temas de interesse nacional ou internacional, se destinem a ser postas à venda na generalidade do território nacional.

2 — São publicações de âmbito regional as que, pelo seu conteúdo e distribuição, se destinem predominantemente às comunidades regionais e locais.

3 — São publicações destinadas às comunidades portuguesas no estrangeiro as que, sendo portuguesas nos termos do artigo 12.º, se ocupem predominantemente de assuntos a elas respeitantes".

Compete à Alta Autoridade para a Comunicação Social "participar" na classificação de uma determinada publicação como periódica ou não ([1]).

7. É frequente incluir entre os meios de comunicação social o **cinema** — que permite a *reprodução e difusão de sons e imagens em movimento por meio de filmes* ([2]). Faz sentido que assim seja, se tivermos em vista, por exemplo, os filmes documentários — que, antes da vulgarização da televisão, eram sistematicamente projectados nas salas de cinema, antes do filme principal.

O cinema constitui, ainda hoje, um meio de difusão de factos e de ideias paralelo à rádio e à televisão — para além de manifestação artís-

---

([1]) A classificação das publicações competia inicialmente ao Conselho de Imprensa (LImp art. 55.º), tendo passado para a AACS por força do art. 4.º, n.º 1, alínea n), da Lei n.º 15/90, de 30.6. Actualmente o art. 4.º, al. o), da Lei n.º 43/98, de 6.8, atribui à AACS competência para "participar, nos termos da legislação aplicável, na classificação dos órgãos de comunicação social".

([2]) Cf. Acto Final da Conferência de Helsínquia sobre a Segurança e Cooperação na Europa, de 1.8.1975, "2-Informação"; E. DERIEUX, *Droit de la Communication*, pág. 219 e segs..

tica e cultural. Por outro lado, é frequente a televisão transmitir filmes realizados inicialmente para projecção em salas de cinema. Há, inclusivamente, disposições legais destinadas a proteger a produção cinematográfica portuguesa e europeia em relação com a televisão.

Por isso, faremos referência, neste curso, a alguns aspectos do regime do cinema, embora grande parte desse regime esteja mais marcado pelo carácter de *espectáculo público* que o cinema apresenta.

8. A imprensa permite a transmissão de informações entre pessoas distantes umas das outras através de um meio (impresso ou publicação) que tem de ser transportado, fisicamente, para o local onde se encontra o destinatário (por ardinas, pelos serviços de correio ou por outros meios de transporte).

O custo, a demora e outros inconvenientes deste transporte levaram à invenção de outros sistemas de transmissão de informações ("lato sensu") à distância, que estão na origem do que se chama, hoje, *telecomunicações*.

Segundo a Lei de Bases das Telecomunicações, *"Por telecomunicações entende-se a transmissão, recepção ou emissão de sinais, representando símbolos, escrita, imagens, sons ou informações de qualquer natureza, por fios, meios radioeléctricos, ópticos ou outros sistemas electromagnéticos"* ([1]).

([1]) Art. 2.º, n.º 1 da Lei n.º 91/97, de 1.8 (Lei que define as bases gerais a que obedece o estabelecimento, gestão e exploração de redes de telecomunicações e a prestação de serviços de telecomunicações), que revogou a Lei n.º 88/89, de 11.10, art. 1.º, n.º 2. A Lei n.º 91/97 foi completada pelo Dec.-Lei n.º 381-A/97, de 30.12, que regulou o regime de acesso à actividade de operador de redes públicas de telecomunicações e de prestador de serviço de telecomunicações de uso público, e revogou o Dec.-Lei n.º 329/90, de 23.10. O art. 37.º do referido Dec.-Lei n.º 381-A/97 foi revogado pelo Dec.-Lei n.º 92/99, de 23.3. Mais recentemente, foram aprovados o Regulamento de exploração de redes públicas de telecomunicações (Dec.-Lei n.º 290--A/99, de 30.7), o Regulamento de exploração dos serviços de telecomunicações de uso público (Dec.-Lei n.º 290-B/99, de 30.7) e o Regime de estabelecimento e utilização de redes privativas de telecomunicações (Dec.-Lei n.º 290-C/99, de 30.7). Sobre a noção e a evolução histórica do direito das telecomunicações, cf. MARIA DA LUZ CABRAL DE MONCADA, *Direito das Telecomunicações — Colectânea de Legislação*, Porto, Vida Económica, 1996, pág. 10 e segs., e PEDRO GONÇALVES, *Direito das Telecomunicações*, Coimbra, Almedina, 1999, pág. 29 e segs..

A mesma Lei *classifica* as telecomunicações consoante a *natureza dos utilizadores* em telecomunicações de uso público e telecomunicações privativas, fixando regimes diferentes para cada uma delas.

Telecomunicações de uso público são "as destinadas ao público em geral".

Telecomunicações privativas são as destinadas ao uso próprio ou a um número restrito de utilizadores ([1]).

Quer as telecomunicações de uso público quer as privativas subdividem-se em:

a) Telecomunicações endereçadas, em que a informação é apenas enviada a um ou mais destinatários predeterminados, através de endereçamento, podendo haver ou não bidireccionalidade (por exemplo, o telefone ([2]), a telecópia, o audiotexto e o correio electrónico);

b) Telecomunicações de difusão ou teledifusão, que se realizam num só sentido, simultaneamente para vários pontos de recepção e sem prévio endereçamento ([3]).

Assim, **a radiodifusão sonora e a televisão destinadas ao público em geral, bem como as redes informáticas de uso público (como, por exemplo, a Internet)** — que são as que mais interessam ao direito da comunicação social — **são espécies de teledifusão** ou **telecomunicações de uso público de difusão**.

9. Segundo outro critério, pode dizer-se que existem duas *técnicas* de telecomunicações: *por guias* (fio eléctrico ou fibra óptica) ou *no espaço* sem guias artificiais (mediante ondas radioeléctricas ou ondas hertzianas). Estas técnicas de telecomunicações no espaço chamam-se *radiocomunicações*.

As radiocomunicações distinguem-se em função do seu *destino*.

As radiocomunicações *com um destino particular* — entre estações fixas ou móveis, terrestres, marítimas, aeronáuticas ou espaciais — compreendem a telegrafia sem fios (radiotelegrafia), a telefonia sem

---

([1]) Lei n.º 91/97, de 1.8, art. 2.º, n.º 2.

([2]) O Dec.-Lei n.º 474/99, de 8.11, aprovou o Regulamento de Exploração do Serviço Fixo de Telefone.

([3]) Lei n.º 91/97, de 1.8, art. 2.º, n.º 3. Sobre o regime das telecomunicações, cf. MARIA EDUARDA GONÇALVES, *Direito da Informação*, Coimbra, Almedina, 1994, pág. 149 e segs.; JÉRÔME HUET — HERBERT MAISL, *Droit de l'informatique et des télécommunications*, Paris, Litec, 1989.

Introdução 39

fios (radiotelefonia), a televisão com destino particular (por exemplo, de vigilância policial ou de um supermercado ou da porta da rua de um prédio), a telecópia (de imagens fixas), o telecomando, o radar, a radionavegação.

As radiocomunicações *com um destino geral*, com possibilidade de recepção directa pelo público, constituem a **radiodifusão**. Compreendem tanto as emissões sonoras (*rádio*) como as emissões audiovisuais (*televisão*) ([1]) — se bem que a linguagem corrente e a legal tendam a restringir o emprego da expressão radiodifusão apenas às emissões sonoras ([2]).

Embora o objecto do presente curso não seja o estudo do direito das telecomunicações, em geral, não deixa de ser importante chamar a atenção para o facto de os vários meios de telecomunicações serem frequentemente utilizados pelos profissionais da comunicação social, sendo, por isso, manifestamente importante o conhecimento do seu regime jurídico.

10. A Lei n.º 87/88, de 30.7, sobre o exercício da **radiodifusão**, define-a como "*a transmissão unilateral de comunicações sonoras, por meio de ondas radioeléctricas ou de qualquer outro meio apropriado, destinada à recepção pelo público em geral*" (art. 1.º, n.º 2).

Deste modo, a noção legal de radiodifusão baseia-se em três elementos fundamentais: a) a **forma**: transmissão unilateral por meio de ondas radioeléctricas ou de qualquer outro meio apropriado; b) o **conteúdo**: comunicações sonoras; e c) o **fim**: a difusão pelo público em geral.

É afastado do regime da radiodifusão a actividade dos **radioamadores** (ou amadores de radiocomunicações), que está sujeita a um regulamento específico ([3]). Trata-se de actividades de pessoas devidamente

---

([1]) O DL n.º 147/87, de 24.3 (que estabelece os princípios gerais da utilização das radiocomunicações), define serviço de radiodifusão como o "serviço de radiocomunicações cujas emissões são destinadas a ser recebidas directamente pelo público em geral, podendo compreender emissões sonoras, emissões de televisão ou outros tipos de emissões" (art. 1.º, al. i)).

([2]) Lei n.º 87/88, de 30.7, art. 1.º, n.º 2, a seguir transcrito. Cf. CHARLES DEBASCH, *Droit de l'audiovisuel*, 1995, pág. 2.

([3]) Constante do Dec.-Lei n.º 5/95, de 17.1.

autorizadas (com certificado de amador nacional) que se interessam pela técnica radioeléctrica a título unicamente pessoal e sem interesse pecuniário.

Diverso é, também, o regime jurídico aplicável à utilização do Serviço Rádio Pessoal — **Banda do Cidadão** ([1]). Consiste num serviço de radiocomunicações de uso privativo, destinado a comunicações multilaterais de carácter utilitário recreativo ou profissional de titulares de estações de radiocomunicações de pequena potência, que funcionem exclusivamente nas frequências colectivas da faixa 26,960 MHz a 27,410 MHz.

É de salientar que, enquanto a imprensa é dominada pelo princípio da liberdade, a radiodifusão está sujeita a um regime de *licenciamento* ([2]), decorrente da limitação do espectro radioeléctrico, quer dizer, da possibilidade limitada de transmissão através de ondas radioeléctricas: há um número restrito de frequências utilizáveis e, por conseguinte, é necessário condicionar o acesso a tais frequências para assegurar a sua eficiência e uma certa justiça na repartição delas entre os potenciais interessados com capacidade técnica.

O regime de licenciamento aplica-se também à distribuição através da rede de televisão *por cabo* de uso público de programas de radiodifusão *sonora*, que suscita alguns problemas específicos ([3]).

11. Quanto à *televisão*, a Lei n.º 31-A/98, de 14.7, considera como tal "*a transmissão, codificada ou não, de imagens não permanentes e sons através de ondas electromagnéticas ou de qualquer outro veículo apropriado, propagando-se no espaço ou por cabo e susceptível de recepção pelo público em geral, com excepção dos serviços de telecomunicações apenas disponibilizados mediante solicitação individual*" (art. 1.º, n.º 2).

Deste modo, a noção legal de televisão baseia-se também em três elementos fundamentais: a) a *forma*: transmissão unilateral (não individualmente solicitada) por meio de ondas electromagnéticas ou de qualquer outro veículo apropriado, propagando-se no espaço ou por cabo; b) o *conteúdo*: imagens não permanentes e sons; e c) o *fim*: a difusão pelo público.

([1]) Dec.-Lei n.º 47/2000, de 24.3.
([2]) Lei n.º 87/88, de 30.7, art. 1.º, n.º 3.
([3]) Dec.-Lei n.º 239/95, de 13.9.

Introdução 41

A nova Lei da Televisão, de 1998, afasta expressamente, do conceito (e do regime) da televisão:

a) "A transmissão pontual de eventos, através de dispositivos técnicos instalados nas imediações dos respectivos locais de ocorrência e tendo por alvo o público aí concentrado": é o caso, por exemplo, da transmissão de aulas, conferências ou espectáculos para um grupo limitado de pessoas reunidas em certo local;

b) "A mera retransmissão de emissões alheias" ([1]).

Tal como a radiodifusão e por motivos semelhantes (embora agravados pelos custos de produção), o acesso à actividade de televisão está sujeito a um regime restritivo, embora cada vez mais aberto: passou de um regime de monopólio, para um regime de concessão e licenciamento([2]), estando actualmente sujeito a um regime misto de concessão (RTP), licenciamento (TV privada hertziana) e autorização (TV não hertziana)([3]).

12. Por seu lado, a ***telemática*** consiste no tratamento à distância de dados informáticos e assenta na combinação da informática (tratamento de dados por computador) com as telecomunicações. Exemplos de aplicações telemáticas são o videotex (em França, minitel) e o acesso remoto a diversos bancos de dados ([4]).

Incluem-se nela também as chamadas ***auto-estradas da informação*** (rede mundial de telecomunicações entre computadores, multimédia e interactiva) ([5]).

Estas *auto-estradas da informação* (Internet) são actualmente utilizadas para difundir textos de jornais e programas audiovisuais, dependendo de solicitação dos destinatários (indiferenciados) através dos respectivos terminais de computador ([6]). Suscitam, por isso, problemas

---

([1]) Lei n.º 31-A/98, de 14.7, art. 1.º, n.º 3.

([2]) Lei n.º 58/90, de 7.9, art. 3.º.

([3]) Lei n.º 31-A/98, de 14.7, art. 5.º e 12.º.

([4]) Cf. MARIA EDUARDA GONÇALVES, *Direito da Informação*, pág. 161 e segs.; FRANCIS BALLE, *Médias et société*, Paris, Montchrestien, 7ª ed., 1994, pág. 174 e segs..

([5]) Cf. FRANCIS BALLE, *Médias et société*, 1994, pág. 142 e segs..

([6]) Além de facultarem muitos outros serviços, como correio electrónico, informações de números de telefone, meteorológicas, viagens, tele-compras, anúncios, banca doméstica ("home-banking"), etc.. Cf. FRANCIS BALLE, *Médias et société*, 1994, pág. 176 e segs.; PETE LOSHIN, *Electronic Commerce: On-Line Ordering and Digital Money*, Rockland (Mass.), Charles River Media, 1995; OLIVIER ITEANU, *Internet et le droit — Aspects juridiques du commerce électronique*, Paris, Eyrolles, 1996; MANUEL LOPES

Direito da Comunicação Social

semelhantes aos que são objecto das normas gerais da comunicação social, com especificidades resultantes de serem *multimédia, interactivos* e *internacionais*.

As **redes informáticas** (conjuntos de computadores interconectados — por cabo ou por ondas hertzianas) podem ser utilizadas para telecomunicações de uso público (como a "world wide web") ou para telecomunicações privativas (como as redes internas de empresas), podendo umas e outras ser endereçadas (como o correio electrónico — "e-mail") ou de teledifusão (como a "world wide web").

A difusão de textos ou programas escritos ou e audiovisuais através de redes informáticas de uso público (não endereçadas) está abrangida pelos princípios do direito da comunicação social.

Ta difusão ão se confunde com a *imprensa*, porque não há reprodução impressa (pelo editor) a partir de uma matriz, mas apenas acesso electrónico a um texto disponível (embora o utilizador possa imprimir o texto a que aceda); e porque pode tratar-se de informação audiovisual e não apenas escrita.

Também não se confunde com a *radiodifusão* sonora ou televisiva, que é unilateral, enquanto a da Internet é *multimédia* (pode incluir textos, sons e imagens fixas ou em movimento) e *interactiva* (bilateral ou multilateral: o destinatário pode escolher os dados a consultar e pode, ele próprio, emitir textos, sons e imagens dirigidos a outro ou outros utilizadores) ([1]).

A CRP garante a todos o "livre acesso às redes informáticas de uso público", remetendo para a lei ordinária a definição do "regime aplicável aos fluxos de dados transfronteiras e as formas adequadas de protecção de dados pessoais e de outros cuja salvaguarda se justifique por razões de interesse nacional" (art. 35.º, n.º 4). Por outro lado, aplicam-se às redes informáticas, directamente ou por analogia, os princípios da liberdade de expressão e informação (art. 37.º) e da liberdade de comunicação social (art. 38.º e 39.º).

ROCHA — MÁRIO MACEDO, *Direito no Ciberespaço seguido de um Glossário de Termos e Abreviaturas*, Lisboa, Cosmos, 1996; VICTOR MENDES, *Legislação sobre Informática*, Porto, Legis, 1995.

([1]) Neste sentido, pode invocar-se o facto de o EJorn de 1999, no art. 1.º, n.º 1, mencionar explicitamente "a divulgação informativa pela imprensa, por agência noticiosa, pela rádio, pela televisão", mas também, logo a seguir, "ou por outra forma de difusão electrónica". Cf. FRANK KOCH, *Internet-Recht*, München, R. Oldenburg V., 1998, pág. 541 e segs..

Entretanto. foram já publicadas diversas leis — e outras estão em preparação — a regular alguns dos novos problemas suscitados pelas redes informáticas ([1]). Algumas dessas leis interessam à comunicação social (como a Lei da Criminalidade Informática ([2])). Ainda não existe, porém, um diploma específico a regular a liberdade de comunicação social através da Internet ([3]).

13. Os meios de comunicação social, num sentido amplo desta expressão, abrangem também os vários meios de registo e difusão de sons (*fonogramas*: discos, cassetes audio, CD-audio) e de imagens fixas e móveis (*videogramas*, incluindo cassetes video, CD-ROM, CD-i, CD-foto e DVD)([4]).

14. Frequentemente, utiliza-se a expressão *audiovisual* para abranger a rádio e a televisão ([5]) ou o cinema, a televisão o video e o multimédia ([6]).

O termo *multimédia* começou por designar uma obra difundida em suportes diversos (livro, cassete audio, cassete video, etc.). Depois, usou-se o termo para designar empresas jornalísticas, editoriais ou publicitárias que passaram a exercer também actividades de rádio e televisão. Após a revolução das telecomunicações e da telemática (Internet,

---

([1]) Cf. Júlio Reis Silva — Luís Bettencourt Moniz — Manuel Lopes Rocha — Maria do Rosário Veloso Cotrim — Maria Elisa Leão Morgado — Pedro Quartin Graça Simão José, *Direito da Informática — Legislação e Deontologia*, Lisboa, Cosmos, 1994; Manuel Lopes Rocha — Pedro Cordeiro, *Protecção Jurídica do "software"*, Lisboa Cosmos, 1995; Victor Mendes, *Legislação sobre Informática*, Porto, Legis, 1995.

([2]) Lei n.º 109/91, de 17.8. Cf. também a Resolução do Conselho de Ministros n.º 115/98, de 1.9, que criou a Iniciativa Nacional para o Comércio Electrónico, o importante Dec.-Lei n.º 290-D/99, de 2.8, que definiu o regime aplicável aos documentos electrónicos e assinatura digital, a Resolução do Conselho de Ministros n.º 94/99, de 25.8, que aprovou o Documento Orientador da Iniciativa Nacional para o Comércio Electrónico, e o Dec.-Lei n.º 375/99, de 18.9, sobre a factura electrónica.

([3]) O art. 1.º, n.º 1, do EJorn de 1999, considera jornalistas os que exercem determinadas actividades "por outra forma de difusão electrónica".

([4]) Cf. Francis Balle, *Médias et société*, 1994, pág. 142 e segs..

([5]) Cf. E. Derieux, *Droit de la communication*, 1999, pág. 151.

([6]) Cf. Gavalda — Piaskowski, et alia, *Droit de l'audiovisuel — Cinéma, télévision, vidéo, mulitmédia*, Paris, Lamy, 3.ª ed., 1995.

digitalização, etc.), a expressão passou a designar bens ou serviços que utilizam vários suportes ou várias tecnologias de apresentação [1].

15. Para completar o esclarecimento da noção de comunicação social, como objecto do direito que vamos estudar, parece importante acentuar que a actividade da imprensa visou, inicialmente, a *informação* ("lato sensu") do destinatário, quer dizer, a transmissão de conhecimentos sobre factos ou opiniões. Tal transmissão pode ter, todavia, uma multiplicidade de fins e de conteúdos: religiosos, culturais, políticos, científicos, económicos, humanitários, desportivos, recreativos, sentimentais, etc..

Nalguns destes aspectos, a comunicação social aproxima-se da ***educação*** ou do *ensino*.

Num *sentido amplo*, a educação abrange qualquer acção ou efeito de desenvolver as faculdades físicas, intelectuais e morais do ser humano, desde o nascimento até à morte, abrangendo, pois, a acção dos pais, da escola, dos meios de comunicação social e de outros agentes (heterodidactismo), bem como o estudo e treino do próprio educando (autodidactismo). Neste sentido, a comunicação social pode ser um dos instrumentos da educação.

Num *sentido mais restrito*, fala-se de educação tendo em vista uma actividade sistemática, continuada e coerente, exercida por um conjunto de pessoas e instituições (o sistema de ensino ou escolar), montado pelo Estado e por particulares para formar os jovens (dos 7 aos 77 anos...). Neste sentido, a comunicação social distingue-se da educação, por ser, normalmente, mais dispersa, episódica e predominantemente virada para a actualidade, podendo traduzir-se, mesmo, em mero passatempo. A fronteira não é, todavia, clara, pois muitas publicações, periódicas ou não, têm fins educativos (v.g., livros escolares, revistas científicas, ensino por correspondência) e há programas educativos na rádio e na televisão (v.g., a chamada televisão educativa ou escolar) [2].

Questão fundamental, do ponto de vista ético e jurídico, é a de saber em que medida devem considerar-se ilícitas e puníveis mensagens mediáticas que tenham ou possam ter efeitos negativos (deseducativos) sobre as pessoas, em geral, ou sobre certos grupos de pessoas (v.g.,

---

[1] Cf. GAVALDA — PIASKOWSKI, et alia, *ob. cit.*, 1995, pág. 11 e segs..

[2] Cf. J. M. AUBY — R. DUCOS-ADER, *Droit de l'information*, 1982, pág. 1 e segs..

jovens ou débeis). Ou, de outro modo, em que medida pode e deve impor-se a empresas, públicas ou privadas, o respeito pela *função educativa* dos meios de comunicação social (sobretudo da televisão), quer em matérias científicas ou técnicas, quer em matérias políticas, éticas ou religiosas — mesmo quando isso ponha em risco as audiências. Basta pensar em programas televisivos violentos ou pornográficos, ou em campanhas a favor do racismo, do suicídio, do aborto ou da eutanásia, para se compreender que é uma questão complexa e actual, que estudaremos mais adiante ([1]).

Noutra perspectiva ainda, é reconhecida a conveniência da *educação para os "media"*, a realizar na escola e noutros locais, tendo em vista a compreensão da linguagem e o desenvolvimento do sentido crítico.

16. É costume também contrapor a *informação* (enquanto objecto principal dos meios de comunicação social) à **propaganda** e à **publicidade comercial**.

A **propaganda** (política, sindical, etc.) visa *convencer* o destinatário *a aderir* a certa ideia e ou *a adoptar* certo comportamento: apoiar e votar em certo partido, apoiar certa reivindicação, etc. ([2]).

A **publicidade comercial** visa *convencer* o destinatário a comprar produtos de certa marca ou a utilizar certos serviços, tendo por objectivo o lucro do produtor e do anunciante.

Diversamente, a **informação** — embora seja ou possa ser um acto interessado (é legítimo que o informador seja remunerado pelo informado ou por um terceiro) — não visa levar o destinatário a aderir ao seu conteúdo e a conformar com ele o seu juízo ou a sua acção, mas sim a facultar o conhecimento de certos factos ou opiniões (em princípio, verdadeiros).

A informação não deve limitar a *liberdade* de pensamento ou de acção do destinatário, mas, pelo contrário, potenciar o seu exercício. Para isso, a informação deve ser *objectiva*, enquanto a propaganda e a

---

([1]) Para maiores desenvolvimentos, cf. ROBERTO APARICI, *La Revolución de los Medios Audiovisuales — Educación y Nuevas Tecnologias*, Madrid, Ed. de la Torre, 1996.

([2]) Cf. ALEJANDRO PIZARROSO QUINTERO, *História da Propaganda — Notas para um Estudo da Propaganda Política e de Guerra* (trad. do castelhano), Lisboa, Planeta, 1993, pág. 15 e segs..

publicidade comercial subordinam a objectividade à ef cácia da persuasão. O informador não consegue, normalmente, abstrair de toda a subjectividade (v.g., no modo de seleccionar e tratar a informação), mas deve esforçar-se por limitar o subjectivismo e, nessa medida, a informação é inseparável de uma certa deontologia ([1]).

Certo é que os meios de comunicação social são, frequente e licitamente, utilizados para acções de propaganda política ou ideológica (nomeadamente, em períodos de campanha eleitoral), assim como para publicidade comercial. Considera-se fundamental, então, *distinguir* ou e *separar* as mensagens informativas das mensagens de propaganda ou de publicidade comercial.

Existem, inclusivamente, órgãos tendo a propaganda política ou comercial como fins predominantes (v.g., imprensa partidária ou publicitária).

A própria LImp de 1999 é aplicável tanto a publicações informativas como a **publicações doutrinárias** (art. 13.º) e regula certos aspectos da publicidade (art. 28.º).

Se a propaganda cabe dentro dos limites do lícito, estes são ultrapassados pela desinformação ou manipulação da opinião pública, quer dizer, pela divulgação de factos ou opiniões falsas ou distorcidas com a intenção de provocar certa convicção ou comportamento do público ([2]).

Uma posição intermédia é a das manifestações de **opinião**, de comentário a factos ou situações. Normalmente, subjectivos e valorativos, devem também distinguir-se das mensagens informativas, para não induzir o público em erro ou confusão.

De qualquer modo, a propaganda política e a publicidade comercial, quando feitas através dos meios de comunicação social, estão abrangidas pelo direito da comunicação social.

17. Afim da comunicação social é o mundo dos *espectáculos e divertimentos públicos*: sessões de música (popular ou "clássica"), bailado, teatro, ópera, cinema, circo, variedades, competições desportivas, touradas, jogos, etc. ([3]).

([1]) Neste sentido, cf. J. M. AUBY — R. DUCOS-ADER, *Droit de l'information*, 1982, pág. 3 e segs..

([2]) Sobre o assunto, cf., por exemplo, LUÍS NANDIM DE CARVALHO, *Manipulação da Opinião Pública — Actualidade, Técnicas e Antídotos*, Lisboa, Hugin, 1999.

([3]) Sobre o assunto, cf. ANTÓNIO XAVIER — JÚLIO MELO, *Espectáculos e Divertimentos Públicos — Regime Jurídico*, Lisboa, Direcção-Geral da Comunicação Social,

Introdução 47

É frequente a imprensa, a rádio e a televisão divulgarem relatos ou imagens e sons de espectáculos, por vezes realizados para serem assim transmitidos. Pode dizer-se, mesmo, que grande parte da actividade mediática tem, hoje, um fim predominantemente lúdico, de entretenimento ou de passatempo.

A lei portuguesa qualifica a rádio e a televisão, em si mesmos, como espectáculos públicos, mas só aplica o regime específico destes (quanto à exigência de licença de recinto, de registo da entidade promotora e de visto do espectáculo, bem como à superintendência da Direcção-Geral dos Espectáculos) à *recepção pública de emissões* de radiodifusão em certas condições ([1]).

18. A comunicação social também não se confunde com a **cultura**.

Os meios de comunicação social são uma *forma de expressão* da cultura dos autores das mensagens ou imagens transmitidas e podem (e devem) ser um *instrumento* de cultura (ou de aculturação) da população; mas a cultura abrange muitas outras manifestações da criatividade humana: as artes (arquitectura, pintura, escultura, música, cinema, etc.), a literatura, o folclore, os museus, bibliotecas, arquivos, etc. ([2]).

Frequentemente, os meios de comunicação social têm de confrontar alguns dos seus valores específicos (verdade, rigor, objectividade, transparência) com valores culturais de outra ordem (estéticos, defesa da língua, etc.).

1987; MELVIN SIMENSKY — THOMAS SELZ — BARBARA BURNETT — ROBERT LIND — CHARLES PALMER, *Entertainment Law*, New York, Matthew Bender, 2.ª ed., 1997 (*Document Supplement*, 1999); VINCENT NELSON, *Law of Entertainment and Broadcasting*, Londres, Sweet & Maxwell, 1995.

([1]) Cf. Dec.-Lei n.º 42.660, de 20.11.1959, art. 3.º e segs.; Dec. n.º 42.661, de 20.11.1959, etc..

([2]) Cf. ALAIN RIOU, *Le droit de la culture et le droit à la culture*, Paris, ESF, 2.ª ed., 1996; ANDRÉ-HUBERT MESNARD, *Droit et politique de la culture*, Paris, PUF, 1990; JEAN-MARIE PONTTER — JEAN-CLAUDE RICCI — JACQUES BOURDON, *Droit de la Culture*, Paris, Dalloz, 1990; FELIX BENITEZ DE LUGO Y GUILLÉN, *El patrimonio cultural español. Aspectos juridicos, administrativos e fiscales. Incentivos en la Ley de Fundaciones*, Granada, Ed. Comares, 1995.

SECÇÃO III

Classificação dos meios de comunicação social

1. Têm sido feitas várias classificações dos meios de comunicação social ("media"), num sentido amplo.

2. Uma das mais completas e sugestivas é a de Francis Balle ([1]), que os classifica, segundo a "modalidade de comunicação" ou o modo de colocação à disposição do público, em "três famílias": meios autónomos, meios de difusão e meios de comunicação.

Meios autónomos são todos os suportes em que estão inscritas mensagens e que não carecem de ligação a qualquer rede particular: livros, jornais, cartazes, fonogramas (discos, cassetes audio, discos compactos audio), videogramas (filmes, cassetes video, video discos), programas de computador (em discos, disquetes, CD-ROM, CD-i e CD-foto). Por vezes, exigem equipamentos de leitura (gira-discos, gravador, computador).

Meios de difusão (unilateral) são a radiodifusão sonora (transmitida por ondas hertzianas — telefonia e telegrafia sem fios — ou por cabo) e a televisão (transmitida também por ondas hertzianas, porventura por via de satélite, ou por cabo, coaxial ou em fibra óptica).

Meios de comunicação bilateral ou multilateral são os meios de telecomunicação entre várias pessoas ou grupos ou entre uma pessoa ou grupo e uma máquina (com programas ou serviços): telefone ([2]), videografia (teletexto — difundido — ou videotexto — interactivo), telemática e videocomunicação.

3. Do ponto de vista jurídico, interessa, sobretudo, a classificação em **imprensa**, **cinema**, **radiodifusão (sonora)**, **televisão e telemática**, já caracterizados acima.

([1]) Cf. *Médias et Sociétés*, Paris, Montchréstien. 7ª ed., 1994, pág. 34 e segs.; cf. também I. BEL MALLEN — L. CORREDOIRA Y ALFONSO — PILAR COUSIDO, *Derecho de la información*, Madrid, Colex, 1992, pág. 453 e segs. e 465 e segs..

([2]) Note-se que a rede telefónica (sobretudo, quando digitalizada) permite, actualmente, uma vasta gama de modos de utilização: teleconferência, telemóvel, telechamada ("pager"), bem como gravação de chamadas e reprodução de mensagens pré-gravadas, telex, telecópia ("telefax"), etc..

SECÇÃO IV

Delimitação e caracterização do direito da comunicação social

1. A delimitação de uma disciplina científica costuma suscitar dificuldades e controvérsia. Em relação a uma disciplina nova, as dificuldades são maiores, sobretudo quando as fronteiras com as matérias vizinhas são imprecisas.

Quem se propõe fazer um estudo pode delimitar o objecto do seu trabalho como quer. A delimitação não deve, porém, ser arbitrária. Tratando-se de uma disciplina jurídica, é importante que o tema abranja todas e só as normas que apresentam determinadas características comuns.

No caso do direito da comunicação social, a delimitação das fronteiras é particularmente delicada, em consequência das relações estreitas entre a imprensa, a rádio e a televisão, por um lado, e a informática, as telecomunicações, os espectáculos, a educação e a cultura, por outro — como se deduz, nomeadamente, das considerações acima feitas.

Mais dificuldades surgem como consequência da **natureza** assumidamente *heterogénea* ou *pluridisciplinar* **das normas de comunicação social**: normas de direito constitucional (sobre a liberdade fundamental de comunicação social), de direito internacional (protector dos direitos do Homem), de direito administrativo (regulador das intervenções do Estado neste domínio), de direito penal e processual penal (sancionador dos abusos da liberdade de comunicação social), etc..

A novidade da própria ciência do direito da comunicação social faz com que sejam diversificados os modos como a doutrina delimita o seu objecto de estudo: alguns tratam do direito da *imprensa escrita e audiovisual* [1], outros, do direito da *comunicação* [2], outros ainda, do

---

[1] Cf. ROLAND CAYROL, *La Presse écrite et audiovisuelle*, Paris, PUF, 1973; já na edição actualizada de 1991, o mesmo autor usa o título *Les médias — Presse écrite, radio, télévision*.

[2] Cf. EMMANUEL DERIEUX, *Droit de la Communication*, Paris, LGDJ, 1991; BERTRAND COUSIN — BERTRAND DELCROS — THIERRY JOUANDET, *Le Droit de la Communication — Presse écrite et audiovisuel*, Paris, Ed. Moniteur, 1990, 2 vols..

50 · *Direito da Comunicação Social*

direito da *informação* ([1]), do direito do *audiovisual* ([2]), ou do direito da *comunicação social* (ou dos "media") ([3]).

2. A comunicação social é uma actividade social, que cria relações entre as pessoas e que põe em causa interesses de pessoas. Por isso, exige normas jurídicas positivas: normas de conduta social visando a justiça e susceptíveis de aplicação pela força.

Numa primeira aproximação e a benefício de ulteriores esclarecimentos e aperfeiçoamentos, pode partir-se da noção de *direito da comunicação social* como *o conjunto de normas jurídicas que regulam as actividades de comunicação social*: o estatuto das pessoas nelas envolvidas (empresas, profissionais e outras), os direitos e obrigações entre elas (a começar pela liberdade de comunicação social e seus limites), o regime dos meios (como instrumentos dessas actividades), das actividades de que eles são objecto (redacção, emissão, etc.) e dos resultados dessas actividades (jornais, revistas, programas radiofónicos ou televisivos, etc.) ([4]).

Como delimitar, porém, as *fronteiras* deste ramo de direito — se é que ele merece existir com autonomia? E quais as *características gerais* que ele, uma vez delimitado, apresenta?

3. O núcleo de partida deste ramo do direito é, sem dúvida, o direito da imprensa, construído à volta da *liberdade de imprensa* (como manifestação específica da liberdade de expressão do pensamento) e das suas limitações.

Quando surgiu a rádio e a televisão, as normas sobre a liberdade de imprensa (escrita) foram aplicadas à "imprensa audiovisual", por falta

---

([1]) Cf. Maria Eduarda Gonçalves, *Direito da Informação*, 1994, pág. 18 e segs.; J. M. Auby — R. Ducos-Ader, *Droit de l'information*, 2ª ed., pág. 6 e segs..; I. Bel Mallen — L. Corredoira y Alfonso — Pilar Cousido, *Derecho de la información*, Madrid, Colex, 1992.

([2]) Cf. Charles Debbasch, *Droit de l'audiovisuel*, Paris, Dalloz, 4.ª ed. 1995.

([3]) Cf. Roland Cayrol, *Les médias — Presse écrite, radio, télévision*, Paris, PUF, 1991; G. Robertson & Andrew Nicol, *Media law — The Rights of Journalists, Broadcasters and Publishers*, London, SAGE, 1984; Ralph Holsinger — Jon Paul Dilts, *Media law*, New York, MacGraw-Hill, 3.ª ed., 1994; Roy L. Moore, *Mass Communication Law and Ethics*, Hillsdale, New Jersey, Lawrence Erlbaum Ass., 1994.

([4]) Cf. E. Derieux, *Droit de la communication*, 1991, pág. 25.

Introdução   51

de regras específicas — e não se adaptaram mal. Verifica-se, na verdade, que há muito de comum entre o regime da imprensa e o da radiodifusão sonora e televisiva, embora se encontrem diversas especificidades decorrentes das características próprias dos meios utilizados.

4. O direito da comunicação social aplica-se também a outros meios de comunicação, além da imprensa, da rádio e da televisão? Ao cinema (documentário ou não)? À generalidade das telecomunicações? À informática e à telemática? A todos os meios de publicidade?

A unidade e a autonomia (se é que as tem — o que falta demonstrar) do direito da comunicação social resulta, não da natureza das normas nem da estrutura ou da natureza das relações jurídicas, mas do *objecto mediato* — dos meios utilizados para a prática dos actos: os meios de comunicação social.

a) Característica comum destes meios é que o *emitente* seja, em regra, uma *empresa* ou um *profissional*, que trata informação (dados sobre factos, opiniões ou ideias — mensagens — ou obras literárias ou artísticas) e a transmite (a comunica) através de um meio (suporte) para uma pluralidade de destinatários (público) ([1]).

Como veremos, todas as pessoas têm liberdade de comunicação social (ainda que, por vezes, limitada) e podem ser sujeitos activos ou passivos de relações jurídico-mediáticas; mas o que imprime carácter aos meios de comunicação social, como objecto deste ramo do direito, é que *o emitente se dirija às massas* — o que pressupõe uma *organização* de tipo empresarial ou e profissional.

b) As **actividades** de comunicação social envolvem a *recolha* e o *tratamento* de informação (dados), mas o que é essencial é a *comunicação* (divulgação ou difusão) dessa informação (dos dados tratados) ao público.

O regime jurídico da *recolha* de dados (directamente junto das pessoas ou realidades relatadas ou em bibliotecas, arquivos, museus, discotecas, fonotecas, cinematecas, videotecas, bases de dados informatizadas, etc.) interessa aos profissionais da comunicação social, mas não

---

([1]) Neste sentido, cf. E. DERIEUX, *Droit de la communication*, 1991, pág. 14.

constitui o núcleo fundamental do direito mediático. Faz parte do **direito da informação**, em sentido amplo (¹), e ou do **direito da cultura** (²).

O regime jurídico da recolha de dados *informatizados* (em computador), assim como o regime do seu tratamento, fazem parte do **direito da informática** (³), que, em certa medida, extravasa os limites do direito da comunicação social. A comunicação social não pode, todavia, deixar de utilizar, actualmente, as técnicas de tratamento de dados facultadas pela informática.

O que constitui o núcleo fundamental deste ramo de direito é a comunicação, em si, e, especialmente, a **comunicação destinada a um público** numeroso (social, neste sentido).

Em todo o caso, interessa ao direito mediático o **direito à informação**, no sentido do **direito de se informar** (de *procurar* informação) e o **direito de ser informado** (de *receber* informação), sem impedimentos, o que compreende o direito de *acesso às fontes* de informação, sobretudo por parte dos jornalistas.

c) Certos meios de comunicação (v.g., de telecomunicação) podem servir, alternativa ou simultaneamente, para utilizações públicas (desti-

---

(¹) Por exemplo, Maria Eduarda Gonçalves (*Direito da Informação*, 1994, pág. 18 e segs.), trata da protecção da informação através da propriedade intelectual, das restrições e condicionamentos jurídicos à produção, circulação e comércio da informação (segredo da informação, protecção de dados pessoais informatizados e regime jurídico da informação administrativa), do regime jurídico das telecomunicações e dos serviços telemáticos — mas quase não trata do direito da comunicação social (imprensa, rádio e televisão). Já J. M. Auby — R. Ducos-Ader (*Droit de l'information*, Paris, Dalloz, 2ª ed., 1982) dedicam a maior parte do seu estudo ao regime da imprensa, da rádio, da televisão e da publicidade. Orientação semelhante a esta é a adoptada por I. bel Mallen — L. Corredoira y Alfonso — Pilar Cousido, *Derecho de la información*, Madrid, Colex, 1992. Orientação diversa, mais próxima daquilo a que chamo direito da comunicação social é a de Luis Escobar de la Serna, *Manual de Derecho de la Informacion*, Madrid, Dykinson, 1997. Cf. ainda F. Terrou — L. Solal, *Droit de l'information*, Paris, 1952; J. M. Desantes Guanter, "Direito da Informação", in *Polis*, vol. II, pág. 458 e seg..

(²) Cf. Edouard Bonnefous — Eric Peuchot — Laurent Richter, *Droit au Musée — Droit des Musées*, Paris, Dalloz, 1994; Jean Chatelain, *Droit et administration des Musées*, Paris, La Documentation Française/École du Louvre, 1993; André--Hubert Mesnard, *Droit et politique de la Culture*, Paris, PUF, 1990; Jean-Marie Pontter — Jean-Claude Ricci — Jacques Bourdon, *Droit de la Culture*, Paris, Dalloz, 1990.

(³) Cf., por exemplo, Manuel Pinto Teixeira — Victor Mendes, *Casos e Temas de Direito da Comunicação*, Porto, Legis, pág. 109 e segs..

Introdução 53

nadas a um público mais ou menos indeterminado) ou privadas (para uma ou poucas pessoas determinadas). Em princípio, o que é característico da comunicação social, como objecto deste ramo de direito, é que se trate de utilização de meios *destinada ao público* ([1]) ou *acessível* ao público.

Por isso, só parte do **direito das telecomunicações** se inclui no direito da comunicação social: não interessam a este as telecomunicações privadas ou bilaterais ([2]).

Para saber se a utilização é pública ou privada (neste sentido), há que atender à natureza do lugar, às formas e às condições de utilização do meio ou da mensagem, bem como à intenção (cognoscível) dos seus agentes (autores, actores e outros intervenientes) ([3]).

Daqui também a distinção entre o direito mediático e o **direito da telemática**. Este regula a transmissão à distância de dados informatizados (entre computadores), entre duas ou entre várias pessoas, porventura, numerosas.

É neste ponto que há interpenetração entre o direito mediático e o direito da telemática: a divulgação para o público (utentes da rede telemática) do texto de um jornal periódico (ou de um telejornal regular) através de uma rede de computadores (como, por exemplo, a **Internet**), deve, a meu ver, ser considerada também como um meio de comunicação social, sujeita ao direito mediático (e não só ao direito da informática e da telemática) ([4]).

d) O **cinema documentário** é, sem dúvida, um meio de comunicação social (LImp art.70.º, n.º 2). O seu relevo prático é, porém, hoje

---

([1]) Com esta orientação cf. E. DERIEUX, *Droit de la communication*, 1991.

([2]) Sobre este assunto, cf., por exemplo, JACQUES GEORGEL, *Libertés de communication: Controle d'identité, écoute téléphonique, videosurveillance*, Paris, Dalloz, 1996; STEPHAN POLSTER, *Das Telekommunikationsrecht der Europäischen Gemeinschaft*, Wien, Manz, 1999, pág. 2 e seg..

([3]) Neste sentido, cf. E. DERIEUX, *Droit de la communication*, 1991, pág. 15 e seg.. Cf., também, MANUEL PINTO TEIXEIRA — VICTOR MENDES, *Casos e Temas de Direito da Comunicação*, Porto, Legis, pág. 255 e segs. e 295 e segs..

([4]) Cf. JERÔME HUET — HERBERT MAISL, *Droit de l'informatique et des telecommunications*, Paris, LITEC, 1989; *Le droit des autoroutes de l'information et du multimédia: un nouveau défi/The law of information super-highways and multimedia: a new challenge* (Actas do Colóquio da Union des Avocats Européens, realizado no Mónaco, em 3.5.1996), Bruxelas, Bruylant, 1997.

muito mais reduzido do que foi antes da televisão. A projecção de filmes (documentários ou não) em salas de cinema tem mais relevância, porén., como parte do **direito dos espectáculos e divertimentos públicos** (de natureza jurídico-administrativa) do que no âmbito do direito mediático.

e) O **direito da publicidade** (comercial) interessa muito aos profissionais da comunicação e, em grande parte, inclui-se no direito mediático; mas ex·ravasa parcialmente deste ramo de direito, enquadrando-se mais naturalmente no *direito comercial*.

4. O direito da comunicação social, ·ssim delimitado, é um conjunto de *normas jurídicas* **dispersas** (não codificadas) e **de natureza variada**, que muitos ainda não reconhecem como *um ramo* de direito.

É um ramo de direito à procura dos seus fundamentos, da sua coerência e da sua unidade. O seu conteúdo e limites são susceptíveis de evoluções e adaptações em consequência de opções políticas ou didácticas. É um direito *em formação*, nos seus princípios e na sua teoria, abrangendo um conjunto rico e variado de normas jurídicas necessárias às actividades da comunicação social ([1]).

5. O princípio fundamental é o da **liberdade**.

É preciso encontrar um modo de *garantir* esta liberdade fundamental (dos jornalistas e de todas as pessoas) perante intervenções (legítimas ou abusivas) das autoridades públicas, dos poderes económicos e de outras pessoas.

Por outro lado, a liberdade de cada um tem sempre por *limite* a liberdade dos outros. Regulamentar esta liberdade não pode significar suprimi-la, dirigi-la, controlá-la, censurá-la ou abafá-la. É preciso, pois, encontrar o justo meio entre a liberdade e o abuso proibido e punível.

Assim, o direito da comunicação social é, sem dúvida, **necessário** ([2]).

Mais delicado é o problema de saber se a disciplina jurídica da comunicação social deve reconduzir-se sempre e só às normas do direito

---

([1]) Cf. E. DERIEUX, *Droit de la communication*, 1991, pág. 13 e seg..

([2]) Cf. E. DERIEUX, *Droit de la communication*, 1991, pág. 16 e seg.; JORGE M. ALVES DE OLIVEIRA, *A Necessidade de um Direito da Informação e de um Controlo da Actividade Informativa* (tese), Lisboa, Univ. Católica Portuguesa, 1984.

co-num ou se deve conter normas *específicas*: por exemplo, em matéria de protecção da intimidade privada e do bom nome e reputação, de violência e de pornografia.

Alguns autores entendem que a introdução de normas específicas se traduz sempre em restrições inconvenientes à fundamental liberdade de expressão.

Outros consideram, porém, que os meios de comunicação social suscitam alguns problemas específicos que carecem de soluções adequadas e, além disso, têm tal impacte, que os abusos cometidos através deles justificam regras próprias (por exemplo, com penas agravadas, tribunais próprios e processos mais expeditos) ([1]).

O certo é que algumas dessas regras existem, em número, aliás, considerável — em Portugal como noutros países —, pelo que tal controvérsia pode, hoje, considerar-se ultrapassada pelo direito positivo ([2]). Continua, em todo o caso, no âmbito do direito a constituir.

6. Mais delicado é o problema da *sanção* das normas jurídicas do direito mediático.

Na verdade, observa-se, frequentemente, que as sanções comuns (criminais, civis, disciplinares, etc.) são inadequadas ou ineficientes neste domínio, pelo que têm sido adoptadas algumas soluções específicas.

Nomeadamente, recorre-se, muitas vezes, a intervenções de carácter mais *persuasivo*, do que repressivo, por parte de organismos específicos (como a Alta Autoridade para a Comunicação Social) ou representativos dos jornalistas (como o Sindicato, em relação ao código deontológico).

Em ambos os casos (uma vez que também há jornalistas na AACS), o legislador deposita considerável confiança na *auto-regulação* do comportamento dos profissionais da comunicação social, do mesmo passo que mantém um certo *controlo do acesso à profissão* (v.g. por via da carteira profissional).

O nosso ramo do direito não é, porém, o único em que esse problema da eficácia da sanção se levanta. Basta pensar no direito internacional público e até no direito penal (quantos crimes ficam por punir?).

([1]) Cf. J. M. ALVES DE OLIVEIRA, *Ob. cit.*, pág. 16 e segs. e 66 e segs..

([2]) Também se pode discutir se as normas do direito mediático têm alguma *originalidade* ou não passam de meras aplicações de princípios ou regras de outros ramos do direito.

7. De qualquer modo, o direito da comunicação social é *instrumento de uma política*: de objectivos e de princípios que se pretende ver consagrados na sociedade, no seu conjunto.

Assim, a comunicação social não é um fim em si mesma, mas um elemento do sistema sócio-político e cultural, do qual depende e para o qual contribui. O direito mediático deve estar de harmonia com os objectivos e princípios do sistema e só assim tem, ele próprio, harmonia e unidade.

A escolha desses objectivos e a afirmação desses princípios corresponde a opções de natureza política ou filosófica, se não mesmo, em última análise, de fé religiosa ([1]).

Isto reflecte-se na frequente mudança das disposições aplicáveis, ao sabor da conjuntura política e, muitas vezes, para satisfazer necessidades particulares de um momento ou reivindicações corporativas ocasionais.

Por isso, e também pela rapidez da evolução tecnológica, trata-se de um direito *dinâmico* — o que dificulta o seu estudo.

8. Por outro lado, o direito da comunicação social é um direito *diversificado*:

a) Pelas *actividades* que abrange: recolha de informações (suscitando problemas de acesso às fontes, limitado em vários domínios por deveres de segredo ou pelo respeito pela intimidade privada), tratamento e transmissão delas (por várias espécies de empresas jornalísticas, noticiosas, de rádio e de televisão, e através de vários meios);

b) Pelo *conteúdo*: importa evitar causar prejuízos a vários valores de indivíduos e de colectividades;

c) Pelas *fontes do direito*: que incluem toda a gama conhecida do direito em geral (Constituição, tratados, lei ordinária, regulamentos, etc.) mais algumas específicas (as deliberações da Alta Autoridade para a Comunicação Social, o código deontológico e o estatuto editorial);

d) Pela *natureza das normas*: de direito público (constitucional, administrativo, penal, processual penal) e de direito privado (civil, laboral, comercial, cooperativo), interno (nacional e regional) e internacional (v.g., comunitário);

([1]) Sobre o assunto, cf. E. DERIEUX, *Droit de la communication*, 1991, pág. 20.

Introdução 57

e) Pela natureza dos **meios de tutela**: preventiva e repressiva; administrativa, judicial e mediática (da Alta Autoridade para a Comunicação Social) ([1]).

SECÇÃO V
Lugar do direito da comunicação social
no conjunto dos ramos do direito

1. Como disse, o direito da comunicação social compreende normas de vários ramos do direito (segundo a classificação tradicional destes), que têm em comum o facto de se referirem às actividades que se exprimem através dos meios de comunicação social (imprensa, rádio, televisão, Internet, etc.). Compreende-se, por isso, que o direito de comunicação social tenha relações muito estreitas com diversos ramos do direito.

Pode mesmo dizer-se que o direito da comunicação social corresponde a uma "fatia" de quase todos os ramos do direito.

Na verdade, a individualização do direito da comunicação social é feita, não em função da natureza da relação jurídica regulada, nem do interesse protegido ou da existência de um poder público (como a classificação germânica), mas sim por dizer respeito aos meios de comunicação social. Utiliza-se aquilo a que se chama um critério **institucional**, por abranger todo um conjunto de normas relativas a uma instituição com características próprias ([2]).

2. Na verdade, o núcleo fundamental do direito da comunicação social consiste em disposições sobre a liberdade de comunicação social, que é um dos direitos, liberdades e garantias regulados pelo **direito constitucional**.

Por outro lado, a propaganda política visa, fundamentalmente, a promoção de ideias e pessoas, na perspectiva de eleições para órgãos do Estado, o que interessa especialmente a este ramo do direito.

([1]) Sobre o assunto, cf. E. DERIEUX, *Droit de la communication*, 1991, pág. 17.

([2]) Recorda-se que se chama *instituição* a um sistema de normas agrupadas em torno de uma ideia central (Cf. J. CASTRO MENDES, *Introdução ao Estudo do Direito*, Lisboa, 1984, pág. 42) ou à ideia de obra ou empresa que permanece e perdura num meio social (segundo a teoria desenvolvida por HAURIOU, "La théorie de l'institution et de la fondation", in *Cahiers de la Nouvelle Journée*, 1925).

58   *Direito da Comunicação Social*

3. Há normas sobre comunicação social de *direito internacional público*. Por exemplo, a liberdade de comunicação social goza de protecção internacional, através da Declaração Universal dos Direitos de Homem e da Convenção Europeia dos Direitos do Homem, garantida pelo Tribunal Europeu dos Direitos do Homem, de Estrasburgo.

4. Por outro lado, as actividades de comunicação social estão sujeitas a intervenções do Estado (Administração Pública), a qual se rege e utiliza como instrumento normas de *direito administrativo* (por exemplo, as regras sobre o licenciamento de estações emissoras de rácio e de televisão), inclusivamente de direito administrativo da economia ou *direito económico* (como, por exemplo, as normas sobre as empresas públicas de comunicação social, sobre apoios financeiros do Estado aos meios de comunicação social, sobre os preços e o porte pago).

5. O direito da comunicação social inclui também normas de *direito fiscal*, nomeadamente, relativas a benefícios fiscais (v.g., isenções e reduções da taxa de certos impostos).

6. As violações e os abusos da liberdade de imprensa e, em geral, da liberdade de comunicação social (v.g., difamação, injúria, calúnia, abuso de autoridade) são puníveis como crimes e, por isso, estão sujeitos às normas do *direito penal*.
O julgamento de cada um desses crimes e a aplicação das respectivas penas deve respeitar os princípios e seguir as formalidades do *direito processual penal* (v.g., a prévia audição do arguido).

7. Há também normas de direito da comunicação social que têm a natureza de *direito civil*, como as que regulam o dever de indemnizar os prejuízos causados a particulares por abusos da liberdade de comunicação social.

8. Especialmente importantes para a comunicação social são as normas do *direito de autor e direitos conexos*.

9. Também o *direito do trabalho* é aplicável a relações entre os jornalistas e outros colaboradores dos meios de comunicação social e os respectivos empregadores, bem como entre as respectivas associações sindicais e patronais.

Introdução 59

10. De modo semelhante, algumas normas de direito da comunicação social são de *direito comercial*: por exemplo, as que regulam a constituição e funcionamento das sociedades comerciais que se dedicam a actividades de imprensa, rádio ou televisão, ou as relativas a contratos publicitários.

11. O mesmo pode dizer-se do *direito cooperativo*, relativamente a cooperativas de profissionais da comunicação social.

Pode, talvez, compreender-se melhor esta situação através da seguinte representação gráfica, em que se indicam, na horizontal, os principais ramos do direito "clássicos" e, na vertical, os principais ramos do direito "institucionais", assinalando-se com xx a existência de matérias relevantes comuns a dois ou mais ramos:

Ramos do direito:	Constitucional	Internacional público	Administrativo	Fiscal	Penal	Processual Penal	Civil	Comercial
Família	xx	xx	xx	xx	xx		xx	xx
Trabalho	xx	xx	xx	xx	xx		xx	xx
Mediático	xx	xx	xx	xx	xx	xx	xx	xx

12. Pode discutir-se, inclusivamente, a conveniência de reconhecer *autonomia científica* ao direito da comunicação social.

Não há dúvida de que ele é constituído por normas de carácter heterogéneo: segundo os critérios tradicionais de classificação dos ramos do direito, em função da posição dos sujeitos na relação jurídica e da natureza desta, tem de reconhecer-se que as relações de comunicação social podem ter naturezas muito variadas, o que, aliás, dificulta a sua análise científica, obrigando a múltiplas distinções.

A mera justaposição de normas de direito constitucional, administrativo, penal, civil, comercial, etc. aplicáveis à comunicação social não justifica, só por si, a autonomia científica de um ramo de direito da comunicação social. Quando muito, pode justificar a existência de uma disciplina de direito da comunicação destinada à formação de profissionais desses meios — por motivos didácticos, portanto (o que, aliás, não é despiciendo).

O que importa saber é, todavia, se existe (ou se deveria existir) adaptação dessas várias normas às especificidades do fenómeno mediático; e, sobretudo, se daí resulta uma certa coerência e unidade do conjunto, em função do seu objecto comum, que justifique a sua autonomização como ramo de direito. Para além dos objectivos didácticos imediatos, esse é um dos objectivos do presente exercício ([1]).

Aliás, na ausência de codificação das normas jurídicas da comunicação social, incumbe à doutrina o papel de, por um lado, organizar o direito de modo sistemático e científico, procurando os princípios que inspiram as soluções legislativas e jurisprudenciais e de, por outro lado, divulgar o direito assim organizado e apreciá-lo criticamente (do ponto de vista da sua coerência, da sua adaptação às necessidades sociais e da sua conformidade com a justiça), preparando as reformas necessárias ([2]). Só após o êxito deste esforço poderá falar-se de um direito da comunicação social digno desse nome — que ultrapasse a pluralidade de normas dispersas.

Em todo o caso, há também elementos comuns a essas várias espécies de relações jurídicas, que não é fácil apreender quando se estudam os ramos do direito clássicos. Por exemplo, há aspectos específicos do crime de difamação através de meios de comunicação social, que convém relacionar com o regime da respectiva responsabilidade civil e com o regime constitucional da liberdade de comunicação social, decorrentes, nomeadamente, do enorme impacte político, social e económico desses actos — aspectos esses que dificilmente são apreensíveis numa análise limitada a cada um dos ramos do direito clássicos.

13. É mais fácil justificar a conveniência da **autonomia didáctica** do direito da comunicação social.

Havendo, actualmente, cursos superiores para formação de profissionais da comunicação social e sendo muito importante o conhecimento das respectivas normas jurídicas, parecem evidentes as vantagens da aprendizagem do conjunto das normas que afectam mais directamente a sua actividade específica, procurando o que têm de comum.

14. A **autonomia formal** do direito da comunicação social existe já, na medida em que há diplomas legais específicos sobre a imprensa, a rádio e a televisão. O que pode discutir-se é a conveniência da sua **codificação**, que actualmente não existe.

([1]) Sobre o assunto, cf. E. DERIEUX, *Droit de la communication*, 1991, pág. 22.

([2]) Neste sentido, cf. J. RIVERO, *Droit administratif*, Paris, Dalloz, 9.ª ed., pág. 73 e seg., cit. por E. DERIEUX, *Droit de la communication*, 1991, pág. 22.

Introdução 61

15. Poucas vezes se discute, hoje, a conveniência de **autonomia jurisdicional** neste domínio: a existência de tribunais específicos para julgar crimes de imprensa ou para apreciar a responsabilidade civil por actos ilícitos mediáticos não tem sido seriamente defendida por ninguém, tanto quanto julgo saber.

Contesta-se, geralmente, a sua conveniência com base na má memória deixada pelos tribunais plenários do regime salazarista (que, aliás, eram competentes para julgar crimes políticos e não apenas crimes de imprensa).

Diversamente, tem sido muitas vezes defendida a conveniência de estabelecer normas de **direito processual** específicas da comunicação social, nomeadamente, para tornar possível julgar de modo significativamente mais rápido os casos jurídico-mediáticos, atendendo ao seu impacte social. O problema é que a urgência de julgamento de muitos casos de outra natureza não é menor.

De qualquer modo, tem de reconhecer-se que a competência da *Alta Autoridade para a Comunicação Social* (como dos órgãos que a precederam) inclui decisões, cujo limitado alcance sancionatório não lhes retira o carácter jurisdicional, sendo de louvar a rapidez com que são tomadas.

SECÇÃO VI
Plano de estudo

Uma vez caracterizado, delimitado e enquadrado o direito da comunicação social, interessa completar esta *introdução* com o estudo das linhas gerais da sua história (no capítulo II), o confronto dos principais sistemas de comunicação social do mundo (no capítulo III) e o estudo das fontes do direito (no capítulo IV).

O estudo do direito da comunicação social, propriamente dito, começa com a análise dos *sujeitos* da relação jurídica mediática: a generalidade das pessoas, como potenciais emitentes e destinatários de informações, as empresas de comunicação social, os jornalistas e outros colaboradores e os organismos nacionais e internacionais que se ocupam destas matérias (parte I).

Segue-se o estudo da liberdade de comunicação social, em geral (parte II). A esse propósito, estudaremos: a natureza jurídica da liberdade de comunicação social e a sua protecção constitucional e internacional (cap. I); o direito de informar (cap. II), o direito de se informar (cap. III); e o direito de ser informado (cap. IV).

Depois, estudaremos as relações entre a liberdade de comunicação social e os direitos de autor e direitos conexos (parte III), bem como as relações entre a liberdade de comunicação social, a publicidade e o patrocínio (parte IV).

Os temas seguintes serão os da responsabilidade por crimes e contra-ordenações da comunicação social (parte V e VI) e da responsabilidade civil por actos ilícitos da comunicação social (parte. VII).

CAPÍTULO I

História do direito da comunicação social

SECÇÃO I

Importância do estudo da história do direito da comunicação social; principais fases

1. Para compreender o significado do direito vigente — como de outras realidades da actualidade — é importante conhecer a sua origem e a sua evolução histórica.

No caso do direito da comunicação social, a perspectiva histórica sobre os factos (v.g., as técnicas), as doutrinas e as leis é fundamental.

Agora, interessa-nos, sobretudo, a história do direito da comunicação social em Portugal, mas não é possível nem conveniente deixar de enquadrá-la no contexto da história mundial dos meios de comunicação social, em que ela, com maior ou menor atraso, se integra.

2. Na perspectiva que nos interessa agora considerar, parece adequado distinguir quatro períodos fundamentais na história do direito da comunicação social:

a) Os primórdios da imprensa e as primeiras lutas pela liberdade (1450-1846);

b) O nascimento da grande imprensa e o reconhecimento da liberdade (1846-1926);

c) O desenvolvimento da grande imprensa, o aparecimento da informação audiovisual e a censura (1926-1974);

d) O reconhecimento da liberdade de comunicação social e a revolução informática e das telecomunicações (1974-...).

SECÇÃO II

Os primórdios da imprensa e as primeiras lutas pela liberdade (1450-1846)

1. Pode admitir-se que exista uma *pré-história* **da comunicação social**, relativamente aos meios — rudimentares — que foram utiliza-

dos para fins semelhantes, antes da invenção da imprensa por Guten-berg, cerca de 1450.

Efectivamente, na antiguidade, a função de difusão de notícias pelo público era desempenhada por oradores, pregadores ou arautos, assim como por diversos tipos de sinais convencionais à distância (tambores, fumos, bandeiras, etc.).

Os primeiros esforços para reproduzir escritos terão ocorrido, prova-velmente, na Babilónia antiga, onde foram utilizados carimbos ou sinetes aplicados no barro. No antigo Egipto, na Grécia e em Roma, faziam-se cópias à mão, com pincéis, estiletes ou canetas, sobre papiros, tábuas, couros ou pergaminhos.

São do séc. I a.C. os primeiros esforços jornalísticos conhecidos: as *Acta Diurna*, afixadas nas paredes em Roma, por ordem de Júlio César ([1]).

Nem na Grécia nem na Roma antigas são conhecidas, porém, leis sobre a criação e difusão de escritos ([2]).

O primeiro jornal impresso com blocos de madeira apareceu em Pequim, no séc. VII ou VIII d.C. ([3]). E foi também na China que sur-giu, em 868, o primeiro livro impresso em papel ([4]) e que foi inventada, em 1038, a tipografia com caracteres móveis.

Na Europa, há notícia de uma lei inglesa de 1275 a punir os pro-pagadores de notícias falsas (manuscritas) ([5]).

2. A verdadeira *história* da comunicação social, no Ocidente, come-çou, porém, quando Gutenberg ([6]) inventou o prelo de madeira com caracteres móveis metálicos, entre 1430 e 1450, em Mogúncia, tendo

---

([1]) Cf. W. P. DAVIDSON, "Journalism", in *Microsoft Encarta*; J. M. AUBY — R. DUCOS-ADER, *Droit de l'information*, 2ª ed., pág. 19 e seg..

([2]) Cf. I. BEL MALLEN — L. CORREDOIRA Y ALFONSO — PILAR COUSIDO, *Dere-cho de la información*, Madrid, Colex, 1992, pág. 27 e seg.

([3]) Cf. W. P. DAVIDSON, "Journalism", in *Microsoft Encarta*; J. M. AUBY — R. DUCOS-ADER, *Droit de l'information*, 2ª ed., pág. 19 e seg..

([4]) Cf. FRANCIS BALLE, *Médias et Sociétés*, Paris, Montchréstien, 7ª ed., 1994, pág. 60.

([5]) Cf. GABRIEL THOVERON, *Histoire des médias*, Paris, Seuil, 1997, pág. 7.

([6]) JOHANN GENSFLEISCH, chamado GUTENBERG, e, ao que parece, os seus asso-ciados JOHENN FUST e PETER SCHOEFFER. Cf. ROLAND CAYROL, *Les Médias — Presse écrite, radio, télévision*, Paris, P.U.F., 1991, pág. 25.

Introdução 65

o primeiro livro assim impresso — a *Bíblia* em latim — sido datado de 1456 ([1]).

Em Portugal, o primeiro livro impresso ([2]) foi o *Pentateuco Hebraico*, em 1487, em Faro. O mais antigo texto impresso em português parece ter sido o *Sacramental* de Clemente Sanchez de Vercial, de 18.4.1488 ([3]), a que se seguiu o *Tratado de Confissom*, editado em Chaves, em 8.8.1489, o *Breviario Bracarense*, em Braga, em 1494, e a célebre *Vita Christi*, em Lisboa, em 1495 ([4]).

Os primeiros documentos de informação impressos são publicados por ocasião de acontecimentos excepcionais, como guerras ou coroações ([5]). Depois, assiste-se a esforços, mais ou menos efémeros, de imprensa permanente: em Praga (1597), em Estrasburgo (1609), em Basileia (1610), em Viena e Francoforte no Meno (1615), em Hamburgo (1616), em Berlim (1617) e em Londres (1622).

Só a partir de 30.5.1631 aparece, porém, o protótipo dos jornais da época moderna: *La Gazette* de Théophraste Renaudot, que começou por ser mensal, depois semanal e por fim diária, tendo-se publicado até 1914 ([6]).

Os historiadores discutem sobre qual tenha sido a primeira experiência de imprensa periódica em Portugal. Para além de *Relações* de factos ocasionais, que se conhecem desde 1555 ([7]), alguns referem as *Relações* de Manuel Severim de Faria, editadas em Lisboa, em 1625. Outros observam que destas só foram publicadas duas edições, pelo que

---

([1]) Cf. FRANCIS BALLE, *Médias et Sociétés*, 1994, pág. 60; ROLAND CAYROL, *Les Médias — Presse écrite, radio, télévision*, 1991, pág. 25.

([2]) Sobre a história dos livros manuscritos, cf. ARTUR ANSELMO, *História da Edição em Portugal — I — Das Origens até 1536*, Porto. Lello & Irmão, 1991, pág. 9 e segs..

([3]) Cf. ARTUR ANSELMO, *ob. cit.*, pág. 98 e seg.; AMÉRICO CORTÊS PINTO, *Da Famosa Arte da Imprimissão*, Lisboa, Ulisseia, 1948.

([4]) Cf. J. VERÍSSIMO SERRÃO, *História de Portugal*, Lisboa, Verbo, 1978, vol. II, pág. 321 e seg.. Um mandado régio de 29.4.1494 isentava de direitos os livros vindos de fora. Cf. J. VERÍSSIMO SERRÃO, *ob. cit.*, vol. II, pág. 378.

([5]) Na Alemanha, chamavam-lhes já "Zeitungen" e, na Itália, "Gazetta", do nome da moeda veneziana com que eram pagos. cf. J. M. AUBY — R. DUCOS-ADER, *Droit de l'information*, 2ª ed., pág. 21.

([6]) Cf. J. M. AUBY — R. DUCOS-ADER, *Droit de l'information*, 2ª ed., pág. 21 e seg.; GROSS, *Presserecht*, Wiesbaden, 1982, pág. 25 e seg..

([7]) Cf. JOSÉ TENGARRINHA, *História da Imprensa Periódica Portuguesa*, Lisboa, Caminho, 2.ª edição, 1989, pág. 27 e segs..

não podem considerar-se periódicos. Com esta característica, a primeira em Portugal terá sido a *Gazeta em que se Relatam as Novas Que Houve nesta Corte e Que Vieram de Várias Partes no Mês de Novembro de 1641*, editada mensalmente em Lisboa ([1]).

O primeiro diário foi editado na Alemanha, em 1660: o *Leipziger Zeitung*. Seguiu-se-lhe, em Inglaterra em 1702, o *Daily Courant*, em França em 1777, o *Journal de Paris*, e, nos EUA em 1784, o *Pensylvania Pocket* ([2]).

Entretanto, à prensa de madeira de Gutenberg sucedeu a prensa de ferro inventada por Didot, em 1780, que permitiu um aumento da velocidade de impressão ([3]); em 1796, aparece a litografia e, em 1814, foi inventada por Friedrich Koenig a primeira máquina de impressão a vapor, que permitia uma tiragem de 1100 exemplares por hora ([4]).

3. A **história do** *direito* **da comunicação social** acompanhou o desenvolvimento das técnicas, mas foi, sobretudo, *condicionada pela evolução das doutrinas religiosas, filosóficas e políticas.*

([1]) Cf. JOSÉ TENGARRINHA, *História da Imprensa Periódica Portuguesa*, Lisboa, Caminho, 2.ª ed., 1989, pág. 29 e segs. e 35 e segs.; JOSÉ TENGARRINHA, "Imprensa", in JOEL SERRÃO, *Dicionário da História de Portugal*, Lisboa, Iniciativas Editoriais, 1971, vol. II, pág. 470; A. ANSELMO, *Origens da Imprensa em Portugal*, Lisboa, 1981; JOSÉ JÚLIO GONÇALVES, "Alguns Aspectos e Problemas da Evolução e Condicionamento da Imprensa em Portugal", in *Boletim da Academia Internacional da Cultura Portuguesa*, n.º 5, 1969; NORBERTO DE ARAÚJO, "Das «Relações» e da «Gazeta» de 1641 ao jornalismo do século XX", in *Boletim do Sindicato Nacional dos Jornalistas*, N.º especial comemorativo do centenário da «Gazeta», 1941, pág. 119-124; ALBERTO BESSA, *O Jornalismo — Esboço Histórico da sua Origem e Desenvolvimento até aos nossos dias*, Lisboa, Liv. Ed. Viúva Tavares Cardoso, 1904; ALFREDO DA CUNHA, *Elementos para a História da Imprensa periódica Portuguesa (1641-1821)*, Lisboa, Academia das Ciências de Lisboa, 1941; ALFREDO DA CUNHA, "Relance sobre três séculos de Jornalismo Português", in *Boletim do Sindicato Nacional dos Jornalistas*, N.º especial comemorativo do centenário da «Gazeta», 1941, pág. 5-36; SILVA PEREIRA, "Origens do Jornalismo em Portugal", in *Ocidente — Revista Ilustrada*, Março de 1887; JOÃO ALVES DAS NEVES, *História Breve da Imprensa de Língua Portuguesa no Mundo*. Lisboa, Dir.-Ger. Com. Soc., 19989, pág. 23 e segs..

([2]) Cf. J. M. AUBY — R. DUCOS-ADER, *Droit de l'information*, 2ª ed., pág. 25.

([3]) A prensa de ferro foi usada em Portugal pela primeira vez, em 1838, pela Imprensa Nacional. Cf. JOSÉ TENGARRINHA, "Imprensa", in *ob. cit.*, pág. 489.

([4]) Cf. J. M. AUBY — R. DUCOS-ADER, *Droit de l'information*, 2ª ed., pág. 33 e seg..

Efectivamente, a liberdade de comunicação social é um dos aspectos da liberdade de opinião (ou de comunicação, sem mais): liberdade religiosa (de consciência e de culto), liberdade de ensino (de aprender e de ensinar) e liberdade de comunicação social (de expressão e de informação).

As religiões da antiguidade (como, ainda hoje, o budismo, por exemplo) não eram exclusivistas: cada um adorava os deuses do seu povo ou da sua cidade, mas nada o impedia de adorar também os deuses de outros povos. Por isso, vigorava um regime de relativa tolerância religiosa, como também filosófica ([1]).

Apesar disso, as *normas limitativas da liberdade de expressão do pensamento* são muito antigas. A condenação de Sócrates é um dos exemplos mais conhecidos ([2]). No Império romano, outros tiveram igual sorte, como Jesus Cristo e numerosos cristãos dos primeiros séculos da nossa era ([3]).

Com a expansão do cristianismo, a situação mudou. Os cristãos acreditam num Deus único ([4]), que só Ele pode ser adorado e que o próprio Deus revelou a verdade sobre si próprio e sobre a origem e o

---

([1]) Cf. JACQUES LECLERCQ, *Leçons de droit naturel — II — L'État ou la politique*, Namur, Ad. Wesmael-Charlier, 4.ª ed., 1958, pág. 59 e segs..

([2]) Em todo o caso, há quem entenda que Sócrates foi condenado à morte não por intolerância dos julgadores, mas porque ele ridicularizou os deuses da cidade, manifestando-se ele como intolerante. Cf. JACQUES LECLERCQ, *ob. cit.*, pág. 61. PLATÃO, em *A República*, defendeu a necessidade de uma lei que impossibilitasse os poetas dramáticos de minimizarem o que o Estado tivesse por legítimo, justo, belo e honesto. Por isso, preconizou a proibição de representações antes de as respectivas obras serem examinadas pelos censores.

([3]) Cf. MILTON KONWITZ, "Censorship", in *Microsoft Encarta*. Nero atribuiu aos cristãos a responsabilidade pelo incêndio de Roma, de 64, e publicou o tristemente célebre *Institutum Neronianum*, segundo o qual "non licet esse christianos". Foi o início de grandes perseguições aos cristãos, promovidas também por outros imperadores, como Domiciano (81-96), Trajano (98-117), Setímio Severo (193-211), Décio (249-251), Valeriano (253-260) e Diocleciano (303-313). Cf., por exemplo, PIERRE PIERRARD, *História da Igreja*, São Paulo, Ed. Paulinas, 1978, pág. 27 e segs.. De resto, em Roma, havia magistrados chamados censores, incumbidos de corrigir os abusos que a lei não houvesse previsto ou as faltas que os magistrados ordinários não pudessem punir.

([4]) Os judeus também acreditavam e acreditam num único Deus, mas eram um povo pouco numeroso e relativamente fechado. Cf. Rabi HAYIM HALEY DONIN, *To be a Jew — A Guide to Jewish Observance in Contemporary Life*, Purim, Basic Books, 1991, pág. 8 e segs..

fim da humanidade. Consideram que Cristo é o caminho da salvação e, por isso, desejam ganhar para Ele toda a humanidade e fazer desaparecer as outras religiões. As doutrinas contrárias às cristãs são falsas (ou, pelo menos, não são a verdade toda) e, por conseguinte, a sua difusão deve ser evitada. A defesa da verdade precede a da liberdade.

Quando os cristãos tomaram o poder político (após a conversão do Imperador Constantino e o edito de Milão, em 313, o Concílio de Niceia, em 325, e o reconhecimento como religião do Império, em 391), consideraram missão do Estado cristão ajudá-los a viver segundo a sua fé e protegê-los contra o que pudesse prejudicá-la ([1]). Não admitiam forçar ninguém a acreditar ([2]) e respeitavam os infiéis de boa fé, mas proibiam-nos de propagar ideias falsas ([3]).

Isso explica alguns exemplos antigos de *censura a textos escritos*. Nomeadamente, em 313, o Imperador Constantino mandou queimar os livros do teólogo grego Arius — o que é considerado um dos primeiros actos de censura religiosa ([4]).

O primeiro *catálogo dos livros proibidos* pela Igreja foi editado, em 496, pelo Papa Gelásio ([5]).

Para julgar os casos de *heresia* (sobretudo os maniqueus e os cátaros), inclusivamente por meio de escritos publicados, foi criada a Inqui-

---

([1]) Cf. JOSEPH DORÉ, *Les chrétiens et leurs doctrines*, Paris, Desclée, 1987, pág. 68.

([2]) Em todo o caso, S. TOMÁS DE AQUINO (num tempo em que o cristianismo era religião oficial e generalizada) dizia que "àqueles que abraçaram a fé e que a abandonam em seguida, como os heréticos e os apóstatas, deve infligir-se um constrangimento corporal para os obrigar a manter os seus compromissos" (*Summa Teologica*, IIª IIᵃᵉ, q. 10, art. 8, c). Entretanto, para os muçulmanos, a apostasia era considerada como traição e punida com a pena de morte. Cf. JOÃO SILVA DE SOUSA, *Religião e Direito no Alcorão*, Lisboa, Ed. Estampa, 1986, pág. 50 e 74.

([3]) Estas regras vigoraram quer em Estados católicos, quer nos protestantes, sem grande contestação, até ao séc. XVIII. Cf. JÓNATAS E. MENDES MACHADO, *Liberdade Religiosa numa Comunidade Constitucional inclusiva: Dos Direitos da Verdade aos Direitos dos Cidadãos*, Coimbra, Coimbra Ed., 1996, pág. 17 e segs.; ANTÓNIO MONTES MOREIRA, *A Liberdade religiosa*, Braga, Editorial Franciscana, 1971, pág. 129 e segs.; JACQUES LECLERCQ, *ob. cit.*, pág. 62 e segs..

([4]) Cf. MILTON KONWITZ, "Censorship", in *Microsoft Encarta*. Destruídos foram também os escritos dos nestorianos, condenados pelo Concílio de Constantinopla, de 499. Cf. JOSEPH DORÉ, *Les chrétiens et leurs doctrines*, pág. 83 e seg..

([5]) Cf. I. BEL MALLEN — L. CORREDOIRA Y ALFONSO — P. COUSIDO, *Derecho de la información*, 1992, pág. 28; MILTON KONWITZ, "Censorship", in *Microsoft Encarta*.

Introdução 69

sição. Em 1184, foi instituída, pelo Papa Lúcio II, a pena do fogo para os hereges impenitentes e os reincidentes ("relapsos"). Em 1199, acrescentou-se-lhe o confisco dos bens; depois, foi autorizada a tortura em matéria de fé e simplificadas as formalidades do processo; foram nomeados juízes permanentes, com jurisdição de excepção, superior à dos bispos: em 1231, foi nomeado o primeiro delegado do Papa, na Alemanha, e, no ano seguinte, em França ([1]).

Já depois da invenção de Gutenberg, Inocêncio VIII ordenou, em 1487, que os autores católicos que tratassem de temas relacionados com a fé se submetessem à *censura prévia episcopal* ([2]). O facto de terem sido divulgados pela imprensa numerosos escritos anticristãos ou heterodoxos explica, porventura, a grande desconfiança da Igreja de então relativamente a ela ([3]). Entre os primeiros livros publicados contam-se, porém, numerosos livros religiosos (bíblias, catecismos, etc.) e a Igreja criou as suas próprias *empresas de imprensa*: o Papa Sisto V (1585--1590) criou a Imprensa Vaticana e numerosas dioceses seguiram-lhe o exemplo, quando não se anteciparam.

A *censura civil* foi sendo instaurada a par da censura eclesiástica.

Em França, uma disposição de 1275 colocou os livreiros sob a vigilância da Universidade e estabeleceu o exame prévio para evitar a circulação de cópias cheias de erros.

A primeira providência estatal sobre o jornalismo foi o Édito de Worms, de Carlos V, de 1521, contra Lutero, ampliada contra folhetos e gravuras desonestas em 1524 ([4]). Disposições análogas foram publicadas em França, em 1524, e na Inglaterra, em 1586 ([5])([6]).

A censura tem de ser entendida no contexto do ambiente de intolerância religiosa e ideológica da época, quer da Igreja católica contra

---

([1]) Cf. JEAN-PIERRE DEDIEU, *A Inquisição*, Porto, Editorial Perpétuo Socorro, 1993, pág. 12 e segs..

([2]) Cf. I. BEL MALLEN — L. CORREDOIRA Y ALFONSO — P. COUSIDO, *ob. cit.*, pág. 28.

([3]) Cf. NICETO BLASQUEZ, *Etica y Medios de Comunicación*, Madrid, B.A.C., 1994, pág. 179 e seg..

([4]) Cf. I. BEL MALLEN — L. CORREDOIRA Y ALFONSO — P. COUSIDO, *Derecho de la información*, Madrid, Colex, 1992, pág. 28.

([5]) Cf. I. BEL MALLEN — L. CORREDOIRA Y ALFONSO — P. COUSIDO, *ob. cit.*, pág. 30.

([6]) A paz religiosa de Augsburgo, em 1555, assegurou a liberdade de crença (católica, luterana ou outra) dos príncipes e dos nobres e instituiu o princípio «cujus regio ejus religio».

os hereges e protestantes, quer destes contra os católicos, quer dos protestantes entre si, que deu origem, não só a mortes na fogueira e a destruição de conventos (v.g. em Inglaterra) como a verdadeiras guerras de religião, sobretudo, em França e na Holanda. Na sua origem está, em certa medida, a união entre o Estado e a Igreja, o princípio "cujus regio ejus et religio" (¹), a submissão do poder real à autoridade do Papa e a concepção da liberdade como libertação do erro (²).

4. **Em Portugal**, o interesse pelo controlo formal dos meios de comunicação não periódicos começou a manifestar-se após a instalação do Santo Ofício, em 1536, durante o reinado de D. João III (³). Ao lado da *censura eclesiástica*, a cargo do Conselho Geral do Santo Ofício e do ordinário da diocese (⁴), desenvolveu-se a *censura civil*, desde o Alvará de 22.2.1537, que criou o *primeiro regime de censura* em Portugal. Esta ficou, a partir de 1576, a cargo do Desembargo do Paço (⁵).

No segundo quartel do séc. XVII, multiplicaram-se as folhas volantes (chamadas *Relações de Novas Gerais* ou apenas *Relações* ou *Notícias Avulsas*), muitas das quais pretendiam levantar a opinião pública

---

(¹) Este princípio vigorou na Suécia até 1.1.2000, data em que o luteranismo deixou de ser religião do Estado sueco. No Reino Unido, a Igreja anglicana continua a ter por chefe a Rainha de Inglaterra.

(²) Cf. JÓNATAS E. MENDES MACHADO, *Liberdade Religiosa numa Comunidade Constitucional Inclusiva*, 1996, pág. 14 e segs.. O Papa João Paulo II, várias vezes, reconheceu os "erros e excessos" da Inquisição e rejeitou os "métodos de intolerância e violência" que a caracterizaram. Cf. *Carta Apostólica Tertio Millenio Adveniente*, de 14.11.1994, n.º 35, e LUIGI ACCCATOLI, *Quando o Papa Pede Perdão*, Lisboa, Paulinas, 1998, pág. 149 e segs..

(³) O primeiro livro português passado pela censura da Inquisição foi o *Insino Christão*, de Luís Rodrigues, em 1539. Cf. JOSÉ TENGARRINHA, *História da Imprensa Periódica Portuguesa*, 1989, pág. 100

(⁴) Apesar de os membros da Inquisição serem clérigos, eram nomeados pelo Rei e estavam sob sua autoridade, sendo utilizados como arma para a centralização do poder real. Cf. OLIVEIRA MARQUES, *História de Portugal*, Lisboa, Ágora, 1972, vol. I, pág. 287.

(⁵) O documento mais antigo que se conhece, em Portugal, faz remontar a 1537 a censura pelo Desembargo do Paço. Cf. JOSÉ TENGARRINHA, *ob. cit.*, pág. 100; JOSÉ JÚLIO GONÇALVES, "Alguns aspectos e problemas da evolução e condicionamento da imprensa em Portugal", in *Boletim da Academia Internacional de Cultura Portuguesa*, n.º 5, 1969, pág. 194 e segs.; Parecer da Câmara Corporativa n.º 27/X (sobre o Projecto de Lei n.º 5/X e a Proposta de Lei n.º 13/X, que estão na origem da Lei de Imprensa de 1971 — Lei n.º 5/71, de 5.11), n.º 49 e segs.

contra o domínio espanhol e, por isso, eram passadas "debaixo da capa". Apercebendo-se do efeito que exerciam, Filipe III impôs-lhes severas limitações, por Carta Régia de 26.1.1627 — que pode considerar-se a *primeira lei de imprensa em Portugal*, a qual introduziu um regime de exame prévio e licenciamento: "ordenareis que se não possam imprimir sem as licenças ordinárias e que antes de as dar se revejam e examinem com particular cuidado" ([1]).

Depois da Restauração de 1640, manteve-se a censura prévia, prevista nas Ordenações Filipinas (livro IV, título CII), confirmadas por D. João IV e pela Lei de 29.1.1643, segundo a qual "não se imprimiam livros sem licença d'El Rei" ([2]).

Em 19.8.1642, nova lei proibia as "gazetas gerais, com notícias do reino ou de fora, em razão da pouca verdade de muitas e do mau estilo de todas elas". A *Gazeta* foi suspensa e, quando reapareceu em Outubro, deixou de publicar notícias internas, inserindo no cabeçalho "de novas fora do Reino"; deixou de se publicar em 1647 ([3]).

De 1663 a 1667, foi publicado o *Mercúrio Portuguez* e, até 1715, apenas foi publicado um periódico: a *Gazeta,* em 1704.

A partir de 1715, foi publicada a *Gazeta de Lisboa*, que veio a tornar-se o jornal oficial, até 1833 ([4]).

Alguns outros periódicos foram publicados ao longo do séc. XVIII, sendo, porém, escasso o movimento jornalístico, em consequência da censura e dos monopólios e regalias de que gozavam algumas publicações periódicas ([5]). Na verdade, foi criada a *Real Mesa Censória*, por Decreto de 5.4.1768, que constituiu o *segundo regime de censura* em Portugal ([6]). Neste mesmo ano, foi criada a Imprensa Nacional de Lisboa ([7]).

([1]) Transcrita em JÚLIO GONÇALVES, *Leis de Informação (Portugal), 1627-1965*, Braga, Pax, 1965, pág. 14 e seg.; cf. JOSÉ TENGARRINHA, *História da Imprensa Periódica Portuguesa*, 1989, pág. 30.

([2]) Cf. JOSÉ TENGARRINHA, *ob. cit.,* pág. 30.

([3]) Cf. JOSÉ TENGARRINHA, *ob. cit.,* pág. 39.

([4]) Cf. JOSÉ TENGARRINHA, *ob. cit.,* pág. 43. Um alvará de D. José, de 24.12.1768, criou a Impressão Régia, que, mais tarde, passou a chamar-se Régia Oficina Tipográfica, Imprensa Régia e, a partir de 1833, Imprensa Nacional. Nela incorporada, em 1934, a Imprensa da Universidade de Coimbra (criada em 1556 e designada Real Oficina da Universidade, de 2.6.1759 a 1772). Existiu também uma Imprensa da Universidade de Évora, de 1657 a 1797.

([5]) Cf. JOSÉ TENGARRINHA, *ob. cit.,* pág. 43 e seg..

([6]) Cf. JOSÉ TENGARRINHA, *ob. cit.,* pág. 48 e 101 e seg..

([7]) Cf. RAMIRO FARINHA, *Imprensa Nacional de Lisboa: Sinopse da sua História,*

5. A censura à imprensa veio a ser posta seriamente em causa por influência de **pensadores liberais** e anticlericais, como John Milton ([1]), John Locke ([2]), Jean-Jacques Rousseau ([3]), Voltaire ([4]), etc. ([5]), para quem o Estado não dispõe de um critério seguro de distinção entre a verdade e o erro, importando sobretudo assegurar a convivência pacífica dos cidadãos dos vários credos religiosos e das várias opiniões político-sociais, em posição de igualdade e liberdade ([6]).

A Inglaterra foi a *primeira a pôr fim ao regime de censura*, em 1695 ([7]) — após uma curta liberalização, de 1641 a 1643. Em todo o caso, até 1855, a imprensa continuou submetida a um regime fiscal muito pesado, que a levou a recorrer à publicidade comercial ([8]).

Na Suécia, foi publicada, em 1766, a *primeira Lei de liberdade de imprensa*, embora admitisse excepções para a censura eclesiástica e a protecção do Estado, do Governo e da Administração Central ([9]).

Na América do Norte, a *Declaração de Direitos de Virgínia*, de 16.6.1776 ([10]), proclamou que "A liberdade de imprensa é um dos grandes baluartes da liberdade e nunca deve ser restringida por governos

---

Lisboa, Imprensa Nacional, 1969; JOSÉ VITORINO RIBEIRO, *A Imprensa Nacional de Lisboa: Subsídios para a sua História — 1768-1912.*

([1]) Cf. *Areopagitica — A Speech for the Liberty of Unlicenced Printing to the Parliament of England*, London, 1644 (in *Complete English Poems, of Education, Areopagitica*, 4.ª edição de Gordon Campbel, Everyman, London, 1998, pág. 573 e segs..

([2]) Cf. *Essay on civil government*, 1690.

([3]) Cf. *Du Contrat Social*, 1762, e *Émile*, 1762.

([4]) Cf. "Liberté de penser", in *Dictionnaire philosophique*, 1765 (na edição de Paris, Gallimard, 1994, pág. 355 e segs.).

([5]) Cf. RALPH HOLSINGER — JOHN PAUL DILTS, *Media Law*, 1994, pág. 21 e segs.; JACQUES LECLERCQ, *Leçons de droit naturel — II — L'État ou la politique*, 1958, pág. 19 e segs. e 71 e segs..

([6]) Sobre a questão, cf. JÓNATAS E. MENDES MACHADO, *Liberdade Religiosa numa Comunidade Constitucional Inclusiva*, Coimbra, 1996, pág. 73 e segs..

([7]) Com a abolição do *Licensing Act*. Cf. JEAN-NOËL JEANNENEY, *Uma História da Comunicação Social* (trad. do francês), Lisboa, Terramar, 1996, pág. 32.

([8]) Cf. J. M. AUBY — R. DUCOS-ADER, *Droit de l'information*, 2ª ed., pág. 26. O primeiro periódico português a incluir anúncios publicitários foi a *Gazeta de Lisboa*, em 31.8.1715 (cf. JOSÉ TENGARRINHA, "Imprensa", in *ob. cit.*, pág. 493).

([9]) Cf. HUGO TIBERG — FREDERIK STERZEL — PÄR CRONHULT, *Swedish Law — A Survey*, Estocolmo, Juristförlaget, 1994, pág. 33.

([10]) Redigida por George Mason. Cf. LUIS ESCOBAR DE LA SERNA, *Derecho de la información*, 1998, pág. 32.

Introdução 73

despóticos" ([1]). Pouco tempo depois, foi introduzido um primeiro aditamento à Constituição dos Estados Unidos da América, segundo o qual "É vedado ao Congresso (...) restringir a liberdade de palavra ou de imprensa (...)" (art. I) ([2]).

Entretanto, em França, o princípio da liberdade de imprensa veio a ser afirmado pela *Declaração dos Direitos do Homem e do Cidadão*, de 26.8.1789 ([3]).

Estes exemplos deram os seus frutos em diversos outros países do mundo ([4]).

6. **Em Portugal**, no último quartel do séc. XVIII, começou a crescer a fermentação revolucionária, que mais se intensificou após a Revolução francesa. Desenvolveu-se, então, a literatura panfletária e aumentou o número de jornais, frequentemente objecto de repressão ([5]).

([1]) Cf. JORGE MIRANDA, *Textos Constitucionais Estrangeiros* (Suplemento da *Rev. Fac. Dir. Univ. Lisboa*), 1974, pág. 34. A Declaração de Independência dos E.U.A. foi proclamada em 4.7.1776.

([2]) Aprovado em 25.9.1789 e ratificado em 15.12.1791. Cf. JORGE MIRANDA, *Constituições Políticas de diversos Países*, Lisboa, Imprensa Nacional, 1975, pág. 35.

([3]) "A livre comunicação dos pensamentos e das opiniões é um dos mais preciosos direitos do homem; todo o cidadão pode, portanto, falar, escrever, imprimir livremente, respondendo, todavia, pelos abusos desta liberdade nos termos previstos na lei" (art. 11.º). Cf. JORGE MIRANDA, *Constituições Políticas de Diversos Países*, Lisboa, Imprensa Nacional, 1975, pág. 53.

([4]) Por exemplo, em Espanha, o regime de censura foi levantado em 1810 e a Constituição de Cádiz de 1812, inspirada na Constituição americana, dispôs que "Todos os espanhóis têm liberdade de escrever, imprimir e publicar as suas ideias políticas sem necessidade de licença, revisão ou aprovação alguma anterior à publicação, sob as restrições e responsabilidade que estabeleçam as leis". A primeira lei espanhola de imprensa foi publicada em 1812. Em todo o caso, foram regulamentadas as Juntas de Censura, em 1813. A censura foi suprimida de novo, em 1820, mas logo restabelecida em 1834. A Constituição de 1845 voltou a afirmar a liberdade de imprensa, alternando-se, depois, períodos de censura mais ou menos apertada e períodos de liberdade. Cf. I. BEL MALLEN — L. CORREDOIRA Y ALFONSO — PILAR COUSIDO, *Derecho de la información*, 1992, pág. 32 e segs..

([5]) O próprio Papa Clemente XII, na encíclica *Christianae reipublicae salus*, de 25.11.1766, falou de uma "peste dos livros" anticristãos. Pio VI, em 1800 e 1814, qualificou a liberdade de imprensa como um direito monstruoso, para criticar a ideia dos iluministas, que consideravam moral a publicação impune de qualquer coisa em matéria de religião. Gregório XIV, na encíclica *Mirari vos*, de 15.8.1832, denuncia a liberdade de imprensa como responsável por um crescente indiferentismo beligerante contra a fé cristã (contra os católicos liberais Lamennais, Montalembert e Lacordaire).

Pina Manique, em edital de 13.3.1781, manifestou-se contra a "relaxação" com que se divulgavam no Reino "papéis satíricos e libelos inflamatórios", assim como, clandestinamente, outros papéis com "doutrinas erróneas, falsas, sediciosas" ([1]).

Já no reinado de D. Maria I, foi instituído pela Carta de Lei de 21.6.1787 o *terceiro regime de censura*, que extinguiu a Real Mesa Censória e criou a Real Mesa da Comissão Geral sobre o Exame e Censura dos Livros ([2]).

Sob a regência de D. João, foi, todavia, introduzido um *quarto regime de censura*, pela Carta de Lei de 17.12.1794, que correspondeu a um regresso ao primeiro, atribuindo a censura de novo ao Santo Ofício da Inquisição, ao ordinário da diocese e à Mesa do Desembargo do Paço ([3]).

A situação agravou-se com a Lei de 19.4.1803, que concedia à Impressão Régia o privilégio privativo de que só nela se pudessem imprimir "todos e quaisquer papéis volantes", acrescentando-se que "sejam sempre revistos e aprovados na Junta Literária da mesma Impressão antes de se estamparem" ([4]). A vigilância era tal, nos princípios de 1812, que o Intendente-Geral da polícia ordenou que os próprios anúncios não poderiam ser publicados sem sua autorização ([5]).

No final do séc. XVIII, os jornais começaram a conquistar audiência, surgindo em 1809 o primeiro diário português: o *Diário Lisbonense*, que se publicou até 1813 ([6]).

A seguir às **invasões francesas** e enquanto durou a guerra, *a imprensa foi liberalizada*, mas finda ela, sucessivos decretos voltaram a reprimi-la ([7]).

Cf. N. BLASQUEZ, *Etica y Medios de Comunicación*, pág. 180; JOSEPH DORÉE, *Les chrétiens et leurs doctrines*, pág. 292 e segs..

([1]) Cf. JOSÉ TENGARRINHA, "Imprensa", in *Dicionário de História de Portugal*, pág. 475.

([2]) Cf. JOSÉ TENGARRINHA, *História da Imprensa Periódica Portuguesa*, pág. 103.

([3]) Cf. JOSÉ TENGARRINHA, *ob. cit.*, pág. 104.

([4]) Cf. JOSÉ TENGARRINHA, *ob. cit.*, pág. 115.

([5]) Cf. JOSÉ TENGARRINHA, "Imprensa", in *ob. cit.*, pág. 473.

([6]) Cf. JOSÉ TENGARRINHA, *História da Imprensa Periódica Portuguesa*, pág. 57 e seg..

([7]) Cf. JOSÉ TENGARRINHA, *ob. cit.*, pág. 59 e segs.. Até ao fim do Antigo Regime, a censura desenvolveu-se, sobretudo, para defesa da doutrina cristã (contra os ateus, ímpios, sacrílegos, hereges e "pervertidos filósofos destes últimos tempos"),

Introdução 75

7. Com a **revolução liberal de 1820** (estando D. João VI no Brasil), não foi logo abolida a censura prévia aos livros e periódicos, mas foi aprovada uma Portaria de 21.9.1820 e um aviso da mesma data com o fim de regular a censura prévia e facilitar a liberdade de imprensa, contanto que fosse respeitada a religião, o rei e a dinastia, a Constituição futura, os bons costumes e as nações estrangeiras ([1]).

Pouco tempo depois, foi, porém, **abolida formalmente a censura prévia e regulada a liberdade de imprensa** — pela *Carta de Lei de 4.7.1821* (mandada executar a 12.7 e publicar a 14.7)([28]), que constitui a *primeira lei de imprensa* digna desse nome em Portugal ([3]).

---

para defesa do regime político da monarquia absoluta (contra o poder de Roma e dos jesuítas, contra a Maçonaria e os republicanos) e para defesa da estabilidade e segurança sociais (contra a desmoralização pública e a dissolução dos costumes). Cf. JOSÉ TENGARRINHA, *Da Liberdade Mitificada à Liberdade Subvertida*, Lisboa, Colibri, 1993, pág. 19 e segs..

([1]) Segundo aquela Portaria, foi nomeada uma comissão de censores para "facilitar a leitura dos bons livros e papéis nacionais e estrangeiros, para que se não retarde a notícia dos acontecimentos interessantes, nem a comunicação de ideias úteis para se dirigir a opinião pública segundo os princípios de uma bem entendida liberdade civil, enquanto pelo Poder Legislativo em Cortes, a quem compete, se não fixa uma regra invariável sobre este objecto assaz importante". Cf. JOSÉ TENGARRINHA, *ob. cit.*, pág. 124.

([2]) Esta Lei, baseada no projecto de Soares Franco, afirmou que "Toda a pessoa pode (...) imprimir, publicar, compor e vender nos estados portugueses quaisquer livros ou escritos sem prévia censura", reconheceu o direito de propriedade do autor, tipificou os abusos da liberdade de imprensa e as penas correspondentes, previu a criação de "conselhos de juizes de facto", em cada distrito, para julgar os delitos cometidos por abuso da liberdade de imprensa, estabeleceu a ordem do processo nos juízos sobre os abusos da liberdade de imprensa e criou um tribunal especial de protecção da liberdade de imprensa. Cf. JOSÉ D'ARRIAGA, *História da Revolução Portugueza de 1820*, Porto, Liv. Portuense, 1888, pág. 222 e segs.; JÚLIO GONÇALVES, *Leis de Informação (Portugal), 1627-1965*, Braga, Pax, 1965, pág. 16 e segs.; JOSÉ TENGARRINHA, *ob. cit.*, pág. 128; JOSÉ TENGARRINHA, *Da Liberdade Mitificada à Liberdade Subvertida — Uma Exploração no Interior da Repressão à Imprensa periódica de 1820 a 1828*, Lisboa, Colibri, 1993, pág. 40 e segs.; GRAÇA FRANCO, *A Censura à Imprensa (1820-1974)*, Lisboa, Imprensa Nacional — Casa da Moeda, 1993, pág. 11 e segs.; AUGUSTO DA COSTA DIAS, *Discursos sobre a Liberdade de Imprensa no Primeiro Parlamento Português: 1821*, Lisboa, Portugália, 1966 (2.ª ed. Lisboa, Estampa, 1978). No mesmo ano de 1821, foi suprimida a Inquisição em Portugal.

([3]) Cf. também as cartas de lei de 29.1.1822 e de 21.6.1822, in JÚLIO GONÇALVES, *Leis de Informação (Portugal), 1627-1965*, Braga, Pax, 1965, pág. 33 e segs..

A Constituição de 23.9.1822 consagrou a liberdade de expressão de pensamento (inclusivamente, pela imprensa) nos seguintes termos: "A livre comunicação dos pensamentos é um dos mais preciosos direitos do homem. Todo o português pode conseguintemente, sem dependência de censura prévia, manifestar suas opiniões em qualquer matéria, contanto que haja de responder pelo abuso desta liberdade nos casos e pela forma que a lei determinar" (art. 7.º)[1].

A imprensa foi mesmo favorecida pelo facto de, por força de um Decreto de 28.4.1825, os jornais passarem a pagar, de *porte* pelo correio, a quarta parte da taxa das cartas [2].

A censura prévia não se extinguiu, porém, completamente, até 1834. Na verdade, a Lei de 1821 e a Constituição de 1822 não chegaram a ser aplicadas em toda a sua extensão.

8. Após a *Vilafrancada*, o Decreto de 2.6.1823, do Governo do Conde de Subserra, revogou a Constituição de 1822 e um diploma de 6.3.1824 fez regressar a imprensa ao regime de *censura* em que se encontrava após a Lei de 1794 [3].

---

[1] Este texto constitucional foi aprovado por influência dos liberais, entre os quais se destacaram FRANCISCO SOARES FRANCO, MANUEL BORGES CARNEIRO, MANUEL FERNANDES TOMÁS e SIMÕES MARGIOCHI. Este comparava a liberdade de imprensa ao "fogo do Céu, arrebatado por Prometeu para animar a beleza" (cf. JOSÉ TENGARRINHA, *História da Imprensa Periódica Portuguesa*, pág. 126 e segs.). Outros lembravam as teses liberais do "market place of ideas", de que a Igreja Católica, pelo poder da sua verdade intrínseca, não tinha nada a recear da liberdade de imprensa nem carecia da tutela estadual para salvaguardar a sua integridade e pureza dogmáticas. Não deixou, todavia, de encontrar críticos, como o Bispo de Beja, que advogava abertamente a censura prévia de todos os escritos (cf. *Diário das Cortes Gerais Extraordinárias da Nação Portuguesa*, n.º 14 e 15, respectivamente de 14 e 15.2.1821; e MANUEL FERNANDES TOMÁS *A Revolução de 1820*, Lisboa, Seara Nova, 1974, pág. 77 e segs.). FAUSTINO JOSÉ DA MADRE DE DEOS (in *A Constituição de 1822 Comentada e Desenvolvida na Pratica*, Lisboa, Tipografia Maigrense, 1823, pág. 7 e seg.) observava, também, que "Eu antes quero que me privem de publicar hum escrito, do que me castiguem por te-lo publicado: porque da privação não recebo mais do que um desgosto; e do castigo recebo graves danos. Da publicação podem provir muitos males à sociedade; e da prohibição não lhe póde provir mal algum".

[2] Cf. JOSÉ TENGARRINHA, "Imprensa", in *Dicionário da História de Portugal*, pág. 488.

[3] Cf. JOSÉ TENGARRINHA, *Da Liberdade Mitificada à Liberdade Subvertida — Uma Exploração no Interior da Repressão à Imprensa Periódica de 1820 a 1828*, pág. 27 e segs..

Introdução

9. A *Carta Constitucional* de D. Pedro I, de 29.4.1826, *aboliu a censura prévia* (art. 145.º, § 3.º ([1])); mas o novo Governo de Aragão Morato, com o Decreto de 18.8.1826, adoptou Instruções destinadas a reprimir os abusos dos jornais, de tal modo que ficou bastante *limitada a liberdade* de imprensa. Por outro lado, estabeleceram-se diversos privilégios e exclusivos e diversos diplomas restringiram tal liberdade, criando inclusivamente, comissões de censura ([2]).

10. Na sequência da *aclamação de D. Miguel*, o Decreto de 16.8.1828 aboliu a Comissão de Censura, atribuindo competência para o mesmo fim, de novo, à Mesa do Desembargo do Paço ([3]). Em consequência disso, o movimento da imprensa caiu verticalmente ([4]).

11. Derrubado o absolutismo, foi revogado o Decreto de 16.8.1828 (pelo Decreto de 23.8.1830), voltando a ser nomeada uma Comissão de nove censores (pelo Decreto de 21.11.1833 ([5])), não tendo sido reposto em vigor o § 3º. do art. 145.º da Carta Constitucional ([6]).

Após a subida ao poder do Duque de Palmela, a *Carta de Lei de 22.12.1834* ([7]) veio restabelecer e regular a *liberdade de imprensa* ([8]), de novo consagrada pela *Constituição de 1838* ([9]). Assistiu-se, então, a

---

([1]) Este preceito dispunha o seguinte: "Todos podem comunicar os seus pensamentos por palavras, escritos, e publicá-los pela Imprensa sem dependência de Censura, contanto que hajam de responder pelos abusos que cometeram no exercício deste direito, nos casos e pela forma que a Lei determinar".

([2]) Cf. Decretos de 23.9.1826, 20.6.1827, 17.8.1827 e 13.9.1827, cit. por JOSÉ TENGARRINHA, *História da Imprensa Periódica Portuguesa*, 1989, pág. 139 e seg..

([3]) Tribunal de recurso, que havia sido extinto pelos Decretos de 3 e 9.8.1933. Cf. "Desembargo do Paço", in JOEL SERRÃO, *Dicionário de História de Portugal*.

([4]) Cf. JOSÉ TENGARRINHA, *ob. cit.*, pág. 141 e seg..

([5]) Cf. JÚLIO GONÇALVES, *Leis de Informação (Portugal), 1627-1965*, pág. 37 e seg..

([6]) Cf. JOSÉ TENGARRINHA, "Imprensa", in *Dicionário de História de Portugal*, pág. 480.

([7]) Em 1834, foram também extintas as corporações medievais e, em 30.5.1834, foram suprimidas as ordens religiosas.

([8]) Cf. JÚLIO GONÇALVES, *Leis de Informação (Portugal), 1627-1965*, pág. 38 e segs.. A favor desta lei pronunciou-se ALEXANDRE HERCULANO, "A Imprensa — 1838", in *Opúsculos*, Lisboa, Liv. Bertrand, 3.ª ed., tomo VIII, pág. 13 e segs. e na sessão da Câmara dos Deputados de 1840.

([9]) O art. 13.º da Constituição de 1838 dispôs o seguinte: "Todo o Cidadão

um progressivo aumento da actividade jornalística, condicionada também pela gradual redução do analfabetismo, na sequência das leis sobre o ensino, de Palmela e de Rodrigo da Fonseca Magalhães, respectivamente, de 1832 e 1835 ([1]).

Depois da restauração da *Carta Constitucional* por Costa Cabral, em 1843, intensificaram-se as acções contra a imprensa oposicionista ([2]). Em todo o caso, a Lei de 1.7.1848 isentou de porte de correio as publicações literárias e reduziu o das políticas ([3])([4]).

12. Em resumo, pode dizer-se que, em Portugal, a imprensa, durante todo o período que vai desde o seu aparecimento, no séc. XVI, até 1846, viveu em regime de censura, com excepção de três curtos períodos de relativa liberdade: de 1821 a 1823, de 1826 a 1828 e de 1834 a 1846 — quando outros países haviam já conquistado duradouramente a liberdade de imprensa (a Inglaterra, desde 1695, os Estados Unidos da América, desde 1776, a França, desde 1789, etc.).

---

pode comunicar os seus pensamentos pela imprensa ou por qualquer outro modo, sem dependência de censura prévia.

§ 1.º — A Lei regulará o exercício deste direito; e determinará o modo de fazer efectiva a responsabilidade pelos abusos nele cometidos.

§ 2.º — Nos processos de Liberdade de Imprensa, o conhecimento do facto e a qualificação do crime pertencerão exclusivamente aos Jurados".

A liberdade de imprensa é, então, referida por ALEXANDRE HERCULANO, como "um dogma, o primeiro da religião política moderna", devendo "ter sua medida (...) para que possam coexistir em proveito de todos os cidadãos". Cf. "A Imprensa", in *Diário do Governo*, n.º 99, de 27.4.1838, pág. 415 e seg., e in *Opúsculos*, Lisboa, 2.ª ed. pág. 17 e segs. e 20 e segs..

([1]) Cf. JOSÉ TENGARRINHA, "Imprensa", in *ob. cit.*, pág. 481.

([2]) Cf. JOSÉ TENGARRINHA, *História da Imprensa Periódica Portuguesa*, 1989, pág. 160 e segs.. Entretanto, um Decreto de 24.9.1844 autorizou o Governo a mandar imprimir jornais para promover o ensino, as letras, as ciências e as artes — o que parece não ter tido execução (Cf. JOSÉ TENGARRINHA, "Imprensa", in *ob. cit.*, pág. 484).

([3]) Cf. JOSÉ TENGARRINHA, "Imprensa", in *ob. cit.*, pág. 488.

([4]) Para maiores desenvolvimentos sobre todo este período (inclusivamente nas colónias), cf. GRAÇA FRANCO, *A Censura à Imprensa (1820-1974)*, Lisboa, Imprensa Nacional — Casa da Moeda, 1993; A. ANSELMO, *Origens da Imprensa em Portugal*, Lisboa, 1981; J. TENGARRINHA, *História da Imprensa Periódica Portuguesa*, Lisboa, 1966; NORBERTO DE ARAÚJO, "Das «Relações» e da «Gazeta» de 1641 ao jornalismo do século XX", in *Boletim do Sindicato Nacional dos Jornalistas*, N.º especial comemorativo do centenário da «Gazeta», 1941, pág. 119-124; ALFREDO DA CUNHA, *Ele-*

Introdução

SECÇÃO III

O nascimento da grande imprensa e o reconhecimento da liberdade (1846-1926)

1. O início da utilização da *prensa rotativa* marcou o começo de uma nova fase na história da *imprensa*: tornou possível o nascimento da *grande imprensa*, que se reflectiu inevitavelmente no seu regime jurídico.

Na verdade, a partir de meados do séc. XIX, a imprensa beneficiou de um conjunto de modificações tecnológicas que permitiram um grande salto no seu desenvolvimento (em número de títulos, tiragem e difusão), favorecido pela consagração cada vez mais generalizada da liberdade de imprensa.

Em 1846, foi utilizada pela primeira vez, nos Estados Unidos da América, a prensa rotativa, sendo depois melhorada através da apresentação do papel em rolos. Seguiu-se a invenção de novas máquinas de composição (linótipo, em 1884, monotipo, em 1887), da heliogravura (1875), da fotogravura (1876) e da fotocomposição (1915).

Entretanto, o telégrafo ([1]) foi aberto às comunicações privadas (em 1850), Bell conseguiu a primeira transmissão por telefone (em 1876) e

---

mentos para a História da Imprensa periódica Portuguesa (1641-1821), Lisboa, Academia das Ciências de Lisboa, 1941; ALFREDO DA CUNHA, "Relance sobre três séculos de Jornalismo Português", in *Boletim do Sindicato Nacional dos Jornalistas*, N.º especial comemorativo do centenário da «Gazeta», 1941, pág. 5-36; ALBERTO BESSA, *O Jornalismo — Esboço Histórico da sua Origem e Desenvolvimento até aos nossos dias*, Lisboa, Liv. Ed. Viúva Tavares Cardoso, 1904; TOMAZ RIBEIRO, *História da Legislação Liberal Portuguesa*, Lisboa, Imprensa Nacional, 1891, 2 vols.; ALBERTO MORAIS, "As Comunicações Sociais", in *Um Século de Cultura Católica em Portugal*, Lisboa, Laikos, 1984, pág. 75 e seg.; A. XAVIER DA SILVA PEREIRA, *As Leis de Imprensa*, Coimbra, Imprensa da Universidade, 1901, 1901; SILVA PEREIRA, "Origens do Jornalismo em Portugal", in *Ocidente — Revista Ilustrada*, Março de 1887; I. BEL MALLEN — L. CORREDOIRA Y ALFONSO — PILAR COUSIDO, *Derecho de la información*, Madrid, Colex, 1992, pág. 25 e segs.; FRANCIS BALLE, *Médias et Sociétés*, Paris, Montchréstien, 7.ª ed., 1994, pág. 59 e segs.; R. CAYROL, *Les Médias — Presse écrite, radio, télévision*, Paris, PUF, 1991, pág. 25 e segs.; J. M. AUBY — R. DUCOS-ADER, *Droit de l'information*, 2.ª ed., pág. 19 e segs..

([1]) Claude Chappe inventou, em 1790, o telégrafo óptico. O telégrafo eléctrico foi inventado, em 1837, pelo americano Samuel Morse. Cf. BALLE, *Médias et sociétés*, 1994, pág. 88. O telégrafo facilitou enormemente a obtenção de notícias do estrangeiro.

foram lançados cabos submarinos (sob a Mancha, em 1851, e transatlântico, em 1866).

Charles Havas abriu, em 1832, o seu "escritório de notícias", que, em 1840, era já um êxito, tendo sido seguido por Bernhardt Wolff, em Berlim, em 1849, por Julius Reuter, em Londres, em 1851, e outras *agências noticiosas*, que permitiram uma melhor difusão das notícias ([1]).

2. Na generalidade dos países europeus, assistiu-se à consagração da liberdade de imprensa (defendida por liberais, como J. Bentham ([2]), *J. Stuart Mill* ([3]) *e outros), embora com períodos, mais ou menos longos, de restrições e censura.*

Assim, na *Itália*, o Estatuto Albertino, de 1848 (que veio a tornar-se Carta Constitucional), logo seguido pelo Édito sobre a Imprensa, do mesmo ano (r. d. n.º 695), acolheu o modelo francês ([4]).

Na *França*, o Império liberal suprimiu a autorização prévia ([5]); o Governo da Defesa Nacional aboliu o imposto de selo ([6]), proclamou a liberdade de imprensa e de edição de livros ([7]), suprimiu a caução e restabeleceu a competência do júri ([8]). A Assembleia Nacional adoptou uma política mais restritiva com as Leis de 6.7.1871 e de 29.12.1875. Após a partida de MacMahon, os políticos entenderam-se para dar à imprensa um estatuto liberal destinado a protegê-la contra os abusos do poder e simultaneamente a evitar os perigos da liberdade excessiva, pondo ordem numa legislação dispersa por 42 diplomas diferentes. Esses os

---

([1]) Cf. J. M. AUBY — R. DUCOS-ADER, *Droit de l'information*, 2.ª ed., pág. 33 e segs.. Como a difusão das publicações depende dos meios de transporte, convém ter presente que, até ao séc. XVIII, os transportes terrestres eram feitos por carros de bois e muares, demorando cerca de 7 dias a viagem de Lisboa ao Porto. Só em 1849 foi construída a primeira estrada macadamizada, começando, então, a circular as primeiras diligências, que, em 1859, demoravam 34 horas de Lisboa ao Porto. A alternativa era o transporte marítimo ou fluvial, também lento. Cf. JOEL SERRÃO, "Transportes", in *Dicionário da História de Portugal*, 1971, vol. IV, pág. 192 e segs..

([2]) Cf. *On Liberty*, 1859.

([3]) Cf. *On Liberty*, 1859.

([4]) Segundo o art. 38.º, "A imprensa será livre, mas uma lei reprime os abusos dela". Cf. PAOLO CARETTI, *Diritto pubblico dell'informazione*, Bologna, Il Mulino, 1994, pág. 16 e segs..

([5]) Lei de 11.5.1868.

([6]) Dec. de 5.9.1870.

([7]) Dec. de 10.9.1870.

([8]) Dec. de 10 e 21.10.1870.

objectivos fundamentais da Lei de 29.7.1881, que está ainda, fundamentalmente, em vigor, embora com mais de vinte alterações (¹).

Na *Alemanha*, a Lei Imperial de Imprensa, de 7.5.1874, aboliu a censura prévia e suprimiu o sistema de concessão e de caução (²).

Na *Rússia*, após a revolução de 1917, o regime comunista colocou a imprensa e, mais tarde, todos os meios de comunicação social sob o controlo do Partido Comunista, como vanguarda dos trabalhadores, ao serviço do socialismo (isto é, da ditadura do proletariado). Situação semelhante veio a ser criada no resto da União Soviética e nos países seus satélites (³) (⁴), perdurando até 1989.

A própria *Igreja* — confrontada com um mundo religiosamente pluralista — mudou profundamente de atitude relativamente aos meios de comunicação social. *L'Osservatore Romano* foi criado em 1861 (⁵), mas Pio IX, na encíclica *Quanta cura* ou *Syllabus*, de 8.12.1864, acusava ainda a liberdade de imprensa sem nenhum tipo de controlo e a difusão jornalística de contribuir para o aumento do indiferentismo e a corrupção moral e espiritual do povo. Diversamente, Leão XIII, nas encíclicas *Etsi nos*, de 15.12.1882, e *Immortale Dei*, de 1.11.1885, pensou que havia que responder à imprensa comunista, niilista e anarquista com uma imprensa católica; e a encíclica *Libertas prestantissimus*, de 1888, defendeu já a liberdade de consciência, de ensino e de imprensa (⁶). Por seu turno, o pontificado de Bento XV significou um notável impulso da imprensa como meio de compreensão e reconciliação, apesar de se

---

(¹) Cf. J. M. AUBY — R. DUCOS-ADER, *Droit de l'information*, 2.ª ed., pág. 40 e seg..

(²) Cf. ROLF GROSS, *Presserecht*, Wiesbaden, Deut. Fachschriften-Verlag, 1982, pág. 26.

(³) Cf. ALBERTO A. DE CARVALHO — A. MONTEIRO CARDOSO, *Da Liberdade de Imprensa*, pág. 46 e segs..

(⁴) Sobre todo o período histórico, de 1846 a 1926, cf. FRANCIS BALLE, *Médias et Sociétés*, Paris, Montchréstien, 7.ª ed., 1994, pág. 64 e segs. e 249 e segs.; R. CAYROL, *Les Médias*, 1991, pág. 34 e segs.; J. M. AUBY — R. DUCOS-ADER, *Droit de l'information*, 2ª ed., pág. 33 e segs.; I. BEL MALLEN — L. CORREDOIRA Y ALFONSO — P. COUSIDO, *Derecho de la información*, pág. 30 e segs..

(⁵) Há uma edição em português, desde 1970. Cf. *Annuario Pontificio*, Cidade do Vaticano, 1994, pág. 1771.

(⁶) Cf. NICETO BLASQUEZ, *Etica y medios de comunicación*, pág. 180 e segs.. Em todo o caso, a Encíclica *Pergrata*, de 1886, proclamou a fé católica como a legítima religião de Portugal, devendo ser protegida pela lei e pelas autoridades, nomeadamente mediante a censura das publicações.

manter a censura prévia dos livros e outros escritos relacionados com a religião ou a honestidade de costumes, no Código de Direito Canónico de 1917 ([1]).

3. Em *Portugal*, entre 1846 e 1926, passou-se de uma fase de restrições à imprensa (de 1846 a 1851) a um longo período de liberdade, entrecortado por curtas fases de censura (de 1907 a 1910 e de 1916 a 1918), coincidentes com regimes autoritários.

Efectivamente, com a *revolta da Maria da Fonte* verificou-se ainda um período de restrições à liberdade de imprensa. Em 7.10.1846, o Governo do Duque de Palmela decretou a suspensão dos jornais, sucessivamente prorrogada. Surgiram, todavia, alguns jornais clandestinos e cresceu a literatura panfletária ([2]).

Poucos anos depois, o Governo de Costa Cabral aprovou a Carta de Lei de 3.8.1850 ([3]), chamada "Lei das Rolhas", de tal modo restritiva da liberdade de imprensa, que desencadeou protestos que muito contribuíram para a sua queda ([4]).

Finalmente, o Duque de Saldanha, com o Decreto de 22.5.1851, revogou a "Lei das Rolhas" e pôs a vigorar a legislação liberal ante-

---

([1]) Cf. cânon 1384 a 1405. No pontificado de Bento XV, foram criadas a Sociedade de São Paulo, para a promoção do livro católico, e a Obra da Boa Imprensa e organizaram-se vários congressos da "boa imprensa". Cf. NICETO BLASQUEZ, *Etica y medios de comunicación*, pág. 182 e seg.. Em Portugal surgiram múltiplas publicações de orientação católica, sendo de destacar a acção da editora Veritas, da Guarda, o Congresso dos Jornalistas Católicos Portugueses (de 27 a 29.4.1905), a criação de Ligas da Boa Imprensa em todas as dioceses, a fundação da União Gráfica e o lançamento do jornal diário *Novidades* (que foi publicado em Lisboa, de 15.12.1923 a 1974). Sobre a imprensa católica em Portugal, neste período, cf. ALBERTO MORAIS, "As Comunicações Sociais", in *Um Século de Cultura Católica em Portugal*, Lisboa, Laikos, 1984, pág. 76 e segs..

([2]) Cf. JOSÉ TENGARRINHA, *História da Imprensa Periódica Portuguesa*, pág. 164 e segs.

([3]) Cf. JÚLIO GONÇALVES, *Leis de Informação (Portugal), 1627-1965*, pág. 67 e segs.; GRAÇA FRANCO, *A Censura à Imprensa (1820-1974)*, Lisboa, Imprensa Nacional-Casa da Moeda, 1993, pág. 31 e segs.. Sobre a preparação desta Lei, cf. F. ANTÓNIO FERNANDES SILVA FERRÃO, *Analyse Critica e Juridica demonstrativa dos argumentos com que, na Câmara dos Senhores Deputados da Nação Portugueza, foi sustentada a proposta de Lei Regulamentar do § 3º do art. 145º da Carta Constitucional da Monarquia oferecida à Câmara dos Dignos Pares do Reino*, Lisboa, Typ. Panorama, 1850.

([4]) Cf. JOSÉ TENGARRINHA, *ob. cit.*, pág. 177 e segs.

rior (^{1}); a Lei de 24.5.1851, por seu lado, pôs termo aos processos por abuso de liberdade de imprensa, então pendentes (^{2}). Seguiu-se, com a *Regeneração*, um período de acentuado desenvolvimento da imprensa (^{3}).

A importância dos profissionais da imprensa manifestou-se pela criação do primeiro órgão da imprensa operária — o "Eco dos Operários", em 28.4.1850 -, pela fundação da Associação Tipográfica Lisbonense, em 1852, dirigida por Sousa Brandão, e pela iniciativa dos tipógrafos na organização de uma das primeiras greves, em Portugal, em 1852 (^{4})(^{5}), que esteve na origem da proibição das "coligações" (greve e "lock-out") pelo Código Penal de 1852 (art. 275.º e 305.º).

A *Carta de Lei de 17.5.1866*, de Joaquim António de Aguiar, aboliu todas as cauções e restrições estabelecidas para a imprensa periódica pela legislação anterior, exigindo-se apenas uma declaração do editor perante o administrador do concelho ou bairro e perante o procurador régio; alterou também alguns aspectos do regime dos crimes de abuso na manifestação de pensamento (^{6}).

Entretanto, surgiu em Portugal a grande imprensa com a fundação do *Diário de Notícias*, por Eduardo Coelho, em 1865. Lançado como jornal ao alcance de todos (a dez réis, quando o preço corrente era, então, de 40 réis) (^{7}), noticioso e sem filiação partidária, era vendido

---

(^{1}) Cf. JÚLIO GONÇALVES, *Leis de Informação (Portugal), 1627-1965,* pág. 104 e seg..

(^{2}) Cf. JÚLIO GONÇALVES, Leis de Informação (Portugal), 1627-1965, pág. 105.

(^{3}) Cf. JOSÉ TENGARRINHA, *ob. cit.*, pág. 182 e segs.. É de mencionar, que um Decreto de 16.9.1862, suspendeu, no distrito de Braga, durante trinta dias, todas as garantias individuais, sendo proibida a publicação de todos os jornais. Cf. JÚLIO GONÇALVES, *Leis de Informação (Portugal), 1627-1965,* pág. 107.

(^{4}) Pela projecção que teve, é muitas vezes apresentada como a primeira greve, em Portugal. Há, porém, notícia de uma greve anterior, com menor retumbância: dos fundidores e serralheiros da Boavista, em Lisboa, em 12.9.1849.

(^{5}) Cf. JOSÉ TENGARRINHA, *ob. cit.*, pág. 203 e seg..

(^{6}) Cf. JÚLIO GONÇALVES, *Leis de Informação (Portugal), 1627-1965,* pág. 108 e segs.. Cf. também a Lei de 17.7.1898, art. 16.º e o Decreto de 12.11.1898, sobre a remessa dos periódicos aos magistrados. Sobre a "liberdade do pensamento e sua comunicação", nesta época, cf. J. J. LOPES PRAÇA, *Direito Constitucional Portuguez*, Coimbra, Imprensa Literária, 1878 (reimpressão da Coimbra Editora, de 1997), vol. I, pág. 52 e segs..

(^{7}) Para apreciar as possibilidades de difusão da imprensa, convém ter presente que, em 1878, a população portuguesa do Continente e Ilhas Adjacentes era de 4.550 mil habitantes e a taxa de *analfabetismo* de 82,4%, baixando para 75,1%, em 1911, mas era ainda de 67,8%, em 1930 (quando a população era já de 6.825 mil). A

por vendedores ambulantes (ardinas) e não só por assinatura e pelos cegos capelistas, sendo também financiado pela publicidade comercial ([1]). Foi o primeiro jornal, em Portugal, a utilizar a prensa rotativa, desde 20.3.1890, e o linótipo, desde 1904 ([2]).

Neste contexto, o *Código Civil* do Visconde de Seabra (de 1.7.1867), proclamou que "O direito de expressão é livre, como o pensamento; mas o que dele abusar, em prejuízo da sociedade ou de outrem, será responsável na conformidade das leis" ([3]). E dispôs que "É lícito a todos publicar pela imprensa, litografia, arte cénica ou outra arte semelhante, qualquer trabalho literário seu, independentemente de censura prévia, de caução, ou de alguma restrição mais, que directa ou indirectamente embarace o livre exercício deste direito, sem prejuízo da responsabilidade, a que ficam sujeitos em conformidade com a lei. § único. O disposto neste artigo é aplicável ao direito de tradução" (art. 570.º).

O Governo de A. Serpa Pimentel acabou, todavia, em 1890, com o regime de liberdade de fundação de jornais e suprimiu o júri nos julgamentos dos crimes de abuso de liberdade de imprensa ([4]).

Em face da crescente propaganda republicana, a Lei de 29.3.1890 ([5]) e, já sob o Governo de José Luciano de Castro, a Lei de 7.7.1898 introduziram novos limites à liberdade de imprensa ([6]).

---

escolaridade obrigatória aparece prevista nas leis de 1835, 1836 e 1844, mas, em 1835, havia apenas cerca de 1000 escolas oficiais, passando para cerca de 3000, em 1880, e 4500, em 1910 (isto é, 9 escolas por 10.000 habitantes), ao lado de números próximos desses de escolas particulares. Cf. ANTÓNIO SOUSA FRANCO, *A População de Portugal- Notas para um Estudo da Estrutura Demográfica Portuguesa*, Lisboa, BNU, 1969, pág. 7; RUI GRÁCIO, *Educação e Educadores*, Lisboa, Liv. Horizonte, pág. 145 e segs.. Entretanto, em 1852 (ano da posse de Fontes Pereira de Melo), havia apenas 218 km de estradas macadamizadas, passando a 678 km em 1856, a 9.155, em 1884, e 14.230, em 1900; por outro lado, em 1856, havia apenas 36 km de caminhos de ferro, existindo mais de 1500 km, em 1885, e 2974, em 1902. Cf. OLIVEIRA MARQUES, *História de Portugal*, Lisboa, vol. II, pág. 14. Só em 1895 circulou em Portugal o primeiro automóvel.

([1]) Cf. JOSÉ TENGARRINHA, *ob. cit.*, pág. 213 e segs..

([2]) Cf. JOSÉ TENGARRINHA, *ob. cit.*, pág. 227.

([3]) Art. 363.º; cf. também os art. 359.º, 361.º.

([4]) Decreto de 29.3.1890. Cf. JOSÉ TENGARRINHA, *ob. cit.*, pág. 249 e seg..

([5]) Publicada em 7.4.1890.

([6]) Cf. JOSÉ TENGARRINHA, *ob. cit.*, pág. 253. São deste período: BENTO CARQUEJA, *A Liberdade de Imprensa*, Porto, Tipografia do comércio do Porto, 1893; e TRINDADE COELHO, *Liberdade de Imprensa: Proposições apresentadas ao Congresso*

Com a ditadura de João Franco (1906-1907), voltou a repressão, regulada pela Lei de 11.4.1907 ([1]).

4. A implantação da **República** originou uma nova mudança *liberalizante* na situação da imprensa, embora com grandes restrições às actividades da Igreja.

Logo em 10.10.1910, o Governo provisório de Teófilo Braga decretou a revogação da Lei de 1907 e suspendeu todos os processos relativos à imprensa, "enquanto não for publicado um novo decreto com força de lei protector da liberdade de imprensa" ([2]).

Esse Decreto veio a ser publicado em *28.10.1910*, regulando os diversos aspectos do "exercício do direito de liberdade de imprensa", "dos abusos e sua responsabilidade" e da "competência e forma do processo", e revogando todas as leis anteriores sobre a liberdade de imprensa. Logo no art. 1.º proclamou-se que "o exercício do direito de expressão de pensamento pela imprensa é livre, independente de caução, censura ou autorização prévia". O art. 2º reforçou esta regra, punindo a censura e a apreensão de publicações, com excepção da apreensão ordenada pela autoridade judicial, administrativa ou policial, nos casos taxativamente indicados na lei. A competência para o julgamento dos crimes de imprensa foi atribuída de novo ao júri (art. 28.º) ([3]).

A *Lei da Separação da Igreja e do Estado* (Decreto de 20.4.1911) introduziu o princípio da liberdade religiosa, mas estabeleceu uma série de medidas que afectaram a liberdade de acção da Igreja católica, bem como das associações religiosas nela integradas ([4]).

---

da *União Internacional de Direito Penal*, Lisboa, Antiga Casa Bertrand — José Bastos, 1897.

([1]) Cf. JOSÉ TENGARRINHA, *ob. cit.*, pág. 255.

([2]) Cf. JOSÉ TENGARRINHA, *ob. cit.*, pág. 259 e segs.; ALBERTO ARONS DE CARVALHO, *A Censura e as Leis de Imprensa*, Lisboa, Seara Nova, 1973, pág. 11; GRAÇA FRANCO, *A Censura à Imprensa (1820-1974)*, Lisboa, Imprensa Nacional — Casa da Moeda, 1993, pág. 38 e segs..

([3]) Cf. MARNOCO E SOUZA, *Constituição Política da República Portuguêsa — Comentario*, Coimbra, França Amado, 1913, pág. 105 e segs..

([4]) Este Decreto reafirmou a vigência das Leis Pombalinas de 3.9.1759 e de 18.8.1767, que expulsaram os jesuítas, e do Decreto de 28.5.1834 (de Joaquim António de Aguiar), que extinguiu todos os conventos e casas de religiosos de todas as ordens regulares. Cf. ANTUNES VARELA, *Lei da Liberdade Religiosa e Lei de Imprensa — Edição Revista e Anotada*, Coimbra, 1972, pág. 36 e segs.; EURICO DIAS NOGUEIRA, *Igreja e Estado em Portugal ao Longo do Séc. XX*, Braga, 2000, pág. 3 e segs.

Em 9 e 12.7.1912, perante o agravamento da situação política provocado pelas incursões monárquicas, o Governo republicano de Duarte Pereira da Silva ampliou os motivos pelos quais as publicações podiam ser apreendidas ([1]).

Durante a *I Grande Guerra*, foi restringida a liberdade de imprensa ([2]), tendo sido instituída a censura prévia ([3]).

Depois da tomada do poder por *Sidónio Pais*, foi de novo abolida a censura, em 9.12.1917, mas logo três portarias do Ministro *Machado Santos* restringiram a liberdade de imprensa ([4]), vindo a ser restabelecida a censura ([5]).

Após o assassinato de Sidónio Pais, em 14.12.1918, e a derrota da Monarquia do Norte, o novo Governo republicano decidiu dissolver a censura prévia, em 28.2.1918 ([6]).

5. Foi ainda neste período que o mundo assistiu às primeiras experiências do *cinema*.

Em 1832, foi inventado o fenakistiscópio, antepassado longínquo do cinema.

Thomas Edison apresentou o seu kinetoscópio, em 14.4.1894.

Foi projectado em França, em 22.3.1895, o filme "A saída dos operários da fábrica Lumière" e, em 28.12.1895, foi organizada a primeira sessão pública do cinematógrafo, no Café de la Paix ([7]). O cinema sonoro foi inventado em 1910.

Entre 1900 e 1910, foi inventado o disco de 78 rotações ([8]).

([1]) Cf. ALBERTO ARONS DE CARVALHO, *A Censura e as Leis de Imprensa*, Lisboa, Seara Nova, 1973, pág. 12; JÚLIO GONÇALVES, *Leis de Informação (Portugal), 1627-1965*, pág. 114 e segs..

([2]) Pelo Decreto n.º 2.270, de 12.3.1916.

([3]) Pela Lei n.º 495, de 28.3.1916, regulamentada pelo Decreto de 31.3.1916 (Cf. ALBERTO ARONS DE CARVALHO, *A Censura e as Leis de Imprensa*, Lisboa, Seara Nova, 1973, pág. 13 e segs.; JÚLIO GONÇALVES, *Leis de Informação (Portugal), 1627--1965*, pág. 116 e segs.), sendo posteriormente alterada pela Lei n.º 815, de 6.9.1917 (Cf. A. ARONS DE CARVALHO, *ob. cit.*, pág. 20 e segs.).

([4]) Cf. A. ARONS DE CARVALHO, *ob. cit.*, pág. 23 e segs..

([5]) Pelo Decreto n.º 4082, de 13.4.1918. Pouco tempo depois, foi abrandada pelo Decreto n.º 4436, de 17.6.1918. Cf. A. ARONS DE CARVALHO, *ob. cit.*, pág. 26 e segs..

([6]) Cf. A. ARONS DE CARVALHO, *ob. cit.*, pág. 30 e seg..

([7]) Boulevard des Capucines, Paris. Cf. F. BALLE, *Médias et Sociétés*, 1994, pág.108.

([8]) Cf. F. BALLE, *Médias et Sociétés*, 1994, pág. 104.

Durante a primeira grande guerra, as actualidades cinematográficas ganharam considerável projecção (¹).

6. Entretanto, as primeiras invenções e aplicações ligadas à *radiodifusão* ocorreram no final do séc. XIX e no início do séc. XX.

Em 1876, Marconi inventou a telefonia sem fios, conseguiu, em 1895, a primeira ligação de rádio e, em 27.3.1899, a ligação entre a Inglaterra e a França.

Thomas Edison construiu o primeiro gravador de som ("fonógrafo"), em 1878. Emile Berliner inventou o gramofone, em 1887.

Estaline e Trotzky mandaram difundir, a partir do cruzador "Aurora", a notícia da tomada do poder pelos sovietes, em 1917.

A Companhia Marconi e o *Daily Mail* difundiram, em 1920, a partir de Londres um concerto público, enquanto, nos Estados Unidos, foi assegurado o *primeiro serviço quotidiano de rádio* pela Station Westinghouse KDKA da Pensilvânia (²). Em 29.10.1923, começou (com um concerto) o primeiro programa regular de rádio, na Alemanha, sob a orientação de Hans Bredow (³). Durante a década seguinte, multiplicaram-se os postos de emissão e os receptores invadiram o mercado (⁴).

7. Em 1865, por ocasião da primeira conferência internacional sobre o telégrafo, foi constituída, em Paris, a *União Internacional das Telecomunicações* (UIT), cujo actividade foi alargada, posteriormente, às outras técnicas de telecomunicações, sendo actualmente um organismo especializado da ONU. Tem vindo a regulamentar as radiocomunicações no mundo, nomeadamente a atribuição de frequências (⁵).

Em 4.4.1925, foi criada, em Genebra, a *União Internacional de Radiodifusão* (UIR), que, após a II guerra mundial, se desmembrou em

---

(¹) Cf. J. M. AUBY — R. DUCOS-ADER, *Droit de l'information*, 2ª ed., pág. 52 e seg..

(²) Cf. J. M. AUBY — R. DUCOS-ADER, *Droit de l'information*, 2ª ed., pág. 53 e seg.; F. BALLE, *Médias et Sociétés*, 1994, pág. 96 e segs.; CARLOS FELÍCIO DA COSTA — BENJAMIN DA SILVA RODRIGUES, *Direito da Comunicação — Radiocomunicações*, Coimbra, Liv. da Univ., 1996, pág. 11 e segs..

(³) Cf. MARTIN LOEFFLER, *Presserecht — Kommentar, Band I Landespressegesetze*, Muenchen, Beck, 3.ª ed., 1983, pág. 932 e segs..

(⁴) Cf. J. M. AUBY — R. DUCOS-ADER, *Droit de l'information*, 2ª ed., pág. 53 e seg.; F. BALLE, *Médias et Sociétés*, 1994, pág. 96 e segs..

(⁵) Cf. C. DEBBASCH, *Droit de l'audiovisuel*, Paris, Dalloz, 4ª ed., 1995, pág. 636.

88   *Direito da Comunicação Social*

várias organizações regionais, como a União Europeia de Radiodifusão (UER), cujo serviço mais conhecido é a Eurovisão ([1]).

SECÇÃO IV

O desenvolvimento da grande imprensa, o aparecimento da informação audiovisual e a censura (1926-1974)

1. Para a história do direito *português* da comunicação social, o ano de 1926 é um marco fundamental, uma vez que corresponde à introdução de um *regime autoritário, de censura prévia*, que veio a prolongar-se até ao 25 de Abril de 1974, com uma fase de "primavera" marcelista, desde 1968.

Na história mundial, o período que se seguiu à I grande guerra foi também um tempo de mudança profunda no domínio da comunicação social, em relação com novos *progressos tecnológicos* quer na imprensa quer na rádio e na televisão ([2]).

Aparecem, então, o telex (1920) ([3]), o gira-discos eléctrico (1925), a televisão (1928), a gravação em disco flexível (1934), o gravador de som (1945), o transístor (1948)([4]), os equipamentos de alta fidelidade (1953), o gravador de vídeo (1956), o gravador de cassetes (1963), a

---

([1]) Cf. C. DEBBASCH, *Droit de l'audiovisuel*, 1995, pág. 650 e seg..

([2]) Importa ter presente, também, que, em 1930, a população portuguesa do Continente e Ilhas Adjacentes era de 6.825 mil pessoas e a taxa de *analfabetismo* de 67,8%, baixando para 55%, em 1940, 45%, em 1950, 38,1%, em 1960 (quando a população atingiu os 8.851 mil), e 30%, em 1968. Só em 1960 é que a escolaridade mínima obrigatória passou de 3 para 4 anos e, em 1967, para 6 anos. Cf. ANTÓNIO SOUSA FRANCO, *A População de Portugal- Notas para um Estudo da Estrutura Demográfica Portuguesa*, Lisboa, BNU, 1969, pág. 7; RUI GRÁCIO, *Educação e Educadores*, Lisboa, Liv. Horizonte, pág. 148; e OLIVEIRA MARQUES, *História de Portugal*, vol. II, pág. 228 e 323. Entre 1920 e 1930, o desenvolvimento da camionagem levou ao fim da almocrevaria, no transporte rodoviário das publicações, embora fosse mau o estado das estradas. Em 1929, começaram as carreiras regulares de avião de Alverca para Madrid e Sevilha. Cf. JOEL SERRÃO, "Transportes", in *Dicionário da História de Portugal*, pág. 206.

([3]) Cf. F. BALLE, *Médias et Sociétés*, 1994, pág. 89 e 94.

([4]) Veio possibilitar a divulgação dos receptores nos automóveis (o primeiro a ser inventado foi em 1922) e dos portáteis. Cf. Cf. J. M. AUBY — R. DUCOS-ADER, *Droit de l'information*, 2ª ed., pág. 81 e seg..

Introdução   89

composição programada por computador (1963), as cassetes vídeo (1970), a telecópia (¹), etc..

Em 1936, realiza-se o primeiro espectáculo televisionado pela estação britânica de Alexandre Palace e, em 1938, as primeiras emissões diárias francesas de TV a partir da torre Eiffel (²). Em 1948, fizeram-se as primeiras experiências de televisão por cabo nos E.U.A. e, em 1949, foi difundido o primeiro telejornal diário (³).

2. Do ponto de vista jurídico, é de salientar que diversos países viveram, a partir dos anos vinte, *experiências autoritárias anticomunistas*, mais ou menos prolongadas: a Itália (de 1922 a 1945), a Alemanha (de 1933 a 1945), a Áustria (de 1933 a 1938), a Espanha (de 1923 a 1931 e de 1936 a 1975)(⁴), a França de Vichy (1940-1945)(⁵), a Grécia (1936-1944, 1947- 1949, 1967-1974)(⁶), o Brasil (1937-1945 e 1964-1985)(⁷), etc..

A moda começou com o *fascismo* na *Itália*, em que a liberdade de *imprensa* proclamada pelo Édito Albertino, de 1848, foi posta em causa pelo regime de Mussolini, depois da marcha sobre Roma, de Outubro de 1922. A generalidade dos meios de comunicação social foi colocada sob um regime autoritário de censura prévia, estrito controlo polí-

---

(¹) A telecópia (transmissão fac-similada ou fax) permite a transmissão à distância de textos e gráficos através da rede telefónica. Embora baseada em técnicas antigas (o "pantelégrafo" de Caselli, de 1866, e o "belinógrafo" de Belin, de 1907), generalizou-se a partir dos anos 70, em consequência do embaratecimento das respectivas máquinas, que substituíram quase por completo o telex. O primeiro Regulamento de Uso Público do Serviço de Transmissão Fac-Similada através da Rede Telefónica Nacional foi aprovado pela Port. n.º 212/73, de 26.3. Cf. F. BALLE, *Médias et Sociétés*, 1994, pág. 175 e seg.; J. M. AUBY — R. DUCOS-ADER, *Droit de l'information*, 2ª ed., pág. 79 e segs..

(²) Cf. J. M. AUBY — R. DUCOS-ADER, *Droit de l'information*, 2ª ed., pág. 83 e seg..

(³) Cf. F. BALLE, *Médias et* Sociétés, 1994, pág. 111.

(⁴) Cf. ALBERTO A. DE CARVALHO — A. MONTEIRO CARDOSO, *Da Liberdade de Imprensa*, pág. 135 e segs.; ALEJANDRO PIZARROSO QUINTERO, *Historia de la prensa*, Madrid, Editorial Centro de Estudios Ramon Areces, 1994.

(⁵) Cf. J. M. AUBY — R. DUCOS-ADER, *Droit de l'information*, 2ª ed., pág. 54 e segs..

(⁶) Cf. ALBERTO A. DE CARVALHO — A. MONTEIRO CARDOSO, *ob. cit.*, pág. 156 e segs..

(⁷) Cf. ALBERTO A. DE CARVALHO — A. MONTEIRO CARDOSO, *ob. cit.*, pág. 186 e segs..

tico do acesso à profissão de jornalista, responsabilidade objectiva do director do periódico, etc. ([1]).

Terminada a guerra, a Constituição italiana de 1948 consagrou de novo a liberdade de imprensa e estabeleceu garantias diversas (art. 21.º) ([2]).

Na *Alemanha*, depois de assistir, nos anos vinte, a uma acentuada concentração na mão de quatro grupos ([3]), a imprensa foi sujeita, durante o domínio *nacional-socialista*, a um regime de censura prévia e de apertado controlo administrativo, sob a batuta do Ministério da Propaganda e do Partido hitleriano, envolvendo, inclusivamente, o confisco de jornais sociais democratas e comunistas, sob a Lei de Protecção do Povo e do Estado. A rádio transformou-se no mais importante instrumento de propaganda e manipulação de massas da ditadura, a favor do militarismo e contra os judeus, os ciganos e outros povos não arianos ([4]).

Terminada a guerra, cada uma das forças de ocupação (Estados Unidos, França, Reino Unido e União Soviética) estabeleceu um regime de apertado *licenciamento*, tendente a evitar a concessão de licenças aos anteriores editores (nacionais-socialistas). A Lei Fundamental da República Federal da Alemanha, de 23.5.1949, consagrou a liberdade de imprensa ([5]) e a Alta Comissão dos Aliados publicou uma nova Lei n.º 5, de 23.9.1949, a regulá-la ([6]). Pouco tempo depois, alguns dos *Laender* publicaram leis de imprensa próprias ([7]). Houve vários projectos de lei

---

([1]) R. d. l. n.º 3288, de 1923; r.d.l. n.º 1081, de 1924; leis n.º 2308 e 2309 de 1925; lei n.º 2307, de 1925, etc.. Cf. PAOLO CARETTI, *Diritto pubblico dell'informazione*, 1994, pág. 22 e segs..

([2]) Cf. PAOLO CARETTI, *Diritto pubblico dell'informazione*, 1994, pág. 30 e segs.; J. M. AUBY — R. DUCOS-ADER, *Droit de l'information*, 2ª ed., pág. 76 e seg..

([3]) Cf. J. M. AUBY — R. DUCOS-ADER, *Droit de l'information*, 2ª ed., pág. 51.

([4]) Cf. MARTIN LOEFFLER, *Presserecht — Kommentar, Band I Landespressege-setze*, Muenchen, Beck, 3.ª ed., 1983, pág. 934 e seg.; BELL MALLEN — COOREDOIRA Y ALFONSO — P. COSIDO, *Derecho de la Información*, vol. I, pág. 31 e seg..

([5]) Segundo o Art. 5.º, "1 — Todos têm o direito de expressar e difundir livremente o seu pensamento pela palavra, por escrito e por imagens e de se informar sem restrições junto das fontes acessíveis em geral. São garantidas a liberdade de imprensa e a liberdade de informar através da radiodifusão e o cinema. Não há censura. 2 — Estes direitos têm os limites constantes das disposições das leis gerais, nas disposições legais para protecção da juventude e no direito da dignidade pessoal (...)".

([6]) Cf. MARTIN LOEFFLER, *ob. cit.*, 1983, pág. 34 e seg..

([7]) Algumas dessas leis são parciais (Sarre, de 9.3.1948, substituída em 8.7.1955; Bremen, de 20.12.1948; Schleswig-Holsácia, de 27.9.1949; Hamburgo, de 3.10.1949; Renânia do Norte-Vestefália, de 17.11.1949); outras são completas (Vurtemberga do

Introdução 91

federal de imprensa, em 1952, 1964 e 1974, que não chegaram a ser aprovados, tendo os Laender (excepto a Baviera) publicado, de 1964 a 1966, leis de imprensa modernizadas segundo um modelo comum. Consequentemente, passaram a vigorar nos 11 *Laender* leis regionais, no essencial, coincidentes, que ainda estão em vigor, com diversas alterações posteriores ([1]).

Entretanto, a República Democrática Alemã introduziu um regime de estrito controlo dos meios de comunicação social pelo Partido Comunista.

Nos países que mantiveram ou recuperaram *regimes democráticos*, a imprensa escrita conheceu, no período entre as duas guerras, grande desenvolvimento — sobretudo em Inglaterra (menor em França). Mas sofreu, também, dificuldades financeiras, na sequência da crise de 1929 e do pós-guerra, que conduziram a movimentos de concentração ([2]).

Em *França*, foi publicado um estatuto profissional dos jornalistas ([3]) e foram tomadas algumas providências para contrariar o papel importante da propaganda dos estados totalitários (comunistas e fascistas), entre as quais se incluiu a criação de um Comissariado Geral da Informação ([4]).

Seguindo uma primeira experiência sueca, de 1916, foi criado, na *Grã-Bretanha*, em 1953, o *Conselho de Imprensa* ("General Council of the Press" ([5])) para informar o público e sancionar moralmente as infracções à deontologia da imprensa ([6]).

Norte/Baden do Norte, em 1.4.1949; Hesse, de 23.6.1949, alterada em 20.11.1958; Baviera, de 3.10.1949, ainda hoje em vigor). Cf. M. LOEFFLER, *ob. cit.*, pág. 35.

([1]) Em Baden-Vurtemberga, a Lei de 14.1.1964; na Baviera, de 3.10.1949; em Berlim, de 15.6.1965; em Bremen, de 16.3.1965; em Hamburgo, de 29.1.1965; no Hesse, de 22.2.1966, alterada em 22.2.1966; na Baixa Saxónia, de 22.3.1965; na Renânia do Norte/Vestfália, de 24.5.1966; na Renânia-Palatinado, de 14.6.1965; no Sarre, de 12.5.1965; na Schleswig-Holsácia, de 19.6.1964. Cf. M. LOEFFLER, *ob. cit.*, pág. 35; ROLF GROSS, *Presserecht*, 1982, pág. 26 e seg..

([2]) Cf. J. M. AUBY — R. DUCOS-ADER, *Droit de l'information*, 2ª ed., pág. 50 e seg. e 59 e seg..

([3]) Lei de 29.3.1935.

([4]) Dec. de 20.3, 21.4, 29.7 e 24.8.1939. Cf. J. M. AUBY — R. DUCOS-ADER, *Droit de l'information*, 2ª ed., pág. 50.

([5]) Passou a designar-se "Press Council" em 1963. Cf. ROLAND CAYROL, *Les Médias*, 1991, pág. 341.

([6]) Cf. GEOFFREY ROBERTSON & ANDREW G. L. NICOL, *Media* Law, Londres, 1984, pág. 339; J. M. AUBY — R. DUCOS-ADER, *Droit de l'information*, 2ª ed., pág. 68.

Entretanto, nos *Estados Unidos da América*, foi publicada, em 1927, a primeira lei federal sobre **radiodifusão** ([1]).

No mesmo ano, na *Grã-Bretanha*, a British Broadcasting Corporation (BBC) foi dotada de uma Carta Real que lhe conferiu o monopólio de emissão e assegurou a sua independência, ao mesmo tempo que exigiu a sua imparcialidade ([2]).

As primeiras leis *alemãs* da rádio do pós-guerra são dos *Laender* (a do Hesse é de 2.10.1948) e várias leis regionais de imprensa são aplicáveis à radiodifusão sonora e televisiva. Foi publicada, em todo o caso, uma Lei sobre a criação de institutos de rádio de direito federal, de 29.11.1960, bem como um Contrato estadual sobre a criação do Instituto de direito público "Zweites Deutsches Fernsehen", de 1961 ([3]).

A enorme expansão da rádio e, mais tarde, da televisão criou novas dificuldades à imprensa, aumentando a concorrência, quer do lado do público quer do lado da publicidade. Consequentemente, assistiu-se a novos fenómenos de *concentração*, não só entre empresas de imprensa, como entre estas e as de rádio e de televisão, sobretudo nos Estados Unidos da América e na Alemanha ([4]).

No âmbito internacional, a Assembleia Geral da recém-constituída *Organização das Nações Unidas* aprovou a **Declaração Universal dos Direitos do Homem**, em 10.12.1948, que inclui o reconhecimento da liberdade de expressão e informação (art. 19.º). A Assembleia Geral da ONU aprovou e abriu para assinatura, em 16.12.1952, a Convenção relativa ao Direito Internacional de Rectificação ([5]). A liberdade de expressão foi, de novo, afirmada pelo *Pacto Internacional de Direitos Civis e Políticos*, adoptado pela Assembleia Geral da ONU, em 16.12.1966, que só viria a ser ratificada por Portugal em 1978 ([6]).

([1]) Cf. J. M. AUBY — R. DUCOS-ADER, *Droit de l'information*, 2ª ed., pág. 54 e seg.. As emissões para o público começaram em 1941. Cf. R. CAYROL, *Les média*, 1991, pág. 328.

([2]) Cf. J. M. AUBY — R. DUCOS-ADER, *Droit de l'information*, 2ª ed., pág. 54 e seg..

([3]) Cf. LOEFFLER, *ob. cit.*, pág. 931 e segs.; ROLF GROSS, *Presserecht*, 1982, pág. 27.

([4]) Cf. J. M. AUBY — R. DUCOS-ADER, *Droit de l'information*, 2ª ed., pág. 60 e segs. e 71 e segs..

([5]) Entrou em vigor em 24.8.1962. Cf. Nações Unidas, *Recueil des Traités*, vol.439, pág. 191; United Nations, *Human Rights — A Compilation of International Instruments of the United Nations*, New York, 1973, pág. 79.

([6]) Lei n.º 29/78, de 12.6.

A liberdade de expressão foi reconhecida mais amplamente pela *Convenção Europeia dos Direitos do Homem*, aprovada no âmbito do *Conselho da Europa*, em 4.11.1950, à qual Portugal só viria a aderir em 1978 ([1]).

Entretanto, a *Igreja* intensificou os seus esforços a favor da imprensa católica e de um jornalismo responsável ([2]), manifestou grande desconfiança perante o cinema recém-aparecido ([3]), mas apoiou logo a radiodifusão, como instrumento de progresso e púlpito de novos pregadores ([4]).

([1]) Lei n.º 65/78, de 13.10.

([2]) Pio XI (1922-1939) declarou São Francisco de Sales patrono dos jornalistas católicos (cf. N. BLASQUEZ, *Etica y medios de comunicacion*, pág. 184 e seg.). O discurso de Pio XI aos jornalistas católicos, de 26.6.1929, constitui um verdadeiro código deontológico da profissão (cf. N. BLASQUEZ, *ob. cit.*, pág. 186). Em 20.2.1939, foi criado o "Uffizio Informazioni" de *L'Osservatore Romano*, para prestar informações aos jornalistas (cf. *Annuario Pontificio*, Cidade do Vaticano, 1994, pág. 1745). Com Pio XII (1939-1958), a Igreja preferiu falar de pastoral e teologia dos meios de comunicação social e sistematizar para eles uma deontologia, tendo criado na Cúria romana, em 20.1.1948, uma Comissão Pontifícia para a Cinematografia Didáctica e Religiosa, que foi transformada, em 1.1.1952, em Comissão Pontifícia para Cinematografia e viu alargada a sua competência, em 16.12.1954, à rádio e à televisão (cf. *Annuario Pontificio*, 1994, pág. 1745; N. BLASQUEZ, *ob. cit.*, pág. 187 e seg.). João XXIII (1958-1963) afirmou solenemente o direito à informação (nas encíclicas *Mater et Magistra* e *Pacem in terris*) e criou um Secretário pontifício para os meios de comunicação social. Foram criadas diversas agências noticiosas católicas e passaram a ser utilizados os meios de comunicação social como valiosos instrumentos de evangelização (cf. N. BLASQUEZ, *ob. cit.*, pág. 188). Paulo VI modificou a denominação da Comissão Pontifícia para a Cinematografia, que passou a ser a *Comissão Pontifícia para a Comunicação Social*, confiando-lhe os problemas da rádio, da televisão e da imprensa quotidiana e periódica (Cf. *Annuario Pontificio*, 1994, pág. 1745). Sobre a imprensa católica em Portugal, neste período, cf. ALBERTO MORAIS, "As Comunicações Sociais", in *Um Século de Cultura Católica em Portugal*, Lisboa, Laikos, 1984, pág. 76 e segs.;

([3]) O cinema foi, primeiro, encarado como desmoralizador do povo, por facilitar a tentação da sensualidade e o espectáculo frívolo; mas também houve quem chamasse a atenção para as suas possibilidades educativas e de sã distracção (N. BLASQUEZ, *ob. cit.*, pág. 186).

([4]) Em 1930, os bispos holandeses criaram a primeira estação de rádio da Igreja (KRO — Katholicke Radio Omroep). Cf. N. BLASQUEZ, *ob. cit.*, pág. 186. A Radio Vaticana foi inaugurada com a primeira radiomensagem de Pio XI, em 12.2.1931. Cf. *Annuario Pontificio*, 1994, pág. 1772.

3. *Em* **Portugal**, *após o 28 de Maio de 1926, foi introduzido um regime autoritário, corporativista, marcado pela censura prévia, pela propaganda salazarista e pela liberdade reconhecida à Igreja Católica.*

A Junta Militar Revolucionária começou por anunciar que competia ao exército "garantir a liberdade de opinião"; mas, poucos dias depois do golpe de Estado do General Gomes da Costa que instituiu a ditadura militar, foi ordenado, em 22.6.1926, o estabelecimento da censura ([1]).

A primeira lei de imprensa da Ditadura Militar — Decreto n.º 11.839, de 5.7.1926 — não previa qualquer forma de censura prévia, mas admitia, em certos casos, a apreensão dos jornais pela autoridade administrativa (art. 9.º), o que deu logo origem a protestos ([2]).

Com a nomeação do General Carmona, em 10.7.1926, aumentou o rigor da **censura** ([3]). Foi então aprovado o *Decreto n.º 12.008, de 29.7.1926*, diploma fundamental sobre a imprensa até 1971 ([4]), que reproduziu o citado Decreto n.º 11.839, com apenas uma alteração importante: a possibilidade de supressão de qualquer periódico que fosse condenado três vezes por crime de difamação ([5]).

É significativo também o Dec. n.º 12.580 de 30.10.1926, que permitiu a qualquer magistrado acusado pela imprensa de actos irregulares requerer um inquérito ao Conselho Superior Judiciário e exercer o direito de resposta ([6]).

A *Constituição Política*, aprovada pelo plebiscito de 19.3.1933, incluía entre os "direitos, liberdades e garantias dos cidadãos portugueses", "A liberdade de expressão do pensamento sob qualquer forma"

([1]) Por "ordem superior", comunicada pelo 2.º Comandante da polícia. Cf. A. ARONS DE CARVALHO, *A Censura e as Leis de Imprensa*, pág. 33 e segs. e 54 e segs.; GRAÇA FRANCO, *A Censura à Imprensa (1820-1974)*, 1993, pág. 65 e segs..

([2]) Cf. A. ARONS DE CARVALHO, *ob. cit.*, pág. 39 e segs..

([3]) Cf. A. ARONS DE CARVALHO, *ob. cit.*, pág. 41 e segs..

([4]) Sobre a liberdade de imprensa nas colónias, cf. Dec. n.º 12.271, de 3.9.1926, Dec. n.º 13.841, de 27.6.1927, Dec. n.º 15.841, de 27.6.1927, Dec. n.º 21.214, de 20.4.1932, Portaria n.º 8.301, de 2.12.1935, Dec. n.º 27.495, de 27.1.1937.

([5]) Art. 17.º, § 2.º. Cf. A. ARONS DE CARVALHO, *A Censura e as Leis de Imprensa*, pág. 43 e segs..

([6]) Deve mencionar-se ainda a Portaria n.º 5.422, de 12.7.1928, que impôs a remessa de um exemplar de cada um dos jornais ao governador civil do respectivo distrito; e o Dec. n.º 19.952, de 27.6.1931, que impôs o envio de um exemplar de certas publicações ao Ministério da Justiça e dos Cultos (executado pela Portaria n.º 7.166, de 58.1931).

Introdução   95

(art. 8.º, n.º 4.º), prevendo, porém, a sua regulamentação por "leis especiais" ([1]).

Aberto, assim, o caminho à consagração legal da *censura*, veio esta a ser regulada pelo *Dec. n.º 22.469, de 11.4.1933*. As comissões de censura eram nomeadas pelo Governo, ficando subordinadas ao Gabinete do Ministro do Interior. Das decisões da comissão de censura cabia recurso, em regra, para o governador civil do respectivo distrito.

Pouco tempo depois, foi criada a *Direcção-Geral dos Serviços de Censura*, à qual passaram a estar subordinadas as comissões de censura ([2]).

Seguindo o exemplo de outros países (como a Alemanha e a Itália), foi criado o Secretariado da Propaganda Nacional ([3]), que viria depois a dar lugar ao *Secretariado Nacional de Informação, Cultura Popular e Turismo (S.N.I.)*([4]), em que foram integrados os serviços de censura ([5]). Como o Secretário Nacional era de livre nomeação do Presidente do Conselho e com este despachava, a censura passou a ser controlada por Salazar ([6]).

O Dec.-Lei n.º 26.589, de 14.5.1936, além de restringir a 70 o número de páginas a publicar por cada jornal, por semana (art. 1.º), fez depender a fundação de qualquer publicação sujeita a censura prévia do reconhecimento da idoneidade intelectual e moral e da capacidade financeira dos seus responsáveis (art. 2.º e 3.º)([7]); sujeitou a autorização as

---

([1]) "Leis especiais regularão o exercício da liberdade de expressão de pensamento, de ensino, de reunião e de associação, devendo, quanto à primeira, impedir preventiva ou repressivamente a perversão da opinião pública na sua função de força social, e salvaguardar a integridade moral dos cidadãos, a quem ficará assegurado o direito de fazer inserir gratuitamente a rectificação ou defesa na publicação periódica em que forem injuriados, sem prejuízo de qualquer outra responsabilidade ou procedimento determinado na lei" (art. 8.º, § 2.º, na redacção inicial). Além disso, o art. 20.º estabelecia que "A opinião pública é elemento fundamental da política e administração do País, incumbindo ao Estado defendê-la de todos os factores que a desorientem contra a verdade, a justiça, a boa administração e o bem comum".

([2]) Pelo Dec.-Lei n.º 22.756, de 29.6.1933.

([3]) Dec. 23.054, de 25.9.1933.

([4]) Cf. Dec.-Lei n.º 33.545, de 23.2.1944, completado pelo Dec. n.º 33.570, de 11.3.1944, Dec.-Lei n.º 34.133, de 24.11.1944, Dec. n.º 34.134, de 24.11.1944.

([5]) Cf. A. ARONS DE CARVALHO, *A Censura e as Leis de Imprensa*, pág. 56 e segs..

([6]) Cf. A. ARONS DE CARVALHO, *ob. cit.*, pág. 57.

([7]) Sobre este regime de autorização prévia, cf. A. ARONS DE CARVALHO,

96   *Direito da Comunicação Social*

mudanças de título das publicações periódicas (art. 6.º); proibiu a venda de publicações estrangeiras com matéria cuja divulgação não seria permitida em publicações portuguesas (art. 7.º); e conferiu à Direcção dos Serviços de Censura competência para a aplicação de multas até 5.000$00 e para a suspensão e supressão de publicações (art. 9.º), com possibilidade de recurso para a Junta de Recurso ou para o *Ministro do Interior* (art. 8.º e 9.º, § único) ([1]).

Entretanto, em 7.5.1940, foi assinada a **Concordata** entre Portugal e a Santa Sé, que garantiu a liberdade de comunicação entre a Santa Sé, os bispos, o clero e os fiéis, estando, ainda hoje, em vigor ([2]).

O Dec.-Lei n.º 33.015, de 30.8.1943, alargou o âmbito de aplicação do diploma de 1936 às empresas editoriais de livros ou de quaisquer outras publicações futuras e conferiu poderes ao Ministro do Interior para nomear delegados do Governo para empresas que publicassem "qualquer escrito lesivo dos princípios fundamentais da organização da sociedade ou prejudicial à defesa dos fins superiores do Estado" ([3]).

Segundo o Dec. n.º 12.008, o julgamento dos crimes de abuso de liberdade de imprensa era da competência do júri ou, os mais graves, do tribunal colectivo (art. 27.º). Entretanto, o tribunal competente para

---

A Censura e as Leis de Imprensa, pág. 44 e segs.; cf. também CUNHA GONÇALVES, *O Jornal*, Lisboa, 1936.

([1]) Sobre esta possibilidade de repressão administrativa, cf. A. ARONS DE CARVALHO, *ob. cit.*, pág. 49 e segs..

([2]) O art. II da Concordata dispõe que "É garantido à Igreja Católica o livre exercício da sua autoridade: na esfera da sua competência, tem a faculdade de exercer os actos do seu poder de ordem e jurisdição sem qualquer impedimento.

Para tanto, a Santa Sé pode livremente publicar qualquer disposição relativa ao governo da Igreja e, em tudo quanto se refere ao seu ministério pastoral, comunicar e corresponder-se com os prelados, clero e todos os católicos de Portugal, assim como estes o podem fazer com a Santa Sé, sem necessidade de prévia aprovação do Estado para se publicarem e correrem dentro País as bulas e quaisquer instruções ou determinações da Santa Sé.

Nos mesmos termos gozam desta faculdade os Ordinários e demais Autoridades eclesiásticas relativamente ao seu clero e fiéis".

([3]) Sobre a imprensa neste período, cf. também o Dec. n.º 20.431, de 24.10.1931, Dec. n.º 23.203, de 6.11.1933 (punição de certos crimes), Dec. n.º 24.525, de 4.10.1934 (amnistia de delitos por abuso de liberdade de imprensa), Dec.-Lei n.º 26.474, de 30.3.1936 (criou a carteira de identidade dos jornalistas), Dec.-Lei n.º 26.636, de 25.5.1936 (amnistia), Dec.-Lei n.º 31.119, de 30.1.1941 (criou a carteira profissional dos jornalistas e considerou-a título indispensável ao exercício da profissão).

Introdução 97

os delitos políticos era o Tribunal Militar Territorial e, depois de Dezembro de 1930, o Tribunal Militar Especial. A partir de 1945, todos os delitos cometidos por via da imprensa passaram a ser julgados pelos então criados *tribunais plenários* de Lisboa e do Porto ([1]).

O Dec. n.º 12.008, de 29.7.1926, permitia a *apreensão* de publicações em diversos casos, por decisão de autoridades administrativas e judiciais (art.9º. e 10.º). Esta situação foi alterada pelo Dec. 37.447, de 13.6.1949, que criou o Conselho de Segurança e atribuiu competência às autoridades de segurança para a apreensão de "publicações, imagens ou impressos pornográficos, subversivos ou simplesmente clandestinos" ([2]).

Em geral, pode dizer-se que, *com a censura, Salazar evitou toda a heterodoxia na imprensa, mas não se aproveitou dela ou dos órgãos de informação pró governamental para realizar a sua política.* No fundo, "Salazar não considerava a Imprensa um instrumento essencial, nem mesmo importante de execução da sua política" ([3]) — diversamente de Mussolini e de Hitler ([4]). A situação da imprensa foi, porém, objecto de diversas críticas da oposição ([5]).

Entretanto, foi regulada, pela primeira vez em diploma autónomo, a *propriedade literária, científica e artística* ([6]).

3. Em Portugal, as primeiras emissões de *radiodifusão* regulares foram feitas em Lisboa, em 25.10.1925, pela estação de amador CT1AA de A. Nunes de Carvalho.

A *primeira lei portuguesa* a disciplinar o exercício da actividade de *radiodifusão e radiotelevisão* foi o *Dec. n.º 17.899, de 29.1.1930*, que logo introduziu o regime de *monopólio do Estado* para os serviços

---

([1]) Cf. A. ARONS DE CARVALHO, *A Censura e as Leis de Imprensa*, pág. 46 e segs..

([2]) Sobre o assunto, Cf. A. ARONS DE CARVALHO, *ob. cit.*, pág. 51 e segs..

([3]) Cf. ALFREDO BARROSO, in *República*, de 7.2.1972, cit. ALBERTO ARONS DE CARVALHO, *ob. cit.*, pág. 103. Para maiores desenvolvimentos, cf. CÂNDIDO DE AZEVEDO, *A Censura de Salazar e Marcelo Caetano*, Lisboa, Caminho, 1999.

([4]) Cf. A. ARONS DE CARVALHO, *A Censura e as Leis de Imprensa*, pág. 100 e seg..

([5]) Cf., por exemplo, F. PEREIRA DE MOURA — MÁRIO NEVES — ROGÉRIO FERNANDES — SALGADO ZENHA, *O Estatuto da Imprensa — Debate* (Cadernos de hoje, n.º 6), Lisboa, Prelo Ed., 1968.

([6]) Pelo Dec. n.º 13.725, de 27.5.1927, que revogou o disposto nos art. 570.º a 612.º do Código Civil de 1867.

respectivos (¹), ficando a sua exploração, no continente e ilhas adjacentes, a cargo da Administração Geral dos Correios e Telégrafos, embora admitindo a possibilidade de concessão de licenças para estações emissoras experimentais ou científicas, sendo livre e gratuita a instalação e exploração de estações receptoras. Manteve, no entanto, a concessão dada à Companhia Portuguesa Radio Marconi.

De facto, a *radiodifusão particular* iniciou-se, em Fevereiro de 1931, com a entrada em funcionamento do emissor da Parede do Rádio Clube Português, de Jorge Botelho Moniz (²).

Em Abril de 1933, a rádio oficial (dos CTT), apoiada pelo Ministro Duarte Pacheco, iniciou as suas emissões regulares, em onda média, a partir de Barcarena (³).

O Dec. n.º 17.899 veio a ser remodelado pelo Dec.-Lei n.º 22.783, de 29.6.1933, que promoveu a organização dos serviços radioeléctricos e dos Estúdios da *Emissora Nacional* e introduziu a obrigatoriedade do pagamento de *taxas* de radiodifusão para emissores e receptores.

Foi, então, aprovado também o Regulamento das instalações radioeléctricas (⁴), posteriormente alterado pelo Regulamento das instalações radioeléctricas receptoras de radiodifusão (⁵).

Entretanto, foram organizados os serviços da Emissora Nacional de Radiodifusão (E.N.) (⁶).

(¹) Segundo o art. 1.º deste diploma, "Os serviços da radiotelegrafia, radiotelefonia, radiodifusão, radiotelevisão e outros que venham a ser descobertos e que se relacionem com o radioelectricidade são monopólio do Estado em todo o território da República".

(²) Cf. A. MARINI CASTANHEIRA, "Radiodifusão", in *Verbo — Enciclopédia Luso-Brasileira de Cultura.*

(³) Cf. A. MARINI CASTANHEIRA, "Radiodifusão", in *Verbo — Enciclopédia Luso-Brasileira de Cultura.*

(⁴) Pelo Dec. 22.784, de 29.6.1933.

(⁵) Dec. n.º 30.753, de 14.9.1940. Cf. também o Dec. n.º 28.508, de 3.3.1938, que estabeleceu as normas mínimas a que, tecnicamente, deviam obedecer os postos particulares de radiodifusão.

(⁶) Pelo Dec.-Lei n.º 30.752, de 14.9.1940, que veio a ser completado, quanto aos noticiários radiofónicos e à publicidade comercial, pelo Dec. n.º 32.014, de 7.5.1942 e, quanto aos emissores regionais e locais, pelo Dec.-Lei n.º 32.050 de 28.5.1942. Cf. também o Dec.-Lei n.º 34.350, de 30.12.1944 (sobre questões financeiras e de pessoal da E.N.), Dec.-Lei n.º 37.230, de 22.12.1948 (idem), Dec.-Lei n.º 38.293, de 9.6.1951 (sobre organização de serviços da E.N., Regulamento das Instalações Radioeléctricas Receptoras e os Serviços de Taxas), Dec.-Lei n.º 39.999, de 30.12.1954 (sobre despesas da E. N. em casos urgentes ou de emergência reconhecida).

Em 1936, o Governo autorizou as emissoras particulares a recorrerem à publicidade radiofónica, criando condições para o desenvolvimento das *rádios privadas* ([1]).

A progressiva importância da radiodifusão pode avaliar-se pelo número de receptores registados, que era de 69.102 em 1937, passando a 534.053 no início de 1957.

Correspondendo a este desenvolvimento, foi aprovada uma nova *Lei Orgânica da Emissora Nacional* ([2]).

4. O exercício da actividade de *radiotelevisão* dependia, em Portugal, da existência de uma empresa à qual tal serviço viesse a ser concedido. A criação dessa empresa foi prevista pelo *Dec.-Lei n.º 40.341, de 18.10.1955*, que aprovou as bases da concessão, em regime de exclusivo, por vinte anos ([3]). Nele se dispunha que a empresa devia ser nacional (no sentido da Lei da nacionalização de capitais ([4])) e que, do

---

([1]) Em tal base, foram criadas diversas estações de rádio comercial: Rádio Clube Português, Emissores Associados de Lisboa, Emissores do Norte Reunidos, Rádio Altitude, Rádio Polo Norte, Posto Emissor do Funchal, Estação Rádio da Madeira, Rádio Club Asas do Atlântico, Rádio Club de Angra. A Rádio Renascença — Emissora Católica Portuguesa iniciou as suas emissões diárias, em ondas médias e curtas, em 1.1.1937, sob a direcção de Mons. Lopes da Cruz. Cf. MOREIRA DAS NEVES, *Para a História da Rádio Renascença — Mons. Lopes da Cruz e a Emissora Católica Portuguesa — Subsídios e Comentários*, Lisboa, Rádio Renascença, 1980, pág. 37 e 132; AURA MIGUEL, *Rádio Renascença: Os Trabalhos e os Dias (1933-1948)*, Lisboa, Imprensa Nacional — CM, 1992; F. MAGALHÃES CRESPO, "Comunicação", in *Colóquios sobre Rádio*, Lisboa, Soc. Port. de Autores/Public. D. Quixote, 1996, pág. 17.

([2]) Dec.-Lei n.º 41.484, de 30.12.1957. Foi completada pelo Regulamento da E.N., aprovado pelo Dec.-Lei n.º 41.485, da mesma data (substituído pelo Regulamento aprovado pelo Dec. n.º 46.927, de 30.3.1966), e pelo Regulamento das Instalações Receptoras de Radiodifusão, aprovado pelo Dec.-Lei n.º 41.486, também de 30.12.1957.

([3]) A RTP promoveu a publicação de uma compilação dos diplomas legislativos que regularam a TV em Portugal: ANTÓNIO GOMES DA COSTA, *A Televisão em Portugal — 40 Anos de História Legislativa*, Lisboa, TV Guia Editora, 1997.

([4]) Lei n.º 1994, de 13.4.1943, segundo a qual "só serão havidas por nacionais as sociedades constituídas de harmonia com as leis portuguesas, com sede na metrópole e cuja maioria absoluta seja portuguesa" (isto é, em que, pelo menos, 60% do capital pertença a portugueses de origem ou naturalizados há mais de dez anos, sociedades portuguesas com esta maioria ou pessoas colectivas portuguesas de direito público ou utilidade pública e em que a maioria nos corpos gerentes seja constituída por cidadãos portugueses de origem ou naturalizados há mais de dez anos).

100   *Direito da Comunicação Social*

seu capital (de, pelo menos, 60.000.000$00), um terço seria reservado ao Estado e os restantes dois terços oferecidos à subscrição dos emissores particulares de radiodifusão e à subscrição pública (art. 1.°). Também se previa uma *taxa* de televisão, a cobrar pela Emissora Nacional (art. 4.°).

A **RTP — Radiotelevisão Portuguesa, S.A.R.L.**, veio a ser constituída por escritura de 15.12.1955 ([1]), entre o Estado e vários outros accionistas, entre os quais algumas emissoras particulares de radiodifusão sonora. À RTP foi concedido o serviço público de televisão, por *contrato* de 16.1.1956 ([2]). As emissões regulares da RTP iniciaram-se em 7.3.1957.

5. A primeira **agência noticiosa** portuguesa — a Lusitânia — foi fundada por Luís Lupi, em 1944, como secção da Sociedade de Propaganda de Portugal (uma associação destinada a promover o turismo) ([3]).

Em 1944, foi fundada a *Agência de Notícias e Informações, Limitada (ANI)*, por Dutra Faria e Barradas de Oliveira, tendo um contrato de prestações de serviço com o Estado.

6. Salazar nunca favoreceu o **ensino do jornalismo** ([4]). O primeiro curso (ocasional) de jornalismo realizado em Portugal, no ensino superior, decorreu, em 1961-62, no Instituto Superior de Estudos Ultramarinos (actualmente denominado I.S.C.S.P.)([5]).

([1]) Publicada no *Jornal do Comércio*, de 24.12.1955.

([2]) Publicado no *Diário do Governo*, 3ª série, n.° 21, de 25.1.1956. Cf. também FRANCISCO RUI CÁDIMA, *Salazar, Caetano e a Televisão Portuguesa*, Lisboa, Presença, 1996, pág. 23 e segs..

([3]) É duvidoso que pudesse ser classificada como verdadeira agência noticiosa, pois tinha como objectivo trocar informações entre a Metrópole e as colónias, numa perspectiva de exaltação do Estado Novo (segundo informação da Lusa, de 26.3.1991).

([4]) Em França, o primeiro Instituto de ciência da imprensa fora criado na Universidade de Paris, em 1937. O seu fundador, Fernand Terrou, delimitou o domínio de um novo ramo do direito consagrado à informação e ordenado à volta de quatro temas principais: o estatuto da empresa, o estatuto do conteúdo, o estatuto profissional e o estatuto internacional (Cf. F. BALLE, *Médias et sociétés*, 7ª ed., 1994, pág. 4). Em 1941, o Sindicato dos Jornalistas, então dirigido por Luís Teixeira, chegou a propor a criação de "um curso de formação jornalística", mas Salazar não lhe deu apoio. Cf. J. M. VALENTIM PEIXE — P. SILVA FERNANDES, *A Lei de Imprensa Comentada e Anotada*, 1997, pág. 342.

([5]) Cf. JÚLIO GONÇALVES, *Leis da Informação (Portugal) 1627 — 1965*, Braga, Pax, 1965, pág. 13. Desse curso resultou a publicação do *Curso de Jornalismo*

Introdução   101

7. A substituição de Salazar por **Marcello Caetano**, em 26.9.1968, abriu caminho a uma *"evolução liberalizante"* (embora "na continuidade") nos meios de comunicação social e, sobretudo, na imprensa [70][71].

Logo em Março de 1969, Marcello Caetano [72] anunciou a intenção de publicar uma nova lei de imprensa, cuja proposta n.º 13/X veio a ser apresentada em 2.12.1970 [73].

Antes disso, já os deputados Francisco Sá Carneiro e Francisco Pinto Balsemão haviam apresentado um projecto de lei de imprensa — semelhante a um projecto elaborado em 1970 pelo Sindicato Nacional dos Jornalistas, tendo tido, por isso, o apoio deste [74].

(n.º 60 da Colecção Estudos de Ciências Políticas e Sociais), Lisboa, Junta de Investigações do Ultramar — Centro de Estudos Políticos e Sociais, 1963; nela se inclui o texto de Mons. AVELINO GONÇALVES, "Algumas considerações sobre o regime jurídico da imprensa".

[70] Cf. A. ARONS DE CARVALHO, *A Censura e as Leis de Imprensa*, pág. 85 e segs. e 104 e segs.; GRAÇA FRANCO, *A Censura à Imprensa (1820-1974)*, 1993, pág. 143 e segs..

[71] Poucos tempo antes (em 5.12.1963), o Concílio Ecuménico Vaticano II (1962-1965) havia aprovado o importante Decreto *Inter mirifica*, sobre os meios de comunicação social, em que a Igreja, para pregar o Evangelho, considera seu dever servir-se dos meios de comunicação social e ensinar as pessoas a usá-los rectamente. A Comissão Pontifícia dos Meios de Comunicação Social publicou a instrução pastoral *Communio et progressio*, em 23.5.1971, e Paulo VI (1963-1978) criou o Dia Mundial dos Meios de Comunicação Social (Cf. N. BLASQUEZ, *ob. cit.*, pág. 190). A Conferência Episcopal portuguesa divulgou uma Nota Pastoral sobre os meios de comunicação social e a família (de 17.4.1969) e criou a Comissão Episcopal dos Meios de Comunicação Social. É de destacar o papel que tiveram, então, publicações católicas como, entre outras, a *Rumo*, o *Encontro* (da J.U.C.) e *O Tempo e o Modo* (inicialmente). Sobre a imprensa católica em Portugal, neste período, cf. ALBERTO MORAIS, "As Comunicações Sociais", in *Um Século de Cultura Católica em Portugal*, Lisboa, Laikos, 1984, pág. 83 e seg..

[72] É sintomática do interesse de MARCELLO CAETANO pelo tema a publicação do seu estudo sobre *A opinião pública no Estado moderno*, Lisboa, 1965. Ficaram célebres as suas "Conversas em família", na televisão. Pouco tempo depois de tomar posse, foi alterada a orgânica de S.N.I., que foi substituído pela Secretaria de Estado da Informação e Turismo (Dec.-Lei n.º 48.686, de 15.11.1968).

[73] Cf. A. ARONS DE CARVALHO, *ob. cit.*, pág. 90 e 107.

[74] Cf. A. ARONS DE CARVALHO, *A Censura e as Leis de Imprensa*, 1973, pág. 108 e segs.; *A Lei de Imprensa e os Jornalistas*, Lisboa, Ed. Estampa, s/ data (1971), pág. 47 e segs. e 57 e segs.; A. ARONS DE CARVALHO — A. MONTEIRO CARDOSO, *Da Liberdade de Imprensa*, Lisboa, Meridiano, 1971, pág. 213 e segs.; BORGES COUTINHO, "Lei de imprensa, liberdade e repressão", in *Seara Nova*, Março de 1971; JOSÉ

Foi com base na referida proposta do Governo e ouvido o parecer da Câmara Corporativa (¹) que veio a ser aprovada a nova Lei da Imprensa de 1971 (²)(³).

Embora afirmando a liberdade de imprensa (na base V), a Lei n.º 5/71 veio, afinal, substituir a censura prévia pelo *exame prévio*, com fundamento na situação "subversiva" que se verificava nos territórios ultramarinos.

Na verdade, a base XXVIII dispôs que "1. A publicação de textos ou imagens na imprensa periódica pode ficar dependente de exame prévio, nos casos em que seja decretado estado de sítio ou de emergência.

2. Ocorrendo actos subversivos graves em qualquer parte do território nacional, poderá o Governo, independentemente de declaração do estado de sítio ou de emergência, a fim de reprimir a subversão ou prevenir a sua extensão, tornar dependente de exame prévio a publicação de textos ou imagens na imprensa periódica.

3. O exame prévio destinar-se-á a impedir a publicação das matérias abrangidas na base XIII.

4. A existência do estado de subversão e a gravidade deste deverão ser confirmadas pela Assembleia Nacional na primeira reunião posterior à ocorrência dos factos".

MAGALHÃES GODINHO, *Lei de Imprensa*, Lisboa, Excelsior, 1971; RAÚL REGO, "A Censura administrativa à imprensa", in *Teses e Documentos — II Congresso Republicano de Aveiro*, Lisboa, Seara Nova, 1969, vol. II, pág. 163 e segs.; BORGES COUTINHO, "Breve comparação dos regimes jurídicos da imprensa em Portugal — Últimos anos da Monarquia, República, Estado Novo", in *Teses e Documentos — II Congresso de Aveiro*, Lisboa, Seara Nova, 1969, vol. II, pág. 217 e segs..

(¹) Cf. *Diário das Sessões*, de 16.6.1971; JOAQUIM TRIGO DE NEGREIROS (Relator), "Parecer n.º 27/X — Lei de Imprensa", in *Pareceres da Câmara Corporativa*, vol. III, pág. 251 e segs.; A. ARONS DE CARVALHO, *A Censura e as Leis de Imprensa*, pág. 108 e segs.;

(²) Lei n.º 5/71, de 5 de Novembro, depois completada pelo Estatuto da Imprensa (Dec.-Lei n.º 150/72, de 5.5) e pelo Regulamento dos Serviços de Registo da Imprensa (Portaria n.º 303/72, de 26.5).

(³) Cf. *Estatuto da Imprensa — Lei — Regulamento — Portaria — Textos e Documentos com Anotações*, Lisboa, Secretaria de Estado da Informação e Turismo, 1972; JOSÉ ALFREDO SOARES MANSO-PRETO, *Anotações à Lei de Imprensa*, Coimbra, Atlântida, 1972; J. M. ANTUNES VARELA, *Lei da Liberdade Religiosa (Lei n.º 4/71, de 21 de Agosto de 1971) e Lei de Imprensa (Lei n.º 5/71, de 5 de Novembro de 1971) — Edição Revista e Anotada por*, Coimbra, Coimbra Editora, 1972; JOSÉ CARLOS DE VASCONCELOS, *Lei de Imprensa — Liberdade de Imprensa*, Lisboa, s/ ed., 1972.

Introdução

103

O Dec.-Lei n.º 150/72 regulamentou o exame prévio, nos art. 14.º, n.º 1, 63.º, n.º 3, alínea c), 67.º, n.º 1, 98.º a 102.º, 103.º, 12.º e 129.º.

Entretanto, a Resolução da Assembleia Nacional de 20.12.1971 [1] reconheceu que "persiste a ocorrência de actos subversivos graves em algumas partes do território nacional" [2] e, por isso, a imprensa periódica ficou sujeita ao regime de exame prévio, pelo art. 129.º do Dec.-Lei n.º 150/72.

Passaram a estar previstos na lei, de modo mais desenvolvido, os limites da liberdade de imprensa [3] e os tipos de escritos proibidos [4], tendo sido enviadas, em 1.6.1972, aos órgãos de comunicação social *Instruções sobre o Exame Prévio*, concretizando as limitações resultantes dessas disposições legais [5].

Em todo o caso, a *constituição de empresas jornalísticas* passou a depender apenas de requisitos formais sem qualquer margem de discricionaridade da autoridade administrativa [6].

Por outro lado, o *julgamento* dos crimes cometidos através da imprensa passou a caber aos "tribunais competentes para conhecer dos crimes como se estes não fossem cometidos por meio da imprensa" [7], isto é, os delitos comuns eram da competência dos tribunais ordinários e os delitos políticos da competência dos *tribunais plenários* de Lisboa ou do Porto [8].

Além disso, a *apreensão* de publicações passou a ser da competência do tribunal; apenas "quando a urgência e a gravidade da situação o justifiquem, a apreensão pode também ser ordenada pelas autoridades administrativas", mas estas devem enviar a publicação ao Ministério

---

[1] In *Diário do Governo*, de 27.12.1971.

[2] Referia-se, obviamente, ao "terrorismo" desencadeado em Angola, em 1961, na Guiné, em 1963, e em Moçambique, em 1964, e intensamente combatido pelas Forças Armadas Portuguesas.

[3] Lei n.º 5/71, base XIII.

[4] Dec.-Lei n.º 150/72, art. 14.º.

[5] Cf. A. ARONS DE CARVALHO, *A Censura e as Leis de Imprensa*, pág. 117 e segs..

[6] Cf. A. ARONS DE CARVALHO, *ob. cit.*, pág. 146 e segs.. É de referir o lançamento, em 1973, do semanário *Expresso* (dirigido por Francisco Balsemão), que desde então tem desempenhado importante papel na defesa da liberdade de imprensa.

[7] Lei n.º 5/71, base XXXVIII, Dec.-Lei n.º 150/72, art. 120.º, n.º 3.

[8] Era conhecida a influência política do Governo na escolha de juízes para estes tribunais. Cf. A. ARONS DE CARVALHO, *ob. cit.*, pág. 153.

Público, passando assim a haver controlo judicial das apreensões administrativas (¹).

A nova lei consagrou também o direito de *acesso às fontes* oficiais de informação, embora com limites (²), o direito dos profissionais da imprensa periódica ao *sigilo profissional* (³), bem como o *direito de rectificação, de resposta e de esclarecimento* (⁴).

É de salientar que os diplomas de 1971/72 incluíram disposições para contrariar a tendência para a *concentração* de empresas jornalísticas (⁵), antecipando-se a diversos outros países europeus (⁶).

Na realidade, as relações das empresas jornalísticas com as grandes empresas financeiras e a sua concentração eram, então, já patentes, em Portugal, como no resto do mundo (⁷).

7. Marcello Caetano utilizou a **rádio** (v.g., a Emissora Nacional) e a **televisão** (a RTP) mais frequentemente do que Salazar, mantendo-as sob o domínio de pessoas da sua confiança política (⁸).

8. O Sindicato dos Jornalistas, presidido por Manuel Silva Costa, apresentou um "Projecto de Ensino de Jornalismo", em 1971, que não obteve acolhimento. Entre 1970 e 1976, funcionou um **curso superior de jornalismo** da Escola Superior de Comunicação Social, criada pelo Banco Borges & Irmão, o Diário Popular e o Instituto Superior de Línguas e Administração, que, contudo, não conferia qualquer grau académico oficialmente reconhecido (⁹).

(¹) Dec.-Lei n.º 150/72, art. 121.º; cf. A. ARONS DE CARVALHO, *ob. cit.*, pág. 158 e segs..

(²) Dec.-Lei n.º 150/72, art. 78.º a 80.º.

(³) Dec.-Lei n.º 150/72, art. 81.º a 82.º.

(⁴) Dec.-Lei n.º 150/72, art. 53.º, 55.º a 58.º; cf. A. ARONS DE CARVALHO, *ob. cit.*, pág. 161 e segs..

(⁵) Lei n.º 5/71, base XI, n.º 1, alínea a), Dec.-Lei n.º 150/72, art. 33.º a 40.º.

(⁶) Cf. A. ARONS DE CARVALHO, *ob. cit.*, pág. 166 e segs..

(⁷) Nomeadamente, o Banco Borges & Irmão dominava o *Jornal do Comércio*, *A Capital* e o *Diário Popular*; a Caixa Geral de Depósitos dominava o *Diário de Notícias*, por via da Empresa Nacional de Publicidade, e tinha um administrador em *O Século*. Cf. ALBERTO ARONS DE CARVALHO — A. MONTEIRO CARDOSO, *Da Liberdade de Imprensa*, 1971, pág. 337 e segs..

(⁸) Cf. FRANCISCO RUI CÁDIMA, *Salazar, Caetano e a Televisão Portuguesa*, Lisboa, Presença, 1996, pág. 201 e segs..

(⁹) Cf. J. M. VALENTIM PEIXE — P. SILVA FERNANDES, *A Lei de Imprensa Comentada e Anotada*, 1997, pág. 342 e seg..

Introdução 105

9. Num ambiente um pouco mais aberto, a imprensa (v.g., publicações como o *Expresso* e *A República*) e a rádio (v.g., a Rádio Renascença e o Rádio Clube Português) contribuíram de modo significativo para o fim do "Estado Novo" ([1]) ([2]).

SECÇÃO V
O reconhecimento da liberdade de comunicação social e a revolução informática e das telecomunicações (1974-...)

1. O ano de 1974 é um marco importante na história dos meios de comunicação social, em Portugal, quer porque foi estabelecido um regime de *liberdade de expressão*, quer porque se assistiu a uma aceleração impressionante do *progresso tecnológico* em todos os domínios e também no que agora nos ocupa.

É a época da generalização dos computadores ([3]), da informatização da comunicação social, da digitalização ([4]), do RDS (*Radio Data System* — 1980 ([5])), da televisão de alta definição (1968-1975 ([6])), da televisão por cabo (de cobre e de fibra óptica ([7])) e por satélite ([8]), do

---

([1]) Cf. MANUEL AMARO BERNARDO, *A Desagregação do Estado Novo e a Imprensa* (Tese), Lisboa, Univ. Cat. Port., 1993.

([2]) Em geral, sobre o período de 1926 a 1974, cf. COMISSÃO DO LIVRO NEGRO SOBRE O REGIME FASCISTA, *A Política de Informação no Regime Fascista*, Lisboa, Presidência do Conselho de Ministros, 1980, 2 vols..

([3]) Possibilitada pela revolução dos semicondutores, nos anos 60 e 70.

([4]) Nas telecomunicações, etc.. Cf. F. BALLE, *Médias et Sociétés*, 7.ª. ed., pág. 117 e segs.. A primeira emissão televisiva digital terrestre ocorreu, nos Estados Unidos, em 1.11.1998.

([5]) Cf. F. BALLE, *Médias et Sociétés*, 7.ª ed., pág. 127 e segs..

([6]) Cf. F. BALLE, *Médias et Sociétés*, 7.ª ed., pág. 120 e segs..

([7]) Os cabos de cobre foram utilizados para a recepção de programas de radiodifusão sonora, nos Estados Unidos, desde 1949. Em 1975, as redes de cabos de cobre começaram a receber emissões de televisão por satélite. Em 1984, foi inaugurada a rede multiserviços em fibra óptica de Biarritz. Cf. F. BALLE, *Médias et Sociétés*, 7.ª ed., pág. 131 e segs..

([8]) O primeiro satélite de telecomunicações (SCORE) foi lançado em 1958. Em 1962, o satélite americano Telstar transmitiu os primeiros sinais de televisão através do espaço. Em 1965, os EUA lançaram o primeiro satélite artificial geoestacionário (INTELSAT I). O primeiro satélite de difusão directa (ATS 6) foi lançado pela NASA, em 1974. Em 1977, a União Internacional das Telecomunicações reuniu uma conferência mundial de planificação da TV por satélite, para repartição das posições dos

teletexto (1977 ([1])), da telemática ([2]), do CD áudio (1982), do CD-ROM (*Compact Disc-Read Only Memory* — 1985), do CD-i (interactivo — 1991), do CD-foto (1992)([3]), do DVD (*Digital Video Disc*), dos multimédia ([4]), das auto-estradas da comunicação (redes de telecomunicações digitalizadas de grandes dimensões e grande capacidade, multimédia e interactivas ([5])), da "aldeia global".

A imprensa tornou-se numa grande indústria, gerida por profissionais que comercializam um produto de grande consumo. As grandes cadeias de rádio e de televisão transmitem para todo o mundo, por satélite, notícias, reportagens e debates sobre os acontecimentos mais variados e exercem uma enorme influência sobre a opinião pública e a vida política e social, ocupando grande parte do tempo das pessoas ([6]).

Em todos os países, a legislação e a jurisprudência vão-se adaptando aos novos problemas ([7]).

O Acto Final da *Conferência de Helsínquia* sobre a Segurança e a Cooperação na Europa, de 1.8.1975, incluiu extensas e importantes declarações sobre a melhoria da difusão, do acesso e da troca de informação impressa, filmada, radiodifundida e televisionada, a cooperação no

---

satélites de difusão directa em órbita geoestacionária. Cf. BALLE, *Médias et Sociétés*, 7.ª ed., pág. 149 e segs. e 160.

([1]) Cf. F. BALLE, *Médias et* Sociétés, 1994, pág. 176.

([2]) Em sentido amplo, a telemática consiste no tratamento à distância de dados informáticos (consulta de informações, serviços de transacções e mensagens), possibilitado pela utilização conjugada de computadores e de telecomunicações. A primeira rede telemática mundial, utilizando uma modalidade de videotexto, foi o minitel, que arrancou com o relatório sobre a "telemática" de NORA-MINC, e a aprovação do projecto de lista de telefones electrónica pelo Governo francês, em 1978. Cf. F. BALLE, *Médias et* Sociétés, 1994, pág. 176 e segs..

([3]) Cf. F. BALLE, *Médias et Sociétés*, 7.ª ed., pág. 169 e segs..

([4]) Cf. STEFAN ENGEL-FLECHSIG — ALEXANDER ROSSNAGEL, *Multimedia-Recht*, Muenchen, C. H. Beck, 1998.

([5]) Cf. F. BALLE, *Médias et Sociétés*, 7.ª ed., pág. 142 e segs..

([6]) Segundo o relatório da Comissão elaborado em execução da Directiva 89//552/CEE, de 3.10, existiam, na Europa, em 1995, 250 canais de televisão, dois terços dos quais privados; em conjunto, geraram, nesse ano, receitas totais de 43.300 milhões de dólares. No início de 1997, havia 330 serviços digitais difundidos por satélite. Cf. PEDRO Q. G. SIMÃO JOSÉ, *O Novo Direito da Publicidade*, Lisboa, Vislis, 1999, pág. 207.

([7]) Entre os mais recentes e conhecidos merece referência a publicação do livro do médico pessoal do Presidente Miterrand, divulgando uma doença encoberta durante cerca de dez anos, o qual foi introduzido na Internet, apesar de judicialmente proibido.

Introdução 107

domínio da informação e a melhoria das condições de trabalho dos jornalistas. Tendo sido subscrito pelos países da Europa de Leste, não pode deixar de se reconhecer o contributo deste Acto para a preparação das modificações que viriam a ocorrer em 1989.

A *União Internacional das Telecomunicações* (organismo especializado das Nações Unidas) e outras *organizações internacionais* têm vindo a estabelecer normas técnicas uniformes ("standards") para permitir a realização de uma *rede digital de serviços integrados* (ISDN) capaz de transmitir dados audiovisuais para todo o mundo, a velocidade cada vez maior ([1]).

O Papa João Paulo II criou o Centro Televisivo Vaticano, em 22.10.1983 ([2]), e o *Vatican Information Service*, em 28.3.1990 ([3]) e tem utilizado intensamente os meios de comunicação social para divulgar as suas viagens apostólicas pelo mundo. O Conselho Pontifício para os Meios de Comunicação Social publicou, em 22.2.1992, a importante instrução pastoral *Aetatis novae*, desenvolvendo a doutrina do Decreto conciliar *Inter mirifica* (de 1963) e da Instrução pastoral *Communio et progressio* (de 1971). A grande importância reconhecida actualmente pela Igreja aos meios de comunicação social aparece reflectida no Código de Direito Canónico de 25.1.1983 ([4]), no Catecismo de 1992 ([5]) e na página do Vaticano na Internet ([6]).

([1]) Cf. DONNA GRIEVES SMITH, "Telecommunications", in *Microsoft Encarta*.

([2]) Cf. *Annuario Pontificio*, 1994, pág. 1773.

([3]) Distinto, mas no âmbito da *Sala Stampa della Santa Sede*, instituída como organismo informativo do Concílio Vaticano II, que absorveu o anterior *Ufficio Informazioni*. Cf. *Annuario Pontificio*, 1994, pág. 1761.

([4]) No cânon 747, o Código afirma "o dever e o direito originário" da Igreja, independentemente de qualquer poder humano, de pregar o Evangelho a todos os povos, utilizando até meios de comunicação social próprios". Nos cânones 822 a 832, o Código recomenda aos pastores da Igreja que se empenhem "em utilizar os meios de comunicação social" e ensinem aos fiéis o dever de cooperar para que o seu uso seja "vivificado pelo espírito cristão" (cânon 822). Afirma que os bispos e o Papa têm o "direito de exigir que sejam submetidos ao seu juízo os escritos a publicar pelos fiéis, relativos à fé ou à moral e ainda de reprovar os escritos nocivos à ortodoxia da fé ou aos bons costumes". E dispõe que "A não ser por causa justa e razoável, os fiéis nada escrevam em diários, revistas ou publicações que manifestamente costumam atacar a religião católica ou os bons costumes" (cânon 831). Cf. também os cânones 666, 779 e 804. Em Portugal, após o 25.4.1974, o *Novidades* deixou de se publicar, tendo havido um esforço de lançamento de um outro diário católico (o *Nova Terra*, em 1975) que se gorou. A Igreja concentrou, então, os seus esforços na Rádio

2. *Em* **Portugal**, *o 25 de Abril de 1974 marcou o início de uma profunda viragem nos meios de comunicação social, no sentido da consagração da liberdade de informação, embora, inicialmente, com intervenção do Estado nalgumas empresas mediáticas (sobretudo, na rádio e na televisão)* [1].

O Programa do Movimento das Forças Armadas incluía entre as medidas imediatas a decretar pela Junta de Salvação Nacional "A abolição da censura e exame prévio". Previa, contudo, a criação de uma comissão *ad hoc* para *contrôle* da imprensa, rádio, televisão, teatro e cinema, de carácter transitório, para "salvaguardar os segredos dos aspectos militares e evitar perturbações na opinião pública, causadas por agressões ideológicas dos meios mais reaccionários" (A, 2, g)).

Tal Comissão *ad hoc* foi efectivamente criada pelo Dec.-Lei n.º 281/74, de 25.6 [2].

Nesta mesma data, a *Radiotelevisão Portuguesa* passou a ser gerida directamente pelo Governo [3].

Renascença e, mais tarde, também na TVI, continuando, em todo o caso, a editar-se diversas publicações de carácter local ou especializado (*Brotéria, Didaskalia, Concilium*, etc.). Sobre a imprensa católica em Portugal, neste período, cf. ALBERTO MORAIS, "As Comunicações Sociais", in *Um Século de Cultura Católica em Portugal*, Lisboa, Laikos, 1984, pág. 83 e seg..

[5] N.º 2493-2498. Cf. N. BLASQUEZ, pág. 191 e segs..

[6] http://www.vaticano.va

[1] Sobre a história dos factos deste período, cf. NUNO ROCHA, "Os meios de comunicação após a Revolução dos Cravos (1974-1996)", in ALEJANDRO PIZARROSO QUINTERO, *História da Imprensa*, Lisboa, Planeta, 1996, pág. 369 e segs..

[2] Segundo o Dec.-Lei n.º 281/74, a Comissão *ad hoc* podia aplicar multas e suspender os órgãos de comunicação social, no caso de infracção aos princípios do Programa do M.F.A. (que passou a ter valor constitucional, por força da Lei n.º 3/74, de 14.5), cabendo recurso das suas decisões para o tribunal comum (art. 3.º e 4.º). O citado diploma continha em anexo um Regulamento, que consagrava o princípio da licitude da "discussão e crítica de doutrinas políticas e religiosas, das leis e dos actos da administração pública, assim como da forma como os seus agentes lhes dão cumprimento, desde que sejam salvaguardados os direitos e deveres dos cidadãos" (art. 1.º); mas continha também uma enunciação de infracções contra os princípios do Programa do M.F.A. (art. 2.º). Esta Comissão foi composta pelo então Major A. Ramalho Eanes, Com.te Correia Jesuino, Dr. Ruela Ramos e outros. A Comissão *ad hoc* para a Imprensa foi extinta pela Resolução do Conselho da Revolução, de 10.10.1975 (in *Diário do Governo*, 1ª série, de 29.10.1975).

[3] Dec.-Lei n.º 278/74, de 25.6.

Introdução 109

Entretanto, um despacho do Ministro da Comunicação Social, de 30.12.1974, determinou a criação de um Conselho de Informação ([1]). A nova *Lei de Imprensa* veio a ser aprovada pelo Dec.-Lei n.º 85-C/75, de 26.2 (LImp)([2]), tendo-se mantido em vigor até 1999, com diversas alterações ([3]).

A nova Lei consagrou a liberdade de expressão de pensamento pela imprensa e o direito à informação, e pôs termo ao regime de controlo da imprensa. O direito à informação compreende o direito a informar e a ser informado. O direito a informar integra, designadamente, a liberdade de acesso às fontes oficiais de informação, a garantia do sigilo profissional, a garantia da independência do jornalista profissional e da sua participação na orientação da publicação jornalística. O direito dos cidadãos a serem informados é garantido, nomeadamente, através de medidas antimonopolistas, da publicação do estatuto editorial, da identificação da publicidade e do direito de resposta (art. 1.º).

Importa salientar, sobretudo, que a LImp de 1975 previu a criação de um *Conselho de Imprensa*, como órgão independente para salvaguarda da liberdade de imprensa perante o poder político e o poder económico, que funcionaria junto do Ministério da Comunicação Social durante a vigência do Governo Provisório (art. 17.º). Este Conselho de Imprensa viria a entrar em funções por força do Despacho do Presidente do Conselho de Ministros, de 30.4.1975, que estabeleceu a sua constituição ([4]).

Ao longo do processo revolucionário posterior ao 25 de Abril de 1974, os partidos de esquerda e, especialmente, o PCP tentaram e conseguiram dominar vários meios de comunicação social, *"saneando"* os

---

([1]) De mencionar é também que uma Decisão do Conselho de Ministros, de 28.12.1974, mandou proceder à posse administrativa das instalações e valores do extinto diário "Época" pelo Ministério da Administração Interna. E o Dec. n.º 199/74, de 14.5, extinguiu as comissões de exame e classificação dos espectáculos.

([2]) Na base de um anteprojecto de A. SOUSA FRANCO (cf. A. ARONS DE CARVALHO, *A Liberdade de Informação e o Conselho de Imprensa — 1975-1985*, Lisboa, Dir.-Geral da Comunicação Social, 1986, pág. 23 e segs.), para que dei uma modesta colaboração.

([3]) Foi alterada pelo Dec.-Lei n.º 181/76, de 9.3, Dec.-Lei n.º 377/88, de 24.10 e Lei n.º 15/95, de 25.5 (esta, revogada, com repristinação parcial, pela Lei n.º 8/96, de 14.3), e completada pela Lei n.º 60/79, de 18.9 (sobre notas oficiosas — alterada pela Lei n.º 5/86, de 26.3, e revogada pela Lei n.º 31-B/98, de 14.7). Foi revogada e substituída pela Lei n.º 2/99, de 13.1.

([4]) Em Maio de 1975, foi aprovado o Regulamento do Conselho de Imprensa.

que se lhes opunham. Inclusivamente, um grupo de trabalhadores ocupou a **Rádio Renascença**, impossibilitando a Igreja de orientar doutrinalmente a sua emissora, colocando-a ao serviço de doutrinas opostas à fé cristã e atacando a própria Igreja ([1]).

Entretanto, A Lusitânia foi extinta, logo após o 25 de Abril, e o Estado adquiriu, em 8.11.1974, a ANI (Agência Noticiosa de Informação, L.da.).

3. Após o **11 de Março de 1975**, intensificou-se a tendência de domínio dos meios de comunicação social pelo PCP e MDP/CDE, com o apoio da 5.ª Divisão do Estado-Maior das Forças Armadas, sendo contrariado o pluralismo ideológico e chegando a ficar em causa a liberdade de informação.

As **nacionalizações** de empresas, decretadas após essa data, arrastaram consigo a estatização indirecta de participações sociais em diversas empresas de comunicação social ([2]).

Foi centralizada no *Ministério da Comunicação Social* a competência para transmitir aos órgãos de comunicação social toda a informação de carácter noticioso oficial e foi criada a Comissão Interministerial de Informação ([3]).

Algumas forças ligadas ao PCP e à extrema esquerda provocaram *"saneamentos"* de jornalistas em diversos órgãos de comunicação social. O próprio director (Raul Rego) e jornalistas do **República** (que, durante décadas, se opuseram como puderam à ditadura salazarista) foram afastados por tipógrafos que ocuparam as instalações, em Maio de 1975. Esse facto — ao lado da continuada ocupação da Rádio Renas-

---

([1]) Por isso, o Episcopado difundiu uma "Nota sobre a situação na Rádio Renascença", de 27.9.1974, e uma "Nota sobre a Rádio Renascença", de 12.2.1975, em que denunciou a situação como "um acto de violência e atropelo do direito" (cf. Conferência Episcopal Portuguesa, *Documentos Pastorais — 1967-1977*, Lisboa, União Gráfica, 1978, pág. 335 e segs. e 158 e seg., respectivamente).

([2]) Deste modo, o Estado passou a ter o controlo total ou maioritário dos jornais diários *Diário Popular, A Capital, Diário de Notícias, Jornal de Notícias, e Comércio do Porto*, bem como do jornal desportivo *Record*. Só três jornais diários de grande circulação continuaram privados: *Correio da Manhã, Diário de Lisboa e Primeiro de Janeiro*. Uma RCM de 27.8.1975 declarou em crise o sector da imprensa diária a cargo do Estado.

([3]) Dec.-Lei n.º 145/75, de 20.3. O Dec.-Lei n.º 409/75, de 2.8, veio a introduzir alterações na estrutura do Ministério.

cença ([1]), apesar da oposição da Igreja ([2]) — contribuiu, aliás, para desencadear o movimento que levou ao 25 de Novembro de 1975 ([3]).

Entretanto, foi criada a *ANOP* — Agência Noticiosa Portuguesa, E.P. ([4]) e ordenada a transferência para esta do conjunto do património da ANI, que foi dissolvida ([5]).

Na sequência do Dec.-Lei n.º 293/75, de 16.6 — que extinguiu os *grémios* facultativos que, dentro de 60 dias, não se transformassem em associações patronais —, o Grémio da Imprensa Diária e o Grémio da Imprensa não Diária foram transformados, respectivamente, na *Associação da Imprensa Diária* ([6]) e na *Associação da Imprensa Não Diária*.

([1]) Um despacho do Ministro da Comunicação Social, de 21.3.1974, nomeou uma "Comissão Mista" (composta por um delegado do M.F.A., um delegado do Ministério da Comunicação Social, um delegado do Ministério do Trabalho e um delegado da 5.ª Divisão do Estado-Maior General das Forças Armadas) que passou a ser responsável pela programação e noticiários da Rádio Renascença. Em 27.5.1975, foi tomada a Rádio Renascença e presos dois trabalhadores. Depois disso, a UDP organizou uma manifestação em frente do Patriarcado. O P.ᵉ Feitor Pinto mobilizou um grupo de leigos para a contrariar, tendo sido apedrejados pelos manifestantes. Cf. A. PEREIRA CALDAS, *Para a História da Rádio Renascença (1974-1975)*, Lisboa, Grifo, 1999, pág. 47 e segs..

([2]) Cf. Comunicado da reunião da Conferência Episcopal, de 8 a 12.4.1975, e "Nota pastoral sobre o momento presente", de 14.6.1975, in Conferência Episcopal Portuguesa, *Documentos Pastorais — 1967-1977*, pág. 299 e seg. e 188 e seg., respectivamente. Em 3.7.1975, o Conselho Superior da Revolução chegou a criar uma Comissão Administrativa para gerir a Rádio Renascença, o que foi objecto de protesto do Conselho Permanente do Episcopado (cf. "Comunicado sobre a Rádio Renascença", in Conferência Episcopal Portuguesa, *Documentos Pastorais — 1967-1977*, pág. 344 e seg.). A referida Nota pastoral de 14.6.1975 denunciou também que "o aumento substancial de encargos administrativos e, muito recentemente, o pesado agravamento das taxas postais provocaram já a suspensão de vários periódicos da Província e estão em risco de provocar o desaparecimento de muitos outros, deixando assim a imprensa regional impossibilitada de continuar a cumprir o seu papel de informação objectiva e livre. O subsídio governamental que se promete à imprensa pode vir a constituir, em certas circunstâncias, uma forma de controlo estatal" (cf. *ob. cit.* pág. 189).

([3]) Contribuíram também para um ambiente favorável a este movimento o *Jornal Novo* (dirigido, então, por Artur Portela filho) e os semanários *O Tempo* (dirigido por Nuno Rocha) e *O Jornal* (dirigido por José Carlos Vasconcelos).

([4]) Dec.-Lei n.º 330/75, de 1.7.

([5]) Dec.-Lei n.º 523/75, de 24.9.

([6]) Os novos estatutos foram publicados no *DG*, 3.ª série, n.º 216, de 18.9.1975.

4. Depois do **25 de Novembro de 1975**, ainda foram *nacionaliza-das* directamente participações sociais em diversas empresas de **radiodifusão**, bem como postos emissores e retransmissores de radiodifusão, tendo sido logo constituída a *Empresa Pública de Radiodifusão*, para a qual foram transferidos todos os valores activos e passivos daquelas ([1]). Apenas a Rádio Renascença se manteve fora do domínio estatal, iniciando-se, assim, um regime de *duopólio* na rádio.

Na mesma data, foram nacionalizadas as participações sociais na *RTP* — Radiotelevisão Portuguesa, S.A.R.L., não pertencentes, directa ou indirectamente, ao Estado. Simultaneamente, foi criada a **Radiotelevisão, E.P.**, com o objectivo do exercício, em regime de exclusividade, do serviço público de televisão, para ela sendo transferido o património da RTP, S.A.R.L. ([2]).

5. A **Constituição de 25.4.1976** consagrou a liberdade de expressão e informação e a liberdade de imprensa, mas também, sob a influência do *Pacto MFA-Partidos*, impôs a *irreversibilidade das nacionalizações* e proibiu que a televisão fosse objecto de propriedade privada (art. 37.º, 38.º e 83.º) ([3]).

Considerando a situação de falência técnica de algumas empresas de comunicação social só parcialmente nacionalizadas, mas dependentes financeiramente dos subsídios e empréstimos do Estado ([4]), o *Governo de Mário Soares* **nacionalizou** as participações sociais não pertencentes directa ou indirectamente ao Estado nas principais empresas jornalísticas ([5]) e constituiu, for fusão entre elas, a Empresa Pública dos Jornais

---

([1]) Rádio Clube Português, S.A.R.L., EAL — Emissores Associados de Lisboa, L.da., J. Ferreira & C.ª, L.da., Sociedade Portuguesa de Radiodifusão, L.da., e Alfabeta — Rádio e Publicidade, S.A.R.L., bem como os postos emissores e retransmissores denominados "Clube Radiofónico de Portugal", "Rádio Graça", Rádio Peninsular" e "Rádio Voz de Lisboa" (Dec.-Lei n.º 674-C/75, de 2.12).

([2]) Dec.-Lei n.º 674-D/75, de 2.12.

([3]) Na sequência da aprovação da CRP, algumas disposições do Dec.-Lei n.º 85-C/75, de 26.2, foram declaradas inconstitucionais: o art. 52.º, n.º 1, pelo Ac. RelC de 6.1.1978 (in *Col. Jur.*, ano III, t. I, pág. 239); os art. 25.º, n.º 2, e 27.º pelo Ac. RelL de 13.12.1978 (in *Col. Jur.*, ano III, t. I, pág. 1578); e o art. 26.º, n.º 3, pelo Ac. RelL de 21.3.1984 (in *Col. Jur.*, ano IX, t. II, pág. 251).

([4]) Na sequência de agravamentos de custos (salariais e outros) e de redução de receitas (por restrições a aumentos de preços, redução da publicidade, etc.).

([5]) Sociedade Nacional de Tipografia, S.A.R.L., Empresa Nacional de Publicidade, S.A.R.L., Sociedade Industrial de Imprensa, S.A.R.L., e Sociedade Gráfica de A Capital, S.A.R.L..

Notícias e Capital (EPNC) e a Empresa Pública dos Jornais Século e Popular (EPSP) ([1]).

Entretanto, a existência de um número considerável de meios de comunicação social pertencentes ao sector público tornou patente a necessidade de salvaguardar a sua *independência* perante o Governo e a Administração Pública, bem como de assegurar o pluralismo, a possibilidade de expressão e o confronto das várias correntes de opinião, o rigor e a objectividade da informação e de impedir a propaganda da ideologia fascista e de quaisquer outras, igualmente contrárias às liberdades democráticas e à Constituição. Para isso, os constituintes de 1976 previram a criação de *conselhos de informação*, integrados proporcionalmente por representantes indicados pelos partidos políticos com assento na Assembleia da República (CRP art. 39.°).

Para dar execução a esta disposição constitucional, foram criados, junto da Assembleia da República, quatro *conselhos de informação* — para a Imprensa, a RDP, a RTP e a ANOP ([2]).

Posteriormente, foi aprovado um novo regime jurídico para o Conselho de Imprensa ([3]) e criado e regulamentado o Serviço de Apoio ao Conselho de Imprensa ([4]).

A imprensa, privada e pública, passou por graves dificuldades financeiras, que levaram o Governo a estabelecer diversas medidas de *apoio económico* ([5]) e, nalguns casos, a suspender e extinguir publicações ([6]).

([1]) Dec.-Lei n.° 639/76, de 29.7.

([2]) Cf. Lei n.° 78/77, de 25.10, alterada pela Lei n.° 67/78, de 14.10, e pela Lei n.° 1/81, de 18.2. Antes, o Dec.-Lei n.° 816-A/76, de 10.11, havia determinado que o Conselho de Imprensa passasse a exercer as suas funções junto da Assembleia da República e alterado a sua composição; mas o preceito sobre a composição veio a ser considerado organicamente inconstitucional pelo Conselho da Revolução (Resolução n.° 78/77, de 12.4).

([3]) Lei n.° 31/78, de 20.6. Sobre o regime e a actividade do Conselho de Imprensa, cf. A. ARONS DE CARVALHO, *A Liberdade de Informação e o Conselho de Imprensa — 1975 — 1985*, Lisboa, Dir.-Ger. da Com. Soc., 1986.

([4]) Lei n.° 69/79, de 11.10.

([5]) Cf. Resol. n.° 242/77, de 1.10.

([6]) *O Século, Modas e Bordados, Vida Mundial* e *O Século Ilustrado* foram suspensos pelo Desp. Norm. n.° 43/77, de 18.2. Depois, a Empresa Pública dos Jornais Século e Popular foi autorizada a alienar o seu património (RCM n.° 90/79, de 3.4) e foi cindida em duas: Empresa Pública do Jornal O Século e Empresa Pública do Jornal Diário Popular (Dec.-Lei n.° 465-A/79, de 6.12). A Empresa Pública do Jornal O Século veio a ser extinta (pelo Dec. n.° 162/79, de 29.12), tendo o Estado-

114 Direito da Comunicação Social

Após um diferimento por dois anos, foi autorizada, em 1979, a *televisão a cores* em Portugal ([1]).

Foi publicada uma nova Lei sobre *notas oficiosas* ([2]) e aprovado o *Estatuto do Jornalista* ([3]).

Foram aprovados novos estatutos para a *ANOP, E.P.* ([4]).

Em 1979, foi criada, na Universidade Nova de Lisboa, a primeira **licenciatura em comunicação social**, sob a direcção de Adriano Duarte Rodrigues ([5]).

6. A vontade do **Governo da Aliança Democrática** (PSD, CDS e PPM), de F. Sá Carneiro (de 3.1.1980 a 4.9.1981), de reduzir a intervenção do Estado nos meios de comunicação social manifestou-se na extinção da Secretaria de Estado da Comunicação Social ([6]).

Em 1980, surgiu uma nova licenciatura em comunicação social, no Instituto Superior de Ciências Sociais e Políticas (ISCSP), da Universidade Técnica de Lisboa, bem como o curso complementar de Ciências da Informação, da Universidade Católica Portuguesa ([7]).

7. O **Governo da A.D. de Francisco Balsemão** (de 4.9.1981 a 9.6.1983) criou a Direcção-Geral da Comunicação Social ([8]), bem como uma nova agência noticiosa — a *NP* — Notícias de Portugal, Coopera-

---

-credor assumido certas dívidas dela (RCM n.º 249/81, de 9.12), reservado para si o imóvel e os arquivos (RCM n.º 38/86, de 17.5) e considerado extintas diversas dívidas (Dec.-Lei n.º 105/89, de 12.4).

([1]) O diferimento foi justificado pela política de austeridade do Governo (RCM n.º 127/77, de 8.6), no contexto das dificuldades económico-financeiras resultantes do processo revolucionário. A autorização constou da RCM n.º 183/79, de 22.6.

([2]) Lei n.º 60/79, de 18.9 — recentemente revogada pela Lei n.º 31-A/98, de 14.7.

([3]) Lei n.º 62/79, de 20.9.

([4]) Dec.-Lei n.º 502/77, de 29.11, alterado pela Lei n.º 19/78, de 19.4

([5]) Cf. J. M. VALENTIM PEIXE — P. SILVA FERNANDES, *A Lei de Imprensa Comentada e Anotada*, 1997, pág. 343. O curso de comunicação social do Departamento de Comunicação Social da Faculdade de Ciências Sociais e Humanas, incluiu uma disciplina de direito e deontologia da comunicação, a cargo do Dr. Alberto Arons de Carvalho.

([6]) Pelo Dec.-Lei n.º 230-A/81, de 27.7.

([7]) Cf. J. M. VALENTIM PEIXE — P. SILVA FERNANDES, *A Lei de Imprensa Comentada e Anotada*, 1997, pág. 343.

([8]) Pelo Dec.-Lei n.º 420/82, de 12.10.

Introdução 115

tiva de Utentes de Serviços de Informação, C.R.L. — e decretou, em 29.7.1982, a extinção da ANOP. O decreto de extinção foi, porém, vetado pelo Presidente da República, Gen. Ramalho Eanes, em 2.11.1982, tendo o Governo deixado de financiar a ANOP.

No decurso da *revisão constitucional de 1982*, optou-se pela substituição dos quatro conselhos de informação por um único *Conselho da Comunicação Social*, órgão independente, funcionando junto da Assembleia da República, encarregado de garantir a independência perante os poderes públicos dos órgãos de comunicação social pertencentes ao Estado e a outras entidades públicas ou sujeitos ao seu controlo económico, bem como de assegurar a possibilidade de expressão e confronto das diversas correntes de opinião ([1]).

Dando execução a estes preceitos, a Lei n.º 23/83, de 6.9, regulou a organização e o funcionamento do Conselho da Comunicação Social ([2]) — que funcionou ao lado do Conselho de Imprensa, ocupado com os problemas da imprensa privada ([3])([4]).

8. A difícil situação criada às agências noticiosas veio a ser resolvida pelo ***Governo do Bloco Central*** (PS-PSD, de 9.6.1983 a 6.11.1985), mediante a aprovação de novos estatutos para a ANOP ([5]), que continuou, porém, a exercer as suas actividades ao lado da NP ([6]).

Foi, novamente, concedido *apoio económico* à imprensa ([7]).

([1]) CRP, art. 39.º, 166.º, alínea h), e 238.º, na nova redacção.

([2]) A entrada em funções deste Conselho demorou mais tempo do que o previsto na CRP, tendo suscitado problemas delicados, sobre os quais foi emitido o Parecer n.º 6/84, de 9.3.1984, da Procuradoria-Geral da República (in *BMJ*, n.º 339, pág. 163). O Regimento do Conselho de Comunicação Social foi publicado no *DR*, II série, n.º 42, de 14.3.1986, pág. 1657 e segs..

([3]) Cf. Conselho de Imprensa, *Relatórios — 1979-1983 — A Situação da Imprensa em Portugal*.

([4]) De 19 a 22.1.1982, realizou-se, em Lisboa, o I Congresso dos Jornalistas Portugueses, sob o lema "Liberdade de expressão, expressão da Liberdade", tendo sido publicadas as Conclusões, Teses e Documentos.

([5]) Em 12.7.1983, o Governo decidiu a fusão das duas agências, que não veio, todavia, a consumar-se, em consequência da recusa da NP em negociar. O Dec.-Lei n.º 96-A/84, de 26.3, aprovou os novos estatutos e a RCM n.º 20/84, de 26.3, declarou a ANOP em situação económica difícil. A Comissão de Trabalhadores da ANOP interpôs recurso para o STA, com êxito.

([6]) RCM n.º 16/85, de 15.4.

([7]) Desp. Norm. n.º 72/84, de 29.3 (pagamento pelo Estado de despesas de

Em 1983, foi criado um curso de aperfeiçoamento, especialização e adaptação para profissionais.da comunicação social, no Centro de Formação de Jornalistas, no Porto ([1])([2]).

9. A *década de 1985 a 1995* ficou marcada, em Portugal, por uma profunda reforma nos meios de comunicação social e nas telecomunicações, no sentido da *liberalização* e *modernização*, bem como pela adesão às Comunidades Europeias ([3]).

Mesmo antes da revisão constitucional de 1989 ([4]), mas sobretudo depois desta, os *governos de Cavaco Silva* puseram termo às intervenções do Estado nos meios de comunicação social do Estado, mediante a *privatização* das empresas do sector ou dos seus bens ([5]), a autorização de 314 estações de *rádio regionais e locais* privadas ([6]) e a abertura de

---

expedição postal de publicações periódicas a assinantes), e Desp. Norm. n.º 73/84, de 29.3 (porte pago para a imprensa portuguesa no estrangeiro).

([1]) Cf. J. M. VALENTIM PEIXE — P. SILVA FERNANDES, *A Lei de Imprensa Comentada e Anotada*, 1997, pág. 343.

([2]) São deste período as dissertações de MARIA MANUELA PAIS DOS SANTOS FIGUEIREDO, *Liberdade de Expressão*, Lisboa, Univ. Católica Portuguesa, 1983 e de NUNO E SOUSA, *A Liberdade de Imprensa* (Separata do vol. XXVI do Suplemento ao *Boletim da Faculdade de Direito da Universidade de Coimbra*), Coimbra, 1984.

([3]) Cf. ANÍBAL CAVACO SILVA, *As Reformas da Década*, Venda Nova, Bertrand, 1995, pág. 21 e segs.. Quanto às telecomunicações, bastará citar a digitalização da rede telefónica e a multiplicação de serviços que passaram a estar disponíveis (telechamada. telemóvel, teleconferência, etc.). Sobre o impacte da adesão de Portugal às C.E., cf. J. M. PAQUETE DE OLIVEIRA, "A integração europeia e os meios de comunicação social", in *Análise Social*, vol. XXVII, n.º 118-119, pág. 995 e segs..

([4]) Antes de 1989, o art. 83.º da CRP de 1976 considerava "conquistas irreversíveis das classes trabalhadoras" "todas as nacionalizações efectuadas depois de 25 de Abril de 1974", mas permitia, a título excepcional, a privatização das "pequenas e médias empresas indirectamente nacionalizadas, fora dos sectores básicos da economia". Ora, a comunicação social nunca foi considerada um sector básico da economia (cf. Lei n.º 46/77, de 8.7, com posteriores alterações liberalizadoras) e grande parte das nacionalizações de empresas de imprensa foi indirecta.

([5]) O *regime específico* de alienação de bens do Estado em empresas de *comunicação social* consta da Lei n.º 20/86, de 21.7, e do Dec.-Lei n.º 358/86, de 27.10, alterado pela Lei n.º 24/87, de 24.6, e pela Lei n.º 72/88, de 26.5. Para maiores desenvolvimentos, cf. "Reprivatização da Imprensa — Presente e Futuro", in *Cadernos de Jornalismo* (do Centro de Formação de Jornalistas), ano V, n.º 7, Abril 1990.

([6]) Lei n.º 320/88, de 14.9 (Detenção, estabelecimento e utilização de estações), Dec.-Lei n.º 338/88, de 28.9 (Licenciamento de estações emissoras de radiodi-

dois novos *canais privados de televisão* (SIC e TVI)([1]) — apenas continuando a pertencer ao Estado a RDP e a RTP, ambas transformadas em sociedades anónimas de capitais exclusivamente públicos ([2]). Do património da RTP foi destacada a parte afecta ao *transporte e difusão do sinal televisivo*, para constituir uma nova empresa pública, logo transformada em sociedade anónima de capitais maioritariamente públicos — a Teledifusora de Portugal, S.A. ([3]).

Na *revisão constitucional de 1989*, optou-se por substituir o Conselho de Imprensa e o Conselho de Comunicação Social por uma única *Alta Autoridade para a Comunicação Social* (CRP art. 39.º), cujas atribuições, competências, organização e funcionamento vieram a ser regulados pela Lei n.º 15/90, de 30.6 ([4]).

Concluído o processo de liberalização, foi *extinta a Direcção-Geral da Comunicação Social*, cujas competências foram repartidas pelo Ministério dos Negócios Estrangeiros, pela Secretaria-Geral do Ministério da Justiça e pela Secretaria-Geral da Presidência do Conselho de Ministros ([5]).

Entretanto, foi alterada a *Lei de Imprensa* ([6]) e foram publicados

---

fusão e atribuição de alvarás), Port. n.º 691/88, de 15.10 (Taxas de atribuição de alvarás), Port. n.º 757-A/88, de 24.11 (Procedimentos relativos ao licenciamento, funcionamento, segurança e condições técnicas para instalação e funcionamento das estações emissoras de radiodifusão sonora), Desp. Norm. n.º 86/88, de 10.10 (Mapa de frequências para emissões de cobertura local), Lei n.º 55/91, de 10.8 (Tempo de antena nas rádios locais). O licenciamento de rádios regionais e locais ocorreu depois de iniciativas diversas das chamadas rádios livres ou rádios "piratas", em 1984-86 — à semelhança do que se verificou noutros países, de tal modo que deu origem a intervenções da União Internacional das Telecomunicações. Cf. CHARLES DEBBASCH, *Droit de l'audiovisuel*, 4.ª ed., 1995, pág. 673 e segs..

([1]) Lei n.º 58/90, de 7.9 (Regime do exercício da actividade de televisão).

([2]) Respectivamente, pelo DL n.º 2/94, de 10.5, e pelo DL n.º 21/92, de 14.8.

([3]) Dec.-Lei n.º 401/90, de 20.12, e Dec.-Lei n.º 138/91, de 8.4.

([4]) Alterada pela Lei n.º 30/94, de 29.8.

([5]) Dec.-Lei n.º 48/92, de 7.4, e Dec.-Lei n.º 49/92, de 7.4. A orgânica desta Secretaria-Geral foi inteiramente reformulada pelo Dec.-Lei n.º 147/93, de 3.5.

([6]) Dec.-Lei n.º 377/88, de 24.10, e Lei n.º 15/95, de 25.5. Cf. DIAS DA SILVA, "A Lei de Imprensa e o Anteprojecto de Lei", in *Rev. Jurídica*, nova série, Jan./Mar. 1985, pág. 137. Foi alterado o processo judicial para crimes de imprensa (Lei n.º 88/88, de 4.8, e Dec.-Lei n.º 377/88, de 24.10). Foi também alterado o Regulamento da Carteira Profissional do Jornalista (Dec.-Lei n.º 291/94, de 16.11, alterado pela Lei n.º 14/95, de 5.5).

novos diplomas sobre a *rádio* ([1]) e a *televisão* ([2]). É de destacar a regulamentação do sistema de transmissão de dados em radiodifusão (RDS), que permite adicionar uma informação não audível, sob forma digital, nas emissões em frequência modulada das estações de radiodifusão sonora (v.g. radiotexto e radiomensagens) ([3]).

Foi regulamentada, pela primeira vez em Portugal, a *televisão por satélite* ([4]) e a *televisão por cabo* ([5]).

Foi reformulado o sistema de *apoios do Estado* aos órgãos de comunicação social ([6]) e incentivada a transmissão pela rádio e televisão de *produções dramáticas portuguesas* ([7]).

([1]) Dec.-Lei n.º 147/87, de 24.3 (Princípios gerais da utilização das radiocomunicações), Lei n.º 87/88, de 30.7 (Lei da Radiodifusão), Dec.-Lei n.º 122/89, de 14.4 (Instalação de antenas para recepção de radiodifusão sonora e televisiva), Dec.-Lei n.º 138/91, de 8.4 (Criação da Teledifusora de Portugal, E.P.), Lei n.º 35/95, de 18.8 (direito de antena nas eleições presidenciais e legislativas).

([2]) Lei n.º 58/90, de 7.9.

([3]) Dec.-Lei n.º 305/94, de 19.12 (Regime de instalação e operação do sistema de transmissão de dados em radiodifusão (RDS) pelos operadores de radiodifusão sonora).

([4]) Dec.-Lei n.º 317/88, de 8.9. As emissões por satélite da RTP internacional iniciaram-se em 10.6.1992.

([5]) Dec.-Lei n.º 292/91, de 13.8 (alterado pelo Dec.-Lei n.º 157/95, de 6.7), e Dec.-Lei n.º 239/95, de 13.9. O Dec.-Lei n.º 239/95, de 13.9, autorizou os operadores de rede de distribuição de televisão por cabo a distribuir programas emitidos por operadores de radiodifusão. A multiplicação de canais de televisão, proporcionada pelo uso de satélites e, sobretudo, do cabo, conduziu ao aparecimento de emissões temáticas, orientadas para públicos determinados (notícias, filmes, música, desporto, etc.), ao lado das anteriores emissoras generalistas. Fenómeno semelhante se verificou com a multiplicação das emissoras de rádio. Cf. MARÍA CALVO CHARRO, *La televisión por cable*, Madrid, Marcial Pons, 1997.

([6]) Subsídios de papel (Desp. conj., in *D.R.*, II série, n.º 91, de 19.4.1985, Desp. n.º 52/85, in *D.R.*, II série, n.º 153, de 6.7.1985), apoio a despesas de correio e telecomunicações (Port. n.º 234/85, de 24.4, e Port. n.º 854/85, de 9.11, Port. n.º 161/86, de 26.4 — revogada pela Port. n.º 357/89, de 19.5 —, e Port. n.º 210/86, de 13.5), facilidades de transporte de jornalistas (Port. n.º 214/86, de 14.5, Port. n.º 607/86, de 17.10), apoios financeiros (Port. n.º 310/88, de 17.5, alterada pela Port. n.º 357/89, de 19.5), apoio à reconversão tecnológica, porte pago, apoio ao transporte de jornalistas, etc. (Port. n.º 411/92, de 18.5) e apoios à imprensa regional (Lei n.º 1/88, de 4.1, Dec.--Lei n.º 106/88, de 31.3 (Estatuto da Imprensa Regional), e Port. n.º 169-A/94, de 24.3, rectificada pela Decl. rect. n.º 53/94, de 30.4, e alterada pela Port. n.º 45-B/95 de 19.1). Foram também reguladas ajudas regionais aos órgãos de comunicação social (Dec. Leg. Reg. n.º 24/89/A, de 29.11, revogado e substituído pelo Dec. Leg. Reg. n.º 19/94, A, de 13.7, e regulamentado pelo Dec. Reg. Reg. n.º 10/94/A, de 8.10),

Introdução   119

Sendo insatisfatória a coexistência de duas *agências noticiosas* (ANOP e NP), ambas dependentes em 65% do seu orçamento de um contrato de prestação de serviços anualmente celebrado com o Estado, o Governo de Cavaco Silva resolveu criar uma nova cooperativa de interesse público, associando o Estado e uma cooperativa aberta à generalidade dos órgãos de comunicação social portuguesa — a Agência Lusa de Informação, Cooperativa de Interesse Público de Responsabilidade Limitada ([1]) — para a qual vieram a ser transmitidos os contratos de trabalho, de prestação de serviço e de arrendamento da ANOP, que foi extinta ([2]).

É de salientar a intensificação da cooperação técnica e do intercâmbio com os PALOP ([3]).

Foram criados vários novos *cursos universitários* de comunicação social, incluindo alguns dos quais disciplinas de direito da comunicação social: na Faculdade de Direito da Universidade de Coimbra ([4]), na Universidade Católica Portuguesa ([5]), no Instituto Politécnico de Lisboa ([6]), no Colégio Português de Altos Estudos (em Lisboa), na Escola Superior de Jornalismo do Porto, na Universidade do Minho (em Braga), na

---

bem como apoios financeiros à produção, distribuição e exibição cinematográfica (Port. n.º 45-C/95, 45-D/95 e 45-E/95, de 19.1, Port. n.º 366-A/95, de 27.4).

([7]) Lei n.º 23/87, de 24.6. Cf. também o Dec.-Lei n.º 350/93, de 7.10, que estabeleceu normas relativas à actividade cinematográfica e à produção audiovisual.

([1]) RCM n.º 84/86, de 13.11. A Lusa veio a ser constituída por escritura lavrada no 1.º Cartório Notarial de Lisboa, em 12.12.1986, ao abrigo do DL n.º 31/84, de 21.1, sobre *régies* cooperativas (cujo art. 1.º, n.º 3, veio a ser declarado inconstitucional pelo Ac TC n.º 321/89, de 29.3.1989, in *DR*, I série, de 20.4.1989).

([2]) Dec.-Lei n.º 432-A/86, de 30.12.

([3]) Foi aprovado o Acordo de Cooperação Técnica e de Intercâmbio no Domínio da Comunicação Social entre Portugal e a República de Angola (Dec. n.º 35/95, de 11.9).

([4]) Desde 1990-1991, é leccionado um curso de direito da comunicação, incluindo nomeadamente, disciplinas de comunicação e direitos fundamentais, direito dos audiovisuais e da comunicação social, direito penal da comunicação, direito de autor, direito da informática, direito das telecomunicações e direito dos contratos e da publicidade.

([5]) Na UCP, além do citado curso de Ciências da Informação, que incluiu uma disciplina de direito da informação, em 1981-82, foi criado em 1987, um curso de pós-graduação, sob a direcção de Artur Anselmo. No curso de comunicação social e cultural, criado em 1991, a disciplina de direito da comunicação social foi leccionada, pela primeira vez, no 1.º semestre de 1995-96, pelo autor destas linhas.

([6]) Tem uma Escola Superior de Comunicação Social.

Universidade da Beira Interior (na Covilhã), na Universidade Aberta (em Lisboa) [1][2]. Por isso, intensificaram-se significativamente os estudos doutrinários sobre o direito da comunicação social [3].

10. As espectaculares transformações tecnológicas vividas nas últimas décadas reflectem-se na *internacionalização* e na *globalização* dos meios de comunicação social, que têm implicações jurídicas importantes [4].

Nomeadamente, o Conselho da Europa aprovou, em Estrasburgo, em 16.11.1989, uma *Convenção sobre a televisão transfronteiras*, para facilitar a transmissão transfronteiras e a retransmissão de serviços de programas televisivos.

Também a Comunidade Económica Europeia (hoje, União Europeia) se tem empenhado na resolução de diversos problemas jurídicos da comunicação social [5].

---

[1] No Instituto de Comunicação Multimédia.

[2] Cf. EDUARDO MARÇAL GRILO — MANUEL CARMELO ROSA — R. CHARTERS DE AZEVEDO, *Guia do Ensino Superior*, Mem Martins, Pub. Europa-América, 1984; *Acesso ao do Ensino Superior*, Lisboa, Dir.-Ger. Ensino Superior, 1989; *Anuário Forum Estudante*, Lisboa, CUPAV, 1992-93; NUNO ROCHA, "Os meios de comunicação após a Revolução dos Cravos (1974-1996)", in ALEJANDRO PIZARROSO QUINTERO, *História da Imprensa*, Lisboa, Planeta, 1996, pág. 392 e seg.. Em 15.4.1994, havia 23 cursos superiores de comunicação social (9 licenciaturas e 14 bacharelatos oficialmente reconhecidos), bem como, na Universidade Nova de Lisboa, programas de mestrado e doutoramento. Cf. J. M. VALENTIM PEIXE — P. SILVA FERNANDES, *A Lei de Imprensa Comentada e Anotada*, 1997, pág. 343 e seg..

[3] Sobre a história da comunicação social neste período, cf. VICENTE JORGE SILVA, *Conferências de Matosinhos — Os Media em Portugal 20 anos depois*, Porto, Página a Página, 1995. Entre as estudos jurídicos publicados neste período são de destacar: MARIA EDUARDA GONÇALVES, *Direito da Informação*, Coimbra, Almedina, 1994, pág. 23 e segs.; VITAL MOREIRA, *Direito de Resposta na Comunicação Social*, Coimbra, Coimbra Editora, 1994. De 12 a 15.11.1986, realizou-se, em Lisboa, o II Congresso dos Jornalistas Portugueses, tendo sido publicadas as Conclusões, Teses e Documentos.

[4] Cf. COLIN SPARKS, *Les nouvelles technologies de la communication: un défi pour la liberté de la presse* (Col. Études et documents d'information, n.º 106), Paris, UNESCO, 1994; PREBEN SEPSTRUP — ANURA GOONASEKERA, *La transnationalisation de la télévision en Europe et en Asie* (Col. Études et documents sur la communication, n.º 109), Paris, UNESCO, 1995.

[5] Cf. IVO SCHWARZ, "La libéralisation des systèmes nationaux de radio-diffusion et de télévision sur la base du droit communautaire", in *Revue du Marché Commun*, 1983, pág. 26 e segs..

Nomeadamente, o Conselho aprovou, em 1989, uma *Directiva sobre a televisão sem fronteiras* ([1])([2]), bem como, em 1990, um Programa de acção destinado a promover o desenvolvimento da indústria audiovisual europeia (MEDIA)([3]).

Em 1992, aprovou uma *Directiva sobre a televisão por satélite* ([4]). A Comissão da CEE publicou, em 1992, um "livro verde" sobre *Pluralismo e concentração dos meios de comunicação no mercado interno — Avaliação da necessidade de uma acção comunitária* ([5]).

Deve mencionar-se também a Resolução do Conselho sobre o quadro para uma política comunitária em matéria de *televisão digital* ([6]).

Em 1.6.1994, foi apresentado ao Conselho Europeu um Relatório do grupo de altas personalidades sobre a Europa e a sociedade da informação planetária, que recomenda a liberalização do sector das telecomunicações, a interconexão de redes, o aumento da disponibilidade da EURO-RDIS (rede digital com integração de serviços), a generalização

---

([1]) Cf. Directiva 89/522/CEE do Conselho, de 3.10.1989, relativa à coordenação de certas disposições legislativas, regulamentares e administrativas dos Estados-Membros relativas ao exercício de actividades de radiodifusão televisiva, in *JOCE*, n.º L 298, de 17.10.1989. Foi apresentada uma Proposta de directiva para alterar a Directiva 89/522/CEE, in *JOCE*, n.º C 185, de 19.7.1995.

([2]) É de mencionar também a Directiva 90/388/CEE da Comissão relativa à concorrência nos mercados dos serviços de telecomunicações, in *JOCE*, n.º L 131, de 27.5.1988. Esta Directiva 90/388/CEE foi alterada pela Directiva 1999/64/CE da Comissão a fim de assegurar que as redes de telecomunicações e televisão por cabo pertencentes a um único operador constituem entidades jurídicas distintas (in *JOCE*, n.º L 175, de 10.7.1999).

([3]) Decisão 90/685/CEE, in *JOCE*, n.º L 380, de 31.12.1990. Foi apresentada uma proposta de decisão do Conselho para alterar aquela decisão (in *JOCE*, n.º C 322, de 30.11.1993). Importantes também são os programas de formação para os profissionais da indústria europeia dos programas audiovisuais (MEDIA II — Formação) e de promoção do desenvolvimento e da distribuição das obras audiovisuais europeias (MEDIA II — Desenvolvimento e Distribuição)(1996-2000). Cf. JOCE, n.º C 108, de 29.4.1995, e Bol. *UE* 6-1995, pontos 1.3.226 a 228.

([4]) Directiva 92/38/CEE do Conselho, relativa à adopção de normas respeitantes á radiodifusão de sinais de televisão via satélite, in *JOCE*, n.º L 137, de 20.5.1992. A Comissão propôs a revogação desta Directiva (cf. *JOCE* n.º C341, de 18.12.1993, *Bol. CE* 11-1993, n.º 1.2.200, *Bol. CE* 11-1994, n.º 1.2.228, *JOCE* n.º C 166, de 3.7.1995, e *Bol UE* 7/8-1995, n.º 1.3.130).

([5]) Cf. *Bol. CE* 12-1992, ponto 1.3.18.

([6]) Cf. *Bol. UE* 5-1994, ponto 1.2.158.

de serviços de base normalizados transeuropeus, como o correio electrónico, etc. (¹).

Em 30.6.1995, a Comissão adoptou uma Comunicação ao Parlamento Europeu e ao Conselho relativa a um programa comunitário plurianual tendo por objecto incentivar o desenvolvimento da indústria europeia de conteúdo **multimédia** e encorajar a utilização desse conteúdo multimédia na nova sociedade da informação (INFO 2000), bem como uma proposta de decisão do Conselho que adopta este programa (²).

Em 1994-95, assistimos, de facto, à generalização em Portugal dos sistemas multimédia e das "auto-estradas da informação". Os grandes jornais passaram a publicar noticiários através da **Internet** (³) e começaram a surgir novos problemas jurídicos a exigir soluções inovadoras de âmbito mundial (⁴).

É de mencionar ainda a criação do Gabinete Europeu de Radiocomunicações (ERO) (⁵).

11. O novo **Governo do Partido Socialista**, presidido pelo Eng. António Guterres (28.10.1995-...), tem manifestado grande empenhamento nos meios de comunicação social e na modernização do seu regime jurídico.

(¹) Cf. *Bol. UE* 6-1994, ponto 1.2.9; *A Europa e a Sociedade Global da Informação — Recomendações ao Conselho Europeu*, Bruxelas, 24.5.1994. Cf. também o "Livro verde" intitulado *Opções estratégicas para o reforço da indústria de programas no contexto da política audiovisual da União Europeia* (Cf. *Bol. UE* 4-1994, n.º 1.2.179); o "Livro verde" da Comissão sobre a liberalização da infra-estrutura de telecomunicações e das redes de televisão por cabo e a Resolução do Parlamento Europeu sobre a comunicação da Comissão a este respeito (cf. *Bol. UE* 4-1995, n.º 1.3.95).

(²) Cf. *Bol. UE* 6-1995, n.º 1.3.143.

(³) Cf. JOSÉ MAGALHÃES, *Roteiro Prático da Internet*, Lisboa, Quetzal, 1995, pág. 90 e seg. e 111 e segs..

(⁴) Um dos casos mais discutidos foi a publicação pelo médico do falecido Presidente François Mitterrand de um livro revelando ordens deste para ocultar, durante anos, a sua doença (cancro). A família sentiu-se ofendida e conseguiu uma decisão judicial ordenando a apreensão do livro, mas este já tinha sido divulgado através da Internet, de modo, praticamente, irreversível.

(⁵) Portugal ratificou a Convenção para a Criação do Gabinete Europeu de Radiocomunicações (ERO), por Dec. do P.R. n.º 75/95, de 17.10, após Res. A.R. n.º 41/95, da mesma data.

Introdução 123

Foi, logo depois da posse, restabelecida a figura do *Secretário de Estado da Comunicação Social*, assumida pelo Dr. Alberto Arons de Carvalho ([1]).

A Lei n.º 15/95, de 25.5, que havia introduzido *alterações* à *Lei de Imprensa* (v.g., em matéria de direito de resposta, responsabilidade do director e processos judiciais), foi revogada, quase integralmente, tendo sido reposta em vigor a legislação anteriormente aplicável ([2]).

Posteriormente, foi aprovada uma nova *Lei de Imprensa* ([3]), que definiu mais estritamente o seu âmbito de aplicação, consagrou expressamente alguns importantes direitos dos jornalistas, eliminou disposições desactualizadas ou contrárias ao direito comunitário, e retirou preceitos com melhor cabimento noutros diplomas (v.g., no EJorn, no CPen e no CPPen).

Foi, também, aprovado um novo *Estatuto do Jornalista* ([4]) e um novo *Regulamento da Carteira Profissional do Jornalista* ([5]) e extinto o *adicional* de 1% sobre toda a publicidade, que beneficiava a Caixa de Previdência e Abono de Família dos Jornalistas ([6]).

([1]) DL n.º 96-A/95, de 17..1, art. 6.º, n.º 1, al. e), e Dec. do PR n.º 85-A/95, de 30.10.

([2]) Lei n.º 8/96, de 14.3.

([3]) Lei n.º 2/99 de 13.1. Baseou-se na Proposta de Lei n.º 90/VII, tendo o texto final sido aprovado com votos a favor do PS, PCP e Verdes, e abstenção do PSD e CDS-PP. Cf. *DAR*, II série-A, n.º 25, de 19.12.1998, pág. 622.

([4]) Lei n.º 1/99, de 13.1. Baseou-se na Proposta de Lei n.º 179/VII (com exposição de motivos, in *DAR*, II série –A, n.º 55, de 30.5.1998); os relatórios das Comissões parlamentares respectivas foram publicados no DAR, n.º 4 e 5, de 24 e 26.9.1998, pág. 97 e 118, respectivamente; o texto final foi aprovado por unanimidade, em 17.12.1998. Cf. *DAR*, II série-A, n.º 25, de 19.12.1998, pág. 630. A P. 318/99, de 12.5, regulou o estágio de acesso à profissão de jornalista. A P. 480/99, de 30.6, regulamentou o regime especial de circulação e estacionamento de viaturas utilizadas por jornalistas no exercício das suas funções.

([5]) Dec.-Lei n.º 305/97, de 11.11. A P n.º 148/99, de 4.3, regulamentou as condições de emissão do cartão de identificação emitido pela Comissão da Carteira Profissional do Jornalista (CCPJ), que titule a actividade profissional dos correspondentes de órgãos de comunicação social estrangeiros em Portugal. A P n.º 148/99, de 4.3, regula a emissão do cartão de identificação dos correspondentes de órgãos de comunicação social estrangeiros em Portugal. A P n.º 360/99, de 19.5, define as condições de emissão do título de identificação dos cidadãos que exerçam actividade jornalística em órgãos de comunicação social destinados às comunidades portuguesas no estrangeiro e aí sediados.

([6]) Dec.-Lei n.º 135/98, de 15.5.

Para aumentar a transparência dos actos da Administração Pública (central, regional e local) e combater a corrupção e o nepotismo, foi criado um *sistema de informação* (*SITAAP*), tendo por objectivo a recolha, tratamento e divulgação de dados estatísticos sobre diversos tipos de actos, como empreitadas e fornecimentos públicos, subsídios e diversos outros benefícios ([1]).

Foram aprovados diversos diplomas relativos a **apoios do Estado** aos meios de comunicação social ([2]).

Foi aprovado um novo regime de acesso e de exercício da actividade de operador da *rede de* **distribuição por cabo**, para uso público. Seguindo a política comunitária, este diploma liberalizou tal actividade, quanto a emissões próprias e alheias, e autorizou a oferta de serviços interactivos (Internet, "video-on-demand", etc.), a possibilidade de ligações bidireccionais para transmissão de dados, bem como a locação da capacidade de transmissão da rede para a prestação de outros serviços de telecomunicações ([3]).

Por outro lado, o regime de instalação de sistemas de recepção e distribuição de *radiodifusão* sonora e televisiva em edifícios (antenas

---

([1]) Lei n.º 104/97, de 13.9.

([2]) P n.º 209/96, de 12.6, e DL n.º 84/96, de 29.6 (sobre diversos apoios e distribuição da publicidade do Estado na imprensa regional e na rádio), rectificado pela Decl. n.º 11-B/96, de 29.6, e alterado pela Lei n.º 52/96, de 27.12; P n.º 242/96, de 5.7 (porte pago de publicações periódicas destinadas a deficientes ou com interesse cultural); Lei n.º 41/96, de 31.8 (assunção pelo Estado dos encargos de expedição de livros, revistas e jornais de e para as Regiões Autónomas), regulamentada pela P n.º 766-A/96, de 28.12; DL n.º 37-A/97, de 31.1 (Sistema de Incentivos do Estado aos Órgãos de Comunicação Social), regulamentado pela P n.º 118/97, de 21.2, e alterado pela Lei n.º 21/97, de 27.6, e pelo Dec.-Lei n.º 136/99, de 22.4; DL n.º 284/97, de 22.10 (igualiza os preços de livros, revistas e jornais no continente e nas regiões Autónomas, suportando o Estado despesas de transporte e levantamento). O Dec.-Lei n.º 15/99, de 15.1, aprovou a intervenção do Estado nas actividades cinematográfica, áudio-visual e multimedia, nos aspectos relacionados com as atribuições específicas do Ministério da Cultura, mas a sua vigência terminou por força da Res. A. R. n.º 41/99, de 15.5.

([3]) DL n.º 241/97, de 18.9, que revogou os DL n.º 292/91, de 13.8, 157/95, de 6.7, e 239/95, de 13.9. A P n.º 791/98, de 22.9, fixou as normas técnicas a que devem obedecer a instalação e o funcionamento da rede de distribuição por cabo. Deve referir-se, também, a aprovação da *Lei de Bases das Telecomunicações* (Lei n.º 91/97, de 1.8), bem como do Dec.-Lei n.º 381-A/97, de 30.12, que regula o regime de acesso à actividade de *operador de redes públicas de telecomunicações* e de *prestador de serviço de telecomunicações de uso público.*

Introdução

colectivas e infra-estruturas de recepção e distribuição por cabo) foi reformulado (¹).

A legislação das *telecomunicações* foi significativamente modernizada (²).

Foi regulado o *acesso das Regiões Autónomas* às emissoras de *rádio e televisão* (³).

A *Lei da Rádio* foi objecto de importantes alterações (⁴). O regime de *licenciamento das estações emissoras de radiodifusão* foi reformulado (⁵). Foi aberto novo concurso para atribuição de alvarás para 61 frequências de *rádio de cobertura local* (⁶). O estabelecimento e a exploração de *redes de radiodifusão sonora digital* foram regulamentados (⁷). Foi estabelecido um novo regime de instalação e operação

---

(¹) DL n.º 249/97, de 23.9.

(²) A Lei n.º 91/97, de 1.8, definiu as bases gerais a que obedece o estabelecimento, gestão e exploração de redes de telecomunicações e a prestação de serviços de telecomunicações, revogando a Lei n.º 88/89, de 11.9. Foi regulamentada a exploração de redes públicas de telecomunicações (DL n.º 290-A/99, de 30.7) e dos serviços de telecomunicações de uso público (DL n.º 290-B/99, de 30.7) e definido o regime de estabelecimento e utilização de redes privativas de telecomunicações (DL n.º 290-C/99, de 30.7).

(³) Lei n.º 31/96 de 14.8.

(⁴) A Lei n.º 2/97, de 18.1, alterou diversos artigos da Lei n.º 87/88, de 30.7. Nomeadamente, introduziu a distinção entre rádios generalista e rádios temáticas (art. 2.º-A), com implicações em matéria de serviços noticiosos e de qualificação profissional (art. 12.º-A e 12.º-B); impôs a adopção de um estatuto editorial (art. 8.º, n.º 4); alargou o direito de antena às associações de defesa do ambiente e do consumidor (art. 16.º); regulou o direito de rectificação e previu a punição como crime de desobediência qualificada o não acatamento da deliberação da AACS sobre o direito de resposta (art. 35.º).

(⁵) DL n.º 130/97, de 27.5, rectificado pela Decl. Rect. n.º 11-A/97, de 30.6. A P n.º 931/97, de 12.9, alterou as taxas de alvarás de radiodifusão sonora e a P n.º 121/99, de 15.2, fixou o quadro dos procedimentos relativos ao licenciamento, funcionamento, segurança e condições técnicas a que devem obedecer as estações de radiodifusão.

(⁶) O Desp. n.º 7025/98, de 29.4 (2.ª série), aprovou o mapa de frequências disponíveis (61). O Desp. conjunto n.º 363/98, de 14.5, aprovou o Regulamento do Concurso para a Atribuição de Alvarás para o Exercício da Actividade de Radiodifusão Sonora. Podem ver-se na Internet (www.secs.pt/candidaturas.html) os resultados deste concurso.

(⁷) A P n.º 470-B/98, de 31.7, aprovou o Regulamento dos Concursos para a Atribuição de Licenças para o Estabelecimento e Fornecimento de Redes de Radiodifusão Sonora Digital Terrestre — T-DAB; e a P n.º 470-C/98, de 31.7, aprovou o Regulamento de Exploração das Redes de Radiodifusão Sonora Digital Terrestre.

do sistema de transmissão de dados em radiodifusão (*RDS*) pelos operadores de radiodifusão sonora ([1]).

O regime de acesso e de exercício da actividade de prestador de serviços de audiotexto foi regulado pelo Dec.-Lei n.º 177/99, de 21.5.

Foi celebrado, em 30.6.1999, um novo contrato de *concessão* com a *RDP* ([2]).

Quanto à **televisão**, foi também celebrado, em 31.12.1996, um novo contrato de *concessão* com a *RTP*. A RTP iniciou um serviço de *teletexto*, em 1.1.1997. Por acordo entre as empresas de televisão, a RTP deixou de transmitir *publicidade* no segundo canal, desde 1.4.1997.

Foi autorizada a difusão de *trabalhos parlamentares* nas redes públicas e privadas de TV por cabo ([3]).

O regime da actividade de **televisão** (DL n.º 58/90, de 7.9) foi alterado, tendo em vista, sobretudo, a aquisição de direitos exclusivos para a cobertura e transmissão de acontecimentos de natureza política ([4]).

Posteriormente, foi aprovada uma nova **Lei da Televisão** ([5]), que revogou a Lei das notas oficiosas (art. 75.º), e estabelecido um novo regime de atribuição de licenças e autorizações para o exercício da actividade televisiva ([6]), tendo sido anunciado o lançamento próximo da televisão digital.

Foi aprovada a Convenção Europeia sobre Co-Produção *Cinematográfica* ([7]) e regulamentado o apoio financeiro à produção e co-produção cinematográfica ([8]).

([1]) Dec.-Lei n.º 272/98, de 2.9, rectificado pela Decl. Rect. n.º 22-J/98, de 31.12. A P. n.º 96/99, de 4.2, definiu as aplicações do sistema RDS, bem como os procedimentos a observar para a obtenção da autorização de operação do sistema RDS.

([2]) Cf. *Legislação da Comunicação Social*, Lisboa, Imprensa Nacional — Casa da Moeda/Gab. do Sec. de Estado da Comunicação Social, 1999, pág. 296 e segs..

([3]) Lei n.º 6/97, de 1.3, Res. A.R. n.º 48/97, de 16.7, e Res. A.R. n.º 23/2000, de 22.3.

([4]) Lei n.º 95/97, de 23.8. A P n.º 953/98, de 7.11 (rectificada pela Decl. Rect. n.º 22-R/98, de 31.12), regulamentou as condições de cedência do sinal pelos titulares de direitos exclusivos para transmissão televisiva aos operadores que disponham de emissões internacionais.

([5]) Lei n.º 31-A/98, de 14.7. Baseou-se na Proposta de Lei n.º 170/VII

([6]) DL n.º 237/98, de 5.8, que revogou o DL n.º 401/90, de 20.12. A P. n.º 711/98, de 8.9, fixou as normas técnicas a que devem obedecer as emissões televisivas processadas através da via hertziana terrestre, por cabo e por satélite.

([7]) Dec. n.º 21/96, de 23.7.

([8]) P n.º 314/96, 315/96, 316/96 e 317/96, de 29.7; P n.º 714/96, de 9.12 (alte-

Introdução

127

Foi aprovado o Regulamento de Apoio às Artes de Espectáculo de Carácter Profissional e de Iniciativa Não Governamental ([1]).

A Lei n.º 10/2000, de 21.6, reformulou o regime jurídico da publicação ou difusão de sondagens e inquéritos de opinião.

Para reforçar as estruturas administrativas do sector, as competências anteriormente exercidas pelo Gabinete de Apoio à Imprensa (dependente da Secretaria-Geral da Presidência do Conselho de Ministros), foram transferidas para o novo *Instituto da Comunicação Social*, sendo extinto o referido Gabinete ([2]). Posteriormente, foi criado o *Gabinete do Direito de Autor*.

Os *registos* da comunicação social foram reorganizados ([3]).

Foi criada uma Comissão interministerial para a definição de uma política integrada na área do *audiovisual* ([4]), bem como um Conselho Superior do Cinema, do Audiovisual e do Multimédia ([5]) e um *Instituto do Cinema, do Audiovisual e do Multimédia* ([6]).

Uma nova Lei da **Alta Autoridade para a Comunicação Social** ([7]) reduziu o número de representantes do Governo neste órgão do Estado, alargou a sua competência e reforçou os mecanismos sancionatórios.

Estão a ser preparadas alterações ao *Código do Direito de Autor* ([8]), cujo art. 82.º foi regulamentado ([9]).

---

rada pela P n.º 175/97, de 10.3); P n.º 159/97, de 5.3; P n.º 1042-A/98, de 21.12; P n.º 1061/98, de 28.12; P n.º 1069/98, de 29.12. O Dec.-Lei n.º 15/2000, de 20.7, aprovou o Acordo de Co-Produção e Relações Cinematográficas entre a República Portuguesa e a República Italiana.

([1]) DN n.º 23/2000, de 3.5.

([2]) DL n.º 34/97, de 31.1, rectificado pela Decl. Rect. n.º 4-C/97, de 31.1, e alterado pelo Dec.-Lei n.º 65/99, de 11.3.

([3]) DReg n.º 8/99, de 9.6, rectificado pela Decl. Rect. n.º 10-BC/99, de 30.6. A P n.º 422/99, de 9.6, estabeleceu os emolumentos para tais registos.

([4]) RCM n.º 86/97, de 2.6.

([5]) Dec.-Lei n.º 393/98, de 4.12.

([6]) Pelo Dec.-Lei n.º 408/98, de 21.12, sucedendo ao Instituto Português da Arte Cinematográfica e Audiovisual, que havia sido criado pelo Dec.-Lei n.º 25/94, de 1.2, e foi extinto.

([7]) Lei n.º 43/98, de 6.8. Baseou-se na Proposta de Lei n.º 176/VII, in *DAR*, II série — A, n.º 54, de 28.5.1998.

([8]) Lei n.º 99/97, de 3.9.

([9]) Lei n.º 62/98, de 1.9.

Foi regulada a protecção jurídica das bases de dados pelo direito de autor ([1]).

O *Código da Publicidade* foi alterado ([2]).

A Comissão da U.E. apresentou uma Proposta de decisão sobre a criação de um *Fundo Europeu de Garantia* para a promoção da produção cinematográfica e televisiva ([3]), aprovou uma comunicação sobre o conteúdo ilegal e lesivo na *Internet* ([4]), e publicou um «livro verde» sobre a *Protecção de Menores e a Dignidade Humana nos Serviços Audiovisuais e de Informação* ([5]) e um livro verde relativo à *convergência dos sectores das telecomunicações, dos meios de comunicação social e das tecnologias da informação* e às suas implicações na regulamentação — Para uma abordagem centrada na sociedade da informação ([6]).

Portugal aderiu à Convenção Internacional para *Protecção dos Artistas Intérpretes ou Executantes, dos Produtores de Fonogramas e dos Organismos de Radiodifusão* (Convenção de Roma), aprovada em Roma em 26.10.1961 ([7]).

Foram publicados, neste período, alguns *estudos jurídicos* sobre a comunicação social ([8]).

([1]) O Dec.-Lei n.º 122/2000, de 4.7, transpôs para a ordem jurídica interna a Directiva do Parlamento Europeu e do Conselho n.º 96/9/CE, de 11 de Março, relativa à protecção jurídica das bases de dados.

([2]) Dec.-Lei n.º 275/98, de 9.9.

([3]) *JOCE* n.º C 41, de 13.2.1996; cf. *Bol. UE* 11-1995, n.º 1.3.211; e *Bol. UE* 10-1996, n.º 1.3.183.

([4]) Na sequência de um caso de pedofilia ocorrido na Bélgica, que provocou grande escândalo. Cf. *Bol. UE* 10-1996, n.º 1.3.112.

([5]) Cf. *Bol. UE* 10-1996, n.º 1.3.182; *JOCE* n.º C 70, de 6.3.1997..

([6]) COM(97) 623, *Boletim UE* 12-1997, n.º 1.2.159 e *Boletim UE* 6-1999, n.º 1.2.92.

([7]) Dec. do PR n.º 168/99 e Res. AR n.º 61/99, de 22.7.

([8]) Cf. MANUEL DA COSTA ANDRADE, *Liberdade de Imprensa e Inviolabilidade Pessoal — Uma Perspectiva Jurídico-Penal*, Coimbra, Coimbra Editora, 1996; MARIA DA GLÓRIA CARVALHO REBELO, *A Responsabilidade Civil pela Informação Transmitida pela Televisão*, Lisboa, Lex, 1998. De mencionar também HELDER BASTOS, *Jornalismo Electrónico. Internet. Reconfiguração de Práticas nas Redacções* (Tese de mestrado apresentada na Universidade Nova de Lisboa), 1999.

CAPÍTULO III
Os principais sistemas jurídicos de comunicação social do mundo

SECÇÃO I
Considerações gerais

1. Se compararmos os regimes jurídicos dos vários países, na actualidade e ao longo da história recente, verificamos que são dominados por princípios diversos, de tal modo que é possível classificá-los em três grandes famílias, dentro das quais encontramos ainda espécies diferentes de sistemas.

As principais famílias diferenciam-se pelos regimes políticos a que correspondem e pelo grau de liberdade e de concorrência entre os diversos meios de comunicação social que admitem: regimes *democráticos liberais*, regimes *comunistas* e regimes *fascistas* (ou fascizantes)[1][2][3].

---

[1] Esta tripartição corresponde, obviamente, a uma simplificação, que tem em vista os objectivos do presente curso. Numa perspectiva diferente, poderiam, porventura, destacar-se os regimes dos países em desenvolvimento. Sobre estes, cf. E. LLOYD SOMMERLAND, *The Press in Developing Countries*, Sidney, S. University Press, 1966 (trad. esp.: *La prensa en los países en desarrollo*, Mexico, UTEHA, 1969).

[2] Sobre a classificação dos regimes e doutrinas políticas, cf., por exemplo, MAURICE DUVERGER, *Institutions Politiques et Droit Constitutionnel*, Paris, P.U.F., 10.ª. ed., 1988, pág. 233 e segs.; ADRIANO MOREIRA, *Ciência Política*, Amadora, Liv. Bertrand, 1979, pág. 29 e segs.; JORGE MIRANDA, *Ciência Política — Formas de Governo*, Lisboa, Fac. Dir. Univ. Lisboa, 1992, pág. 118 e segs.; MARCELO REBELO DE SOUSA, *Direito Constitucional — I — Introdução à Teoria da Constituição*, Braga, Liv. Cruz, 1979, pág. 320 e seg..

[3] Digo fascizantes por entender que há diferenças profundas entre o regime fascista (propriamente dito) da Itália de Mussolini, o nacional-socialismo de Hitler (mais militarista e racista), o franquismo, o salazarismo, o peronismo e outros ainda. Têm em comum, nomeadamente, o anticomunismo.

2. Os regimes *democráticos liberais* caracterizam-se por reconhecerem um pluralismo de inspirações ideológicas, garantirem os direitos fundamentais das pessoas, adoptarem formas democráticas de designação dos governantes (v.g., mediante recurso a eleições periódicas) e respeitarem o controlo do exercício do poder político ([1]).

Consequentemente, asseguram a *liberdade* de expressão de pensamento e de comunicação social, apenas com as limitações necessárias à salvaguarda de outros direitos fundamentais. Sancionam as violações e os abusos de tal liberdade segundo princípios e práticas do direito comum civil e penal, com as necessárias adaptações. E promovem a *concorrência* entre os diversos meios, como modo de garantir a liberdade, o *pluralismo* e a democracia ([2]).

3. Os regimes *comunistas* caracterizam-se pela assunção pelo poder político de uma filosofia política dominante, de inspiração *marxista-leninista* ([3]), pela existência de um poder político colocado ao serviço dessa filosofia, com sacrifício dos direitos fundamentais dos cidadãos, e pela adopção de formas autocráticas de designação dos governantes (dominadas pelo partido comunista) e de controlo do exercício do poder político ([4]).

Lenine criticava a tese liberal segundo a qual cada indivíduo, através da livre transmissão de ideias e informações, poderá comparar, julgar e decidir segundo a razão; considerava que, na realidade "só os ricos e os grandes partidos possuem o monopólio da verdade"; "por liberdade de imprensa o governo operário e camponês entende a libertação da imprensa do domínio do capital, a transferência para a propriedade do Estado das fábricas de papel e das tipografias, a atribuição a

---

([1]) Cf. MARCELO REBELO DE SOUSA, *Direito Constitucional — I — Introdução à Teoria da Constituição*, 1979, pág. 320 e seg..

([2]) Cf. FRANCIS BALLE, *Médias et Sociétés*, 7.ª ed., 1994, pág. 279; ALBERTO ARONS DE CARVALHO — A. MONTEIRO CARDOSO, *Da Liberdade de Imprensa*, Lisboa, Meridiano, 1971, pág. 13 e segs..

([3]) São conhecidos os princípios fundamentais do marxismo-leninismo: materialismo dialéctico, materialismo histórico, teoria da luta de classes, missão revolucionária da classe operária e seus aliados, função dirigente do partido comunista (teoria da vanguarda). Cf., por exemplo, JEAN ROUX, *Précis historique et théorique de Marxisme-Leninisme*, Paris, Robert Laffont, 1969.

([4]) Cf. MARCELO REBELO DE SOUSA, *Direito Constitucional — I — Introdução à Teoria da Constituição*, 1979, pág. 320 e seg..

cada grupo de cidadãos que atinjam um determinado número (10 mil por exemplo), do direito de igualmente utilizarem uma parte proporcional dos *stocks* de papel e duma mão-de-obra correspondente para a impressão".

Deste modo, a imprensa é considerada um instrumento para a edificação do socialismo, uma *"correia de transmissão"* para comunicar às massas as decisões da vanguarda da classe operária (o partido) e um meio importante de propaganda e agitação. Nas constituições dos países comunistas, a liberdade de imprensa apenas é garantida "conforme os interesses dos trabalhadores e a fim de fortalecer o regime socialista", de modo definido pelo partido comunista. Este dedica-se, sobretudo, a combater a "reacção" (todos os anticomunistas), o fascismo (definido de modo mais ou menos alargado conforme a "táctica do salame"), o imperialismo (americano) e o colonialismo (ocidental) [1].

4. Os regimes *fascistas* ou *fascizantes* caracterizam-se:

a) Pela assunção pelo poder político de uma *filosofia política dominante*, de inspiração diversificada, mas que tem em comum a sobrevalorização das tradições, da *raça* e da *Nação*, como unidade moral, política e económica, cujos fins e interesses dominam os dos indivíduos e grupos que a compõem e que justificam a subordinação e mesmo a eliminação de outras raças (v.g., judeus, ciganos e outros não arianos), inclusivamente com recurso ao militarismo, ao expansionismo colonialista e à guerra;

b) Pela existência de um *poder político totalitário*, assumido por um *chefe* todo poderoso ("Capo" ou "Führer") e um partido único, e colocado ao serviço dessa filosofia, com *sacrifício dos direitos fundamentais dos cidadãos*, restringindo, nomeadamente, a liberdade de comunicação social mediante censura e outros meios (tendo em vista, sobretudo, reprimir actos "subversivos" ou pró-comunistas);

c) Pela adopção de *formas autocráticas de designação dos governantes* e de controlo do exercício do poder político, no qual os indivíduos e, sobretudo, as *elites* participam através dos *organismos corporativos* em que se integram (constituindo uma forma de *representação orgânica*) [2].

---

[1] Cf. ALBERTO ARONS DE CARVALHO — A. MONTEIRO CARDOSO, *Da Liberdade de Imprensa*, 1971, pág. 46 e segs..

[2] Cf. MARCELO REBELO DE SOUSA, *Direito Constitucional — I — Introdução à Teoria da Constituição*, 1979, pág. 320 e seg.; MAURICE DUVERGER, *Institutions*

5. Nas últimas décadas, temos assistido ao fim de sucessivos regimes fascistas ou fascizantes e, desde 1989, de quase todos os regimes comunistas (de que resta apenas a China, a Coreia do Norte e Cuba).

Por isso, o estudo dos sistemas fascistas e comunistas tem, hoje, quase exclusivamente, um interesse histórico, não sendo, em todo o caso, despicienda a importância de não esquecer o que houve de negativo nessas experiências. Compreender-se-á, por isso, que demos mais atenção aos sistemas actualmente em vigor, sem deixar de fazer algumas referências aos restantes.

Na verdade, entre os sistemas das democracias liberais em vigor, há diferenças significativas, sobretudo, quanto à extensão, aos fins e às modalidades da intervenção do poder público na propriedade, na gestão ou nas actividades dos jornais, da rádio e da televisão. Quanto à imprensa, vigora um regime jurídico de liberdade e de grande concorrência, apesar da concentração conseguida por algumas grandes empresas. Na rádio e, sobretudo, na televisão, os constrangimentos resultantes da escassez de frequências impõem limitações mais ou menos intensas à concorrência, assistindo-se ultimamente a uma tendência no sentido de maior abertura à iniciativa privada e de menor regulamentação ([1]).

Nesta perspectiva, interessa-nos especialmente, estudar o sistema britânico (de liberdade e concorrência plenas), o sistema americano (de liberdade e concorrência "concentrada") e o sistema francês (de liberdade e concorrência reguladas) ([2]).

SECÇÃO II

O sistema britânico: auto-regulamentação da imprensa e desregulamentação da rádio e da televisão

1. O sistema britânico é muitas vezes citado como modelo a imitar, mas merece maior admiração a prática seguida do que as disposições legais em vigor.

Politiques et Droit Constitutionnel, Paris, P.U.F., 10.ª. ed., 1988, pág. 372 e segs.; ALBERTO ARONS DE CARVALHO — A. MONTEIRO CARDOSO, *Da Liberdade de Imprensa*, 1971, pág. 135 e segs..

([1]) Cf. FRANCIS BALLE, *Médias et Sociétés*, 7.ª ed., 1994, pág. 279.

([2]) Para uma comparação entre estes e alguns outros sistemas, cf. ERIC BARENDT, *Broadcasting Law — A Comparative Study*, Oxford, Clarendon, 1995.

Na verdade, a Grã-Bretanha foi o primeiro dos grandes Estados europeus a consagrar a *liberdade de imprensa* e abolir a censura, em 1695. Em 1771, a imprensa conseguiu autorização para publicar as actas das sessões do Parlamento (o que, até então, era proibido); e, em 1855, beneficiou da abolição do imposto de selo sobre cada exemplar publicado e sobre cada anúncio ([1]).

Actualmente, a imprensa inglesa não é objecto de *nenhuma lei escrita* particular: está simplesmente submetida às disposições gerais ([2]) que protegem as liberdades individuais e a ordem pública ([3]), inclusivamente, as que prevêem crimes de difamação, atentados à moral pública, violações de segredo, etc. ([4]).

O direito de publicar não depende de qualquer autorização ou declaração prévia: apenas é obrigatório que o *nome e morada do editor* figurem em cada publicação e que seja conservado um exemplar de cada uma durante seis meses ([5]).

O Conselho de Imprensa (*"Press Council"*) desempenhou um papel importante, que é hoje assegurado pela Comissão de Reclamações de Imprensa (*"Press Complaints Commission"*).

([1]) Cf. ROLAND CAYROL, *Les Médias*, pág. 27 e seg. e 341.

([2]) Para entender o modelo britânico é importante ter presentes algumas características fundamentais do sistema jurídico anglo-saxónico. Enquanto os direitos da família romano-germânica (como o italiano, francês, espanhol, alemão e português) têm por fonte principal a lei (escrita), frequentemente codificada, o direito anglo--saxónico tem por fonte principal a jurisprudência dos tribunais, cuja obrigatoriedade assenta na regra do precedente ("rule of precedent" ou "stare decisis"), segundo a qual os tribunais devem julgar os casos concretos de harmonia com as regras ("ratio decidendi") contidas em sentenças anteriores sobre casos semelhantes. Sobre o direito inglês, cf. CARLOS FERREIRA DE ALMEIDA, *Introdução ao Direito Comparado*, Coimbra, Almedina, 1994, pág. 74 e segs.; JOÃO DE CASTRO MENDES, *Direito Comparado*, Lisboa, AAFDL, 1982-83, pág. 165 e segs.; RENÉ DAVID, *Les grands systèmes de droit contemporain*, Paris, Dalloz, 10.ª ed., 1992, pág. 313 e segs. (trad. port. de HERMÍNIO CARVALHO, *Os Grandes Sistemas de Direito Contemporâneo*, S. Paulo, Martins Fontes, 2.ª ed., 1993, pág. 279 e segs.); W. T. MAJOR, *Basic English law*, Londres, Macmillan, 2.ª ed., 1990.

([3]) Cf. GEOFFREY ROBERTSON & ANDREW NICOL, *Media Law*, London, Penguin, 3.ª ed., 1992, pág. 1 e segs.; FRANCIS BALLE, *Médias et Sociétés*, 7.ª ed., 1994, pág. 283.

([4]) Cf. G. ROBERTSON — A. NICOL, *Media Law*, 1992, pág. 38 e segs..; WALTER GREENWOOD — TOM WELSH, *Essential Law for Journalists*, 1992, pág. 2 e segs.; ROLAND CAYROL, *Les Médias*, pág. 342 e segs.;

([5]) Cf. FRANCIS BALLE, *Médias et Sociétés*, 7.ª ed., 1994, pág. 283.

Efectivamente, seguindo uma primeira experiência sueca, de 1916, foi criado, na Grã-Bretanha, em 1953, o Conselho de Imprensa (primeiro designado "*General Council of the Press*" e, desde 1963, "*Press Council*" ([1])) para defender a liberdade de imprensa, estudar as reclamações dos cidadãos contra jornais ou organismos da imprensa, sancionar moralmente as infracções à deontologia da imprensa, informar o público sobre as concentrações de empresas jornalísticas e representar a profissão perante as autoridades britânicas e internacionais. O Conselho era composto por um presidente independente, exterior à profissão, representantes da profissão designados pelas associações profissionais da imprensa (na maioria, representantes dos conselhos de redacção) e representantes do público. Não podia aplicar sanções mais graves do que a censura pública — o que é considerado suficiente para moralizar os profissionais da imprensa. O Conselho de Imprensa publicou um Código de Conduta, que entrou em vigor em 15.3.1990 ([2]).

No final da década de 80, o Conselho de Imprensa parecia paralisado pelos atentados à vida privada e, por isso, o Governo britânico criou uma Comissão, presidida por David Calcutt, para examinar as condições do respeito pelos jornais de uma deontologia definida por eles próprios. Em Junho de 1990, as conclusões da Comissão foram favoráveis à autoregulação durante um período experimental de 18 meses. Neste contexto, a imprensa criou, em 1.1.1991, uma Comissão de Reclamações de Imprensa ("*Press Complaints Commission*"), presidida por Lord McGregor e composta por seis membros independentes e sete editores. Esta Comissão tão pouco tem poderes para aplicar sanções que não sejam morais, mas o seu presidente avisou, no discurso de tomada de posse, que "se os seis membros independentes fizerem uma declaração pública dizendo que as suas advertências são ignoradas (...), o Governo tomará imediatamente a decisão de legislar".

A Comissão de Reclamações de Imprensa aprovou um Código de Conduta ("*Code of Practice*") com 16 cláusulas, cujo desrespeito pode desencadear a intervenção da Comissão. Entre outras matérias, este

---

([1]) Cf. G. ROBERTSON — A. NICOL, *Media Law*, 1992, pág. 521 e seg.; ROLAND CAYROL, *Les Médias*, 1991, pág. 341.

([2]) Cf. G. ROBERTSON — A. NICOL, *Media Law*, 1992, pág. 529 e segs.; ROLAND CAYROL, *Les Médias*, 1991, pág. 341 e seg.; J. M. AUBY — R. DUCOS-ADER, *Droit de l'information*, 2.ª ed., pág. 68.

Introdução   135

Código prescreve o respeito pelo direito de resposta, pela intimidade da vida privada e pelo dever de sigilo sobre as fontes de informação ([1]).

Vigora o princípio da *concorrência*, que o Estado favorece e assegura, desde 1945, aplicando às concentrações de empresas jornalísticas o regime geral sobre os aquisições e fusões ([2]) e o Fair Trading Act de 1973 ([3]) — o que não impediu, aliás, uma forte concentração das empresas jornalísticas, nas últimas décadas ([4]).

Do ponto de vista da organização das empresas jornalísticas, é interessante observar que muitas delas são geridas por *"trustees"*, escolhidos em função da sua autoridade e independência ([5]).

2. Os britânicos foram os primeiros a adoptar massiçamente a *rádio* e a *televisão*.

_____

([1]) Cf. G. ROBERTSON — A. NICOL, *Media Law*, 1992, pág. 529 e segs., e F. BALLE, *Médias et Sociétés*, 1994, pág. 298 e segs., que transcrevem as cláusulas do Código de Conduta.

([2]) "The City Code on Takeovers and Mergers and The Rules Governing Substancial Acquisitions of Shares", editadas por "The Panel on Takeovers and Mergers", que é uma autoridade independente do Governo e dos tribunais. Estas regras são, pois, o que os ingleses chamam "non-legal common law". Cf. CHARLESWORTH & MORSE, *Company Law*, Londres, Sweet & Maxwell, 14.ª. ed., 1991, pág. 849 e segs..

([3]) Cf. FRANCIS BALLE, *Médias et Sociétés*, 7.ª ed., 1994, pág. 295 e seg..

([4]) Cf. ROLAND CAYROL, *Les Médias*, pág. 345 e seg..

([5]) Cf. ROLAND CAYROL, *Les Médias*, pág. 344 e seg.. Note-se que o "trust" não é, necessariamente, uma forma de concentração de empresas nem de sociedade ou sequer de associação, embora possa ser utilizado, entre muitos outros, para objectivos semelhantes aos destas figuras jurídicas. Na verdade, o "trust" é uma figura típica do direito anglo-americano, que não tem equivalente nos direitos continentais, aproximando-se dos chamados negócios fiduciários (Cf. CASTRO MENDES, *Teoria Geral do Direito Civil*, vol. II, pág. 169). O "trust" é o acordo, expresso ou tácito, sujeito à "equity" (não à "common law"), pelo qual uma pessoa ("settlor") encarrega outra pessoa ("trustee") de gerir certos bens ("trust property") sob seu controlo, em benefício de pessoas ("beneficiaries ou "cestui qui trust") que podem ser o próprio "trustee", o "settlor" ou terceiros, podendo qualquer dos "beneficiaries" exigir o cumprimento da obrigação (Para maiores desenvolvimentos, cf. F. SOLA CAÑIZARES, *Tratado de Derecho Comercial Comparado*, III, pág. 12 e segs., CHRISTIAN DE WULF, *The trust and corresponding institutions in the civil law*, Bruxelas, ET. E. Bruylant. 1965). A figura do "trust" adquiriu relevo no direito interno português, por força do DL n.º 352-A/88, de 3.10, que veio permitir a instalação na Zona Franca da Madeira de "trust companies" destinadas a exercer actividades fora do território português ("off--shore").

A *primeira licença* para emissões de radiodifusão foi concedida em 1922 ([1]) e, dez anos depois, a BBC inaugurou o "Empire Service" destinado ao estrangeiro. As primeiras emissões em língua estrangeira (árabe, espanhol e português), de 1938, estão na origem do "World Service", que tornou a BBC na primeira rádio internacional.

A televisão britânica foi a primeira do mundo a prestar um *serviço regular*, desde 2.11.1936, e, no dia da coroação da Rainha Isabel II, em 2.6.1953, a audiência da televisão ultrapassou, pela primeira vez, a da rádio ([2]).

O sistema audiovisual britânico caracteriza-se por um equilíbrio entre o *sector público* (a BBC) e um *sector privado*, comercial, organizado de modo diferente de todos os outros países do mundo ([3]).

A primeira licença de radiodifusão foi concedida, em 1922, à *British Broadcasting Company*, presidida por J. C. W. Reith (mais tarde Lord Reith), por dois anos, que vieram a ser prorrogados por mais dois anos. Em 1925, a Comissão Crawford, criada por iniciativa do Governo, fez propostas no sentido da criação de um serviço público de radiodifusão, cuja independência seria garantida por um conselho de administração. Por isso, foi criada, em 1927, a *British Broadcasting Corporation* (a actual BBC), que retomou o pessoal e o equipamento da British Bradcasting Company, passando Lord Reith a director-geral da nova empresa pública. Foi constituída por "Royal Charter", para a tornar independente do controlo diário do Parlamento ([4]).

No topo da BBC há um Conselho de governadores, de 9 a 12 membros nomeados pela Rainha (realmente escolhidos pelo Governo), por 5 anos, devendo ser renovados parcialmente, de modo a permitir a coabitação permanente dos dois grandes partidos (o que, aliás, pode não acontecer, quando o mesmo partido permanece no poder mais de 5 anos, como no caso de Margaret Thatcher). O Conselho dos governadores designa e pode destituir um director-geral da BBC, responsável pelo serviço quotidiano de rádio e televisão. Este é coadjuvado por seis a nove directores, que constituem o Conselho de direcção da BBC, órgão executivo do serviço público.

([1]) Cf. ERIC BARENDT, *Broadcasting Law — A Comparative Study*, Oxford, Clarendon, 1995, pág. 10; ROLAND CAYROL, *Les Médias*, pág. 354.

([2]) Cf. ROLAND CAYROL, *Les Médias*, pág. 353.

([3]) Cf. ROLAND CAYROL, *Les Médias*, pág. 353; E. BARENDT, *Broadcasting Law*, 1995, pág. 10 e segs..

([4]) Cf. E. BARENDT, *Broadcasting Law*, 1995, pág. 11.

Introdução 137

É curioso observar que o estatuto da BBC não é nada liberal, pois permite ao Ministro dos Correios pedir que não seja difundida uma determinada mensagem (art. 14.º, § 4). Deste modo, a garantia de independência reside mais na prática política e no "modus vivendi" estabelecido entre os três maiores partidos do que na lei ([1]).

A BBC é financiada por *taxas* dos ouvintes e telespectadores e pelo preço de venda de publicações, programas, cassetes video, etc., mas não por publicidade ou patrocínios ([2]).

Ao primeiro canal da BBC (*BBC1*), veio juntar-se, em 1964, um segundo canal (*BBC2*), cujas emissões começaram a ser difundidas a cores, em 1.7.1967. Os dois canais têm coordenado os seus programas, como complementares ([3]).

Os diversos governos conservadores introduziram sucessivas derrogações ao monopólio público das emissões, primeiro, para a televisão e, depois, para a rádio.

Assim, foi constituída uma outra empresa pública de televisão — a *Independent Broadcasting Authority* (IBA) —, encarregada de coordenar as actividades da televisão independente (ITV) ([4]). Os 12 membros da IBA são nomeados pelo Governo e nomeiam um director-geral.

A IBA, como autoridade de tutela, fez convenções com 15 companhias privadas independentes, que realizam as emissões da rede ITV, cada uma com monopólio na sua zona de difusão, sendo financiadas pela publicidade. As 15 companhias estão ligadas por acordos de produção e de programação, de modo que a grelha de programas é a mesma para todo o território, devendo obter o acordo da IBA. Uma filial comum sem fim lucrativo das 15 companhias — a *Independent Television News Limited* (ITN) — assegura o serviço comum de actualidade televisiva. Desde 1983, as emissões da manhã da ITV são asseguradas por outra filial comum — a TV AM.

Em 1980, o Parlamento autorizou a criação do *Channel 4*, uma cadeia privada, filial da IBA e ligada à ITV, que gere a publicidade do

---

([1]) Cf. ROLAND CAYROL, *Les Médias*, pág. 354 e seg.. Tal poder foi utilizado, por exemplo, para impedir entrevistas a apoiantes do I.R.A. Cf. E. BARENDT, *Broadcasting Law*, 1995, pág. 11.

([2]) Cf. ROLAND CAYROL, *Les Médias*, pág. 355 e seg.. Em 1951, o Governo Conservador autorizou a publicidade na televisão, mas não na rádio. Cf. E. BARENDT, *Broadcasting Law*, 1995, pág. 11.

([3]) Cf. ROLAND CAYROL, *Les Médias*, pág. 356.

([4]) Lei de 27.7.1954, completada pelo "Television Act" de 1964.

canal e produz alguns programas para ele. O Channel 4 tem o dever de apresentar programas que não se possam encontrar ao mesmo tempo nos outros canais (fazendo, pois, contra-programação) e que tenham carácter cultural, imaginativo e aberto às minorias étnicas ([1]).

O Broadcasting Act 1981 criou uma Comissão de Reclamações da Radiodifusão (*"Broadcasting Complaints Commision"*) — entretanto modificada por Lei de 1990 —, composta por, pelo menos, 3 membros nomeados pelo "Home Secretary", para apreciar reclamações de tratamento injusto ou violação de privacidade em programas de radiodifusão ([2]).

Em 1989, começou a funcionar a *televisão por cabo*, sob a tutela de uma *"Cable Authority"* ([3]), ao mesmo tempo que as emissões de *televisão por satélite* ([4]).

O Broadcasting Act 1990 reorganizou e *desregulamentou* a radiodifusão privada e substituiu a IBA pela *Independent Television Commission* (ITC), competente para conceder licenças de televisão e fiscalizar o cumprimento das respectivas condições. Em 1991, licenciou o Channel 3 ([5]).

3. Quanto à **radiodifusão**, entre 1964 e 1967, apareceram diversas *"rádios piratas"* a emitir de bordo de navios na costa, que o Parlamento veio a proibir. Apesar da controvérsia que esse fenómeno desencadeou, o monopólio da BBC só veio a terminar em 1988, quando o Governo de Margaret Thatcher "desregulamentou" as *rádios locais* (segundo o modelo americano de Reagan) e ofereceu em leilão três cadeias nacionais de rádio (seguindo o modelo francês de Léotard), sendo atribuídos a uma *"Radio Authority"* poderes de repartição das frequências ([6]).

([1]) Cf. E. BARENDT, *Broadcasting Law*, 1995, pág. 12; ROLAND CAYROL, *Les Médias*, pág. 356 e segs..

([2]) Cf. G. ROBERTSON — A. NICOL, *Media Law*, 1992, pág. 545 e segs..

([3]) Cf. ROLAND CAYROL, *Les Médias*, pág. 360 e seg..

([4]) Cf. ROLAND CAYROL, *Les Médias*, pág. 361.

([5]) Cf. E. BARENDT, *Broadcasting Law*, 1995, pág. 13.

([6]) Cf. ROLAND CAYROL, *Les Médias*, pág. 360.

Introdução   139

SECÇÃO III

O sistema americano: liberdade, concorrência, concentração e desregulamentação

1. O sistema dos Estados Unidos da América é particularmente impressionante pela sua *dimensão*. É, muitas vezes, considerado o mais avançado *tecnologicamente*. Ao mesmo tempo, aí se confronta uma profunda e antiga tradição de *liberdade* ([1]) e *concorrência* com uma certa tendência para a *concentração* capitalista ([2]) e, ultimamente, para a *desregulamentação* do audiovisual.

2. Uma das primeiras declarações de direitos a reconhecer a *liberdade de imprensa* foi, precisamente, a *Declaração de Direitos de Virgínia*, de 16.6.1776, que proclamou que "A liberdade de imprensa é um dos grandes baluartes da liberdade e nunca deve ser restringida por governos despóticos" ([3]).

Pouco tempo depois, foi introduzido um primeiro aditamento à Constituição dos Estados Unidos da América, segundo o qual "É vedado ao Congresso (...) restringir a liberdade de palavra ou de imprensa (...)" (art. I) ([4]). Esta disposição, ainda hoje em vigor, garante mais liberdade à imprensa americana que qualquer outra lei do mundo.

Compreende-se, por isso, que não haja limitações legais específicas à liberdade de imprensa. Aliás, os Estados Unidos acolheram o sistema jurídico anglo-saxónico, de "common law", naturalmente adaptado em razão do seu carácter federal ([5]).

([1]) Cf. RALPH HOLSINGER — JON PAUL DILTS, *Media law*, 1994, pág. 19 e segs.. O primeiro periódico americano foi a *Boston Newsletter*, publicada em 1704, após uma tentativa morta à nascença, em 1690 (*Public Ocurrences, Both Foreign and Domestic*). O primeiro diário americano foi o *Pennsylvania Evening Post and Daily Advertiser*, criado em 1783. Cf. "Newspapers", in *Microsoft Encarta*.

([2]) Cf. R. HOLSINGER — J. P. DILTS, *Media law*, pág. 618 e segs..

([3]) Cf. JORGE MIRANDA, *Textos Constitucionais Estrangeiros* (Suplemento da *Rev. Fac. Dir. Univ. Lisboa*), 1974, pág. 34.

([4]) Aprovado em 25.9.1789 e ratificado em 15.12.1791. Cf. JORGE MIRANDA, *Constituições Políticas de diversos Países*, Lisboa, Imprensa Nacional, 1975, pág. 35.

([5]) Há legislação federal (para todo o país) ao lado de legislação de cada um dos 50 estados federados. Sobre o sistema jurídico americano em geral, cf. CARLOS FERREIRA DE ALMEIDA, *Introdução ao Direito Comparado*, Coimbra, Almedina, 1994, pág. 104 e segs.; RENÉ DAVID, *Les grands systèmes de droit contemporain*, 1992,

A liberdade de imprensa tem, obviamente, *limites*, que são, todavia, restritos a valores fundamentais. Nomeadamente, a imprensa não pode ser usada para criar um perigo manifesto e imediato para interesses que o Governo tenha o dever de proteger (como a apologia da traição em tempo de guerra), nem para difamação ([1]), falsas acusações, exposição de uma pessoa ao ódio, ridículo ou prejuízo pecuniário ([2]), nem obscenidades ([3]).

3. Não havendo censura ([4]), a grande realidade e o grande problema da imprensa americana é a *concentração* das empresas jornalísticas, como também das empresas audiovisuais — embora tal concentração esteja muito longe de pôr em causa a liberdade de comunicação social.

Nos Estados Unidos da América, existiam, em 1987, 1.675 jornais diários ([5]), publicando mais de 62 milhões de exemplares, em 1989, cerca de 9.239 estações locais de rádio, cerca de 1.700 estações de televisão hertziana e cerca de 9000 redes de cabo ([6]).

De 1930 a 1970, desapareceram cerca de 350 jornais americanos. Em Nova Iorque, havia 15 jornais e, em 1994, apenas 4. Em mais de vinte Estados, nenhuma cidade tem mais de um jornal. Além de fusões, aquisições e extinções, vários jornais utilizam serviços comuns de pro-

---

pág. 399 e segs. (trad. port. de HERMÍNIO CARVALHO, *Os Grandes Sistemas de Direito Contemporâneo*, S. Paulo, Martins Fontes, 2.ª ed., 1993, pág. 357 e segs.); BRUCE D. FISHER, *Introduction to the legal system. Theory — Overview — Business applications*, St. Paul (Minn.), West Publ., 1977.

([1]) Cf. a célebre sentença sobre um caso de "libel", New York Times v. Sullivan, 376 U.S. 254, 84 S.Ct. 710, 11 L. Ed. 2d 686 (1964).

([2]) Cf. MILTON KONVITZ, "Freedom of Press", in *Microsoft Encarta*, 1994.

([3]) Uma lei federal proíbe o envio pelo correio, o transporte para venda ou distribuição, importação e radiodifusão de assuntos obscenos (18 U.S.C.A. § 1461 e seg., e Model Penal Code § 251.4. Cf. "Obscenity", in BLACK's *Law Dictionary*, 5.ª ed., 1979). Sentenças posteriores têm vindo a limitar a proibição da pornografia "hard core" (cf. MILTON KONVITZ, "Freedom of Press", in *Microsoft Encarta*, 1994).

([4]) Os limites que a guerra impôs à informação foram excepcionais. Cf. I. BEL MALLEN — L. CORREDOIRA Y ALFONSO — PILAR COUSIDO, *Derecho de la información*, 1992, pág. 50.

([5]) Os principais jornais (diários) são: *Wall Street Journal, USA Today, New York Daily News, Los Angeles Times* e *New York Times*. Os principais semanários são: *Time, National Enquire, People* e *Newsweek*. Cf. Cf. R. CAYROL, *Les Médias*, 1991, pág. 318 e 324.

([6]) Cf. R. CAYROL, *Les médias*, 1991, pág. 307, 327 e 329.

dução e formam redes, inclusivamente com estações de rádio e de televisão. Os responsáveis dos grandes grupos adoptam políticas editoriais comuns, executam programas publicitários nacionais, publicam frequentemente os mesmos editoriais dos mesmos colunistas em todos os jornais da cadeia ([1]).

Das cerca de 1700 estações de *televisão hertziana*, 1330 são comerciais e 370 são "públicas".

A maioria das *estações comerciais* estão *associadas a redes nacionais* ("networks"), sobretudo a uma das três grandes, que dominam 69% do mercado televisivo: NBC (*National Broadcasting Company*, criada em 1926 e ligada à RCA), CBS (*Columbia Broadcasting System*, criada em 1927) e a ABC (*American Broadcasting Company*, criada em 1943 e pertencente, desde 1986, ao grupo *Capital Cities*). Respeitando a lei americana, as grandes redes possuem as seus próprias estações nas grandes cidades (Nova Iorque, Los Angeles, Chicago) e, no resto do território, difundem os seus programas através de estações independentes, com as quais fazem contratos de associação. São as redes que asseguram aos anunciantes publicitários uma audiência nacional, por intermédio das agências de publicidade. Os recursos das estações associadas em redes provêm da publicidade local (50%) ou nacional (46%), de compensações pagas pelas redes pela difusão dos seus programas em "prime time" (3%) e receitas comerciais diversas (1%) ([2]).

Entre as *estações independentes* (não associadas às redes), há estações locais autónomas, estações locais dependentes de grandes grupos de comunicação e estações ligadas por satélite a uma rede de "super--estações" (a maior das quais é a WTBS, criada em 1976 por Ted Turner)([3]).

A *televisão pública* americana foi criada em 1967 pelo Congresso, mas as empresas têm um estatuto de direito privado e só em pequena parte são financiadas pelo Estado. No topo do sistema, foi criada a *Corporation for Public Broadcasting*, organismo sem fim lucrativo encarregado da regulação da televisão pública, que deu origem ao PBS (*Public Broadcasting Service*), organismo privado que distribui emissões por satélite ao conjunto das 303 estações públicas. Estas dependem muitas vezes de universidades, de escolas ou de associações e são financiadas por

---

([1]) Cf. R. CAYROL, *Les médias*, 1991, pág. 307 e segs..
([2]) Cf. R. CAYROL, *Les Médias*, 1991, pág. 330 e segs..
([3]) Cf. R. CAYROL, *Les Médias*, 1991, pág. 332 e seg..

142   *Direito da Comunicação Social*

donativos e contribuições dos telespectadores (22%), por mecenato (21%), pelos estados federados (20%), pelo orçamento federal (15%) e por universidades (14%)([1]). Nelas é proibida a publicidade, mas permitido o patrocínio ([2]).

A *televisão por cabo* constitui a "revolução televisiva mais importante dos últimos anos nos Estados Unidos" (na expressão de Dominique Pasquier), ameaçando a televisão hertziana. A televisão por cabo está muito concentrada, sendo um dos instrumentos dos grandes grupos de comunicação, ao lado da TV hertziana, da imprensa, do cinema e da distribuição de produtos audiovisuais. O maior operador de TV por cabo (MSO — *Multiple System Operator*), *The Communication Inc.* (com 10 milhões de assinantes), é independente desses grupos. Os assinantes de TV por cabo recebem, em geral, várias dezenas de programas, quer "programas de base", quer "cadeias locais", "cadeias de tele-compras" (HSN — *Home Shopping Network*) e "cadeias pagas" (*pay-TV* e *pay-per-view*). Entre os principais programas de base, incluem-se a ESPN (desportos), a CNN (Cable News Network — primeira cadeia do mundo só de notícias, criada por Ted Turner) e a WTBS (filmes, desportos e variedades, também de Ted Turner)([3]).

Sendo a *publicidade* permitida em quase todos os meios de comunicação social (com excepção das cadeias pagas de TV por cabo e das salas de cinema), ela constitui a sua principal fonte de financiamento. Cerca de 53% das despesas publicitárias vão para a imprensa (sobretudo a diária), 11% para a rádio e 36% para a televisão. 57,6% da publicidade é local, sendo 59,4% da publicidade nacional destinada à televisão ([4]).

É importante o papel desempenhado pela *Federal Communications Commision* (FCC)([5]), um organismo federal que controla e coordena as telecomunicações, incluindo a atribuição de frequências de rádio e tele-

---

([1]) Universidades públicas (8%), universidades municipais (4%) ou universidades privadas (2%).

([2]) Cf. R. CAYROL, *Les Médias*, 1991, pág. 333 e seg..

([3]) Cf. R. CAYROL, *Les Médias*, 1991, pág. 335 e seg..

([4]) Cf. R. CAYROL, *Les Médias*, 1991, pág. 337 e segs..

([5]) A FCC resultou da transformação, pelo *Communications Act* de 1934, da *Federal Radio Commission*, criada pelo *Radio Act* de 1927. É composta por sete membros nomeados pelo Presidente dos Estados Unidos, por sete anos, não podendo um mesmo partido ter mais de quatro representantes. Cf. R. CAYROL, *Les Médias*, 1991, pág. 326.

Introdução 143

visão, e faz respeitar a liberdade de comunicação e o pluralismo informativo. Seguindo os princípios da legislação anti-trust e o espírito do *Communications Act* de 1934, a FCC tomou diversas providências para limitar as tendências monopolísticas nos diversos meios de comunicação social, sobretudo desde a decisão de 23.1.1969, que recusou a renovação de uma licença de televisão ao *Herald Traveler*, de Boston, para a atribuir a um grupo independente concorrente ([1]).

Dizia-se, então, que vigorava a *regra dos três setes*: nenhuma organização podia possuir ou explorar mais de sete estações de rádio em onda média, nem mais de sete em FM, nem mais de sete estações de televisão ([2]).

A partir de 1970, as cadeias generalistas foram proibidas de produzir elas próprias as emissões que difundiam, estabelecendo-se o princípio da separação da produção e da difusão ([3]).

Segundo a regra do "common carrier", os transportadores de informações devem aceitar na sua rede quem quer que queira pôr a circular uma informação, tendo esta regra, criada para o telefone, sido aplicada à televisão por cabo ([4]).

4. Com o Presidente Ronald Reagan, triunfa o liberalismo da *desregulamentação*.

O *Cable Act* de 1984 deu liberdade de tarifas às sociedades de TV por cabo. A FCC aboliu progressivamente as protecções de que beneficiavam os operadores de TV por cabo, favorecendo o desenvolvimento dos grandes distribuidores (os MSO — *multiple system operators*).

Em 1985, a FCC modificou a regra dos três setes, substituindo-a pela regra de "2 x 12 + 10": o número máximo de estações que uma mesma pessoa pode possuir nos E.U.A. passou a ser de doze estações de rádio em onda média, doze em FM e dez de TV ([5]).

Os tribunais deixaram progressivamente de impedir a acumulação de certas actividades: as cadeias pagas passaram a poder exercer actividades no domínio do vídeo, as cadeias hertzianas podem criar redes por

---

([1]) Cf. R. CAYROL, *Les Médias*, 1991, pág. 314.
([2]) Cf. R. CAYROL, *Les Médias*, 1991, pág. 314 e seg..
([3]) Cf. R. CAYROL, *Les Médias*, 1991, pág. 315.
([4]) Cf. R. CAYROL, *Les Médias*, 1991, pág. 315.
([5]) Cf. R. CAYROL, *Les Médias*, 1991, pág. 316.

cabo (como a NBC), as cadeias generalistas podem produzir as emissões que difundem.

Assim, a desregulamentação teve por consequência principal um reforço da concentração. A FCC intervém pouco na organização do sector e nenhuma *ajuda pública* perturba a lei da oferta e da procura ([1]).

Verifica-se grande *uniformidade ideológica*, sobretudo na imprensa: todos os diários importantes são conformistas quanto aos valores dominantes na sociedade americana, até porque têm uma acentuada preocupação por satisfazer os desejos do público (numa perspectiva de "marketing"). Este fenómeno é reforçado pela generalização do recurso às grandes agências noticiosas — v.g., a Associated Press ([2]) e a UPI — United Press International ([3])([4]).

Em todo o caso, o escândalo gerado pela divulgação do caso Watergate — primeiro, pelo *Washington Post* e, depois, pela comunicação social de todo o mundo —, que levou à resignação (em 9.8.1974) do Presidente Richard Nixon, revelou o enorme poder dos meios de comunicação social americanos e mostrou que, num Estado de direito, ninguém está acima da lei. Além disso, promoveu significativamente o jornalismo de investigação ([5]).

5. Nos últimos anos, assistimos à **concentração** de empresas de diversos meios de comunicação social e de telecomunicações, ao **domínio da comunicação electrónica** e à **globalização** do sector.

É particularmente expressiva destes fenómenos a tomada do controlo pela AOL (America Online — o primeiro fornecedor de acesso à Internet do mundo) da Time Warner (número um mundial da comunicação), anunciada em 10.1.2000. Este grupo junta a imprensa, a Internet, a televisão e o cinema, com a AOL, Compuserve, Netscape, Warner Bros., Time, Fortune, CNN, Warner Music, Looney Tunes, Time Warner Cable... ([6]).

([1]) Cf. R. CAYROL, *Les Médias*, 1991, pág. 316.

([2]) Cooperativa criada em 1848 por seis jornais de Nova Iorque para financiar o custo da recolha de notícias nacionais, é hoje a maior agência mundial (cf. "Press Associations and Press Agencies", in *Microsoft Encarta*, 1994).

([3]) A UPI resultou da fusão, em 1958, da United Press (criada em 1907) e da International News Service (criada em 1909) (cf. "Press Associations and Press Agencies", in *Microsoft Encarta*, 1994).

([4]) Cf. R. CAYROL, *Les Médias*, 1991, pág. 322 e seg..

([5]) Cf. "Watergate", in *Microsoft Encarta*.

([6]) Cf. *Le Monde — Selection hebdomadaire*, de 15.1.2000.

Poucos dias depois (em 22.1.2000), foi anunciada a fusão do Warner Music Group (membro do AOL-Time Warner) com a sociedade britânica de edição musical EMI, tornando-se no primeiro grupo musical do mundo (com 25% do mercado). Esta posição era ocupada anteriormente pelo Universal Music Group (UMG), resultante da aquisição, em 1998, da holandesa PolyGram (do grupo Philips) pela canadiana Seagram. Entretanto, o UMG e o europeu Bertelsmann Music Group (BMG) criaram nos Estados Unidos uma filial comum de comércio electrónico, Get Music [1].

SECÇÃO IV

O sistema francês: liberdade de imprensa regulamentada e favorecida e desregulamentação da rádio e televisão

1. Em França, o princípio da *liberdade de imprensa* foi consagrado pela *Declaração dos Direitos do Homem e do Cidadão*, de 25.9.1789 [2], tem actualmente valor constitucional e veio a ser regulado pela *Lei sobre a Liberdade de Imprensa* de 29.7.1881, ainda hoje em vigor, com diversas alterações posteriores.

A lei consagra a *liberdade de empresa* de imprensa, mas fixa diversas obrigações e ónus que todas as empresas editoras ou apenas as editoras de publicações periódicas têm de satisfazer.

Assim, todas as empresas editoras devem *identificar o editor* ("imprimeur"), que é responsável pela publicação, a seguir ao seu *autor* e ao *director* [3].

Todas elas devem também apresentar uma *declaração prévia* ao Procurador da República, indicando o título do jornal, a identificação do director e da editora (art. 5.º e 7.º [4]); devem conter certas men-

---

[1] Cf. *Le Monde — Selection hebdomadaire*, de 29.1.2000.

[2] "A livre comunicação dos pensamentos e das opiniões é um dos mais preciosos direitos do homem; todo o cidadão pode, portanto, falar, escrever, imprimir livremente, respondendo, todavia, pelos abusos desta liberdade nos termos previstos na lei". Cf. JORGE MIRANDA, *Constituições Políticas de diversos Países*, Lisboa, Imprensa Nacional, 1975, pág. 53.

[3] Lei de 1881, art. 42.º. Cf. FRANCIS BALLE, *Médias et Sociétés*, 7.ª ed., 1994, pág. 304.

[4] Cf. E. DERIEUX, *Droit de la communication*, 1991, pág. 87 e seg..

ções (¹); devem proceder ao *depósito legal* (na Biblioteca Nacional e em certas outras bibliotecas), ao *depósito administrativo* (no serviço jurídico e técnico da informação), ao *depósito judicial* (no tribunal) e, eventualmente, a o *depósito suplementar* das publicações destinadas aos jovens (no Ministério da Justiça) (²).

As editoras de publicações periódicas, por seu lado, devem respeitar diversas regras tendentes a assegurar a *transparência* das pessoas e das suas fontes de financiamento. Nomeadamente, têm de ter um director e em cada número da publicação devem ser identificados os proprietários ou os principais sócios e administradores das sociedades proprietárias, bem como o director e o responsável da redacção (³). Além disso, as acções devem ser nominativas e as transmissões de partes importantes do capital devem ser divulgadas (⁴). É proibido simular o domínio da publicação (⁵). E a publicidade deve ser identificada como tal (⁶)(⁷).

Para assegurar a *independência* das publicações, os estrangeiros não podem deter mais do que certa percentagem do capital (20%), ressalvados os compromissos internacionais, nomeadamente, o princípio de não discriminação relativamente a nacionais de Estados membros da União Europeia (⁸). Nem podem receber fundos de governos estrangeiros (⁹).

A Lei defende o *pluralismo* e a *concorrência* entre as empresas de imprensa, fazendo depender a transmissão de partes importantes do capital do consentimento da conselho de administração e proibindo a aquisição por uma mesma pessoa, directa ou indirectamente, de publicações que excedam 30% do total da difusão das publicações da mesma natureza (¹⁰).

(¹) Cf. E. DERIEUX, *Droit de la communication*, 1991, pág. 88 e seg..

(²) Cf. FRANCIS BALLE, *Médias et Sociétés*, 7.ª ed., 1994, pág. 304 e seg.; E. DERIEUX, *Droit de la communication*, 1991, pág. 89 e segs..

(³) Lei de 1881, art. 6.°, alterada pela Lei 1.8.1986, art. 5.° e 6.°.

(⁴) Lei 1.8.1986, art. 6.°.

(⁵) Lei 1.8.1986, art. 3.°.

(⁶) Lei de 1.8.1986, art. 10.°.

(⁷) Cf. FRANCIS BALLE, *Médias et Sociétés*, 7.ª ed., 1994, pág. 304 e segs.; E. DERIEUX, *Droit de la communication*, Paris, L.G.D.J., 1991, pág. 48 e segs..

(⁸) Cf. E. DERIEUX, *Droit de la communication*, 1991, pág. 52 e segs.; FRANCIS BALLE, *Médias et Sociétés*, 7.ª ed., 1994, pág. 318.

(⁹) Cf. E. DERIEUX, *Droit de la communication*, 1991, pág. 54.

(¹⁰) Cf. E. DERIEUX, *Droit de la communication*, 1991, pág. 56 e segs.; FRANCIS BALLE, *Médias et Sociétés*, 7.ª ed., 1994, pág. 319.

Os *jornalistas profissionais* têm um estatuto próprio, que, nomeadamente, consagra a *cláusula de consciência* ([1]).

A liberdade de imprensa, consagrada na Constituição francesa e regulamentada na Lei de 1881, tem *limites legais*. Uns impõem o respeito pela ordem pública: as autoridades administrativas podem tomar providências contra publicações que a tenham perturbado ou a ameacem ([2]). Outros proíbem a exposição de certas publicações nos quiosques, para respeitar a moralidade pública ou para evitar reacções de certas pessoas ([3]).

A *apreensão* de publicações é, em regra, da competência dos tribunais, podendo, em casos estritamente definidos na lei, incumbir a autoridades administrativas ([4]).

Há diversas limitações legais à divulgação de informações confidenciais ([5]).

Estão previstos na lei diversos *crimes* de abuso de liberdade de imprensa, quer para protecção do respeito devido às autoridades públicas (provocação a militares, etc.) quer para protecção de interesses particulares importantes (difamação, etc.)([6]).

A Lei de 1881 regula o *direito de resposta e de rectificação* ([7]).

E protege o direito à *intimidade da vida priv*ada ([8]).

Há regras específicas para publicações destinadas a *menores*, tendentes a evitar a licenciosidade, a pornografia e a violência ([9]).

Diversos diplomas regulam as limitações à liberdade de imprensa em períodos de *crise nacional*: estado de sítio (Lei de 9.8.1849); estado

---

([1]) É o direito reconhecido aos jornalistas de rescindir o contrato com o seu jornal recebendo indemnização de despedimento, no caso de mudanças na orientação deste que afectem a sua honra, a sua reputação ou, de um modo geral, os seus interesses morais (Lei de 29.3.1935, modificada pela Lei Cressard de 1974 e incorporada no Código do trabalho, art. L. 761-1 e segs.) (Cf. FRANCIS BALLE, *Médias et Sociétés*, 7.ª ed., 1994, pág. 315 e segs.)

([2]) Cf. FRANCIS BALLE, *Médias et Sociétés*, 7.ª ed., 1994, pág. 307.

([3]) Cf. FRANCIS BALLE, *Médias et Sociétés*, 7.ª ed., 1994, pág. 307.

([4]) Cf. FRANCIS BALLE, *Médias et Sociétés*, 7.ª ed., 1994, pág. 308; E. DERIEUX, *Droit de la communication*, 1991, pág. 92 e segs..

([5]) Cf. FRANCIS BALLE, *Médias et Sociétés*, 7.ª ed., 1994, pág. 309.

([6]) Cf. FRANCIS BALLE, *Médias et Sociétés*, 7.ª ed., 1994, pág. 310.

([7]) Cf. FRANCIS BALLE, *Médias et Sociétés*, 7.ª ed., 1994, pág. 311.

([8]) Lei de 17.7.1970, que modificou os art. 368 e 3770 do Código Penal. Cf. FRANCIS BALLE, *Médias et Sociétés*, 7.ª ed., 1994, pág. 313.

([9]) Cf. FRANCIS BALLE, *Médias et Sociétés*, 7.ª ed., 1994, pág. 314.

de emergência (Lei de 3.4.1955); ameaças graves e imediatas contra as instituições da República, a independência nacional, a integridade do território ou a execução de compromissos internos (Constituição, art. 16.º)([91]).

A lei impõe à *Agence France-Presse* tarifas iguais para todos os clientes. Impõe a venda de papel a empresas de imprensa ao preço de custo. Estabelece tarifas postais preferenciais para as publicações periódicas ([2]).

Impõe o princípio da *igualdade* entre as empresas de imprensa por parte das distribuidoras ([3]).

Por outro lado, o Estado concede diversos tipos de *ajudas* às empresas de imprensa: benefícios fiscais (isenções de IVA, etc.), tarifas preferenciais, crédito e subsídios ([4]).

Em resumo, *em França, a liberdade de imprensa e das empresas jornalísticas está pormenorizadamente regulamentada na lei, é assegurada e promovida de vários modos pelo Estado, e os abusos a tal liberdade são por ele sancionados penal e civilmente.*

2. Quanto à **radiodifusão e televisão**, é de salientar que o Estado francês reservou para si, desde Luís XI até 1982, o **monopólio** das comunicações. Este monopólio foi reafirmado quanto à correspondência por sinais, em 1793, quanto às transmissões telegráficas, em 1837, e quanto à radiodifusão, em 30.6.1923.

Antes da II grande guerra, o Ministro dos Correios podia autorizar e autorizou alguns postos privados de rádio, mas todas estas autorizações cessaram depois da guerra (por Ord. de 23.3.1945), estendendo-se o monopólio da difusão também às instalações, exploração e programação de radiodifusão, tanto sonora como televisiva.

O exercício deste monopólio foi confiado primeiro à *Radiodiffusion-Télévision Française* (RTF), criada em 8.11.1945, que passou a denominar-se, em 27.6.1964, *Office de Radiodiffusion-Télévision Française* (ORTF)([5]).

([1]) Cf. FRANCIS BALLE, *Médias et Sociétés*, 7.ª ed., 1994, pág. 314 e segs.; E. DERIEUX, *Droit de la communication*, 1991, pág. 96 e segs..

([2]) Cf. FRANCIS BALLE, *Médias et Sociétés*, 7.ª ed., 1994, pág. 319 e seg..

([3]) Cf. FRANCIS BALLE, *Médias et Sociétés*, 7.ª ed., 1994, pág. 320.

([4]) Cf. FRANCIS BALLE, *Médias et Sociétés*, 7.ª ed., 1994, pág. 319 e seg. e 321 e segs.; E. DERIEUX, *Droit de la communication*, 1991, pág. 63 e segs..

([5]) Cf. ROLAND CAYROL, *Les Médias*, pág. 260.

Em 7.8.1974, a ORTF foi cindida em 7 sociedades independentes, mantidas embora no sector público. Entretanto, surgiram numerosas rádios privadas comerciais a emitir do estrangeiro para França (v.g., Europe n.º 1, RTL, Radio Monte-Carlo, Sud-Radio) e algumas televisões estrangeiras podiam ser recebidas pelos franceses residentes próximo da fronteira (sobretudo, Télé-Luxembourg e Télé-Monte-Carlo) — o que provocou vivo debate sobre o sentido da manutenção do monopólio estatal.

Foi, porém, o Governo socialista de Miterrand que, de 1981 a 1986, modificou profundamente o sistema audiovisual francês.

Autorizou a criação de *rádios locais* (Lei de 9.11.1981), que foram posteriormente autorizadas a recorrer à publicidade (Lei de 1.8.1984).

Com a célebre Lei de 29.7.1982, *acabou o monopólio estatal* da rádio e da televisão e proclamou que *"a comunicação audiovisual é livre"* — quando já se anunciava a televisão por cabo e por satélite.

Esta Lei veio prever um sistema complexo, exigindo:

a) Declaração prévia dos utilizadores para redes por cabo de uso privado e acesso directo a redes de dados;

b) Concessões de serviço público para cadeias de estações nacionais ou locais de televisão por ondas hertzianas;

c) Autorização da Alta Autoridade da Comunicação Audiovisual para rádios locais por ondas hertzianas e televisões locais por cabo;

d) Autorização do Governo para outros serviços.

Entretanto o Estado ficou a controlar a gestão das frequências (através da *Télédiffusion de France* — TDF) e a construção de redes de cabos (através da Direcção-Geral das Telecomunicações) ([1]).

Inspirando-se na experiência americana e inglesa, a Lei de 29.7.1982 criou a *Alta Autoridade para a Comunicação Audiovisual*, composta por nove membros, dos quais seis eram nomeados pelo Governo. Tinha por missão geral a orientação e o controlo do serviço público de rádio e televisão, podia nomear os presidentes das sociedades nacionais de programas (três cadeias de televisão e Radio-France), competia-lhe decidir sobre emissões eleitorais, assegurar a expressão das famílias de pensamento e dos grupos políticos, e o direito de réplica às comunicações do Governo — em resumo, assegurar o pluralismo no serviço público ([2]).

([1]) Cf. ROLAND CAYROL, *Les Médias*, pág. 261 e seg..

([2]) Cf. ROLAND CAYROL, *Les Médias*, pág. 262; FRANCIS BALLE, *Médias et Sociétés*, 7.ª ed., 1994, pág. 447 e segs..

Além disso, o Governo de Miterrand lançou o *plano-cabo*, destinado a cobrir todo o território francês com cabos de fibras ópticas (Lei de 3.11.1982). Depois, previu, para a exploração das redes de cabos locais, sociedades de economia mista incluindo os municípios (Lei de 1.8.1984).

Lançou a primeira *cadeia hertziana criptada* do mundo: o "Canal Plus" (11.1984)([1]).

Em 4.1.1985, o Presidente da República anunciou a "abertura do espaço audiovisual", o que permitiu o lançamento, em 20.11.1985, do quinto canal ("La Cinq", a favor de uma associação de Silvio Berlusconi, Jérôme Seydoux e Christophe Riboud) e de um sexto canal musical ("TV6", da Publicis, Gaumont e NRJ).

Uma Lei de 13.12.1985 limitou a concentração no audiovisual (não permitindo a uma pessoa controlar mais de três serviços locais da mesma natureza — rádios, televisões e redes de cabo) e passou as televisões locais para o regime de autorização pela Alta Autoridade.

Em 21.2.1986, foi criada a "Sept", sociedade pública de edição de programas de televisão encarregada de produzir programas para a "cadeia cultural de vocação europeia" destinada ao satélite TDF1.

Em 5.3.1986, foi privatizada a participação do Estado na Europe n.º 1, a favor do grupo Hachette ([2]).

Depois do regresso da maioria de direita ao governo, passou a estar na moda a ideia de *desregulamentação das telecomunicações* e da difusão e, por isso, foram suprimidos os restos do monopólio público do audiovisual, mantendo-se embora um sector público da rádio e televisão mais restrito (pela Lei Léotard, de 30.9.1986).

A Direcção-Geral das Telecomunicações (que passou a chamar-se France-Télécom) perdeu o monopólio da construção de redes de cabos.

A Alta Autoridade da Comunicação Social foi substituída pela ***Comissão Nacional da Comunicação e das Liberdades*** (CNCL), composta por treze membros, nomeados por nove anos ([3]), tendo poderes mais

---

([1]) Cf. R. CAYROL, *Les médias*, 1991, pág. 262 e seg..

([2]) Cf. R. CAYROL, *Les médias*, 1991, pág. 263.

([3]) 2 designados pelo Presidente da República, 2 pelo Presidente da Assembleia Nacional, 2 pelo Presidente do Senado, 1 eleito pelo Conselho de Estado, 1 pelo Tribunal da Cassação e 1 pelo Tribunal de Contas, 1 eleito pela Academia Francesa e 3 "personalidades qualificadas" cooptadas pelos restantes dez membros. f. R. CAYROL, *Les médias*, 1991, pág. 264.

amplos que os daquela. Passou a ter, nomeadamente, o controlo das frequências, competindo-lhe assegurar o pluralismo da informação e a regulamentação das campanhas eleitorais ([1]).

A Lei de 1986 simplificou o regime jurídico da comunicação, mantendo o sistema de declaração prévia para as redes de cabo de uso privado e os serviços telemáticos, mas introduzindo um regime único de autorização da CNCL para a difusão de programas para o público (por ondas hertzianas, por satélite ou por cabo).

A Lei de 1986 alargou também o sector privado do audiovisual, ao *privatizar* a TF1 ([2]).

Entretanto, as concessões do Estado à La Cinq e à TV6 foram rescindidas (por Decreto de 30.7.1986), sendo estes canais reatribuídos a outros grupos pela CNCL ([3]).

O Estado vendeu a sua parte na Radio-Monte-Carlo e na Sud-Radio e admitiu accionistas privados na Société Française de Production (SFP), que perdeu o privilégio das "encomendas obrigatórias", que tinha até então.

A Lei de 30.9.1986 estabeleceu também as bases de uma legislação "anti-trust", limitando a certas percentagens as participações e a acumulação de autorizações, bem como a concentração multimédia ([4]).

Posteriormente, a CNCL foi substituída pelo *Conselho Superior do Audiovisual*, com as mesmas competências daquela, mas composto por 9 membros, sendo 3 designados pelo Presidente da República, 3 pelo Presidente da Assembleia Nacional e 3 pelo Presidente do Senado (Lei de 17.1.1989)([5]).

Esta Lei de 1989 impõe aos serviços de radiotelevisão difundidos por ondas hertzianas a obrigação de celebrar uma convenção com o Conselho Superior do Audiovisual, para assegurar o cumprimento de certas obrigações ([6]).

A mesma Lei de 1989 estende a todas as obras audiovisuais as obrigações relativas às percentagens de obras de expressão francesa ou produzidas na Comunidade Europeia ([7]).

([1]) Cf. R. CAYROL, *Les médias*, 1991, pág. 264 e 266.
([2]) Cf. R. CAYROL, *Les médias*, 1991, pág. 264 e seg..
([3]) Cf. R. CAYROL, *Les médias*, 1991, pág. 265 e seg..
([4]) Cf. R. CAYROL, *Les médias*, 1991, pág. 267.
([5]) Cf. R. CAYROL, *Les médias*, 1991, pág. 267.
([6]) Cf. R. CAYROL, *Les médias*, 1991, pág. 267 e seg..
([7]) Cf. R. CAYROL, *Les médias*, 1991, pág. 268.

152 · *Direito da Comunicação Social*

Mais recentemente, a Lei n.º 94-88, de 1.2.1994, criou uma cadeia nacional para favorecer "o acesso ao saber, à formação e ao emprego" ("La Cinq"), alargou os poderes de controlo e de sanção do Conselho Superior do Audiovisual, abriu mais a possibilidade de participação no capital pelos operadores de televisões privadas, facilitou a acumulação de redes de rádio, aumentou para 40% a quota de canções francesas nas rádios e normalizou os sinais de televisão digitais ([1]).

Deste modo e em resumo, *a França dispõe, de um serviço público de* **rádio** *(Radio-France), com uma cadeia generalista (France-Inter), cadeias temáticas (France-Culture, France-Info, Radio-Bleu, FIP), 47 rádios locais, programas específicos para auditórios particulares (universidades, imigrados, etc.) e rádios destinadas ao estrangeiro (Radio-France internationale e SOFIRAD). Continuam a funcionar as rádios periféricas (RTL-Radio Luxembourg, Europe n.º 1, Radio--Monte-Carlo e Sud-Radio) e existem mais de 3.000 rádios locais privadas* ([2]).

Quanto à **televisão,** *continua a existir um serviço público, com 4 canais (A2, FR3, Sept e RFO), financiados por taxas dos telespectadores, publicidade e receitas comerciais diversas. Além disso, há três canais privados de âmbito nacional (TF1, Canal Plus ([3]), La Cinq e M6), três televisões locais ("Télé-Toulouse", "Télé-Lyon-Métropole" e "Canal Europe Mont-Blanc"), várias cadeias de televisão por cabo e por satélite* ([4]).

Tem considerável importância a intervenção do Conselho Superior do Audiovisual, como órgão disciplinador intermédio entre o legislador e a profissão.

SECÇÃO V

Enquadramento do actual sistema português

1. Da comparação feita entre os principais sistemas de comunicação social do mundo resulta que se verifica uma acentuada *aproximação*

([1]) Cf. FRANCIS BALLE, *Médias et Sociétés,* 7.ª ed., 1994, pág. 469.

([2]) Cf. R. CAYROL, *Les médias,* 1991, pág. 272 e segs..

([3]) Em 6.9.1996, o Canal Plus fundiu-se com o canal sul-africano Nethold, tornando-se o maior grupo europeu de TV paga (à frente de Rupert Murdoch, no Reino Unido, e de Leo Kirch, na Alemanha).

([4]) Cf. R. CAYROL, *Les médias,* 1991, pág. 279 e segs. e 300 e segs..

das legislações, sobretudo, quanto à comunicação audiovisual, que é consequência da cada vez maior relevância das emissões transfronteiras, por satélite e por cabo, que acentuam a importância da cooperação entre as autoridades nacionais. É um tema que teremos ocasião de desenvolver numa fase ulterior do curso.

2. Concluída, assim, a apresentação sumária dos principais sistemas de comunicação social existentes no mundo, é esta a ocasião de dizer como se enquadra o sistema português neste contexto.

Portugal tem um regime político de *democracia liberal* — desde 1982, ano em que a primeira revisão constitucional acabou com a figura transitória do Conselho da Revolução ([1]).

O direito português pertence, incontestavelmente, à *família romano-germânica*, distanciando-se, por isso, significativamente, dos direitos anglo-saxónicos. Isso não significa que não tenham sido acolhidas no nosso direito algumas figuras inspiradas na experiência britânica (v.g., do "Press Council") ou americana, mas vieram sempre a ser adaptadas aos princípios jurídicos romanísticos. Estamos, assim, muito próximos do sistema francês, como do italiano, alemão e espanhol, embora haja diversos aspectos específicos decorrentes da nossa história nacional.

A *liberdade de comunicação social* está consagrada na Constituição e *regulamentada* em leis de imprensa, da rádio e da televisão, que contêm abundantes disposições tendentes a garantir o seu exercício, a promover o *pluralismo* e *rigor* da informação, a assegurar a *transparência* das empresas de comunicação social, a contrariar tendências para uma excessiva *concentração* e a prevenir e *sancionar* abusos. Além disso, há disposições dispersas por vários diplomas que disciplinam diversos aspectos do regime dos meios de comunicação social.

A imprensa diária e semanal está, hoje, nas mãos de empresas privadas (*Diário de Notícias, Público, Correio da Manhã, A Capital, Jornal de Notícias, Comércio do Porto; Expresso, Independente, Semanário, O Diabo; A Bola, O Record, Vida Económica; Máxima, Nova Gente*, etc.).

([1]) O Conselho da Revolução — assim como a Assembleia do Movimento das Forças Armadas — fora criado na sequência do golpe de Estado de 11.3.1975 (cf. Lei n.º 5/75, de 14.3, Dec.-Lei n.º 137-A/75, de 17.3) e a sua composição e competência veio a ser regulada pela Constituição de 2.4.1976, na sua versão inicial, fundamentalmente, nos art. 113.º, 142.º a 149.º, 277.º a 285.º e 297.º. Foi extinto na sequência da Lei constitucional n.º 1/82, de 30.9, art. 246.º e 247.º.

Há uma sociedade de capitais públicos de *rádio* (RDP, SA ([1])), uma emissora da Igreja Católica (Rádio Renascença ([2])), uma rádio comercial de âmbito nacional (Rádio Comercial, SA ([3])), duas rádios privadas regionais ([4]) e mais de trezentas rádios privadas locais ([5]).

Existem três empresas de televisão a transmitir em ondas hertzianas, sendo uma sociedade anónima de capitais públicos (RTP, SA, que emite em dois canais e por satélite — a RTPi) e duas sociedades privadas (SIC e TVI). Estão a funcionar várias redes de televisão por cabo, com numerosos canais, nacionais e estrangeiros.

Diversas empresas põem à disposição do público textos sons e imagens através da Internet ([6]).

O conjunto dos meios de comunicação social está sujeito à disciplina da Alta Autoridade para a Comunicação Social.

Assim, em Portugal, os meios de comunicação social têm uma dimensão correspondente ao mercado, relativamente pequeno (em razão da população e da sua situação económica e cultural), a que se destinam, mas vigoram princípios de liberdade, pluralismo e rigor da informação.

É a análise mais aprofundada destes princípios e das disposições, de vária natureza, tendentes a garanti-los que constitui o objecto fundamental do estudo que vai seguir-se, convindo fazer algumas considerações sobre aspectos específicos das fontes de direito da comunicação social.

([1]) Com 6 canais: Antena 1 (onda média), Antena 2, Antena 3 e Antena 3 (modulação de frequência), Açores e Madeira.

([2]) Com 3 canais: Canal 1(onda média), Canal 1 e RFM (modulação de frequência)

([3]) Com dois canais: onda média e modulação de frequência.

([4]) RÁDIOPRESS, Comunicação e Radiodifusão, L.da (TSF-Press), e PRESSLIVRE, Imprensa Livre, S.A. (Nostalgia).

([5]) Era de 413 o número de frequências para emissões de cobertura local abertas a concurso pelo DN n.º 86/88, de 10.10. Segundo informação do Instituto das Comunicações de Portugal (cf. *Estações de Radiodifusão Sonora e Televisiva*, pág. 20 e segs.), em Janeiro de 1997, haviam sido concedidos 317 alvarás. Entretanto, foi aberto novo concurso para atribuição de alvarás para 61 frequências de *rádio de cobertura local* (Cf. Desp. n.º 7025/98, de 29.4 (2.ª série), e o Desp. conjunto n.º 363/98, de 14.5). Podem obter-se informações sobre este concurso na página da Secretaria de Estado da Comunicação Social na Internet: http://www.secs.pt/candidaturas.html.

([6]) Cf., por exemplo, www.dn.pt, www.publico.pt, www.expresso.pt, e outros endereços, indicados na página http://www.secs.pt/jornais.html.

CAPÍTULO IV
Fontes do direito

SECÇÃO I
Considerações gerais

1. Com referência ao sentido formal da expressão *fontes do direito*, como *factos criadores e reveladores de normas jurídicas*, pode dizer--se, em geral, que o direito da comunicação social tem as *mesmas* espécies de fontes que a generalidade dos outros ramos de direito (lei, costume, jurisprudência e doutrina).

É de salientar, no entanto, a importância de dois tipos de fontes escritas, *específicos* do direito da comunicação social, que acrescem aos *comuns* a outros ramos de direito: a *directiva genérica da Alta Autoridade para a Comunicação Social* e o *estatuto editorial*. Relevo particular tem, igualmente, neste domínio, o *código deontológico*, embora não seja exclusivo do direito mediático.

Importa, por outro lado, registar algumas *especialidades* relevantes do regime das fontes do direito da comunicação social, pois disso depende a determinação das disposições aplicáveis a cada caso e do seu exacto significado.

2. O período histórico que temos vivido nas últimas décadas contribuiu para chamar a atenção para o fenómeno da *variação do regime jurídico* a que está sujeita a própria criação de normas de direito, em consequência das modificações da estrutura dos órgãos legislativos do Estado. As fontes do direito não são hoje as mesmas que durante a monarquia medieval, moderna e absolutista (ordenações, lei da Boa Razão, etc.); as várias constituições da Monarquia Liberal, da I República e do «Estado Novo» modificaram sucessivas vezes esse regime; já depois do 25 de Abril de 1974, houve várias leis constitucionais sobre o assunto.

Sem pretender analisar essa evolução, que cabe melhor noutras disciplinas, parece importante referir o que caracteriza essencialmente o sistema de fontes introduzido pela Constituição de 1976 e alterado pelas revisões constitucionais de 1982, 1989, 1992 e 1997, acentuando as especialidades do direito da comunicação social. Convém, igualmente, salientar que a determinação do significado exacto de um diploma deve ser feita atendendo às regras sobre fontes do direito vigentes ao tempo da sua publicação e entrada em vigor e às modificações subsequentes.

3. Deve notar-se, por outro lado, que o direito da comunicação social agrega normas que, segundo os critérios tradicionalmente utilizados, pertencem a *ramos de direito diferenciados* (direito constitucional, direito internacional público, direito comunitário, direito civil, direito penal, direito comercial, direito do trabalho, etc.) e cujas fontes têm regimes jurídicos diversos, em alguns aspectos importantes.

O regime das fontes do direito da comunicação social não consta apenas da Constituição e das leis da imprensa, da rádio e da televisão. Tem de atender-se, frequentemente, à aplicação directa ou subsidiária de outros diplomas, como o Código Penal, o Código Civil, o Código Comercial, o Código das Sociedades Comerciais e outros ainda.

Importa, por isso, saber enquadrar as questões jurídicas da comunicação social em *cada um dos ramos de direito* a que correspondem e conhecer as especialidades do regime das fontes de cada um desses ramos.

Deve notar-se, aliás, que alguns diplomas recentes incluem regras específicas sobre o *relacionamento* entre fontes do direito, a que deve atender-se no respectivo âmbito de aplicação.

Torna-se, por isso, necessário grande cuidado na análise de cada diploma.

4. É costume classificar as fontes do direito em *fontes internas* e *fontes internacionais*. As fontes internas são factos normativos provenientes de órgãos competentes do Estado português; as fontes internacionais são factos normativos que surgem das relações entre Estados soberanos e outros sujeitos de direito internacional público.

SECÇÃO II

Fontes internas

SUBSECÇÃO I

Lei

É usual considerar como fontes internas: a *lei*, o *costume*, a *jurisprudência* e a *doutrina*. A expressão «lei» abrange, todavia, três espécies fundamentais de fontes distintas: a *lei constitucional*, a *lei ordinária* e o *regulamento*.

A estas há que acrescentar, como disse, algumas fontes do direito escrito *específicas* do direito da comunicação social: a *directiva genérica da Alta Autoridade para a Comunicação Social* e o *estatuto editorial*.

É de salientar a importância, neste domínio, do *código deontológico*, embora exista noutros domínios também. Em matéria de relações laborais mediáticas, é de referir a *convenção colectiva de trabalho* e a *decisão arbitral*.

DIVISÃO I

Lei constitucional

1. Entre as fontes do direito, a de grau hierárquico mais elevado é, actualmente, a lei constitucional, sobrepondo-se, inclusivamente, às normas de direito internacional (uma vez que vigora o princípio da *soberania* dos Estados).

Em **sentido material**, a *constituição é o conjunto de normas jurídicas sobre os fins e a titularidade do poder político, os órgãos que o exercem e os limites à actividade destes*.

2. Em Portugal, estas normas têm sido, desde o séc. XIX, reduzidas a escrito, em textos aprovados por assembleias constituintes, e ou por plebiscito, e ou outorgados pelo Chefe de Estado, que constituem Constituições, em **sentido formal**.

A Constituição portuguesa vigente (CRP) foi aprovada e promulgada em 2.4.1976, e entrou em vigor em 25.4.1976, tendo sido objecto

158   *Direito da Comunicação Social*

de quatro revisões pela Assembleia da República (Leis Constitucionais n° 1/82, de 30.9, n.° 1/89, de 8.7, 1/92, de 25.11, e n.° 1/97, de 20.9).

3. É na Constituição que encontramos consagrados os princípios fundamentais relativos à liberdade de comunicação social (art. 37.° a 40.°), que serão objecto de estudo mais desenvolvido em capítulos ulteriores do curso.

Importa, porém, salientar desde já que, segundo a própria Constituição, "Os preceitos constitucionais respeitantes aos direitos, liberdades e garantias são directamente aplicáveis e vinculam as entidades públicas e privadas" (art. 18.°, n.° 1).

Isto significa que as disposições constitucionais sobre a liberdade de comunicação social (que está incluída entre tais "direitos, liberdades e garantias") não são meramente programáticas (como outros preceitos constitucionais) nem carecem de concretização legislativa para serem aplicados: são directamente aplicáveis e vinculativas para todos.

Podem tais matérias ser objecto de leis ordinárias ou de regulamentos, mais desenvolvidos, desde que respeitem os limites constitucionais (CRP art. 3.°, n.° 3, e 18.°). Se não os respeitarem, os tribunais não podem cumprir as respectivas disposições e estas podem ser declaradas inconstitucionais pelo Tribunal Constitucional (CRP art. 204.°, 278.° a 282.°).

DIVISÃO II

Lei ordinária

1. Para além da Constituição, a fonte da maior parte das normas de direito da comunicação social é a *lei ordinária*, como *acto solene do órgão competente do Estado, criador de normas jurídicas gerais e abstractas*.

Pode assumir formas diversas consoante o órgão de que emana e a tramitação que segue.

Segundo a CRP de 1976, revista em 1982 e 1989, os órgãos do Estado português com competência legislativa geral são: a Assembleia da República (art. 161.°, al. c)) e o Governo (art. 198.°).

As Regiões Autónomas dos Açores e da Madeira têm também atribuições legislativas, no âmbito do respectivo território, cujo exercício compete às Assembleias Regionais e, em certos casos, ao Ministro da República (art. 227.°, n° 1, al. a), 232.° e 234.°, n° 2).

Introdução 159

Também o Governador e a Assembleia Legislativa de Macau tinham competência legislativa (CRP art. 292.º, Lei nº 1/76, de 17.2, e Lei nº 53/79, de 14.9) até à integração na China, em 1999.

As leis da Assembleia da República têm a designação de **Leis**, as do Governo, de **decretos-lei**, as das Regiões Autónomas, de **Decretos Legislativos Regionais** (CRP art. 112.º e 233.º).

2. Há matérias da *exclusiva* competência legislativa, absoluta ou relativa, da Assembleia da República (CRP art. 164.º e 165º).

Entre as matérias da *reserva relativa* de competência legislativa da Assembleia da República incluem-se os *direitos, liberdades e garantias*, bem como a definição dos crimes, penas e medidas de segurança e respectivos pressupostos, o processo criminal e a definição dos sectores básicos de propriedade dos meios de produção — que abrangem, manifestamente, aspectos fundamentais do direito da comunicação social (art. 165.º, al. b), c) e j)).

Sobre essas matérias, o Governo só pode legislar com *autorização legislativa*; sobre matérias não abrangidas por tais reservas de competência legislativa, o Governo pode legislar sem necessidade de autorização legislativa, embora com sujeição a *apreciação parlamentar* (art. 169.º e 198.º, n.º 1, al. a), e 2).

Sobre matérias reservadas à competência própria dos órgãos de soberania, as *regiões autónomas* não podem legislar (art. 227.º, n.º 1, al. a)).

É de salientar, além disso, que, segundo a própria Constituição, "*A lei só pode restringir os direitos, liberdades e garantias nos casos expressamente previstos na Constituição, devendo as restrições limitar- -se ao necessário para salvaguardar outros direitos ou interesses constitucionalmente protegidos*" (art. 18.º, n.º 2).

Relativamente à "liberdade de expressão e informação" a Constituição proíbe expressamente que o seu exercício seja "impedido ou limitado por qualquer tipo ou forma de censura" (art. 37.º, n.º 2).

Quanto à "liberdade de imprensa e comunicação social", a Constituição remete para a lei a regulamentação de alguns princípios, sem explicitar, todavia, a possibilidade de qualquer limitação, pelo que a *lei ordinária não pode ser restritiva* de tais liberdades (art. 38.º).

Por outro lado, "As leis restritivas de direitos, liberdades e garantias têm de revestir carácter geral e abstracto e não podem ter efeito retroactivo, nem diminuir a extensão e o alcance do conteúdo essencial dos preceitos constitucionais" (CRP art. 18.º, n.º 3)

160   *Direito da Comunicação Social*

De resto, "Os órgãos de soberania não podem, conjunta ou separadamente, suspender o exercício dos direitos, liberdades e garantias, salvo em caso de estado de sítio ou de estado de emergência, declarados na forma prevista na Constituição" (CRP art. 19.º, n.º 1).

3. A Constituição dá especial relevo às chamadas **leis de valor reforçado** ([1]): as leis orgânicas (art. 166.º, n.º 2), as leis de autorização legislativa, as leis de bases, as leis que carecem de aprovação por maioria de dois terços e as leis que sejam pressuposto normativo necessário de outras leis ou que por outras devam ser respeitadas.

Estas leis têm grau hierárquico superior às restantes leis da Assembleia da República e decretos-leis do Governo ([2]).

4. Alguns direitos fundamentais consagrados pela CRP podem ser suspensos em caso de *estado de sítio* ou *estado de emergência*.

O estado de sítio ou o estado de emergência só pode ser declarado nas circunstâncias previstas na Constituição e deve ser executado com respeito pelas normas constitucionais (art. 19.º, n.º 2 e 3).

A declaração do estado de sítio ou de emergência compete ao Presidente da República, devendo o respectivo decreto conter a especificação dos direitos, liberdades e garantias cujo exercício fica suspenso (CRP art. 19.º, n.º 5).

"A declaração do estado de sítio ou do estado de emergência não pode afectar os direitos à vida, à integridade pessoal, à identidade pessoal, à capacidade civil e à cidadania, a não retroactividade da lei criminal, o direito de defesa dos arguidos e a liberdade de consciência e religião" (CRP art. 19.º, n.º 6). Pode, todavia, afectar a liberdade de comunicação social (que não está incluída na enumeração taxativa contida no preceito acima transcrito).

Consequentemente, o **Decreto do Presidente da República** que declare o estado de sítio ou de emergência deve considerar-se fonte de direito, cujo grau hierárquico parece ser inferior ao da Constituição e dos Tratados internacionais, mas, pelo menos, igual ao da lei ordinária de valor reforçado ([3]), que pode derrogar temporariamente.

([1]) Mencionadas nos art. 112.º, n.º 2 e 3, 280.º, n.º 2, alínea a), e 281.º, n.º 1, alínea b).

([2]) Para maiores desenvolvimentos, cf. JORGE MIRANDA, *Manual de Direito Constitucional*, 1991, vol. II, pág. 326 e segs..

([3]) No sentido em que esta expressão é utilizada nos art. 112.º, n.º 2, 280.º, n.º 2, alínea a), e 281.º, n.º 1, alínea b).

Introdução 161

5. As leis ordinárias gerais têm de ser promulgadas pelo Presidente da República (art. 134.º, al. b)) e publicadas no *Diário da República* (1ª série), sob pena de ineficácia jurídica (CRP art. 119.º, nº 1 e 2 ([1])).

6. Quando se fala em lei de comunicação social têm-se em vista, em primeiro lugar, a Lei de Imprensa (LImp) ([2]), a Lei da Rádio (LR)([3]) e a Lei da Televisão (LTV)([4]), bem como o Estatuto do Jornalista (EJorn)([5]), que contêm as disposições legais mais importantes deste ramo de direito, abaixo da Constituição; mas visam-se também disposições sobre comunicação social publicadas no jornal oficial em diversas outras leis ([6]), decretos-leis ([7]) e decretos legislativos regionais ([8]) dispersos.

Na verdade, a legislação da comunicação social não está *codificada*, não podendo, em rigor, dizer-se que a Lei de Imprensa, como a Lei da Rádio ou da Televisão, constitua um código, no sentido próprio desta expressão.

Aliás, é discutível a conveniência da elaboração de um código da comunicação social, no presente estádio de evolução deste ramo do direito em Portugal, atendendo à sua instabilidade, à sua heterogeneidade e à falta de uma dogmática jurídica que permita ordenar os seus preceitos de modo sistemático.

([1]) Cf. também Res. Ass. Reg. n.º 2/83/A, de 28.2, Lei nº 6/83, de 29.7, DLeg-Reg nº 14/83/M, de 20.8, Desp. Norm. n.º 110/86, de 30.12, Dec.-Lei n.º 113/88, de 8.4, e Dec.-Lei n.º 1/91, de 2.1.

([2]) Lei n.º 2/99, de 13.1, que substituiu o Dec.-Lei n.º 85-C/75, de 26.2, que já havia sofrido várias alterações.

([3]) Lei n.º 87/88, de 30.7, alterada pela Lei n.º 2/97, de 18.1.

([4]) Lei n.º 31-A/98, de 14.7, que revogou a Lei n.º 58/90, de 7.9, que havia sido alterada pela Lei n.º 95/97, de 23.8.

([5]) Lei n.º 1/99, de 13.1, que revogou a Lei n.º 62/79, de 20.9.

([6]) Boa parte das mais importantes leis ordinárias sobre comunicação social foi aprovada mediante Lei da Assembleia da República. Cf., por exemplo, Lei n.º 87/88, de 30.7 (Lei da Rádio), e Lei n.º 31-A/98, de 14.7 (Lei da TV).

([7]) Cf., por exemplo, o Dec.-Lei n.º 305/97, de 11.11 (Regulamento da Carteira Profissional do Jornalista).

([8]) Cf., por exemplo, o Dec. Leg. Reg. n.º 19/94/A, de 13.7, que instituiu o Sistema de Ajudas Financeiras para a Modernização e Expansão dos Meios de Comunicação Social da Região Autónoma dos Açores.

7. Indicam-se a seguir várias *colectâneas de legislação* portuguesa da comunicação social, que transcrevem grande parte das leis e regulamentos, incluindo, por vezes, anotações de jurisprudência e doutrina; deve notar-se, porém, que a frequência da produção legislativa desactualiza rapidamente qualquer colectânea.

COSTA, ANTÓNIO GOMES DA, *A Televisão em Portugal — 40 Anos de História Legislativa*, Lisboa, TV Guia Editora, 1997;

Estatuto da Imprensa — Lei — Regulamento — Portaria — Textos e Documentos com Anotações, Lisboa, Imprensa Nacional, 1972;

FLORINDO, MORGADO, *Liberdade de Imprensa -Censura — Amnistia — Legislação Actualizada e Anotada com Decisões dos Tribunais Superiores*, Lisboa, Empresa Universitária Editora, s.d. (1969);

GONÇALVES, JÚLIO, *Leis da Informação — Portugal 1627-1965*, Braga, Editora Pax, 1965;

*** *Legislação da Comunicação Social*, Lisboa, Gab. Sec. Est. Comun. Social, Imprensa Nacional — Casa da Moeda, 1999 (a mais completa e actualizada);

LOPES, VICTOR SILVA, *A Lei da Rádio e Legislação Complementar*, Lisboa, Quid Juris, 1990;

MARTINS, COUTO, *Leis da Imprensa e outros Diplomas*, Lisboa, Couto Martins, 1936;

** MENDES, VITOR, *Legislação sobre Comunicação Social*, Lisboa, Legis Editora, 2.ª ed., 1999;

PEIXE, JOSÉ MANUEL VALENTIM — PAULO SILVA FERNANDES, *A Lei de Imprensa Comentada e Anotada*, Coimbra, Almedina, 1997;

Regime Jurídico da Radiotelevisão, Lisboa, Dir.-Geral da Comunicação Social, 1991;

REIS, MIGUEL, *Legislação da Comunicação Social*, Coimbra, Coimbra Editora, 1980;

RIBEIRO, J. M. COUTINHO, *A Nova Lei de Imprensa (Anotada) face ao Novo Código Penal*, Coimbra, Coimbra Editora, 1995;

ROCHA, JOÃO LUÍS DE MORAIS, *Lei de Imprensa — Notas e Comentários*, Lisboa, Petrony, 2.ª ed., 1999;

De útil consulta é também o muito completo *Dicionário de Legislação e de Jurisprudência*, de A., A.Q. e J. M. SIMÕES CORREIA, em forma de ficheiro, bem como o ficheiro impresso e informatizado de ERNESTO DE OLIVEIRA (ECOLEGIS) e os ficheiros informatizados do Gabinete Director para a Informatização Judiciária e Lexdata, editados pela Jurinfor.

Mais recentemente, a Secretaria de Estado da Comunicação Social tem vindo a lançar na **Internet** o texto integral e actualizado dos principais diplomas sobre esta matéria. O endereço é: http://www.secs.pt.

Introdução 163

DIVISÃO III

Regulamento administrativo

1. Tem considerável relevância em matéria de comunicação social o *regulamento administrativo*, isto é, o *acto de uma autoridade administrativa sobre matéria da sua competência criador de normas jurídicas de carácter geral e execução permanente* ([1]).

Há várias *classificações* de regulamentos administrativos: gerais e locais; independentes e complementares; etc..

Os mais importantes são:

a) O *decreto regulamentar* ou decreto simples do Governo, sujeito a promulgação pelo Presidente da República ([2]);

b) A *resolução do Conselho de Ministros* ([3]);

c) A *portaria* ministerial ([4]);

d) O *despacho normativo* ministerial (em regra, contendo normas internas de certo departamento para execução pelos subordinados do respectivo signatário) ([5]);

e) O *regulamento regional* ([6]);

f) Os *regulamentos de autarquias locais* (como, por exemplo, as posturas camarárias — CRP art. 241.º)([7]).

([1]) Cf. MARCELLO CAETANO, *Manual de Direito Administrativo*, Lisboa, Coimbra Editora, 1973, vol. I, pág. 95 e segs.; J. M. SÉRVULO CORREIA, *Noções de Direito Administrativo*, Lisboa, Danúbio, 1982, vol. I, pág. 95 e segs.. DIOGO FREITAS DO AMARAL, *Direito Administrativo* (Lições), Lisboa, 1988/89, vol. III, pág. 13, define regulamentos administrativos como "as normas jurídicas emanadas por uma autoridade administrativa no desempenho do poder administrativo".

([2]) CRP art. 199.º, al. c), e 134.º, al. b). Cf., por exemplo, o Dec. Regulamentar n.º 8/99, de 9.6, relativo ao Registo da Comunicação Social, e o Dec. Regulamentar n.º 11/82, de 5.3, relativo à Comissão de Classificação de Espectáculos.

([3]) Cf., por exemplo, a RCM n.º 40/88, de 19.9, que autoriza a Empresa Pública dos Jornais Notícias e Capital (EPNC) a alienar os títulos de algumas publicações e a alienar a quota que possui na sociedade Tobis Portuguesa.

([4]) Cf., por exemplo, a Port. n.º 118/97, de 21.2, relativa à Candidatura ao Sistema de Incentivos do Estado à Comunicação Social.

([5]) Cf., por exemplo, o Desp. Norm. n.º 75/93, de 1.4, relativo ao cartão de jornalista da imprensa regional.

([6]) CRP art. 227.º, al. d).

([7]) Por exemplo, a determinação dos períodos de abertura dos estabelecimentos de venda ao público e de prestação de serviços compete às câmaras municipais, dentro dos limites legais (Dec.-Lei n.º 48/96, de 15.5, art. 3.º).

164   *Direito da Comunicação Social*

2. No âmbito das relações de trabalho subordinado (que interessa aos jornalistas e a outros trabalhadores da comunicação social), são de mencionar, em especial, a *portaria de regulamentação de trabalho* e a *portaria de extensão.*

A *portaria de extensão* (PE) é uma portaria do Ministro do Trabalho e da Solidariedade que alarga o âmbito de aplicação de uma convenção colectiva de trabalho ou decisão arbitral a entidades patronais do mesmo sector económico ou e a trabalhadores da mesma profissão (ou profissão análoga), mas não abrangidos por nenhuma CCT, que exerçam a sua actividade na mesma área e âmbito daquela, e não estejam filiados nas associações respectivas; ou, então, de área diversa daquela em que a CCT se aplica, quando não existam associações sindicais ou patronais e se verifique identidade ou semelhança económica e social (¹).

A *portaria de regulamentação de trabalho* (PRT) é uma portaria do Ministro do Trabalho e da Solidariedade que cria normas de regulamentação do trabalho, quando seja inviável o recurso a PE e, além disso, quando

— não existam associações sindicais ou patronais; ou

— uma das partes se recuse reiteradamente a negociar; ou

— se verifiquem práticas manifestamente dilatórias impeditivas das negociações colectivas.

A PRT é elaborada por uma comissão técnica, nomeada pelo Ministro do Trabalho e da Solidariedade, incluindo, se possível, representantes patronais e de trabalhadores (²).

As PRT e PE devem ser publicadas no *Boletim do Trabalho e do Emprego* (³).

(¹) Dec.-Lei n.º 519-C1/79, de 29.12 — LRCT, art. 29.º, alterado pelo Dec.--Lei n.º 209/92, de 2.10.

(²) LRCT, art. 36.º, n.º 3 e 4, na redacção do Dec.-Lei n.º 209/92, de 2.10. Para maiores desenvolvimentos sobre as PE e PRT, cf. BERNARDO DA GAMA LOBO XAVIER — P. FURTADO MARTINS — A. NUNES DE CARVALHO, *Iniciação ao Direito do Trabalho*, Lisboa, Verbo, 1994, pág. 128 e segs.; A. MONTEIRO FERNANDES, *Direito do Trabalho*, Coimbra, Almedina, 9ª ed., 1994, vol. I, pág. 91 e segs.; A. MENEZES CORDEIRO, *Manual de Direito do Trabalho*, Coimbra, Almedina, pág. 174 e seg.; LUÍS BRITO CORREIA, *Direito do Trabalho*, Lisboa, Univ. Cat. Port., 1980-81, vol. I, pág. 63 e seg..

(³) LRCT art. 26.º (com nova redacção do DL n.º 209/92, de 2.10), 29.º, n.º 7, e 39.º.

Introdução

Tais portarias não podem conter disposições limitativas de direitos fundamentais constitucionalmente garantidos ([1]), não podendo, por conseguinte, restringir a liberdade de comunicação social.

DIVISÃO IV

Directiva genérica da Alta Autoridade para a Comunicação Social

1. Particularmente importantes no nosso domínio são as directivas genéricas da Alta Autoridade para a Comunicação Social (AACS).

Esta Alta Autoridade é um órgão do Estado, previsto na Constituição, como órgão independente, que tem por atribuições fundamentais assegurar "o direito à informação, a liberdade de imprensa e a independência dos meios de comunicação social perante o poder político e económico, bem como a possibilidade de expressão e confronto das diversas correntes de opinião e o exercício dos direitos de antena, de resposta e de réplica política" (art. 39.º ([2])).

Segundo o n.º 2 do art. 23.º da Lei n.º 43/98, "Assiste à Alta Autoridade a faculdade de elaborar directivas genéricas e recomendações que visem a realização dos seus objectivos (...)" ([3]).

2. Pode pôr-se o problema de saber qual a *natureza* destas directivas genéricas e recomendações da AACS: são fonte de direito? São uma espécie de lei, ou de regulamento, ou antes um "tertium genus"?

Uma deliberação sobre uma queixa relativa a um *caso concreto* ([4]), em que a AACS defina uma solução para um único caso, não constitui, certamente, uma fonte de direito, pois não cria qualquer norma jurídica — uma vez que se entende, geralmente, que as normas jurídicas são gerais e abstractas ([5]). A AACS limita-se, então, a aplicar uma norma

---

([1]) LRCT art. 6.º, n.º 1, alínea a).

([2]) O art. 3.º da Lei n.º 43/98, de 6.8, define, mais desenvolvidamente, as atribuições da AACS.

([3]) Semelhante poder de emitir directivas foi previsto, pela primeira vez, pela Lei n.º 78/77, de 25.10, em relação aos Conselhos de Informação para a RDP, a RTP, a Imprensa e a ANOP (art. 5.º, al. a)), bem como pela Lei n.º 23/83, de 6.9, em relação ao Conselho da Comunicação Social (art. 5.º, al. b)).

([4]) Ao abrigo das alíneas c) do n.º 1 do art. 4.º da Lei n.º 43/98, como, anteriormente, ao abrigo das alíneas b) e d) do n.º 1 do art. 4.º da Lei n.º 15/90.

([5]) Cf., por exemplo, M. BIGOTTE CHORÃO, *Introdução ao Direito*, Lisboa, Univ. Cat. Port., 1990-91, vol. II, pág. 13 e segs..

ao caso, de modo semelhante a um tribunal que pronuncia uma sentença declarativa.

Quando a AACS profere uma *recomendação*, também não cria, verdadeiramente, direito: por natureza, a recomendação não é juridicamente vinculativa, limitando-se a ter força moral decorrente do prestígio que a AACS tenha perante os órgãos de comunicação social e o público.

Já quando a AACS aprova uma *directiva genérica*, define normas de conduta, com carácter geral e abstracto. Deveremos entender que são normas jurídicas?

O n.º 2 do art. 23.º da Lei n.º 43/98 não inclui as directivas genéricas entre as deliberações da AACS a que atribui "carácter vinculativo". Apesar disso, tal carácter parece decorrer da própria natureza da "directiva" ([1]). Não custa, pois, reconhecer às directivas genéricas a natureza de *normas de conduta social*.

Visam, certamente, a justiça — na medida em que os objectivos constitucionais acima referidos são justos: pretendem "dar a cada um o que é seu", no domínio da comunicação social.

Constituirão, porém, fonte de direito *positivo*? A dúvida que pode suscitar-se diz respeito à natureza da sanção. Na verdade, quando se fala de direito positivo, considera-se essencial que a norma seja susceptível de ser imposta coactivamente, embora se admitam várias espécies de sanções ([2]).

Quanto às directivas genéricas da AACS, a Lei n.º 43/98 não prevê a aplicação de qualquer coima ([3]) ou pena criminal ([4]) para o seu

---

([1]) Do mesmo modo que o carácter não vinculativo decorre da natureza da recomendação.

([2]) Cf. M. BIGOTTE CHORÃO, *Introdução ao Direito*, Coimbra, Almedina, 1989, pág. 118 e segs..

([3]) Diversamente do que faz no art. 27.º, n.º 2.

([4]) Diversamente do que faz no art. 7.º, n.º 5. A qualificação como crime sempre teria de ser explícita, atendendo ao princípio "nulla poena sine lege", consagrado no art. 29.º da Constituição; e o crime de desobediência apenas se verifica quando haja falta "à obediência devida a ordem ou mandado legítimos, regularmente comunicados e emanados de autoridade ou funcionário competente" e se "uma disposição legal cominar, no caso, a punição de desobediência simples" (o que não se verifica), ou se "Na ausência de disposição legal, a autoridade ou o funcionário fizerem a correspondente cominação" (CPen art. 348.º, n.º 1) — o que é duvidoso que a AACS possa fazer.

Introdução 167

desrespeito — sendo certo que tanto as penas criminais como as coimas estão sujeitas ao princípio da legalidade ("nulla poena sine lege" ([1])). A Lei limita-se a dispor que "No exercício das suas actividades de fiscalização, a Alta Autoridade comunicará aos órgãos competentes as irregularidades detectadas, visando a instrução do respectivo processo" (art. 23.º, n.º 3). Visa com isso, certamente, permitir o desencadear de um processo disciplinar ou outro conducente à punição do infractor (sujeito, directa ou indirectamente, ao poder sancionatório do Estado ou de outra entidade).

Certo é que a Lei n.º 43/98 impõe que as directivas genéricas da AACS sejam publicadas na 2ª série do *Diário da República* (art. 24.º, n.º 1)([2]). Esta publicação pode afectar a credibilidade do órgão de comunicação social, podendo considerar-se uma sanção.

De resto, a Lei n.º 43/98 impõe aos órgãos de comunicação social um *dever de colaboração com a AACS* que, apesar de limitado ao necessário "à prossecução das atribuições e ao exercício das competências previstas no presente diploma" (art. 8.º), lhe permite, em certa medida, fazer cumprir as suas directivas, inclusivamente "adoptando as providências adequadas" (art. 4.º, al. n)).

Temos de reconhecer que sanções como as que acabam de ser descritas não são tão fortes como aquelas de que dispõem os tribunais para fazer cumprir a lei. A experiência mostra, porém, que elas são bastantes, na maioria dos casos, para conduzir, com razoável eficácia, aos objectivos pretendidos pela lei.

Pode, pois, concluir-se que *as directivas genéricas da AACS, embora dotadas de sanção menos forte que a de outras normas jurídicas, têm a natureza de fonte de direito* — que é específica do domínio da comunicação social.

3. Como fonte de direito escrito, cabe no conceito de *lei* em sentido amplo.

Não tem, contudo, a forma de lei, em sentido restrito: não são um "acto legislativo", no sentido do art. 112.º, n.º 1, da CRP, que apenas cabe às leis da Assembleia da República, aos decretos-leis do Governo e aos decretos legislativos regionais dos órgãos das regiões autónomas dos Açores e da Madeira.

([1]) CPen art. 1.º e DL n.º 433/82, de 27.10, art. 2.º.

([2]) Também as recomendações da AACS devem ser publicadas, mas "nos órgãos de comunicação social a que disserem respeito" (Lei n.º 43/98, art. 24.º, n.º 2 e 3).

Por outro lado, considerando o carácter taxativo da enumeração dos actos normativos, que resulta do n.º 6 do art. 112.º da CRP (¹), temos de reconhecer que as directivas da AACS não têm a natureza de "acto legislativo", isto é, de lei ordinária.

Visam executar a Constituição e a lei (quer a Lei n.º 43/98, quer as diversas leis que regulamentam os objectivos indicados naquela) e, nessa medida, são uma manifestação de um poder executivo e *regulamentar*, embora limitado ao âmbito da comunicação social.

A AACS tem poderes de carácter *jurisdicional*, relativamente a queixas sobre casos concretos (²) — não sendo por acaso que o seu presidente tem de ser um magistrado, designado pelo Conselho Superior da Magistratura; além disso, tem funções *consultivas* (³) e de *fiscalização* (⁴), em certas matérias; mas, quando emite directivas genéricas, compartilha de um poder *regulamentar*.

Trata-se de um órgão independente, mas de ordem hierárquica inferior à Assembleia da República, ao Governo e ao Conselho Superior da Magistratura, uma vez que a maioria dos membros da AACS são designados por esses órgãos do Estado (⁵) e a AACS deve respeitar e fazer cumprir as leis e os decretos-leis.

Não sendo um tribunal (os tribunais são órgãos de soberania) (⁶), nem um órgão da Administração Pública (⁷), a AACS tem um papel específico a desempenhar no âmbito daquilo a que, frequentemente, se chama o quarto poder do Estado: o poder da informação (ao lado dos poderes legislativo, executivo e judicial).

Nesta perspectiva, a directiva genérica da AACS, assemelha-se ao regulamento, mas a AACS não parece dever considerar-se um organismo da Administração Pública (a não ser, porventura, num sentido muito

---

(¹) Segundo este n.º 6, "Nenhuma lei pode criar outras categorias de actos legislativos ou conferir a actos de outra natureza o poder de, com eficácia externa, interpretar, integrar, modificar, suspender ou revogar qualquer dos seus preceitos".

(²) Cf. as alíneas c) e d) do art. 4.º da Lei n.º 43/98.

(³) Cf. as alíneas a), b) e e) do art. 4.º da Lei n.º 43/98.

(⁴) Cf. as alíneas f) e g) do art. 4.º da Lei n.º 43/98.

(⁵) Lei n.º 43/98, art. 10.º.

(⁶) Cf. CRP art. 202.º e segs.. Segundo o art. 205.º, n.º 2, "As decisões dos tribunais são obrigatórias para todas as entidades públicas e privadas e prevalecem sobre as de quaisquer outras autoridades". Consequentemente, as decisões dos tribunais prevalecem sobre as da AACS.

(⁷) CRP art. 266.º e segs..

Introdução 169

amplo desta expressão), pelo que não parece tratar-se de um regulamento *administrativo*, antes devendo considerar-se como uma fonte de direito *sui generis*.

4. De facto, a AACS aprovou já algumas directivas genéricas, que foram publicadas, não só no *Diário da República* ([1]), mas também na colectânea publicada periodicamente pela própria AACS, *Informação da AACS* ([2]).

DIVISÃO V
Convenção colectiva de trabalho

1. Uma outra fonte de direito que interessa, especialmente, às relações entre os trabalhadores da comunicação social (jornalistas e outros trabalhadores subordinados) e os respectivos empregadores é a convenção colectiva de trabalho.

Convenção colectiva de trabalho (CCT) é um acordo entre uma ou mais associações ou entidades patronais, por uma parte, e uma ou mais associações sindicais, por outra parte, tendente a regulamentar relações de trabalho.

O seu regime consta actualmente do *DL. n.º 519-C1/79*, de 29.12 (LRCT).

Entre as convenções colectivas de trabalho, a LRCT distingue actualmente três espécies, consoante os outorgantes e o âmbito de aplicação (LRCT, art. 2º, nº 3):

— *Contratos colectivos de trabalho* (CCT), celebrados entre associações sindicais e associações patronais;

([1]) Como manda o art. 23.º da Lei n.º 15/90. O Desp. Norm. n.º 31/99, de 11.6, n.º 2, alínea m), inclui a Directiva da AACS entre os actos a publicar na 2.ª série do *Diário da República*.

([2]) Cf Directiva 1/90, de 8.11.1990, sobre a eleição do Presidente da República: divulgação de sondagens, in *DR*, II série, n.º , de 1990, pág. ; Directiva sobre liberdade de informação nos recintos desportivos, de 15.5.1991, in *DR*, II série, n.º 130, de 7.6.1991, pág. 6037; Directiva sobre o exercício do direito de resposta na imprensa, de 14.6.1991, in *DR*, II série, n.º 153, de 6.7.1991, pág. 7101; Directiva sobre publicação e difusão de sondagens e inquéritos de opinião, de 23.8.1991, in *DR*, II série, n.º 206, de 7.9.1991, pág. 9043. Estas quatro directivas foram transcritas in *Informação AACS*, n.º 1, de Jan. 1991 e n.º 3, de Set. 1991, pág. 139 e segs., bem como no Relatório do *Primeiro Mandato — 1990-1994 — Actividade desenvolvida*, Lisboa, AACS, 1995, pág. 99 e segs..

— *Acordos colectivos de trabalho* (ACT) outorgados por associações sindicais e uma pluralidade de entidades patronais para uma pluralidade de empresas;

— *Acordos de empresa* (AE), subscritos por associações sindicais e uma só entidade patronal para uma só empresa.

Num plano diferente se coloca a distinção entre as CCT em sentido estrito e os *acordos de adesão* (LRCT, art. 28.°). Estes são acordos pelos quais uma (ou mais) entidade ou associação patronal ou uma (ou mais) associação sindical que não participaram na celebração de certa CCT vem depois a aceitar em bloco o texto dessa CCT anteriormente celebrada por outrem. Tais acordos são actualmente regulados pela lei como uma modalidade de extensão do âmbito de aplicação de uma CCT, ao lado da portaria de extensão (LRCT, art. 27°). Em todo o caso, a sua natureza contratual e seu conteúdo normativo, permitem enquadrar os acordos de adesão num conceito amplo de convenção colectiva de trabalho.

2. Como regra, a CCT é celebrada quando as partes chegam a acordo, ao fim de um processo de *negociação* colectiva, com eventual recurso a *conciliação* ou *mediação* (regulado na LRCT, art. 16.° a 22.° e 30.° a 33.°).

O texto final da CCT deve ser reduzido a *escrito*, com certas referências obrigatórias, *assinado* pelos representantes credenciados das partes, *depositado* no Ministério do Trabalho e da Solidariedade (LRCT, art. 24.°) e *publicado* no *Boletim do Trabalho e do Emprego* (LRCT, art. 26.°)([42]).

3. As CCT não podem limitar o exercício de *direitos fundamentais* constitucionalmente garantidos (LRCT art. 6.°, n.° 1, alínea a), não podendo, por conseguinte, restringir a liberdade de comunicação social.

([42]) Para maiores desenvolvimentos sobre as convenções colectivas de trabalho, cf. A. MENEZES CORDEIRO, *Manual de Direito do Trabalho*, pág. 172 e segs. e 231 e segs.; BERNARDO DA GAMA LOBO XAVIER — P. FURTADO MARTINS — A. NUNES DE CARVALHO, *Iniciação ao Direito do Trabalho*, pág. 123 e segs.; A. MONTEIRO FERNANDES, *Direito do Trabalho*, vol. I, pág. 95 e segs.; LUÍS BRITO CORREIA, *Direito do Trabalho*, vol. I, pág. 64 e segs..

Introdução 171

DIVISÃO VI

Decisão arbitral

Em matéria de relações colectivas de trabalho subordinado, tem alguma importância, como fonte de direito, a decisão arbitral.

Para a resolução de um conflito colectivo relativo à celebração ou revisão de uma CCT (que não puder ser — ou não for conveniente que seja — resolvido por acordo negociado entre as partes, nem por conciliação ou mediação), *podem* as partes a todo o tempo acordar em recorrer à arbitragem, isto é, submeter *a resolução do conflito à decisão de terceiros (árbitros)*, que vem a ser *considerada vinculativa para as partes* (LRCT, art. 34.º).

A arbitragem pode também ser *imposta*, em certos casos (LRCT, art. 35.º).

A arbitragem é realizada por *três árbitros*, um nomeado por cada parte e o terceiro escolhido pelos árbitros de parte (LRCT, art.34.º, n.º 2).

A decisão arbitral tem os mesmos efeitos jurídicos da CCT (LRCT, art. 34.º, n.º 8), mas não pode diminuir direitos ou garantias consagrados em CCT anteriores (LRCT, art. 34.º, n.º 6).

Tem também de ser *depositada* no Ministério do Trabalho e da Solidariedade e *publicada* no respectivo *Boletim* (LRCT, art. 24.º e 26.º) ([1]).

DIVISÃO VII

Código deontológico

1. A Lei de *Imprensa* de 1975 estabeleceu que "O exercício da actividade de jornalista profissional será regulado por um estatuto ([2]) e por um código deontológico" (art. 10.º, n.º 3); e dispôs que "Compete ao Sindicato dos Jornalistas a elaboração do Código Deontológico pre-

---

([1]) Para maiores desenvolvimentos sobre as decisões arbitrais, cf. A. MENEZES CORDEIRO, *Manual de Direito do Trabalho*, pág. 339 e segs.; BERNARDO DA GAMA LOBO XAVIER, *Curso de Direito do Trabalho*, Lisboa, Verbo, 1992, pág. 163 e seg.; LUÍS BRITO CORREIA, *Direito do Trabalho*, vol. I, pág. 69 e seg..

([2]) O Estatuto do Jornalista, a que se refere este preceito (e o art. 61.º da LImp), veio a ser aprovado pela Lei n.º 62/79, de 20.9 (EJorn).

visto no n.º 3 do artigo 10.º, num prazo de noventa dias a contar da entrada em vigor do presente diploma" (art. 61.º).

Por seu lado, o EJorn de 1979 previa que o código deontológico devia definir os deveres deontológicos e as garantias do respectivo cumprimento e seria aprovado pelos próprios jornalistas (art. 11.º, n.º 2).

Em face destas disposições, entendíamos que o Código Deontológico não podia ser aprovado apenas pela direcção do Sindicato dos Jornalistas, mas nada na lei impedia que fosse o Sindicato a promover a elaboração e aprovação desse diploma pelos jornalistas (sócios ou não do Sindicato), reunidos em assembleia geral ou mediante voto escrito (por correspondência).

Considerávamos — e consideramos — muito duvidosa, porém, a conveniência de atribuir a competência para a elaboração do código deontológico dos jornalistas ao Sindicato dos Jornalistas. Por natureza, um sindicato destina-se à defesa dos interesses e *direitos* profissionais dos seus associados. Quando é encarregado de definir *deveres* para os seus associados (v.g., em negociações colectivas de trabalho), preocupa-se, naturalmente, em reduzir esses deveres ao mínimo possível. Nem parece adequado que um sindicato aplique sanções disciplinares aos seus associados por violação de normas deontológicas (que até podem dizer respeito às suas relações com o empregador).

Por isso, seria preferível encarregar de tal tarefa uma **ordem** ou **associação pública**, à semelhança do que passa em diversas outras profissões, que foram inicialmente liberais, mas incluem, hoje, muitos trabalhadores subordinados (médicos, advogados, etc.). Nada impede, aliás, que ao lado da ordem ou associação pública (de inscrição obrigatória para os profissionais encartados), exista um sindicato. Tal associação pública ainda não existe.

Talvez por isso, a LImp de 1999 apenas tem uma breve referência ao código deontológico, no art. 23.º, n.º 2, para dizer que "Compete ao conselho de redacção: (...) e) Pronunciar-se sobre todos os sectores da vida e da orgânica da publicação que se relacionem com o exercício da actividade dos jornalistas, em conformidade com o respectivo estatuto e código deontológico (...)".

Por seu lado, a este respeito, o EJorn de 1999 diz apenas, no art. 14.º, que "Independentemente do disposto no respectivo código deontológico, constituem deveres fundamentais dos jornalistas (...)".

Deste modo, *a lei permite a elaboração de um ou mais códigos deontológicos, impõe o dever jurídico de os respeitar, mas não determina a quem compete a sua elaboração, nem define o seu conteúdo.*

Introdução   173

Parece dever entender-se que os jornalistas, colectivamente ou através das suas organizações representativas (v.g., do Sindicato ou de uma associação pública a constituir) podem aprovar códigos deontológicos, que obrigam aqueles que os aprovaram ou são representados pela organização que os aprovou.

2. Na realidade, o Código Deontológico dos Jornalistas, previsto na LImp de 1975, veio a ser aprovado em assembleia geral do Sindicato dos Jornalistas, em 13.9.1976 ([1]). Este Código foi, todavia, substituído por um outro, aprovado em 4.5.1993, em assembleia geral do Sindicato dos Jornalistas ([2]).

Também no âmbito da *rádio* e da *televisão*, o Código Deontológico tem relevância como fonte de direito, embora não esteja explicitamente regulado nas leis respectivas ([3]).

3. Distintos do Código Deontológico dos Jornalistas (de publicações periódicas) são os códigos deontológicos dos escritores, editores, livreiros, técnicos gráficos e demais entidades interessadas na actividade editorial e na elaboração de publicações não periódicas, a que se referia o art. 70.º, n.º 3, da LImp de 1975 — que não tem correspondente na LImp de 1999.

Aí se previa que as organizações representativas dessas pessoas "poderão elaborar, em termos semelhantes aos dos artigos 10.º e 61.º, com as necessárias adaptações, códigos deontológicos e projectos de regulamentos profissionais ([4]), os quais nunca poderão limitar o acesso à categoria de escritor e a liberdade de edição de publicações unitárias" ([5]).

([1]) Cf. J. M. Valentim Peixe — P. Silva Fernandes, *A Lei de Imprensa*, 1997, pág. 341 e seg.. J. M. Coutinho Ribeiro, *A Nova Lei de Imprensa (Anotada) face ao novo Código Penal*, Coimbra, Coimbra Editora, 1995, pág. 119 e segs., apresenta um texto com algumas diferenças importantes, relativamente à versão publicada por Vitor Mendes, *Legislação sobre Comunicação Social*, 1993, pág. 87 e seg..

([2]) Cf. Victor Mendes, *Estatuto do Jornalista*, Porto, Legis, 1995, pág. 36.

([3]) Cf. art. 8.º, n.º 4, da Lei da Rádio (Lei n.º 87/88, de 30.7, na redacção da Lei n.º 2/97, de 18.1), art. 10.º, n.º 2, alínea b), do Dec.-Lei n.º 2/94, de 10.1 (sobre a transformação da RDP), e art. 28.º, n.º 1, da Lei da televisão (Lei n.º 31-A/98, de 14.7).

([4]) Deve notar-se, quanto a estes regulamentos profissionais, que as referidas organizações representativas apenas poderão elaborar "projectos": a aprovação desses regulamentos incumbe à entidade competente, consoante o seu conteúdo.

([5]) Sobre os códigos deontológicos, em geral, bem como sobre os livros de estilo, cf. Niceto Blsaquez, *Etica y Medios de Comunicacion*, pág. 107 e segs. e

174 *Direito da Comunicação Social*

4. É de mencionar, neste contexto, que a União Europeia pretende incentivar os produtores de conteúdo na Internet a colaborar num sistema de filtragem e avaliação tendente a lutar contra o conteúdo ilegal e lesivo, nomeadamente mediante a adopção de regras de auto-regulamentação, v.g. do seu próprio *código de conduta* (¹).

DIVISÃO VIII

Estatuto editorial

1. Uma outra fonte de direito importante quer no domínio das publicações periódicas informativas (²) quer no domínio da rádio e da televisão é o *estatuto editorial*.

2. Na verdade, segundo o art. 2.º, n.º 2, da *LImp de 1999*, "O direito dos cidadãos a serem informados é garantido, nomeadamente, através: (...) *b)* Da publicação do estatuto editorial das publicações informativas (...)" (³).

Por outro lado, a LImp de 1999 contém um art. 17.º totalmente dedicado a este tema, que resolve várias dúvidas suscitadas pelos art. 3.º, n.º 4 e 5, da LImp de 1975, nomeadamente quanto à competência para a aprovação do estatuto editorial. Efectivamente, dispõe o seguinte:

"1 — As publicações periódicas informativas devem adoptar um estatuto editorial que defina claramente a sua orientação e os seus objectivos e inclua o compromisso de assegurar o respeito pelos princípios deontológicos e pela ética profissional dos jornalistas, assim como pela boa fé dos leitores.

2 — O estatuto editorial é elaborado pelo director (⁴) e, após parecer

---

127 e segs.; Porfirio Barroso Asenjo, *Codigos Deontologicos de los Medios de Comunicacion — Prensa, Radio, Television, Cine, Publicidad y Relaciones Públicas*, Madrid, Ed. Paulinas, 1984.

(¹) Cf. *Boletim UE* 10-1996, n.º 1.3.112.

(²) A LImp considera informativas as publicações "que visem predominantemente a difusão de informações ou notícias" (art. 13.º, n.º 2). Compete à Alta Autoridade para a Comunicação Social "Participar, nos termos da legislação aplicável, na classificação dos órgãos de comunicação social" (Lei n.º 43/98, de 6.8, art. 4.º, alínea o).

(³) A LImp de 1975 continha um preceito igual a este no art. 1.º, n.º 4, alínea b).

(⁴) Cf. também o art. 20.º, n.º 1, al. b).

Introdução 175

do conselho de redacção (¹), submetido à ratificação da entidade proprietária, devendo ser inserido na primeira página do primeiro número da publicação e remetido, nos 10 dias subsequentes, à Alta Autoridade para a Comunicação Social.

3 — Sem prejuízo do disposto no número anterior, o estatuto editorial é publicado, em cada ano civil, conjuntamente com o relatório e contas da entidade proprietária.

4 — As alterações introduzidas no estatuto editorial estão sujeitas a parecer prévio do conselho de redacção, devendo ser reproduzidas no primeiro número subsequente à sua ratificação pela entidade proprietária e enviadas, no prazo de 10 dias, à Alta Autoridade para a Comunicação Social" (²).

Os jornalistas têm o dever legal de respeitar o estatuto editorial do órgão de comunicação para que trabalhem (EJorn de 1999, art. 14.º, al. b)). Uma alteração profunda da linha de orientação do periódico (v.g., por via de alteração do estatuto editorial) pode, todavia, justificar a rescisão unilateral do contrato de trabalho pelo jornalista, com direito a indemnização (³).

3. A actual *Lei da Rádio* prevê também a aprovação de estatutos editoriais (⁴). Não é clara, contudo, quanto a saber a quem compete elaborá-los.

Aliás, a preferência na atribuição de alvará depende de apresentação dos estatutos editoriais pelos candidatos, isto é, pela administração da empresa (⁵). A esta parece, pois, competir a sua aprovação e alteração, exigindo o EJorn de 1999 o parecer do conselho de redacção (art. 13.º, n.º 4, al. c)).

(¹) Nos termos do art. 23.º, n.º 2, al. b), da LImp de 1999. Cf. também o art. 13.º, n.º 4, al. c) do EJorn de 1999.

(²) A Direcção-Geral da Comunicação Social publicou uma colectânea com os *Estatutos Editoriais de Jornais de Expansão Nacional*, Lisboa, 1983.

(³) LImp de 1999, art. 22.º, al. d), e EJorn de 1999, art.12.º, n.º 2 e 3.

(⁴) O art. 8.º, n.º 4, da LRádio (na redacção da Lei n.º 2/97, de 18.1), dispõe que "As rádios devem adoptar um estatuto editorial, que definirá claramente os seus objectivos, a orientação e características da sua programação e incluirá o compromisso de assegurar o respeito pelo rigor e pluralismo informativo, pelos princípios da ética e da deontologia, assim como pela boa fé dos ouvintes".

(⁵) Dec.-Lei n.º 130/97, de 27.5, art. 8.º, al. a), 9.º, n.º 2, al. c), e 14.º, n.º 2.

176 *Direito da Comunicação Social*

4. A nova *Lei da Televisão* contém um artigo sobre a matéria (art. 28.º), que exige de cada canal que adopte e publique o seu estatuto editorial. A sua elaboração compete ao director responsável pelo conteúdo das emissões, ouvido o conselho de redacção ([1]) e está sujeita a ratificação da entidade proprietária, devendo ser remetido à AACS ([2]).

4. Afim, mas distinta da figura do estatuto editorial é a do *livro de estilo*, que corresponde a um conjunto de regras linguísticas, princípios éticos e posições ideológicas adoptados pela direcção e ou pelos jornalistas de determinado meio de comunicação social, valendo como promessa feita ao público ([3]).

SUBSECÇÃO II

Costume

1. Chama-se *costume* à *observância uniforme e generalizada de determinada conduta, com a consciência de que tal conduta é obrigatória e coercível.*

Parte da doutrina portuguesa tem entendido que a recepção do costume pelo CCiv de 1966 (art. 1.º, 3.º, 10.º e 348.º) não é uma recepção genérica, aplicável a todos os sectores do sistema jurídico, mas apenas uma recepção específica, para assuntos determinados ([4]).

Na generalidade dos países da Europa, o direito consuetudinário tem, ainda hoje, uma certa relevância, nalguns casos mesmo contra a lei ([5]). Frequentemente, é em períodos revolucionários que se geram costumes, como modo de substituir princípios ultrapassados pela dinâmica social e ainda sem consagração legislativa. Há mesmo quem veja no costume uma forma de expressão autêntica, embora informal, da vontade popular.

([1]) Cf. o citado art. 13.º, n.º 4, al. c), do EJorn de 1999.
([2]) Cf. também o art. 4.º, n.º 2, da Lei n.º 31-A/98, de 14.7. A Lei anterior não fazia tal exigência. A TVI adoptou, inicialmente, uma "Carta de Princípios", que, entretanto, foi considerada sem efeito pela Administração em exercício.
([3]) CCiv art. 459.º a 461.º. Cf. NICETO BLASQUEZ, *Etica y medios de comunicacion*, 1994, pág. 127 e seg.; *Livro de Estilo do PÚBLICO*, Lisboa, Público, 1998.
([4]) Cf. DIAS MARQUES, *Introdução ao Estudo do Direito*, 1972, pág. 213 e segs..
([5]) Cf, por exemplo, J. GHESTIN — G. GOUBEAUX, *Droit Civil — Introduction Générale*, Paris, L.G.D.J., 3ª ed. 1990, pág. 446 e segs..

Introdução 177

É certo também que as concepções modernas do Estado democrático e do Estado de Direito reservam para órgãos representativos específicos e eleitos (parlamento e governo) o poder de criar normas jurídicas (poder legislativo).

De qualquer modo, várias disposições legais, sobretudo desde o séc. XVIII, têm condicionado ou recusado relevância ao costume, como fonte autónoma de direito (¹), e imposto aos juizes que julguem segundo a lei e não segundo o costume (²). A estas disposições não se pode negar, pelo menos, eficácia pedagógica.

Nem custa reconhecer, como um dado sociológico, que o costume perdeu grande parte da sua relevância, como fonte normativa autónoma, na maioria dos meios evoluídos da sociedade portuguesa, na medida em que se generalizou a consciência de que vinculativo (v.g., judicialmente coercível) é apenas o direito escrito — a lei.

2. Por vezes, a própria lei remete para os usos e costumes locais (³).

A obrigatoriedade desses usos e costumes não resulta, porém, do seu carácter de direito consuetudinário, mas sim da disposição legal que manda aplicá-los. São meros *usos e costumes de facto*, não uma fonte autónoma de direito.

SUBSECÇÃO III

Jurisprudência

1. A *jurisprudência*, como fonte de direito, *é a orientação uniforme adoptada numa ou em sucessivas decisões dos tribunais, ou de outros órgãos de aplicação do direito, a que se considera ser devida obediência.*

Desempenha, no âmbito do direito da comunicação social, um papel idêntico ao que lhe cabe no campo do direito privado em geral: em Portugal, o precedente não é vinculativo para os tribunais, nem para

---

(¹) Lei da «Boa Razão» de 18.8.1769, CCiv de 1867, art. 9.º, CCom de 1888, art. 3.º.

(²) Estatuto judiciário, aprovado pelo Dec.-Lei n.º 44.278, de 14.4.1962, art. 110.º, CPC de 1961, art. 721.º, n.º 3, CRP de 1976, art. 206.º e 208.º (hoje, art. 203.º e 205.º), Lei n.º 85/76, de 13.12, art. 4.º, etc..

(³) Por exemplo, C. Civil, art. 218.º, 234.º e 763.º.

178   *Direito da Comunicação Social*

terceiros não partes na causa; não existe em Portugal um verdadeiro costume jurisprudencial, com consciência da sua obrigatoriedade. Verifica-se, em todo o caso, uma certa propensão dos tribunais para atenderem às razões expostas em casos anteriores ([1]).

2. Também em matéria de comunicação social podiam ser proferidos *assentos* pelo Supremo Tribunal de Justiça, a uniformizar a jurisprudência de modo obrigatório para os tribunais ([2]). Foi discutido, em todo o caso, se se tratava aí de verdadeira jurisprudência ou, antes, de lei interpretativa de origem judicial, uma vez que tinha carácter geral ([3]).

Depois, foi posta em dúvida a própria constitucionalidade dos assentos, tendo sido revogado o art. 2.º do CCiv ([4]), que veio, efectivamente, a ser declarado inconstitucional, por violação do art. 115.º, n.º 5, da CRP ([5]).

Com a reforma do Código de Processo Civil de 1995 ([6]), foi introduzida uma solução diferente para uniformização de jurisprudência, mediante o "julgamento ampliado da revista", isto é, com intervenção do plenário das secções cíveis (art. 732.º-A e 732.º-B).

3. Muito importante no domínio da comunicação social é a jurisprudência da *Alta Autoridade para a Comunicação Social*, constante das deliberações tomadas relativamente a casos concretos (queixas sobre o acesso aos direitos de antena, de resposta e de réplica política, conflitos entre titulares do direito de antena, recursos de recusa de exercício do direito de resposta, queixas por violação de normas legais aplicáveis aos órgãos de comunicação social, etc. ([7])). Tais deliberações são vinculativas para as partes ([8]), embora não sejam obrigatórias para terceiros, não constituindo normas gerais.

([1]) Cf. J. OLIVEIRA ASCENSÃO, *O Direito — Introdução e Teoria Geral*, 3ª ed., pág. 239 e segs..

([2]) Ao abrigo da CRP art. 122.º, n.º 2 al. g), CCiv art. 2.º e CPC art. 763.º a 770.º.

([3]) Cf. J. OLIVEIRA ASCENSÃO, *ob. cit.*, pág. 249.

([4]) Pelo DL n.º 329-A/95, de 12.12.

([5]) Cf. Ac TC n.º 743/96, de 28.5.1996, in *DR*, I série, n.º 165, de 18.7.1996. Entretanto, o Ac. STJ de 3.11.1993, in *BMJ* n.º 43, pág. 472, entendeu que "um assento não é uma lei. É uma interpretação de normas jurídicas preexistentes".

([6]) Aprovada pelo DL n.º 329-A/95, de 12.12.

([7]) LAACS art. 4.º.

([8]) LAACS art. 5.º, n.º 1.

4. A jurisprudência dos tribunais superiores é publicada regularmente, entre outras revistas, no *Boletim do Ministério da Justiça*, na *Colectânea de Jurisprudência* e na *Revista de Legislação e de Jurisprudência*. Existem algumas colectâneas de sumários de acórdãos. As mais completas são de A., A.Q. e J. M. SIMÕES Correia, *Dicionário de Legislação e de Jurisprudência*, em forma de ficheiro, e de ERNESTO DE OLIVEIRA, em fichas impressas e informatizadas. É possível, também, mediante protocolo, o acesso a bases de dados jurídicas da Direcção-Geral dos Serviços de Informática do Ministério da Justiça, que incluem, entre outras, a jurisprudência do Tribunal Constitucional e do Supremo Tribunal de Justiça.

A jurisprudência da AACS tem sido publicada na *Informação AACS*, editada pela própria AACS. Os relatórios semestrais da AACS divulgam resumos das deliberações tomadas.

SUBSECÇÃO IV
Doutrina

1. A ***doutrina*** constitui fonte de direito da comunicação social, na medida em que a *opinião comum dos jurisconsultos* acerca de questões jurídico-mediáticas seja considerada vinculativa pelas pessoas e, designadamente, pelos tribunais.

Actualmente em Portugal, o papel da doutrina é efectivamente importante, mas como *mero auxiliar* da interpretação e integração da lei. Em todo o caso, exerce importante influência sobre as decisões dos tribunais e sobre a própria elaboração das leis.

2. A *bibliografia* portuguesa específica de direito da comunicação social é muito escassa, sendo, por isso, necessário recorrer com frequência à doutrina estrangeira. Citam-se a seguir as obras portuguesas e as obras de carácter geral estrangeiras, cuja consulta pode ser mais útil.

BIBLIOGRAFIA

MANUAIS, MONOGRAFIAS E ARTIGOS

Direito português

A Lei de Imprensa e os Jornalistas, Mafra, Ed. Estampa, sem data (1971);

ALEXANDRINO, JOSÉ ALBERTO DE MELO, *Estatuto Constitucional da Actividade de Televisão*, Coimbra, Coimbra Editora, 1998;

ASCENSÃO, JOSÉ DE OLIVEIRA, "Direito à Informação e Direito ao espectáculo", in *Rev. Ordem dos Advogados*, ano, 48, 1988, pág. 15 e segs.; e in *Boletim da Faculdade de Direito de Coimbra* (n.º especial de homenagem ao Prof. Doutor Afonso Rodrigues Queiró);

CARVALHO, ALBERTO ARONS DE, *A Censura e as Leis de Imprensa* (Colecção *Que País?*), Lisboa, Seara Nova, 1973;

CARVALHO, ALBERTO ARONS DE, *A Liberdade de Informação e o Conselho de Imprensa*, Lisboa, Direcção-Geral da Comunicação Social, 1986;

CARVALHO, ALBERTO ARONS DE — A. MONTEIRO CARDOSO, *Da Liberdade de Imprensa*, Lisboa, Ed. Meridiano, 1971;

COSTA, A. RODRIGUES DA, "A liberdade de imprensa e as limitações decorrentes da sua função", in *Revista do Ministério Público*, n.º 37, pág. 7-31;

COSTA, CARLOS FELÍCIO DA — BENJAMIN DA SILVA RODRIGUES, *Direito da Comunicação — Radiocomunicações*, Coimbra, Liv. da Univ., 1996, pág. 11 e segs.;

FRANCO, GRAÇA, *A Censura à Imprensa (1820-1974)*, Lisboa, Imprensa Nacional-Casa da Moeda, 1993;

GODINHO, JOSÉ MAGALHÃES, *Lei de Imprensa*, Lisboa, Excelsior, 1971;

GONÇALVES, Mons. AVELINO, "Considerações sobre o Regime Jurídico da Imprensa", in *Curso de Jornalismo*, Lisboa, Centro de Estudos Políticos e Sociais, 1963, pág. 163-175;

GONÇALVES, LUIZ DA CUNHA, *O Jornal e a sua Vida Jurídica*, Lisboa, Academia das Ciências, 1936;

*GONÇALVES, MARIA EDUARDA, *Direito da Informação*, Coimbra, Almedina, 1994;

MANSO-PRETO, JOSÉ ALFREDO SOARES, *Anotações à Lei de Imprensa*, Coimbra, Atlântida, 1972;

*MOREIRA, VITAL, *Direito de Resposta na Comunicação Social*, Coimbra, Coimbra Editora, 1994;

MOURA, F. PEREIRA DE — MÁRIO NEVES — ROGÉRIO FERNANDES — SALGADO ZENHA, *O Estatuto da Imprensa — Debate* (Cadernos de hoje, n.º 6), Lisboa, Prelo Ed., 1968;

NEGREIROS, JOAQUIM TRIGO DE (Relator), "Parecer n.º 27/X — Lei de Imprensa", in *Pareceres da Câmara Corporativa*, vol. III, pág. 251 e segs.;

** SOUSA, NUNO J. V. ALBUQUERQUE E, *A Liberdade de Imprensa* (Separata do vol. XXVI do Suplemento ao *Boletim da Faculdade de Direito da Universidade de Coimbra*), Coimbra, 1984;

TEIXEIRA, MANUEL PINTO — VICTOR MENDES, *Casos e Temas de Direito da Comunicação*, Porto, Legis, 1996;

VARELA, J. M. ANTUNES, *Lei da Liberdade Religiosa (Lei n.º 4/71, de 21 de Agosto de 1971) e Lei de Imprensa (Lei n.º 5/71, de 5 de Novembro de 1971)* — *Edição Revista e Anotada por*, Coimbra, Coimbra Editora, 1972;

VASCONCELOS, JOSÉ CARLOS DE, *Lei de Imprensa* — *Liberdade de Imprensa*, Lisboa, s/ ed., 1972;

Direito alemão

BRANAHL, UDO, *Medienrecht* — *Eine Einführung*, Opladen, Westdeutscher Verlag, 2.ª ed., 1996;

FRICKE, ERNST, *Recht für Journalisten* — *Grundbegriffe und Fallbeispiele*, Konstanz, UVK Medien, 1997;

GROSS, ROLF, *Presserecht* — *Einführung in Grundzüge und Schwerpunkte des deutschen Presserechts*, Wiesbaden, Deutscher Fachschriften-Verlag, 1982;

HERRMANN, GÜNTER., *Rundfunkrecht* — *Fersehen und Hörfunk mit neuen Medien*, München, C.H. Beck, 1994;

HESSE, ALBRECHT, *Rundfunkrecht*, München, V. Vahlen, 1990;

LOEFFLER, MARTIN, *Presserecht* — *Kommentar, Band I* — *Landespressegesetze*, Munique, Beck, 4.ª ed., 1996;

LOEFFLER, MARTIN — REINHART RICKER, *Handbuch des Presserechts*, Munique, Beck, 3.ª ed., 1994;

PASCHKE, MARIAN, *Medienrecht*, Berlim, Springer V., 1993;

ROBERT, J., *Presse und Rundfunk* — *besonderes Verwaltungsrecht*, Berlim, 1979;

SCHEER, B., *Deutsches Presserecht*, Hamburgo, 1966;

SOEHRING, *Presserecht* — *Recherche, Berichterstattung, Ansprüche im Recht der Presse und des Rundfunks*, Stuttgart, Schäffer-Pöschl, 2.ª ed.;

THIELE, W., *Pressefreiheit*, Berlim, 1964;

WASSERBURG, K., *Der Schutz der Persönlichkeit im Recht der Medien*, Heidelberg, C.F. Müller, 1988;

WENTE, JÜRGEN K., *Das Recht der journalistischen Recherche*, Baden-Baden, Nomos, 1987;

WENZEL, K.E., *Das Recht der Wort- und Bildberichterstattung*, Köln, Otto Scmidt, 4.ª ed., 1994;

Direito austríaco

HAGER, GERHARD — GÜNTHER WALENTA, *Persönlichkeitsschutz im Straf- und Medienrecht*, Wien, Verlag Medien und Recht, 3.ª ed., 1995;

HANUSCH, ANDREAS, *Kommentar zum Mediengesetz*, Wien, V. Orac, 1998;

HOFMANN, R. — J. MARKO. — F. MERLI — E. WIEDERIN, *Information, Medien und Demokratie* — *Ein europäischer Rechtsvergleich*, Wien, V. Österreich, 1997;

SWOBODA, ERNST, *Das Recht der Presse* — *Handbuch für die Praxis*, Wien, V. Medien und Recht, 1997;

TWAROCH, P. — W. BUCHNER, *Rundfunk in Österreich*, Wien, Juridica V., 1992;

Direito brasileiro

ARAÚJO, FRANCISCO RÉGIS FROTA, *Direito e Comunicação — Os limites da Informação*, Santiago de Compostela, Ed. Laiovento, 1997;

FEDER, JOÃO, *Crimes da Comunicação Social*, São Paulo, Ed. Rev. dos Tribunais, 1987;

Direito espanhol e hispano-americano

ANZOATÉGUI, CARLOS A TAU, *Derecho de la Radiodifusion — Interpretación juridica y politica*, Buenos Aires, Ed. Abaco de Rodolfo de Palma, 1998;

APARICI, ROBERTO, *La Revolución de los Medios Audiovisuales — Educación y Nuevas Tecnologias*, Madrid, Ed. de la Torre, 1996;

ASENJO, PORFIRIO BARROSO, *Codigos Deontologicos de los Medios de Comunicación — Prensa, Radio, Television, Cine, Publicidad y Relaciones Públicas*, Madrid, Ediciones Paulinas, 1984;

BASTIDA, FRANCISCO, *La Liberdad de Antena — El Derecho de Crear Televisión*, Barcelona, Ariel, 1990,

CHARRO, MARIO CALVO, *La Televisión por Cable*, Madrid, Marcial Pons, 1997;

FERNÁNDEZ, ANTONIO AGUILERA, *La libertad de expresión del ciudadano y la libertad de prensa o información*, Granada, Comares, 1990;

GUANTER, JOSÉ M. DESANTES, *Fundamentos del Derecho de la Información*, Madrid, 1977;

** GUANTER, JOSÉ MARÍA DESANTES — IGNACIO BELL MALLEN — LORETO CORREDOIRA Y ALFONSO — MARIA PILAR COUSIDO GONZÁLEZ — ROSA MARIA GARCIA SANZ, *Derecho de la Información (II) — Los mensages informativos*, Madrid, Colex, 1994;

LLOVET, ENRIQUE GARCIA, *El Regimen Jurídico de la Radiodifusión*, Madrid, Marcial Pons, 1991;

LÓPEZ, MODESTO SAAVEDRA, *La Libertad de Expresión en el Estado de Derecho — Entre la utopia y la realidad*, Barcelona, Ariel, 1987;

** MALLEN, IGNACIO BEL — LORETO CORREDOIRA Y ALFONSO — PILAR COUSIDO, *Derecho de la información (I) Sujetos y medios*, Madrid, Colex, 1992;

PARDO, JOSE ESTEVE, *Régimen Jurídico-Administrativo de la Televisión*, Madrid, Instituto Nacional de Administración Pública, 1984;

PAZ, JOSE CARLOS LAGUNA DE, *Regimen Juridico de la Televisión Privada*, Madrid, Marcial Pons, 1994;

SALGADO, CONCEPCIÓN CARMONA, *Libertad de expresión y información y sus limites*, Madrid, Edersa, 1991;

SERNA, LUIS ESCOBAR DE LA, *Derecho de la Informacion*, Madrid, Dykinson, 1998;

SERRA, LLUÍS DE CARRERAS, *Regimen jurídico de la información — Periodistas y medios de comunicación*, Barcelona, Ariel, 1996;

TERROU, F. — L. SOLAL, *El Derecho de la Información*, Paris, 1952;

Direito francês

ADER, HENRI — BENOIST, JEAN-CLAUDE — BOUTET, JACQUES et alia, *Droit de l'audiovisuel — Cinema, télévision, video, multimedia*, Paris, Lamy, 1995;

***AUBY, JEAN MARIE — ROBERT DUCOS-ADER, *Droit de l'information*, Paris, Dalloz, 2ª ed., 1982;

* BALLE, FRANCIS, *Médias et sociétés*, Paris, Montchréstien, 8.ª ed., 1997;

BILGER, PH.- PREVOST, B., *Le droit de la presse*, Paris, PUF,1989;

BIOLAY, J.-J., *Droit de la communication audiovisuelle*, Paris, Delmas,1989;

BLIN, HENRI — ALBERT CHAVANNE — ROLAND DRAGO, *Traité du droit de la presse*, Paris, Librairies Techniques, 1969;

BLIN, HENRI — ALBERT CHAVANNE — ROLAND DRAGO et alia, *Droit de la presse*, Paris, Librairie de la Cour de Cassation, 1993;

BLIN, HENRI — ALBERT CHAVANNE — ROLAND DRAGO — JEAN BOINET, *Droit de la Presse*, Paris, Litec, 1993;

** CAYROL, ROLAND, *Les Médias — Presse écrite, radio, télévision*, Paris, PUF, 1991;

CHAMOUX, J.-P, *Droit de la communication*, Paris, PUF;

COUSIN, BERTRAND — BERTRAND DELCROS, *Le droit de la communication — Presse écrite et audiovisuelle*, Paris, Éd. du Moniteur, 1990, 2 vols.;

DEBBASCH, CHARLES, *Droit de l'audiovisuel*, Paris, Dalloz, 4ª ed., 1995;

DEBBASCH, CHARLES, *Le droit de la radio et de la télévision* (Col. "Que sais-je?", n.º 1360), Paris, PUF, 1969;

DEBBASCH, CHARLES, *Les grands arrêts du droit de l'audiovisuel*, Paris, Sirey, 1991;

DEBBASCH, CHARLES, *Traité de droit de la radiodiffusion — Radio et Télévision*, Paris, LGDJ, 1967;

** DERIEUX, EMMANUEL, *Droit de la communication*, Paris, LGDJ, 3.ª ed., 1999;

*** DERIEUX, EMMANUEL, *Droit des médias* (Col. "Connaissance du droit"), Paris, Dalloz, 1995;

DUMAS, R., *Droit de l'information*, Paris, 1981;

DUPEUX, JEAN-YVES — ALAIN LACABARATS, *Liberté de la presse et droits de la personne*, Paris, Dalloz, 1997;

GAVALDA, C. et al., *Droit de l'audiovisuel*, Paris, Lamy, 1989;

JUNQUA, DANIEL, *La presse écrite et audiovisuelle*;

MORANGE, J., *La liberté d'expression*, Paris, PUF;

PINTO, ROGER, *La liberté d'opinion et d'information — Controle juridictionnel et contrôle administratif*, Paris, Ed. Domat Montchrestien, 1955;

SOLAL, PH. — GATINEAU, J.-C-, *Communication — Dictionnaire juridique*, Paris, Dalloz;

TERROU, F. — L. SOLAL, *Droit de l'information*, Paris, 1952.

Direito grego

ZILEMENOS, C., *Droit de la presse hellénique*, Paris, 1970;

Direito inglês

CAREY, PETER, *Media Law*, London, Sweet & Maxwell, 1996;

COURTNEY, CATHERINE — DAVID NEWELL — SANTA RASAIAH, *The Law of Journalism*, Londres, Butterworths, 1995;

GIBBONS, THOMAS, *Regulating the media*, Londres, Sweet & Maxwell, 1991;

*GREENWOOD, WALTER — TOM WELSH, *Essential Law for Journalists*, Londres, Butterworths, 12ª ed., 1992;

HENRY, MICHAEL, *Media Industry Transactions*, Londres, Butterworths, 1998;

JONES, HUGH, *Publishing Law*, London, Routledge, 1996;

MASON, PETER, *Magazine Law — A Practical Guide*, London, Routledge, 1998;

NELSON, VINCENT, *Law of Entertainment and Broadcasting*, Londres, Sweet & Maxwell, 1995;

REVILLE, NICOLAS, *Broadcasting Law and Practice*, Londres, Butterworths, 1997;

ROBERTSON, GEOFFREY — ANDREW G. L. NICOL, *Media Law*, Londres, Penguin Books, 3.ª ed., 1992;

STAPLEY, SUE, *Media Relations for Lawyers — Practical Guidance on Using the Media for Solicitors, Barristers, Legal Executives and their Staff*, London, The Law Society, 1994;

Direito italiano

CARETTI, PAOLO, *Diritto pubblico dell'informazione — Stampa, radiotelevisione, teatro e cinema*, Bolonha, Mulino, 1994;

CORASANITI, GIUSEPPE, *Diritto dell'informazione*, Pádua, CEDAM, 2.ª ed., 1995;

GHIDINI, MARIO, *Lineamenti del diritto dell'imprensa*, Milão, Giuffrè, 2.ª ed. 1978;

GRECO, A., *La libertà di stampa*, Roma, 1974;

PINTO, FERDINANDO, *Profili giuridici della radio — Spunti in tema de libertà del pensiero*, Pádua, CEDAM, 1994;

Rapporto annuale sui problemi giuridici dell'informazione, Padovas, CEDAM, 1985;

Direito norte-americano

CARTER, T. BARTON — JULIET LUSHBOUGH DEE — MARTIN J. GAYNES — HARVEY L. ZUCKMAN, *Mass Communication Law*, St. Paul (Minn.), West Publishing, 1994;

FRANKLIN, MARC A. — DAVID A. ANDERSON, *Mass Media Law — Cases and Materials*, Westbuty (New York), The Foundation Press, 1995;

HOLSINGER, RALPH L. — JOHN OAUL DILTS, *Media Law*, New York, McGraw-Hill, 3ª ed., 1994;

KRASNOW, ERWIN G. — LAWRENCE D. LONGLEY, HERBERT A. TERRY, *The Politics of Broadcast Regulation*, New York, St. Martin's Press, 3ª ed., 1982;

MARIET, FRANÇOIS, *La Télévision Américaine — Médias, Marketing et Publicité*, Paris, Economica, 2.ª ed., 1992;

MOORE, ROY L., *Mass communication law and Ethics*, Hillsdale, N.J., Lawrence Erlbaum Ass. Publ., 1994;

The Communications Act of 1934 as amended and other provisions of law, United States' Federal Communications Commission;

TRUDEL, PIERRE — FRANCE ABRAN, *Droit de la radio e de la télévision*, Montreal (Canada), Thémis, 1991;

ZUCKMAN, HARVEY L. — MARTIN J. GAYNES, *Mass Communications Law*, St. Paul, West Publishing Co., 1983;

Direito suiço

BARRELET, DENIS, *Droit suisse des mass media*, Berna, Stämpfli, 1980;

BARRELET, DENIS, *La liberté d'information*, Berna, Stämpfli, 1980;

SCHÜRMANN, LEO — PETER NOBEL, *Medienrecht*, Berna, Stämpfli, 2.ª ed., 1993;

Direito comparado

COUPRIE, ELIANE — HENRY OLSSON, *Freedom of communication under the law — Case studies in nine countries*, Manchester, The European Institut for the Media, 1987;

MEILI, ANDREAS, *Wirtschaftsjournalismus in Rechtsvergleich — Aktuelle Probleme des Wirtschafts-journalismus im Lichte des Rechts der Schweiz, der USA, von Grossbritanien, Deutschland und der Europäische Union*, Baden-Baden, Nomos, 1996;

Direito internacional e comunitário

MACHADO, SANTIAGO MUÑOZ, *Derecho Europeo del Audiovisual — Acyas del Congreso organizado por la Asociación Europea de Derecho del Audiovisual, Sevilla, octubre 1996*, Madrid, Escuela Libre Editorial, 1997, 2 Tomos;

PINTO, ROGER, *La liberté d'information et d'opinion en droit internationale*, Paris, Economica, 1984;

PLOMAN, EDWARD, *International law governing communications and information*, London, 1982.

REVISTAS

Archiv für Prresserecht
Cable & Satellite, Londres, CASIS;
Droit et communication audiovisuelle, Paris;
Revue de l'UER, Genève, Bureau Administratif de l'Union Européenne de Radiodifusion.
Zeitschrift für Urheber- und Medienrecht.

SECÇÃO III
Fontes internacionais

SUBSECÇÃO I
Considerações gerais

1. Entre as fontes internacionais de direito, há a considerar várias *espécies*:

a) Convenções internacionais, bilaterais ou multilaterais;

b) Deliberações de organizações internacionais (vinculativas nos termos dos respectivos estatutos, em regra aprovados por convenção internacional);

c) Costume internacional;

d) Princípios gerais de direito reconhecidos pelas nações civilizadas;

e) Jurisprudência dos tribunais internacionais;

f) Doutrina internacional.

Devem distinguir-se também as normas de fonte internacional que regulam as próprias *relações* (direitos e obrigações) *entre Estados*, das normas de origem internacional que têm por objecto regular *relações entre sujeitos de direito interno*, v.g. entre o Estado e particulares ou entre particulares. Ambas interessam directamente ao direito da comunicação social, como ramo de direito misto: público e privado.

2. As relações entre as normas de *direito internacional* e as de *direito interno* são motivo de controvérsia, em que não interessa entrar aqui.

Basta recordar que, em teoria, e na actual situação das relações entre Estados, as normas de direito internacional só são relevantes na ordem interna mediante a sua transformação em direito interno ou a sua *recepção* por parte da ordem jurídica de cada Estado. E esta recepção pode ainda ser *plena* ou *semi-plena*, consoante se aplique à generalidade ou apenas a uma parte das regras de direito internacional ([1]).

([1]) Cf. André Gonçalves Pereira — Fausto de Quadros, *Manual de Direito Internacional Público*, Coimbra, Almedina, 3.ª ed., pág. 81 e segs..

No direito português, a disposição fundamental sobre esta matéria é o art. 8.º da CRP ([2]), que diz o seguinte:

«1. As normas e os princípios do direito internacional geral ou comum fazem parte integrante do direito português.

«2. As normas constantes de convenções internacionais regularmente ratificadas ou aprovadas vigoram na ordem interna após a sua publicação oficial e enquanto vincularem internacionalmente o Estado português.

«3. As normas emanadas dos órgãos competentes das organizações internacionais de que Portugal seja parte vigoram directamente na ordem interna, desde que tal se encontre expressamente estabelecido nos respectivos tratados constitutivos».

O n.º 1 contém, assim, uma cláusula geral de *recepção plena*, que vale para todas as fontes de direito internacional geral ou comum, incluindo as convenções gerais, o costume internacional, a jurisprudência e a doutrina internacionais — naturalmente daquelas que se referem a relações de direito interno.

No n.º 2 determinam-se mais exactamente as *condições de relevância* das convenções internacionais na ordem interna:

a) Ratificação ou aprovação: a ratificação compete ao Presidente da República (CRP art. 138.º, al. b)), depois de aprovadas as convenções pela Assembleia da República (CRP art. 164.º, al. i)) ou pelo Governo (CRP art. 200.º n.º 1, al. c));

b) Publicação no Diário da República (CRP art. 122.º, n.º 2, al. b));

c) Vigência na ordem internacional, o que significa que as convenções não podem ser revogadas por lei interna e só vigoram na ordem interna enquanto vigorarem na ordem internacional.

Por outro lado, as convenções internacionais devem respeitar a própria Constituição, nos termos do art. 280.º desta: no caso de contradição, prevalece a norma constitucional.

O n.º 3 foi incluído na revisão constitucional de 1982, tendo em vista a adesão de Portugal às Comunidades Europeias, com as consequências adiante referidas.

3. Efectivamente, há diversas e importantes *convenções internacionais sobre matéria de comunicação social* que vigoram na ordem interna portuguesa, de âmbito quer bilateral, quer multilateral — v. g.,

---

([2]) Na versão de 1982, que se mantém em vigor.

188 Direito da Comunicação Social

elaboradas por organizações internacionais, como a Organização das Nações Unidas, a UNESCO, a Conferência para a Segurança e Cooperação na Europa, a Organização da Propriedade Industrial, o Conselho da Europa, a União Europeia, etc..

É fundamental a Declaração Universal dos Direitos do Homem, de 10.12.1948, a que a Constituição confere força vinculativa constitucional (no art. 16.°, n.° 2). Também importantes são: o Pacto Internacional de Direitos Civis e Políticos, aprovado pela Assembleia Geral da ONU, em 16.12.1966 [1]; e a Convenção Europeia dos Direitos do Homem, de 4.11.1950, aprovada no âmbito do Conselho da Europa [2][3].

Além disso, foram aprovadas diversas convenções internacionais relativas à radiodifusão e à televisão [4]; e há diversas convenções internacionais em matéria de direitos de autor [5].

4. Por outro lado, é salientar a aprovação, em 21.11.1983, pela Assembleia Geral da *UNESCO* do *Código de Ética Jornalística*, elaborado por diversas organizações internacionais e regionais de jornalistas profissionais [6].

---

[1] Aprovado para ratificação pela Lei n.° 29/78, de 12.6.

[2] Aprovada para ratificação pela Lei n.° 65/78, de 13.10.

[3] O Conselho Europeu, reunido em Colónia em 3 e 4.7.1999, decidiu elaborar, até Dezembro de 2000, uma Carta dos Direitos Fundamentais da União Europeia, acolhendo os direitos garantidos pela Convenção Europeia para a Protecção dos Direitos do Homem e das Liberdades Fundamentais, pela Carta Social Europeia e pela Carta Comunitária dos Direitos Sociais Fundamentais dos Trabalhadores. Cf. *Bol. UE* 6-1999, n.° I-64.

[4] Por exemplo, o Acordo europeu para a repressão das emissões de radiodifusão por estações fora dos territórios nacionais, aprovado em Estrasburgo, em 22.1.1965, no âmbito do Conselho da Europa, aprovada para ratificação pelo Dec.-Lei n.° 48.982, de 11.4.1969; e a Convenção Europeia sobre a Televisão sem Fronteiras, aprovada em Estrasburgo, em 16.11.1989, também no âmbito do Conselho da Europa; Recomendação n.° R(91) 5 do Comité de Ministros do Conselho da Europa sobre o direito aos extractos sobre os acontecimentos importantes objecto de direitos de exclusivo para a radiodifusão televisiva num contexto transfronteiriço, aprovado em 11.4.1991; Convenção Europeia sobre a coprodução cinematográfica, aprovada em Estrasburgo, em 2.10.1992.

[5] Cf. Convenção de Berna para a protecção das obras literárias e artísticas, assinada em 9.9.1886, com diversas alterações posteriores, aprovada para ratificação pelo Dec.-Lei 73/78, de 26.7; Convenção universal sobre direito de autor, assinada em Genebra, em 6.9.1952, e revista em Paris, em 24.7.1971, aprovada para ratificação pelo Dec. n.° 140-A/79, de 26.12.

[6] Cf. NICETO BLASQUEZ, *Etica y Medios de Comunicación*, 1994, pág. 163 e

Introdução 189

SUBSECÇÃO II

Fontes comunitárias

1. Após a adesão de Portugal às Comunidades Europeias ([1]) — actualmente designada União Europeia —, é indispensável ter em conta as várias fontes do direito comunitário:

a) Tratado de Roma de 1957 (CEE), bem como os que o alteraram e completaram (v.g. o Acto Único Europeu, de 17 e 28.2.1986, o Tratado de Maastricht, de 7.2.1992, e o Tratado de Amsterdão, de 2.10.1997), e os actos de adesão da Dinamarca, Irlanda e Reino Unido (1972), Grécia (1979), Portugal e Espanha (1985), Noruega, Áustria, Finlândia e Suécia (1994);

b) Convenções concluídas pelos Estados membros entre si;

c) Convenções concluídas pelas Comunidades com terceiros Estados ou com organizações internacionais:

d) Regulamentos do Conselho ou da Comissão;

e) Directivas do Conselho ou da Comissão;

f) Decisões do Conselho ou da Comissão;

g) Recomendações e pareceres;

h) Costume comunitário;

i) Princípios gerais do direito comunitário;

j) Jurisprudência comunitária;

l) Doutrina comunitária ([2]).

A importância destas fontes decorre, não só do seu conteúdo, muito vasto e variado (focando efectiva ou potencialmente algumas matérias do direito da comunicação social), mas também dos princípios da *aplicabilidade directa* ([3]) e do *primado do direito comunitário* ([4]) — que não é possível analisar aqui.

---

segs.; CLEMENT JONES, *Mass Media Codes of Ethics. A Comparative International Study on Professional Standards*, Paris, UNESCO, 1980; FRANÇOIS GEYER, *Les codes deontologiques dans la presse internationale*, Lausana, UNESCO, 1975..

([1]) Pelo Tratado assinado em Lisboa, em 12.6.1985, e aprovado para ratificação pela Res. AR n.º 22/85, de 18.9.

([2]) Sobre o assunto, cf. JOÃO MOTA DE CAMPOS, *Direito Comunitário*, Lisboa, F. Gulbenkian, 1994, vol. II, pág. 22 e segs., J. C. MOITINHO DE ALMEIDA, *Direito Comunitário. A ordem jurídica comunitária. As liberdades fundamentais na CEE*, 1985, pág. 3 e segs..

([3]) Cf., por exemplo, J. MOTA DE CAMPOS, *ob. cit.*, vol. II, pág. 233 e segs..

([4]) Cf., por exemplo, J. MOTA DE CAMPOS, *ob. cit.*, vol. II, pág. 327 e segs..

190   *Direito da Comunicação Social*

É costume contrapor os tratados, como **direito originário** ou primário, às normas emanadas dos órgãos comunitários, chamadas **direito derivado** ou secundário.

2. Para se fazer uma ideia dessa importância, bastará, por agora, pensar que os *regulamentos* comunitários são directamente aplicáveis em Portugal (Tratado CEE, art. 249.º (ex art. 189.º)), independente de execução por leis nacionais (embora, por vezes, os próprios regulamentos imponham a aprovação de regulamentação nacional); e há alguns regulamentos que podem interessar à comunicação social ([1]).

Por seu lado, as *directivas* vinculam os Estados membros destinatários (não os cidadãos) quanto ao resultado a atingir, mas deixando às instâncias nacionais a competência quanto à forma e quanto aos meios (Tratado CEE, art. 249.º) — o que significa que exigem legislação estadual de aplicação, para cuja interpretação é fundamental conhecer a directiva respectiva; e há algumas directivas sobre comunicação social ([2])([3]).

Deve salientar-se que os diplomas de origem comunitária produzem os seus efeitos próprios em Portugal, desde que estejam publicados no *Jornal Oficial das Comunidades Europeias*, independentemente da sua publicação no *Diário da República* ([4]).

3. Deve mencionar-se, também, o *Código Moral do Jornalista Europeu*, aprovado pelo II Congresso Internacional da Comunidade Europeia de Jornalistas ([5]).

([1]) Por exemplo, o Regulamento (CEE) n.º 2137/85, de 25.7, relativo ao agrupamento europeu de interesse económico (AEIE), in *JOCE* n.º L 199, de 31.7.1985.

([2]) Cf. a Directiva do Conselho, de 3.10.1989, relativa à coordenação de certas disposições legislativas, regulamentares e administrativas dos Estados-membros relativas ao exercício de actividades de radiodifusão televisiva (89/552/CEE), in *JOCE* n.º L 298/23, de 17.10.1989. Foi alterada pela Directiva 97/36/CE do PE e do Conselho, de 30.6.1997, in *JOCE* n.º L 202, de 30.7.1997.

([3]) São também importantes politicamente as recomendações do Conselho da União Europeia, mas não são vinculativas (Tratado, art. 189.º) e, por isso, não são verdadeira fonte de direito.

([4]) De harmonia com o disposto na CRP art. 122.º, no Acto relativo às condições de adesão de Portugal à CEE (Res. AR n.º 22/85, de 18.9), art. 2.º a 6.º, e no Tratado CEE, art. 254.º (ex art. 191.º).

([5]) Cf. PORFIRIO BARROSO ASENJO, *Codigos Deontologicos de los Medios de Comunicación*, Madrid, Ed. Paulinas, 1984, pág. 36.

SECÇÃO IV

Hierarquia das fontes

1. Perante a variedade de fontes de direito potencialmente aplicáveis a certa situação (por terem âmbito de aplicação coincidente, ao menos em parte) e, porventura, de sentido contraditório ou divergente, põe-se a questão de saber qual delas deve prevalecer sobre as outras.

Em princípio, este problema é resolvido, no âmbito do direito da comunicação social, segundo as mesmas regras que vigoram noutros ramos do direito, sabendo-se que, para tanto, há que conjugar diversos preceitos, nem sempre isentos de dúvidas.

2. A posição de cada fonte de direito da comunicação social nessa hierarquia pode esquematizar-se do seguinte modo:

1.º — Lei constitucional (CRP, art. 207.º e 277.º);

2.º — Tratado internacional e norma emanada de organização internacional (CRP, art. 8, n.º 2 e 3, e 277.º)([1]);

3.º — Decreto do Presidente da República que declare o estado de sítio ou o estado de emergência (CRP art. 19.º);

4.º — Lei de valor reforçado da Assembleia da República (CRP, art. 115.º, n.º 2, 280.º, n.º 2, alínea a), e 281.º, n.º 1, alínea b));

5.º — Lei da Assembleia da República e decreto-lei do Governo (CRP, art. 115.º, n.º 2, e 277.º);

6.º — Decreto legislativo regional (CRP, art. 115.º, n.º 3, e 229.º, al. a));

7.º — Decreto regulamentar (CRP, art. 202.º, al. c));

8.º — Resolução do Conselho de Ministros de conteúdo regulamentar;

9.º — Directiva genérica da AACS ([2]);

([1]) Sobre a discutida posição hierárquica dos tratados internacionais, cf. o ac. TC n.º 304/85, in *Diário da República*, 2ª série, de 10.4.1986, e doutrina aí citada.

([2]) Esta posição da directiva genérica da AACS pode suscitar dúvidas, uma vez que não existe nenhuma disposição constitucional ou legal que a consagre. Quer-nos parecer, no entanto, que deve ser esta, em regra, a sua posição, considerando a composição da AACS e os poderes que lhe são conferidos. Não se exclui, em todo o caso, que uma determinada lei confira poderes a um ministro ou a outra autoridade para aprovar regulamentos que devam considerar-se hierarquicamente superiores às directivas genéricas da AACS.

192   *Direito da Comunicação Social*

10.º — Portaria (LRCT, art. 2.º, 20.º e 21.º);

11.º — Despacho normativo;

12.º — Regulamento regional (CRP, art. 229.º, b));

13.º — Regulamento local (CRP, art. 242.º, LRCP art. 242.º, CAdm, 828.º, § único, n.º 2);

14.º — Convenção colectiva de trabalho e decisão arbitral (LRCT art. 2.º, 5.º, 6.º, n.º 1, b) e c), 34.º, n.º 8, 38.º e 43.º);

15.º — Código deontológico dos jornalistas (LImp art. 61.º);

16.º — Estatuto editorial (LImp art. 3.º, n.º 4).

Os assentos do STJ e do STA ocupam o lugar que competir às normas que interpretarem.

SECÇÃO V

Interpretação da lei

As regras de *interpretação* da lei de comunicação social são as mesmas que se aplicam às leis em geral e se supõem conhecidas (CCiv de 1966 art. 9º)([1]).

Haverá, portanto, que recorrer ao elemento literal («letra da lei») e aos elementos extraliterais (o enquadramento sistemático da lei, os seus antecedentes históricos e o seu fim), tendo em vista reconstituir o pensamento legislativo.

Deve salientar-se, porém, que a própria Constituição dispõe que "Os preceitos constitucionais e legais relativos aos direitos fundamentais devem ser interpretados (...) de harmonia com a Declaração Universal dos Direitos do Homem" (art. 16.º, n.º 2).

SECÇÃO VI

Integração da lei

1. As regras de *integração* das lacunas da lei da comunicação social também são, fundamentalmente, as *mesmas* que se aplicam às leis em geral e supomos conhecidas.

([1]) Para maiores desenvolvimentos, cf., por exemplo, J. OLIVEIRA ASCENSÃO, *O Direito — Introdução e Teoria Geral*, 3ª ed., pág. 307 e segs.; M. BIGOTTE CHORÃO, *Introdução ao Direito*, vol. II, pág. 261 e segs..

Nomeadamente, no caso de lacuna, deve recorrer-se, primeiro à *analogia* e, na falta de caso análogo, à *"norma que o próprio intérprete criaria*, se houvesse de legislar dentro do espírito do sistema" (CCiv art. 10.º — itálico nosso)([1]).

Em todo o caso, há algumas especialidades importantes a registar, que tornam o trabalho de integração, neste domínio, particularmente delicado.

2. Em primeiro lugar, a própria **Constituição** dispõe que "Os preceitos constitucionais e legais relativos aos direitos fundamentais devem ser (...) integrados de harmonia com a Declaração Universal dos Direitos do Homem" (art. 16.º, n.º 2).

3. Em segundo lugar, é importante ter presente que as disposições do direito da comunicação social se enquadram, do ponto de vista da sua natureza jurídica, em *diversos ramos de direito*, em que, por vezes, vigoram regras específicas de integração de lacunas.

a) Na verdade, há normas jurídicas da comunicação social que têm natureza material e formalmente constitucional, devendo a sua integração respeitar as regras próprias do **direito constitucional** ([2]).

b) Outras (v.g., as que respeitam a crimes de abuso da liberdade de imprensa ou difamação) têm a natureza de **direito penal**, devendo a sua integração respeitar as regras próprias deste ramo de direito. Nomeadamente, "não é permitido o recurso à analogia para qualificar um facto como crime, definir um estado de perigosidade ou determinar a pena ou medida de segurança que lhes corresponde" (CPen art. 1.º, n.º 3); e aos crimes puníveis pela legislação da comunicação social são aplicáveis as disposições do Código Penal (CPen art. 8.º) ([3]).

c) Outras ainda (v.g., as relativas à organização e funcionamento das sociedades que detêm órgãos de comunicação social ou a contratos

---

([1]) Para maiores desenvolvimentos, cf., por exemplo, J. OLIVEIRA ASCENSÃO, *O Direito — Introdução e Teoria Geral*, 3ª ed., pág. 345 e segs..

([2]) Cf. JORGE MIRANDA, *Direito Constitucional*, Tomo II, 2.ª ed., 1983, pág. 234 e segs.

([3]) Cf. MANUEL CAVALEIRO DE FERREIRA, *Direito Penal — Parte Geral*, Lisboa, Verbo, 1988, vol. I, pág. 20.

comerciais) têm a natureza de *direito comercial*. Nesse caso, haverá que respeitar as regras gerais de integração da lei comercial e as regras específicas para certos domínios ([1]).

i — As *regras gerais* constam do art. 3.° do **Código Comercial**, segundo o qual «se as questões sobre direitos de obrigações não puderem ser resolvidos, nem pelo texto da lei comercial, nem pelo seu espírito, nem pelos casos análogos nela prevenidos, serão decididas pelo direito civil». Deste modo, a integração deve efectuar-se por duas vias sucessivas: a analogia e o direito civil (como direito privado comum).

ii — Além destas regras gerais, há algumas *regras específicas* de integração para certos domínios, traduzindo-se, umas vezes, em meras aplicações das regras gerais (v.g., CCom, art. 482.°), mas tendo noutras um sentido diferente.

— Designadamente, o art. 2.° do **Código das Sociedades Comerciais** de 1986 estabelece que «os casos que a presente lei não preveja são regulados segundo a norma desta lei aplicável aos casos análogos e, na sua falta, segundo as normas do Código Civil sobre o contrato de sociedade no que não seja contrário nem aos princípios gerais da presente lei nem aos princípios informadores do tipo adoptado».

Assim, em caso de lacuna sobre matéria do âmbito de aplicação do CSC (isto é, sobre o regime das sociedades comerciais) deve recorrer-se, em primeiro lugar, à norma do próprio CSC (não da lei comercial em geral) aplicável a casos análogos. Na falta de normas do CSC, deve recorrer-se às normas do CCiv sobre o contrato de sociedade (inclusivamente as normas gerais sobre os contratos e as declarações negociais, aplicáveis àquele contrato), mas com duas restrições: não devem aplicar-se subsidiariamente normas do CCiv contrárias aos princípios gerais do CSC, nem aos princípios informadores do tipo adoptado.

Ainda quanto às sociedades comerciais, é de salientar a aplicabilidade subsidiária, para além das disposições dos art. 980.° a 1021.° do CCiv, das disposições dos art. 157.° a 194.° do CCiv (sobre as pessoas colectivas), «quando a analogia das situações o justifique», por força do art. 157.° do CCiv ([2]).

([1]) Cf. Luís Brito Correia, *Direito Comercial*, vol. I, pág. 119 e segs..

([2]) Sobre os problemas suscitados pela interpretação deste preceito, cf. Pires de Lima — Antunes Varela, *Código Civil Anotado*, vol. I, 2ª ed., pág. 148 e seg..

Introdução
195

— Também o **Código Cooperativo** (aprovado pela Lei n.° 51/96, de 7.9) dispõe que "Para colmatar as lacunas do presente Código que não o possam ser pelo recurso à legislação complementar aplicável aos diversos ramos do sector cooperativo, pode recorrer-se, na medida em que não se desrespeitem os princípios cooperativos, ao Código das Sociedades Comerciais, nomeadamente aos preceitos aplicáveis às sociedades anónimas" (art. 9.°).

4. Consequentemente, ao integrar lacunas da lei sobre comunicação social é importante ter presente a sua natureza e o seu enquadramento sistemático, porque disso depende o próprio modo de integração.

SECÇÃO VII

Aplicação da lei no tempo

1. As regras de aplicação das leis da comunicação social no tempo (para saber quando entram em vigor e quando deixam de vigorar) também são, fundamentalmente, as mesmas que se aplicam às leis em geral e supomos conhecidas ([1]), mas há igualmente que registar algumas especialidades importantes.

Assim, é importante observar, em cada diploma, se contém preceitos expressos quanto à data da sua *entrada em vigor* e ou *disposições transitórias* ([2]).

Por outro lado, sabe-se que, em regra, as leis não produzem *efeitos retroactivos*; admite-se, em todo o caso, que uma determinada lei produza tais efeitos dentro de certos limites (CCiv art. 12.°) e as *leis interpretativas* produzem-nos sempre, em certa medida (CCiv art. 13.°).

Diferentemente, segundo a própria Constituição, "As leis restritivas de direitos, liberdades e garantias (...) não podem ter efeito retroactivo (...)" (art. 18.°, n.° 3).

Para maiores desenvolvimentos, cf. Luís Brito Correia, *Direito Comercial*, 1987, vol. I, pág. 119 e segs..

([1]) CCiv art. 5.°, 7.°, 12.° e 13.° e, quanto aos prazos de «vacatio legis», Lei n.° 6/83, de 29.7, art. 2.°.

([2]) Cf., por exemplo, a LImp de 1975 art. 72.° (sem correspondência na LImp de 1999); LRádio art. 50.°; LTV art. 74.°.

Por outro lado, "As penas e medidas de segurança são determinadas pela lei vigente no momento da prática do facto ou do preenchimento dos pressupostos de que dependem" (CPen art. 2.º, n.º 1).

SECÇÃO VIII

Aplicação da lei no espaço

1. Mais complexo é o problema da *aplicação* da lei da comunicação social no espaço.

Quando uma questão jurídica aparece conexa por qualquer dos seus elementos com mais que uma ordem jurídica, surge o que se chama um *conflito de leis*, ou seja, o problema de saber qual a lei que é chamada a resolver essa questão. Por exemplo, quando uma empresa jornalística francesa celebra em Portugal um contrato de prestação de serviços informativos com um jornalista alemão que hão-de ser enviados dos Estados Unidos para o Japão, põe-se a questão de saber qual a lei ou leis que regem esta relação jurídica: a francesa, a portuguesa, a alemã, a americana ou a japonesa? Este género de problemas é, em regra, resolvido por *normas de conflitos*, que constituem o chamado *direito internacional privado*.

As regras gerais do direito internacional privado português encontram-se dispersas por vários diplomas ([1]), alguns dos quais específicos da comunicação social ([2]).

2. Por outro lado, em face da actual Constituição, é possível a existência de legislação da comunicação social especial para as *regiões autónomas* dos Açores e da Madeira ([3]). Essa legislação deve, porém, respeitar as leis gerais da República (CRP art. 229.º, n.º 1 a)).

([1]) Cf., designadamente, os art. 14.º a 65.º do CCiv, art. 4.º a 7.º do CPen, art. 4.º, 5.º, 6.º, 7.º, 12.º, 486.º e 488.º do CCom, art. 3.º do CSC.

([2]) Cf., por exemplo, LImp art. 12.º, n.º 3, EJorn art. 17.º e 18.º.

([3]) Cf., por exemplo, o Dec. Leg. Reg. n.º 19/94/A, de 13.7, que institui o Sistema de Ajudas Financeiras para a Modernização e Expansão dos Meios de Comunicação Social da Região Autónoma dos Açores.

PARTE I
OS SUJEITOS DA COMUNICAÇÃO SOCIAL

CAPÍTULO I
Considerações gerais

SECÇÃO I
Universalidade subjectiva da liberdade de comunicação social

SUBSECÇÃO I
Princípio da universalidade

1. Antes de abordar o tema central deste curso — a liberdade de comunicação social, nos seus componentes fundamentais que são o direitos de informar, de se informar e de ser informado — parece importante conhecer os sujeitos dessa liberdade: antes de apresentar o "drama" da comunicação social, vejamos quem são as suas personagens e qual o papel que cada uma pode desempenhar.

Começaremos pelas pessoas singulares — que são, afinal o princípio e o fim ([1]) dessa liberdade — e pelas pessoas colectivas, em geral, passando, em seguida, pelas diversas espécies de empresas de comunicação social e respectivas associações, referindo depois uma categoria de pessoas singulares com um papel particularmente relevante (os jornalistas e as suas associações) e concluindo com os organismos do Estado, da Igreja e da comunidade internacional com maior importância neste domínio.

([1]) Para quem, como nós, acredite em Deus, o fim último de toda a criação é Ele. Ao criar o ser humano, Deus pôs o resto da criação ao serviço dele ("enchei a terra e dominai-a" — Gen., 1, 28). Nesta perspectiva, a comunicação social, como todas as organizações sociais, existe para servir o homem (pessoa física). Por isso, pode dizer-se que a comunicação social tem por fim penúltimo o ser humano — porque o seu fim último é Deus e a Sua glória.

2. Perante a Constituição, a "liberdade de imprensa e meios de comunicação social" (art. 38.º) é uma das modalidades da "liberdade de expressão e informação" (art. 37.º) ([1]).

Ora, a Constituição dispõe que "Todos têm o direito de se exprimir e de divulgar livremente o seu pensamento pela palavra, pela imagem ou por qualquer outro meio (...)" (art. 37.º, n.º 1).

Pode dizer-se, assim, que está aqui consagrado o *princípio da universalidade da liberdade de comunicação social* ([2]).

Em todo o caso, importa saber quem são estes "todos", a que se refere o preceito citado, e verificar se não há *excepções* ao princípio da universalidade, no sentido da negação de tal liberdade a certas pessoas ou entidades (em termos que, juridicamente, podem qualificar-se como limitações à capacidade de gozo de direitos).

Para interpretar essa expressão é fundamental ter presente o disposto no art. 12.º da CRP, segundo o qual "1. Todos os cidadãos gozam dos direitos e estão sujeitos aos deveres consignados na Constituição.

2. As pessoas colectivas gozam dos direitos e estão sujeitas aos deveres compatíveis com a sua natureza" ([3]).

Deste modo, a Constituição reconhece a "todos os **cidadãos**" (pessoas singulares) e à generalidade das pessoas colectivas (respeitada a sua natureza, v.g., o princípio da especialidade) os direitos, liberdades e garantias — em que se inclui ([4]) a liberdade de comunicação social; mas não os reconhece com a mesma amplitude aos **estrangeiros**.

3. Por outro lado, estes preceitos devem ser interpretados de harmonia com a Declaração Universal dos Direitos do Homem (CRP art. 16.º, n.º 2). Ora, o art. 19.º desta Declaração proclama a liberdade de expressão e de informação em relação a *"Todo o indivíduo"* ([5]).

([1]) Cf. NUNO E SOUSA, *A Liberdade de Imprensa*, pág. 41 e segs..

([2]) Cf. I. BEL MALLEN — L. CORREDOIRA Y ALFONSO — PILAR COUSIDO, *Derecho de la información*, 1992, pág. 119 e segs..

([3]) "Os cidadãos portugueses que se encontrem ou residam no estrangeiro gozam da protecção do Estado para o exercício dos direitos e estão sujeitos aos deveres que não sejam incompatíveis com a ausência do país" (CRP art. 14.º).

([4]) Por óbvios motivos de sistematização: os art. 37.º a 40.º estão incluídos no título II da parte I da CRP, a que se aplicam os "princípios gerais" contidos no título I.

([5]) "Todo o indivíduo tem direito à liberdade de opinião e de expressão, o que implica o direito de não ser inquietado pelas suas opiniões e o de procurar, receber e difundir, sem consideração de fronteiras, informações e ideias por qualquer meio de expressão" (art. 19.º).

Também o Pacto Internacional de Direitos Civis e Políticos, de 1966, reconhece a *"toda a pessoa"* o direito à liberdade de expressão (art. 19.º, n.º 2).

De modo semelhante, a Convenção Europeia dos Direitos do Homem reconhece a liberdade de expressão a *"qualquer pessoa"* (art. 10.º).

Assim, podem ser sujeitos da liberdade de comunicação social, em princípio, quaisquer pessoas, singulares ou colectivas — e parece importante acentuar isto, porque, por vezes, pode haver a tentação de pensar que a liberdade de comunicação social diz respeito apenas aos jornalistas ou às empresas de comunicação social. É certo que os jornalistas têm, neste domínio, uma posição privilegiada, como veremos, mas não um direito exclusivo.

Interessa, porém, analisar melhor em que medida a capacidade de gozo e de exercício das pessoas singulares e colectivas pode, em certas circunstâncias, ser limitada e estudar o regime específico de algumas espécies de pessoas, com particulares formas de intervenção no mundo da comunicação social.

SUBSECÇÃO II

Organizações fascistas

Deve notar-se, primeiro, que a Constituição não consente "organizações (...) que perfilhem a ideologia fascista" (art. 46.º, n.º 4). Indirectamente, embora, parece dever entender-se que aqueles que perfilhem tal ideologia não podem organizar-se para publicar um jornal ou difundir mensagens pela rádio ou pela televisão — o que afecta, manifestamente, a liberdade de comunicação social de uma parte da população, constituindo uma excepção relevante ao princípio constitucional da igualdade (art. 13.º, n.º 2).

Compreende-se que os constituintes tenham querido impedir o retorno de um regime autoritário e antidemocrático a que se opuseram durante décadas, estabelecendo, por isso, restrições à liberdade dos inimigos da liberdade.

Embora, neste momento, não seja "politicamente correcto" dizê-lo, parece-me, todavia, que, uma vez normalizada a vida democrática, seria mais coerente uma de duas alternativas: ou proibir todas as ideo-

logias autoritárias e antidemocráticas (de direita como de esquerda ([1]))
ou permiti-las todas (montando embora mecanismos constitucionais e
legais impeditivos do êxito de eventuais comportamentos antidemocráticos, racistas e militaristas, definidos claramente ([2])).

SUBSECÇÃO III

Pessoas singulares estrangeiras

1. Quanto às pessoas singulares, importa observar que a Constituição reserva alguns direitos fundamentais aos cidadãos *portugueses*, mas assegura a maioria deles a portugueses e *estrangeiros*.

Na verdade, segundo o art. 15.º da CRP, "1. Os estrangeiros e os apátridas que se encontrem ou residam em Portugal gozam dos direitos e estão sujeitos aos deveres do cidadão português.

2. Exceptuam-se do disposto no número anterior os direitos políticos, o exercício das funções públicas que não tenham carácter predominantemente técnico e os direitos e deveres reservados pela Constituição e pela lei exclusivamente aos cidadãos portugueses.

([1]) Tanto os regimes fascistas como os comunistas tiveram duríssimas censuras e polícias políticas, e os regimes comunistas foram tanto ou mais cruéis que os fascistas. Se o nazismo matou, de 1933 a 1945, cerca de 6 milhões de judeus, os regimes comunistas mataram, em 80 anos, cerca de 100 milhões de homens (por serem nobres, burgueses, judeus, ciganos ou simplesmente opositores políticos — a "reacção")! Neste sentido, cf. STÉPHANE COURTOIS — NICOLAS WERTH — JEAN LOUIS PANNÉ — ANDREZEJ PACKOVSKI — KAREL BARTOSEK — JEAN LOUIS MARGOLIN, *Le livre noir du communisme; crimes, terreurs, répressions*, Paris, Robert Laffont, 1997 (há tradução portuguesa, editada em Lisboa pela Quetzal, 1998). Em Portugal, não se podem esquecer, também, os saneamentos de jornalistas e o cerco de que foi vítima a Assembleia Constituinte, em 1975, por parte de alguns movimentos de esquerda (que, aliás, se apresentaram como acérrimos defensores da Constituição, depois de ela aprovada, para defender certas "conquistas" nela incluídas). Por outro lado, os fascistas são, hoje, tão inofensivos ou tão perigosos como os comunistas.

([2]) Digo "claramente" porque não está definido na CRP nem na lei o que seja uma organização fascista. E, se lembrarmos o que aconteceu em Portugal, em 1974-75, ao Partido da Democracia Cristã e ao CDS e o que se preparava para outros (seguindo a conhecida "táctica do salame"), tal como o que aconteceu antes de 1974 aos "comunistas" (como tal se entendendo os que se manifestavam contra Salazar), compreender-se-á que a questão não é de somenos importância. Também não é de esquecer que tanto Hitler como alguns regimes comunistas da "Europa de Leste" chegaram ao poder por vias formalmente democráticas.

3. Aos cidadãos dos países de língua portuguesa podem ser atribuídos, mediante convenção internacional e em condições de reciprocidade, direitos não conferidos a estrangeiros, salvo o acesso à titularidade dos órgãos de soberania e dos órgãos de governo próprio das regiões autónomas, o serviço nas forças armadas e a carreira diplomática (...)".

Assim, a Constituição afirma o princípio da *igualdade de tratamento* entre os cidadãos portugueses e os estrangeiros residentes em Portugal, mas estabelece ela própria algumas *restrições* aos direitos dos estrangeiros e admite que a lei ordinária introduza outras.

A CRP, na versão de 1976, restringia o direito de propriedade de publicações a pessoas de nacionalidade portuguesa (art. 38.º, n.º 4). Mas esta restrição foi retirada pela revisão constitucional de 1982 (art. 38.º, n.º 5).

O Código Civil, por seu lado, afirma também o princípio da equiparação dos estrangeiros aos portugueses quanto ao gozo de direitos civis, mas limita-o em função da regra da *reciprocidade* ([1]).

2. Sendo a liberdade de comunicação social, assim, reconhecida pela CRP aos estrangeiros que se encontrem ou residam em Portugal (embora se admitam restrições introduzidas pela lei ordinária), pergunta-se em que medida poderão os *correspondentes estrangeiros residentes fora do País* — e que prestam serviços de considerável valor à comunicação social portuguesa — invocar a garantia constitucional decorrente do art. 38.º?

Tem-se entendido que não. Em todo o caso, o director do órgão de comunicação social interessado na colaboração do correspondente pode prevalecer-se da liberdade de comunicação, adoptando o texto deste (com respeito pelos direitos de autor) ([2]).

3. A Lei de *Imprensa* de 1975 não permitia que estrangeiros (pessoas singulares) fossem *proprietários de publicações periódicas* (com excepção das publicações de representações diplomáticas, comerciais e

---

([1]) Segundo o art. 14.º do CCiv, "1. Os estrangeiros são equiparados aos nacionais quanto ao gozo de direitos civis, salvo disposição legal em contrário. 2. Não são, porém, reconhecidos aos estrangeiros os direitos que, sendo atribuídos pelo respectivo Estado aos seus nacionais, o não sejam aos portugueses em igualdade de circunstâncias".

([2]) Cf. NUNO E SOUSA, *ob. cit.*, pág. 84.

culturais estrangeiras); e estabelecia limites à *participação* de estrangeiros *em empresas jornalísticas* (10%), sob pena de reversão a favor do Estado (art. 7.º, n.º 2, 8 e 9)([1]).

Além disso, "Os administradores ou gerentes das empresas jornalísticas serão necessariamente pessoas físicas nacionais, no uso pleno dos seus direitos civis e políticos" (LImp de 1975, art. 7.º, n.º 11) — o que significava que os estrangeiros não podiam ter tais qualidades.

Estas discriminações contrariavam, porém, os princípios da liberdade de estabelecimento e de circulação de capitais e o princípio da não discriminação em função da nacionalidade consagrados pelo Tratado CEE, relativamente a cidadãos de Estados membros da U.E. ([2]).

Podia, inclusivamente, sustentar-se que tais disposições da LImp teriam sido revogadas pelo DL n.º 214/86, de 2.8 ([3]), embora pudesse pôr-se em causa a constitucionalidade deste diploma, no que diz respeito à liberdade de comunicação social, por ofensa da reserva de competência legislativa da Assembleia da República em matéria de direitos, liberdades e garantias ([4]).

Não podiam, por conseguinte, ser aplicadas as disposições da LImp de 1975, art. 7.º, n.º 2, 8, 9, e 11, ao menos quanto a cidadãos da U.E, devendo a Lei ser alterada de modo a respeitar os princípios comunitários que Portugal declarou aceitar, quando aderiu à CEE.

A LImp de 1999 não contém já disposições correspondentes às referidas acima, certamente por respeito pelo direito comunitário, mas beneficiando, do mesmo passo, estrangeiros de outras nacionalidades.

([1]) A LImp de 1975 mandava aplicar a lei portuguesa às publicações estrangeiras que circulassem em Portugal, com excepção dos preceitos "que pela sua natureza lhes não sejam aplicáveis" (art. 2.º, n.º 5 e 6). Em todo o caso, referia-se às publicações, não às pessoas.

([2]) Cf., nomeadamente, o art. 3.º, alínea c), 6.º, 52.º a 58.º, 67.º a 73.º, e 221.º do Tratado da U.E. e, quanto à liberdade de circulação de capitais, a Dir.ª n.º 88/331//CEE, de 24.6.1988, in *JOCE* n.º L 178, de 8.7.1988, art. 1.º, n.º 1.

([3]) Segundo o art. 4.º, n.º 1, deste diploma, "Ficam revogadas todas as disposições legais que, de modo directo ou indirecto, limitam ou condicionam o direito de estabelecimento por critérios baseados na nacionalidade dos investidores ou dos gestores das empresas respectivas".

([4]) Neste sentido, cf. Deliberação da AACS, de 5.1.1994, in *Informação AACS*, n.º 11/Maio 1994, pág. 43; Deliberação da AACS, de 2.3.1994, in *Informação AACS*, n.º 11/Maio 1994, pág. 229.

Os sujeitos da comunicação social 205

4. A legislação relativa à *rádio* e à *televisão* não contém disposições limitativas da capacidade dos estrangeiros, como as da LImp de 1975 ([1])([2]).

5. Os *brasileiros* em Portugal gozam de igualdade de direitos e deveres com os portugueses, nos termos da Convenção de Brasília, de 7.9.1971 ([3]).

SUBSECÇÃO IV

Pessoas colectivas estrangeiras

1. A doutrina dominante, em Portugal, *recusa* a extensão do princípio da universalidade dos direitos e deveres fundamentais (expresso, nos termos referidos, nos art. 12.º e 15.º da CRP) — e, por conseguinte, da liberdade de comunicação social (referida nos art. 37.º e 38.º) — às pessoas colectivas estrangeiras.

Isso, porque o art. 12.º se refere, no n.º 1, apenas aos cidadãos portugueses, não especificando, no n.º 2, se as pessoas colectivas são nacionais ou não. Por outro lado, aos estrangeiros refere-se o art. 15.º, que não menciona as pessoas colectivas estrangeiras ([4]).

([1]) A preferência na atribuição de alvará de rádio por "possuir sede na área geográfica onde se pretende exercer a actividade" (art. 8.º, al. c) do Dec.-Lei n.º 130/97, de 27.5) pode levar a preferir pessoas colectivas nacionais, mas não exclui pessoas físicas estrangeiras residentes em Portugal.

([2]) A Lei da *Televisão* n.º 58/90 estabelecia que "nenhuma pessoa estrangeira, singular (...), pode deter participação no capital social de mais de uma sociedade candidato ao licenciamento, nem o conjunto das participações de capital estrangeiro pode exceder 15% do capital social de cada operador de televisão" (art. 9.º, n.º 3). Em todo o caso, equiparava expressamente, os cidadãos nacionais de Estados membros da União Europeia às pessoas singulares portuguesas (art. 9.º, n.º 6, na redacção da Lei n.º 95/97, de 23.8). A restrição mantinha-se quanto a estrangeiros nacionais de terceiros Estados. A Lei n.º 58/90 foi, todavia, revogada e os diplomas em vigor não contêm disposições correspondentes àquelas.

([3]) Aprovada para ratificação pela Resolução da Assembleia Nacional, de 29.12.1971.

([4]) Cf. NUNO E SOUSA, *ob. cit.*, pág. 84 e segs.; I. BEL MALLEN — L. CORREDOIRA Y ALFONSO — PILAR COUSIDO, *Derecho de la información*, 1992, pág. 119 e segs..

206 — Direito da Comunicação Social

Tal entendimento parece, todavia, contrariar a liberdade de estabelecimento e prestação de serviços e o princípio da não discriminação em função da nacionalidade, que o direito *comunitário* acolhe também quanto a sociedades dos respectivos Estados membros ([1]).

2. A Lei de *Imprensa* de 1975 exigia, como vimos, que as empresas jornalísticas com a forma de sociedade comercial tivessem sede em Portugal (art. 7.º, n.º 8). Não reconhecia, portanto, a liberdade de imprensa a empresas jornalísticas estrangeiras.

Esta discriminação contrariava, porém, os referidos princípios da liberdade de estabelecimento e de circulação de capitais e o princípio da não discriminação em função da nacionalidade consagrados pelo Tratado CEE, relativamente a sociedades de Estados membros da U.E.

A LImp de 1999 não tem qualquer disposição equivalente ao referido preceito de 1975, não discriminando em função da nacionalidade.

3. A legislação da *Rádio* não contém qualquer preceito impeditivo da liberdade de comunicação a pessoas colectivas estrangeiras, mas confere preferência na atribuição de alvará para o exercício da actividade de radiodifusão a quem "possuir sede na área geográfica onde se pretende exercer a actividade de radiodifusão" ([2]).

4. A actual Lei da *televisão* não contém disposições limitativas da capacidade dos estrangeiros ([3]), embora se aplique apenas a operadores televisivos sob a jurisdição do Estado Português ([4]).

([1]) Cf., nomeadamente, o art. 3.º, alínea c), 12.º (ex 6.º), 13.º (ex 7.º), 43.º a 48.º (ex 52.º a 58.º), 56.º a 60.º (ex 67.º a 73.º-G), e 294.º (ex 221.º) do Tratado da U.E., na redacção do Tratado de Amsterdão, devendo ter-se presente que o Tratado (art. 48.º, 2.ª parte (ex 58.º)) adopta um conceito de sociedade muito mais amplo que o da lei portuguesa (CCiv art. 980.º; CSC art. 1.º). Por outro lado, tem-se entendido que as disposições sobre a liberdade de estabelecimento abrangem as actividades de imprensa, rádio e televisão, não sendo aplicável a estas actividades o disposto no art. 45.º (ex 55.º) do Tratado, por não estarem "ligadas, mesmo ocasionalmente, ao exercício da autoridade pública",

([2]) Lei n.º 130/97, de 27.5, art. 8.º, al. c).

([3]) A Lei anterior dispunha que "nenhuma pessoa estrangeira, (...) colectiva, pode deter participação no capital social de mais de uma sociedade candidato ao licenciamento, nem o conjunto das participações de capital estrangeiro pode exceder 15% do capital social de cada operador de televisão" (Lei n.º 58/90, art. 9.º, n.º 3). Em todo o caso, as pessoas colectivas que tivessem sido constituídas segundo a legis-

Os sujeitos da comunicação social   207

5. É claro que o princípio da universalidade dos direitos e deveres fundamentais e, nomeadamente, da liberdade de comunicação social se aplica, nos termos referidos, a pessoas colectivas estrangeiras de direito privado. Os *Estados estrangeiros* e as outras pessoas colectivas estrangeiras *de direito público* só têm esses direitos e deveres, na medida em tal seja compatível com os princípios da soberania dos Estados e da não interferência de cada Estado nos assuntos internos dos outros Estados ([1]).

Este princípio não exclui, aliás, a possibilidade de intervenção da comunidade internacional organizada para defesa dos direitos do Homem, nomeadamente, no âmbito da ONU, em conformidade com o Pacto Internacional dos Direitos Civis e Políticos.

A LImp de 1975 permitia, expressamente, as publicações de representações diplomáticas (art. 7.º, n.º 2). Este preceito não foi reproduzido pela LImp de 1999, mas nem por isso tais publicações deixaram de ser permitidas.

Em todo o caso, as missões diplomáticas só podem instalar emissoras de rádio com o consentimento do Estado acreditador ([2]).

De resto, as missões diplomáticas de Estados estrangeiros devem respeitar as leis e regulamentos do Estado acreditador ([3]).

---

lação de qualquer dos seus Estados membros (da União Europeia) e nele tivessem a sua sede social, administração central ou estabelecimento principal eram expressamente equiparadas às pessoas colectivas portuguesas (art. 9.º, n.º 6, na redacção da Lei n.º 95/97, de 23.8). A restrição mantinha-se quanto a pessoas colectivas nacionais de terceiros Estados.

([4]) Lei n.º 31-A/98, de 14.7, art. 2.º.

([1]) Cf., por exemplo, a Convenção de Viena sobre Relações Diplomáticas, de 18.4.1961 (aprovada para ratificação pelo Dec.-Lei n.º 48.295, de 27.3.1968), art. 41.º, n.º 1.

([2]) Convenção de Viena, art. 27.º, n.º 1.

([3]) Convenção de Viena, art. 41.º, n.º 1.

SECÇÃO II
Igualdade, restrições ao exercício da liberdade e protecção de minorias

SUBSECÇÃO I
Princípio da igualdade

1. Entre os cidadãos portugueses vigora o princípio da igualdade perante a lei.

Efectivamente, segundo o art. 13.º da CRP, "1. Todos os cidadãos têm a mesma dignidade social e são iguais perante a lei. 2. Ninguém pode ser privilegiado, beneficiado, prejudicado, privado de qualquer direito ou isento de qualquer dever em razão de ascendência, sexo, raça, língua, território de origem, religião, convicções políticas ou ideológicas, instrução, situação económica ou condição social".

Por outro lado, a liberdade de expressão e informação é reconhecida "sem impedimentos nem discriminações" (CRP art. 37.º, n.º 1).

Além disso, "A todas as pessoas, singulares e colectivas, é assegurado, em *condições de igualdade* e eficácia, o direito de resposta e de rectificação, bem como o direito de indemnização pelos danos sofridos" (CRP art. 37, n.º 4 — itálico nosso) — sendo de notar que, nestes termos, tais direitos são reconhecidos mesmo a estrangeiros não residentes (a CRP não distingue) e a pessoas colectivas.

2. O princípio da igualdade manda tratar de modo igual todas as pessoas em igual situação, mas permite ou mesmo impõe um tratamento desigual a pessoas em situações desiguais — nomeadamente, para promover a sua igualização ([1]).

Daí que a própria Constituição estabeleça regras de **protecção especial** para certos grupos sociais que dela carecem: os trabalhadores (art. 53.º a 59.º), os consumidores (art. 60.º), as crianças e os jovens (art. 69.º e 70.º), os deficientes (art. 71.º) e os idosos (art. 72.º). Algumas

---

([1]) Isso, tanto no sentido de favorecer os desfavorecidos, como também no sentido de retirar vantagens aos favorecidos. Para melhor aplicação do referido princípio foi publicada a Lei n.º 134/99, de 28.8, regulamentada pelo Dec.-Lei n.º 111/2000, de 4.7, tendo por objecto prevenir e proibir as discriminações no exercício de direitos por motivos baseados na raça, cor, nacionalidade ou origem étnica.

destas disposições têm implicações, directas ou indirectas, em matéria de comunicação social.

Além disso, há diversas disposições sobre direitos fundamentais — com implicações em matéria de comunicação social — que são formuladas em termos genéricos, mas que, na realidade, protegem de modo especial certos grupos minoritários, a quem esses direitos não eram, anteriormente, reconhecidos (pelo menos, com tal amplitude). É o que se passa com a liberdade de consciência, de religião e de culto (art. 41.º) e a liberdade de criação cultural (art. 42.º).

Por outro lado, também no domínio dos direitos fundamentais é importante distinguir entre a *capacidade de gozo* e a *capacidade de exercício* — que dependem, em regra, de diversas aptidões naturais das pessoas.

Interessa-nos agora, sobretudo, referir as situações dos menores, dos deficientes e das confissões religiosas.

Veremos, mais adiante, que a lei estabelece restrições à liberdade de expressão de certos grupos de pessoas, para protecção de diversos interesses legítimos, nomeadamente, por motivos profissionais — que, juridicamente, podem configurar-se, em certos casos, como *incompatibilidades*. É o que se passa com o segredo de Estado, as restrições aplicáveis aos militares e agentes militarizados, o segredo de justiça, o segredo profissional dos médicos, advogados, bancários, seguradores, etc..

SUBSECÇÃO II

Menores

1. Na verdade, pode pôr-se o problema de saber se um menor de 10, 12 ou 14 anos pode invocar a liberdade de comunicação social para fundar um jornal ou divulgar um texto qualquer.

Não se deduz da Constituição nenhuma limitação à capacidade de gozo ou de exercício dos direitos fundamentais e, em especial, da liberdade de comunicação social.

No plano constitucional, esta liberdade deve conjugar-se, porém, com o *direito e o dever dos pais de educação dos filhos* (CRP art. 36.º, n.º 5 ([1])). Tem-se entendido que, embora se trate de um direito fundamental, os pais podem proibir a um filho menor que crie um jornal ou

---

([1]) Cf. também CCiv art. 128.º (dever de obediência dos filhos menores).

publique um determinado texto (na medida em que isso, por hipótese, prejudique a sua educação — v.g., o respeito por determinados valores ou a aquisição de bons hábitos), do mesmo modo que podem impedi-lo de pertencer a certa associação ou clube desportivo ([1]).

Em todo o caso, este poder de intervenção dos pais não é ilimitado, pois a própria CRP reconhece às crianças o *direito a especial protecção da sociedade e do Estado*, "contra o exercício abusivo de autoridade na família e nas demais instituições" (CRP art. 69.°, n.° 2) — e será abusivo se o titular dessa autoridade "exceder os limites impostos pela boa fé, pelos bons costumes ou pelo fim social e económico" desse poder (CCiv art. 334.°) ([2]).

Por outro lado, o art. 70.° da CRP favorece o *apoio aos jovens e às organizações juvenis*, mencionando, no n.° 2, objectivos prioritários que tendem a favorecer a livre expressão do pensamento.

2. Problema distinto é o de saber se os menores, perante limitações à sua liberdade de comunicação social, podem *invocar a protecção* decorrente dos art. 37.° e 38.° da CRP, na falta de intervenção dos seus representantes legítimos (que são os pais ou tutores ([3])), por se tratar de "negócios jurídicos próprios da vida corrente do menor ao alcance da sua capacidade natural" (ao abrigo do CCiv art.127.°, n.° 1, alínea b)).

Temos aqui uma potencial colisão do direito dos pais à educação dos filhos com a liberdade de expressão, ligada à liberdade de consciência, ao princípio da dignidade humana e ao princípio democrático.

O próprio CCiv, no art. 1878.°, n.° 2, obriga os pais a atender "à maturidade dos filhos" e à "sua opinião nos assuntos familiares importantes" e a "reconhecer-lhes autonomia na organização da própria vida".

Por outro lado, limita o *poder de intervenção* dos pais, em matéria de educação religiosa, aos menores de dezasseis anos (CCiv art. 1886.°).

Deste modo, parece defensável uma aplicação flexível dos art. 37.° e 38.° da CRP, em função das circunstâncias de cada caso concreto, nomeadamente da idade e do grau de maturidade do menor.

([1]) Cf. NUNO E SOUSA, *ob. cit.*, pág. 86 e seg..

([2]) Sobre o poder dever de educação, cf. CCiv art. 1885; MARIA DE FÁTIMA ABRANTES DUARTE, *O Poder Paternal — Contributo para o Estudo do seu actual Regime*, Lisboa, AAFDL, 1989, pág. 65 e segs.. Sobre o abuso do direito, cf. F. CUNHA DE SÁ, *Abuso do Direito* (Col. *Cadernos de Ciência e Técnica Fiscal*, n.° 107), Lisboa, 1973.

([3]) CCiv art. 124.°, 1878.° e 1881.°

Os sujeitos da comunicação social

3. Situação diversa é a da *utilização dos menores* para os fins políticos, económicos ou ideológicos dos pais. Neste caso, não estará só em causa a liberdade de expressão do menor, como o eventual abuso do direito-dever de educação pelos pais ([1]).

4. Pode mesmo pôr-se o problema da conveniência da fixação do que poderia chamar-se a *"maioridade informativa"* — paralela à maioridade civil (18 anos — CCiv art. 122.º e 130.º) e à imputabilidade penal (16 anos — CPen art. 19.º ([2])).

A lei alemã fixa tal maioridade informativa aos 14 anos ([3]).

A lei portuguesa não contém, todavia, um limite de idade para este efeito.

5. Até aqui, temos vindo a falar das relações entre pais e filhos. Nas *relações entre os menores e o Estado*, pode observar-se que a CRP confere às crianças um "direito à protecção da sociedade e do Estado, com vista ao seu desenvolvimento integral" (art. 69.º, n.º 1) e assegura aos jovens o gozo de "protecção especial para efectivação dos seus direitos económicos, sociais e culturais" (art. 70.º, n.º 1).

Na base destas disposições, pode o Estado limitar o acesso de menores a publicações ou imagens pornográficas, a publicidade (impressa ou audiovisual) do consumo de álcool ou de drogas, etc. Nesta linha de orientação, a Comissão da UE apresentou um "livro verde" sobre a *Protecção de Menores e a Dignidade Humana nos Serviços Audiovisuais e de Informação*, tendo em vista, nomeadamente, o reforço da responsabilidade dos diferentes operadores, a cooperação penal, judicial e policial entre os Estados-membros, a promoção de sistemas de controlo parental e a elaboração de um código de conduta ([4]).

É duvidoso, porém, que possa limitar, com tal fundamento ou na própria incapacidade de exercício, a liberdade de expressão dos menores ([5]).

([1]) Cf. NUNO E SOUSA, *ob. cit.*, pág. 87 e segs..

([2]) "Aos maiores de 16 anos e menores de 21 são aplicáveis normas fixadas em legislação especial" (CPen art. 9.º) — que consta do Dec.-Lei n.º 401/82, de 23.9.

([3]) Cf. MARTIN LÖFFLER, *Presserecht — Kommentar*, vol. I, pág. 188 e segs.; I. BEL MALLEN — L. CORREDOIRA Y ALFONSO — PILAR COUSIDO, *Derecho de la información*, Madrid, Colex, 1992, pág. 119.

([4]) Cf. *Boletim UE* 10-1996, n.º 1.3.182.

([5]) No sentido negativo, cf. NUNO E SOUSA, *ob. cit.*, pág. 89.

Vigora em Portugal a **Convenção sobre os Direitos da Criança**, assinada em Nova Iorque, em 26.1.1990, no âmbito das Nações Unidas ([1]), segundo a qual "Os Estados Partes garantem à criança com capacidade de discernimento o direito de exprimir livremente a sua opinião sobre as questões que lhe respeitem, sendo devidamente tomadas em consideração as opiniões da criança, de acordo com a sua idade e maturidade" (art. 12.º, n.º 1).

Por outro lado, "1 — A criança tem direito à liberdade de expressão. Este direito compreende a liberdade de procurar, receber e expandir informações e ideias de toda a espécie, sem considerações de fronteiras, sob forma oral, escrita, impressa ou artística ou por qualquer outro meio à escolha da criança.

2 — O exercício deste direito só pode ser objecto de restrições previstas na lei e que sejam necessárias:

a) Ao respeito dos direitos e da reputação de outrem;

b) À salvaguarda da segurança nacional, da ordem pública, da saúde ou da moral públicas" (art. 13.º).

Além disso, a Convenção reconhece o direito da criança de acesso à informação ([2]).

É de notar que, para esta Convenção, "criança é todo o ser humano menor de 18 anos" (art. 1.º).

([1]) Aprovada para ratificação pela Res. A.R. n.º 20/90, de 12.9.

([2]) Segundo o art. 17.º, "Os Estados Partes reconhecem a importância da função exercida pelos órgãos de comunicação social e asseguram o acesso da criança à informação e a documentos provenientes de fontes nacionais e internacionais diversas, nomeadamente aqueles que visem promover o seu bem-estar social, espiritual e moral, assim como a sua saúde física e mental. Para este efeito, os Estados Partes devem:

a) Encorajar os órgãos de comunicação social a difundir informação e documentos que revistam utilidade social e cultural para a criança e se enquadrem no espírito do artigo 29.º;

b) Encorajar a cooperação internacional tendente a produzir, trocar e difundir informação e documentos dessa natureza, provenientes de diferentes fontes culturais, nacionais e internacionais;

c) Encorajar a produção e difusão de livros para crianças;

d) Encorajar os órgãos de comunicação social a ter particularmente em conta as necessidades linguísticas das crianças indígenas ou que pertençam a um grupo minoritário;

e) Favorecer a elaboração de princípios adequados à protecção da criança contra a informação e documentos prejudiciais ao seu bem-estar, nos termos do disposto nos artigos 13.º e 18.º"".

Os sujeitos da comunicação social 213

Num plano diverso, a protecção do Estado pode traduzir-se, por exemplo, na concessão de apoios financeiros, canalizados através do FAOJ ou de mecanismos gerais, como o do porte pago.

SUBSECÇÃO III

Deficientes

1. Quanto aos deficientes, a Constituição dispõe que "Os cidadãos física ou mentalmente deficientes gozam plenamente dos direitos e estão sujeitos aos deveres consignados na Constituição, com ressalva do exercício ou do cumprimento daqueles para os quais se encontrem incapacitados" (art. 71.º, n.º 1).

2. Quanto a um grupo de *deficientes físicos* — os *surdos* —, a Resolução da Assembleia da República n.º 23/98, de 23.4, recomendou ao Instituto de Comunicação Social a sensibilização da concessionária de serviço público de televisão para a necessidade de tradução gestual da cobertura noticiosa dos principais acontecimentos nacionais e estrangeiros.

Por outro lado, a actual Lei da TV manda atender preferencialmente, nos concursos para a atribuição de licenças ou autorizações, à "inclusão de programação acessível à população surda, designadamente através da tradução em língua gestual portuguesa" ([1]).

3. No âmbito do direito civil, em geral, os *deficientes mentais* (por anomalia psíquica) estão sujeitos a interdição ou inabilitação, podendo a sua capacidade de exercício de direitos sofrer limitações mais ou menos importantes (CCiv art. 138.º e segs.).

É óbvio que estas limitações podem afectar o exercício da liberdade de comunicação social, nomeadamente, na medida em que esta envolva a prática de negócios jurídicos (como a constituição de uma empresa jornalística ou a gestão de uma empresa mediática adquirida por sucessão por morte).

4. "Quem, por força de uma anomalia psíquica, for incapaz, no momento da prática do facto, de avaliar a ilicitude deste ou de se deter-

---

([1]) Lei n.º 31-A/98, de 14.7, art. 15.º, n.º 2, al. e).

minar de acordo com essa avaliação" é considerado criminalmente *inimputável* (CPen art. 20.º, n.º 1) ([1]), o que tem como consequência que não é criminalmente responsável e, portanto, não é penalmente punível.

Pelos escritos publicados por um deficiente mental que seja criminalmente inimputável responde o editor da publicação não periódica ou o director do periódico, caso não se lhe oponham, podendo fazê-lo (LImp de 1999 art. 31.º, n.º 3).

SUBSECÇÃO IV

Confissões religiosas

1. A CRP garante a "utilização de meios de comunicação social próprios para o prosseguimento das suas actividades" a todas as confissões religiosas, inclusivamente minoritárias (art. 41.º, n.º 5).

2. Mantém-se, em todo o caso, em vigor, o disposto no art. II da Concordata entre Portugal e a Santa Sé, de 7.5.1940, segundo o qual "É garantido à Igreja Católica o livre exercício da sua autoridade: na esfera da sua competência, tem a faculdade de exercer os actos do seu poder de ordem e jurisdição sem qualquer impedimento.

Para tanto, a Santa Sé pode livremente publicar qualquer disposição relativa ao governo da Igreja e, em tudo quanto se refere ao seu ministério pastoral, comunicar e corresponder-se com os prelados, clero e todos os católicos de Portugal, assim como estes o podem com a Santa Sé, sem necessidade de prévia aprovação do Estado para se publicarem e correrem dentro do País as bulas e quaisquer instruções ou determinações da Santa Sé.

Nos mesmos termos, gozam desta faculdade os Ordinários e demais Autoridades eclesiásticas relativamente ao seu clero e fiéis" ([2]).

([1]) "2. Pode ser declarado inimputável quem, por força de uma anomalia psíquica grave, não acidental e cujos efeitos não domina, sem que por isso possa ser censurado, tiver, no momento da prática do facto, a capacidade para avaliar a ilicitude deste ou para se determinar de acordo com essa avaliação sensivelmente diminuída. 3. A comprovada incapacidade do agente para ser influenciado pelas penas pode constituir índice da situação prevista no número anterior. 4. A imputabilidade não é excluída quando a anomalia psíquica tiver sido provocada pelo agente com intenção de praticar o acto" (CPen art. 20.º).

([2]) Sobre o assunto, cf. I. BEL MALLEN — L. CORREDOIRA Y ALFONSO — P. COUSIDO, *ob. cit.*, pág. 123.

A Lei n.º 5/71, de 5.11 (Lei da Liberdade Religiosa), também afirma que "É lícito às pessoas, em matéria de crenças e de culto religioso: (...) c) Difundir pela palavra, por escrito ou outros meios de comunicação, a doutrina da religião que professam (...)" (Base III).

Está em preparação uma nova Lei da liberdade religiosa, que, provavelmente, regulará esta matéria em relação a religiões não católicas. Foi anunciada, também, a revisão da Concordata entre Portugal e a Santa Sé.

3. Adiante veremos em que termos é assegurado às várias confissões religiosas o direito de antena na rádio e na televisão.

SECÇÃO III
Titularidade dos direitos de informação, de difusão e de recepção

SUBSECÇÃO I
A liberdade de comunicação social perante o Estado

DIVISÃO I
Considerações gerais

1. Temos vindo a falar da liberdade de comunicação social como se fosse uma realidade homogénea. Ela desdobra-se, porém, numa gama variada de liberdades e direitos que importa distinguir, segundo vários critérios. Neste momento, interessa-nos considerar, fundamentalmente, a distinção entre a *liberdade de acesso às fontes de informação*, a *liberdade de difu*são de informações obtidas ou de opiniões e a *liberdade de recepção* de mensagens emitidas pelos meios de comunicação social. Corresponde à distinção que a LImp de 1999 faz entre o **direito de se informar, de informar** e **de ser informado** (art. 1.º, n.º 2) — adoptando assim um quadro de conceitos mais rigoroso e claro que o do art. 1.º da LImp de 1975.

Todas as pessoas — singulares ou colectivas (dentro dos limites resultantes da sua natureza) — gozem de liberdade de comunicação social, em sentido amplo.

É evidente, porém, que o efectivo exercício do **direito de informar** depende da disponibilidade de meios técnicos e de saber fazer ("know how"), que nem todos têm de modo igual. Se qualquer pessoa (não analfabeta) pode escrever e publicar comunicados, folhas informativas ou mesmo jornais de reduzida difusão, só certas empresas podem dispor de prensas rotativas e de emissores de radiodifusão, por exemplo.

A *liberdade de constituir empresas* de imprensa, de rádio ou de televisão só pode, de direito ou de facto, ser exercido por um número limitado de pessoas, v.g., de profissionais da comunicação social.

E o direito de *divulgar* certo texto através de determinada publicação é, em regra, reservado aos respectivos proprietários, director ou jornalistas (em termos a analisar mais adiante).

Por outro lado, pode falar-se de um **direito de ser informado** relativamente generalizado: qualquer pessoa pode adquirir jornais e ouvir rádio ou ver televisão.

Já o direito de acesso à informação (**direito de informar-se**) é garantido aos jornalistas, quanto à Administração Pública e a empresas do sector público, mas não quanto a matérias sujeitas à reserva da intimidade privada e ao sigilo da correspondência. E quem não seja jornalista não tem acesso à informação com tal amplitude, podendo consegui-lo apenas através do que os jornalistas ou os meios de comunicação social venham a divulgar.

Ou seja, os princípios da universalidade e da igualdade da liberdade de comunicação social (vista globalmente) não se aplicam de modo linear a cada uma das várias liberdades, direitos e faculdades nela contidas. Parafraseando George Orwell, é caso para dizer que os homens são todos iguais, mas há uns "mais iguais" que os outros...

2. A liberdade de comunicação social, consagrada na Constituição, dirige-se, em primeiro lugar, *ao Estado*: a história da liberdade de imprensa mostra que é o Estado a principal ameaça e, portanto, é o Estado o principal *sujeito passivo* dessa liberdade.

Perante o Estado, todas as outras pessoas singulares e colectivas podem invocar a sua liberdade de comunicação social: o autor, o redactor, o director, o proprietário, o editor, o impressor, o vendedor, o leitor, etc..

Repare-se que o art. 37.º da CRP, logo a seguir a afirmar que "Todos têm o direito de exprimir e divulgar livremente o seu pensamento (...)", diz que "O exercício destes direitos não pode ser impedido ou limitado por qualquer tipo ou forma de censura". Deste modo, rejeita peremptoriamente o sistema de censura prévia, que vigorou antes de 25.4.1974.

Por outro lado, no art. 38.º, n.º 2, alínea c), a CRP afirma "O direito de fundação de jornais e de quaisquer outras publicações, independentemente de autorização administrativa, caução ou habilitação prévias" — o que visa afastar obstáculos normalmente interpostos pelo Estado.

Além disso, a CRP afirma, diversas vezes, a liberdade e a independência dos órgãos de comunicação social perante o *poder político* (art. 38.º, n.º 4 e 6, 39.º, n.º 1) — isto é, perante o Presidente da República, a Assembleia da República, o Governo, etc..

3. Por outro lado, a Constituição impõe ao Estado e, em especial, à Alta Autoridade para a Comunicação Social, que assegure a independência dos órgãos de comunicação social perante o *poder económico* (art. 38.º, n.º 4, e 39.º, n.º 1).

Este princípio — que adiante será analisado mais desenvolvidamente — envolve uma limitação significativa da liberdade de comunicação social dos detentores do "poder económico" — entidades que a Constituição, aliás, não define, podendo ser ou não proprietários da empresa mediática.

4. Em todo o caso, o exercício da liberdade de comunicação social presta-se a *abusos*, que incumbe ao Estado prevenir e punir. Por isso, não raro os vários intervenientes nas actividades mediáticas encontram--se, perante o Estado, não só como sujeitos activos, mas também como sujeitos passivos de relações de comunicação social.

As situações jurídicas das várias categorias de pessoas perante o Estado são diferentes consoante se trate da imprensa, da rádio, da televisão ou da Internet.

DIVISÃO II

Na imprensa

1. Nomeadamente, a liberdade de *imprensa* surgiu para proteger o *autor*, que exprime o seu pensamento, verbalmente, por escrito ou por

218   *Direito da Comunicação Social*

imagens e que deseja vê-lo difundido — seja ou não jornalista profissional.

Nas publicações periódicas, a função dos autores é, normalmente, exercida por *jornalistas* e *colaboradores*.

A CRP, ao consagrar a liberdade de expressão e criação dos *jornalistas* e *colaboradores* (art. 38.º, n.º 2, al. a)), tem certamente em conta esta sua posição de autores da mensagem comunicada.

Primeiro sujeito activo dessa liberdade, o autor, jornalista ou colaborador é também o primeiro responsável pelos crimes de abuso de liberdade de imprensa — agora como sujeito passivo ([1]).

2. A partir do momento em que os órgãos de imprensa atingem uma certa dimensão e organização, ganham relevo as *empresas titulares de publicações*, mencionadas no art. 38.º, n.º 4, da CRP, que podem ser pessoas singulares ou colectivas, públicas ou privadas e, entre estas, podem ser associações ou fundações, sociedades comerciais (anónimas, por quotas, etc.), cooperativas, agrupamentos complementares de empresas ou agrupamentos europeus de interesse económico.

Tais empresas gozam, como disse, da *liberdade* de imprensa, que constitui uma manifestação da liberdade de *iniciativa económica privada e organização empresarial* (CRP art. 60.º, n.º 1, e 80.º, al. c)), têm o direito de *fundar publicações* (CRP art. 38.º, n.º 2, al. c)), e a intervenção do Estado na sua gestão só pode ser transitória e excepcional (CRP art. 86.º, n.º 2).

Em contrapartida, as empresas de imprensa têm uma série de *deveres* perante o Estado, que analisaremos mais adiante. Por exemplo, as publicações periódicas devem indicar o título, o nome do proprietário e do director, o local da sede, etc. ([2]). Têm também deveres perante o público, em contrapartida do direito de resposta e de rectificação ([3]), cujo cumprimento o próprio Estado assegura, v.g., através da Alta Autoridade para a Comunicação Social ([4]).

([1]) LImp de 1999, art. 31.º; CPen art. 26.º.

([2]) LImp de 1999, art. 15.º Até 1998, tais publicações deviam divulgar as notas oficiosas do Governo, nos termos da Lei n.º 60/79, de 18.9, mas este diploma foi revogado e não substituído pela Lei n.º 31-A/98, de 14.7 (LTV).

([3]) CRP art. 37.º, n.º 4, LImp de 1999, art. 24.º a 27.º.

([4]) Lei n.º 43/98, art. 3.º, alínea i), e 4.º, al. c).

Os sujeitos da comunicação social

3. Todas as publicações periódicas devem ter um **director** (que, em regra, é jornalista ou equiparado a jornalista ([1])), podendo ser coadjuvado por directores-adjuntos ou subdirectores ([2]).

É ao director que compete a orientação, superintendência e determinação do conteúdo do periódico ([3]). O director é, assim, o principal sujeito activo da liberdade de imprensa na empresa; mas é também um dos principais responsáveis por eventuais abusos ([4]).

4. Frequentemente intervêm **redactores** (jornalistas) na elaboração de notícias e artigos (porventura, baseados em informações de agências ou de outras origens), podendo ter especializações diversas (políticos, económicos, artísticos, desportivos, etc.) e funções variadas na empresa (chefe ou subchefe de redacção, coordenador de secção, etc.) ou ser jornalistas livres (não vinculados por um contrato de trabalho subordinado).

Gozam, obviamente, de liberdade de imprensa, dentro dos limites fixados legalmente pelo director; mas são também responsáveis pelos eventuais abusos que cometam ([5]).

O mesmo pode dizer-se, "mutatis mutandis", dos **correspondentes e colaboradores** da redacção ([6]).

5. Papel também importante é o do **editor** ([7]) das publicações não periódicas, cujo nome deve figurar nelas ([8]) e que é responsável por abusos de liberdade de imprensa, se não for possível identificar o autor ou se este não for susceptível de responsabilidade ([9]).

([1]) EJorn de 1999, art. 15.º.

([2]) LImp de 1999, art. 19.º, n.º 1, e 21.º.

([3]) LImp de 1999, art. 20.º, n.º 1, al. a).

([4]) LImp de 1999, art. 31.º, n.º 3. Esta responsabilidade era punida mais severamente pela LImp de 1975, art. 26.º, n.º 2, al. b), e 3.

([5]) LImp de 1999 art. 31.º, n.º 1, alínea c).

([6]) EJorn 1999, art. 16.º a 18.º; Convenção relativa ao direito internacional de rectificação, de 1952. Cf. NUNO E SOUSA, *ob. cit.*, pág. 94.

([7]) Editor é o que manda imprimir uma obra de outrem e cuida da sua edição.

([8]) LImp de 1999, art. 15.º, n.º 3.

([9]) LImp de 1999, art. 31.º, n.º 2 e 3.

6. A LImp de 1975 impunha também a indicação do *impressor* ([1]) nas publicações unitárias ([2]) e nas periódicas ([3]).

"No debate parlamentar a propósito da Lei de Imprensa francesa de 1881 temia-se que a responsabilidade dos impressores originasse uma censura, pois estes, para evitar a punibilidade, reclamariam o direito de discutir os termos de cada artigo" ([4]).

A Lei de Imprensa portuguesa de 1971 ([5]) incriminava os *tipógrafos* e *impressores*, desde que se tivessem apercebido da natureza criminosa da publicação, a não ser que tivessem recebido ordens da entidade legalmente responsável, no exercício da sua actividade (Base XXXI).

A LImp de 1975 não indicava explicitamente os impressores como criminalmente responsáveis. Pela reprodução não consentida de publicações unitárias ou periódicas não respondia, todavia, o autor do escrito ou imagem, mas sim quem a tivesse promovido (podendo ser então, por exemplo, o impressor). Analogamente, por escritos ou imagens não assinados abusivamente publicados em periódico sem conhecimento do director ou seu substituto legal ou quando a estes não fosse possível impedir a publicação, era punível o "responsável pela inserção" ([6]), que poderá ser, por exemplo, o impressor.

O n.º 2 do art. 38.º da CRP, na versão de 1976 e 1982, ao afirmar a liberdade de expressão e criação dos jornalistas e colaboradores literários, acrescentava "sem que nenhum outro sector ou grupo de trabalhadores possa censurar ou impedir a sua livre criatividade" — o que expressamente impedia a intervenção dos tipógrafos no conteúdo das publicações ([7]). A revisão constitucional de 1989 retirou tal acrescento.

A LImp de 1975 continuava, porém, a dizer expressamente que "Os técnicos (...) não são responsáveis pelas publicações que imprimi-

---

([1]) Impressor é o que executa ou manda executar a tarefa de impressão do livro ou do periódico nas instalações técnicas da empresa que dirige. Tratando-se de impressão tipográfica, o impressor chama-se tipógrafo. Esta designação aplica-se tanto ao proprietário (empregador) da tipografia como aos seus empregados encarregados de operar as máquinas tipográficas.

([2]) O art. 11.º, n.º 1, da LImp exige a menção do "estabelecimento em que foram impressas".

([3]) O art. 11.º, n.º 2, da LImp exige a menção do "estabelecimento e das oficinas em que são impressas".

([4]) Cf. NUNO E SOUSA, *ob. cit.*, pág. 95.

([5]) Lei n.º 5/1, de 5.11.

([6]) LImp de 1975 art. 26.º, n.º 2, alínea c).

([7]) Cf. NUNO E SOUSA, *ob. cit.*, pág. 96.

rem (...) no exercício da sua profissão, excepto no caso de publicações clandestinas ou suspensas judicialmente, se se aperceberem do carácter criminoso do seu acto" (art. 26.°, n.° 7 ([1])).

A LImp de 1999 exige que as publicações indiquem o domicílio ou a sede do *impressor* (art. 15.°, n.° 2 e 3), mas não o seu nome. O impressor poderá ser responsabilizado criminalmente, caso tenha promovido uma publicação não consentida por via da qual seja cometido um crime (art. 31.°, n.° 2). Em regra, todavia, "São isentos de responsabilidade criminal todos aqueles que, no exercício da sua profissão, tiveram intervenção meramente técnica, subordinada ou rotineira no processo de elaboração ou difusão da publicação contendo o escrito ou imagem controvertidos" (art. 31.°, n.° 6).

7. Na actividade jornalística tem papel de relevo o *revisor*, embora a sua actividade deva ser limitada à verificação da conformidade do texto impresso (em prova) com o original do autor (ou sua correcção) e do respeito pelas regras gramaticais e de apresentação tipográfica. Não é, normalmente, o mais afectado por intervenções do Estado, mas não se exclui que possa ser incriminado por práticas abusivas, como algumas das mencionadas acima.

8. O *distribuidor* e o *vendedor* (livreiro, dono de um quiosque ou ardina) praticam actos de comércio ao receberem livros e periódicos por consignação ou por compra para os revenderem com lucro, beneficiando, por isso, da liberdade de comércio reconhecida à iniciativa privada (CRP art. 61.°, n.° 1).

Se, todavia, forem abusivamente impedidos por uma autoridade pública de distribuir ou vender as publicações (por exemplo, através de sequestro ou apreensão), podem invocar em seu favor a liberdade de imprensa (o direito a informar), prevista no art. 38.° da CRP.

Por outro lado, segundo a LImp de 1975, "Os (...) distribuidores e vendedores não são responsáveis pelas publicações que (...) venderem no exercício da sua profissão, excepto no caso de publicações clandestinas ou suspensas judicialmente, se se aperceberem do carácter criminoso do seu acto" ([2]).

([1]) Na redacção da Lei n.° 15/95, de 25.5, mantida em vigor pela Lei n.° 8/96, de 14.3.

([2]) LImp de 1975, art. 26.°, n.° 7, na redacção da Lei n.° 15/95, de 25.5, mantida em vigor pela Lei n.° 8/96, de 14.3

Em face da LImp de 1999, na falta de disposição específica, parece dever aplicar-se o disposto no n.º 6 do art. 31.º, há pouco transcrito.

9. O *leitor* tem o direito a ser informado, o que envolve o direito de recepção de publicações sem impedimentos (no caso de recepção por via postal, sem violação da correspondência ([1])), tem direito de resposta e de rectificação (CRP art. 37.º), bem como o importante direito de não expressar o seu pensamento ([2]).

DIVISÃO III

Na rádio e na televisão

1. Situação diferente se verifica na *rádio* e na *televisão*.

Na verdade, os constrangimentos do espectro radioeléctrico restringem o acesso à radiodifusão sonora e televisiva a um número muito limitado de pessoas, tendo o Estado assumido a função de distribuir as frequências.

Por um lado, o Estado tomou para si o encargo de assegurar "a existência e o funcionamento de um serviço público de rádio e de televisão" ([3]).

Por outro lado, dispôs que "As estações emissoras de radiodifusão e de radiotelevisão só podem funcionar mediante licença, a conferir por concurso público, nos termos da lei" ([4]).

Sendo assim, a liberdade de expressão através da rádio e televisão fica na titularidade, em primeiro lugar, das *empresas* de capitais exclusiva ou maioritariamente públicos a quem tenha sido concedido o *serviço público*, ou de empresas privadas ou cooperativas a quem tenha sido atribuída a respectiva *licença*.

([1]) Neste caso verifica-se concorrência de direitos fundamentais: liberdade de comunicação social (direito de se informar — CRP art. 37.º, n.º 1) e inviolabilidade da correspondência (CRP art. 34.º).

([2]) Neste sentido, cf. NUNO E SOUSA, *ob. cit.*, pág. 97 e seg.. Como veremos, este direito implica que a falta de resposta a uma afirmação jornalística falsa não envolve a presunção de que ela seja verdadeira (CCiv art. 218.º), diversamente do que se passa em processo judicial cível (Código de Processo Civil, art. 484.º).

([3]) CRP art. 38.º, n.º 5; Lei n.º 87/88, art. 2.º (alterado pela Lei n.º 2/97, de 18.1); Lei n.º 31-A/98, art. 5.º, 42.º e segs..

([4]) CRP art. 38.º, n.º 7; Lei n.º 87/88, art. 2.º, n.º 1; Lei n.º 31-A/98, art. 12.º.

Os sujeitos da comunicação social 223

2. Além disso, "A actividade de radiodifusão não pode ser exercida nem financiada por partidos políticos ou associações políticas, organizações sindicais, patronais ou profissionais, bem como autarquias locais, por si ou através de entidades em que detenham participação de capital" ([61]) — aplicando-se regra semelhante à televisão ([2]).

Tais entes não podem, pois, ser titulares da liberdade de exercer actividades de rádio nem de televisão. Têm, contudo, direito de antena e os partidos políticos têm direito de réplica política, além do direito de resposta e de rectificação ([3]).

"A estrutura e o funcionamento dos meios de comunicação social do sector público devem salvaguardar a sua independência perante o Governo, a Administração e os demais poderes públicos, bem como assegurar a possibilidade de expressão e confronto das diversas correntes de opinião" ([4]).

Esta possibilidade de expressão e confronto é assegurada, nomeadamente, pela Alta Autoridade para a Comunicação Social (CRP art. 39.º, n.º 1) — que pode *impor* a divulgação de determinadas mensagens ou programas ou a audição de certas pessoas. Trata-se, pois, de deveres das empresas de radiodifusão perante o Estado — não podendo o Estado, em contrapartida, estabelecer qualquer tipo de *censura* (CRP art. 37.º, n.º 2).

3. Perante a rádio, os ***rádio-ouvintes*** têm apenas "o direito fundamental dos cidadãos a uma informação que, através dos diversos órgãos de comunicação, assegure o pluralismo ideológico e a livre expressão e confronto das diversas correntes de opinião (...)" ([5]), bem com o direito de resposta e de rectificação ([6]).

De modo semelhante, perante a televisão, os *telespectadores* têm apenas "o direito fundamental dos cidadãos a uma informação livre e pluralista (...)" ([7]), bem com o direito de resposta e de rectificação ([8]).

([1]) Lei 87/88, de 30.7, art. 3.º.

([2]) Lei n.º 31-A/98, art. 3.º, n.º 1.

([3]) CRP art. 37.º, n.º 4, e 40.º (alterado em 1997); Lei n.º 87/88, art. 22.º a 28.º (alterados pela Lei n.º 2/97, de 18.1); Lei n.º 31-A/98, art. 49.º a 58.º.

([4]) CRP art. 38.º, n.º 6; Lei n.º 87/88, art. 8.º, n.º 2; Lei n.º 31-A/98, art. 44.º, al. a).

([5]) Lei n.º 87/88, art. 8.º, n.º 1.

([6]) CRP art. 37.º, n.º 4; Lei n.º 87/88, art. 22.º a 26.º.

([8]) Lei n.º 31-A/98, art. 20.º, n.º 1.

([8]) CRP art. 37.º, n.º 4; Lei n.º 31-A/98, art. 53.º a 57.º

224   *Direito da Comunicação Social*

4. Quanto ao regime de responsabilidade criminal, como também civil, é importante distinguir consoante o programa de **rádio** é *previamente gravado* ou emitido *em directo*.

Mais exactamente, por actos ilícitos civis cometidos através de programas de rádio *previamente gravados* respondem solidariamente os responsáveis pela transmissão e a entidade emissora, com excepção dos transmitidos ao abrigo do direito de antena ([1]).

Por crimes cometidos através da radiodifusão respondem:

"*a*) O *produtor* ou *realizador* do programa, ou o seu *autor*, bem como os *responsáveis pela programação*, ou quem os substitua;

b) Nos casos de transmissão não consentida pelos responsáveis pela programação, *quem tiver determinado a emissão*".

"Os responsáveis pela programação, quando não forem agentes directos da infracção, deixam de ser criminalmente responsáveis se provarem o desconhecimento do programa em que a infracção for cometida".

"No caso de transmissões *directas* são responsáveis, além do *agente* da infracção, os que devendo e podendo impedir o seu cometimento, o não tenham feito" (Lei n.º 87/88, art. 30.º — itálico nosso).

5. Também na **televisão** o regime de responsabilidade civil e criminal é diferente consoante o programa é *previamente gravado* ou emitido *em directo*.

Assim, por actos ilícitos civis cometidos através de programas de televisão previamente gravados respondem solidariamente os *responsáveis pela transmissão* e os *operadores de televisão*, com excepção dos transmitidos ao abrigo do direito de antena ([2]).

Do art. 60.º, n.º 1, da Lei n.º 31-A/98 resulta que os crimes perpetrados através da televisão "são punidos nos termos da lei penal e do disposto no presente diploma".

Isto significa, primeiro, que, em cada caso concreto, haverá que provar quem é o *autor* e seus *cúmplices* (CPen art. 26.º a 29.º).

Além disso, o *director do canal* e o *director de informação* ([3]) "apenas respondem criminalmente quando não se oponham, podendo fazê-lo, à comissão dos crimes referidos (...), através das acções adequadas a evitá-los (...).

([1]) Lei n.º 87/88, de 30.7, art. 29.º, n.º 2.

([2]) Lei n.º 31-A/98, de 14.7, art. 59.º, n.º 2.

([3]) A que se refere o art. 27.º da Lei n.º 31-A/98.

3 — No caso de emissões não consentidas, responde *quem tiver determinado* a respectiva transmissão.

4 — Os *técnicos* ao serviço dos operadores de televisão não são responsáveis pelas emissões a que derem o seu contributo profissional, se não lhes for exigível a consciência do carácter criminoso do seu acto" ([1]).

DIVISÃO IV

Na comunicação social electrónica

1. A difusão de textos, sons e imagens (fixas ou em movimento) através da rede mundial de computadores, que é a Internet, corresponde a uma situação diferente quer da imprensa quer da rádio ou da televisão.

Qualquer pessoa (inclusivamente uma *empresa* de comunicação social), desde que tenha um computador, um modem e uma ligação a um servidor, pode enviar e receber mensagens através da rede: não só *mensagens endereçadas* ("e-mail" — dirigidas a pessoas determinadas e identificadas, ainda que numa lista extensa, como a correspondência postal, sujeitas ao princípio da inviolabilidade da correspondência), mas também *informações* acessíveis a qualquer outra pessoa igualmente ligada à rede (inclusivamente textos, sons ou imagens semelhantes aos da imprensa, da rádio ou da televisão, respectivamente) e, ainda, manter *grupos de discussão* ("newsgroups") que permitem a troca pública de mensagens sobre qualquer assunto (em situação semelhante à de uma reunião numa praça pública).

2. Em todo o caso, há várias espécies de intervenientes na rede.

a) O **utilizador** (ou utente) é a pessoa que se liga à rede para obter ou difundir informação. Diferentemente do que se passa com os meios mais antigos, qualquer utilizador pode não só receber (como *leitor*), mas também colocar informação na rede, à disposição de qualquer outro utilizador (logo, do público), assumindo uma posição semelhante à do *autor, editor, produtor* ou *realizador*.

b) Intervém, necessariamente, pelo menos, um **operador de telecomunicações**, que se limita, porém, a transportar, por cabo, por via hert-

---

([1]) Lei n.º 31-A/98, art. 60.º, n.º 2 a 4 (itálicos nossos).

ziana ou por satélite, os sinais electrónicos desde as consolas dos utilizadores até aos computadores dos servidores, sem alterar o conteúdo. É função exercida, em Portugal, pela Portugal Telecom, mas também, cada vez mais pela TMN, a Telecel, a Optimus e outras empresas.

c) Papel importante é o do **servidor** ("provider"), cujo computador presta o serviço técnico de administrar e fornecer programas e informações entre os utilizadores e os prestadores de serviços informativos. É função exercida, em Portugal, pela Telepac — Serviços de Telecomunicações, S.A. (sociedade anónima de capitais públicos), por diversas instituições universitárias e outras empresas especializadas. Por ocasião da difusão na Europa de mensagens de pedófilos, os administradores de algumas empresas servidoras foram sujeitos a medidas penais, suscitando a questão da possibilidade da sua intervenção sobre o conteúdo transmitido por seu intermédio ([1]). Problema análogo foi suscitado, em Portugal, com a utilização do sítio Terravista, então disponibilizado pelo Ministério da Cultura, para mensagens e imagens pornográficas.

d) As **empresas jornalísticas electrónicas** são as empresas que, de modo regular e organizado, colocam no seu sítio da rede jornais electrónicos (textos, sons ou e imagens) à disposição de qualquer utilizador.

3. A liberdade de expressão, consagrada no art. 37.º da CRP, é, manifestamente, aplicável a esta modalidade de comunicação social (desenvolvida pelos prestadores de serviços informativos e pelos utilizadores).

Ainda não estão, todavia, esclarecidos pela lei portuguesa os problemas de saber se estes prestadores de serviços mediáticos devem nomear um director, responsável pelos conteúdos difundidos ([2]), se têm o dever de depósito legal, etc..

4. O regime de responsabilidade por **publicações electrónicas** difundidas através da rede não está regulado especificamente na lei portuguesa.

Não parece de aplicar, *directamente*, o disposto a este respeito nas leis da imprensa, da rádio nem da televisão, uma vez que, como vimos,

---

([1]) Cf. BASILE ADER, "La Loi de 1881 à l'épreuve d'Internet", in *Légipresse*, n.º 142, Junho 1997, pág. II-68 e seg..

([2]) Cf., em todo o caso, o Ejorn de 1999, art. 1.º, n.º 1, *in fine*, e 15.º.

Os sujeitos da comunicação social 227

não se trata de nenhum desses meios de comunicação (¹). Consequentemente, parece dever aplicar-se o regime comum da responsabilidade civil (CCiv art. 483.º e segs.) como da responsabilidade penal (CPen art. 26.º a 29.º), sem prejuízo da possibilidade de aplicação *por analogia* de disposições das leis de imprensa, rádio ou televisão, se for caso disso.

SUBSECÇÃO II
A liberdade de comunicação social perante a empresa mediática

DIVISÃO I
Considerações gerais

1. Relativamente às empresas de comunicação social (sobretudo quando sejam grandes), põe-se o problema de saber *quem é o titular do direito fundamental de liberdade de comunicação social* (sobretudo do direito de informar): o proprietário, o director, o chefe de redacção, o redactor, o autor, o editor, o impressor, o tipógrafo ou e o leitor, ouvinte ou telespectador?

Efectivamente, podem surgir situações de conflito de interesses entre estas — e outras — categorias de pessoas, pondo-se com acuidade a questão de saber, afinal, *quem tem a liberdade de comunicação social* e qual dos interesses em conflito deve prevalecer (²).

As respostas a esta questão não são simples nem lineares, são um tanto diferentes consoante se trate de empresas de imprensa, de rádio, de televisão ou de comunicação social electrónica, e dependem muito da delimitação e hierarquização de funções, que serão desenvolvidas posteriormente no curso. Em todo o caso, pode dizer-se, desde já, o seguinte.

(²) Neste sentido, em face da lei alemã, cf. FRANK KOCH, *Internet-Recht*, München, Oldenbourg, 1998, pág. 541 e segs.. Cf., em todo o caso, o Ejorn de 1999, art. 14.º, 19.º e 20.º.

(¹) Sobre este assunto, cf. a sugestiva exposição de NUNO E SOUSA, *ob. cit.*, pág. 90 e segs..

DIVISÃO II

Empresas de imprensa

1. Na **imprensa** — e interessa-nos agora, sobretudo, a imprensa periódica —, pode suscitar-se um problema particularmente delicado de articulação entre o *proprietário* (pessoa singular ou representante da pessoa colectiva, v.g., administrador delegado da sociedade anónima proprietária do jornal) e o *director* da publicação.

O ***proprietário*** (individual ou colectivo) de uma *publicação*, tem: a liberdade de criar a empresa (CRP art. 61.°, n.° 1, LImp de 1999, art. 6.°), podendo definir o seu capital (o que condiciona o valor dos recursos próprios e a possibilidade de recurso ao crédito); a liberdade de fundar a publicação (CRP art. 38.°, n.° 2, alínea b)); de designar e despedir o director (que é um jornalista ou equiparado, normalmente trabalhador subordinado da empresa, embora com autonomia técnica) ([1]); de contratar e despedir os outros jornalistas e demais colaboradores (trabalhadores subordinados ou prestadores de serviço ([2])); de definir o orçamento e outros aspectos quantitativos do meio de comunicação social (número de exemplares, frequência da edição, preço, canais de distribuição, etc.) ([3]).

Numa primeira aproximação, pode pensar-se que o proprietário pode, também, determinar o conteúdo da publicação, no exercício do seu direito de propriedade e de iniciativa económica privada. Seria, aliás, chocante que o proprietário de um jornal fosse obrigado a publicar um texto (e a realizar os correspondentes gastos), que contrariasse frontalmente as suas opiniões e os seus legítimos interesses, ou que fosse injurioso para ele.

([1]) LImp de 1999, art. 19.°, n.° 2, EJorn de 1999, art. 1.° e 15.°, LCT art. 5.°, n.° 2. É evidente a importância deste poder: a escolha para director de um liberal ou de um socialista, de um católico ou de um maçon, etc., é determinante da orientação concreta da publicação.

([2]) LCT art. 1.° e CCiv art. 405.° e 1152.°.

([3]) LCT art. 39.°. Sendo a empresa jornalística uma sociedade anónima, cabe aos accionistas determinar o montante do capital, designar e destituir os administradores e membros do órgão de fiscalização, e aprovar o relatório e contas anuais (CSC art. 9.°, 272.°, 373.°, 376.°, 391.°,403.°, 415.° a 419.°). Compete aos administradores definir a política geral da empresa, criar a publicação, contratar e despedir o director, os jornalistas e demais colaboradores, definir a afectação dos recursos materiais e financeiros, adquirir os equipamentos, celebrar contratos publicitários, etc. (CSC art. 406.° e 408.°).

No entanto, a LImp atribui o poder de determinar o *conteúdo* da publicação ao *director* (art. 20.º, n.º 1, al. a)), em cooperação com o *conselho de redacção* (art. 23.º, n.º 2, al. d)).

Por outro lado, a CRP afirma o princípio da *independência* dos órgãos de comunicação social perante o *poder económico* (art. 38.º, n.º 4) — o que visa evitar a influência dos grandes grupos económicos (com poder no âmbito nacional ou sectorial). É, porém, duvidoso que este princípio se destine a impedir a intervenção de todo e qualquer proprietário de uma publicação, seja grande ou pequena empresa, desligado de outras empresas.

Ficam, assim, em colisão a liberdade de comunicação social, o princípio da independência perante o poder económico e o direito de propriedade — também consagrado no art. 62.º da CRP.

Em qualquer caso, se não parece que deva ser o proprietário a elaborar o jornal, ele pode, na realidade, condicioná-lo fortemente, uma vez que pode sempre despedir o director (com ou sem indemnização, isso é outro problema) e este pode provocar o despedimento de jornalistas que não respeitem as suas ordens.

2. A definição do conteúdo da publicação a emitir é, fundamentalmente, tarefa incluída na liberdade de imprensa dos ***jornalistas e colaboradores***, que têm, sem dúvida, um papel privilegiado neste domínio.

Na verdade, a Constituição garante aos jornalistas:

a) A liberdade de expressão e criação, bem como a liberdade de intervenção na orientação editorial dos respectivos órgãos de comunicação social, salvo quando pertencerem ao Estado ou tiverem natureza doutrinária ou confessional;

b) O direito ao acesso às fontes de informação e à protecção da independência e do sigilo profissionais, bem como o direito de elegerem conselhos de redacção (art. 38.º, n.º 2, alínea a) e b)).

Entre os jornalistas de publicações periódicas, tem supremacia o ***director*** da publicação (que é jornalista ou equiparado ([1])), pois a ele compete "a orientação, superintendência e determinação do conteúdo do periódico" (LImp de 1999, art. 20.º, n.º 1, alínea a)), podendo ser coadjuvado e substituído por directores adjuntos ou subdirectores (LImp art. 21.º, n.º 1).

([1]) EJorn de 1999, art. 1.º e 15.º.

Na realidade, ocorrem frequentemente conflitos entre o director do jornal e os demais jornalistas, pois estes recusam, por vezes, que o director lhes imponha a sua opinião — o que seria, para eles, uma forma de "censura interna" —, enquanto o director alega ter poderes para orientar a publicação e ser responsável civil e criminalmente pela orientação do jornal e pelas informações publicadas. O mesmo tipo de conflito pode surgir entre um jornalista e o chefe de redacção.

Em face do disposto nos preceitos citados, a posição do director é decisiva, podendo este impedir a publicação de textos que contrariem o estatuto editorial ou a orientação da publicação. Em todo o caso, a intervenção do director não deve ser arbitrária e, quanto a textos assinados, não parece que ele possa afectar-lhes o sentido essencial — embora possa impor limites decorrentes da paginação, etc..

Por outro lado, o director deve também atender à posição dos jornalistas, expressa por eles próprios ou, quando sejam mais de cinco, através do conselho de redacção.

Na verdade, nos periódicos com mais de cinco jornalistas profissionais, devem existir *conselhos de redacção* (compostos por jornalistas profissionais eleitos pelos seus pares), aos quais compete:

"*a*) Pronunciar-se, nos termos dos artigos 19.º e 21.º, sobre a designação ou demissão, pela entidade proprietária, do director, do director-adjunto ou do subdirector da publicação;

b) Dar parecer sobre a elaboração e as alterações ao estatuto editorial, nos termos dos n.ºs 2 e 4 do artigo 17.º;

c) Pronunciar-se, a solicitação do director, sobre a conformidade de escritos ou imagens publicitários com a orientação editorial da publicação;

d) Cooperar com a direcção no exercício das competências previstas nas alíneas a), b) e e) do n.º 1 do artigo 20.º [orientação do periódico, elaboração do estatuto editorial e representação da publicação];

e) Pronunciar-se sobre todos os sectores da vida e da orgânica da publicação que se relacionem com o exercício da actividade dos jornalistas, em conformidade com o respectivo estatuto e código deontológico;

f) Pronunciar-se acerca da admissão e da responsabilidade disciplinar dos jornalistas profissionais, nomeadamente na apreciação de justa causa de despedimento, no prazo de cinco dias a contar da data em que o processo lhe seja entregue" (LImp de 1999, art. 23.º, n.º 2).

Os sujeitos da comunicação social

3. Num plano diverso, o *editor* e o *impressor* têm a possibilidade física de recusar a publicação de obras que não lhes agradem ou que considerem pouco rendíveis, originando-se um conflito entre a liberdade do editor e do impressor e a do autor, jornalista ou director que não conseguiria difundir o seu pensamento.

É claro que, em face das disposições legais já acima citadas, a posição do editor ou do impressor tem de ceder perante a do director, jornalista ou autor (desde que lhe paguem o que for devido...).

4. Além disso, o direito à *greve* dos **trabalhadores** da empresa de comunicação social (tipógrafos ou quaisquer outros) pode colidir com a liberdade de comunicação social. Invocando a defesa de interesses laborais, podem os trabalhadores impedir, pela greve, a publicação de um jornal? Ou recusar-se a imprimir textos que contrariem as suas opiniões ou os seus interesses?

O direito à greve é um direito fundamental, consagrado no art. 57.º da CRP, incluído no Título II, dos "Direitos, liberdades e garantias". Os tipógrafos foram dos primeiros a utilizar a greve como meio de pressão sobre os empregadores.

Há situações em que o direito à greve dos trabalhadores da comunicação social não pode deixar de ser reconhecido, mesmo que prejudique a liberdade de comunicação social de outras pessoas. Por exemplo, para reivindicar aumentos salariais, em caso de significativa perda de valor resultante da inflação.

Não pode, todavia, considerar-se lícita uma greve que tenha por único objectivo impedir a expressão de uma opinião, mesmo que contrarie interesses dos trabalhadores — desde que, é claro, seja assegurado o direito de resposta, nos termos da lei.

5. E o *vendedor* de jornais poderá recusar-se a vender os que contrariem os seus interesses (por exemplo, por terem artigos a defender a redução das suas comissões)? A liberdade de comércio deve prevalecer sobre a liberdade de comunicação social?

A resposta depende do tipo de relações que o vendedor tenha com a empresa jornalística.

Se o vendedor for trabalhador subordinado da própria empresa jornalística, não poderá, em regra, opor-se à venda da publicação — embora tenha direito de resposta, nos termos da lei.

Se for um vendedor autónomo, que compra, dia a dia, jornais para revenda em nome e por conta própria, sem qualquer compromisso a prazo, não parece possível obrigá-lo a comprar jornais contra vontade.

Situação diversa será a do vendedor que compra jornais para revenda e, depois, se recusa a vendê-los. Essa atitude poderá, eventualmente, ser considerada uma forma de censura, proibida pela CRP (art. 37.º, n.º 2). Haverá que ter em conta, também, o disposto na Lei sobre as práticas individuais restritivas do comércio, v.g. sobre a recusa da venda ([1]).

6. O próprio *leitor* pode considerar que é ele o titular último do direito à informação — informação verdadeira, rigorosa, objectiva e actual —, que pode entrar em conflito com o interesse dos jornalistas ou colaboradores de expressar a sua opinião sobre os factos, assim como com o interesse do proprietário do órgão de comunicação social em difundir certas mensagens que não interessam àquele.

A este propósito, importa salientar, sobretudo, que a empresa jornalística não tem, em regra, a obrigação de publicar o que *qualquer pessoa* pretenda divulgar: o *público* não tem, em regra, o direito de exigir a publicação de uma determinada mensagem. A aceitação ou não de uma determinada proposta de divulgação depende, em regra, de decisão do director ou daqueles em quem este delegar tal poder. Estas regras têm, obviamente, excepções, que serão analisadas posteriormente (v.g., nos casos de direito de resposta, de rectificação e de réplica política).

DIVISÃO III

Empresas de rádio

1. Nas empresas de rádio e de televisão, a situação relativa dos vários intervenientes apresenta semelhanças, mas também diferenças significativas, relativamente ao que se passa na imprensa.

Na verdade, a actividade de *radiodifusão* pode ser exercida por empresas de capitais públicos ou empresas privadas ou cooperativas ([2]).

([1]) Dec.-Lei n.º 370/93, de 29.10, art. 4.º, v.g. a alínea g) do n.º 3.
([2]) CRP art. 38.º, n.º 5 e 7; Lei n.º 87/88, art. 2.º, n.º1.

Os sujeitos da comunicação social 233

2. O Estado deve assegurar um *serviço público* de rádio ([1]), que deve ser exercido por "empresa de capitais públicos" ([2]).

Na realidade, é exercido pela Radiodifusão Portuguesa, SA — uma sociedade anónima de capitais exclusivamente públicos, cujos estatutos em vigor foram aprovados pelo Dec.-Lei n.º 2/94, de 10.1.

Entre os órgãos da RDP, SA, o *conselho de administração* tem um papel determinante, pois lhe compete, designadamente, "gerir os negócios sociais e praticar todos os actos relativos ao objecto social que não caibam na competência atribuída a outros órgãos", "estabelecer a organização técnico-administrativa da sociedade e a regulamentação do seu funcionamento interno, designadamente o quadro de pessoal e remuneração" ([3]).

Os membros do conselho de administração são eleitos pela *assembleia geral* (art. 9.º, alínea a)), ou seja, pelo accionista único Estado, cujos direitos são exercidos por um representante designado por despacho conjunto do Ministro das Finanças e do membro do Governo responsável pela área da comunicação social ([4]).

Posição importante é a dos *directores dos serviços de programação e de informação*, nomeados e destituídos pelo conselho de administração, mediante parecer prévio da AACS ([5]), que são responsáveis pelo conteúdo da programação e da informação, respectivamente ([6]), e que são jornalistas ou equiparados ([7]).

Os *jornalistas* da RDP, SA, têm o direito de constituir um *conselho de redacção*, ao qual compete, nomeadamente, pronunciar-se sobre a admissão e o despedimento de jornalistas profissionais e a aplicação aos mesmos de sanções disciplinares, bem como sobre o exercício da actividade profissional dos jornalistas ([8]).

([1]) CRP art. 38.º, n.º 5.

([2]) Lei n.º 87/88, de 30.7, art. 2.º, n.º 2 (na versão da Lei n.º 2/97, de 18.1).

([3]) Estatutos, art. 13.º, n.º 1, alínea a) e e).

([4]) Salvo quando a gestão tenha sido cometida a outra entidade do sector público — Dec.-Lei n.º 2/94, de 10.1, art. 6.º, n.º 2 e 3.

([5]) Lei n.º 43/98, de 6.8, art. 4.º, al. e).

([6]) O estatuto da RDP, SA (aprovado pelo DL n.º 2/94, de 10.1) é expresso neste sentido (art. 4.º, n.º 2).

([7]) EJorn de 1999, art. 1.º e 15.º.

([8]) Dec.-Lei n.º 2/94, de 10.1, art. 10.º. Parece dever entender-se que o art. 13.º do EJorn de 1999 também se aplica aos jornalistas da RDP, S.A..

A RDP, SA tem, ainda, um *conselho de opinião*, composto por representantes designados pela Assembleia da República, pelo Governo, pelas Regiões autónomas, pelos trabalhadores da empresa e pelas principais associações representativas da sociedade civil, ao qual compete apreciar os planos de actividades, as bases gerais de programação, etc. ([1]).

3. Os operadores *privados* de rádio têm de ser pessoas colectivas ([2]), sendo, na sua maioria, sociedades comerciais (anónimas ou por quotas ([3])).

Nestas sociedades, o órgão supremo é a *colectividade dos sócios* ([4]), mas, no dia a dia, o papel dominante cabe ao *conselho de administração* ou aos *gerentes*, eleitos, em regra, pelos sócios ([5]).

Em todo o caso, nas rádios de cobertura geral e regional, o serviço noticioso e as funções de redacção têm de ser assegurados por *jornalistas* titulares da respectiva carteira profissional. Esta exigência não se aplica, porém, às rádios de cobertura local ([6]).

Entre os jornalistas, tem papel fundamental o *director* de informação ([7]).

Nas rádios com mais de cinco jornalistas, estes poderão eleger um *conselho de redacção* ([8]).

Os programas devem indicar o título e o nome do *autor*, presumindo-se ser este o responsável pela emissão. Na falta destas indicações, respondem pela emissão os *responsáveis pela programação* ([9]).

([1]) Dec.-Lei n.º 2/94, de 10.1, art. 8.º, n.º 2; e Estatutos, art. 20.º.

([2]) Dec.-Lei n.º 130/97, de 27.5, art. 2.º, n.º 1.

([3]) São sociedades anónimas, por exemplo, a Rádio Comercial, SA (reprivatizada segundo o Dec.-Lei n.º 260/92, de 24.11) e a Rádio Jornal, SA. É sociedade por quotas, por exemplo, a Rádio Renascença, L.da..

([4]) Correntemente designada assembleia geral; mas esta expressão não é totalmente rigorosa, pois o CSC permite deliberações dos sócios tomadas por escrito, sem reunião (art. 54.º, 189.º, 247.º, 373.º e 472.º).

([5]) CSC art. 252.º, n.º 2, e 391.º, n.º 1.

([6]) Lei n.º 87/88, de 30.7, art. 12.º-A, n.º 1, introduzido pela Lei n.º 2/97, de 18.1.

([7]) EJorn de 1999, art. 1.º e 15.º. A Lei da Rádio não impõe a existência de um director da emissora ou de um director de informação (referindo-se a "responsáveis pela programação", no art. 10.º, n.º 2, 29.º e 30.º), embora, de facto, ele exista (com essa ou outra denominação).

([8]) Lei 87/88, de 30.7, art. 12.º-A, n.º 2, na redacção da Lei n.º 2/97, de 18.1.

([9]) Lei n.º 87/88, art. 10.º, na redacção da Lei n.º 2/97, de 18.1.

Os sujeitos da comunicação social 235

A posição dos vários intervenientes nas emissões de rádio é, naturalmente, influenciada pelo regime de *responsabilidade criminal e civil*, já referido acima.

DIVISÃO IV

Empresas de televisão

1. Situação um pouco diferente se verifica nas empresas de *televisão*.

Na verdade, a actividade de televisão pode ser exercida por operadores públicos ou privados ([1]).

2. O Estado deve assegurar um *serviço público* de televisão ([2]), que deve ser exercido em regime de concessão por "operador de capitais exclusiva ou maioritariamente públicos, cujos estatutos são aprovados por decreto-lei" ([3]).

Na realidade, é exercido pela Radiotelevisão Portuguesa, SA — uma sociedade anónima de capitais exclusivamente públicos, cujos estatutos em vigor foram aprovados pela Lei n.º 21/92, de 14.8 — na base de um contrato de concessão ([4]).

Entre os órgãos da RTP, SA (do mesmo modo que na RDP), o *conselho de administração* tem um papel determinante, pois lhe compete, designadamente, "gerir os negócios sociais e praticar todos os actos relativos ao objecto social que não caibam na competência atribuída a outros órgãos", "estabelecer a organização técnico-administrativa da sociedade e a regulamentação do seu funcionamento interno, designadamente o quadro de pessoal e remuneração" ([5]). Os membros do conselho de administração são eleitos pela assembleia geral (art. 9.º, alínea a)), ou seja, pelo accionista único Estado, cujos direitos são exercidos por um representante designado por despacho conjunto do Ministro das Finanças e do membro do Governo responsável pela área da comunicação social ([6]).

([1]) CRP art. 38.º, n.º 5 e 7; Lei n.º 31-A/98, de 14.7, art. 11.º e 43.º.

([2]) CRP art. 38.º, n.º 5; Lei n.º 31-A/98, de 14.7, art. 5.º.

([3]) Lei n.º 31-A/98, art. 42.º e 43.º, n.º 1.

([4]) Lei n.º 31-A/98, art. 43.º, n.º 2. O contrato de concessão em vigor foi assinado em 17.3.1993.

([5]) Estatutos, art. 13.º, n.º 1, alínea a) e e).

([6]) Salvo quando a gestão tenha sido cometida a outra entidade do sector público — Lei n.º 21/92, art. 6.º, n.º 2 e 3.

Posição importante é a dos *directores dos serviços de programação e de informação*, nomeados e destituídos pelo conselho de administração, mediante parecer prévio da AACS (¹), que são responsáveis pela selecção e o conteúdo da programação e da informação, respectivamente (²), e que são considerados jornalistas ou equiparados (³).

Os serviços noticiosos são, em regra, assegurados por *jornalistas* (⁴).

Os *jornalistas* da RTP, SA, têm o direito de constituir um *conselho de redacção*, ao qual compete, nomeadamente, pronunciar-se sobre a admissão e o despedimento de jornalistas profissionais e a aplicação aos mesmos de sanções disciplinares, bem como sobre o exercício da actividade profissional dos jornalistas (⁵).

A RTP, SA, tem, igualmente, um *conselho de opinião*, composto por representantes designados pela Assembleia da República, pelo Governo, pelas Regiões autónomas, pelos trabalhadores da empresa e pelas principais associações representativas da sociedade civil, ao qual compete apreciar os planos de actividades, as bases gerais de programação, etc. (⁶).

3. Os operadores *privados* de televisão têm de ser pessoas colectivas, podendo assumir a forma de sociedade anónima, de cooperativa (⁷) ou, tratando-se de canais sem fins lucrativos, de associações ou fundações (⁸).

Na realidade, existem apenas duas sociedades operadoras de televisão por ondas hertzianas (SIC — Sociedade Independente de Comunicação, SA e TVI — Televisão Independente, SA) e várias de televisão por cabo (TV Cabo Lisboa, SA, etc.).

(¹) Lei n.° 43/98, de 6.8, art. 4.°, al. e).
(²) Lei n.° 21/92, de 14.8, art. 4.°, n.° 5, e Estatutos da RTP, S.A., art. 4.°, n.° 2.
(³) EJorn de 1999, art. 1.° e 15.°.
(⁴) Embora a Lei não o imponha explicitamente, quanto à RTP, diversamente do que faz para as emissoras privadas (Lei n.° 31-A/98, de 14.7, art. 29.°).
(⁵) Lei n.° 21/92, de 14.8, art. 10.°; EJorn de 1999, art. 13.°.
(⁶) Lei n.° 21/92, de 14.8, art. 8.°, n.° 2; e Estatutos, art. 20.° e 21.°.
(⁷) O art. 11.° da Lei n.° 31-A/98 fala em "sociedade cooperativa"; a doutrina dominante entende, todavia, que as cooperativas não são sociedades, por não terem fim lucrativo, mas sim mutualista. Neste sentido, cf. Luís Brito Correia, *Direito Comercial*, 1989, vol. II, pág. 58 e segs..
(⁸) Lei n.° 31-A/98, de 14.7, art. 11.°, n.° 3.°.

Em todas estas sociedades, o órgão supremo é a *colectividade dos accionistas*, mas, no dia a dia, o papel dominante cabe ao *conselho de administração*, cujos membros são, em regra, eleitos pelos accionistas [1].

"Cada canal de televisão deve ter um *director* responsável pela orientação e supervisão do conteúdo das emissões" e "Cada canal de televisão que inclua programação informativa deve designar um *responsável pela informação*" [2].

Os serviços noticiosos devem ser assegurados por *jornalistas* [3].

Os jornalistas têm o direito de constituir *conselhos de redacção* [4].

A posição dos vários intervenientes nas emissões de televisão é, naturalmente, influenciada pelo regime de *responsabilidade criminal e civil*, já referida acima.

DIVISÃO V

Empresas de comunicação social electrónica

Actualmente, os "jornais", "radiojornais" e "telejornais" transmitidos electronicamente, por via da Internet, são elaborados por empresas de imprensa, de rádio ou de televisão, respectivamente, sujeitas ao regime acima referido.

Nada impede, porém, que qualquer pessoa (singular ou colectiva, nacional ou estrangeira) se dedique a elaborar e difundir jornais multimédia, exclusivamente electrónicos (sem qualquer suporte impresso nem emissão de rádio ou de televisão), ou crie uma empresa colectiva para isso.

Uma tal empresa não está sujeita ao regime das empresas de imprensa, de rádio nem de televisão, acima analisados, mas apenas ao direito comum (à CRP, ao CPen, ao CSC, etc.).

Vigora, assim, um princípio de liberdade de expressão e de recepção, apenas com as limitações decorrentes da lei geral (penal, civil, etc.)

Aqueles que exerçam aí actividades jornalísticas estão, todavia, abrangidos pelo EJorn de 1999 (art. 1.º, n.º 1, "in fine").

---

[1] CSC art. 391.º, n.º 1.

[2] Lei n.º 31-A/98, de 14.7, art. 27.º (itálico nosso).

[3] Lei n.º 31-A/98, de 14.7, art. 29.º.

[4] Lei n.º 31-A/98, de 14.7, art. 30.º; EJorn de 1999 art. 13.º.

SECÇÃO IV

Associações de leitores, de rádio-ouvintes e de telespectadores

1. Os meios de comunicação social têm tal impacte sobre a opinião pública e sobre as atitudes das pessoas nos mais variados aspectos da sua vida quotidiana, que os seus utilizadores (não jornalistas) sentem, frequentemente, a necessidade de manifestar opiniões diversas das neles expressas e o desejo de apoiar ou desapoiar ou mesmo pressionar esses meios para alcançar certos objectivos.

Daí que tenhamos vindo a assistir à constituição de diversas associações de utentes dos meios de comunicação social, sobretudo de rádio-ouvintes e de telespectadores, que funcionam, por vezes, como verdadeiros grupos de pressão.

2. Do ponto de vista jurídico, tais associações podem constituir-se ao abrigo da liberdade de associação, consagrada na Constituição (art. 46.º), da Lei n.º 594/74, de 7.11 ([1]), e do Código Civil (art. 157.º a 184.º).

Exemplos de tais associações são a Liga dos Amigos da Rádio Renascença e a Associação Portuguesa de Telespectadores.

([1]) Alterada pelo Dec.-Lei n.º 71/77, de 25.2.

CAPÍTULO II
Empresas de comunicação social

SECÇÃO I
Noção e espécies

1. Tendo verificado que a liberdade de comunicação social é assegurada à generalidade das pessoas (embora com algumas limitações referidas ou a referir mais adiante), resulta já do que disse acima que, neste domínio, desempenham um papel particularmente importante as empresas de comunicação social.

Interessa, por isso, delimitar melhor o conceito de empresa de comunicação social e estudar o seu regime jurídico, no que tem de essencial e específico.

Sem pretender entrar aqui no debate sobre o conceito de empresa, em geral ([1]), direi apenas que se utiliza a expressão *empresas de comu-*

([1]) A expressão *empresa* é utilizada pela lei com diversos significados, que podem reconduzir-se a três principais: empresa-pessoa, empresa-objecto e empresa--actividade.

a) Empresa como pessoa — Em sentido subjectivo amplo, empresa é a pessoa ou conjunto de pessoas que exercem uma actividade económica de produção e ou distribuição de bens e ou serviços para o mercado, utilizando para isso meios financeiros e materiais (matérias primas, equipamentos, etc.). Note-se que há quem sustente que é essencial ao conceito de empresa o fim lucrativo, não bastando o objectivo de cobrir os custos (abaixo destes, a empresa entra rapidamente em ruptura financeira, não podendo sobreviver). Deve observar-se também que, segundo a lei portuguesa, as empresas públicas devem prosseguir um fim lucrativo (Dec.-Lei n.º 260/76, de 8.4, art. 21, n.º 2, alínea b), 34.º, n.º 2, e Dec.-Lei n.º 75-A/77, de 28.2). Em todo o caso, quanto às empresas municipais, intermunicipais e regionais, a lei apenas impõe que a gestão assegure "a sua viabilidade económica e equilíbrio financeiro" (Lei n.º 58/98, de 18.8, art. 29.º).

Num sentido subjectivo mais restrito, distingue-se a empresa (*empresário* ou empregador) dos restantes colaboradores (trabalhadores subordinados ou colaboradores com estatutos jurídicos diversos) — que fazem parte da empresa em sentido amplo.

nicação social para referir, sinteticamente, as *pessoas* singulares ou colectivas (qualquer que seja a sua forma ou tipo) que exercem, em nome e por conta própria e de modo organizado, uma actividade de recolha, tratamento e divulgação de informações destinadas ao público, através da imprensa, do cinema, da rádio, da televisão e de outros meios análogos.

Correspondem às *organizações* que produzem e divulgam os suportes da informação mediática, sejam publicações, sejam emissões de rádio ou televisão.

Como produtos feitos em massa e postos à disposição do público mediante um preço, as mensagens mediáticas tornam-se objecto possível de negócios jurídicos, independentemente de saber se são predominantemente expressão da liberdade de pensamento individual ou mero objecto de comércio ou e um serviço público ([1]).

2. As várias *espécies* de empresas de comunicação social podem classificar-se segundo diversos critérios.

Do ponto de vista *jurídico*, importa atender, primeiro, à distinção entre empresas *singulares* (ou individuais) e empresas *colectivas*, devendo notar-se, desde já, que as pessoas singulares podem ser proprietárias de

---

A empresa é, então, a pessoa singular ou colectiva que exerce, em nome e por conta própria, aquela actividade económica. Note-se, porém, que empresa e empregador (ou entidade patronal) não são expressões sinónimas: há empregadores que não são empresas (por ex., o empregador de um motorista particular pode não ser um empresário, tal como não o é um advogado relativamente aos seus empregados); e podem existir empresas sem trabalhadores ao seu serviço (por ex., empresas exclusivamente familiares).

Empresas comerciais são as que se dedicam a actividades comerciais (no sentido dos art. 2.º e 230.º do Código Comercial); mas nem todas as empresas são comerciais: há empresas civis (v.g. agrícolas, artesanais, etc.), empresas cooperativas e empresas públicas com objecto não comercial.

b) Empresa como objecto — Utiliza-se o termo empresa também para referir o conjunto de bens e serviços organizado pelo empresário com vista ao exercício da sua actividade económica. Neste sentido, empresa é sinónimo de estabelecimento.

c) Empresa como actividade — Usa-se a expressão empresa também no sentido de actividade económica de produção e ou distribuição de bens e ou serviços, exercida pelo empresário (ou pela empresa em sentido subjectivo).

([1]) Cf. WALTER BERKA, "Medien zwischen Freiheit und Verantwortung", in JOSEF AICHER – MICHAEL HOLOUBEK (Hrsg.), *Das Recht der Medienunternehmen*, Wien, Orac, 1998, pág. 5.

Os sujeitos da comunicação social 241

publicações periódicas (¹), mas não podem ter estações de radiodifusão sonora nem televisiva (²).

Entre as empresas *colectivas*, pode haver pessoas colectivas *de direito privado* e pessoas colectivas *de direito público*.

As empresas colectivas de comunicação social *de direito privado* podem assumir a forma de *sociedades comerciais* (³) ou de *cooperativas* (⁴).

As empresas colectivas de comunicação social *de direito público* assumiram a forma de *empresas públicas* ou de empresas de forma privada, mas *de capitais públicos*.

3. As **sociedades**, em geral, podem ser encaradas como *negócio jurídico* que cria um certo sistema de relações jurídicas entre pessoas (entre a sociedade e os sócios ou os membros dos órgãos, ou entre a sociedade e terceiros) ou como sistema duradouro de *relações jurídicas* (dotado ou não de personalidade jurídica) criado por esse negócio jurídico.

Na primeira perspectiva, o Código Civil define o *contrato* de sociedade como "aquele em que duas ou mais pessoas se obrigam a contribuir com bens ou serviços para o exercício em comum de certa actividade económica, que não seja de mera fruição, a fim de repartirem os lucros resultantes dessa actividade" (art. 980.°).

Deste modo, são elementos essenciais da sociedade (civil):
— a dualidade ou pluralidade de partes (elemento pessoal);

(¹) LImp 1999, art. 6.°.

(²) Dec.-Lei n.° 130/97, de 27.5, art. 2.°, n.° 1; Lei n.° 29/92, de 14.8, art. 9.°, n.° 1.

(³) O art. 7.°, n.° 1, da LImp 1975 admitia expressamente empresas jornalísticas "sob a forma comercial". A LImp 1999, no art. 6.°, não é explícita a tal respeito, o que significa que remete para a legislação respectiva a qualificação.

(⁴) A CRP distingue os sectores de propriedade dos meios de produção em público, privado e cooperativo (art. 82.°). A doutrina jurídica sempre tem considerado, porém, as cooperativas como pessoas colectivas de direito privado. O Código Comercial considerava-as mesmo como uma espécie de sociedade comercial (de capital variável e número ilimitado de sócios — art. 207.° a 223.°), mas o Código Cooperativo de 1982 (aprovado pelo Dec.-Lei n.° 454/80, de 9.10) não as qualificou como sociedades, orientação que se mantém com o Código Cooperativo de 1996 (aprovado pela Lei n.° 51/96, de 7.9). Só as chamadas "régies" cooperativas a que a lei, porventura, atribua poderes de autoridade pública poderão considerar-se pessoas colectivas de direito público.

242   *Direito da Comunicação Social*

— a obrigação de contribuir com bens ou serviços (elemento patrimonial);

— o exercício de certa actividade económica, que não seja de mera fruição, com o fim de distribuir lucros (elemento teleológico) ([1]).

As *sociedades comerciais* distinguem-se das sociedades civis, fundamentalmente, por terem objecto e forma comercial, isto é, por se proporem praticar actos de comércio (no sentido do art. 2.º do Código Comercial) e por adoptarem um dos tipos previstos no Código das Sociedades Comerciais (sociedade em nome colectivo, sociedade por quotas, sociedade anónima, sociedade em comandita simples ou sociedade em comandita por acções) (CSC art. 1.º, n.º 2). Além disso, tendo todas as sociedades comerciais regularmente constituídas (validamente, por escritura pública e com registo comercial ([2])) personalidade jurídica ([3]), admite-se que se constituam com um único sócio ([14]), ou seja, por negócio jurídico unilateral (sem contrato), assim como por lei ou decreto-lei (acto administrativo com a forma de acto legislativo)([5])([6]).

Disse que as empresas colectivas de comunicação social *de direito privado* podem assumir a forma de sociedades *comerciais* e não de sociedades civis, porque o Código Comercial, expressamente, considera comerciais as empresas singulares ou colectivas que se propuserem "Editar, publicar ou vender obras científicas, literárias ou artísticas", ressalvando embora a posição "do artista, industrial, mestre ou oficial de ofício mecânico que exerce directamente a sua arte, indústria ou ofício" (o artesão)

([1]) A doutrina discute se a sociedade civil regularmente constituída tem ou não personalidade jurídica. A posição dominante e que parece mais acertada é no sentido de entender que a sociedade civil não tem personalidade jurídica, a não ser que se constitua por escritura pública (CCiv art. 157.º e 158.º, na redacção de 1977) ou que lei especial lha atribua (e há vários casos em que isso acontece). Para maiores desenvolvimentos, cf. Luís Brito Correia, *Direito Comercial*, 1989, vol. II, pág. 15 e segs., e autores aí citados.

([2]) CSC art. 5.º, 6.º a 18.º e 36.º a 52.º.

([3]) CSC art. 5.º.

([4]) CSC art. 488.º.

([5]) Por exemplo, a RDP, S.A., foi constituída pelo Dec.-Lei n.º 2/94, de 10.1; e a RTP, S.A., foi constituída pela Lei n.º 29/92, de 14.8, em resultado da transformação das respectivas empresas públicas em sociedades anónimas.

([6]) Para maiores desenvolvimentos sobre a noção e as espécies de sociedades comerciais, cf. Luís Brito Correia, *Direito Comercial*, vol. II, 1989, pág. 5 e segs. e 93 e segs..

e do "próprio autor que editar, publicar ou vender as suas obras" [1]. Entre tais "obras" devem incluir-se as publicações periódicas [2]. Ou seja, as actividades de imprensa são *actos de comércio* quando exercidas de modo empresarial, mas são *actos civis* quando exercidas directamente pelo autor ou por artesão.

Quanto à qualificação da actividade de radiodifusão sonora ou televisiva como comercial ou civil, é de notar que o Código Comercial de 1888 considera comerciais as empresas que se propuserem "explorar quaisquer espectáculos públicos" (art. 230.º, n.º 4.º). Ora, a legislação sobre espectáculos e divertimentos públicos é expressa em considerar a radiodifusão sonora e visual como espectáculo público [3].

Como as sociedades que tenham por objecto a prática de actos de comércio são, necessariamente, sociedades comerciais e não civis (CSC art. 1.º)[4], as sociedades que se proponham exercer actividades de imprensa, rádio ou televisão têm a natureza de *sociedades comerciais*.

4. As *cooperativas* caracterizam-se por serem "pessoas colectivas autónomas, de livre constituição, de capital e de composição variáveis, que, através da cooperação e entreajuda dos seus membros, com obe-

---

[1] Art. 230.º, n.º 4.º e 5.º e §§ 1.º e 3.º.

[2] Neste sentido, cf. L. CUNHA GONÇALVES, *Comentário ao Código Comercial Português*, Lisboa, Empreza Editora J.B., 1914, vol. I, pág.607 e segs.; JOSÉ TAVARES, *Sociedades e Empresas Comerciais*, Coimbra, Coimbra Editora, 2ª. ed., 1924, pág. 766 e segs..

[3] Cf. Dec.-Lei n.º 42.660, de 20.11.1959, art. 2.º, § único. Este diploma e os que o regulamentam e alteram só sujeitam ao regime neles previsto (que respeita à exigência de licença de recinto, de registo da entidade promotora e de visto do espectáculo, bem como à superintendência da Inspecção dos Espectáculos — hoje, Direcção--Geral dos Espectáculos) a recepção pública de emissões de radiodifusão em certas condições (Dec.-Lei n.º 42.660, art. 3.º e segs.; Dec. n.º 42.661, de 20.11.1959, etc.; sobre o assunto cf. ANTÓNIO XAVIER — JÚLIO MELO, *Espectáculos e Divertimentos Públicos — Regime Jurídico*, Lisboa, Direcção-Geral da Comunicação Social, 1987).

[4] Dizendo isto, não excluo, obviamente, a possibilidade de editar obras para distribuição gratuita ou sem fins lucrativos ou de realizar espectáculos sem fim lucrativo (por motivos religiosos, políticos ou de beneficência, por exemplo) — que não são actos de comércio —, só que não se trata então de uma empresa, nem para isso poderá constituir-se uma sociedade civil (que tem necessariamente um fim lucrativo — CCiv art. 980.º — e não pode exercer actividades artesanais, pela definição destas). Sobre o assunto, cf., por exemplo, L. CUNHA GONÇALVES, *Comentário ao Código Comercial Português*, 1914, vol. I, pág. 607 e segs.; JOSÉ TAVARES, *Sociedades e Empresas Comerciais*, Coimbra, Coimbra Editora, 2ª. ed., 1924, pág. 762 e segs..

diência aos princípios cooperativos (¹), visam, sem fins lucrativos, a satisfação das necessidades e aspirações económicas, sociais e culturais daqueles", podendo ainda, em certas condições, realizar operações com terceiros (CCoop art. 2.º).

O regime das cooperativas consta, fundamentalmente, do Código Cooperativo (aprovado pela Lei n.º 51/96, de 7.9)(²).

5. As *empresas públicas* são as criadas pelo Estado, com capitais próprios ou prestados por outras entidades públicas, para a exploração de actividades económicas ou sociais, de acordo com o plano económico nacional.

Regem-se por um estatuto próprio, que foi aprovado pelo Dec.--Lei n.º 260/76, de 8.4, e sofreu diversas alterações posteriores, sendo de destacar a Lei n.º 58/98, de 18.8.

O Dec.-Lei n.º 260/76 foi recentemente revogado e substituído pelo Dec.-Lei n.º 558/99, de 17.12, que aprovou o novo Regime Geral do Sector Empresarial do Estado e Bases Gerais do Estatuto das Empresas Públicas do Estado.

Os dois diplomas mais recentes acentuam, por um lado, a *assimilação* do regime das empresas públicas ao regime das sociedades comerciais (sobretudo anónimas), tanto em matéria comercial e de concorrência, como nos domínios laboral e fiscal; por outro lado, regulam em novos moldes o regime *específico* das empresas públicas, nomeadamente, quanto à sua *missão* de contribuir para o equilíbrio económico e financeiro do sector público e para a satisfação das necessidades da colectividade, quanto à sua subordinação às *orientações estratégicas* e à *tutela* do Ministro das Finanças e do ministro do respectivo sector e quanto ao *controlo financeiro* pela Inspecção-Geral de Finanças. Em certos domínios, poderão ter poderes de autoridade, cujo exercício está sujeito à jurisdição contenciosa dos tribunais administrativos.

(¹) Estes princípios estão indicados no art. 3.º do CCoop: 1.º Adesão voluntária e livre; 2.º Gestão democrática pelos membros; 3.º Participação económica dos membros; 4.º Autonomia e independência; 5.º Educação, formação e informação; 6.º Intercooperação; 7.º Interesse pela comunidade.

(²) Para maiores desenvolvimentos, cf. LUÍS BRITO CORREIA, *Direito Comercial*, 1989, vol. II, pág. 58 e segs..

Com base nestes diplomas, podem classificar-se as empresas públicas do seguinte modo:

a) **Sector empresarial do Estado** ou de outras entidades públicas estaduais:

i – *Empresas públicas*, em que a entidade pública estadual tem posição dominante no capital, nos votos e ou na administração:

— *Sociedades comerciais*;

— *Entidades públicas empresariais* (correspondentes às empresas públicas, em sentido estrito, do Dec.-Lei n.º 260/76);

ii – *Empresas participadas*, em que a entidade pública estadual tem posição não dominante, mas permanente (v.g. superior a um ano) e, em regra, superior a 10% do capital;

iii – *Empresas públicas encarregadas da gestão de serviços de interesse económico geral* (em regra, concessionárias);

b) **Sectores empresariais regionais e municipais**:

i – *Empresas públicas*, em que as regiões administrativas, os municípios ou as associações de municípios detenham a totalidade do capital;

ii – *Empresas de capitais públicos*, em que as regiões administrativas, os municípios ou as associações de municípios detenham participação de capital, em associação com outras entidades públicas;

iii – *Empresas de capitais maioritariamente públicos*, em que as regiões administrativas, os municípios ou as associações de municípios detenham a maioria do capital, em associação com outras entidades privadas ([1]).

6. A distinção *jurídica* entre empresas públicas, sociedades de economia mista, sociedades comerciais e cooperativas corresponde a *opções ideológicas* fundamentais, que convém ter presentes.

Ainda que de modo muito simplificado, pode dizer-se que, inicialmente, as empresas de imprensa surgem de iniciativas privadas, como manifestação do espírito criativo e comunicativo de indivíduos e grupos.

([1]) Para maiores desenvolvimentos, cf. JOÃO PACHECO DE AMORIM, *As Empresas Públicas no Direito Português – em especial, as Empresas Municipais*, Coimbra, Almedina, 2000.

246 *Direito da Comunicação Social*

O Estado, apercebendo-se da sua importância, tentou controlá-las, através de diversos instrumentos, como o licenciamento, a censura e a apreensão de publicações.

Os pensadores **liberais** do séc. XVIII e XIX conseguiram, em certa medida, defender a liberdade de imprensa perante intromissões do Estado. Assim surgiu a ideia da *independência* da imprensa em relação ao *poder político*. A esta concepção liberal corresponde a estrutura da sociedade comercial, sobretudo da *sociedade anónima e da sociedade por quotas*.

Na segunda metade do séc. XIX e no séc. XX, diversos pensadores **socialistas** ("utópicos" ou marxistas) observaram que as grandes empresas de imprensa (e ainda mais as de rádio e televisão) – como noutros sectores também — eram dominadas por grandes capitalistas, que as colocaram ao serviço dos seus interesses; e, criticando tal situação de dependência perante o *"poder económico"* e de "exploração do homem pelo homem", defenderam três soluções principais: a *colectivização*, o *cooperativismo* e a *autogestão*.

a) A **colectivização** (nacionalização ou estatização) das grandes empresas de comunicação social corresponde à adopção da estrutura jurídica da *empresa pública* (mediante apropriação colectiva dos meios de produção).

Em países comunistas (de direcção central), esta solução conduziu ao domínio dos meios de comunicação social pelo Estado (dominado pelo partido comunista), com sacrifício da liberdade individual.

Em países ("formalmente") democráticos, procurou-se justificar uma solução semelhante pela ideia de *serviço público* prestado à comunidade, para assegurar o direito do público à informação; e tentou-se compatibilizar o domínio estatal (v.g., na nomeação e destituição dos administradores, no financiamento e na tutela da gestão, quando não na definição do conteúdo das mensagens) com a salvaguarda da liberdade individual.

Para isso, previu-se, nomeadamente, a intervenção, em tal nomeação de administradores, de organismos pluripartidários, como o *Conselho da Comunicação Social*, e a participação, mais ou menos intensa, dos jornalistas na definição do conteúdo das publicações, v.g., por meio de *conselhos de redacção*.

Aceite a ideia de serviço público na rádio e na televisão, veio

Os sujeitos da comunicação social

247

depois questionar-se a existência de missões de serviço público também na imprensa ([1]).

Entretanto, as ineficiências das empresas públicas conduziram a auxílios estatais que, por vezes, puseram em causa a concorrência com as empresas privadas (auxiliadas ou não).

b) O ***cooperativismo*** pretende colocar as empresa de comunicação social nas mãos dos jornalistas e, porventura, de outros dos seus trabalhadores, e mesmo de utentes, associados em *cooperativas*, sem fim lucrativo (antes com fim mutualista), para assegurar a sua independência relativamente ao poder político e ao poder económico. Os meios de comunicação social ficam, assim, dependentes apenas da consciência dos jornalistas e, eventualmente, dos utentes associados.

Este modelo, muitas vezes apresentado como o ideal ([2]), até porque compatibilizável com os demais sistemas, apresenta apenas uma dificuldade intrínseca: alguém tem de financiar o sistema (porque os meios de comunicação social modernos exigem consideráveis investimentos e os jornalistas não são, normalmente, ricos — se o fossem, seriam logo criticados como "poder económico") e o(s) financiador(es) costuma(m) pôr as suas condições. Só diversificando muito as fontes de financiamento conseguem ser verdadeiramente independentes.

c) A ***autogestão*** assenta na atribuição aos próprios trabalhadores da empresa dos poderes de decisão, com colectivização dos meios de produção, sobre os quais os trabalhadores têm apenas a posse útil e gestão (um poder de uso, fruição e disposição limitado, análogo mas não idêntico ao do usufrutuário ou do enfiteuta, pertencendo a nua titularidade ou propriedade social ao Estado ou à "colectividade no seu conjunto") e no direito dos trabalhadores ao produto do seu trabalho.

Está prevista na Constituição (art. 85.º, n.º 3) e regulada pelas Lei n.º 66/78, de 14.10 e n.º 68/78, de 16.10. Esta Lei não foi, todavia, regulamentada, pelo que não chegou a entrar em vigor; e as centenas

---

([1]) Cf. MICHEL HANOTIAU, "L'audiovisuel est-il plus dangereux que l'écrit?", in FRANÇOIS JONGEN, *Médias et service public*, Bruxelas, Bruylant, 1992, pág. 19 e segs..

([2]) Foi o adoptado, primeiro, pelos jornalistas do *Le Monde*, em 27.10.1951 (que constituíram uma "sociedade de redactores"), e, em Portugal, por numerosas rádios locais (cf. *Quem é Quem no Jornalismo Português*, Lisboa, Clube de Jornalistas, 1992, pág. 253 e segs.).

de empresas em autogestão que, de facto, chegaram a existir em Portugal converteram-se em cooperativas ou foram restituídas aos anteriores titulares ou extinguiram-se ([1]).

O fracasso das experiências comunistas, na Europa de Leste, assim como as dificuldades financeiras e políticas das empresas públicas e as dificuldades financeiras das cooperativas têm levado à privatização das empresas públicas e ao enquadramento das empresas privadas (sociedades e cooperativas) em regras tendentes a assegurar o *pluralismo* e a *concorrência* (evitando a concentração), para garantir a possibilidade de confronto de informações pelo público, bem como a *transparência* e a *independência perante o poder político e o poder económico.* Objectivos semelhantes têm sido defendidos relativamente às empresas públicas que sobrevivem.

7. *Em Portugal, de 1975 a 1986,* as empresas colectivas de comunicação social *de direito público* assumiram todas, de facto, a forma de *empresa pública* ou de *empresa nacionalizada,* no sentido da Lei de bases das empresas públicas (Dec.-Lei n.º 260/76, de 8.4) ([2]).

([1]) Para maiores desenvolvimentos, cf. *Autogestão em Portugal – Relatório da Comissão Interministerial para Análise da Problemática das Empresas em Autogestão* (Cadernos de Ciência e Técnica Fiscal, n.º 117), Lisboa, Min. Finanças – Centro de Estudos Fiscais, 1980.

([2]) Segundo o art. 1.º deste diploma, "1. São empresas públicas as empresas criadas pelo Estado, com capitais próprios ou fornecidos por outras entidades públicas, para a exploração de actividades de natureza económica ou social, de acordo com o planeamento económico nacional, tendo em vista a construção e desenvolvimento de uma sociedade democrática e de uma economia socialista. 2. São também empresas públicas e estão, portanto, sujeitas aos princípios consagrados no presente diplomam as empresas nacionalizadas". Em termos mais amplos, a doutrina define empresa pública como toda a organização em que se combinam capitais públicos com técnica e o trabalho, sob a direcção e fiscalização de entidades públicas para produzirem bens ou serviços destinados a ser oferecidos no mercado, mediante certo preço, quer tenha por fim o lucro quer a mera cobertura dos custos de produção. Para maiores desenvolvimentos sobre a noção de empresa pública e o seu regime, neste período, cf. LUÍS BRITO CORREIA, *Direito Comercial,* Lisboa, AAFDL, 1987, vol. I, pág. 128 e segs., e ANTÓNIO CARLOS SANTOS – MARIA EDUARDA GONÇALVES – MARIA MANUEL LEITÃO MARQUES, *Direito Económico,* Coimbra, Almedina, 1999, pág. 167 e segs..

Todas elas foram, todavia, *privatizadas*, quer mediante alienação a favor de entidades privadas (privatização *material* — caso de todas as empresas de imprensa escrita e da Rádio Comercial, S.A.) quer mediante transformação em sociedades anónimas de capitais públicos (privatização *formal* — caso da RDP e da RTP), isto é, pessoas colectivas de direito privado sujeitas ao regime do Código das Sociedades Comerciais, embora com capitais totalmente pertencentes ao Estado.

a) A *privatização* de empresas de comunicação social esteve e está sujeita a uma disciplina específica, constante da Lei n.º 20/86, de 21.7, regulamentada pelo Dec.-Lei n.º 358/86, de 27.10 ([1]), alterado por ratificação pela Lei n.º 24/87, de 24.6, e todos eles alterados pela Lei n.º 72/88, de 26.5 ([2]).

Entre os aspectos específicos deste regime são de salientar os seguintes.

A alienação não só de participações de entidades públicas em empresas de comunicação social, como do título dos seus órgãos e de elementos do seu estabelecimento comercial (de valor igual ou superior a 20% do activo imobilizado) só pode ser feita por concurso público ([3]), competindo ao Governo decidir sobre tais actos ([4]).

A alteração do capital destas empresas tem de ser regulada por decreto-lei que preveja, nomeadamente, o processo de opção dos trabalhadores pelo regime de autogestão ou de cooperativa, bem como a prioridade a sociedades com participação de jornalistas ([5]).

([1]) A vigência deste diploma foi suspensa pela Resolução da Assembleia da República n.º 29/86, de 21.11.

([2]) A Lei n.º 72/88 baseou-se na proposta de lei n.º 16/V (in *Diário da Assembleia da República*, II série, n.º 27, de 5.12.1987). Tendo sido apresentados recursos de admissibilidade desta proposta de lei, foram estes objecto de parecer da Comissão de Assuntos Constitucionais, Direitos, Liberdades e Garantias (in *Diário da Assembleia da República*, II série, n.º 37, de 13.1.1988). Depois de terem sido rejeitados requerimentos do PCP de avocação pelo Plenário da discussão e votação na especialidade de alguns artigos da proposta de lei, foi aprovada em votação final global, em 25.3.1988 (cf. *Diário da Assembleia da República*, I série, n.º 67, de 26.3.1988), tendo sido publicada como decreto n.º 82/V (in *Diário da Assembleia da República*, II série, n.º 70, de 30.4.1988).

([3]) Art. 1º e 3º da Lei n.º 20/86, na redacção da Lei n.º 72/86.

([4]) Art. 4.º do Dec.-Lei n.º 358/86, na redacção da Lei n.º 72/88.

([5]) Art. 2º da Lei n.º 20/86; art. 8º do Dec.-Lei n.º 358/86.

250 Direito da Comunicação Social

O concurso público deve ser precedido de audição dos trabalhadores, através da respectiva comissão de trabalhadores, para emissão do parecer prévio obrigatório previsto na Lei das Comissões de Trabalhadores ([1]) e para efeitos da opção pelo regime de autogestão ou de cooperativa ([2]) ([3]).

Os candidatos ao concurso têm de aceitar um estatuto editorial assegurando uma orientação redactorial que salvaguarde a independência, isenção, objectividade e rigor da informação veiculada, preservando a possibilidade de expressão e confronto das diversas correntes de opinião e pensamento ([4]).

b) Ao abrigo deste regime foi reprivatizada a Empresa do Jornal de Notícias, S.A. e a Diário de Notícias, S.A. ([5]).

Além disso, a Empresa Pública dos Jornais Notícias e Capital alienou, mediante concurso público, o título do jornal *A Capital* conjuntamente com o respectivo estabelecimento ([6]), bem como os títulos das publicações *Vida Rural, Mundo Desportivo, Anuário Comercial, Agenda-Anuário, Agenda do Agricultor, Portugal Exporter, Roteiro de Lisboa, A Semana de Lisboa — Cicerone, Notícias do Livro, Os Sports e Sport Billy*, e ainda a quota na Tobis Portuguesa, L.da. ([7]).

E a Empresa Pública do Jornal Diário Popular alienou o seu parque gráfico, edifícios, as suas quotas no capital da Sociedade Editora Record, L.da. ([8]), e na empresa O Comércio do Porto, S.A., e o título *Diário Popular* e bens móveis que lhe estavam afectos, após o que foi extinta ([9]).

c) É de salientar que, só nalgumas destas reprivatizações, foi reservada uma percentagem do capital não só para os trabalhadores (5% na

---

([1]) Referido no art. 24.º da Lei n.º 46/79, de 12.9.

([2]) Prevista no n.º 2 do art. 83.º da Constituição, na redacção de 1982.

([3]) Art. 5º do Dec.-Lei n.º 358/86, na redacção da Lei n.º 24/87.

([4]) Art. 7º do Dec.-Lei n.º 358/86.

([5]) O Dec.-Lei n.º 260/92, de 24.11, relativo à Rádio Comercial, S.A., invoca a Lei n.º 11/90, de 5.4 e tem uma redacção análoga à das demais reprivatizações baseadas neste diploma.

([6]) Cf. RCM n.º 21-A/88, de 7.6.

([7]) Cf. RCM n.º 40/88, de 19.9.

([8]) Cf. RCM n.º 41/88, de 19.9.

([9]) Pelo Dec.-Lei n.º 1/90, de 3.1.

Empresa do Jornal de Notícias, S.A. e 10% na Diário de Notícias, S.A.), como também para cooperativas (¹), ou sociedades constituídas por jornalistas, porventura, com outros profissionais de comunicação social, e para outras empresas de comunicação social e editoriais.

Na Empresa do Jornal de Notícias, S.A., 20% do total das participações a alienar foram reservadas para cooperativas constituídas por jornalistas, porventura, com outros profissionais de comunicação social e sociedades cujo capital seja maioritariamente detido por profissionais de comunicação social e 20% para outras empresas de comunicação social e editoriais.

Na Diário de Notícias, S.A., foram reservadas 25% do total das acções a alienar para cooperativas constituídas por jornalistas, porventura, com outros profissionais de comunicação social, em que os cooperantes sejam simultaneamente trabalhadores da Diário de Notícias, S.A. e 25% para sociedades cujo capital seja maioritariamente detido por profissionais de comunicação social e para outras empresas de comunicação social e editoriais.

Na Rádio Comercial, S.A. (cuja reprivatização foi feita segundo a Lei n.º 11/90), foram reservadas para os trabalhadores 10% das acções correspondentes ao capital a alienar; mas não se destina qualquer reserva para jornalistas nem para cooperativas ou sociedades de profissionais de comunicação social.

Nas demais reprivatizações, mandou-se proceder a "audição dos trabalhadores", mas não lhes foi assegurada participação no capital reprivatizado.

8. Como vimos, a CRP impõe que o Estado assegure "a existência e o funcionamento de um serviço público de rádio e de televisão" (art. 38.º, n.º 5).

Este preceito constitucional não significa, porém, que a entidade encarregada de assegurar tal serviço público tenha de ter a natureza de pessoa colectiva de *direito público*: pode ser uma empresa pública ou

---

(¹) Madsen Pirie (*Privatization — Theory, Practice and Choice*, Wildwood House Pub., 1988, cit. por F. Freire de Sousa — R. Cruz, *O Processo de Privatizações em Portugal*, pág. 46) considera a fórmula da "cooperativa privatizada" o instituto melhor habilitado para permitir aos trabalhadores assimilar as vantagens em matéria de produtividade e ganho pessoal a troco da eliminação das práticas reivindicativas antieconómicas.

252 Direito da Comunicação Social

uma sociedade de capitais exclusiva ou maioritariamente públicos, ou mesmo uma sociedade de capitais *privados*, mas *concessionária* do serviço público (tendo assumido, através de um contrato de concessão com o Estado, a obrigação de assegurar o serviço público).

A Lei de *Imprensa* de 1999 admite, expressamente, que as publicações possam ser propriedade de "qualquer pessoa singular ou colectiva ([1]).

Também a Lei da *Rádio* admite que "A actividade de radiodifusão pode ser exercida por entidades públicas, privadas e cooperativas (...)" ([2]). E estabelece que "O serviço público de radiodifusão é prestado por uma empresa de capitais públicos (...)" ([3]).

A Lei da *Televisão*, por seu lado, diz que "O Estado assegura a existência e o funcionamento de um serviço público de televisão, em regime de concessão (...)", que "é prestado por um operador de capitais exclusiva ou maioritariamente públicos" ([4]) e permite a existência de operadores privados (sociedades anónimas, cooperativas, associações ou fundações) ([5]).

Quase todas as empresas de comunicação social existentes actualmente, em Portugal, são sociedades comerciais anónimas ou por quotas, havendo também algumas cooperativas de jornalistas ou profissionais de comunicação social.

9. Convém esclarecer, a este propósito, a noção de **serviço público** e algumas consequências que dela decorrem para o regime das empresas concessionárias em confronto com as empresas privadas.

([1]) Art. 6.º. A LImp de 1975 admitia, expressamente, que pudessem ser proprietários de publicações periódicas pessoas singulares (com certos requisitos), pessoas colectivas sem fim lucrativo, empresas jornalísticas sob a forma comercial, mas também o Estado ou outra pessoa colectiva de direito público ou sociedades de economia mista (art. 7.º, n.º 1 e 2, e 9.º).

([2]) Lei n.º 87/88, de 30.7, art. 2.º.

([3]) Lei n.º 87/88, de 30.7, art. 2.º, n.º 2, na redacção da Lei n.º 2/97, de 18.1. Entretanto, o Dec.-Lei n.º 2/94, de 10.1, que transformou a RDP, EP em sociedade anónima de capitais exclusivamente públicos e aprovou os estatutos da RDP, S.A., em vigor, colocara esta já na posição de concessionária do serviço público de radiodifusão.

([4]) Lei n.º 31-A/98, de 14.7, art. 5.º e 43.º, n.º 1. A RTP foi, entretanto, transformada também em sociedade anónima de capitais exclusivamente públicos, ficando concessionária do serviço público de televisão (Lei n.º 29/92, de 14.8.).

([5]) Lei n.º 31-A/98, de 14.7, art. 11.º, n.º 2.

Em geral, considera-se *serviço público* o modo de actuar da autoridade pública destinado a facultar, de modo regular e contínuo, a quantos dele careçam, os meios idóneos para a satisfação de uma necessidade colectiva individualmente sentida (¹).

O *serviço público mediático* tem de específica a função de satisfazer necessidades culturais, informativas, recreativas, educativas, etc., indicadas na lei, dos vários sectores do público, sem subordinação directa nem prioritária à obtenção de lucro. Diversamente, os meios privados têm um fim lucrativo (aliás, legítimo), compreendendo-se que se preocupem prioritariamente com a captação do maior volume de audiências, para, assim, obter a maior parcela de publicidade e patrocínios (fontes principais das suas receitas).

São *objectivos* característicos do serviço público mediático: garantir a identidade e a coesão nacionais, defender e difundir a língua e a cultura nacionais, assegurar produção original nacional, alargar os horizontes do conhecimento, formar o espírito crítico e garantir o pluralismo democrático (²).

Sendo assim, as empresas de serviço público não devem ser consideradas como meras concorrentes das empresas privadas, na busca de audiências, antes devem ter toda a sua actividade (v.g., a programação) orientada para os seus objectivos específicos, tendendo para atingir todos os públicos, sem discriminações. É isso que legitima o financiamento público (pelo Estado) desse serviço, mesmo quando é combinado com outras modalidades de receitas.

(¹) Cf. Marcelo Caetano, *Manual de Direito Administrativo*, 10.ª ed., vol. II, pág. 1067.

(²) Cf. António Braz Teixeira – António Pedro Vasconcelos – Artur Ramos, "A extensão e a actualidade do conceito de serviço público no domínio da televisão", in *Forum para a Comunicação Social*, Lisboa, AACS, 1998, pág. 85 e segs..

SECÇÃO II

Princípios comuns às empresas dos vários meios de comunicação social

SUBSECÇÃO I

Considerações gerais

Há diferenças substanciais entre o regime das empresas de imprensa e o das empresas de rádio e de televisão, pelo que importa analisá-los separadamente. Em todo o caso, há também alguns princípios comuns, a que interessa fazer referência desde já: os *princípios do pluralismo e da concorrência, da independência, da transparência, da especialidade e da não discriminação nos apoios do Estado*.

Poderá estranhar-se, à primeira vista, que não falemos neste contexto do princípio da *liberdade de constituição de empresas*, mas a verdade é que esse princípio vigora apenas para a imprensa (CRP art. 38.º, n.º 2, alínea c)), pois à rádio e à televisão aplica-se, em termos mais ou menos amplos, o princípio inverso, do *licenciamento* (CRP art. 38.º, n.º 5 e 7).

Comum é, também, a exigência de *estatuto editorial* para cada meio de comunicação social, como vimos já, a propósito das fontes de direito e, ainda o direito de *participação dos jornalistas* no respectivo meio de comunicação social, como veremos mais adiante.

SUBSECÇÃO II

Princípio do pluralismo e da concorrência; controlo das operações de concentração

1. O *princípio do pluralismo* é importante para permitir a livre expressão e confronto de várias correntes de opinião e, desse modo, assegurar a liberdade na procura da verdade e estimular o sentido crítico do público — o que é fundamental em democracia.

No âmbito das empresas de comunicação social, o pluralismo pode assumir, fundamentalmente, três *modalidades* distintas:

a) Pluralismo de empresas: consiste na possibilidade e na efectiva existência de *várias empresas* (independentes umas das outras), cada uma com a sua orientação, diferente da das outras;

Os sujeitos da comunicação social 255

b) Pluralismo de publicações ou emissões da mesma empresa: consiste na existência de *várias publicações* ou *emissões* de uma mesma empresa, com orientações diferentes umas das outras;

c) Pluralismo interno: consiste na existência, *numa empresa*, de *uma publicação* ou *emissão*, em que, todavia, é admitida a expressão, simultânea ou sucessiva, de *várias orientações*.

Teoricamente, qualquer destas modalidades assegura um mínimo de pluralismo. E é frequente, mesmo quando há pluralismo de empresas, que as publicações de grande circulação permitam o pluralismo interno. Aliás, o pluralismo interno é imperativo quanto a meios de comunicação social do sector público, mas só vigora nos meios de comunicação social privados quando seja adoptado pelo seu estatuto editorial ([1]).

A experiência mostra, contudo, que é difícil assegurar um verdadeiro pluralismo dentro de uma publicação ou emissão, com um mesmo director. Uma determinada corrente de opinião tende, normalmente, a prevalecer (mesmo que possa variar ao longo do tempo) e a influenciar predominantemente a opinião do seu público.

Igualmente difícil é assegurar o pluralismo de publicações ou emissões da mesma empresa, sujeitas a uma mesma administração. Mesmo que existam vários directores, tendem a dar maior relevo às orientações que agradam à administração ([2]).

São, aliás, muito numerosas as queixas em matéria de pluralismo apresentadas à AACS.

Daí que a lei afirme o *princípio da concorrência* entre as empresas de comunicação social, como garantia de um verdadeiro pluralismo.

Neste contexto, a concorrência significa a coexistência de várias empresas de comunicação social a oferecer, lado a lado, os seus serviços ([3]).

([1]) Neste sentido, cf. *Alta Autoridade para a Comunicação Social – Primeiro Mandato – 1990-1994 – Actividade Desenvolvida*, Lisboa, AACS, 1995, pág. 42.

([2]) Sobre o tema, cf. *O Pluralismo na Comunicação Social* (textos de um colóquio internacional realizado em Junho de 1992), Lisboa, AACS, 1993.

([3]) Na ciência económica, chama-se **concorrência** à situação objectiva do mercado em que os preços são formados, fundamentalmente, em função do volume e do valor da oferta e da procura, pressupondo-se a verificação de quatro condições:

*a) A **atomicidade da oferta e da procura**, isto é, um número de tal modo elevado de oferentes (vendedores, prestadores de serviços, etc.) e de adquirentes (compradores, tomadores de serviços, etc.) independentes para uma determinada espécie

2. Por outro lado, a experiência mostra também que não basta assegurar a existência de uma pluralidade de empresas e de publicações (mesmo com vários directores): é necessário assegurar que os diversos meios de comunicação social não sejam todos comandados por uma só pessoa ou pelo mesmo centro de decisão.

Isso é tanto mais importante, quanto a liberdade de criação e de aquisição de empresas abre caminho à sua *concentração*; e os constrangimentos económicos estimulam-na: os custos cada vez mais elevados

---

de produtos ou serviços, de tal modo que nenhum deles, por si só, consiga influenciar a formação dos preços;

b) A **homogeneidade dos produtos ou serviços**, de tal modo que seja indiferente para os adquirentes adquirir os produtos ou serviços de um ou outro dos oferentes e vice-versa;

c) A **transparência do mercado**, estando os oferentes e os adquirentes constantemente informados sobre todas as condições de transacção relevantes para as suas escolhas;

d) A **mobilidade dos factores**, sendo fácil a entrada e saída do mercado e a mudança de actividade dos oferentes.

Nestas condições, os agentes económicos podem tomar e executar as suas decisões autonomamente, atendendo apenas à situação do mercado, isto é, à qualidade e ao preço dos produtos ou serviços, só fechando a transacção quando verificam que não há condições mais vantajosas.

Acredita-se que a situação de concorrência é, normalmente, a que permite aos consumidores a aquisição de bens e serviços da melhor qualidade ao melhor preço possível, incentivando os produtores a produzir produtos ou serviços com a melhor qualidade possível e ao menor custo possível (pois serão esses os preferidos). Deste modo, são favorecidos os mais eficientes, sendo os outros estimulados a melhorar a sua organização e tecnologias, sob pena de marginalização ou exclusão.

É claro que a situação descrita corresponde a um ideal de **concorrência perfeita**, que é considerado desejável, mas que raras vezes se verifica.

Na realidade, são frequentes as situações de **concorrência imperfeita**, quando não de **oligopólio** ou de **monopólio:** quer por ser reduzido ou unitário o número de agentes, do lado da oferta ou do lado da procura, quer por diferenciação dos produtos (real ou aparente, v.g., por serem diferentes as marcas, cada uma com a sua imagem de qualidade), quer por falta de transparência (de informação), quer por deficiente mobilidade dos factores (v.g., porque não se pode abrir e fechar uma fábrica de um dia para o outro, nem as pessoas estão dispostas a movimentar-se facilmente, etc.).

Tais imperfeições da estrutura ou do funcionamento do mercado tanto podem resultar de situações de facto inelutáveis (por exemplo, certo minério só existe em determinado local, propriedade de uma única empresa), como de exclusivos legais (v.g., patentes de invenção) ou de actos das empresas ou dos consumidores (por exemplo, concentração da produção ou de compras).

da comunicação de massas (por exigir uma vasta rede de informadores e equipamentos tecnológicos caros) restringem o número de empresas capazes de sobreviver e incentivam à realização de economias de escala.

Em termos técnico-jurídicos, a *concentração* das empresas de comunicação social (como de quaisquer outras empresas) pode ser conseguida de vários modos:

a) por *trespasse* do estabelecimento comercial (que inclua a publicação (¹));

b) por *fusão* de sociedades (CSC art. 97.º e segs.);

c) por *aquisição de participações* importantes (CSC art. 483.º e segs.);

d) por *contratos de grupo* ou *de subordinação* (CSC art. 492.º e segs.).

Como parece evidente, vários destes modos de concentração consentem a existência de uma pluralidade de sociedades ou de publicações, apesar de estarem sob influência dominante de uma mesma pessoa ou de um mesmo centro de decisão.

Daí a necessidade, não só de assegurar a *concorrência* entre várias empresas de comunicação social, independentes umas das outras, mas também de controlar os negócios conducentes à sua *concentração*.

Além disso, pode alcançar-se um resultado equivalente ao da *concentração de empresas* de comunicação social mediante a *concentração de serviços* mediáticos, nomeadamente, mediante a *cedência de espaços* ou *de tempos de emissão* para a difusão (simultânea ou não) de um mesmo texto ou programa (por exemplo, em rede de emissores de empresas diferentes).

3. O fenómeno da *concentração de empresas* verifica-se em todos os países com liberdade de comunicação social e com economia de mercado (²).

(⁴¹) Regime do Arrendamento Urbano (aprovado pelo Dec.-Lei n.º 321-B/90, de 15.10), art. 115.º.

(²) Sobre o assunto, no estrangeiro, cf., por exemplo, R. CAYROL, *Les Médias — Presse écrite, radio, télévision*, 1991, pág. 143 e segs., 307 e segs., 345 e seg.; I. BEL MALLEN — L. CORREDOIRA Y ALFONSO — PILAR COUSIDO, *Derecho de la información*, 1992, pág. 359; N. DITTRICH, *Pressekonzentration und GG*, Munique, 1971; U. NUSSBERGER, *Die Mechanik der Pressekonzentration*, 1971.

Também ocorre em Portugal ([1]). Na verdade, sabe-se que oito grupos controlam economicamente a maioria dos grandes meios de comunicação social ([2]):

— O Estado "domina" a RTP, a RDP e a agência Lusa;

— O Dr. Francisco Pinto Balsemão (através da Impresa, SGPS, da Controljornal, da Soincom, etc., e associado ao grupo Pallas, ao grupo suíço Edipress e aos grupos brasileiros Morumbi e TV Globo) domina a SIC, o CNL, o *Expresso*, *A Capital*, a *Visão*, a *Exame*, a *Caras*, a *Cosmopolitan*, o *JL*, a *TVMais*, a *Blitz*, a *Autosport/Volante*, etc.;

— O Cor. Luís Silva (através da Lusomundo, a maior distribuidora de filmes e video do País) domina a TSF, o *Diário de Notícias*, o *Jornal de Notícias*, o *24 Horas*, o *Tal & Qual*, a *Grande Reportagem*, etc.;

— O Eng. Miguel Pais do Amaral (através da Media Capital, da SOCI, etc., e associado ao grupo colombiano Santo Domingo) domina

---

([1]) O fenómeno não é novo, entre nós. O Regulamento da LImp de 1972 (aprovado pelo DL n.º 15/72, de 5.5) incluía um capítulo dedicado às concentrações de empresas, com normas para três espécies de situações diferentes. Primeiro, tornava-se dependente de *autorização* conjunta do Ministro das Finanças e do Secretário de Estado da Informação e Turismo, sobre parecer das corporações respectivas, a realização de certos actos de *concentração* entre empresas jornalísticas: aquisição de 30% ou mais das partes de capital, fusão, transferência do estabelecimento ou suas partes que impossibilite a continuação da edição e venda das publicações (art. 33.º). Este condicionamento tinha em vista garantir a "liberdade de imprensa" e evitar a "sobreposição de interesses particulares ao interesse público", tal como eram definidos genericamente no diploma (art. 34.º). Segundo, *proibiam-se* certos actos de concentração de empresas jornalísticas e empresas editoriais, para evitar a intromissão de *influências estrangeiras* (art. 37.º). Esta disposição integrava-se na linha de vários outros preceitos do regulamento que manifestamente visavam assegurar o domínio das empresas jornalísticas a portugueses (art. 17.º e segs.), segundo os princípios afirmados pela LImp de 1971 (bases XXVI e XXVII). Terceiro, tornava-se dependente de *autorização* do Secretário de Estado da Informação e Turismo a *fusão* e a criação de relações de *domínio* entre empresas jornalísticas e empresas editoriais, considerando-se como relações de domínio, fundamentalmente, aquelas em que uma empresa dispusesse da maioria dos votos na assembleia geral da outra ou de uma influência sobre esta resultante de vínculos contratuais (art. 38.º).

([2]) Os dados de facto a seguir referidos sofrem frequentes alterações, que nem sempre é fácil de acompanhar, admitindo-se, por isso, a possibilidade de desactualização.

a TVI ([1]), *O Independente*, a Rádio Comercial ([2]), a Rádio Nostalgia, a Rádio Cidade, a Rádio Nacional, o *Diário Económico*, o *Semanário Económico*, a *Valor*, a *Fortuna*, Computer World, PC World, etc.;

— Paulo Fernandes (através da Cofina) domina o *Record*, o *Jornal de Negócios*, a *Máxima*, etc.;

— O Eng. Belmiro de Azevedo (patrão da Sonae e dos hipermercados Continente, através da Inparsa) domina o *Público* (associado à Prisa/El País e ao La Republica, italiano) e a Rádio Nova;

— A Presselivre (de Carlos Barbosa, Victor Direito e Eduardo Morais, associado ao grupo francês Marie Claire) domina o *Correio da Manhã*;

— A Impala (de Jacques Rodrigues) domina a *Nova Gente*, a *VIP*, a *TV 7 Dias*, a *Maria*, a *Ana*, a *Mulher Moderna*, etc. e tem 10% da SIC ([3]).

Num plano diverso, a Igreja Católica domina ou influencia cerca de 600 jornais regionais e locais ([4]), a Rádio Renascença e diversas rádios locais ([5]);

Compreende-se, por isso, a preocupação do legislador em assegurar a concorrência entre as empresas de comunicação social, para garantir a possibilidade de expressão e de confronto das informações e das diversas correntes de opinião. Isso é fundamental para permitir aos cidadãos formarem o seu juízo crítico sobre a realidade e as políticas, de modo a poderem participar democraticamente na vida política e social.

([1]) Os organismos da Igreja que, inicialmente, dominaram a TVI, perderam grande parte da sua influência, em consequência de sucessivos aumentos de capital, a favor, primeiro, de Stanley Ho, depois, da SOCI, de Miguel Pais do Amaral (representando diversos fundos de investimento estrangeiros e a SBS, filial europeia da Disney), em seguida, da Sonae e, ultimamente, do grupo colombiano Santo Domingo.

([2]) Desde 15.5.1997, com colombianos da Rádio Caracol.

([3]) Cf. BÁRBARA ARAÚJO, "O grande jogo dos patrões dos média", in *Visão*, n.º 336, 26 de Agosto de 1999, pág. 27 e segs.; JOSÉ M. PAQUETE DE OLIVEIRA, "Comunicação social, Verso e Reverso do País Real e Imaginário", in J.J.R. FRAÚSTO DA SILVA et al., *Portugal Hoje*, Lisboa, INA, 1995, pág. 380 e seg.. Neste mesmo estudo (na pág. 383), pode ver-se a média de circulação dos principais jornais. Cf. também *Os Patrões da Comunicação Social*, Suplemento da revista *Media XXI*, 2000.

([4]) A AIC – Associação de Imprensa de Inspiração Cristã congrega mais de 600 títulos de publicações periódicas. Cf. P.ᵉ ELÍSIO ASSUNÇÃO, *Guia de Imprensa de Inspiração Cristã 1997*, Lisboa, AIC, 1997.

([5]) Associadas da ARIC – Associação das Rádios de Inspiração Cristã.

4. O princípio do **pluralismo** encontra-se subjacente a várias disposições constitucionais, nomeadamente, quando afirmam a liberdade de imprensa, incluindo o direito de fundação de (várias) publicações (art. 38.º, n.º 2, al. c)) e a possibilidade de expressão e confronto das diversas correntes de opinião (art. 38.º, n.º 6, e 39.º, n.º 1).

A Lei de *Imprensa* de 1999, por seu lado, garante o direito dos cidadãos a serem informados, nomeadamente, através de "medidas que impeçam níveis de concentração lesivos do pluralismo da informação" ([1]).

O princípio da **concorrência** surge afirmado de modo explícito, em menções favoráveis à *concorrência* entre órgãos de comunicação social ou em menções desfavoráveis à *concentração* destes.

Está consagrado na CRP, na medida em que impõe ao Estado que impeça a concentração das empresas titulares de órgãos de informação geral, "designadamente através de participações múltiplas ou cruzadas" (art. 38.º, n.º 4).

A CRP não define o que sejam *órgãos de informação geral*, mas a LImp 1999, nos art. 10.º al. c) e 13.º, classifica as publicações, quanto ao seu conteúdo, em publicações doutrinárias e publicações informativas e distingue, entre estas, as de informação especializada e as de *informação geral* ([2]). Pode, por isso, admitir-se que os mesmos critérios sejam utilizados para a rádio e a televisão.

A referência da CRP a *participações múltiplas* visa os direitos (quotas ou acções) de uma entidade como sócia de várias sociedades, simultaneamente ([3]). *Participações cruzadas* ou recíprocas são participações

---

([1]) Art. 2.º, n.º 2, al. a). A LImp 1975, no art. 1.º, n.º 1, afirmava o direito a uma *informação pluralista*.

([2]) É o seguinte o texto do art. 13.º: "1 — São publicações doutrinárias aquelas que, pelo conteúdo ou perspectiva de abordagem, visem, predominantemente divulgar qualquer ideologia ou credo religioso.

2 — São informativas as que visem predominantemente a difusão de informações ou notícias.

3 — São publicações de informação geral as que tenham por objecto predominante a divulgação de notícias ou informações de carácter não especializado.

4 — São publicações de informação especializada as que se ocupem predominantemente de uma matéria, designadamente científica, literária, artística ou desportiva". Era diferente a redacção do art.º 3.º da LImp 1975.

([3]) Para maiores desenvolvimentos sobre a noção de participação, cf. LUÍS BRITO CORREIA, *Direito Comercial*, 1989, vol. II, pág. 353 e segs..

de uma sociedade (A) noutra (B) que, por sua vez, tenha participações na primeira (A) ([1]).

5. A Lei de *Imprensa* de 1975 havia já acolhido a liberdade de concorrência, como parte integrante do direito da imprensa a informar (art. 1.º, n.º 3, alínea e), e 8.º, n.º 1), assim como havia previsto "medidas antimonopolistas", como garantia do direito dos cidadãos a serem informados (art. 1.º, n.º 4, alínea a)) e da independência do poder político e económico (art. 8.º, n.º 2). E tinha, mesmo, previsto um prazo de 90 dias para o Governo publicar legislação antimonopolista (art. 59.º).

Não foi, todavia, publicada legislação antimonopolista específica da imprensa ([2]); foram, sim, publicados *diplomas de defesa da concorrência e de controlo das concentrações* de empresas em geral, que se aplicam às empresas de imprensa — actualmente, por imposição expressa da LImp de 1999 (art. 4.º, n.º 2, 3 e 4) —, como também às empresas de rádio e de televisão ([3]).

([1]) Sobre o assunto, cf. RAÚL VENTURA, "Participações recíprocas de sociedades em sociedades", in *Scientia Iuridica*, tomo XXVII, n.º 153-156, Julho-Dez. 1978; LUÍS BRITO CORREIA, "Grupos de Sociedades", in *Novas Perspectivas do Direito Comercial*, Coimbra, Almedina, 1988, pág. 390 e segs.; JOSÉ ENGRÁCIA ANTUNES, *Os Grupos de Sociedades*, Coimbra, Almedina, 1993, pág. 307 e segs..

([2]) A LImp de 1971 (Lei n.º 5/71, de 5.11, continha um preceito sobre o assunto (a base XIII, alínea a)), regulamentado pelo Dec.-Lei n.º 150/72, de 5.5 (art. 33.º a 40.º). Esses diplomas devem, porém, considerar-se revogados pelo Dec.-Lei n.º 85-C/75, de 26.2, na parte não revogada pela Lei n.º 3/74, de 14.5, que deu força constitucional ao Programa do M.F.A., que aboliu a censura e o exame prévio (A — 2, g)).

([3]) Sobre o princípio da concorrência e a prevenção da concentração das empresas de imprensa, cf. "Livro verde" sobre *Pluralismo e Concentração dos Meios de Comunicação Social*, Bruxelas, 1992; I. BEL MALLEN — L. CORREDOIRA Y ALFONSO — PILAR COUSIDO, *Derecho de la información*, 1992, pág. 359 e seg.; E. DERIEUX, *Droit de la Communication*, 1991, pág. 54 e segs..

Para maiores desenvolvimentos sobre as leis de defesa da concorrência, em geral, cf. JOÃO DE MENEZES FERREIRA — FILIPA ARANTES PEDROSO, "Comentários à nova Lei da concorrência", *ROA*, ano 54, 1994, II, pág. 737 e segs.; JORGE J. FERREIRA ALVES, *Direito da Concorrência nas Comunidades* Europeias, Coimbra, Coimbra Editora, 1989; ROBALO CORDEIRO, "As coligações de empresas e os direitos português e comunitário da concorrência", in *RDES*, ano XXIX, 1987, n.º 1, pág. 81 e segs.; MARIA BELMIRA MARTINS — MARIA JOSE BICHOAZEEM REMTULA BANGY, *O direito da concorrência em Portugal*, Lisboa, 1986, *Concorrência em Portugal nos anos 80*, Lisboa, Assuntos Europeus, 1985; J. SIMÕES PATRÍCIO, *Direito da Concor-*

Na verdade, seguindo o modelo dos art. 85.º e 86.º do Tratado da CEE (¹) e dos diplomas que os regulamentaram, o Dec.-Lei n.º 371/93, de 29.10, proíbe acordos, práticas concertadas e decisões de associações de empresas tendentes a restringir a concorrência (por exemplo, fixar preços e condições de transacção, repartir os mercados ou as fontes de abastecimento), bem como abusos de posição dominante. Por outro lado, sujeita a notificação prévia certas operações de concentração de empresas, proibindo algumas delas, no seguimento do Regulamento do Conselho n.º 4064/89/CEE, de 21.12.1989 (²).

Além disso, o Dec.-Lei n.º 370/93, de 29.10, proíbe certas práticas individuais restritivas do comércio (como a aplicação de preços ou condições de venda discriminatórios, venda com prejuízo, recusa de venda, etc.) (³).

6. Quanto à *rádio*, existe concorrência entre a operadora pública e os operadores privados, bem como concorrência entre operadores privados.

---

rência (aspectos gerais), Lisboa, Gradiva, 1982; ALBERTO P. XAVIER, *Subsídios para uma lei de Defesa da Concorrência*, Lisboa, Cadernos de Ciência e Técnica Fiscal, n.º 95, 1970; J. B. BLAISE, *Ententes et positions dominantes*, Paris, Sirey, 1983, GLAIS — LAURENT, *Traité d'économie et de droit de la concurrence*, Paris, PUF, 1983; J. VANDAMME — M. GUERIN, *La réglementation de la concurrence dans la CEE*, Paris, PUF, 1974; RICHEMONT, *Les concentrations d'entreprises et la position dominante*, Paris, 1971; MUELLER — HENNEBERG — SCHWARTZ, *Gesetz gegen Wettbewerbsbeschränkungen und Europäisches Kartellrecht — Gemeinschaftskommentar*, Köln, 3. Aufl., 1972-78; IVO VAN BAEL — JEAN-FRANÇOIS BELLIS, *Competition Law of the EEC*, Oxfordshire, CCH Editions, 1987; LOUIS VOGEL, *Droit de la concurrence et concentration économique*, Paris, Economica, 1988, FB 1307; DOUWE GIJLSTRA, *Competition Law in Western Europe and the USA*, Deventer, Kluwer; J. A. VAN DAMME, *La politique de la concurrence dans la CEE*, Kortrijk, Bruxelles, Namur Editions, U.G.A., 1980, pág. 658; ALAN CAMPBELL, *EEC Competition Law — A practitioner's Textbook*, Amsterdam, North-Holland P. C.º, 1980, pág. 344; GIDE — LOYRETTE — NOUEL, *Le droit de la concurrence de la CEE*, Paris Juridictionaire, 4ª ed., 1982; *Guide des legislations sur les practiques commerciales restrictives de la concurrence*, Paris, OCDE.

(¹) Correspondentes aos art. 81.º e 82.º na versão posterior ao Tratado de Amsterdão.

(²) In *JOCE* n.º L 395, de 30.12.1989, alterado pelo Regulamento (CE) do Conselho n.º 1310/97, in *JOCE* n.º L 180, de 9.7.1997, que entrou em vigor em 1.3.1998 (Cf. *Bol. UE*, 3-1998, n.º 1.2.49).

(³) Sobre a liberdade de imprensa à luz do direito da concorrência, cf. E. MESTMAECKER, "Pressefreiheit im Lichte des Wettbewerbsrecht", in *Juristen Jahrbuch*, Köln, 1969/70.

Esta é assegurada através de diversas disposições legais, sobretudo, do Regime de Atribuição de Alvará de Radiodifusão Sonora e do Licenciamento de Estações Emissoras (Dec.-Lei n.º 130/97, de 27.5).

Assim, por força deste diploma, "Cada pessoa singular ou colectiva só pode deter participação no máximo de cinco operadores de radiodifusão" (art. 3.º, n.º 1).

Constitui condição de preferência na atribuição de alvará de radiodifusão "A não titularidade de outro alvará para o exercício da mesma actividade" (art. 8.º, al. b)).

Além disso, o alvará não pode ser transmitido sem autorização das entidades competentes, não podendo esta ser concedida antes de decorridos três anos sobre a atribuição daquele (art. 15.º).

Por outro lado, é permitida a associação de rádios temáticas para a difusão simultânea da respectiva programação, mas até ao limite máximo de três e desde que obedeçam a um mesmo modelo específico (art. 21.º).

7. Quanto à *televisão*, existe também concorrência entre a operadora pública e os operadores privados, bem como entre os operadores privados [1].

Esta é assegurada pelo disposto na Lei n.º 31-A/98, de 14.7, segundo a qual "2 — É aplicável aos operadores de televisão o regime geral de defesa e promoção da concorrência, nomeadamente no que diz respeito às práticas proibidas, em especial o abuso de posição dominante, e à concentração de empresas.

3 — As operações de concentração horizontal de operadores televisivos sujeitas a intervenção do Conselho da Concorrência são por este comunicadas à Alta Autoridade para a Comunicação Social, que emite parecer prévio vinculativo, o qual só deverá ser negativo quando estiver comprovadamente em causa a livre expressão e confronto das diversas correntes de opinião.

4 — Estão sujeitas a notificação à Alta Autoridade para a Comunicação Social as aquisições, por parte dos operadores televisivos, de

---

[1] Na realidade, a concorrência é tão viva, que se fala de "guerra pelas audiências", havendo quem ponha em dúvida a possibilidade de sobrevivência de um dos quatros canais. Cf. Cf. JOSÉ M. PAQUETE DE OLIVEIRA, "Comunicação Social, Verso e Reverso do País Real e Imaginário", in J.J.R. FRAÚSTO DA SILVA et al., *Portugal Hoje*, Lisboa, INA, 1995, pág. 384 e segs..

264 *Direito da Comunicação Social*

quaisquer participações noutras entidades legalmente habilitadas, ou candidatas ao exercício da actividade de televisão, que não configurem uma operação de concentração sujeita a notificação prévia nos termos da legislação da concorrência.

5 — A distribuição por cabo de canais de televisão não pode ficar dependente de qualquer exigência de participação dos operadores televisivos no capital social dos titulares das redes, assim como da participação destes no capital dos primeiros.

6 — Ninguém pode exercer funções de administração em mais de um operador de televisão" (art. 3.º).

8. A *comunicação social electrónica* está sujeita às disposições gerais das leis de defesa da concorrência. Na prática, não suscita, actualmente, problemas de defesa da concorrência, pois é, por natureza, um meio aberto à generalidade das pessoas do mundo ([1]).

9. Nas suas deliberações, a AACS tem salientado a inadmissibilidade do silenciamento de correntes de opinião socialmente relevantes e a necessidade de lhes permitir um mínimo de expressão adequado. O respeito deste princípio pode ser apreciado, porém, atendendo a períodos de tempo alargado, embora se encontrem casos nítidos de discriminação censurável ([2]).

10. Deve notar-se que as regras de transparência, a seguir estudadas, são também um meio importante de controlo das concentrações.

SUBSECÇÃO III
Princípio da independência perante o poder político

1. O princípio da *independência* das empresas de comunicação social *perante o poder político* visa assegurar que as informações divulgadas pelos meios de comunicação social sejam verdadeiras, rigorosas e objectivas, impedindo intromissões dos governantes, quer nacionais quer,

---

([1]) Têm sido suscitados problemas de defesa da concorrência, mas do lado dos fornecedores de programas (v. g., no caso da Microsoft).

([2]) Cf. *Alta Autoridade para a Comunicação Social – Primeiro Mandato – 1990--1994 – Actividade Desenvolvida*, pág. 43.

por maioria de razão, estrangeiros (v.g., através da censura ou de pressões para divulgar determinados factos ou opiniões).

A independência perante o poder político é *fundamental* para assegurar a liberdade de expressão, para permitir a participação democrática dos cidadãos na vida política e para a defesa da paz e do desenvolvimento social e económico, bem como para a própria credibilidade dos órgãos de comunicação social.

Essa independência é particularmente *difícil* de alcançar, quando, por um lado, algumas empresas de comunicação social *pertencem* ao Estado (sendo os respectivos administradores designados pelo Governo ou pela Assembleia da República) — o que foi um dos motivos das reprivatizações dos órgãos de comunicação social — e quando, por outro lado, os órgãos de comunicação social (mesmo privados) dependem, frequentemente, de *apoios financeiros* do Estado, geridos pelo Governo ([1]).

2. O princípio da independência perante o poder político está consagrado na CRP para todos os meios de comunicação social e, em especial, para os do sector público, mas respeita, sobretudo, aos meios informativos. Quanto aos meios doutrinários, compreende-se a importância da liberdade de expressão de correntes opostas às do Governo em exercício (seja qual for a sua orientação política); mas compreende-se também que as tendências afectas ao Governo possam ser por ele influenciadas (para o apoiar).

Na verdade, segundo a CRP, "O Estado assegura (...) a independência dos órgãos de comunicação social perante o poder político (...)" (art. 38.º, n.º 4).

Por outro lado, "A estrutura e o funcionamento dos meios de comunicação social do sector público devem assegurar a sua independência perante o Governo, a Administração e os demais poderes públicos (...)" (art. 38.º, n.º 6).

O Estatuto do Direito de Oposição atribui aos partidos políticos representados na Assembleia da República e que não façam parte do Governo — ou seja, atribui à *oposição parlamentar* — "o direito de participar na superintendência e controle dos órgãos de informação per-

---

([1]) Cf. Dec.-Lei n.º 37-A/97, de 11.1; Lei n.º 1/88, de 4.1, e Dec.-Lei n.º 106/88, de 31.3, que aprovou o Estatuto da Imprensa Regional. É sabido também que o Estado concede apoios financeiros significativos à RDP, S.A. e à RTP, S.A..

tencentes directa ou indirectamente ao Estado, nos termos do Estatuto da Informação" (¹).

Além disso, "a independência dos meios de comunicação social perante o poder político (...) são assegurados por uma Alta Autoridade para a Comunicação Social" (CRP art. 39.º, n.º 1).

Uma das formas de assegurar a independência decorre da imposição constitucional de "parecer prévio, público e fundamentado (da AACS) sobre a nomeação e exoneração dos directores dos órgãos de comunicação social pertencentes ao Estado, a outras entidades públicas ou entidades directa ou indirectamente sujeitas ao seu controlo económico" (CRP art. 39.º, n.º 4).

No plano da lei ordinária, a Lei n.º 43/98, de 6.8, atribui à AACS a incumbência de "zelar pela independência dos órgãos de comunicação social perante os poderes político (...)", bem como "contribuir para garantir a independência (...) dos órgãos de comunicação social pertencentes ao Estado e a outras entidades públicas ou a entidades directa ou indirectamente sujeitas ao seu controlo económico" (art. 3.º, alínea c) e e)).

Daí que seja importante assegurar a independência da própria AACS — o que não é fácil, atendendo ao modo de nomeação da maioria dos seus membros (pela Assembleia da República e pelo Governo) e ao processo de tomada de deliberações (por maioria)(²). Mais importante é, todavia, assegurar a democraticidade da AACS, isto é, a representação proporcional das várias correntes de opinião e a possibilidade de expressão das minorias.

3. A Lei de *Imprensa* de 1975 tinha já afirmado a garantia da independência do jornalista profissional (³), regulado a obrigação de publicação de notas oficiosas (⁴) e atribuído ao Conselho de Imprensa a

---

(¹) Lei n.º 59/77, de 5.8, art. 8.º, n.º 3. O previsto Estatuto da Informação não foi publicado, até hoje.

(²) Lei n.º 43/98, de 6.8, art. 10.º e 22.º. Na prática, a independência da AACS é função do carácter dos seus membros. Na realidade, houve interferências do Governo nalguns meios de comunicação social, a que o Conselho de Comunicação Social (que antecedeu a AACS) se opôs eficazmente. Por exemplo, no caso do programa Grande Reportagem sobre a UNITA (cf. Conselho de Comunicação Social, *1.º Relatório das actividades do 2.º semestre de 1984*, pág. 43 e segs.).

(³) No art. 1.º, n.º 3, alínea f).

(⁴) No art. 15.º, substituído pela Lei n.º 60/79, de 18.9, a qual foi, entretanto, revogada pela Lei n.º 31-A/98, de 14.7, art. 75.º.

missão de "salvaguardar a liberdade de imprensa, nomeadamente perante o poder político (...)" ([1]), competência esta que veio a ser atribuída e cabe, hoje, à Alta Autoridade para a Comunicação Social ([2]).

A LImp de 1999 também garante a independência dos jornalistas (art. 22.º, al. d)).

4. No âmbito da *radiodifusão*, o princípio da independência encontra uma aplicação no preceito segundo o qual esta actividade "não pode ser exercida nem financiada por partidos ou associações políticas, organizações sindicais, patronais e profissionais, bem como autarquias locais, por si ou através de entidades em que detenham participação de capital" ([3]).

Por outro lado, a independência perante o Governo, a Administração e os demais poderes públicos é uma das incumbências do serviço público ([4]), "não podendo qualquer órgão de soberania ou a Administração Pública impedir ou impor a difusão de quaisquer programas", quer na rádio de serviço público quer nas demais ([5]) — a não ser mensagens do Presidente da República, Presidente da Assembleia da República e Primeiro-Ministro e, nos termos da lei, os comunicados e as notas oficiosas ([6]).

5. Quanto à *televisão*, a Lei n.º 31-A/98, de 14.7, afirma o princípio da independência em várias disposições importantes.

No art. 3.º, n.º 1, dispõe que "A actividade de televisão não pode ser exercida ou financiada por partidos ou associações políticas, autarquias locais ou suas associações, organizações sindicais, patronais ou profissionais, directa ou indirectamente, através de entidades em que detenham capital ou por si subsidiadas".

No art. 8.º, n.º 1, estabelece que "Constituem fins dos canais generalistas: (...) b) Promover o direito de informar e de ser informado, com rigor e independência, sem impedimentos nem discriminações (...)".

([1]) No art. 17.º, revogado pela Lei n.º 15/90, de 30.6, sobre a AACS, por sua vez, substituída pela Lei n.º 43/98, de 6.8.

([2]) Lei n.º 43/98, de 6.8, art. 3.º, al. c).

([3]) Lei n.º 87/88, de 30.7, art. 3.º.

([4]) Lei n.º 87/88, de 30.7, art. 5.º, n.º 2, alínea a).

([5]) Lei n.º 87/88, de 30.7, art. 8.º, n.º 2.

([6]) Lei n.º 87/88, de 30.7, art. 15.º.

No art. 20.º, n.º 2, relativo a operadores licenciados (privados), diz que "Salvo os casos previstos na presente lei, o exercício da actividade de televisão assenta na liberdade de programação, não podendo a Administração Pública ou qualquer órgão de soberania, com excepção dos tribunais, impedir, condicionar ou impor a difusão de quaisquer programas".

No art. 24.º, "É vedada aos operadores televisivos a cedência de espaços de propaganda política, sem prejuízo do disposto no capítulo V".

Por outro lado, no art. 44.º, alínea a), dispõe que a concessionária do serviço público deve "Assegurar (...) a sua independência perante o Governo, a Administração Pública e os demais poderes públicos".

6. O princípio da independência não impede, obviamente, o *Estado* de editar as suas próprias publicações, periódicas ou não: o *Diário da República* (¹), boletins de diversos ministérios e institutos públicos, etc.

Também não impede que os partidos políticos, os movimentos ou associações cívicas, igrejas ou comunidades religiosas editem as suas próprias publicações (doutrinárias — LImp 1999, art. 13.º, n.º 1).

7. O princípio da independência também não impede que o Governo divulgue informações e mesmo promova campanhas mediáticas tendentes a defender valores que considere de interesse comum, quer por via de notas oficiosas (ou "mensagens" de certas entidades), quer mediante outras formas de publicidade estatal (²).

Tais *notas oficiosas* só podem, todavia, ser utilizadas dentro de certo condicionalismo, que será adiante analisado.

A *publicidade* do Estado, por seu turno, deve respeitar a liberdade de decisão da empresa de comunicação social, em termos que serão adiante estudados. Aliás, a publicidade do Estado suscita, não só pro-

---

(¹) Está previsto na própria CRP art. 122.º.

(²) Cf., por exemplo, o Plano Global para a Igualdade de Oportunidades, aprovado pela RCM n.º 49/97, de 24.3, o qual, para alcançar o objectivo 2, de "prevenir a violência e garantir protecção adequada às mulheres vítimas de crimes de violência", inclui, entre as "medidas preventivas", "Fomentar campanhas de sensibilização da opinião pública, através dos órgãos de comunicação social, tendo em vista a mudança de mentalidades relativamente ao papel da mulher na sociedade, em consonância com o disposto no Decreto-lei n.º 84/96, de 29 de Junho, que define o modo de coordenação e distribuição da publicidade do Estado".

Os sujeitos da comunicação social 269

blemas de independência dos meios de comunicação social, como também de equidade na distribuição das receitas publicitárias. Adiante analisaremos também estas questões.

8. O desrespeito por parte de autoridades públicas da independência dos órgãos de comunicação social é *punível*, inclusivamente, como crime de abuso de autoridade ([1]).

9. O princípio da **independência** perante os poderes políticos **estrangeiros** resulta de diversas limitações à liberdade dos estrangeiros de constituírem, adquirirem ou administrarem empresas de comunicação social em Portugal — não devendo, em todo o caso, constituir discriminações relativamente a cidadãos de outros Estados membros da União Europeia ([2]).

a) Como disse acima, a Lei da *Imprensa* de 1975 não permitia que estrangeiros fossem proprietários de publicações periódicas (com excepção das publicações de representações diplomáticas, comerciais e culturais estrangeiras), estabelecia limites à participação de estrangeiros em empresas jornalísticas (10%), sob pena de reversão a favor do Estado, e não permitia que estrangeiros fossem administradores ou gerentes de empresas jornalísticas ([3]).

([1]) LImp 1999, art. 33.º, n.º 1, al. a); Lei n.º 31-/98, de 14.7 (LTV), art. 63.º, n.º 3. A Lei da Rádio prevê apenas a punição com multa (Lei n.º 87/88, de 30.7, art. 37.º).

([2]) Cf., nomeadamente, os art. 3.º, alínea c), 6.º, 52.º e segs., 67.º e segs. do Tratado da U.E..

([3]) Na verdade, segundo o art. 7.º da LImp de 1975, "2. Só as pessoas que possuam nacionalidade portuguesa, residam em Portugal e se encontrem no pleno gozo dos seus direitos civis e políticos poderão ser proprietárias de publicações periódicas, com excepção das publicações de representações diplomáticas, comerciais e culturais estrangeiras (...).

8. As empresas jornalísticas que revistam a forma de sociedade comercial ficarão em tudo exclusivamente sujeitas às leis portuguesas, devem ter sede em Portugal, e a participação, directa ou indirecta, do capital estrangeiro não poderá exceder 10%, sem direito de voto.

9. Revertem a favor do Estado, independentemente de outras sanções, as partes de capital que, excedendo um décimo do total, pertençam a estrangeiros, decorridos sessenta dias sobre o averbamento da sua transmissão (...).

11. Os administradores ou gerentes das empresas jornalísticas serão necessariamente pessoas físicas nacionais, no uso pleno dos seus direitos civis e políticos".

A LImp de 1999 não tem, todavia, qualquer disposição correspondente a estas, admitindo expressamente a existência de publicações estrangeiras (art. 12.º, n.º 2 e 3)([1]).

b) A Lei da *Rádio* (publicada depois da adesão de Portugal à CEE) não contém limitações deste género. Pelo contrário, considera fins específicos da radiodifusão "favorecer um melhor conhecimento mútuo bem como a aproximação entre cidadãos portugueses e estrangeiros" (Lei n.º 87/88, de 30.7, art. 5.º, n.º 2, alínea d)), embora considere importante defender e promover a língua e a cultura portuguesas e reforçar a unidade e a identidade nacionais (art. 4.º, alínea c), e 5.º, n.º 1 e 2, alínea c)).

c) Já a Lei da *Televisão* não contém qualquer disposição específica tendente a assegurar a independência relativamente a poderes políticos estrangeiros, embora possa entender-se que as regras sobre a independência perante o poder político se aplicam, por igualdade ou maioria de razão, a poderes políticos estrangeiros.

Esclarece, porém, no art. 2.º que "1 — Estão sujeitas às disposições do presente diploma as emissões de televisão transmitidas por operadores televisivos sob a jurisdição do Estado Português.

2 — Consideram-se sob jurisdição do Estado Português os operadores televisivos que satisfaçam os critérios definidos no artigo 2.º da Directiva n.º 89/552/CEE, do Conselho, de 3 de Outubro, na redacção que lhe foi dada pela Directiva n.º 97/36/CE, do Parlamento e do Conselho, de 30 de Junho" ([2]).

([1]) Sobre o princípio da independência das empresas de imprensa, cf. E. DERIEUX, *Droit de la Communication*, 1991, pág. 52 e segs..

([2]) Este art. 2.º da Directiva dispõe o seguinte:

"**1.** Cada Estado-Membro velará por que todas as emissões de radiodifusão televisiva transmitidas por organismos de radiodifusão televisiva sob a sua jurisdição respeitem as normas da ordem jurídica aplicável às emissões destinadas ao público nesse Estado-Membro.

2. Para efeitos da presente directiva, os organismos de radiodifusão televisiva sob a jurisdição de um Estado-Membro são:

– os estabelecidos nesse Estado-Membro, nos termos do n.º 3;

– aqueles a que se aplica o n.º 4.

3. Para efeitos da presente directiva, considera-se que um organismo de radiodifusão televisiva se encontra estabelecido num Estado-Membro nos seguintes casos:

a) O organismo de radiodifusão televisiva tem a sua sede social efectiva nesse

Por outro lado, dispõe, no art. 3.º, n.º 1, que "A actividade de televisão não pode ser exercida ou financiada por partidos ou associações políticas, autarquias locais ou suas associações, organizações sindicais, patronais ou profissionais, directa ou indirectamente, através de entidades em que detenham capital ou por si subsidiadas".

Estado-Membro e as decisões editoriais relativas à programação são tomadas nesse Estado-Membro;

b) Se um organismo de radiodifusão tiver a sua sede social efectiva num Estado-Membro, mas as decisões editoriais relativas à programação forem tomadas noutro Estado-Membro, considerar-se-á que esse organismo se encontra estabelecido no Estado-Membro em que uma parte significativa do pessoal implicado na realização da actividade de radiodifusão televisiva exerce as suas funções; se uma parte significativa do pessoal implicado na realização da actividade de radiodifusão televisiva exercer as suas funções em ambos os Estados-Membros, considerar-se-á que o organismo de radiodifusão televisiva se encontra estabelecido no Estado-Membro onde se situa a sua sede social efectiva; se uma parte significativa do pessoal implicado na realização de actividades de radiodifusão televisiva não exercer as suas funções em nenhum desses Estados-Membros, considerar-se-á que o organismo de radiodifusão televisiva se encontra estabelecido no Estado-Membro onde iniciou a sua actividade de radiodifusão, de acordo com a legislação desse Estado-Membro, desde que mantenha uma relação efectiva e estável com a economia desse mesmo Estado-Membro;

c) Se um organismo de radiodifusão televisiva tiver a sua sede social num Estado-Membro, mas as decisões editoriais relativas à programação forem tomadas num país terceiro, ou vice-versa, considerar-se-á que esse organismo se encontra estabelecido no Estado-Membro em causa, desde que uma parte significativa do pessoal implicado na realização de actividades de radiodifusão televisiva nele exerça as suas funções.

4. Considera-se que os organismos de radiodifusão televisiva não abrangidos pelo disposto no n.º 3 estão sob a jurisdição de um Estado-Membro nos seguintes casos:

a) Quando utilizam uma frequência concedida por esse Estado-Membro;

b) Quando, embora não utilizem uma frequência concedida por um Estado-Membro, utilizam uma capacidade de satélite desse Estado-Membro;

c) Quando, embora não utilizem nem uma frequência, nem uma capacidade de satélite de um Estado-Membro, utilizam uma ligação ascendente com um satélite situada nesse Estado-Membro.

5. Quando não for possível determinar qual o Estado-Membro competente, nos termos dos nas 3 e 4, será competente o Estado-Membro em que estiver estabelecido o organismo de radiodifusão televisiva na acepção do artigo 52º e seguintes do Tratado que institui a Comunidade Europeia.

6. A presente directiva não se aplica às emissões de radiodifusão televisiva destinadas exclusivamente a ser captadas em países terceiros e que não sejam recebidas directa ou indirectamente pelo público de um ou mais Estados-Membros.".

Além disso, promove a defesa da língua portuguesa e a produção nacional e europeia ([1]).

10. As regras de transparência (tendentes a tornar cognoscíveis os financiadores das empresas), a seguir estudadas, são um meio importante de assegurar a independência dos órgãos de comunicação social.

SUBSECÇÃO IV

Princípio da independência perante o poder económico

1. O princípio da independência das empresas perante o poder económico visa, também, assegurar que as informações divulgadas pelos meios de comunicação social sejam verdadeiras, rigorosas e objectivas, impedindo intromissões do poder económico, quer nacional quer, por maioria de razão, estrangeiro.

Esta independência é fundamental para impedir que o poder económico influencie a opinião pública de tal modo, que chegue a dominar o próprio poder político; constitui, portanto, um modo de garantir a democracia. Por outro lado, é um modo de protecção dos consumidores contra manipulações, mais ou menos subtis, em defesa dos interesses económicos dos grandes empresários ([2]), bem como de defesa da concorrência entre empresas.

Esta independência perante o poder económico é particularmente difícil de assegurar, quando é certo que os grandes meios de comunicação social dependem das empresas, quer para financiamentos, cada vez mais volumosos, quer para a publicidade, que tende a constituir a sua principal receita.

A lei não define, todavia, o que seja o poder económico para este efeito. Pelo contexto histórico, pode deduzir-se que se tiveram em vista, fundamentalmente, as grandes empresas e os grandes grupos de empresas, bem como as associações patronais e empresariais. A indefinição legal a este respeito dificulta, porém, a aplicação do princípio.

([1]) Lei n.º 31-A/98, de 14.7, art. 36.º, 37.º e 44.º, al. c).

([2]) Como diz FRANCISCO BALSEMÃO, "A censura económica, a censura dos grupos proprietários dos jornais, pode ser ainda mais prejudicial que a censura do Governo. Esta, em princípio, norteia-se por critérios mais de acordo com o interesse colectivo; aquela subordina-se apenas às necessidades e vantagens dos capitalistas que manipulam os *media*". Cf. *Manipular ou Depender?*, Lisboa, Ática, 1971, pág. 234.

Os sujeitos da comunicação social 273

2. Este princípio da independência perante o poder económico está consagrado na CRP para todos os meios de comunicação social, interessando, sobretudo, aos meios informativos.

Na verdade, segundo a CRP, "O Estado assegura (...) a independência dos órgãos de comunicação social perante (...) o poder económico" (art. 38.º, n.º 4).

Além disso, "a independência dos meios de comunicação social perante (...) o poder económico (...) são assegurados por uma Alta Autoridade para a Comunicação Social" (CRP art. 39.º, n.º 1).

No plano da lei ordinária, a Lei n.º 43/98, de 6.8, atribui à AACS a incumbência de "zelar pela independência dos órgãos de comunicação social perante os poderes (...) económico" (art. 3.º, alínea c)).

3. A Lei de *Imprensa* de 1975 tinha já atribuído ao Conselho de Imprensa a missão de "salvaguardar a liberdade de imprensa, nomeadamente perante (...) o poder económico" ([1]), competência esta que veio a ser atribuída e cabe, hoje, à Alta Autoridade para a Comunicação Social ([2]), como vimos.

4. A actividade de *radiodifusão*, por seu lado, "não pode ser exercida nem financiada por (...) organizações sindicais, patronais e profissionais (...)" ([3]).

5. Também "A actividade de *televisão* não pode ser exercida nem financiada por (...) organizações sindicais, patronais ou profissionais (...)" ([4]).

O princípio da independência perante o poder económico é reafirmado especificamente quanto à RTP, S.A. ([5]).

6. O princípio da independência não impede, obviamente, as empresas ([6]) e as suas associações (CAP, CIP, CCP; etc.) de editar publicações, publicitárias ou não.

([1]) No art. 17.º, revogado pela Lei n.º 15/90, de 30.6, sobre a AACS.

([2]) Lei n.º 43/98, de 6.8, art. 3.º, al. c).

([3]) Lei n.º 87/88, de 30.7, art. 3.º.

([4]) Lei n.º 31-A/98, de 14.7, art. 3.º, n.º 1.

([5]) Lei n.º 21/92, de 14.8, art. 4.º, n.º 2, al. a), e nos Estatutos da RTP, S.A., art. 4.º, n.º 1.

([6]) São muito frequentes (mais de 240) as publicações periódicas editadas, em Portugal, por empresas cuja edição não constitui a sua actividade principal, em bene-

SUBSECÇÃO V

**Princípio da transparência do capital:
nominatividade das acções; divulgação dos financiadores**

1. Entende-se que a generalidade dos cidadãos tem o direito de saber quem os informa: quem possui, financia, controla e faz os jornais. É uma garantia fundamental de credibilidade da informação e, simultaneamente, um meio de assegurar aos leitores a possibilidade de escolha verdadeiramente consciente e livre entre os meios de informação disponíveis e a possibilidade de um juízo crítico sobre os factos que lhes são apresentados, atendendo aos interesses subjacentes ([1]). É também um modo de assegurar o cumprimento do princípio da independência perante o poder político e o poder económico.

Por isso, a Constituição e a lei exigem, desde logo, a *identificação dos titulares do capital da empresa e dos demais financiadores*.

Na verdade, segundo a CRP, "A lei assegura, com carácter genérico, a divulgação da titularidade e dos meios de financiamento dos órgãos de comunicação social" (art. 38.º, n.º 3).

2. *a*) Relativamente à **imprensa**, dizia já, nesse sentido, a LImp de 1975, que "No caso de a publicação periódica pertencer a uma sociedade anónima, todas as acções terão de ser nominativas, o mesmo se observando quanto às sociedades anónimas que sejam sócias daquela que é proprietária da publicação" (art. 7.º, n.º 10 ([2])).

O mesmo princípio de *nominatividade das acções* das empresas jornalísticas proprietárias de publicações periódicas veio a ser acolhido pela LImp de 1999, no art. 16.º, n.º 1 ([3]). A nova lei não faz, todavia, igual exigência quanto às sociedades sócias da proprietária das acções (sociedades-mães ou "holdings").

---

fício próprio; e suscitam problemas específicos, que não serão aqui abordados. Aliás, a LImp de 1999 exclui expressamente os "boletins de empresa" do seu âmbito de aplicação (art. 9.º, n.º 2). Cf. JOÃO MOREIRA DOS SANTOS, *Imprensa Empresarial — Da Informação à Comunicação*, Porto, ASA, 1995.

([1]) Sobre o assunto, cf. EMMANUEL DERIEUX, *Droit de la Communication*, 1991, pág. 48 e segs..

([2]) A violação deste preceito é punível com multa até 50.000$ (LImp art. 33.º, n.º 1).

([3]) "1 — Nas empresas jornalísticas detentoras de publicações periódicas constituídas sob a forma de sociedade anónima todas as acções devem ser nominativas".

As *acções* referidas neste preceito são uma espécie de *participação social*. Chama-se participação (ou parte) social ao conjunto das obrigações e dos direitos de um sócio numa sociedade, podendo ela própria ser objecto de direitos e de negócios jurídicos. A participação social é designada: *parte*, nas sociedades em nome colectivo, e nas sociedades em comandita simples e, quanto aos sócios comanditados, nas sociedades em comandita por acções; *quota*, nas sociedades por quotas; e *acção*, nas sociedades anónimas e, quanto aos sócios comanditários, nas sociedades em comandita por acções ([1]).

As *acções* de sociedades por acções (anónimas ou em comandita por acções) são representadas por títulos (documentos escritos) ou por registos informatizados, distinguindo-se, por isso, as acções *tituladas* das acções *escriturais*. Umas e outras podem, em geral, ser nominativas ou ao portador. As acções *tituladas nominativas* têm de indicar o nome do seu titular e circulam por declaração do transmitente escrita no título e pelo pertence lavrado no título e averbamento no livro de registo de acções da sociedade emitente; as acções *tituladas ao portador* não indicam o nome do seu titular no título e circulam pela simples entrega real ("tradição") do título. Num caso e noutro, acrescem as formalidades de registo ou depósito dos títulos. As acções *escriturais* têm um regime análogo, adaptado à sua natureza informática.

Compreende-se, pois, a exigência legal de *nominatividade* das acções das sociedades jornalísticas: é uma forma de possibilitar o conhecimento da identidade dos seus sócios. Se as acções fossem ao portador, tal não seria possível.

Pode perguntar-se por que motivo esta exigência é feita só às sociedades anónimas e não às sociedades por quotas. É que o nome dos titulares das quotas tem de ser indicado no contrato de sociedade, quando da constituição (CSC art. 199.º, al. a)); posteriormente, a transmissão de quotas entre vivos tem de constar de escritura pública ou processo judicial, só sendo eficaz perante a sociedade se lhe for comunicada (CSC art. 228.º); e tem de constar do registo comercial respectivo (RRegCom art. 15.º), de tal modo que é sempre possível saber quem são os sócios. O mesmo se passa com as partes de sociedades em nome colectivo (CSC art. 182.º).

([1]) Para maiores desenvolvimentos, cf. LUÍS BRITO CORREIA, *Direito Comercial*, 1989, vol. II, pág. 353 e segs..

b) Além disso, os **nomes dos sócios e financiadores** das sociedades jornalísticas devem ser *divulgados*, anualmente, em todas as publicações da sociedade; e os nomes dos sócios devem ser comunicados à AACS.

Na verdade, segundo o art. 16.°, n.° 2, da LImp de 1999, "A relação dos detentores de participações sociais das empresas jornalísticas, a discriminação daquelas, bem como a indicação das publicações que àqueles pertençam, ou a outras entidades com as quais mantenham uma relação de grupo, devem ser, durante o mês de Abril, divulgadas em todas as publicações periódicas de que as empresas sejam proprietárias, nas condições referidas no n.° 2 do artigo anterior, e remetidas para a Alta Autoridade para a Comunicação Social" ([1]) ([2]).

Por outro lado, segundo o n.° 3 do mesmo preceito, "As empresas jornalísticas são obrigadas a inserir na publicação periódica de sua propriedade com a maior tiragem, até ao fim do 1.° semestre de cada ano, o relatório e contas de demonstração dos resultados líquidos, onde se evidencie a fonte dos movimentos financeiros derivados de capitais próprios ou alheios".

3. Quanto à **rádio**, o Dec.-Lei n.° 130/97, de 27.5, atribui ao Instituto da Comunicação Social competência para organizar um registo "dos titulares do capital social, quando os operadores revistam forma societária, nos termos a fixar por portaria do membro do Governo responsável pela comunicação social" (art. 16.°). E impõe a obrigação de comunicar à AACS e ao Instituto da Comunicação Social "As alterações ao capital social dos operadores de radiodifusão que revistam forma societária" (art. 3.°, n.° 2) ([3]).

([1]) A LImp 1975 impunha tal divulgação, no art. 7.°, n.° 12, mas não a comunicação à AACS.

([2]) Como todas as entidades abrangidas pelo Plano Oficial de Contabilidade para as Empresas, devem as empresas de comunicação social a que este seja aplicável (nas condições do art. 2.° do Dec.-Lei n.° 410/89, de 21.11) indicar, no anexo ao balanço e à demonstração de resultados de cada exercício, a "Participação no capital subscrito de cada uma das pessoas colectivas que nele detenham pelo menos 20%" (n.° 37).

([3]) O Dec.-Lei n.° 338/88, de 28.9, exigia "Declaração comprovativa da não detenção de participação no capital ou do exercício de funções de administração em mais de uma empresa de radiodifusão, nos termos dos n.ºs 5 e 7 do artigo 2.° do presente diploma, sem prejuízo da excepção prevista no n.° 6 do mesmo artigo e nos

Os sujeitos da comunicação social   277

4. Quanto à **televisão**, a lei exige também a *nominatividade* das acções das empresas candidatas ao licenciamento (LTV art. 9.º, n.º 4), situação que deve manter-se após a concessão da licença (LTV art. 13.º, n.º 1, al. a)).

Além disso, "A relação dos detentores das quatro maiores participações sociais nos operadores televisivos e a respectiva discriminação, bem como a indicação das participações sociais daqueles noutras entidades congéneres, são divulgadas, conjuntamente com o relatório e contas e o respectivo estatuto editorial, em cada ano civil, numa das publicações periódicas de expansão nacional de maior circulação" (LTV art. 4.º, n.º 2).

SUBSECÇÃO VI

Princípio da especialidade

1. A fim de evitar que as empresas criem relações que possam afectar a sua independência, a CRP consagrou o que chama *princípio da especialidade*, quanto às "empresas titulares de órgãos de informação geral" (art. 38.º, n.º 4).

Significa, neste domínio, que estas empresas só poderão ter como **objecto** as actividades jornalísticas, noticiosas, de rádio ou de televisão e actividades inerentes ou complementares, nada mais. Consequentemente, a sua **capacidade de gozo** de direitos fica **limitada** aos negócios jurídicos correspondentes a tais actividades (CCiv art. 160.º, CSC art. 6.º) ([1]).

---

termos aí previstos" (art. 9.º, n.º 2, al. g)). Este diploma foi, todavia, revogado pelo Dec.-Lei n.º 130/97, de 27.5, que suprimiu esta alínea do n.º 2 do art. 9.º. As "alterações ao capital", a que se refere o citado art. 3.º, n.º 2, correspondem a aumentos ou reduções de capital (no sentido do CSC art. 87.º a 96.º), não propriamente a transmissões de acções ou outras participações (que nem sempre exigem a escritura pública mencionada no final do preceito).

([1]) Em rigor, não deve confundir-se o *"princípio da especialidade"*, consagrado com esta designação na CRP, quanto às empresas titulares de órgãos de informação geral, com o *princípio da especialidade*, consagrado no CCiv e que é comum à generalidade das pessoas colectivas. Este corresponde a uma limitação da capacidade de gozo da pessoa colectiva em função dos seus *fins* estatutários, contrapondo-se ao princípio da generalidade, que vigora para a capacidade de gozo das pessoas singulares. O primeiro significa uma restrição à liberdade contratual, que acresce à decorrente

2. Este princípio estava afirmado na Lei de **Imprensa** de 1975: "As empresas jornalísticas, editoriais e noticiosas só poderão ter como objecto, para além do seu objecto principal, o exercício de actividades inerentes ou complementares" (art. 7.º, n.º 7). Não se limitava assim, às "empresas titulares de órgãos de informação geral", tendo um âmbito de aplicação mais amplo — o que a CRP não impõe, mas não proíbe que a lei ordinária imponha.

A LImp de 1999 não reproduz este preceito nem o preceito constitucional, mas remete para a CRP (no art. 1.º, n.º 1)([1]).

3. Quanto às empresas de **rádio**, as leis respectivas nada acrescentam ao que resulta da Constituição ([2]).

4. Quanto às empresas de **televisão**, a Lei n.º 31-A/98, de 14.7, estabelece que "Os operadores de televisão devem ter como objecto principal o exercício dessa actividade (...)" (art. 11.º, n.º 1). Assim, a Lei adopta um critério menos exigente do que o da Constituição — o que leva a suscitar dúvidas sobre a sua constitucionalidade.

SUBSECÇÃO VII
Apoios do Estado e da União Europeia aos órgãos de comunicação social; princípio de não discriminação

1. Reconhecendo a importância dos órgãos de comunicação social e as dificuldades com que muitos deles se debatem, o Estado concede-

---

desse comum princípio da especialidade, no sentido de impedir que os fundadores de uma empresa de comunicação social possam prever nos estatutos um *objecto* social que abranja o exercício de actividades que não respeitem à comunicação social. Por isso, melhor seria chamar *princípio da exclusividade* ao que vigora no âmbito mediático. Deve notar-se, todavia, que se trata de uma limitação *legal* do objecto social, que, por isso, limita a capacidade de gozo da sociedade, além de responsabilizar os membros dos órgãos sociais que a desrespeitem (CSC art. 6.º, n.º 4). Para maiores desenvolvimentos, cf. L. BRITO CORREIA, *Direito Comercial*, vol. II, pág. 245 e segs..

([1]) No art. 7.º e 8.º, a LImp de 1999 admite mesmo que a actividade editorial ou noticiosa seja apenas a "actividade principal" das empresas jornalísticas, editoriais e noticiosas.

([2]) Note-se que é condição de preferência na atribuição de alvará de radiodifusão o facto de a empresa candidata ser proprietária de publicação periódica (DL n.º 130/97, de 27.5, art. 8.º, al. d)).

-lhes várias espécies de apoios, estabelecendo diversas regras jurídicas acerca da sua atribuição. Algumas destas regras são *comuns* aos vários meios (imprensa, rádio, televisão, etc.), enquanto outras são *específicas* para alguns deles apenas (imprensa, imprensa regional, etc.).

Interessa-nos agora apreender uma ideia do conjunto desse regime, sem prejuízo de outras referências posteriores, mais especializadas.

2. Os apoios do Estado aos órgãos de comunicação social têm uma *história* antiga, a que já foi feita referência anteriormente, na Introdução.

Hoje, o princípio fundamental a este respeito é o do ***apoio não discriminatório*** e consta da própria CRP.

Com efeito, o art. 38.º, n.º 4, diz, expressamente, que "O Estado assegura a liberdade e a independência dos órgãos de comunicação social perante o poder político e o poder económico, impondo o princípio da especialidade das empresas titulares de órgãos de informação geral, *tratando-as e apoiando-as de forma não discriminatória* (...)" (itálico nosso).

Também a LImp 1999 consagra o princípio da não discriminação, no art. 4.º, n.º 1: "Tendo em vista assegurar a possibilidade de expressão e confronto das diversas correntes de opinião, o Estado organizará um sistema de incentivos não discriminatórios de apoio à imprensa, baseado em critérios gerais e objectivos, a determinar em lei específica".

3. Quanto ao *modo de definição* e à *concessão* de tais apoios, o art. 1.º do Dec.-Lei n.º 84/96, de 29.6 ([1]), estabeleceu algumas regras gerais sobre *competência*:

"1 — Os critérios de atribuição de apoios de qualquer natureza ao sector da comunicação social são definidos por decreto-lei.

2 — A concessão dos apoios referidos no número anterior compete ao membro do Governo responsável pela área da comunicação social.

([1]) Na redacção da Declaração de Rectificação n.º 11-B/96, de 29.6, e da Lei n.º 52/96, de 27.12. A versão inicial do n.º 1 era a seguinte: "Os apoios de qualquer natureza ao sector da comunicação social são definidos por portaria conjunta dos membros do Governo responsáveis pela área das finanças, pela área da comunicação social e pelas demais áreas envolvidas".

280 — *Direito da Comunicação Social*

3 — A competência prevista no número anterior pode ser delegada ou subdelegada no director do Gabinete de Apoio à Imprensa" (¹).

Compreende-se, por isso, que a maioria das regras sobre os apoios à comunicação social tenha passado a constar de *decretos-leis* do Governo, quando antes era aprovada por simples *portaria* ministerial.

4. Os apoios concedidos pelo Estado aos meios de comunicação social compreendem uma gama muito variada, que tende quer a aumentar as *receitas* quer a reduzir as *despesas*, sendo, nuns casos, apoios *directos* (suportados pelo orçamento geral do Estado) e, noutros casos, apoios *indirectos* (suportados por outras entidades) (²).

5. O diploma fundamental sobre este assunto é, actualmente, o Dec.-Lei n.º 37-A/97, de 31.1, que regula o *Sistema de Incentivos do Estado aos Órgãos de Comunicação Social* (³).

Este *Sistema* compreende três modalidades fundamentais:

a) Incentivos indirectos, que se traduzem na assunção total ou parcial pelo Estado do custo de expedição postal das publicações periódicas, que corresponde ao chamado *"porte pago"* (de 100%, 90%, 98% ou 75% do custo, consoante os casos (⁴))(⁵);

b) Incentivos directos, que podem consistir em:

i — *Incentivos à modernização tecnológica*, que se destinam a apoiar o financiamento de projectos tendentes a promover a qualidade dos órgãos de comunicação social regional e equiparados, através da

---

(¹) As funções, então, atribuídas ao Gabinete de Apoio à Imprensa pertencem, actualmente, ao Instituto da Comunicação Social.

(²) Sobre esta distinção (cuja terminologia nem sempre coincide com a da lei portuguesa, a seguir referida no texto), cf. R. CAYROL, *Les Médias — Presse écrite, radio, télévision*, 1991, pág. 175 e segs..

(³) Tendo sido significativamente alterado pela Lei n.º 21/97, de 27.6, e pelo Dec.-Lei n.º 136/99, de 22.4, e regulamentado pela P. n.º 118/97, de 21.2.

(⁴) Dec.-Lei n.º 37-A/97, de 31.1, art. 5.º a 11.º, com alterações introduzidas pela Lei n.º 21/97, de 27.6, e pelo Dec.-Lei n.º 136/99, de 22.4. Cf. EMMANUEL DERIEUX, *Droit de la Communication*, Paris, LGDJ, 1991, pág. 80 e segs..

(⁵) Anteriormente, previam-se também descontos nas telecomunicações (P n.º 234/85, de 24.4; P n.º 854/85, de 9.11; P n.º 161/86, de 26.4; P n.º 411/92, de 18.5, n.º 27.º a 29.º), mas as disposições sobre o assunto foram revogadas pela P n.º 169-A/94, de 24.3, por sua vez revogada pelo Dec.-Lei n.º 37-A/97, de 31.1. Cf. EMMANUEL DERIEUX, *Droit de la Communication*, 1991, pág. 80 e segs.; R. CAYROL, *Les Médias*, 1991, pág. 175 e segs..

Os sujeitos da comunicação social 281

utilização de novos equipamentos, métodos e tecnologias, compreendendo a comparticipação a fundo perdido até 50% do custo respectivo e o reembolso parcial dos juros do primeiro ano de empréstimos bancários ([1]);

ii — *Incentivos à formação e reciclagem profissional*, que se destinam a apoiar o financiamento de acções deste género ([2]);

iii — *Incentivos específicos*, que se destinam a contribuir para a concretização de outras iniciativas de interesse relevante na área da comunicação social, tais como congressos e seminários, produção e edição de estudos sobre temática do sector, atribuição de prémios de jornalismo, cooperação com os países africanos de língua oficial portuguesa e outras devidamente fundamentadas ([3]);

c) **Outros incentivos** estabelecidos mediante *protocolos* com o membro do Governo responsável pela área da comunicação social, tendo em vista facultar em condições mais favoráveis bens e serviços necessários à actividade dos órgãos de informação ([4]).

O Dec.-Lei n.º 37-A/97, de 31.1, regula as condições gerais e específicas de acesso a estes vários incentivos, as regras de processamento da respectiva concessão ([5]), as obrigações dos beneficiários, as sanções aplicáveis a infracções e a fiscalização.

Os encargos decorrentes da aplicação deste Sistema de Incentivos são inscritos anualmente no orçamento do Instituto da Comunicação Social ([6]).

6. Importante é também o **Estatuto da Imprensa Regional**, aprovado pelo Dec.-Lei n.º 106/88, de 31.3 ([7]), que prevê diversas modalidades de apoios directos e indirectos.

([1]) Dec.-Lei n.º 37-A/97, de 31.1, art. 12.º a 17.º.
([2]) Dec.-Lei n.º 37-A/97, de 31.1, art. 19.º e 20.º.
([3]) Dec.-Lei n.º 37-A/97, de 31.1, art. 21.º.
([4]) Dec.-Lei n.º 37-A/97, de 31.1, art. 2.º, n.º 2.
([5]) Regulamentadas pela P n.º 118/97, de 21.2.
([6]) Dec.-Lei n.º 37-A/97, de 31.1, art. 26.º, n.º 1.
([7]) Ao abrigo da autorização legislativa concedida pela Lei n.º 1/88, de 4.1. Consideram-se de imprensa regional, para efeitos deste Estatuto, "todas as publicações periódicas de informação geral, conformes à Lei de Imprensa, que se destinem predominantemente à respectivas comunidades regionais e locais, dediquem, de forma regular, mais de metade da sua superfície redactorial a factos ou assuntos de ordem

282   *Direito da Comunicação Social*

7. Mais recentemente, o Dec.-Lei n.º 284/97, de 22.10, equiparou entre o Continente e as Regiões Autónomas os **preços de venda ao público de livros, revistas e jornais** de natureza pedagógica, técnica, científica, literária, informativa e recreativa, instituindo o *princípio do custeamento pelo Estado dos encargos correspondentes à sua expedição de e para as Regiões Autónomas* ([1]).

8. Entre os apoios tendentes a **aumentar as receitas** contam-se, ainda:

a) Percentagens mínimas de despesas de *publicidade do Estado* a distribuir pelas rádios locais e regionais e pela imprensa regional ([2]);

b) Uma percentagem do produto líquido das explorações do *totobola e do totoloto* para as empresas jornalísticas ([3]);

9. Uma outra modalidade de apoio indirecto do Estado à imprensa decorre da **obrigatoriedade de publicação** de diversos actos de *registo comercial* relativos a sociedades anónimas ou por quotas, num jornal da localidade da sede ou da região respectiva, além da publicação no jornal oficial ([4]).

São também relevantes as publicações obrigatórias de prospectos e outras informações relacionadas com a admissão de *valores mobiliários* à cotação, e com ofertas públicas de subscrição, aquisição e venda de acções, impostas pelo Código dos Valores Mobiliários ([5]).

10. Importantes são ainda as **entradas de capital** e os **financiamentos** concedidos pelo Estado à RDP e à RTP. Embora tenham fundamento na participação do Estado no capital dessas sociedades e no

---

cultural, social, religiosa, económica e política a elas respeitantes e não estejam dependentes, directamente ou por interposta pessoa, de qualquer poder político, inclusivamente o autárquico" (art. 1.º).

([1]) Este diploma revogou a Lei n.º 41/96, de 31.8.

([2]) P n.º 209/96, de 12.6; DL n.º 84/96, de 29.6, art. 2.º. Cf. EMMANUEL DERIEUX, *Droit de la Communication*, Paris, LGDJ, 1991, pág. 84 e seg..

([3]) DL n.º 84/85, de 28.3, art. 16.º, e P n.º 836/85, de 7.11.

([4]) CRCom art. 70.º, n.º 4, na redacção do DL n.º 216/94, de 20.8. Estas publicações são pagas pelas sociedades interessadas.

([5]) Aprovado pelo DL n.º 486/99, de 13.11, art. 5.º, 8.º, n.º 1, alínea *b*), 28.º, 123.º, n.º 3, 129.º, n.º 3, 130.º, n.º 2, 131.º, n.º 2, 133.º, n.º 2, 140.º, 142.º, n.º 2, 146.º, n.º 2, 175.º, n.º 1, 202.º, 244.º, n.º 4, 245.º, 246.º, 248.º, 249 e 250.º.

serviço público por elas prestado, é frequentemente discutida a questão de saber se os montantes atribuídos correspondem, efectivamente, aos custos do serviço público ou se, excedendo-os, não estarão a constituir apoios discriminatórios, em prejuízo das emissoras privadas, afectando a concorrência no mercado nacional ([1]).

11. Também a **União Europeia** concede ou prevê a concessão de diversas modalidades de apoio a órgãos de comunicação social.

Entre eles, podem citar-se os seguintes:

a) Programa MEDIA I — Programa de acção para encorajar o desenvolvimento da indústria audiovisual europeia (1991-1995)([2]);

b) Programa MEDIA II — Programa para criar um ambiente favorável para as empresas da indústria de programas (MEDIA II — Desenvolvimento e distribuição), acompanhado de um programa de formação para os profissionais da indústria europeia de programas audiovisuais (MEDIA II — Formação — 1996-2000)([3]);

c) Fundo Europeu de Garantia para a promoção da produção cinematográfica e televisiva ([4]).

SUBSECÇÃO VIII

Regime fiscal

1. Nalguns países, as empresas de comunicação social (ou os seus produtos ou serviços) estão sujeitas a um regime fiscal particularmente favorável ([5]).

([1]) Dec.-Lei n.º 371/93, de 29.10, art. 11.º.

([2]) *JOCE* n.º C 127, de 23.5.1990, *Boletim CE* 4-1990, n.º 1.1757; C. DEBBASCH, *Droit de l'audiovisuel*, 1995, pág. 706 e seg..

([3]) *JOCE* n.º C 108, de 29.4.1995, *Boletim CE* 1/2-1995, n.º 1.3.170; *Boletim UE* 11-1995, n.º 1.3.210.

([4]) Proposta de decisão do Conselho, in *JOCE* n.º C 41, de 13.2.1996, Cf. *Boletim UE* 11-1995, n.º 1.3.211, e 10-1996, n.º 1.3.183. O instrumento financeiro proposto tem por objectivo mobilizar investimentos a favor da indústria europeia de programas. Assumiria a forma de um fundo de garantia especializado no audiovisual (inserido no Fundo Europeu de Investimentos), actuando como um segurador junto de bancos e estabelecimentos financeiros.

([5]) Cf. J. M. AUBY — R. DUCOS-ADER, *Droit de l'information*, 2ª ed., pág. 280 e segs.; EMMANUEL DERIEUX, *Droit de la Communication*, Paris, LGDJ, 1991, pág. 65 e segs.

2. Em Portugal, a lei estabelece também um regime fiscal benefi-ciado para as empresas mediáticas, relativamente ao IVA.

Na verdade, estão isentas de *imposto sobre o valor acrescentado* (IVA) as actividades das empresas públicas de rádio e televisão que não tenham carácter comercial ([1]).

Estão sujeitos a taxa reduzida, de 5%:

a) Jornais, revistas e outras publicações periódicas, como tais con-sideradas na legislação que regula a matéria, de natureza cultural, edu-cativa, recreativa ou desportiva (com excepção das publicações de carácter pornográfico ou obsceno, como tal consideradas na legislação que regula a matéria);

b) Papel de jornal;

c) Livros, folhetos e outras publicações não periódicas de natureza cultural, educativa, recreativa ou desportiva, brochados ou encadernados (com excepção, entre outras, das publicações de carácter pornográfico ou obsceno) ([2]).

SECÇÃO III

Empresas de imprensa

SUBSECÇÃO I

Noção e espécies; âmbito da liberdade de empresa

1. Uma vez estudados os princípios aplicáveis à generalidade das empresas de comunicação social, importa analisar as regras específicas estabelecidas para as *empresas de imprensa* e, posteriormente, para as de rádio e de televisão.

Como disse já, o princípio fundamental no domínio da imprensa é o da *liberdade de empresa*.

Está consagrado na CRP. Na verdade, esta dispõe, por um lado que "A liberdade de imprensa implica: (...) *c)* O direito de fundação de

---

([1]) CIVA art. 9.º, n.º 41, na redacção do Dec.-Lei n.º 195/89, de 12.6.

([2]) CIVA art. 18.º, n.º 1, al. a), e Lista II, n.º 2.1, 2.2, 2.3, na redacção da Lei n.º 2/92, de 9.3.

jornais e de quaisquer outras publicações, independentemente de autorização administrativa, caução ou habilitação prévias" (art. 38.º, n.º 2 (¹)).

Por outro lado, estabelece que "A iniciativa económica privada exerce-se livremente nos quadros definidos pela Constituição e pela lei e tendo em conta o interesse geral" (art. 61.º, n.º 1).

Assim, o exercício do direito (individual ou colectivo) de fundação de jornais implica, normalmente, a existência de uma organização (empresarial) que os produza e a criação dessa organização por entidades privadas é livre, desde que respeite a Constituição, a lei e o interesse geral.

Por seu lado, a LImp de 1999 dispõe que "É livre a constituição de empresas jornalísticas, editoriais ou noticiosas, observados os requisitos da presente lei" (art. 5.º, n.º 1)(²).

Efectivamente, a CRP e a lei estabelecem diversas regras sobre as empresas de imprensa, que interessa conhecer.

Antes de mais, importa, porém, esclarecer o **âmbito de aplicação** dessas regras (³), sendo de notar que isso é importante também para

---

(¹) Este texto do n.º 2, alínea c), do art. 38.º estava, na versão original de 1976, no n.º 3, que passou para o n.º 4 após a revisão constitucional de 1982. Na versão original de 1976, o art. 38.º dizia o seguinte: "As publicações periódicas e não periódicas podem ser propriedade de quaisquer pessoas colectivas sem fins lucrativos e de empresas jornalísticas e editoriais sob forma societária ou de pessoas singulares de nacionalidade portuguesa". Esta restrição final foi suprimida em 1982, passando o art. 38.º, a dizer, no n.º 5, o seguinte: "As publicações periódicas e não periódicas podem ser propriedade de pessoas singulares, de pessoas colectivas sem fins lucrativos ou de empresas jornalísticas e editoriais sob forma societária, devendo a lei assegurar, com carácter genérico, a divulgação da propriedade e dos meios de financiamento da imprensa periódica". A primeira parte deste preceito foi suprimida, em 1989. A segunda parte passou para o n.º 3 do art. 38.º. Sobre a interpretação desta versão do preceito de 1982, cf. NUNO E SOUSA, *A Liberdade de Imprensa*, pág. 77 e segs..

(²) A LImp de 1975 dispunha, no art. 7.º, que "3 — É livre a fundação de empresas jornalísticas, editoriais e noticiosas, com vista à elaboração, edição e difusão de quaisquer publicações, notícias, comentários e imagens, sem subordinação a autorização, caução, habilitação prévia ou outras condições que não sejam as constantes da presente lei (...). 8. As empresas jornalísticas que revistam a forma de sociedade comercial ficarão em tudo exclusivamente sujeitas às leis portuguesas (...)".

(³) Sobre o assunto, em face de leis estrangeiras, cf. J. M. AUBY — R. DUCOS--ADER, *Droit de l'information*, 2ª ed., pág. 201 e segs.; EMMANUEL DERIEUX, *Droit de la Communication*, Paris, LGDJ, 1991, pág. 43 e segs.; F. CONESA, *La libertad de la empresa periodística*, Pamplona, 1978; I. BEL MALLEN — L. CORREDOIRA Y ALFONSO — PILAR COUSIDO, *Derecho de la información*, Madrid, Colex, 1992, pág. 360 e segs.

definir o âmbito da competência da Alta Autoridade para a Comunicação Social ([4]) e para saber quais os potenciais beneficiários de diversas modalidades de apoios do Estado. Para tanto, interessa ter presente o *conceito legal de empresas de imprensa* e conhecer as *espécies* destas empresas.

2. Sabendo já o que é uma *empresa* e o que é *imprensa* (definida esta no art. 9.º da LImp de 1999, acima analisado), podemos definir **empresa de imprensa** como uma *pessoa singular ou colectiva que exerce uma actividade económica de reprodução impressa de textos ou imagens para pôr à disposição do público.*

Importa agora, sobretudo, observar que a LImp de 1999, nos art. 7.º e 8.º, classifica as **empresas de imprensa** em duas categorias: *empresas proprietárias de publicações* ([5]) e *empresas noticiosas*.

a) As **empresas proprietárias de publicações**, por sua vez, podem ser de duas espécies: *empresas jornalísticas* e *empresas editoriais*.

i — **Empresas jornalísticas** são as que têm como actividade principal a edição de publicações periódicas (definidas no art. 11.º, n.º 1);

ii — **Empresas editoriais** são as que têm como actividade principal a edição de publicações não periódicas (definidas no art. 11.º, n.º 2).

b) **Empresas noticiosas** são as que têm por objecto principal a recolha e distribuição de notícias, comentários ou imagens".

Assim, para delimitar cada uma destas espécies de empresas de imprensa temos de atender ao seu *objecto*, nomeadamente, à espécie de actividade a que se dedicam: edição de publicações, periódicas ou não, ou recolha e distribuição de notícias, comentários ou imagens (para serem divulgadas pela imprensa periódica, pela rádio ou e pela televisão, sem editar publicações destinadas ao público).

Já vimos como a LImp de 1999 define e classifica as **publicações**, nos art. 10.º a 14.º. Compete à Alta Autoridade para a Comunicação Social "participar" na classificação de uma determinada publicação como periódica ou não ([6]).

([4]) Sobre a questão quanto ao Conselho de Imprensa, cf. A. ARONS DE CARVALHO, *A Liberdade de Informação e o Conselho de Imprensa — 1975-1985*, pág. 60 e segs..

([5]) A LImp de 1975, no art. 7.º, n.º 4 a 6, não utilizava este conceito.

([6]) Competia inicialmente ao Conselho de Imprensa (LImp art. 55.º), tendo passado para a AACS por força do art. 4.º, n.º 1, alínea n), da Lei n.º 15/90, de 30.6, estando, actualmente prevista no art. 4.º, al. o), da Lei n.º 43/98, de 6.8.

Os sujeitos da comunicação social 287

4. No âmbito das actividades de imprensa, são importantes ainda as *empresas livreiras* e as *empresas distribuidoras*. Estas empresas não são, todavia, consideradas pela LImp como *empresas de imprensa*, pois se ocupam da comercialização (promoção, transporte e venda) das publicações, sem influírem no seu conteúdo.

5. Em face da LImp, as empresas de imprensa tanto podem ser *pessoas singulares* como *pessoas colectivas* (art. 6.°).

Diversamente do que fazia a LImp de 1975 ([1]), a LImp de 1999 não se refere à possibilidade de as empresas de imprensa poderem ser tanto *empresas privadas* como *empresas públicas* ou *de capital público* ([2]).

Na realidade, as empresas públicas de imprensa foram quase todas privatizadas pelos governos do Prof. Cavaco Silva, como vimos. A maioria das empresas de imprensa adopta o tipo de sociedade por quotas ou de sociedade anónima, existindo também algumas cooperativas.

6. A LImp de 1999 aplica-se, em geral, tanto às empresas jornalísticas como às empresas editoriais e manda aplicar às empresas noticiosas o regime das empresas jornalísticas (art. 8.°, n.° 2).

Há, no entanto, diversas disposições que se aplicam apenas às empresas jornalísticas ([3]).

Vamos analisar, sumariamente, os princípios comuns às várias espécies de empresas de imprensa e, depois, as regras específicas para cada uma delas.

([1]) Art. 7.°, n.° 1, 8 e 10, 9.° e 60.°.

([2]) Em todo o caso, refere-se expressamente à possibilidade de serem sociedades anónimas (art. 16.°, n.° 1).

([3]) Art. 4.°, n.° 2 e 3, 5.°, n.° 2, al. b), 16.°, 19.° a 23.° e 29.°, n.° 2. A LImp de 1975 dava a entender que as empresas editoriais ficariam sujeitas a um regime distinto, na medida em que dispunha, no n.° 1 do art. 70.°, que "O Governo promoverá a elaboração de um regulamento da actividade editorial e das publicações unitárias, com a participação das organizações representativas dos escritores, editores, livreiros, técnicos gráficos e demais entidades interessadas". Não chegou a ser publicado, todavia, nenhum regulamento com esta designação. A actividade editorial estava e está regulada pelo Código do Direito de Autor e dos Direitos Conexos (aprovado pelo Dec.-Lei n.° 63/85, de 14.3, com alterações posteriores), que, todavia, não respeita apenas a publicações unitárias.

SUBSECÇÃO II

Liberdade de constituição de empresas de imprensa; registo de imprensa

1. Como dissemos, o regime jurídico das empresas de imprensa é dominado, desde a sua constituição, pelo *princípio da liberdade*. Veja-mos agora o que ele significa e quais as suas limitações, em face da lei portuguesa vigente ([1]).

Os preceitos, há pouco citados, da CRP (art. 38.º, n.º 2, alínea c), e 61.º, n.º 1) e da LImp de 1999 (art. 5.º, n.º 1) significam, em primeiro lugar, que a constituição de empresas de imprensa, como tais, não está sujeita a qualquer *autorização administrativa* nem a *caucionamento* prévio, prova de *habilitações* ou *outras condições*, além das constantes da própria LImp (e das leis que a alterem) — diversamente do que aconteceu no passado ([2]).

A LImp de 1999 apenas exige o registo prévio das empresas jornalísticas e das empresas noticiosas (não das empresas editoriais — art. 5.º, n.º 2, alíneas b) e c)). De harmonia com o n.º 3 do mesmo art. 5.º, o regime deste registo consta actualmente do Dec. Reg. n.º 8/99, de 9.6 ([3]). Tal registo compete ao Instituto da Comunicação Social.

Sendo a maioria das empresas privadas de imprensa sociedades comerciais (por motivos acima expostos)([4]) e, mais frequentemente, do tipo da sociedade anónima ou da sociedade por quotas, compreende-se que elas se constituam de harmonia com o regime geral aplicável a esses tipos de sociedades e que consta, fundamentalmente, do *Código das Sociedades Comerciais*.

Não é este o lugar adequado para estudar, desenvolvidamente, tal regime. Interessa-nos aqui apenas analisar as regras especificamente aplicáveis às sociedades de imprensa.

([1]) Quanto a direitos estrangeiros, cf. J. M. AUBY — R. DUCOS-ADER, *Droit de l'information*, 2ª ed., pág. 201 e segs.; EMMANUEL DERIEUX, *Droit de la Communication*, Paris, LGDJ, 1991, pág. 43 e segs.; F. CONESA, *La libertad de la empresa periodística*, Pamplona, 1978; I. BEL MALLEN — L. CORREDOIRA Y ALFONSO — PILAR COUSIDO, *Derecho de la información*, Madrid, Colex, 1992, pág. 360 e segs..

([2]) Cf. ALBERTO A. DE CARVALHO — A. MONTEIRO CARDOSO, *Da Liberdade de Imprensa*, Lisboa, Meridiano, 1971, pág. 213 e segs..

([3]) Este diploma revogou o anterior Regulamento do Registo de Imprensa, constante da Portaria n.º 640/76, de 26.10, alterado pela Portaria n.º 150/82, de 5.5 e pela P n.º 553/83, de 11.5.

([4]) Mantém-se como empresa pública a Imprensa Nacional-Casa da Moeda, EP.

Os sujeitos da comunicação social   289

2. Para quem pretenda ter uma ideia geral a esse respeito ([1]), bastará dizer agora que o processo negocial ([2]) de constituição de sociedades comerciais assume características um tanto diferentes para cada tipo de sociedade, sendo particularmente complexo quanto à constituição sucessiva de sociedades anónimas (com apelo a subscrição pública). Apresenta, porém, uma certa configuração *comum* aos vários tipos e é só essa que importa referir aqui.

Nesse processo comum, a sequência dos actos a praticar pode ter duas variantes: uma tradicional, com o *registo comercial posterior ao acto constitutivo* ([3]), e outra, admitida pela primeira vez pelo CSC, com o *registo comercial prévio ao acto constitutivo* ([4]).

O processo comum de constituição das sociedades comerciais com *registo comercial posterior*, que é o mais frequentemente utilizado, consta dos seguintes actos fundamentais ([5]):

a) Celebração do acto constitutivo;

b) Registo comercial (CSC art. 5.º e 18.º, n.º 5; CRCom art. 3.º, alínea a), 15.º, n.º 1);

([1]) Para maiores desenvolvimentos, cf. LUÍS BRITO CORREIA, *Direito Comercial*, 1989, vol. II, pág. 124 e segs..

([2]) Refiro-me ao processo de constituição *ex novo* de uma sociedade, não à constituição decorrente de fusão, cisão, transformação novatória (CSC art. 7.º, n.º 4, 97.º, n.º 4, al. b), 118.º e 130.º, n.º 3) ou decreto-lei (v.g. no caso de reprivatização).

([3]) Digo acto constitutivo, porque tanto pode ser um contrato (no caso mais frequente de pluralidade de sócios), como um negócio jurídico unilateral (no caso de sociedade unipessoal, que o CSC permite, nos art. 270.º-A — aditado pelo Dec.-Lei n.º 257/96, de 31.12 — e 488.º).

([4]) O art. 7.º do CSC exigia escritura pública para o contrato de sociedade. Entretanto, o art. 80.º, n.º 2, al. e), do CNot (aprovado pelo Dec.-Lei n.º 207/95, de 14.8), apenas exige escritura pública para os actos de constituição de sociedades "das quais façam parte bens imóveis". Caso não incluam imóveis, basta documento particular. A exigência burocrática de registo comercial (na respectiva Conservatória) destina-se a assegurar a qualquer pessoa que deseje fazer negócios jurídicos com a sociedade a possibilidade de conhecer os seus estatutos (o valor do capital, o nome dos administradores, o modo como se obriga, etc.) e outras informações importantes a seu respeito (balanços anuais, etc.).

([5]) Acrescem a estas formalidades de direito comercial as formalidades exigidas pela legislação administrativa (declarações relativas a investimentos directos estrangeiros, etc.), fiscal (declaração de início de exercício de actividade para efeitos de IVA e IRC, selagem e legalização dos livros de escrituração comercial, etc.), da segurança social (inscrição da sociedade como contribuinte e dos administradores ou gerentes e dos trabalhadores como beneficiários, etc.), laboral (registo de trabalhadores estrangeiros, envio de mapas de horário de trabalho, etc.), etc..

c) Publicações (CSC art. 166.º, 167.º; CRCom art. 70.º, n.º 1, alínea a)) (¹).

São *pressupostos* do acto constitutivo da sociedade — realidades anteriores ao acto constitutivo sem as quais este não se verifica ou se verifica de outro modo — os seguintes:

a) Um número mínimo de partes com personalidade jurídica (em regra, duas; para sociedades por quotas, duas ou uma (²); para sociedades anónimas, cinco ou, excepcionalmente, uma (³));

b) A capacidade negocial de gozo e de exercício das partes;

c) A legitimidade;

d) A admissibilidade da firma ou denominação adoptada (que deve ser comprovada por certificado passado pelo Registo Nacional de Pessoas Colectivas (⁴)).

Além disso, consideram-se *requisitos de validade* dos negócios jurídicos *em geral* e, portanto, também do contrato de sociedade:

a) A formação da vontade de modo esclarecido e livre e a sua correcta expressão na forma legal, bem como, no caso de contrato, o mútuo consenso (declarações de vontade concordantes);

b) Objecto idóneo;

c) Causa idónea.

Cada um destes requisitos apresenta particularidades quanto ao acto constitutivo de sociedade comercial, havendo que atender ainda aos elementos específicos de cada tipo de sociedade e, no caso de sociedades de imprensa, a alguns requisitos *específicos* exigidos por lei, que nos interessa, sobretudo, analisar mais adiante.

Nomeadamente, o núcleo fundamental do acto constitutivo de sociedade é constituído pelo conjunto das suas cláusulas, a que é costume chamar *estatuto* ou pacto social. Sendo parte integrante do acto constitutivo, aprovado pelo(s) sócio(s), o estatuto visa regular a criação da sociedade, as obrigações e direitos do(s) sócio(s) e suas vicissitudes, a organização, o funcionamento, a dissolução e liquidação da sociedade.

(¹) A exigência de publicações — no *Diário da República* (ou na folha oficial da respectiva Região autónoma) e, quanto a sociedades por quotas e anónimas, num jornal da localidade da sede da sociedade — é também uma forma de divulgar a existência da sociedade, constituindo uma importante fonte de receita para os jornais.

(²) CSC art. 197.º e 270.º-A.

(³) CSC art. 7.º, n.º 2, 273.º e 488.º, n.º 1.

(⁴) Art. 45.º do Regime do Registo Nacional de Pessoas Colectivas, aprovado pelo Dec.-Lei n.º 129/98, de 13.5.

Os sujeitos da comunicação social 291

Um dos elementos essenciais do acto constitutivo de sociedade é o *capital social*: o valor (ou cifra) representativo da soma das entradas do(s) sócio(s) (em dinheiro ou outros bens) para a sociedade, v.g., para permitir o exercício da actividade económica que constitui o objecto social e para garantia dos credores da sociedade.

Para além disso, há a considerar *requisitos de eficácia*, sem cuja satisfação o acto constitutivo de sociedade, embora válido, não produz — ou não produz todos — os seus efeitos próprios:

a) A matrícula e a inscrição da constituição no registo comercial;

b) A publicação do acto constitutivo nos jornais.

3. A matrícula e inscrição do acto constitutivo da sociedade no *registo comercial* é condição de aquisição da personalidade jurídica ([1]).

Depois desse registo, as empresas de imprensa devem requerer a inscrição da sua constituição no **registo da comunicação social**, de harmonia com o art. 18.º, n.º 2, do Dec. Reg. n.º 8/99, de 9.6 ([2]).

Distinto do registo da constituição das empresas (jornalísticas) é o registo das publicações.

Antes de efectuado este registo do acto constitutivo, bem como o registo das publicações periódicas, as empresas jornalísticas não podem iniciar a edição destas ([3]).

Paralelamente, antes de efectuado o registo do acto constitutivo, as empresas noticiosas não podem iniciar o exercício da sua actividade ([4]).

([1]) CSC art. 5.º; CRCom (aprovado pelo Dec.-Lei n.º 403/86, de 3.12, com alterações posteriores) art. 3.º, alínea a), e 15.º, n.º 1.

([2]) Os registos ligados à imprensa foram primeiro atribuídos ao Registo da Propriedade Científica, Literária e Artística (Dec. n.º 4114, de .4.1918, e Dec.-Lei n.º 37.461, de 30.6.1949). A Lei n.º 5/71, de 5.11 (LImp de 1971), criou os Serviços de Registo da Imprensa (Base XV), que foram integrados na Direcção-Geral da Informação (Dec.-Lei n.º 150/72, de 5.5, art. 83.º a 97.º, e Regulamento dos Serviços de Registo da Imprensa, aprovado pela P n.º 303/72, de 6.5). Com A LImp de 1975, esta Direcção-Geral passou a depender do Ministério da Comunicação Social, tendo sido aprovado um novo Regulamento do Serviço de Registo de Imprensa, pela P n.º 640/76, de 26.10. Após a extinção da Direcção-Geral da Comunicação Social, os serviços do registo de imprensa passaram para a Secretaria-Geral do Ministério da Justiça (Dec.-Lei n.º 48/92, de 7.4, art. 1.º, n.º 2, alínea b)). Actualmente, incumbem ao Instituto da Comunicação Social — Departamento de Meios de Comunicação Social — Divisão de Registos (Dec.-Lei n.º 34/97, de 31.1, art. 3.º, al. d), e 11.º, n.º 4).

([3]) Dec. Reg. n.º 8/99, de 9.6, art. 13.º.

([4]) Dec. Reg. n.º 8/99, de 9.6, art. 27.º.

SUBSECÇÃO III
Empresas jornalísticas

DIVISÃO I
Participação de estrangeiros

1. O princípio da liberdade de empresa de imprensa sofreu restrições significativas relativamente à *capacidade dos estrangeiros* serem partes no contrato de sociedade de empresas jornalísticas (quer no momento da constituição desta quer posteriormente), por força do disposto no art. 7.º, n.º 8 e 9, e no art. 56.º, da LImp de 1975 — a que fizemos já breve referência.

Na verdade, segundo o art. 7.º, "8. As empresas jornalísticas que revistam a forma de sociedade comercial ficarão em tudo exclusivamente sujeitas às leis portuguesas, devem ter sede em Portugal, e a participação, directa ou indirecta, do capital estrangeiro não poderá exceder 10%, sem direito de voto.

9. Revertem a favor do Estado, independentemente de outras sanções, as partes de capital que, excedendo um décimo do total, pertençam a estrangeiros, decorridos sessenta dias sobre o averbamento da sua transmissão".

O art. 56.º continha uma disposição *transitória*, do seguinte teor: "1. As empresas jornalísticas e noticiosas que não preencham os requisitos de nacionalização de capitais constantes do n.º 8 do artigo 7.º poderão continuar a prosseguir as actividades que até ao presente desenvolviam.

2. Se adquirirem ou fundarem novas publicações periódicas, aumentarem o seu capital social, vierem a ser sócias de outras empresas jornalísticas ou noticiosas ou alargarem significativamente a sua actividade, segundo declaração do Conselho de Imprensa deverão, porém, adaptar--se ao disposto no n.º 7 do artigo 7.º, dentro do prazo de trinta dias.

3. As sociedades anónimas que na data da entrada em vigor do presente diploma não preencham o disposto no n.º 10 do artigo 7.º terão um prazo de quatro meses para preencherem esse requisito".

Estes preceitos enquadravam-se no conjunto das limitações aos direitos dos estrangeiros em Portugal e visavam, nomeadamente, asse-

Os sujeitos da comunicação social 293

gurar a independência da imprensa portuguesa relativamente a poderes políticos ou económicos estrangeiros.

Tais preceitos e, sobretudo, o do art. 7.º, suscitou, fundamentalmente, três ordens de problemas: relativamente a estrangeiros cidadãos de um Estado membro da União Europeia, a investidores extra-comunitários, a brasileiros e a empresas criadas em violação da lei.

2. Quanto a estrangeiros *cidadãos de um Estado membro da União Europeia*, tinha de reconhecer-se que, sendo a LImp anterior à adesão de Portugal à CEE, e não tendo sido adaptada às disposições do Tratado da CEE e do direito derivado, contrariava, efectivamente, os princípios da igualdade de tratamento entre cidadãos dos vários Estados membros (Tratado da CEE, art. 7.º e 221.º), da liberdade de estabelecimento e prestação de serviços (art. 52.º a 58.º) e da liberdade de circulação de capitais (art. 67.º a 73.º) [1].

Na verdade, o direito comunitário é directamente aplicável na ordem interna portuguesa, gozando de primazia sobre a lei ordinária portuguesa, por força do art. 8.º, n.º 3, da CRP, do art. 2.º do Tratado de Adesão de 12.6.1985 e do art. 189.º do Tratado da CEE. Por outro lado, tem-se entendido que as actividades de imprensa não estão ligadas ao exercício da autoridade pública, nem tais restrições à liberdade de estabelecimento se justificam por motivos de ordem pública [2].

Por isso, a AACS considerou que as restrições ao capital estrangeiro nas empresas jornalísticas constantes do art. 7.º da LImp de 1975 foram revogadas pelo Tratado de Roma, desde a sua entrada em vigor em Portugal, para os *investidores comunitários*.

3. Embora com dúvidas, a AACS considerou que tais restrições terão sido revogadas mesmo para os *investidores extra-comunitários* pelo Dec.-Lei n.º 214/86, de 2.8, sobre a liberdade de estabelecimento [3].

---

[1] Cf. Parecer da Procuradoria-Geral da República n.º 50/86, de 19.11.1987.

[2] Cf. ac. TJCE, de 21.6.1974, sobre o caso Reyners, e o ac. TJCE de 3.12.1974, sobre o caso Van Binsberger. Sobre o assunto, cf. JOÃO MOTA DE CAMPOS, *Direito Comunitário*, Lisboa, Fund. C. Gulbenkian, 4.ª ed., 1994, vol. II, pág. 231 e segs. e 327 e segs.; ELINAE COUPRIE, *Activités de presse et marché commun*, Paris, 1983.

[3] Cf. Deliberação da AACS sobre o cumprimento das normas referentes à participação de capital nacional e estrangeiro na empresa Público — Comunicação Social, SA, proprietária do jornal *Público*, de 5.1.1994, in *Informação AACS*, n.º 11, Maio 1994, pág. 43; Parecer da AACS sobre questões suscitadas por uma exposição

294   *Direito da Comunicação Social*

Apesar dos termos gerais deste diploma (v.g., do art. 4.°, n.° 1), podia duvidar-se, efectivamente, deste último efeito revogatório quanto a investidores extra-comunitários, porque o preceito da LImp de 1975, tratando de "direitos, liberdades e garantias", só podia ser modificado por lei da Assembleia da República ou com autorização legislativa desta (que não existiu neste caso), não por mero decreto-lei do Governo (CRP art. 168.°, n.° al. b))([1]).

4. Quanto a *brasileiros*, o Conselho de Imprensa foi confrontado com um caso concreto de um grupo de brasileiros que pretendia ser proprietário de publicações periódicas em Portugal e ou adquirir participações em sociedades jornalísticas portuguesas.

O Conselho de Imprensa não chegou a emitir parecer, mas solicitou um parecer à Procuradoria-Geral da República, que considerou admissível a propriedade de publicações periódicas por cidadãos brasileiros, contra o disposto na LImp de 1975, com base no art. 15.°, n.° 3, da CRP e na Convenção sobre Igualdade de Direitos e Deveres entre Brasileiros e Portugueses ([2]), desde que a lei brasileira assegurasse condições de reciprocidade em favor de cidadãos portugueses no Brasil e que os cidadãos brasileiros interessados requeressem e obtivessem o estatuto geral de igualdade ([3]).

5. Quanto a *empresas criadas em violação da lei*, o Conselho de Imprensa, solicitado a emitir parecer sobre um caso concreto, deliberou,

---

de João Anjos Rocha relativas à legalidade da participação de capital estrangeiro em percentagem superior à prevista na lei de imprensa, bem como sobre a licitude da participação de pessoas físicas estrangeiras na administração de empresas jornalísticas portuguesas, de 2.3.1994, in *Informação AACS*, n.° 11, 1994, pág. 229.

([1]) Poderia pensar-se em não aplicar neste domínio o Dec.-Lei n.° 214/86, com base no princípio do art. 7.°, n.° 3, do CCiv, de que a lei geral não revoga a lei especial; mas este mesmo preceito acrescenta "excepto se outra for a intenção inequívoca do legislador" e tal intenção parece decorrer do texto de art. 4.°, n.° 1, do referido Dec.-Lei: "Ficam revogadas *todas* as disposições legais que, de modo directo ou indirecto, limitam ou condicionam o direito de estabelecimento por critérios baseados na nacionalidade dos investidores ou dos gestores das empresas respectivas" (itálico nosso).

([2]) Aprovada para ratificação pela Resolução da Assembleia Nacional, de 20.12.1971, in *Diário da República*, I série, n.° 302, de 29.12.1971.

([3]) Cf. A. ARONS DE CARVALHO, *A Liberdade de Informação e o Conselho de Imprensa — 1975-1985*, pág. 65 e seg..

Os sujeitos da comunicação social 295

em 11.6.1984, "transmitir aos poderes competentes, designadamente ao Secretário de Estado Adjunto do Ministro de Estado, a sua justificada preocupação pelas facilidades que vêm sendo concedidas pela Direcção--Geral da Comunicação Social quanto à edição em Portugal de publicações periódicas estrangeiras e à constituição da correspondente empresa jornalística, faculdades que, com base numa interpretação da Lei de Imprensa, se têm revelado em contraposição com o exigente critério aplicado às congéneres portuguesas" ([1]).

A AACS tomou posição ainda mais tolerante, atendendo aos motivos acima expostos ([2]).

6. Tendo, certamente, em consideração este contexto histórico, a LImp de 1999 não reproduz os preceitos citados da LImp de 1975, não existindo, hoje, limitações à participação de estrangeiros em empresas jornalísticas, mesmo que não sejam cidadãos comunitários nem brasileiros, tanto no momento da constituição como posteriormente.

DIVISÃO II

Organização

1. A maioria das empresas jornalísticas tem a forma de sociedades comerciais, sobretudo do tipo da sociedade por quotas ou da sociedade anónima.

As **sociedades por quotas** de imprensa, como a generalidade das sociedades por quotas, têm por *órgãos*: a *colectividade dos sócios* ([3]), a *gerência*, e, acima de certa dimensão, um órgão de *fiscalização* (conselho fiscal, fiscal único ou revisor oficial de contas) (CSC art. 246.º a 262.º-A).

As **sociedades anónimas** de imprensa, como a generalidade das sociedades anónimas, têm como órgão supremo a *colectividade dos accionistas* (CSC art. 373.º a 389.º), mas, quanto aos demais órgãos, podem optar por uma de duas modalidades de estrutura:

a) Estrutura monista: conselho de administração (ou, quando o

---

([1]) Cf. A. ARONS DE CARVALHO, *ob. cit.*, pág. 66 e seg..

([2]) Cf. Deliberação de 5.1.1994 e Parecer de 2.3.1994, acima citados.

([3]) Podendo deliberar em assembleia geral (em reunião) ou por escrito (sem reunião). Cf. CSC art. 53.º, 54.º, 247.º, 248.º e 373.º.

capital não exceda 200.000 euros, um administrador único) e *conselho fiscal* ou um *fiscal único*;

b) Estrutura dualista: *direcção* (ou, quando o capital não exceda 200.000 euros, um director único), *conselho geral* e *revisor oficial de contas* (CSC art. 278.º e 390.º a 450.º).

O órgão supremo é, em qualquer tipo sociedade comercial, a *colectividade dos sócios* ([1]), a quem compete, nomeadamente, eleger os membros dos órgãos de administração e fiscalização, aprovar o relatório de gestão e as contas de cada exercício, alterar os estatutos de sociedade e deliberar sobre a dissolução e liquidação da sociedade. Na realidade, só delibera, porém, uma ou poucas mais vezes por ano ([2]).

Por isso, o órgão que mais influencia, de facto, a actividade quotidiana da sociedade é o órgão de *administração* (composto por gerentes, administradores ou directores).

A este compete *administrar* e *representar* a sociedade perante terceiros, inclusivamente, escolher, admitir e afastar todos os trabalhadores, incluindo o director e os jornalistas, deliberar sobre a aquisição de equipamentos, os meios de financiamento, o volume de produção, os preços, os canais de distribuição, etc..

Além disso, as sociedades anónimas cotadas em bolsa de valores devem designar um *secretário da sociedade* e um suplente (CSC art. 446.º-A).

A LImp de 1975, aprovada antes do CSC de 1986, estabelecia certos requisitos específicos para os administradores e os gerentes das empresas jornalísticas ([3]). O CSC de 1986 regulou o regime dos geren-

---

([1]) Os accionistas são sócios da sociedade anónima.

([2]) Sobre o assunto, cf. Luís Brito Correia, *Direito Comercial*, 1989, vol. III, pág. 20 e segs..

([3]) "Os administradores ou gerentes das empresas jornalísticas serão necessariamente pessoas físicas nacionais, no uso pleno dos seus direitos civis e políticos" (art. 7.º, n.º 11). A exigência de que os administradores ou gerentes fossem *nacionais* contrariava o direito comunitário, relativamente a cidadãos dos Estados-membros da União Europeia, por motivos semelhantes aos acima expostos quanto à participação de estrangeiros no capital das empresas (Cf. Deliberação da AACS sobre o cumprimento das normas referentes à participação de capital nacional e estrangeiro na empresa Público — Comunicação Social, SA, proprietária do jornal *Público*, de 5.1.1994, in *Informação AACS*, n.º 11, Maio 1994, pág. 43; Parecer da AACS sobre questões suscitadas por uma exposição de João Anjos Rocha relativas à legalidade da participação de capital estrangeiro em percentagem superior à prevista na lei de imprensa,

Os sujeitos da comunicação social

tes, administradores e directores das sociedade comerciais de modo mais desenvolvido que a legislação anterior ([1]). Por isso, a LImp de 1999 não contém qualquer disposição específica sobre o assunto, tendo eliminado a disposição que contrariava o direito comunitário.

Assim, à organização das empresas jornalísticas aplica-se, actualmente, o regime comum às demais empresas.

2. Para assegurar ao público a possibilidade de conhecer quem o informa — com o objectivo de transparência ([2]), acima sublinhado — a lei exige que *cada **publicação periódica*** tenha um **director**, com competência e responsabilidades definidas na lei, podendo ser coadjuvado por **directores-adjuntos** ou **subdirectores**.

Não devem confundir-se os *directores de sociedades* anónimas de estrutura dualista com os *directores das publicações periódicas*. Aqueles são membros de um órgão social da sociedade; estes são trabalhadores da sociedade, subordinados à gerência, administração ou direcção da sociedade, embora com autonomia técnica e responsabilidade própria. Cada sociedade só tem uma direcção, que pode ser composta por um número impar de directores. Caso a sociedade edite várias publicações periódicas, cada uma destas deve ter um director, que, normalmente, não é membro do órgão da respectiva sociedade.

Na verdade, segundo o art. 19.º da LImp de 1999, "1 — As publicações periódicas devem ter um director.

---

bem como sobre a licitude da participação de pessoas físicas estrangeiras na administração de empresas jornalísticas portuguesas, de 2.3.1994, in *Informação AACS*, n.º 11, 1994, pág. 229). A exigência de que os administradores e gerentes estivessem "no pleno uso dos seus direitos civis e políticos" correspondia a requisitos de capacidade jurídica plena (de gozo e de exercício) e a não condenação na perda ou suspensão de direitos civis ou políticos. A LImp de 1975 dispensava expressamente qualquer habilitação especial (art. 4.º, n.º 1). Sobre o problema na doutrina estrangeira, cf., por exemplo, R. CAYROL, *Les Médias — Presse écrite, radio, télévision*, 1991, pág. 156 e segs.; I. BEL MALLEN — L. CORREDOIRA Y ALFONSO — PILAR COUSIDO, *Derecho de la información*, 1992, pág. 183 e segs..

([1]) A exigência da qualidade de *pessoa física* é, actualmente, regra geral quanto aos gerentes e directores, mas não quanto aos administradores. Em qualquer dos casos, exige-se que tenham capacidade jurídica plena (CSC art. 252.º, n.º 1, 390.º, n.º 3, e 425.º, n.º 5).

([2]) Sobre o assunto, cf. EMMANUEL DERIEUX, *Droit de la Communication*, 1991, pág. 48 e segs..

2 — A designação e a demissão do director são da competência da entidade proprietária da publicação ([1]), ouvido o conselho de redacção.

3 — O conselho de redacção emite parecer fundamentado, a comunicar à entidade proprietária no prazo de cinco dias a contar da recepção do respectivo pedido de emissão.

4 — A prévia audição do conselho de redacção é dispensada na nomeação do primeiro director da publicação e nas publicações doutrinárias" ([2]).

A *falta de director* e até a falta de indicação do director numa publicação torna-a susceptível de *apreensão*, podendo os que as organizarem ou promoverem ser punidos com *coima* (LImp de 1999, art. 35.º, n.º 1, al. a), e 3).

O director é, em regra, escolhido entre pessoas com a qualidade de *jornalista*, estando, por isso, sujeito ao regime do EJorn de 1999, quanto a capacidade ([3]), incompatibilidades, direitos e deveres profissionais, a analisar mais adiante. Caso seja designado director um indivíduo sem a qualidade de jornalista, este passa a ser "equiparado a jorna-

---

([1]) Sendo a "entidade proprietária" uma empresa jornalística (LImp art. 6.º e 7.º) com a forma de sociedade comercial por quotas, e sendo a designação e destituição de um director um acto de representação da sociedade, é da competência dos gerentes (CSC art. 252.º e 259.º). Tratando-se de uma sociedade anónima, compete ao conselho de administração ou direcção da sociedade (CSC art. 408.º e 431.º, n.º 2).

([2]) Estes preceitos vieram resolver problemas que a LImp de 1975 suscitava. Na verdade, o n.º 2 do art. 18.º da LImp dispôs que "O director será designado pela empresa proprietária, com voto favorável do conselho de redacção, quando existir, cabendo recurso para o Conselho de Imprensa". Este preceito — assim como o do n.º 4 (segundo o qual "A prévia audiência do conselho de redacção é dispensada na nomeação do director de publicação doutrinária e na primeira nomeação do director de publicação informativa") — foi, todavia, revogado expressamente pelo art. 27.º, alínea a), da Lei n.º 15/90, de 30.7, que apenas exigia que a AACS emitisse "parecer prévio, público e fundamentado, sobre a nomeação e exoneração dos directores dos órgãos de comunicação social pertencentes ao Estado e a outras entidades públicas ou a entidades directa ou indirectamente sujeitas ao seu controlo económico" (art. 4.º, n.º 1, alínea e)). Parecia, pois, dever entender-se que o director de uma publicação periódica pertencente a uma empresa privada era designado pela administração desta, não sendo necessário o parecer do conselho de redacção nem da AACS.

([3]) O n.º 1 do art. 18.º da LImp de 1975 dispunha que " Nenhum periódico iniciará a sua publicação sem que tenha um director, que terá de ser de nacionalidade portuguesa, no pleno gozo dos seus direitos civis e políticos, e não deverá ter sofrido condenação por crime doloso". A exigência de nacionalidade portuguesa não consta da LImp de 1999. Os demais requisitos decorrem, hoje, do EJorn de 1999.

Os sujeitos da comunicação social   299

lista", para efeitos de sujeição às normas éticas, de incompatibilidades e de acesso à informação (EJorn de 1999, art. 15.º, n.º 1).

O director da publicação periódica tem *competências* fundamentais, pois lhe incumbe, nos termos do art. 20.º, n.º 1, da LImp de 1999, "*a*) Orientar, superintender e determinar o conteúdo da publicação;

b) Elaborar o estatuto editorial, nos termos do n.º 2 do artigo 17.º;

c) Designar os jornalistas com funções de chefia e coordenação;

d) Presidir ao conselho de redacção;

e) Representar o periódico perante quaisquer autoridades em tudo quanto diga respeito a matérias da sua competência e às funções inerentes ao seu cargo".

Além disso, segundo o n.º 2 do mesmo preceito "O director tem direito a:

a) Ser ouvido pela entidade proprietária em tudo o que disser respeito à gestão dos recursos humanos na área jornalística, assim como à oneração ou alienação dos imóveis onde funcionem serviços da redacção que dirige;

b) Ser informado sobre a situação económica e financeira da entidade proprietária e sobre a sua estratégia em termos editoriais".

De harmonia com o art. 21.º da LImp de 1999, "1 — Nas publicações com mais de cinco jornalistas o director pode ser coadjuvado por um ou mais **directores-adjuntos** ou **subdirectores**, que o substituem nas suas ausências ou impedimentos.

2 — Aos directores-adjuntos e subdirectores é aplicável o preceituado no artigo 19.º, com as necessárias adaptações" (negrito nosso).

O n.º 3 do art. 18.º da LImp de 1975, dispunha que "A empresa proprietária poderá demitir livremente o director". Isto significava que o *despedimento* do director era sempre válido, não tendo o director direito a reintegração, mesmo que o despedimento não tivesse justa causa (por excepção ao regime comum do direito laboral ([1])), sem prejuízo do

---

([1]) Cf. Regime Jurídico da Cessação do Contrato de Trabalho (aprovado pelo Dec.-Lei n.º 64-A/89, de 27.2), art. 13.º. Podia discutir-se a compatibilidade deste regime com o preceito do art. 53.º da CRP. Poderia, porventura, justificar-se a excepção, do mesmo modo que ela tem sido geralmente admitida em relação a trabalhadores de partidos políticos (Dec.-Lei n.º 595/79, de 7.11, art. 6.º, n.º 2) e empregadas domésticas (Dec.-Lei n.º 235/92, de 24.10, art. 31.º). Os três tipos de relações laborais pressupõem uma base de confiança, cujo desaparecimento impossibilita a subsistência das relações, mesmo que não seja possível fazer a prova objectiva dos factos que a destruíram. Deve notar-se, aliás, que, no caso de o empregador teimar irreduti-

direito a indemnização no caso de não haver justa causa ([1]). Este regime era revelador da influência que a administração da empresa jornalística podia ter sobre o director e, indirectamente, sobre a publicação.

A LImp de 1999 não reproduz a referida disposição, pelo que deve entender-se que o despedimento do director de uma publicação periódica passou a estar sujeito ao regime laboral comum, ou seja, no caso de despedimento sem justa causa, tem direito de optar entre a reintegração e uma indemnização de antiguidade de um mês de remuneração de base por ano de antiguidade na empresa.

3. Além disso, as empresas jornalísticas devem ter, para *cada publicação periódica*, um órgão de participação dos jornalistas (seus trabalhadores): o **conselho de redacção**.

Na verdade, segundo o art. 38.º, n.º 2, da CRP, "A liberdade de imprensa implica: (...);

b) O direito dos jornalistas (...) de elegerem conselhos de redacção".

A LImp havia já estabelecido, no art. 21.º, que "Nos periódicos com mais de cinco jornalistas profissionais serão criados conselhos de redacção, compostos por jornalistas profissionais, eleitos por todos jornalistas profissionais que trabalham no periódico, segundo regulamento por eles elaborado".

Tinha também definido a competência do conselho de redacção, no art. 22.º, que foi, aliás, alterado posteriormente.

Actualmente, o art. 23.º da LImp de 1999, sob a epígrafe "Conselho de redacção e direito de participação dos jornalistas", dispõe o seguinte:

"1 — Nas publicações periódicas com mais de cinco jornalistas,

---

velmente em recusar a reintegração de trabalhador despedido sem justa causa, o trabalhador apenas consegue executar o valor das retribuições que se forem vencendo, uma indemnização pelo incumprimento da sentença e a sanção pecuniária compulsória (CCiv art. 829.º-A). É que, tratando-se de uma prestação de facto infungível, a execução da sentença condenatória conduz, normalmente, apenas a uma indemnização do dano sofrido (CPC art. 933.º, n.º 1), não sendo o incumprimento da sentença laboral punível como desobediência. Neste sentido, num caso de não ocupação efectiva, cf. ac. STJ de 17.6.1998, Proc. 111/97.

([1]) Podia entender-se que valiam a este respeito, por maioria de razão, muitos dos argumentos invocados, quanto aos administradores de sociedades anónimas (que não são trabalhadores), em Luís Brito Correia, *Os Administradores de Sociedades Anónimas*, pág. 665 e segs..

estes elegem um conselho de redacção, por escrutínio secreto e segundo regulamento por eles aprovado.

2 — Compete ao conselho de redacção:

a) Pronunciar-se, nos termos dos artigos 19.° e 21.°, sobre a designação ou demissão, pela entidade proprietária, do director, do director--adjunto ou do subdirector da publicação;

b) Dar parecer sobre a elaboração e as alterações ao estatuto editorial, nos termos dos n.ºs 2 e 4 do artigo 17.°;

c) Pronunciar-se, a solicitação do director, sobre a conformidade de escritos ou imagens publicitários com a orientação editorial da publicação;

d) Cooperar com a direcção no exercício das competências previstas nas alíneas a), b) e e) do n.° 1 do artigo 20.° ([1]);

e) Pronunciar-se sobre todos os sectores da vida e da orgânica da publicação que se relacionem com o exercício da actividade dos jornalistas, em conformidade com o respectivo estatuto e código deontológico;

f) Pronunciar-se acerca da admissão e da responsabilidade disciplinar dos jornalistas profissionais, nomeadamente na apreciação de justa causa de despedimento, no prazo de cinco dias a contar da data em que o processo lhe seja entregue".

Estas disposições da LImp de 1999 suscitam dificuldades de *compatibilização* com as do art. 13.° do EJorn de 1999, pois não coincidem e as duas Leis foram publicadas na mesma data ([2]). O EJorn é geral para todos os meios de comunicação social, enquanto a LImp é especial para a imprensa (para os efeitos do art. 7.°, n.° 3, do CCiv). O facto de

---

([1]) Estas alíneas referem-se a "a) Orientar, superintender e determinar o conteúdo da publicação; b) Elaborar o estatuto editorial, nos termos do n.° 2 do artigo 17.° (...); e) Representar o periódico perante quaisquer autoridades em tudo quanto diga respeito a matérias da sua competência e às funções inerentes ao seu cargo".

([2]) Na verdade, este art. 13.° dispõe o seguinte: "1 — Os jornalistas têm direito a participar na orientação editorial do órgão de comunicação social para que trabalhem, salvo quando tiverem natureza doutrinária ou confessional, bem como a pronunciar-se sobre todos os aspectos que digam respeito à sua actividade profissional, não podendo ser objecto de sanções disciplinares pelo exercício desses direitos.

2 — Nos órgãos de comunicação social com mais de cinco jornalistas, estes têm o direito de eleger um conselho de redacção, por escrutínio secreto e segundo regulamento por eles aprovado.

3 — As competências do conselho de redacção são exercidas pelo conjunto dos

302   *Direito da Comunicação Social*

a LImp não reproduzir alguns preceitos do EJorn não parece, todavia, impedir a aplicação destes à imprensa.

Nomeadamente, parece razoável excluir o direito de participação dos jornalistas quanto a publicações "de natureza doutrinária ou confessional", bem como não permitir que os jornalistas sejam "objecto de sanções disciplinares pelo exercício desses direitos" (de participação). Do mesmo modo, parece defensável que, as competências do conselho de redacção sejam "exercidas pelo conjunto dos jornalistas existentes no órgão de comunicação social, quando em número inferior a cinco". Por igual motivo, deve entender-se que compete ao conselho de redacção de cada publicação periódica "Pronunciar-se sobre a invocação pelos jornalistas do direito previsto no n.º 1 do artigo 12.º" (de rescisão do contrato de trabalho com justa causa, por alteração da orientação do periódico).

Além do conselho de redacção, composto apenas por jornalistas, cada empresa de imprensa (como qualquer outra) pode ter uma **comissão de trabalhadores**, composta por representantes de todos os trabalhadores da empresa (jornalistas ou não), nos termos da CRP art. 54.º e da Lei n.º 46/79, de 12.9.

---

jornalistas existentes no órgão de comunicação social, quando em número inferior a cinco.

4 — Compete ao conselho de redacção:

a) Cooperar com a direcção no exercício das funções de orientação editorial que a esta incumbem;

b) Pronunciar-se sobre a designação ou demissão, pela entidade proprietária, do director, bem como do subdirector e do director-adjunto, caso existam, responsáveis pela informação do respectivo órgão de comunicação social;

c) Dar parecer sobre a elaboração e as alterações ao estatuto editorial;

d) Pronunciar-se sobre a conformidade de escritos ou imagens publicitárias com a orientação editorial do órgão de comunicação social;

e) Pronunciar-se sobre a invocação pelos jornalistas do direito previsto no n.º 1 do artigo 12.º;

f) Pronunciar-se sobre questões deontológicas ou outras relativas à actividade da redacção;

g) Pronunciar-se acerca da responsabilidade disciplinar dos jornalistas profissionais, nomeadamente na apreciação de justa causa de despedimento, no prazo de cinco dias a contar da data em que o processo lhe seja entregue".

SUBSECÇÃO IV

Empresas editoriais

1. O que dissemos acima respeita a todas as empresas de imprensa ou apenas a empresas jornalísticas. Importa fazer agora algumas considerações relativas, especificamente, às empresas editoriais, bem como às empresas noticiosas.

2. Como vimos, *empresas editoriais* são as empresas que têm como actividade principal a edição de publicações não periódicas (definidas no art. 11.º, n.º 2, da LImp de 1999).

A LImp aplica-se a todas as empresas de imprensa e, portanto também às empresas editoriais, sendo de notar, porém, que grande parte das suas disposições visa, sobretudo, as empresas jornalísticas.

A LImp de 1975 dava a entender que as empresas editoriais deveriam vir a ter um *estatuto especial*, ao dispor, no art. 70.º, que "1. O Governo promoverá a elaboração de um regulamento da actividade editorial e das publicações unitárias, com a participação das organizações representativas dos escritores, editores, livreiros, técnicos gráficos e demais entidades interessadas (...).

3. As organizações profissionais referidas no n.º 1 poderão elaborar, em termos semelhantes aos dos artigos 10.º e 61.º, com as necessárias adaptações, códigos deontológicos e projectos de regulamentos profissionais, os quais nunca poderão limitar o acesso à categoria de escritor e a liberdade de edição de publicações unitárias".

Tal "regulamento da actividade editorial e das publicações unitárias" não foi publicado, até hoje — apesar de existirem, em Portugal, inúmeras empresas editoriais.

Esse regulamento não deve, aliás, confundir-se com o importante Código do Direito de Autor e dos Direitos Conexos ([1]), que, além de

---

([1]) Aprovado pelo Dec.-Lei n.º 63/85, de 14.3, e alterado pela Lei n.º 45/85, de 17.9. Este Código veio substituir o Código de 1966 (aprovado pelo Dec.-Lei n.º 46.980, de 27.4), que, por sua vez, substituiu o Decreto da Propriedade Literária, Científica e Artística (Dec. n.º 13.725, de 3.6.1927), e este a Lei da Propriedade Intelectual, de 18.7.1851. Esta Lei de 1851, baseada num projecto elaborado por Almeida Garrett, fora entretanto, alterada pelo Código Civil de 1867 e por diversas convenções internacionais. Sobre a história do Código do Direito de Autor, cf. LUIZ FRANCISCO REBELLO, *Código do Direito de Autor e dos Direitos Conexos Anotado, Legislação e Convenções Internacionais*, Lisboa, Petrony, 1985, pág. 15 e segs..

304 · *Direito da Comunicação Social*

regular desenvolvidamente o direito de autor e diversos direitos conexos, inclui normas sobre os contratos de edição (art. 83.º a 106.º), que se aplicam tanto a publicações unitárias como a publicações periódicas. A LImp de 1999 não reproduz o citado art. 70.º da LImp de 1975.

3. Na falta de disposições específicas sobre as empresas editoriais, o *regime* relativo à sua constituição, organização, funcionamento, dissolução e liquidação é o comum das sociedades comerciais (constante, fundamentalmente, do CSC).

Na verdade, a LImp de 1999 não inclui as empresas editoriais nem as publicações não periódicas entre as sujeitas a registo obrigatório (art. 5.º, n.º 2). E as disposições sobre a transparência da propriedade (art. 16.º), o estatuto editorial (art. 17.º) e a organização das empresas (art. 19.º a 23.º) dizem respeito apenas a empresas jornalísticas e publicações não periódicas.

4. No desenvolvimento das suas actividades, as empresas editoriais celebram com os autores contratos de *edição* (regulados nos art. 82.º e segs. do CDA) e com os livreiros contratos de *compra e venda* de livros (regulados no CCom art. 463.º e segs., embora devendo respeitar também o CDA e a LImp) ([1]).

5. O Estado assumiu os encargos de *expedição* de livros de e para as Regiões Autónomas ([2]) e estabeleceu o regime do *preço* fixo do livro ([3]).

SUBSECÇÃO V

Empresas noticiosas

1. *Empresas noticiosas* são "as que têm por objecto principal a recolha e distribuição de notícias, comentários ou imagens" (LImp de 1999, art. 8.º, n.º 1).

([1]) Sobre o regime da actividade editorial, cf. HUGH JONES, *Publishing Law*, London, Routledge, 1996.

([2]) Lei n.º 41/96, de 31.8, regulamentado pela Port. n.º 766-A/96, de 28.12, ambos revogados pela Lei n.º 284/97, de 22.10.

([3]) Dec.-Lei n.º 176/96, de 21.9.

A LImp de 1975 acrescentava a uma definição como esta a expressão "para publicação na imprensa periódica", que não foi reproduzida pela LImp de 1999 por motivos óbvios: as empresas noticiosas fornecem informações não só às empresas noticiosas, mas também a empresas de rádio, televisão e outros meios de comunicação social.

Não devem confundir-se as empresas (ou agências) noticiosas com as *agências de informações*, que têm por objecto a recolha e prestação de informações, não à imprensa periódica, mas sim a particulares e empresas, para fins comerciais, de crédito, de contencioso, etc. ([1]).

2. A primeira agência noticiosa foi criada por Charles Havas, que abriu o seu "escritório de notícias", em 1832, sendo, em 1840, já um êxito. Foi seguido por Bernhardt Wolff, em Berlim, em 1849, por Julius Reuter, em Londres, em 1851, e outras agências noticiosas, que permitiram uma melhor difusão das notícias ([2]).

A primeira empresa noticiosa portuguesa foi a *Lusitânia*, fundada por Luís Lupi, em 1944, como secção da Sociedade de Propaganda de Portugal (uma associação destinada a promover o turismo), e extinta logo após o 25 de Abril de 1974 ([3]).

Em 1944, foi fundada a Agência de Notícias e Informações, Limitada (*ANI*), por Dutra Faria e Barradas de Oliveira, tendo tido um contrato de prestação de serviço com o Estado.

O Estado adquiriu, em 8.11.1974, a ANI, criou a ANOP — Agência Noticiosa Portuguesa, E.P. ([4]) e ordenou a transferência para a ANOP do conjunto do património da ANI, que foi dissolvida ([5]).

([1]) Como Dun & Bradstreet, Mope, Infocomer, detectives particulares, etc..

([2]) Cf. J. M. AUBY — R. DUCOS-ADER, *Droit de l'information*, 2.ª ed., pág. 33 e segs..

([3]) É duvidoso que pudesse ser classificada como verdadeira agência noticiosa, pois tinha como objectivo trocar informações entre a Metrópole e as colónias, numa perspectiva de exaltação do Estado Novo (segundo informação da Lusa, de 26.3.1991). Cf. WILTON DA FONSECA, *A Sombra do Poder — A História da Lusitânia*, Lisboa, Memória do Tempo, 1995.

([4]) O Dec.-Lei n.º 330/75, de 1.7, pretendeu criar uma agência noticiosa "que se situe na perspectiva histórica que o MFA veio abrir ao País" e aprovou um "Projecto de Estatutos da ANOP". O Dec.-Lei n.º 502/77, de 29.11, aprovou novos estatutos para a ANOP. Foi alterado pela Lei n.º 19/78, de 11.4.

([5]) Dec.-Lei n.º 523/75, de 24.9. O DN n.º 288/80, de 27.8, aprovou a inclusão de um conjunto de projectos da ANOP no Programa de Investimentos do Sector Empresarial do Estado para 1980 (PISEE/80); foi alterado pelo DN n.º 385/80, de 31.12.

O Governo da Aliança Democrática, do Dr. Francisco Balsemão (de 4.9.1981 a 9.6.1983), criou uma nova agência noticiosa — a *NP* — Notícias de Portugal, Cooperativa de Utentes de Serviços de Informação, C.R.L. ([1]) — e decretou, em 29.7.1982, a extinção da ANOP. O decreto de extinção foi, porém, vetado pelo Presidente da República, Gen. Ramalho Eanes, em 2.11.1982, tendo o Governo deixado de financiar a ANOP ([2]).

A difícil situação assim criada veio a ser resolvida pelo Governo de Mário Soares, mediante a aprovação de novos estatutos para a ANOP ([3]), que continuou a exercer as suas actividades ao lado da NP ([4]).

Sendo insatisfatória a coexistência de duas agências noticiosas, ambas dependentes em 65% do seu orçamento de um contrato de prestação de serviços anualmente celebrado com o Estado, o Governo de Cavaco Silva resolveu criar uma nova cooperativa de interesse público, associando o Estado e uma cooperativa aberta à generalidade dos órgãos de comunicação social portuguesa — a Agência Lusa de Informação, CRL ([5]) — para a qual vieram a ser transmitidos os contratos de trabalho, de prestação de serviço e arrendamento da ANOP, que foi extinta ([6]).

Entretanto, em 31.7.1997, o Estado subscreveu um acordo parassocial com a NP — Notícias de Portugal, Cooperativa de Utentes de Serviços de Informação, C.R.L., obrigando-se, nomeadamente, a alterar o contrato de sociedade da NLP — Agência de Notícias de Portugal,

---

([1]) Os estatutos foram publicados no *DR*, 3.ª série, de 21.9.1982. Cf. também a P n.º 893/82, de 23.9.

([2]) Houve um subsídio concedido pela RCM n.º 133/82, de 14.8.

([3]) Em 12.7.1983, o Governo decidiu a fusão das duas agências, que não veio, todavia, a consumar-se, em consequência da recusa da NP em negociar. A RCM n.º 20/84, de 26.3, declarou a ANOP em situação económica difícil e o Dec.-Lei n.º 96-A/84, da mesma data, aprovou novos estatutos (alterados pelo Dec.-Lei n.º 129-A/84, de 27.4). A Comissão de Trabalhadores da ANOP interpôs recurso para o STA, com êxito.

([4]) RCM n.º 16/85, de 15.4.

([5]) RCM n.º 84/86, de 28.11. A Lusa veio a ser constituída por escritura de 12.12.1986, in *DR*, 3.ª série, de 26.2.1987.

([6]) Dec.-Lei n.º 432-A/86, de 30.12. Segundo informação da Lusa, de 26.3.1991, esta tinha, então, nos seus quadros, mais de 168 jornalistas e dispunha de uma rede de mais de 150 correspondentes nacionais e internacionais em todo o mundo.

S.A. (¹). Por esta alteração, tal sociedade adoptou a firma Lusa — Agência de Notícias de Portugal, S.A. (²).

Existem, além disso, diversas outras agência noticiosas privadas (³), bem como representações de diversas empresas noticiosas estrangeiras (Associated Press, Agence France-Presse, ANGOP, EFE, Nova China, ANSA, WTN, etc.) (⁴).

3. Actualmente, encontramos, no mundo, fundamentalmente, três modelos de agências noticiosas:

a) Agências do Estado (empresas públicas ou sociedades de capitais públicos);

b) Empresas privadas (sociedades comerciais, cooperativas ou fundações);

c) Empresas de economia mista.

O primeiro modelo corresponde a sistemas políticos que atribuem ao Estado a função de fornecer informações aos órgãos de comunicação social. É característico de países totalitários (socialistas ou fascistas) ou terceiro-mundistas.

O segundo modelo corresponde a sistemas políticos em que incumbe aos próprios órgãos de comunicação social a recolha, tratamento e difusão das notícias. É característico de países democráticos e desenvolvidos. Tais agências são, na realidade dominadas pelas empresas de imprensa ou, porventura, também de rádio e televisão.

O terceiro modelo existe em França e Espanha, em consequência da origem histórica da Agence France-Presse (criada em 1944, no tempo do Governo de Frente Popular (⁵)) e da EFE (criada por Franco (⁶)).

(¹) Cf. *Legislação da Comunicação Social*, Lisboa, IN-CM/Gab. do Sec. Est. Com. Soc., 1999, pág. 318 e seg..

(²) Publicada no *Diário da República*, 3.ª série, de 14.10.1997, e in *Legislação da Comunicação Social*, Lisboa, IN-CM/Gab. do Sec. Est. Com. Soc., 1999, pág. 312 e segs..

(³) A Igreja católica dispõe também de uma agência noticiosa: a Agência Ecclesia.

(⁴) Sobre as empresas noticiosas, em geral, cf. Cf. R. CAYROL, *Les Médias — Presse écrite, radio, télévision*, Paris, PUF, 1991, pág. 72 e segs.; J. M. AUBY — R. DUCOS-ADER, *Droit de l'information*, 2.ª ed., pág. 292 e segs.; EMMANUEL DERIEUX, *Droit de la Communication*, Paris, LGDJ, 1991, pág. 126 e segs.

(⁵) Cf. E. DERIEUX, *Droit de la communication*, 1991, pág. 126 e segs..

(⁶) Cf. I. BEL MALLEN — L. CORREDORA Y ALFONSO — P. COSIDO, *Derecho de la información*, 1992, vol. I, pág. 382 e seg..

308 Direito da Comunicação Social

4. "As empresas noticiosas estão sujeitas ao regime jurídico das empresas jornalísticas" (LImp de 1999, art. 8.º, n.º 2).

5. O Estado celebrou com a Lusa, em 30.7.1998, um contrato nos termos do qual foi atribuída a esta sociedade a prestação de um serviço noticioso e informativo de interesse público, obrigando-se o Estado a atribuir uma **indemnização compensatória anual**. Esta compensação é fixada com base num montante definido por uma comissão, cuja composição é definida no próprio contrato, integrando representantes do Estado, da Notícias de Portugal, da Inspecção-Geral de Finanças e de uma empresa de auditoria independente e de reconhecida competência ([1]).
A Lusa apresentou lucros de 72 mil contos em 1998 ([2]).

SUBSECÇÃO VI

Livreiros

1. As publicações impressas têm de ser distribuídas para poderem chegar às mãos dos seus potenciais leitores. Essa importante função é assegurada, quanto às publicações unitárias, pelos *livreiros* e, quanto às publicações periódicas, pelos *distribuidores*.

2. A actividade dos *livreiros* é muito antiga ([3]).

3. Os livreiros não são empresas de imprensa, no sentido da LImp de 1999, mas sim empresas comerciais ([4]), a que se aplica, em regra, o *regime comum* do direito comercial, v.g. o CSC.
Há, todavia, situações em que os livreiros estão sujeitos a um regime específico da comunicação social, quer porque podem ser respon-

---

([1]) Cf. *Legislação da Comunicação Social*, Lisboa, Imprensa Nacional, 1999, pág. 320 e segs.. A RCM n.º 75/99, de 19.7, aprovou a atribuição de uma indemnização compensatória à Lusa de Esc. 1.898.984 contos, para o ano de 1999.
([2]) Cf. *Privatizações e Regulação — A Experiência Portuguesa*, Lisboa, Min. Finanças, 1999, pág. 130.
([3]) Em 1552, havia já 11 livreiros, na Rua Nova de Lisboa. Cf. VERÍSSIMO SERRÃO, *História de Portugal*, Lisboa, Verbo, 1978, vol. III, pág. 378 e seg.; F.-P. LANGHANS, *As Corporações dos Ofícios Mecânicos*, Lisboa, 1946, vol. II, pág. 239.
([4]) Porque compram para revenda (CCom art. 463.º) ou porque actuam como comissionistas (CCom art. 266.º).

Os sujeitos da comunicação social 309

sabilizados civil e criminalmente pela distribuição ou venda de publicações clandestinas, apreendidas ou suspensas judicialmente (LImp de 1999 art. 32.º, al. c)), quer porque estão sujeitos a ver apreendida a sua "mercadoria", em consequência de abusos da liberdade de imprensa (LImp de 1999 art. 35.º, n.º 3) (¹).

SUBSECÇÃO VII

Distribuidores

1. As funções de expedição, transporte, distribuição e entrega das publicações periódicas podem ser asseguradas pelas *próprias* empresas jornalísticas, que, para isso, disponham de equipamentos e pessoal adequado, com ou sem ajuda dos serviços de correio (v.g., no caso de publicações por assinatura).

Recorrem também a serviços prestados por *ardinas* (²).

As grandes empresas jornalísticas, recorrem, porém, frequentemente, a empresas *distribuidoras* especializadas, por vezes comuns a várias daquelas.

2. A actividade dos distribuidores desenvolveu-se muito ao longo deste século.

3. As empresas distribuidoras também não são empresas de imprensa, no sentido da LImp de 1999, mas sim *empresas comerciais*, que prestam serviços de transporte e entrega de publicações, estando sujeitas ao regime geral das sociedades comerciais.

(¹) Sobre o assunto, cf. ALBERTO A. DE CARVALHO — A. MONTEIRO CARDOSO, *Da Liberdade de Imprensa*, 1971, pág. 302 e segs.; I. BEL MALLEN — L. CORREDOIRA Y ALFONSO — PILAR COUSIDO, *Derecho de la información*, 1992, pág. 387 e segs.; EMMANUEL DERIEUX, *Droit de la Communication*, Paris, LGDJ, 1991, pág. 143 e segs.; R. CAYROL, *Les Médias — Presse écrite, radio , télévision*, 1991, pág. 156 e segs.; J. M. AUBY — R. DUCOS-ADER, *Droit de l'information*, 2.ª ed., pág. 239 e segs..

(²) Os ardinas são vendedores ambulantes, sujeitos ao Estatuto do Vendedor Ambulante, que consta do Dec.-Lei n.º 122/79, de 8.5. É antiga esta profissão. Por exemplo, a Carta de Lei de 3.8.1850 estabelecia que "Os pregoeiros, vendedores ou distribuidores poderão apregoar, vender ou distribuir qualquer impresso não proibido; e nunca apregoarão de noite, nem outra coisa mais do que o título do impresso (...)" (art. 93.º).

Há, todavia, situações em que os distribuidores — tal como os livreiros — estão sujeitos a um regime específico da comunicação social, quer porque podem ser responsabilizados civil e criminalmente pela distribuição ou venda de publicações clandestinas, apreendidas ou suspensas judicialmente (LImp de 1999, art. 33.º, al. c)), quer porque estão sujeitos a ver apreendida a sua "mercadoria", em consequência de abusos da liberdade de imprensa (LImp de 1999, art. 35.º, n.º 3) [1].

SECÇÃO IV
Empresas de radiodifusão sonora

SUBSECÇÃO I
Noção de empresa de radiodifusão

1. **Empresas de radiodifusão sonora** (ou, simplesmente, empresas de rádio) são as que se dedicam a actividades de transmissão unilateral de comunicações sonoras destinada à recepção pelo público em geral.

Como vimos, é frequente utilizar-se o termo radiodifusão, em sentido amplo, para abranger tanto a radiodifusão sonora, como a radiodifusão televisiva [2].

A Lei n.º 87/88, de 30.7, que regula o exercício da actividade de **radiodifusão**, adopta, porém, um conceito mais restrito de radiodifusão, limitando-a à transmissão de sons, nomeadamente, quando diz o seguinte: "Considera-se radiodifusão, para efeitos desta lei, a transmissão unilateral de comunicações sonoras, por meio de ondas radioeléctri-

---

[1] Sobre o assunto, cf. ALBERTO A. DE CARVALHO — A. MONTEIRO CARDOSO, *Da Liberdade de Imprensa*, 1971, pág. 302 e segs.; E. DERIEUX, *Droit de la Communication*, 1991, pág. 143 e segs.; R. CAYROL, *Les Médias — Presse écrite, radio, télévision*, 1991, pág. 156 e segs.; J. M. AUBY — R. DUCOS-ADER, *Droit de l'information*, 2.ª ed., pág. 239 e segs..

[2] O Dec.-Lei n.º 147/87, de 24.3, considera serviço de radiodifusão o "serviço de radiocomunicações cujas emissões são destinadas a ser recebidas directamente pelo público em geral, podendo compreender emissões sonoras, emissões televisivas ou outros tipos de emissões" (art. 1.º, al. i)). Em sentido semelhante, cf., por exemplo, o Dec.-Lei n.º 147/87, de 24.3, art. 11.º, n.º 3; Dec.-Lei n.º 122/89, de 14.4, art. 1.º.

Os sujeitos da comunicação social   311

cas ou de qualquer outro meio apropriado, destinada à recepção pelo público em geral" (art. 1.º, n.º 2)([1]).

Deste modo, a noção legal de radiodifusão baseia-se, como vimos, em três elementos fundamentais:

a) a *forma*: transmissão unilateral por meio de ondas radioeléctricas ou de qualquer outro meio apropriado (v.g., por cabo);

b) o *conteúdo*: comunicações sonoras; e

c) o *fim*: a difusão para o público em geral.

É, assim, afastado do regime da radiodifusão a actividade dos *amadores* de radiocomunicações, que está sujeita a um regulamento específico ([2]). Trata-se de actividades de pessoas devidamente autorizadas (com certificado de amador nacional) que se interessam pela técnica radioeléctrica a título unicamente pessoal e sem interesse pecuniário.

2. As emissões de radiodifusão sonora podem fazer-se por via *hertziana* ([3]) terrestre, por *satélite* ([4]) ou por *cabo* ([5]).

As emissões de radiodifusão sonora hertziana a partir de navios, aeronaves ou outro *meio móvel* são tecnicamente possíveis, mas são proibidas ([6]).

_____

([1]) Sobre a radiodifusão, em geral, cf. CHARLES DEBBASCH, *Droit de l'audiovisuel*, Paris, Dalloz, 1995; FERDINANDO PINTO, *Profili giuridici della radio*, Pádua, CEDAM, 1994; ENRIQUE GARCIA LLOVET, *El regime juridico de la radiodifusión*, Madrid, Marcial Pons, 1991; R. CAYROL, *Les Médias — Presse écrite, radio , télévision*, Paris, PUF, 1991, pág. 260 e segs.; J. M. AUBY — R. DUCOS-ADER, *Droit de l'information*, 2ª ed., pág. 316 e segs.; EMMANUEL DERIEUX, *Droit de la Communication*, 3.ª ed., 1999, pág. 151 e segs.; I. BEL MALLEN — L. CORREDOIRA Y ALFONSO — PILAR COUSIDO, *Derecho de la información*, Madrid, Colex, 1992, pág. 435 e segs.; ENRIQUE GARCIA LLOVET, *El Regimen Jurídico de la Radiodifusión*, Madrid, Marcial Pons, 1991; POULAIN, *La protection des émmissions de radiodiffusion*, Paris, LGDJ, 1963; TRUDEL, PIERRE — FRANCE ABRAN, *Droit de la radio et de la télévision*, Montreal (Canada), Thémis, 1991.

([2]) Constante do Dec.-Lei n.º 5/95, de 17.1.

([3]) Ondas radioeléctricas ou ondas hertzianas são as "ondas electromagnéticas cuja frequência é, por convenção, inferior a 3000 GHz e que se propagam no espaço sem guia artificial" (Dec.-Lei n.º 147/87, de 24.3, art. 1.º, al. c)).

([4]) Cf. CHARLES DEBBASCH, *Droit de l'audiovisuel*, 1995, pág. 474 e segs., 688 e segs..

([5]) Sobre a radiodifusão por cabo, cf. Dec.-Lei n.º 241/97, de 18.9, que revogou e substituiu o Dec.-Lei n.º 239/95, de 13.9.

([6]) Acordo Europeu para a Repressão das Emissões de Radiodifusão por Estações fora dos Territórios Nacionais, de 22.1.1965, aprovada para ratificação pelo Dec.-

SUBSECÇÃO II

Sistemas de monopólio e sistemas de pluralismo

1. Em razão de especificidades técnicas e de constrangimentos económicos particulares, as empresas de rádio estão sujeitas a um regime próprio, com grande intervenção do Estado.

Em diversos países vigoraram sistemas de *monopólio* da rádio: quer conferido a um organismo subordinado ao Governo (URSS/CEI, Hungria, Polónia, Rep. Checa, Eslováquia e países do terceiro mundo ([1])), quer exercido por um organismo público ou semi-público com maior ou menor autonomia (Itália, Suíça, Holanda, Dinamarca, Finlândia, Noruega, Irlanda, Espanha e Grécia), quer concedido a uma sociedade privada (Luxemburgo e Suécia) ([2]). Na generalidade destes países, assistiu-se, nas últimas décadas, a uma tendência para uma liberalização limitada, que tem vindo a conduzir a sistemas de *pluralismo* ([3]).

Noutros países, vigoram, há mais ou menos tempo, sistemas de *pluralismo total* (Estados Unidos ([4]), Austrália, Canadá e Japão) ou *limitado* (França, desde 1974 ([5]), Reino Unido, desde 1988 ([6]), Alemanha ([7]) e Bélgica ([8])).

-Lei n.º 48.982, de 11.4.1969, tendo o aviso de adesão sido publicado no *Diário do Governo*, n.º 250, de 1969; Dec.-Lei n.º 147/87, de 24.3, art. 6.º a 8.º, 34.º; Lei n.º 87/88, de 30.7, art. 31.º; Dec.-Lei n.º 130/97, de 27.5, art. 27.º.

([1]) Cf. C. DEBBASCH, *Traité*, 1967, pág. 22 e seg.; R. CAYROL, *Les Médias*, 1991, pág.417 e segs..

([2]) Cf. C. DEBBASCH, *Traité*, 1967, pág. 23 e segs..

([3]) Cf. C. DEBBASCH, *Droit de l'audiovisuel*, 1995, pág. 12 e segs..

([4]) Cf. R. HOLSINGER — J. P. DILTS, *Media law*, 1994, pág. 44 e segs.; R. CAYROL, *Les Médias*, pág. 327; FERDINANDO PINTO, *Profili giuridici della radio — Apunti in tema di libertà di manifestazione di pensiero*, Pádua, CEDAM, 1994, pág. 50 e segs..

([5]) Cf. C. DEBBASCH, *Traité*, 1967, pág. 51 e segs.; R. CAYROL, *Les Médias*, 1991, pág. 272 e segs..

([6]) Cf. G. ROBERTSON — A. NICOL, *Media law*, 1992, pág. 506 e seg.; C. DEBBASCH, *Traité*, 1967, pág. 13 e segs.; R. CAYROL, *Les Médias*, pág. 360; F. PINTO, *Profili giuridici della radio*, 1994, pág. 90 e segs..

([7]) Cf. UDO BRANAHL, *Medienrecht*, 1996, pág. 24 e seg.; C. DEBBASCH, *Traité*, 1967, pág. 42 e segs.; F. PINTO, *Profili giuridici della radio*, 1994, pág. 110 e segs..

([8]) Cf. C. DEBBASCH, *Traité*, 1967, pág. 47 e segs.; F. PINTO, *Profili giuridici della radio*, 1994, pág. 115 e segs..

Esta evolução foi condicionada pelas limitações do espectro radioeléctrico e pela ideia de serviço público, que regeu e, em certa medida, rege ainda a actividade da rádio, dada a sua grande influência sobre a opinião pública.

O aparecimento, entre 1964 e 1967, de diversas rádios "piratas", a emitir de bordo de navios na costa, pôs, todavia, em causa a possibilidade de manutenção do monopólio do Estado.

Actualmente, a generalidade dos países europeus admite uma pluralidade de empresas de rádio, públicas e privadas ([1]).

2. **Em Portugal**, como vimos, a primeira Lei da rádio, de 1930, introduziu um regime de *monopólio* a favor da Administração Geral dos Correios e Telégrafos ([2]), o qual passou, em 1933, para a Emissora Nacional ([3]).

Cedo, porém, foram licenciadas diversas rádios particulares ([4]), que *concorriam* com a E.N., gerando-se, assim, um sistema de *pluralismo*.

Em 1975 ([5]), foram *nacionalizadas* directamente participações sociais em diversas empresas de radiodifusão, bem como postos emissores e retransmissores de radiodifusão, tendo sido logo constituída a Empresa Pública de Radiodifusão (RDP), para a qual foram transferidos todos os valores activos e passivos daquelas ([6]). Apenas a Rádio Renascença se manteve fora do domínio estatal, iniciando-se, assim, um sistema de *duopólio* na rádio.

A Constituição de 1976, na sua versão original, estabeleceu o princípio da irreversibilidade das nacionalizações (art. 83.°), assegurando, em todo o caso, a independência dos meios de comunicação social do

---

([1]) Cf. CHARLES DEBBASCH, *Droit de l'audiovisuel*, 1995, pág. 115 e seg..

([2]) Dec. n.° 17.899, de 29.1.1930.

([3]) Dec.-Lei n.° 22.783, de 29.6.1933.

([4]) Rádio Clube Português (em 1931), Rádio Renascença (em 1937), Emissores Associados de Lisboa, Emissores do Norte Reunidos, Rádio Altitude, Rádio Pólo Norte, Posto Emissor do Funchal, Estação Rádio da Madeira, Rádio Club Asas do Atlântico, Rádio Club de Angra.

([5]) Pelo Dec.-Lei n.° 674-C/75, de 2.12.

([6]) Rádio Clube Português, SARL, EAL — Emissores Associados de Lisboa, L.da, J. Ferreira & C.ª, L.da, Sociedade Portuguesa de Radiodifusão, L.da, e Alfabeta — Rádio e Publicidade, SARL, bem como os postos emissores e retransmissores denominados "Clube Radiofónico de Portugal", "Rádio Graça", Rádio Peninsular" e "Rádio Voz de Lisboa".

Estado (entre os quais se incluía a RDP) perante o poder político e a Administração Pública, bem como a possibilidade de expressão e confronto das várias correntes de opinião (art. 39.°) — com excepção das fascistas (art. 46.°, n.° 4).

Com a revisão constitucional de 1989, foi suprimido o princípio da irreversibilidade das nacionalizações e a Constituição passou a estabelecer que "O Estado assegura a existência e o funcionamento de um serviço público de rádio e de televisão" (art. 38.°, n.° 5); e acrescenta que "As estações emissoras de radiodifusão e de radiotelevisão só podem funcionar mediante licença, a conferir por concurso público, nos termos da lei" (art. 38.°, n.° 7).

Como sabemos, o Governo do Prof. Cavaco Silva, privatizou a Rádio Comercial, SA e autorizou a constituição de 2 rádios regionais em FM ([1]) e 312 rádios locais; e o Governo do Eng. Guterres abriu concurso para a atribuição de mais 61 frequências de rádio de cobertura local ([2]).

Vigora, assim, claramente, um sistema de *pluralismo condicionado*, que corresponde à rejeição do sistema de monopólio e à admissão de concorrência limitada, sem abrir, em todo o caso, caminho a completa liberdade de empresa, que seria dificilmente realizável.

SUBSECÇÃO III

Espécies de empresas de rádio

1. As empresas de rádio podem classificar-se em função de diversos critérios. Agora, interessa-nos, sobretudo, atender à **natureza jurídica** dos sujeitos, ao **tipo de ondas utilizadas**, ao **âmbito de cobertura** e ao **conteúdo da programação** ([3]).

([1]) Rádiopress — Comunicação e Radiodifusão, L.da (TSF), de cobertura regional Norte (com 8 frequências); e Rádio Regional de Lisboa, S.A. (Nostalgia — com 7 frequências).

([2]) Despacho conjunto n.° 363/98, de 14.5, no âmbito do Dec.-Lei n.° 130/97, de 27.5.

([3]) Os três últimos critérios têm em vista mais as emissões do que as empresas, que a elas se dedicam. Em todo o caso, há interconexões entre os diversos critérios. Nomeadamente, cada operador tem de possuir, em regra, um alvará por cada frequência ou rede de frequências em que exerça simultaneamente actividade (Dec.-

Os sujeitos da comunicação social 315

2. Em função da **natureza jurídica** dos sujeitos, a actividade de radiodifusão pode ser exercida por entidades *públicas*, *privadas* ou *cooperativas* ([¹]).

a) A Lei n.º 87/88, de 30.7, cumprindo o disposto no art. 38.º, n.º 5, da CRP, impunha a existência de um *serviço público* de radiodifusão "prestado por *empresa pública* de radiodifusão, nos termos da presente lei e dos respectivos estatutos" (art. 2.º, n.º 2 — itálico nosso). Em todo o caso, dispôs que "A empresa pública que presta serviço público de radiodifusão sonora pode concessionar, mediante concurso público, a exploração de qualquer programa comercial com utilização das correspondentes frequências desde que autorizada pelo membro do Governo a quem compete a tutela (...)" (art. 2.º, n.º 3).

Entretanto, a RDP foi transformada em *sociedade anónima de capitais exclusivamente públicos*, pelo Dec.-Lei n.º 2/94, de 10.1, que determinou que os termos da concessão do serviço público de radiodifusão seriam definidos — como vieram a ser — por contrato de concessão a celebrar com o Estado (art. 4.º, n.º 1).

Mais recentemente, a Lei n.º 2/97, de 18.1, alterou o n.º 2 do citado art. 2.º da Lei n.º 87/88, que dispõe, actualmente, o seguinte: "O serviço público de radiodifusão é prestado por *empresa de capitais públicos*, nos termos da presente lei, dos respectivos estatutos e do contrato de concessão" (itálico nosso).

b) A Lei n.º 87/88 salvaguardou "os direitos já adquiridos pelos operadores devidamente autorizados" — tendo em vista a Rádio Renascença, L.da (*sociedade por quotas privada*) ([²]).

Além disso, a Lei n.º 87/88 permitiu que a actividade de radiodifusão pudesse vir a ser exercida "de acordo com a presente lei e nos

---

-Lei n.º 130/97, art. 2.º, n.º 4). É condição de preferência na atribuição de alvarás a não titularidade de outro alvará (Dec.-Lei n.º 130/97, art. 8.º, al. b)). Certos tipos de ondas são reservados para determinadas categorias de operadores (Dec.-Lei n.º 130/97, art. 5.º e 6.º).

([¹]) Segundo a Lei n.º 87/88, de 30.7, "A actividade de radiodifusão pode ser exercida por entidades públicas, privadas ou cooperativas, de acordo com a presente lei e nos termos do regime de licenciamento a definir por decreto-lei, salvaguardados os direitos já adquiridos pelos operadores devidamente autorizados" (art. 2.º, n.º 1).

([²]) No mesmo sentido, Dec.-Lei n.º 338/88, de 28.9, art. 2.º, n.º 2, revogado e substituído pelo Dec.-Lei n.º 130/97, de 27.5, art. 2.º, n.º 3.

termos do regime de **licenciamento** a definir por decreto-lei" (art. 2.º, n.º 1 — itálico nosso) — tendo em vista a actividade de *empresas de rádio privadas*.

O decreto-lei aí referido veio a ser o Dec.-Lei n.º 338/88, de 28.9, sobre o *regime de licenciamento de estações emissoras* de radiodifusão e atribuição de alvarás, que foi, entretanto, revogado e substituído pelo Dec.-Lei n.º 130/97, de 27.5.

Segundo o art. 2.º deste diploma, "1 — A actividade de radiodifusão é exercida, no território nacional, nos termos da Lei da Radiodifusão ([1]) e do presente diploma, por operadores que revistam a forma jurídica de pessoas colectivas".

Deste modo, ficou afastada a possibilidade de exercício da actividade de radiodifusão por *pessoas singulares*, mas as pessoas colectivas podem assumir qualquer forma ou tipo.

Para além da empresa de capitais públicos concessionária do serviço público de rádio (RDP)([2]) e das empresas anteriormente licenciadas ([3]), o exercício da actividade de radiodifusão só é permitido mediante a atribuição de *alvará* conferido pelos membros do Governo responsáveis pelas áreas da comunicação social e das comunicações, após concurso público e parecer favorável da AACS ([4]).

3. Em função do **tipo de ondas utilizadas** ([5]), o Dec.-Lei n.º 130/97, de 27.5, distingue entre radiodifusão em ondas quilométricas (*ondas longas*), hectométricas (*ondas médias* — amplitude modulada ou AM),

---

([1]) Lei n.º 87/88, de 30.7.

([2]) Dec.-Lei n.º 130/97, art. 2.º, n.º 3.

([3]) O Dec.-Lei n.º 338/88, art. 2.º, n.º 2, dizia "Sem prejuízo do respeito pelos direitos adquiridos pelos operadores devidamente autorizados" — isto é, pela Rádio Renascença. O art. 40.º do Dec.-Lei n.º 130/97 revogou todo o Dec.-Lei n.º 338/88, incluindo o citado art. 2.º, n.º 2; mas o art. 3.º, n.º 1, da Lei n.º 2/97 salvaguarda a posição das "rádios licenciadas à data da entrada em vigor da presente lei" (a Rádio Renascença e muitas outras). Cf. também o art. 35.º do Dec.-Lei n.º 130/97.

([4]) Nos termos da Lei n.º 2/97, de 18.1, art. 28.º, e do Dec.-Lei n.º 130/97, de 27.5, art. 5.º e segs..

([5]) O comprimento de onda electromagnética está relacionado com a frequência, isto é, com o número de ciclos por segundo, medido em Hertz ou Hz (em homenagem ao pioneiro alemão Heinrich Hertz): 1 ciclo por segundo corresponde a 1 Hertz; 1000 ciclos/segundo a 1 Kilohertz ou 1 KHz; 1.000.000 ciclos /segundo a 1 Megahertz ou 1 MHz; 1 bilião de ciclos/segundo a 1 Gigahertz ou 1 GHz. Cada tipo de onda abrange toda uma gama de frequências.

decamétricas (*ondas curtas*) e métricas (*ondas ultracurtas* — frequência modulada ou FM).

Segundo o art. 5.° do Dec.-Lei n.° 130/97, "1 — A actividade de radiodifusão em ondas quilométricas (ondas longas) e decamétricas (ondas curtas) é assegurada pela empresa concessionária do serviço público de radiodifusão, sem prejuízo dos actuais operadores concessionários ou devidamente licenciados.

2 — Excepcionalmente, e por razões de interesse público, a actividade a que se refere o número anterior poderá ser assegurada por outras entidades, mediante contrato de concessão a autorizar por resolução do Conselho de Ministros".

Segundo o art. 6.°, "A actividade de radiodifusão em ondas hectométricas (ondas médias — amplitude modulada) e métricas (ondas ultracurtas — frequência modulada) pode ser prosseguida por qualquer operador, nos termos do artigo 2.° do presente diploma" (pessoas colectivas de direito público ou operadores privados que revistam a forma jurídica de pessoas colectivas).

4. Em função do **âmbito de cobertura**, as rádios podem ser de âmbito *geral*, *regional* ou *local*, "consoante abranjam, com o mesmo programa e sinal recomendado, respectivamente:

a) A generalidade do território nacional;

b) Um conjunto de distritos no continente ou conjunto de ilhas nas Regiões Autónomas ou uma ilha com vários municípios;

c) Um município" ([1]).

5. Em função do **conteúdo de programação**, a Lei n.° 2/97, de 18.1, veio introduzir a distinção entre rádios *generalistas* e rádios *temáticas*.

"Consideram-se rádios generalistas as que têm uma programação diversificada e de conteúdo genérico".

"Consideram-se rádios temáticas as que têm um modelo específico de programação centrado num conteúdo musical, informativo ou outro" ([2]).

A classificação de uma rádio como temática depende de concurso público, de parecer da AACS e de despacho do membro do Governo

---

([1]) Lei n.° 87/88, art. 2.°-A, n.° 1, introduzido pela Lei n.° 2/97, de 18.1.

([2]) Art. 2.°-A, n.° 2, 3 e 4 da Lei n.° 87/88, na redacção da Lei n.° 2/97.

318   *Direito da Comunicação Social*

responsável pela área da comunicação social, só podendo ser concedida em certas condições ([1]).

6. Na realidade, em Novembro de 1999, havia em Portugal as seguintes **empresas de rádio**:
a) De cobertura nacional:
i — RDP, S.A., emitindo em onda média (Antena 1), em FM (Antena 1, Antena 2, Antena 3 e RDP-África);
ii — Rádio Renascença, L.da., emitindo em onda média (Canal 1) e FM (Canal 1 RFM);
iii — Rádio Comercial, S.A., emitindo em onda média (Rádio Nacional) e FM;
b) De cobertura regional:
i — RDP, S.A., emitindo em onda média e FM, nos Açores e Madeira;
ii — Rádiopress, Comunicação e Radiodifusão, L.^{da} (TSF-Press), emitindo em FM com cobertura regional do Norte;
iii — Presslivre, Imprensa Livre, S.A. (Nostalgia), emitindo em FM com cobertura regional do Sul;
c) De cobertura local: estavam concedidos 314 alvarás para emissões em FM (290 no Continente, 15 nos Açores e 9 na Madeira).
Além disso, havia mais 7 estações licenciadas para emissões em onda média ([2]).

SUBSECÇÃO IV

Fins da radiodifusão

1. A Lei n.º 87/88 estabelece, nos art. 4.º, 5.º e 6.º ([3]), alguns **fins genéricos** da radiodifusão, ao lado de **fins específicos** do serviço público de radiodifusão, por um lado, e da actividade de radiodifusão de cobertura regional e local de conteúdo generalista, por outro.

([1]) Lei n.º 87/88, de 30.7, art. 2.º-A (redacção da Lei n.º 2/97, de 18.1); Dec.--Lei n.º 130/97, art. 18.º a 20.º.

([2]) Rádio Altitude, Estação Rádio da Madeira, Posto Emissor do Funchal, Rádio Clube de Angra, Clube Asas do Atlântico, Força Aérea Portuguesa e USA Air Force. Cf. *Estações de Radiodifusão Sonora e Televisiva*, Lisboa, Instituto das Comunicações de Portugal, 1999.

([3]) Cujas epígrafes foram alteradas pela Lei n.º 2/97, de 18.1.

Os sujeitos da comunicação social 319

2. "São **fins genéricos** da actividade de radiodifusão, no quadro dos princípios constitucionais vigentes e da presente lei:

a) Contribuir para a **informação** do público, garantindo aos cidadãos o direito de informar, de se informar e de ser informado, sem impedimentos nem discriminações;

b) Contribuir para a valorização **cultural** da população, assegurando a possibilidade de expressão e o confronto das diversas correntes de opinião, através do estímulo à criação e à livre expressão do pensamento e dos valores culturais que exprimem a identidade nacional;

c) Defender e promover a **língua portuguesa**;

d) Favorecer o **conhecimento mútuo**, o intercâmbio de ideias e o exercício da **liberdade crítica entre os Portugueses**;

e) Favorecer a criação de hábitos de **convivência cívica** própria de um Estado democrático" (art. 4.º, com negrito nosso).

3. Quanto aos **fins específicos do serviço público de radiodifusão**, o art. 5.º da Lei n.º 87/88, dispõe o seguinte:

"1- É fim específico do serviço público de radiodifusão contribuir para a promoção do **progresso social e cultural**, da **consciencialização política, cívica e social** dos Portugueses e do **reforço da unidade** e da **identidade nacional**.

2 — Para a prossecução deste fim, incumbe-lhe especificamente:

a) Assegurar a independência, o pluralismo, o rigor e a objectividade da informação e da programação de modo a salvaguardar a sua independência perante o Governo, a Administração e os demais poderes públicos;

b) Contribuir através de uma programação equilibrada para a informação, a recreação e a promoção educacional e cultural do público e geral, atendendo à sua diversidade em idades ocupações, interesses, espaços e origens;

c) Promover a defesa e a difusão da língua e cultura portuguesas com vista ao reforço da identidade nacional e da solidariedade entre os Portugueses dentro e fora do País;

d) Favorecer um melhor conhecimento mútuo bem como a aproximação entre cidadãos portugueses e estrangeiros, particularmente daqueles que utilizam a língua portuguesa e de outros a quem nos ligam especiais lagos de cooperação e de comunidade de interesses;

e) Promover a criação de programas educativos ou formativos dirigidos especialmente a crianças, jovens, adultos e idosos com diferentes níveis de habilitações, a grupos sócio-profissionais e a minorias culturais;

320   *Direito da Comunicação Social*

f) Contribuir para o esclarecimento, a formação e a participação cívica e política da população através de programas onde o comentário, a crítica e o debate estimulem o confronto de ideias e contribuam para a formação de opiniões conscientes e esclarecidas".

4. Quanto aos **fins da actividade de radiodifusão de cobertura regional e local de conteúdo generalista**, o art. 6.º da Lei n.º 87/88, diz o seguinte:

"Constituem fins específicos da actividade de radiodifusão de cobertura regional e local de conteúdo generalista:

a) Alargar a programação radiofónica a interesses, problemas e modos de expressão de índole regional e local;

b) Preservar e divulgar os valores característicos das culturas regionais e locais;

c) Difundir informações com particular interesse para o âmbito geográfico da audiência;

d) Incentivar as relações de solidariedade, convívio e boa vizinhança entre as populações abrangidas pela emissão.

SUBSECÇÃO V
O serviço público de rádio e a RDP, SA

1. Convém esclarecer, a este propósito, a noção de *serviço público* e algumas consequências que dela decorrem para o regime das empresas concessionárias em confronto com as empresas privadas.

Em geral, considera-se *serviço público* o modo de actuar da autoridade pública destinado a facultar, de modo regular e contínuo, a quantos dele careçam, os meios idóneos para a satisfação de uma necessidade colectiva individualmente sentida ([37]).

O *serviço público mediático* tem de específica a função de satisfazer necessidades culturais, informativas, recreativas, educativas, etc., indicadas na lei, dos vários sectores do público (v.g. minorias), sem subordinação directa nem prioritária à obtenção de lucro. Diversamente, os meios privados têm um fim lucrativo (aliás, legítimo), compreendendo-

---

([37]) Cf. MARCELO CAETANO, *Manual de Direito Administrativo*, 10.ª ed., vol. II, pág. 1067.

Os sujeitos da comunicação social

321

-se que se preocupem prioritariamente com a captação do maior volume de audiências, para, assim, obterem a maior parcela de publicidade e patrocínios (fontes principais das suas receitas).

São *objectivos* característicos do serviço público mediático: garantir a identidade e a coesão nacionais, defender e difundir a língua e a cultura nacionais, assegurar produção original nacional, alargar os horizontes do conhecimento, formar o espírito crítico e garantir o pluralismo democrático ([1]).

Sendo assim, as empresas de serviço público não devem ser consideradas como meras concorrentes das empresas privadas, na busca de audiências, antes devem ter toda a sua actividade (v.g., a programação) orientada para os seus objectivos específicos, tendendo para atingir todos os públicos. É isso que legitima o financiamento público (pelo Estado) desse serviço, mesmo quando é combinado com outras modalidades de receitas ([2]).

2. Como vimos, o **serviço público de rádio** imposto pela Constituição é prestado, actualmente, pela Radiodifusão Portuguesa, S.A. (RDP, S.A.), como **concessionária** do Estado.

3. A RDP, S.A. tem *origem* na Emissora Nacional de Radiodifusão (E.N.), criada pelo Dec.-Lei n.º 22.783, de 29.6.1933.

Os serviços da Emissora Nacional de Radiodifusão (E.N.) foram organizados por diversos diplomas posteriores ([3]), até à aprovação da *Lei Orgânica da Emissora Nacional* ([4]).

([1]) Cf. António Braz Teixeira — António Pedro Vasconcelos — Artur Ramos, "A extensão e a actualidade do conceito de serviço público no domínio da televisão", in *Forum para a Comunicação Social*, Lisboa, AACS, 1998, pág. 85 e segs..

([2]) Cf. Livro verde relativo à Convergência dos Sectores das Telecomunicações, dos Meios de Comunicação Social e das Tecnologias de Informação; Resolução do Conselho e dos representantes dos Governos dos Estados-Membros reunidos no Conselho relativa ao serviço público de radiodifusão, in *Boletim UE* 1/2-1999, n.º 1.3.277; Comunicação da Comissão ao PE, ao Conselho, ao Comité Económico e Social e ao Comité das regiões sobre a convergência dos sectores das telecomunicações, dos meios de comunicação social e das tecnologias de informação, in *Boletim UE* 3-1999, n.º 1.3.112.

([3]) Pelo Dec.-Lei n.º 30.752, de 14.9.1940, que veio a ser completado, quanto aos noticiários radiofónicos e à publicidade comercial, pelo Dec. n.º 32.014, de 7.5.1942 e, quanto aos emissores regionais e locais, pelo Dec.-Lei n.º 32.050 de 28.5.1942. Cf.

Depois do *25 de Novembro de 1975*, foi constituída a Empresa Pública de Radiodifusão, para a qual foram transferidos todos os valores activos e passivos da Emissora Nacional e das diversas empresas de radiodifusão nacionalizadas ([1]).

Os estatutos da RDP, E.P. foram substituídos pelo Dec.-Lei n.º 167/84, de 22.5.

Esta empresa foi transformada em sociedade anónima de capitais públicos pelo Dec.-Lei n.º 2/94, de 10.1, que aprovou os estatutos actualmente em vigor.

A RDP emite em três canais: Antena 1, Antena 2 e Antena 3.

4. A RDP tem por **órgãos** a *assembleia geral*, o *conselho de administração* e o *conselho fiscal*, como a generalidade das sociedades anónimas de estrutura monista.

Além disso, tem também um *conselho de opinião*, *composto* por 37 membros representativos da Assembleia da República, do Governo, das regiões autónomas, dos trabalhadores, da Igreja, dos parceiros sociais, de diversas associações, das Universidades, dos accionistas e personalidades de reconhecido mérito. Ao conselho de opinião *compete* pronunciar-se sobre os planos e bases gerais da actividade da empresa no âmbito da programação, da cooperação com os países de expressão portuguesa e do apoio às comunidades portuguesas no estrangeiro ([2]).

É fundamental a posição dos *directores dos serviços de programação* e *de informação*, pois são eles os responsáveis, directos e exclusivos, pela selecção e o conteúdo da programação e da informação ([3]).

---

também o Dec.-Lei n.º 34.350, de 30.12.1944 (sobre questões financeiras e de pessoal da E.N.), Dec.-Lei n.º 37.230, de 22.12.1948 (idem), Dec.-Lei n.º 38.293, de 9.6.1951 (sobre organização de serviços da E.N., Regulamento das Instalações Radioeléctricas Receptoras e os Serviços de Taxas), Dec.-Lei n.º 39.999, de 30.12.1954 (sobre despesas da E. N. em casos urgentes ou de emergência reconhecida).

([4]) Dec.-Lei n.º 41.484, de 30.12.1957. Foi completada pelo Regulamento da E.N., aprovado pelo Dec.-Lei n.º 41.485, da mesma data (substituído pelo Regulamento aprovado pelo Dec. n.º 46.927, de 30.3.1966), e pelo Regulamento das Instalações Receptoras de Radiodifusão, aprovado pelo Dec.-Lei n.º 41.486, também de 30.12.1957.

([1]) Dec.-Lei n.º 674-C/75, de 2.12.

([2]) Dec.-Lei n.º 2/94, de 10.1, art. 8.º, n.º 2, e Estatutos, art. 20 a 22.º.

([3]) Estatutos da RDP, SA (aprovados pela Lei n.º 2/94, de 10.1), art. 4.º, n.º 2.

Os sujeitos da comunicação social   323

Os jornalistas dos serviços de informação da RDP têm a faculdade de constituir um *conselho de redacção* (¹), que não constitui, porém, um órgão da sociedade, mas antes um organismo de participação dos jornalistas, como trabalhadores (além da *comissão de trabalhadores*, que pode ser composta também por outros trabalhadores, não jornalistas).

5. Os fins, os direitos e as obrigações de *serviço público* de radio-difusão e as respectivas contrapartidas constam dos art. 3.º a 5.º do Dec.-Lei n.º 2/94, de 10.1, e devem constar do contrato de concessão, mas também resultam de algumas disposições dispersas na lei (²).

a) O próprio Dec.-Lei n.º 2/94, de 10.1, confere à RDP diversos *direitos*, no art. 3.º, que dispõe o seguinte:

"Sem prejuízo da percepção de receitas que lhe são cometidas por lei especial, para a prossecução dos seus fins e como concessionária do serviço público de radiodifusão sonora, são conferidos à RDP, S. A., os direitos de:

a) Ocupar terrenos do domínio público e privado do Estado, das autarquias ou de outras pessoas colectivas de direito público para insta-lação de circuitos áudio ou de energia eléctrica, bem como dos equipa-mentos indispensáveis à prestação do serviço público, em conformidade com as leis e regulamentos em vigor;

b) Beneficiar de protecção de servidão para os seus centros radioe-léctricos, nos termos estabelecidos na legislação aplicável;

c) Beneficiar de protecção das suas instalações nos mesmos ter-mos dos serviços públicos;

d) Utilizar e administrar os bens do domínio público que se encon-trem ou venham a ficar afectados ao exercício da actividade do serviço público de radiodifusão sonora".

Por outro lado, o Dec.-Lei n.º 2/94, de 10.1, regula os termos em que deverá ser celebrado o *contrato de concessão* e impõe diversas *obri-gações de serviço público* à RDP, no art. 4.º, que dispõe o seguinte:

"1 — Os termos de concessão do serviço público de radiodifusão, no qual sucede agora a RDP, S. A., serão definidos no contrato de concessão a celebrar com o Estado.

(⁴⁵) Dec.-Lei n.º 2/94, de 10.1, art. 10.º
(⁴⁶) Sobre o assunto, cf. FRANÇOIS JONGEN, *Médias et service publique*, Bruxelas.

2 — O contrato de concessão é outorgado pelos membros do Governo responsáveis pela área das finanças e da comunicação social, em representação do Estado.

3 — No desempenho da sua actividade de concessionária do serviço público, deve a RDP, S. A., respeitar os **fins** genéricos e específicos da actividade de radiodifusão sonora, designadamente:

a) Promover a defesa e a difusão da língua e cultura portuguesas;

b) Assegurar a independência, o pluralismo, o rigor e a objectividade da informação e da programação;

c) Contribuir para a informação, a recreação e a promoção cultural do público em geral, atendendo à sua diversidade em idades, ocupações, interesses, espaços e origens;

d) Promover a difusão de programas educativos ou formativos especialmente dirigidos a crianças, jovens e idosos, a grupos sócio-profissionais e a minorias culturais;

e) Favorecer um melhor conhecimento mútuo, bem como a aproximação, entre cidadãos portugueses e estrangeiros;

f) Contribuir para o esclarecimento, a formação e a participação cívica e política da população ([1]).

4 — Constituem **obrigações** da concessionária do serviço público de radiodifusão sonora:

a) Produzir e emitir, pelo menos, dois programas de âmbito nacional em ondas médias e ou frequência modelada, sendo um deles de índole predominantemente cultural;

b) Conferir prioridade à expansão e consolidação da cobertura radiofónica;

c) Produzir e emitir programas dirigidos às comunidades portuguesas residentes no estrangeiro e aos países de língua oficial portuguesa, podendo ainda emitir programas em língua estrangeira sobre Portugal;

d) Assegurar a transmissão das mensagens e comunicados cuja divulgação seja legalmente obrigatória;

e) Assegurar o exercício do direito de antena, bem como o direito de resposta dos partidos de oposição, nos termos da legislação em vigor;

([1]) Esta enunciação de fins genéricos e específicos da actividade de radiodifusão, impostos em especial à RDP, parece dever articular-se com os fins mais gerais indicados na Lei n.º 87/88, de 30.7, confirmados pela Lei n.º 2/97, de 18.1. Tal articulação não deixa, porém, de suscitar dúvidas.

Os sujeitos da comunicação social · 325

f) Manter e actualizar os arquivos sonoros;

g) Manter o Museu da Rádio;

h) Desenvolver a cooperação com os países de língua oficial portuguesa;

i) Manter, dentro do quadro da política externa do Governo, relações de cooperação e intercâmbio com a UER e outras organizações internacionais, bem como com as entidades estrangeiras ligadas à radiodifusão, negociando os necessários acordos e privilegiando, sempre que possível, as dos países de língua oficial portuguesa".

Como contrapartida destas obrigações, o Dec.-Lei n.º 2/94, de 10.1, confere à RDP o direito a **indemnização compensatória**, no art. 5.º, que dispõe o seguinte: "O cumprimento das obrigações de serviço público referidas no artigo anterior e do contrato de concessão nele previsto conferem à RDP, S. A., o direito a uma prestação designada por indemnização compensatória, a fixar pelo Governo com base em critérios objectivamente quantificáveis e no respeito pelos princípios da eficiência de gestão".

Por outro lado, a Lei n.º 31/96, de 14.8, incluiu no serviço público de rádio o **acesso das Regiões Autónomas** às emissoras incumbidas de tal serviço.

b) O **contrato de concessão** previsto pelo Dec.-Lei n.º 2/94, de 10.1, veio a ser assinado em 30.6.1999 ([1]).

c) Por outro lado, a **Lei de Defesa do Consumidor** (Lei n.º 24/96, de 31.7) estabelece que "O serviço público de rádio e de televisão deve reservar espaços, em termos que a lei definirá, para a promoção dos interesses e direitos do consumidor" (art. 7.º, n.º 2).

6. A RDP, S.A. é **financiada**, fundamentalmente, pelas taxas de radiodifusão, pela indemnização compensatória do serviço público ([2]), por subsídios do Estado, mediante receitas de publicidade e patrocínios e de prestações de serviços ([3]).

([1]) Cf. *Legislação da Comunicação Social*, Lisboa, Imprensa Nacional — Casa da Moeda, 1999, pág. 296 e segs..

([2]) Prevista no art. 5.º do Dec.-Lei n.º 2/94, de 10.1.

([3]) Sobre o financiamento das empresas de rádio, cf. C. DEBBASCH, *Droit de l'audiovisuel*, 1995, pág. 301 e segs.

7. A natureza e o regime das *taxas de radiodifusão* suscita alguns problemas, que merecem referência sumária.

A obrigatoriedade do pagamento de taxas de radiodifusão para emissores e receptores foi introduzida pelo Dec.-Lei n.º 22.783, de 29.6.1933, vindo, depois, a constar do Dec. n.º 41.486, de 30.12.1957. Estes diplomas impunham o pagamento de uma taxa anual (que passou de 100$00 para 150$00, em 1975 ([1])), incidente sobre cada receptor possuído pelos radiouvintes.

Este sistema era muito oneroso, por exigir uma complexa e cara máquina burocrática de cobrança e de fiscalização e revelou-se ineficaz e fonte de conflitos: apenas cerca de 60% a 70% dos radiouvintes requisitavam licenças; destes, mais de 20% não pagavam a taxa; e, em 31.12.1974, havia pendentes cerca de 400.000 processos de execução fiscal, crescendo à razão de cerca de mais de 20.000 por ano. Além disso, não permitia cobrir os encargos normais da Emissora Nacional ([2]).

Por isso, tal sistema veio a ser substituído pelo actualmente em vigor, que foi introduzido pelo Dec.-Lei n.º 389/76, de 24.5 ([3]). As taxas passaram a ser cobradas mensalmente pelas distribuidoras de energia eléctrica (EDP e suas cinditárias), juntamente com os consumos domésticos mensais de electricidade ([4]).

Este sistema é, sem dúvida, menos oneroso para o Estado e mais eficaz, mas incide de modo igual sobre todos os consumidores de energia eléctrica, utilizem ou não receptores de rádio e escutem ou não (v.g., por surdez) as emissões da RDP (única beneficiária dele). Por isso, parece dever entender-se que se trata, não de uma verdadeira taxa, mas antes de um imposto (uma vez que não corresponde ao preço de um serviço público prestado a determinada pessoa). Neste sentido se pro-

---

([1]) Dec. n.º 88/75, de 27.2.

([2]) Cf. relatório do Dec.-Lei n.º 389/76, de 24.5.

([3]) Alterado pelo Dec.-Lei n.º 203/82, de 22.5, Dec.-Lei n.º 33/83, de 24.1, Dec.-Lei n.º 59/84, de 23.2, e Dec.-Lei n.º 2/89, de 6.1, e completado pela Port. n.º 686/77, de 12.11, pela Port. n.º 12/88, de 7.1 (sobre o prazo de entrega da taxa à RDP), e por sucessivas portarias sobre o seu montante, as últimas das quais actualizaram a taxa para 268$00 mensais (P n.º 37/96, de 13.2), para 273$00 mensais (P n.º 754-A/96, de 23.12) e para 278$00 (P n.º 1278-A/97, de 23.12).

([4]) Dec.-Lei n.º 389/76, de 24.5, art. 2.º e 3.º

Os sujeitos da comunicação social

nunciou já o Tribunal Constitucional, tendo declarado *inconstitucional* o n.º 1.º da Portaria n.º 65/92, de 1.2, que fixou o montante da taxa nacional de radiodifusão, por violação da norma sobre a reserva relativa de competência legislativa da Assembleia da República para criação de impostos (art. 168.º, n.º 1, al. i), da CRP, na versão de 1989) ([1]).

Por outro lado, pode discutir-se a conveniência de manter taxas de radiodifusão a cargo da generalidade dos consumidores de energia (sejam ou não radiouvintes), em benefício exclusivo da emissora pública: a existência de um serviço de rádio sem publicidade justifica tal imposto? Em que medida é que as obrigações de serviço público justificam tal imposto? Não haverá, deste modo, uma discriminação desfavorável às emissoras privadas?

O problema torna-se ainda mais delicado com a privatização parcial da EDP ([2]).

8. A situação económico-financeira da RDP, SA, tem sido positiva ([3]).

SUBSECÇÃO VI

Rádios privadas

DIVISÃO I

Licenciamento e registo

1. A actividade da radiodifusão (como, em geral, a das radiocomunicações) exige diversos equipamentos complexos, que envolvem

---

([1]) Cf. Ac. TC n.º 354/98, de 12.5, in *BMJ*, n.º 477, pág. 38.

([2]) Regulada, sucessivamente, pelo Dec.-Lei n.º 7/91, de 8.1, Dec.-Lei n.º 131//94, de 19.5, Dec.-Lei n.º 78-A/97, de 7.4, RCM n.º 68/97, de 2.5, RCM n.º 82/97, de 23.5, RCM n.º 95/97, de 17.6, Dec.-Lei n.º 35/97, de 19.11.

([3]) Os resultados líquidos da RDP, SA, foram de 270 mil contos, em 1996, de 972 mil contos em 1997, e de 907 mil contos, em 1998. Nesses anos, a indemnização compensatória foi, respectivamente, de 651, 751 e 302 mil contos. Cf. *Privatizações e Regulação — A Experiência Portuguesa*, Lisboa, Ministério das Finanças, 1999, pág. 133.

alguns perigos e limitações ([1]), e pode ter grande influência sobre a opinião pública.

Por isso, no domínio das *radiocomunicações*, a lei exige várias espécies de autorizações ou licenças, que importa não confundir, nomeadamente:

a) Homologação de **equipamentos** emissores, receptores ou emissores-receptores de radiocomunicações, exigida aos seus fabricantes, importadores, vendedores, alugadores ou outros detentores ocasionais, para verificação das especificações técnicas, pelo Dec.-Lei n.º 147/87, de 24.3, art. 22.º e segs.;

b) Autorização de **detenção, estabelecimento e utilização de equipamento** emissor, receptor ou emissor-receptor de radiocomunicações — exigida pelo Dec.-Lei n.º 147/87, de 24.3, art. 11.º, mas não aplicável a receptores de radiodifusão sonora ([2]) ou de televisão, nem a equipamentos de pequena potência e de pequeno alcance (art. 12.º); foi regulamentada pela Lei n.º 320/88, de 14.9 (art. 5.º e segs.) ([3]);

c) **Licença da estação de radiodifusão**, exigida para verificação das especificações e normas técnicas, no quadro do respectivo alvará, pelo Dec.-Lei n.º 130/97, de 27.5, art. 23.º a 30.º ([4]);

d) **Licença para o estabelecimento e fornecimento de redes de radiodifusão sonora digital terrestre**, prevista no Dec.-Lei n.º 381-A/97, de 30.12, tendo o Regulamento dos concursos para a sua atribuição sido aprovado pela Portaria n.º 470-B/98, de 31.7, e o Regulamento de exploração das redes sido aprovado pela Portaria n.º 470-C/98, de 31.7;

([1]) Para além de numerosos condicionamentos técnicos, há normas de protecção das recepções contra parasitas. Cf. DEBBASCH, *Droit de l'audiovisuel*, 1995, pág. 587 e segs..

([2]) O licenciamento de receptores de radiodifusão sonora, previsto pelo art. 32.º do Dec.-Lei n.º 41.484 e o Dec.-Lei n.º 41.486, de 30.12.1957 (alterado pelo Dec. n.º 87/75, de 27.29), foi abolido pelo Dec.-Lei n.º 389/76, de 24.5.

([3]) A instalação de antenas individuais ou colectivas para recepção de radiodifusão sonora e televisiva está regulada pelo art. 9.º do Dec.-Lei n.º 147/87, de 24.3, e pelo Dec.-Lei n.º122/89, de 14.4, que impõe a instalação de certos tipos de antenas nos prédios a construir ou já construídos.

([4]) Regulamentado pela P n.º 121/99, de 15.2, que fixou o quadro dos procedimentos relativos ao licenciamento, funcionamento, segurança e condições técnicas a que devem obedecer a estações de radiodifusão; pela P n.º 931/97, de 12.9, que aprovou as taxas de alvarás de radiodifusão sonora; e pelo Despacho conjunto n.º 363/98, de 29.5, que aprovou o Regulamento do Concurso Público para a Atribuição de Alvarás para o Exercício da Actividade de Radiodifusão Sonora.

Os sujeitos da comunicação social 329

*e) **Autorização de operação do sistema de transmissão de dados em radiodifusão (RDS)***, prevista pelo Dec.-Lei n.º 272/98, de 2.9 ([1]).

f) Alvará para o ***exercício da actividade*** de radiodifusão — exigido pela Lei n.º 87/88, de 30.7, art. 2.º, n.º 1, e 28.º (na redacção da Lei n.º 2/97, de 18.1) e regulamentado pelo Dec.-Lei n.º 130/97, de 27.5, art. 7.º a 17.º ([2]);

Interessa-nos agora, sobretudo, este alvará para o exercício da actividade de radiodifusão. É de notar que não se trata de uma autorização para a constituição da empresa de radiodifusão, mas sim para o exercício dessa actividade. Isto significa que o alvará é atribuído a uma empresa já anteriormente constituída (nos termos da lei aplicável ao respectivo tipo: CSC, CCoop, etc.).

2. "O exercício da actividade de radiodifusão está sujeito a licenciamento nos termos da lei e das normas internacionais" ([3]), só sendo permitido mediante a atribuição de **alvará**, conferido nos termos do Dec.--Lei n.º 130/97, de 27.5 (art. 2.º, n.º 2).

Este diploma respeita, em todo o caso, os *direitos adquiridos* pelos operadores devidamente autorizados, antes da Lei n.º 87/88 (Rádio Renascença, etc.), bem como a atribuição de frequências a utilizar pela RDP, SA, através de despacho conjunto dos competentes membros do Governo (art. 2.º, n.º 3).

([1]) Rectificado pela Decl. Rect. n.º 22-J/98, de 31.12, e regulamentado pela P. n.º 96/99, de 4.2, que definiu as aplicações do sistema RDS, bem como os procedimentos a observar para a obtenção da autorização de operação do sistema RDS.

([2]) Este Dec.-Lei revogou e substituiu o Dec.-Lei n.º 338/88, de 28.9, que fora regulamentado pela P n.º 757-A/88, de 24.11, sobre procedimentos relativos ao licenciamento, funcionamento, segurança e condições técnicas para instalação e funcionamento das estações emissoras de radiodifusão sonora. O DN n.º 86/88, de 10.10, publicou o mapa de frequências para emissões de cobertura local. As taxas de atribuição de alvarás, a que se refere o art. 19.º, n.º 1, do Dec.-Lei n.º 338/88, de 28.9, foram aprovadas pela P n.º 691/88, de 15.10, alterada pela P n.º 931/97, de 12.9. Entretanto, o Dec. n.º 26/89, de 27.6, aprovou para ratificação os Actos Finais da Conferência Administrativa Regional para a Planificação da Radiodifusão Sonora em Ondas Métricas, respeitante à região 1 e a parte da região 3, que constituem o Acordo de Genebra de 1984. A P n.º 121/99, de 15.2, fixou o novo quadro dos procedimentos relativos ao licenciamento, funcionamento, segurança e condições técnicas a que devem obedecer as estações de radiodifusão (em substituição da referida P. n.º 757-A/88, de 24.11).

([3]) Lei n.º 87/88, de 30.7, art. 1.º, n.º 3.

A atribuição de frequências, anterior à entrada em vigor do Dec.--Lei 130/97 (e posterior à Lei n.º 87/88), sem concurso público, por acto administrativo expresso a operadores de cobertura geral ou regional, fica sujeita ao prazo de validade do referido Dec.-Lei n.º 130/97 ([1]).

As **condições de licenciamento** dos demais operadores de radiodifusão sonora são definidas pela própria *Lei n.º 87/88*, de 30.7 (sobre o exercício da actividade de radiodifusão ([2])), pelos Actos Finais da Conferência Administrativa Regional para a Planificação da Radiodifusão Sonora em Ondas Métricas, respeitante à região 1 e a parte da região 3, que constituem os Acordos de Genebra, assinados em 1984 e 1985 ([3]), e pelo fundamental *Dec.-Lei n.º 130/97, de 27.5* (regime de atribuição de alvarás e licenciamento de estações emissoras de radiodifusão ([4])).

3. A atribuição dos alvarás **compete** aos membros do Governo responsáveis pelas áreas da comunicação social e das comunicações, mediante prévio parecer fundamentado e favorável da Alta Autoridade para a Comunicação Social ([5]) ([6]).

4. "Cada operador de radiodifusão tem de possuir um alvará por cada frequência ou rede de frequências em que exerça a sua actividade, salvo o disposto nos artigos 5.º e 25.º" ([7]).

([1]) É o que dispõe o art. 35.º do citado diploma, que tem em vista os prazos de validade de 15, 12 ou 10 anos, previstos no art. 13.º.

([2]) Art. 28.º, na redacção da Lei n.º 2/97, de 18.1.

([3]) Aprovados para ratificação pelo Dec. n.º 26/89, de 27.6.

([4]) Este Dec.-Lei n.º 130/97 revogou e substituiu o Dec.-Lei n.º 388/88, de 28.9, que havia sido alterado pelo Dec.-Lei n.º 30/92, de 5.3, e completado pela Portaria n.º 691/88, de 15.10 (sobre taxas de atribuição de alvarás), pela Portaria n.º 757-A/88, de 24.11 (sobre procedimentos relativos ao licenciamento, funcionamento, segurança e condições técnicas para instalação e funcionamento das estações emissoras de radiodifusão sonora) e pela P. n.º 566/92, de 26.6

([5]) Lei n.º 87/88, na redacção da Lei n.º 2/97, de 18.1, Dec.-Lei n.º 130/97, art. 11.º e 12.º, e Lei n.º 15/90 de 30.6, art. 4.º, n.º 1, alínea g).

([6]) Em face do regime anterior, o parecer da AACS não era vinculativo e a decisão era da competência do Conselho de Ministros ou dos membros do Governo responsáveis pelas áreas das comunicações e da comunicação social, consoante os casos (Dec.-Lei n.º 338/88, de 28.9, art. 10.º).

([7]) Dec.-Lei n.º 130/97, art. 2.º, n.º 4. O art. 5.º refere-se à radiodifusão em ondas longas e curtas, que é assegurada pela RDP e por certos outros operadores. O art. 25.º refere-se à possibilidade de utilização de estações retransmissoras para melhoria da qualidade da cobertura.

Os sujeitos da comunicação social   331

Como vimos, a propósito do princípio da concorrência, "Cada pessoa singular ou colectiva só pode deter participação no máximo de cinco operadores de radiodifusão" ([1]).

Constitui condição de preferência na atribuição de alvará de radiodifusão "A não titularidade de outro alvará para o exercício da mesma actividade" ([2]).

"A actividade de radiodifusão não pode ser exercida nem financiada por partidos ou associações políticas, organizações sindicais, patronais e profissionais, bem como autarquias locais, por si ou através de entidades em que detenham participação de capital" (Lei n.º 87/88, art. 3.º). Esta é, como vimos, uma regra importante, para garantir a independência das empresas de rádio relativamente ao poder político e ao poder económico.

5. A atribuição de alvará para o exercício da actividade de radiodifusão será precedida de *concurso público* (Dec.-Lei n.º 130/97, art. 7.º, n.º 1).

O regulamento do concurso e o modelo de alvará são aprovados por despacho conjunto dos membros do Governo responsáveis pelas áreas das comunicações e da comunicação social ([3]) e publicados na 3.ª série — A do *Diário da República* ([4]).

6. O *processo de atribuição do alvará* inicia-se com um *requerimento*, nos termos do art. 9.º do Dec.-Lei n.º 130/97 ([5]).

([1]) Dec.-Lei n.º 130/97, art. 3.º, n.º 1.
([2]) Dec.-Lei n.º 130/97, art. 8.º, al. b).
([3]) Dec.-Lei n.º 130/97, art. 7.º, n.º 2, e 14.º
([4]) Dec.-Lei n.º 391/93, de 23.11.
([5]) Segundo este art. 9.º, "1 — O requerimento para atribuição de alvará para o exercício da actividade de radiodifusão é dirigido ao membro do Governo responsável pela área da comunicação social no prazo fixado no despacho de abertura do concurso público.

2 — Os requerentes devem apresentar, para além de outros documentos previstos no regulamento do concurso:

a) Memória justificativa do pedido, indicando em mapa, na escala a fixar pelo regulamento do concurso, a zona de cobertura pretendida de acordo com o disposto no artigo 2.º-A da Lei n.º 87/88, de 30 de Julho, na redacção que lhe foi dada pela Lei n.º 2/97, de 18 de Janeiro;

b) Demonstração da viabilidade económica e financeira do projecto;

c) Descrição detalhada da actividade que se propõem desenvolver, incluindo

Segue-se uma *apreciação liminar* dos processos de candidatura: caso não preencham as condições exigidas, é proferido *despacho de rejeição* ([1]); caso preencham tais condições, são *remetidos* à Alta Autoridade para a Comunicação Social, para emissão de *parecer* ([2]).

Dentro de 30 dias a contar da recepção deste parecer, deve ser tomada a **decisão** de atribuição (ou não) do alvará por despacho dos membros do Governo responsáveis pelas áreas da comunicação social e das comunicações ([3]).

Segundo o art. 8.º do Dec.-Lei n.º 130/97, "1 — Constituem condições de preferência na atribuição de alvará para o exercício da actividade de radiodifusão, sucessivamente:

a) A qualidade do projecto de exploração, aferida em função da ponderação global do conteúdo da programação, da sua correspondência com a realidade sociocultural a que se destina, do estatuto editorial, do seu nível técnico, bem como da maior viabilidade económica e financeira, no que respeita às infra-estruturas, aos equipamentos e aos recursos humanos previstos;

b) A não titularidade de outro alvará para o exercício da mesma actividade;

c) Possuir sede na área geográfica onde se pretende exercer a actividade de radiodifusão;

d) O facto de a candidatura ser apresentada por proprietária de publicação periódica de expansão regional, desde que constituída, pelo menos, há três anos, e de a frequência abranger a zona de cobertura onde o candidato tiver a respectiva sede" ([4]).

---

o respectivo estatuto editorial, o horário de emissão e as linhas gerais da programação;

d) Projecto técnico descritivo das instalações;

e) Pacto social ou estatutos".

([1]) Lei n.º 130/97, art. 10.º.

([2]) Lei n.º 130/97, art. 11.º, Lei 87/88, de 30.7, art. 28.º, n.º 1 (na redacção da Lei n.º 2/97, de 18.1), e Lei n.º 15/90, de 30.6, art. 4.º, n.º 1, alínea g).

([3]) Lei 87/88, de 30.7, art. 28.º, n.º 2 (na redacção da Lei n.º 2/97, de 18.1), e Lei n.º 130/97, art. 12.º.

([4]) Significativamente, o Dec.-Lei n.º 130/97 não dá relevo a alguns critérios mencionados pelo anterior art. 7.º do Dec.-Lei n.º 338/88, de 28.9, nomeadamente, o facto de a candidatura ser apresentada por sociedade constituída maioritariamente por profissionais de comunicação social, desde que estes sejam trabalhadores da sociedade, prever a ocupação de maior tempo de emissão com programas culturais, formativos e informativos e a emissão durante um maior número de horas.

Os sujeitos da comunicação social 333

A emissão de alvarás e as respectivas alterações são objecto de *registo* junto do Instituto da Comunicação Social ([1]).

Os operadores de radiodifusão devem *iniciar* as suas emissões no prazo de seis meses após a data de atribuição do alvará ([2]).

7. O alvará é atribuído por *prazos* limitados, de 15, 12 e 10 anos, respectivamente, para as rádios de cobertura geral, regional ou local.

Pode, em todo o caso, ser *renovado* por iguais períodos, mediante solicitação do seu titular e parecer favorável da AACS ([3]).

8. A *transmissão* do alvará só é permitida decorridos três anos sobre a sua atribuição e depende de *autorização* das entidades competentes para a atribuição, mediante parecer da AACS ([4]).

9. As empresas de rádio, como outros órgãos de comunicação social, estão sujeitos a *tutela* do Ministro das Comunicações, naquilo que diga respeito aos meios técnicos de emissão e recepção ([5]).

10. A Lei n.º 87/88, de 30.7, apenas "regula o exercício da actividade de radiodifusão no território nacional" (art. 1.º).

A recepção, em Portugal de *emissões provenientes do estrangeiro* está sujeita a limitações decorrentes do Acordo europeu para a repressão das emissões de radiodifusão por estações fora do território nacional, de 22.1.1965 ([6]), bem como do Dec.-Lei n.º 147/87, de 24.3, art. 6.º a 8.º e 34.º, e Lei n.º 87/88, de 30.7, art. 31.º.

([1]) Dec.-Lei n.º 130/97, art. 16.º. Mais concretamente, junto da Divisão de Registos do Departamento de Meios de Comunicação Social do ICS (Dec.-Lei n.º 34/97, de 31.1, art. 11.º, n.º 4).

([2]) Dec.-Lei n.º 130/97, art. 17.º.

([3]) Dec.-Lei n.º 130/97, art. 13.º.

([4]) Dec.-Lei n.º 130/97, art. 15.º. Estas restrições — correspondentes às do art. 13.º do Dec.-Lei n.º 338/88, de 28.9 — visam impedir a concentração de rádios locais e provocar o desaparecimento das que funcionam como meras retransmissoras de outras. Cf. M. Pinto Teixeira — Victor Mendes, *Casos e Temas de Direito da Comunicação*, 1996, pág. 55.

([5]) Dec.-Lei n.º 147/87, de 24.3, art. 4.º, al. c).

([6]) Aprovada para ratificação pelo Dec.-Lei n.º 48.982, de 11.4.1969, tendo o aviso de adesão sido publicado no *Diário do Governo*, n.º 250, de 1969.

DIVISÃO II

Organização

As empresas privadas de rádio têm uma **organização** correspondente ao tipo de pessoa colectiva adoptado: caso sejam sociedade anónimas ou por quotas, têm por órgãos a *colectividade dos sócios*, o órgão de *administração* (conselho de administração, direcção ou gerência) e o órgão de *fiscalização* (conselho fiscal ou fiscal único ou revisor oficial de contas).

Quanto à *organização interna* das empresas privadas de rádio, a Lei n.º 87/88, de 30.6, é menos clara que a LImp de 1999, pois apenas incidentalmente se refere ao *director responsável pela (área da) informação* a propósito da competência do conselho de redacção (no art. 12.º-A, n.º 3, al. a) e d)) e ao director responsável pela programação, a propósito do regime de responsabilidade criminal (no art. 30.º).

O EJorn de 1999 equipara a jornalistas os directores de informação de órgãos de comunicação social (art. 15.º).

Nenhuma disposição legal esclarece, todavia, como são designados e destituídos tais directores, nem quais as suas funções específicas em empresas *privadas* de rádio ([1]).

Certo é que, nas empresas de rádio com mais de cinco jornalistas, estes têm o direito de eleger um *conselho de redacção*, com funções semelhantes às dos conselhos de redacção das empresas jornalísticas ([2]).

DIVISÃO III

Rádio Comercial, SA

1. Como disse acima, existem actualmente, em Portugal, duas empresas privadas de rádio de âmbito nacional (Rádio Comercial e Rádio Renascença) e numerosas empresas de rádio de âmbito regional e local.

A Rádio Comercial, SA pode considerar-se, em certa medida, a sucessora da primeira empresa de rádio privada criada em Portugal, em 1931 (o Rádio Clube Português, de Jorge Botelho Moniz).

([1]) A Lei da AACS trata apenas dos directores de informação e programação de empresas do sector público (art. 4.º, alínea e).

([2]) CRP art. 38.º, n.º 2, al. b), EJorn art. 13.º, Lei n.º 87/88, de 30.6, art. 12.º-A, n.º 2 e 3.

Depois de um período conturbado, a seguir ao 25 de Abril de 1974, o RCP veio a ser nacionalizado ([1]) e integrado na RDP, juntamente com outras rádios privadas.

O Governo de Cavaco Silva cindiu a RDP, constituindo a Rádio Comercial, E.P., logo transformada em sociedade anónima ([2]) e, em 31.3.1993, privatizada ([3]).

2. Emite actualmente por dois canais de cobertura nacional: Rádio Comercial Onda Média e Rádio Comercial Frequência Modelada.

3. É financiada, fundamentalmente, pela publicidade.

DIVISÃO IV

Rádio Renascença

1. A Rádio Renascença foi criada em 1937, sob a direcção de Mons. Lopes da Cruz, no âmbito da Empresa da Revista Renascença, L.da. (constituída em 31.5.1931). Uma vez criado pela Junta Central da Acção Católica Portuguesa, em 8.3.1938, o Secretariado do Cinema e da Rádio, a Rádio Renascença foi reconhecida como organismo dele dependente.

Em 27.7.1946, foram alterados os estatutos da referida sociedade, passando a denominar-se Rádio Renascença, L.da. Sobreviveu à turbulência de 1974-1975, sem ser nacionalizada, sendo, actualmente, a rádio de maior audiência ([4]).

Tem a natureza de sociedade comercial por quotas, pertencendo 60% ao Patriarcado de Lisboa e 40% à Conferência Episcopal Portuguesa ([5]).

([1]) Pelo Dec.-Lei n.º 674-C/75, de 2.12.

([2]) Dec.-Lei n.º 198/92, de 23.9, que aprovou os respectivos estatutos.

([3]) Dec.-Lei n.º 260/92, de 24.11, e RCM n.º 1/93, de 2.1.

([4]) Cf. MOREIRA DAS NEVES, *Para a História da Rádio Renascença — Mons. Lopes da Cruz e a Emissora Católica Portuguesa — Subsídios e Comentários*, Lisboa, Rádio Renascença, 1980, pág. 37 e 132; AURA MIGUEL, *Rádio Renascença: Os Trabalhos e os Dias (1933-1948)*, Lisboa, Imprensa Nacional — CM, 1992; F. MAGALHÃES CRESPO, "Comunicação", in *Colóquios sobre Rádio*, Lisboa, Soc. Port. de Autores/Public. D. Quixote, 1996, pág. 17.

([5]) Inicialmente, foram sócios: P.ᵉ Lopes da Cruz, P.ᵉ Honorato Monteiro, P.ᵉ José Amaro Teixeira e P.ᵉ Abel Varzim. Em 1962, as quotas destes três sócios foram

336   *Direito da Comunicação Social*

2. É administrada por um Conselho de Gerência, composto por sete membros ([1]).

Em cada Estúdio emissor (Lisboa e Porto) tem um Assistente Religioso designado pelo bispo da respectiva diocese. Tem cerca de 280 trabalhadores a tempo completo e de 100 colaboradores eventuais.

3. Emite, desde 1987, em dois canais de cobertura nacional: Canal 1 (OM e FM) e "RFM — O Outro Canal da Renascença" (FM), cujos programas são também transmitidos pelo satélite Eutelsat 2-F2. Além disso, emite programas regionais em OM (a partir de estúdios localizados em diversas dioceses) e um programa em onda curta para emigrantes portugueses na Europa Central. Tem, há vários anos, a maior audiência entre as estações de rádio, tendo mais ouvintes que o conjunto dos três canais públicos ou a soma de todas as rádios locais.

4. Não cobra taxas nem recebe qualquer subsídio do Estado, tendo como únicas fontes de receita a venda de publicidade, concedida a uma agência de meios (a Intervoz), e donativos recebidos pela Liga dos Amigos da Rádio Renascença ([2]), sendo estes exclusivamente utilizados para a aquisição de equipamento para o desenvolvimento técnico da estação (não para custos normais de exploração)([3]).

---

unificadas numa só, transmitida à Progresso — Administração Imobiliária, SARL, vindo a ser adquirida, em 1986, pelo Patriarcado de Lisboa. Monsenhor Lopes da Cruz cedeu a sua quota à União Gráfica, SARL, que, por sua vez, a cedeu à Conferência Episcopal Portuguesa. Cf. AURA MIGUEL, *ob. cit.*, pág. 99 e segs..

([1]) Presidente é o Cónego António Gonçalves Pedro, sendo Gerente Executivo o Eng. Fernando Magalhães Crespo.

([2]) Os estatutos da L.A.R., elaborados logo em 1933, foram aprovados em 18.7.1938, sendo então reconhecida como associação de direito canónico, ao abrigo da Concordata entre Portugal e a Santa Sé, com objectivo de apoiar material e espiritualmente a Emissora Católica Portuguesa (Cf. AURA MIGUEL, *ob. cit.*, pág. 103 e segs.). Em Julho de 1995, foi reconhecida pelo Governo como pessoa colectiva de utilidade pública. Tem cerca de 100.000 filiados. De meados de 1977 a Dezembro de 1995, a L.A.R. contribuiu para a RR com mais de 250.000 contos.

([3]) Segundo informação amavelmente prestada pelo Eng. Magalhães Crespo.

Os sujeitos da comunicação social　　　　337

DIVISÃO V

Rádios regionais e locais

1. Em 1986, começaram a surgir, em Portugal, como antes já noutros países ([1]), diversas estações de rádio clandestinas ("piratas"), para corresponder a necessidades de comunicação (v. g., de informação e publicidade de interesse local) que a RDP e a Rádio Renascença não estavam a satisfazer.

Para controlar o fenómeno, e dentro do espírito de liberalização dominante, o Governo do Prof. Cavaco Silva promoveu o licenciamento, em 1988-89, de duas estações de rádio regionais (uma para a zona Norte e Centro e outra para a zona Centro e Sul) e de 314 rádios locais ([2]).

2. O Dec.-Lei n.º 338/88, de 28.9, estabeleceu algumas regras tendentes a assegurar o carácter verdadeiramente *local* das rádios locais ([3]).

([1]) De tal modo que deu origem a intervenções da União Internacional das Telecomunicações. Cf. CHARLES DEBBASCH, *Droit de l'audiovisuel*, 1995, pág. 673 e segs..

([2]) Lei n.º 320/88, de 14.9 (Detenção, estabelecimento e utilização de estações), Dec.-Lei n.º 338/88, de 28.9 (Licenciamento de estações emissoras de radiodifusão e atribuição de alvarás), Port. n.º 691/88, de 15.10 (Taxas de atribuição de alvarás), Port. n.º 757-A/88, de 24.11 (Procedimentos relativos ao licenciamento, funcionamento, segurança e condições técnicas para instalação e funcionamento das estações emissoras de radiodifusão sonora), Desp. Norm. n.º 86/88, de 10.10 (Mapa de frequências para emissões de cobertura local), Lei n.º 55/91, de 10.8 (Tempo de antena nas rádios locais).

([3]) Como vimos acima, cada pessoa colectiva só podia deter participação numa outra empresa de radiodifusão, salvo para alargamento das emissões de uma rede de cobertura geral no continente às regiões autónomas. Cada pessoa singular apenas podia ser titular de capital ou exercer funções de administração numa única empresa de radiodifusão, salvo também para alargamento das emissões de uma rede de cobertura geral no continente às regiões autónomas (art. 2.º, n.º 5, 6 e 7, e 9.º, n.º 2, al. g)). E constituía condição geral de preferência na obtenção de alvará a não titularidade de outro alvará (art. 7.º, n.º 1, al. a)). Além disso, na sua versão inicial o Dec.-Lei n.º 338/88 limitava a possibilidade de cessão de tempo de emissão a 20% da duração de cada período diário (art. 17.º).

Era a seguinte a redacção original do art. 17.º deste diploma: "1 — Os titulares do alvará de licenciamento poderão ceder tempo de emissão até 20% da duração de cada período diário:

a) Às associações académicas e associações de estudantes;

b) Às sociedades constituídas nos termos do presente diploma, para o exercício da actividade de radiodifusão.

2 — Os cessionários ficam sujeitos às condições gerais exigidas para o exer-

O Dec.-Lei n.º 30/92, de 5.3, liberalizou, todavia, a cessão do tempo de emissão ([1]), consagrando o que pode chamar-se um *direito de difusão simultânea de programas* culturais, formativos e informativos.

Objectivo deste diploma foi tornar possível a emissão de programas *em rede*, sem limitação de duração (podendo, portanto, a rede ser permanente), para reduzir os custos suportados por cada rádio local, permitindo economias de escala.

A lei limitava esse direito a programas culturais, formativos e informativos, havendo quem defendesse uma interpretação *restritiva*, tendente a impedir a difusão simultânea de *publicidade*. Podia, todavia, sustentar-se que a publicidade também é informativa, sendo, por conseguinte, permitida a sua difusão em rede ([2]).

Deste modo, através de redes de âmbito nacional, as rádios locais podiam fazer concorrência às estações de rádio de cobertura nacional (v.g., no mercado publicitário), como podiam também aproveitar dos seus serviços, nomeadamente, informativos ([3]).

O Dec.-Lei n.º 130/97, de 27.5, alterou, de novo este regime, permitindo a **associação** de "rádios temáticas que obedeçam a um mesmo

---

cício da actividade de radiodifusão, respondendo directamente pelo conteúdo das emissões.

3 — Nenhuma entidade poderá usufruir de tempo de emissão, nos termos do presente artigo, em mais de uma estação emissora".

([1]) Deu nova redacção ao art. 17.º, que passou a dispor o seguinte:

"1. Os titulares do alvará de licenciamento podem ceder tempo de emissão:

a) Às associações académicas e associações de estudantes;

b) Às sociedades constituídas nos termos do presente diploma, para o exercício da actividade de radiodifusão (...).

3. Aos operadores nacionais detentores de alvarás para o exercício de radiodifusão, de âmbito regional ou local, é permitida a associação entre si, ou a um operador detentor de uma rede de cobertura geral, para difusão simultânea de programas culturais, formativos ou informativos (...).

5. Pela emissão simultânea de programas, nos termos dos n.ᵒˢ 3 e 4, de que resultem prejuízos ou danos respondem solidariamente os operadores detentores das redes associadas entre si, sejam de cobertura geral e ou regional ou local".

([2]) Neste sentido, que me parece compatível com a lei (até porque, se o legislador quisesse afastar a publicidade, poderia tê-lo feito expressamente), cf. MANUEL PINTO TEIXEIRA — VICTOR MENDES, *Casos e Temas de Direito da Comunicação Social*, 1996, pág. 31 e segs..

([3]) Uma rede de rádios locais transmite noticiários da TSF. Existe uma Associação de Rádios de Inspiração Cristã (ARIC), com cerca de 60 associados, por via da qual a Rádio Renascença faculta às rádios locais a retransmissão simultânea dos seus noticiários e de outros programas.

Os sujeitos da comunicação social 339

modelo específico", "até ao limite máximo de três, para a difusão simultânea da respectiva programação, não podendo entre os emissores de cada uma delas mediar uma distância inferior a 100 km" (art. 21.°).

Na realidade, a RDP celebrou protocolos com rádios locais para a retransmissão de serviços noticiosos, havendo acordos semelhantes entre as rádios nacionais ou regionais e diversas rádios locais.

3. Importa acentuar o princípio da *responsabilidade civil solidária dos operadores* detentores das redes associadas ([1]).

SECÇÃO V

Empresas de televisão

SUBSECÇÃO I

Noção de empresa de televisão

1. **Empresa de televisão** é a que se dedica a actividades de "transmissão, codificada ou não, de imagens não permanentes e sons através de ondas electromagnéticas ou de qualquer outro veículo apropriado, propagando-se no espaço ou por cabo, e susceptível de recepção pelo público em geral, com exclusão dos serviços de telecomunicações apenas disponibilizados mediante solicitação individual" ([2]).

A Lei não considera, porém, televisão (excluindo do seu âmbito de aplicação):

a) "A transmissão pontual de eventos, através de dispositivos técnicos instalados nas imediações dos respectivos locais de ocorrência e tendo por alvo o público aí concentrado;

b) A mera retransmissão de emissões alheias" ([3]).

Deste modo, a noção legal de televisão baseia-se, como vimos, em três elementos fundamentais:

a) A *forma*: *transmissão unilateral* (não individualmente solicitada) por meio de ondas electromagnéticas ou de qualquer outro veículo

---

([1]) Lei n.° 87/88, de 30.7, art. 29.°, n.° 2.
([2]) Lei n.° 31-A/98, de 14.7, art. 1.°, n.° 2.
([3]) Lei n.° 31-A/98, de 14.7, art. 1.°, n.° 3.

apropriado, propagando-se no espaço ou por cabo; exclui-se, pois, a produção de vídeos (que precede a emissão), a transmissão *interactiva* (como, por exemplo, na Internet) e a mera retransmissão de emissões *alheias*;

b) O **conteúdo**: sons e imagens não permanentes; e

c) O **fim**: a difusão pelo público em geral, com exclusão da transmissão para um público restrito, concentrado em determinado local (por exemplo, numa escola ou num estádio).

Deve salientar-se que, em face da noção legal, não se considera actividade ou empresa de televisão — e, portanto, não está sujeita ao regime da LTV — a mera *retransmissão de emissões alheias*. Daqui resulta que os operadores de redes de distribuição de televisão *por cabo* não são empresas de televisão (sujeitas à LTV) quando se limitam a retransmitir *emissões de outrem*; mas são consideradas empresas de televisão se distribuírem emissões *próprias*.

2. As emissões de televisão (como as de radiodifusão sonora) podem fazer-se por via **hertziana** terrestre, por **satélite** ou por **cabo** e pode ou não obedecer a sistemas de codificação do sinal ([1]).

As emissões de televisão hertziana (como as de radiodifusão sonora) a partir de navios, aeronaves ou outro **meio móvel** são tecnicamente possíveis, mas são proibidas ([2]).

3. Pelo seu *conteúdo*, a televisão aproxima-se do **cinema**, que consiste em sequências de imagens, sonorizadas ou não.

São múltiplas as relações entre as duas actividades. Nomeadamente, a televisão transmite muitos filmes inicialmente realizados para exibição em salas de espectáculos públicos.

Há, todavia, diferenças importantes de regime, que justificam o seu tratamento separado.

4. Apenas estão sujeitas às disposições da Lei da Televisão (Lei n.º 31-A/98, de 14.7) as emissões de televisão transmitidas por operadores televisivos **sob a jurisdição do Estado Português** (art. 2.º, n.º 1).

([1]) Lei n.º 31-A/98, de 14.7, art. 1.º, n.º 2.

([2]) Acordo Europeu para a Repressão das Emissões de Radiodifusão por Estações fora dos Territórios Nacionais, de 22.1.1965, aprovada para ratificação pelo Dec.--Lei n.º 48.982, de 11.4.1969, tendo o aviso de adesão sido publicado no *Diário do Governo*, n.º 250, de 1969; Dec.-Lei n.º 147/87, de 24.3, art. 6.º a 8.º, 34.º.

"Consideram-se sob jurisdição do Estado Português os operadores televisivos que satisfaçam os critérios definidos no artigo 2.º da Directiva n.º 89/552/CEE, do Conselho, de 3 de Outubro, na redacção que lhe foi dada pela Directiva n.º 97/36/CE, do Parlamento e do Conselho, de 30 de Junho" [1].

SUBSECÇÃO II

Sistemas de monopólio e sistemas de pluralismo

1. Em razão de especificidades técnicas, de constrangimentos económicos particulares e do seu grande impacte público, as empresas de televisão estão sujeitas a um regime próprio, com grande intervenção do Estado — do mesmo modo ou até mais acentuadamente que as de rádio.

Em diversos países vigoraram sistemas de *monopólio* da televisão: quer conferido a um organismo subordinado do Governo (URSS/ /CEI, Hungria, Polónia, Rep. Checa, Eslováquia e países do terceiro mundo), quer exercido por um organismo público ou semi-público com maior ou menor autonomia (Itália, Suíça, Holanda, Dinamarca, Finlândia, Noruega, Irlanda, Espanha e Grécia), quer concedido a uma sociedade privada (Luxemburgo e Suécia). Na generalidade destes países, assistiu-se, nas últimas décadas, a uma tendência para uma liberalização limitada, que tem vindo a conduzir a sistemas de *pluralismo* [2].

Noutros países, vigoram, há mais ou menos tempo, sistemas de *pluralismo total* (Estados Unidos, Austrália, Canadá e Japão) ou *limitado* (França, desde 1982 [3], Reino Unido, desde 1954/64 [4], Alemanha e Bélgica) [5].

---

[1] O citado art. 2.º da Directiva (transcrito na nota 74 da pág. 194) toma como referência para considerar sujeitos à jurisdição de um Estado membro uma série de critérios conjugados: a sede social efectiva, o local de tomada de decisões editoriais relativas à programação, o local de exercício de funções de parte significativa do pessoal, o local de início de actividade, a utilização de uma frequência concedida pelo Estado membro, ou de uma capacidade de satélite de um Estado membro, ou de uma ligação ascendente com um satélite situada num Estado-membro.

[2] Cf. C. DEBBASCH, *Droit de l'audiovisuel*, 1995, pág. 12 e segs..

[3] Cf. C. DEBBASCH, *Traité*, 1967, pág. 51 e segs.; C. DEBBASCH, *Droit de l'audiovisuel*, 1995, pág. 93 e segs..

[4] Cf. C. DEBBASCH, *Traité*, 1967, pág. 37 e segs.; R. CAYROL, *Les Médias*, pág. 356.

[5] Cf. C. DEBBASCH, *Droit de l'audiovisuel*, pág. 56 e segs.

Esta evolução foi condicionada pelas limitações do espectro radioeléctrico e pela ideia de serviço público que regeu e, em certa medida, rege ainda a actividade de televisão, dada a sua grande influência sobre a opinião pública.

A utilização de satélites geostacionários e de distribuição directa pôs, todavia, em causa a possibilidade de manutenção do monopólio do Estado sobre os meios audiovisuais — facilitando a transmissão para todo o planeta e possibilitando um maior número de frequências. Por isso, a generalidade dos países europeus admite, actualmente, uma pluralidade de empresas de televisão, públicas e privadas ([1]).

2. Em Portugal, como vimos, a primeira lei a disciplinar o exercício da actividade de radiotelevisão foi o Dec. n.º 17.899, de 29.1.1930, que logo introduziu um regime de *monopólio* ([2]), que perdurou até 1990, embora com modificações.

O exercício da actividade de radiotelevisão dependia, então, da existência de uma empresa à qual tal serviço viesse a ser concedido. A criação dessa empresa foi prevista pelo Dec.-Lei n.º 40.341, de 18.10.1955, que aprovou as bases da concessão, em regime de exclusivo, por vinte anos. Nele se dispunha que a empresa devia ser nacional ([3]) e que, do seu capital (de, pelo menos, 60.000.000$00), um terço seria reservado ao Estado e os restantes dois terços oferecidos à subs-

---

([1]) Cf. CHARLES DEBBASCH, *Droit de l'audiovisuel*, 1995, pág. 115 e seg.; FRANCISCO J. BASTIDA, *La Libertad de Antena — El derecho a crear televisión*, Barcelona, Ariel, 1990, pág. 143 e segs.; JOSE CARLOS LAGUNA DE PAZ, *Regimen Juridico de la Television Privada*, Madrid, Marcial Pons, 1994, pág. 35 e segs.; JOSE JUAN GONZALÉZ ENCINAR (Ed.), *La televisión pública en la Unión Europea*, Madrid, McGraw-Hill, 1996, *passim*.

([2]) Segundo o art. 1.º deste diploma, "Os serviços da radiotelegrafia, radiotelefonia, radiodifusão, radiotelevisão e outros que venham a ser descobertos e que se relacionem com o radioelectricidade são monopólio do Estado em todo o território da República".

([3]) No sentido da Lei da Nacionalização de Capitais (Lei n.º 1994, de 13.4.1943), segundo a qual "só serão havidas por nacionais as sociedades constituídas de harmonia com as leis portuguesas, com sede na metrópole e cuja maioria absoluta seja portuguesa" (isto é, em que, pelo menos, 60% do capital pertença a portugueses de origem ou naturalizados há mais de dez anos, sociedades portuguesas com esta maioria ou pessoas colectivas portuguesas de direito público ou utilidade pública e em que a maioria nos corpos gerentes seja constituída por cidadãos portugueses de origem ou naturalizados há mais de dez anos).

Os sujeitos da comunicação social

crição dos emissores particulares de radiodifusão e à subscrição pública (art. 1.º). Também se previa uma taxa de televisão, a cobrar pela Emissora Nacional (art. 4.º).

A RTP — Radiotelevisão Portuguesa, SARL, veio a ser constituída por escritura de 15.12.1955 ([1]), entre o Estado e vários outros accionistas, entre os quais algumas emissoras particulares de radiodifusão sonora. À RTP foi concedido o serviço público de televisão, por contrato de 16.1.1956 ([2]).

Deste modo, o monopólio da TV foi, primeiro, conferido a uma *sociedade anónima de economia mista*, *concessionária do serviço público*.

Em 25.6.1974, a RTP passou a ser gerida directamente pelo Governo ([3]).

Já depois do 25.11.1975, foram nacionalizadas as participações sociais na RTP, SARL, não pertencentes, directa ou indirectamente, ao Estado. Simultaneamente, foi criada a Radiotelevisão Portuguesa, E.P., com o objectivo do exercício, em regime de exclusividade, do serviço público de televisão, para ela sendo transferido o património da RTP, SARL ([4]). O monopólio da TV passou assim a ser atribuído a uma *empresa pública*.

A Constituição de 25.4.1976 proibiu, mesmo, que a televisão fosse objecto de propriedade privada (art. 38.º, n.º 6, e 83.º).

Foi o Governo de Cavaco Silva que, depois da revisão constitucional de 1989, permitiu o exercício da actividade de televisão a duas novas *empresas privadas*, ambas sociedades anónimas (SIC e TVI)([5]). Continuou, entretanto, a pertencer ao Estado a RTP, que foi, todavia, transformada em *sociedade anónima de capitais exclusivamente públicos* ([6]).

([1]) Publicada no *Jornal do Comércio*, de 24.12.1955.

([2]) Publicado no *Diário do Governo*, 3ª série, n.º 21, de 25.1.1956.

([3]) Dec.-Lei n.º 278/74, de 25.6.

([4]) Dec.-Lei n.º 674-D/75, de 2.12.

([5]) Na sequência do concurso aberto ao abrigo da Lei n.º 58/90, de 7.9 (Regime do exercício da actividade de televisão) e depois de aprovado o plano técnico de frequências e as condições técnicas necessárias para o exercício da actividade de televisão, através de quatro redes de cobertura de âmbito geral (Dec.-Lei n.º 401/90, de 20.12).

([6]) Dec.-Lei n.º 21/92, de 14.8. Cf. também o art. 65.º da Lei n.º 58/90, de 7.9.

O Dec.-Lei n.º 292/91, de 13.8, que regulou, pela primeira vez em Portugal, o regime de acesso e de exercício da actividade de operador de *televisão por cabo*, para uso público, estabeleceu que a autorização necessária para esse efeito só pode ser concedida a *empresas públicas* estatais ou municipais ou a *sociedades comerciais* (art. 5.º). Na realidade, foram já constituídas várias empresas operadoras de televisão por cabo ([1]).

Esta orientação tem sido mantida pelo actual Governo, embora tenha introduzido algumas alterações importantes na sua regulamentação.

Também para a televisão vigora, assim, um sistema de *pluralismo condicionado*, que corresponde à rejeição do sistema de monopólio e à admissão de concorrência limitada, sem abrir, em todo o caso, caminho a completa liberdade de empresa, que seria dificilmente realizável.

SUBSECÇÃO III

Espécies de empresas de televisão

1. As empresas de televisão podem classificar-se segundo diversos critérios. Agora, interessa-nos atender, sobretudo, à **natureza jurídica dos sujeitos**, ao **âmbito de cobertura dos canais**, ao **conteúdo dos canais** e à **acessibilidade dos canais**.

2. Atendendo à sua **natureza jurídica**, os tipos de sujeitos que podem ter acesso à actividade de televisão e o seu regime variam, consoante se trate de TV por via *hertziana*, por *satélite* ou por *cabo*, bem como de *emissões* ou de *retransmissões* (de emissões próprias ([2])).

Segundo a lei, a actividade de televisão, em geral, pode ser exercida por operadores *públicos* e *privados* ([3]).

Cumprindo o disposto no art. 38.º, n.º 5, da CRP, a LTV impõe a existência de um *serviço público* de televisão, prestado por operador de capitais exclusiva ou maioritariamente públicos, em regime de *concessão* ([4]).

([1]) TV Cabo Portugal, SA, TV Cabo Lisboa, SA, TV Cabo Porto, SA, TV Cabo Douro, SA, TV Cabo Açoreana, SA, etc..

([2]) A mera retransmissão de emissões alheias não constitui actividade de televisão, como vimos.

([3]) CRP art. 38.º, n.º 5, 6 e 7; LTV art. 5.º, 11.º e 43.º.

([4]) Art. 5.º e 43.º.

Os sujeitos da comunicação social

Na realidade, vimos já que a RTP, concessionária do serviço público, tem, actualmente a natureza de *sociedade anónima de capitais exclusivamente públicos* ([1]).

Além da concessionária, quer a CRP quer a LTV permitem a existência de *outras empresas* de televisão, sujeitas, fundamentalmente, a dois regimes diferentes:

a) Emissoras de televisão *por via hertziana terrestre*, sujeitas a *licenciamento*, por *concurso público*;

b) Emissoras de televisão *por outras vias* (por satélite ou por cabo), sujeitas a *autorização* (sem necessidade de concurso público)(LTV art. 12.º, n.º 1).

Umas e outras têm de ser *pessoas colectivas*. Os operadores de canais de cobertura nacional têm de adoptar a forma de *sociedade anónima* ou de cooperativa ([2]). Os canais sem fins lucrativos e de divulgação científica e cultural podem adoptar a forma de *associação* ou *fundação* ([3]);

A manutenção de um **serviço público** de televisão ao lado de várias empresas privadas corresponde a uma opção política portuguesa, mas também da generalidade dos Estados europeus. É justificada pela conveniência de assegurar todo um conjunto de objectivos que se considera que as empresas sujeitas à livre concorrência no mercado e às exigências da publicidade (principal fonte de financiamento das empresas privadas) não realizam suficientemente.

Tais objectivos têm vindo a ser explicitados em sucessivos documentos internacionais de fundamental importância ([4]). Muito sumariamente, são eles: assegurar as funções essenciais de informação, de edu-

---

([1]) Lei n.º 21/92, de 14.8.

([2]) LTV art. 11.º, n.º 1 e 2. A LTV refere-se a "sociedade cooperativa", mas, como vimos, a doutrina dominante entende que as cooperativas não são sociedades, por terem fim mutualista e não lucrativo.

([3]) LTV art. 11.º, n.º 3.

([4]) Declaração da Conferência da UER (União Europeia de Radiodifusão) sobre serviço público, aprovada em Bruxelas, em 29 e 30.11.1993; Resolução do Conselho da Europa, de 7.12.1994, sobre o futuro do serviço público de radiodifusão; Resolução do Parlamento Europeu (A4-0140/95) sobre o Livro Verde «Opções estratégicas para o reforço da indústria de programas no contexto da política audiovisual da União Europeia» (Com (94)0096 — C3-0222/94); Resolução do Parlamento Europeu (A4--0243/96) sobre o papel da TV de serviço público, de 19.9.1996 (sobre o Relatório Tongue). Cf. ANTÓNIO GOMES DA COSTA, *A Televisão em Portugal — 40 Anos de História Legislativa*, Lisboa, TV Guia Editora, 1997, pág. 487 e segs..

cação e de cultura para todos, sem discriminações, apoiando-se nos valores fundamentais de tolerância, pluralismo, independência dos poderes político e económico, liberdade de expressão, espírito crítico e humanismo, bem como promover o debate democrático, o respeito por normas éticas, o reforço da identidade cultural europeia, a divulgação dos patrimónios culturais nacionais, a produção original e de qualidade, a inovação, a pesquisa e o desenvolvimento tecnológico, e a cooperação entre as empresas de serviço público dos vários Estados.

A concretização destes objectivos — aliás, afirmados também, frequentemente, quanto ao serviço público de rádio — é particularmente importante, quando se assiste a uma verdadeira "guerra de audiências" entre as empresas de televisão, que as leva a preferir programas de mais baixo nível cultural ou de pura diversão, ainda que mais acessíveis e, por isso, mais "populares" ([1]).

3. Em função do **âmbito de cobertura**, os canais de televisão podem ser de cobertura *nacional, regional* ou *local*.

Segundo o art. 7.º da LTV, "2 — São considerados *de âmbito nacional* os canais que visem abranger, ainda que de forma faseada, a generalidade do território nacional, desde que na data de apresentação da candidatura apresentem garantias de efectivação daquela cobertura.

3 — A área geográfica consignada a cada canal deve ser coberta com o mesmo programa e sinal recomendado, salvo autorização em contrário, até ao limite de sessenta minutos diários, a conceder por despacho conjunto dos membros do Governo responsáveis pelas áreas da comunicação social e das comunicações, precedido de parecer favorável da Alta Autoridade para a Comunicação Social.

4 — O limite horário a que se refere o número anterior pode ser alargado, nos termos nele previstos, em situações excepcionais devidamente fundamentadas.

5 — As condições específicas do regime da actividade de televisão com *cobertura regional* ou *local* serão definidas por decreto-lei" (itálico nosso) ([2]).

O art. 10.º da LTV acrescenta que "1 — Os canais de televisão de âmbito nacional abrangerão, obrigatoriamente, as Regiões Autónomas.

([1]) Sobre o assunto, cf. FRANÇOIS JONGEN, *Médias et service publique*, Bruxelas.

([2]) Lei n.º 31-A/98, de 14.7, art. 6.º.

2 — O serviço público de televisão assegurado pelo Estado compreende, nas Regiões Autónomas dos Açores e da Madeira, centros regionais, com direcção e conselho de opinião próprios, capacidade de produção regional, mormente na área informativa, e autonomia de programação, vinculados à aplicação dos direitos de antena, de resposta e réplica política nos respectivos territórios".

Na realidade, a Lei n.º 31/96, de 14.8, impôs à RTP a manutenção de dois canais de cobertura regional (um para os Açores e outro para a Madeira) e a difusão de um dos canais de cobertura geral nas Regiões Autónomas. Além disso, regulou o acesso das Regiões Autónomas às emissoras de televisão de cobertura geral, impondo ao Estado a criação de condições para isso.

5. A nova Lei da Televisão, no art. 7.º, introduziu uma nova tipologia de canais, em função do seu **conteúdo**:

"1 — Os canais televisivos podem ser *generalistas* ou *temáticos* (...).

2 — Consideram-se *generalistas* os canais que apresentem uma programação diversificada e de conteúdo genérico.

3 — São *temáticos* os canais que apresentem um modelo de programação predominantemente organizado em torno de matérias específicas (¹).

4 — Os canais temáticos de *autopromoção* e de *televenda* não podem integrar quaisquer outros elementos de programação convencional, tais como serviços noticiosos, transmissões desportivas, filmes, séries ou documentários (...).

6 — Para efeitos do presente diploma, considera-se autopromoção a publicidade difundida pelo operador televisivo relativamente aos seus próprios produtos, serviços, canais ou programas.

7 — As classificações a que se refere o presente artigo competem à Alta Autoridade para a Comunicação Social e são atribuídas no acto da licença ou da autorização" (itálico nosso).

6. A nova LTV distingue, também, os canais, em função da sua **acessibilidade**:

"1 — Os canais televisivos podem ser (...) *de acesso condicionado* ou *não condicionado* (...).

(¹) Com base neste preceito, foi criado, em 1999, pela TV Cabo o Canal de Notícias de Lisboa (CNL), primeiro canal português totalmente dedicado à informação.

348   *Direito da Comunicação Social*

5 — São de *acesso condicionado* os canais televisivos que transmitam sob forma codificada e estejam disponíveis apenas mediante contrapartida específica, não se considerando como tal a quantia devida pelo acesso à infra-estrutura de distribuição, bem como pela sua utilização (...).

7 — As classificações a que se refere o presente artigo competem à Alta Autoridade para a Comunicação Social e são atribuídas no acto da licença ou da autorização" (itálico nosso).

4. Na realidade, em Novembro de 1999, o sector da TV era composto por uma sociedade anónima de capitais públicos, concessionária do serviço público de televisão (RTP, SA), com emissões por ondas hertzianas (RTP1, RTP2, RTP Madeira e RTP Açores) e por satélite (RTP Internacional), por duas sociedades anónimas privadas (SIC e TVI), que emitem por ondas hertzianas ([1]), e por 16 empresas privadas de televisão por cabo ([2]).

SUBSECÇÃO IV

Fins da televisão

A LTV estabelece diversos "**fins dos canais generalistas**" (art. 8.º):

"1 — Constituem fins dos canais generalistas:

a) Contribuir para a informação, formação e entretenimento do público;

b) Promover o direito de informar e de ser informado, com rigor e independência, sem impedimentos nem discriminações;

c) Favorecer a criação de hábitos de convivência cívica própria de um Estado democrático e contribuir para o pluralismo político, social e cultural;

([1]) Cf. *Estações de Radiodifusão Sonora e Televisiva*, Lisboa, Instituto das Comunicações de Portugal, 1999, pág. 48 e segs..

([2]) Por ordem de data de autorização, Cabo TV Madeirense, Bragatel, Cabo TV Açoriana, TV Cabo Douro, TV Cabo Guadiana, TV Cabo Lisboa, TV Cabo Mondego, TV Cabo Porto, TV Cabo Sado, TV Cabo Tejo, Cabovisão, Lusomundo, Pluricanal Aveiro, Pluricanal Leiria, Pluricanal Gondomar e Pluricanal Santarém (segundo informação do Instituto de Comunicações de Portugal, de 29.7.1999). A maioria destas empresas pertence ao grupo TV Cabo, que tem cerca de 90% do mercado.

d) Promover a língua portuguesa e os valores que exprimem a identidade nacional.

2 — Constituem ainda fins dos canais generalistas de âmbito regional ou local:

a) Alargar a programação televisiva a conteúdos de índole regional ou local;

b) Preservar e divulgar os valores característicos das culturas regionais ou locais;

c) Difundir informações com particular interesse para o âmbito geográfico da audiência".

SUBSECÇÃO V

O serviço público de televisão e a RTP, S.A.

1. Como é sabido, a restrição do número de canais de TV hertziana resulta das limitações do espectro radioeléctrico e do mercado da publicidade (que constitui a principal fonte de receitas de quase todas elas) ([1]). Daí que a lei estabeleça um estrito regime de acesso à actividade, que é diferente consoante se trate da empresa de **serviço público** ou de operadores **privados** de televisão.

2. O regime geral de acesso à actividade de televisão consta da Lei n.º 31-A/98, de 14.7 (LTV), que distingue entre o *serviço público*, que depende de *concessão*, e o *serviço não público*, que depende de *licença*, mediante concurso público, ou de *autorização*, consoante as emissões a realizar utilizem ou não o espectro hertziano terrestre (art. 5.º e 12.º, n.º 1).

3. Respeitando o disposto na CRP, art. 38.º, n.º 5 ([2]), e no seguimento da LTV de 1990, e da Lei n.º 28/92, de 14.8, que transformou a RTP, E.P., em sociedade anónima, a LTV de 1998 estabelece que "O Estado assegura a existência e o funcionamento de um serviço público de televisão, em regime de concessão (...)" (LTV art. 5.º).

([1]) Foram abolidas as taxas de televisão, pelo Dec.-Lei n.º 53/91, de 26.1.

([2]) "O Estado assegura a existência e o funcionamento de um serviço público de rádio e de televisão".

"A concessão do serviço público de televisão realiza-se por meio de canais de acesso não condicionado e abrange emissões de cobertura nacional e internacional, destinadas às Regiões Autónomas dos Açores e da Madeira, bem como a regionalização da informação, pelo desdobramento das emissões nacionais, através da actividade das delegações regionais" (art. 42.º, n.º 1) (¹).

"O serviço público de televisão é prestado por operador de capitais exclusiva ou maioritariamente públicos, cujo estatuto é aprovado por decreto-lei" (LTV art. 43.º, n.º 1).

A LTV atribuiu "a concessão do serviço público de televisão à Radiotelevisão Portuguesa, S.A., pelo prazo de 15 anos, renovável por igual período" (art. 43.º, n.º 2).

Estabeleceu, também, que "Os direitos de concessão são intransmissíveis" (art. 43.º, n.º 3)(²).

4. A **história da RTP** remonta a 1955 (³).

Na verdade, a criação da primeira empresa de televisão em Portugal foi prevista pelo Dec.-Lei n.º 40.341, de 18.10.1955, que aprovou as bases da concessão do serviço público, em regime de exclusivo, por vinte anos. Nele se dispunha que a empresa devia ser nacional (no sentido da Lei da nacionalização de capitais (⁴)) e que, do seu capital (de, pelo menos, 60.000.000$00), um terço seria reservado ao Estado e os

---

(¹) A Lei n.º 31/96, de 14.8, incluíra no serviço público de televisão o **acesso das Regiões Autónomas** às emissoras incumbidas de tal serviço.

(²) Sobre o serviço público da televisão, cf. J. A. Melo Alexandrino, *Estatuto Constitucional da Actividade de televisão*, Coimbra, Coimbra Editora, 1998, pág. 194 e segs.; José Carlos Vieira de Andrade, "O Serviço Público de Televisão na Ordem Jurídica Portuguesa", in *Comunicação e Defesa do Consumidor – Actas do Congresso Internacional organizado pelo Instituto Jurídico da Comunicação da Faculdade de direito da Universidade de Coimbra, de 25 a 27 de Novembro de 1993*, Coimbra, 1993, pág. 119 e segs..

(³) Cf. António Gomes da Costa, *A Televisão em Portugal — 40 Anos de História Legislativa*, 1997.

(⁴) Lei n.º 1994, de 13.4.1943, segundo a qual "só serão havidas por nacionais as sociedades constituídas de harmonia com as leis portuguesas, com sede na metrópole e cuja maioria absoluta seja portuguesa" (isto é, em que, pelo menos, 60% do capital pertença a portugueses de origem ou naturalizados há mais de dez anos, sociedades portuguesas com esta maioria ou pessoas colectivas portuguesas de direito público ou utilidade pública e em que a maioria nos corpos gerentes seja constituída por cidadãos portugueses de origem ou naturalizados há mais de dez anos).

restantes dois terços oferecidos à subscrição dos emissores particulares de radiodifusão e à subscrição pública (art. 1.º). Também se previa uma taxa de televisão, a cobrar pela Emissora Nacional (art. 4.º).

A RTP — Radiotelevisão Portuguesa, SARL, veio a ser constituída por escritura de 15.12.1955 ([1]), com o capital mínimo legal, subscrito pelo Estado (20.000.000$00), por emissoras particulares de radiodifusão sonora (o Rádio Clube Português, a Rádio Renascença, os Emissores do Norte Reunidos, o Rádio Clube de Moçambique, os Emissores Associados de Lisboa, o Rádio Ribatejo, o Rádio Pólo Norte, o Rádio Clube de Angra), por 12 bancos (CGDCP, BNU, BESCL, BFSV, BLA, BBI, BJHT, BPA, BPSM, BB, CFP, BLSA) e pelo Dr. A. Stichini Vilela. À RTP foi concedido o serviço público de televisão, por contrato de 16.1.1956 ([2]).

Em 25.6.1974, a Radiotelevisão Portuguesa passou a ser gerida directamente pelo Governo ([3]).

Em 2.12.1975, foram nacionalizadas as participações sociais na RTP — Radiotelevisão Portuguesa, SARL, não pertencentes, directa ou indirectamente, ao Estado. Simultaneamente, foi criada a Radiotelevisão, E.P., com o objectivo do exercício, em regime de exclusividade, do serviço público de televisão, para ela sendo transferido o património da RTP, SARL ([4]).

A RTP, EP, veio a ser transformada em sociedade anónima de capitais públicos pela Lei n.º 29/92, de 14.8, que estabeleceu alguns princípios relativos à concessão de serviço público, a desenvolver no contrato (que viria a ser celebrado em 17.3.1993) e aprovou os estatutos em vigor.

Está a ser preparada a reestruturação da RTP, visando a criação de um grupo empresarial sob a forma de sociedade gestora de participações sociais ("holding"), compreendendo várias filiais:

"*a*) uma empresa, de capitais exclusivamente públicos, destinada à prestação do serviço público de televisão através da RTP-1 e RTP-2;

b) uma empresa, de capitais exclusivamente públicos, para a emissão da RTPi, RTP-África e RTP-Brasil;

([1]) Publicada no *Jornal do Comércio*, de 24.12.1955.

([2]) Publicado no *Diário do Governo*, 3ª série, n.º 21, de 25.1.1956. Cf. também FRANCISCO RUI CÁDIMA, *Salazar, Caetano e a Televisão Portuguesa*, Lisboa, Presença, 1996, pág. 23 e segs..

([3]) Dec.-Lei n.º 278/74, de 25.6.

([4]) Dec.-Lei n.º 674-D/75, de 2.12.

c) uma empresa, de capitais eventualmente mistos, vocacionada para a emissão da RTP-Madeira;

d) uma empresa, de capitais eventualmente mistos, vocacionada para a emissão da RTP-Açores;

e) a transformação da RTP-Porto numa empresa autónoma eventualmente orientada para a actividade de televisão regional ou de centro de produção;

f) uma empresa, de capital maioritariamente público, com a função de venda de espaços publicitários e de desenvolvimento do "merchandising" da "holding", a partir da actual RTC;

g) uma empresa, eventualmente aberta a capitais privados, destinada à produção e criação, com base nos meios actualmente afectos à RTP;

h) uma ou mais empresas de capitais mistos, vocacionadas para a comercialização dos arquivos, lançamento de canais temáticos e generalistas e a investigação e experimentação de novas tecnologias;

i) uma empresa, com capitais mistos, tendo por objecto a exploração de publicações que interessem à programação da televisão, que inclua, nomeadamente, a TV-GUIA" ([1]).

Chegou a ser apresentada pelo PSD uma Proposta de Lei n.º 519/VII, de privatização da RTP ([2]).

A RTP emite por *via hertziana*, através de dois canais *nacionais* e dois *regionais*: RTP1 (com uma rede de 17 emissores e 106 retransmissores), RTP2 (com uma rede de 17 emissores e 104 retransmissores), RTP Açores (com uma rede de 7 emissores e 32 retransmissores, para os dois canais 1 e 2) e RTP Madeira (com uma rede de 2 emissores e 30 retransmissores, para os dois canais 1 e 2).

Emite, também, *via satélite* o programa da RTP Internacional, utilizando os satélites Hot Bird 2 (para a Europa), Express 2 (para a Europa, África e América do Sul), Asiasat 2 (para a Ásia e Oceânia) e Galaxy VI (para a América do Norte e Central) ([3]). Em 7.1.1998, iniciou actividade um novo canal da RTP Internacional, dirigido a Angola, Cabo Verde, Guiné, Moçambique e São Tomé e Príncipe: RTP África.

([1]) Este despacho, proferido em 3.7.1997 (!), aguarda publicação no *Diário da República*, sendo acessível através da Internet: http://www.secs.pt/rertp.html.

([2]) Cf. *DAR*, II série — A, n.º 49, de 7.5.1998.

([3]) Cf. *Estações de Radiodifusão Sonora e Televisiva*, Lisboa, Instituto das Comunicações de Portugal, Novembro de 1999, pág. 49 e segs..

Os sujeitos da comunicação social

5. A RTP tem por **órgãos** a *assembleia geral*, o *conselho de administração* e o *conselho fiscal*, como a generalidade das sociedades anónimas de estrutura monista.

Além disso, tem um *conselho de opinião*, *composto* por 37 membros representativos da Assembleia da República, do Governo, das Regiões Autónomas, dos trabalhadores, da Igreja, dos parceiros sociais, de diversas associações, das Universidades, dos accionistas e personalidades de reconhecido mérito. Ao conselho de opinião *compete* pronunciar-se sobre os planos e bases gerais da actividade da empresa no âmbito da programação, da cooperação com os países de expressão portuguesa e do apoio às comunidades portuguesas no estrangeiro ([1]).

Fundamental é a posição dos *directores dos serviços de programação* e *de informação*, pois são eles os responsáveis, directos e exclusivos, pela selecção e o conteúdo da programação e da informação ([2]).

Os jornalistas dos serviços de informação da RTP têm a faculdade de constituir um *conselho de redacção* ([3]), que não constitui, porém, um órgão da sociedade, mas antes um organismo de participação dos jornalistas, como trabalhadores.

Além dos órgãos da RTP, sediados em Lisboa, existem *Centros regionais* nas Regiões Autónomas dos Açores e da Madeira ([4]). Segundo o art. 10.º da LTV de 1998, estes centros regionais devem ter "direcção e conselho de opinião próprios, capacidade de produção regional, mormente na área informativa, e autonomia de programação, vinculados à aplicação dos direitos de antena, de resposta e réplica política nos respectivos territórios".

6. Os **fins**, os **direitos** e as **obrigações de serviço público** de televisão e as respectivas **contrapartidas** constam dos art. 3.º a 5.º da Lei n.º 29/92, de 14.8, parcialmente alterados pelos art. 44.º a 47.º da Lei n.º 31-A/98, de 14.7, e do contrato de concessão, mas também resultam de algumas disposições dispersas na lei.

a) Na verdade, a Lei n.º 29/92, confere à RTP diversos **direitos**, no art. 3.º, que dispõe o seguinte:

([1]) Lei n.º 21/92, de 14.8, art. 8.º, n.º 2, e Estatutos, art. 20.º a 22.º.
([2]) Lei n.º 21/92, de 14.8, art. 4.º, n.º 5.
([3]) Lei n.º 21/92, de 14.8, art. 10.º
([4]) Cf. A. GOMES DA COSTA, *A Televisão em Portugal — 40 Anos de História Legislativa*, 1997, pág. 155 e segs..

"Para a prossecução dos seus fins e como concessionária do serviço público de televisão, são conferidos à RTP, S. A., os direitos de:

a) Ocupar **terrenos** do domínio público e privado do Estado, das autarquias ou de outras pessoas colectivas de direito público, em conformidade com as leis e regulamentos em vigor;

b) Beneficiar de protecção de **servidão** para os seus centros radio-eléctricos, nos termos estabelecidos na legislação aplicável;

c) Beneficiar de **protecção** das suas instalações nos mesmos termos das dos serviços públicos;

d) Utilizar e administrar os bens do domínio público que se encontrem ou venham a ficar afectos ao exercício da actividade do serviço público de televisão".

Por outro lado, a Lei n.º 29/92 regulou os termos em que devia ser (e foi) celebrado o **contrato de concessão** e impôs diversas **obrigações de serviço público** à RTP, no art. 4.º. A Lei n.º 31-A/98, de 14.7, veio, todavia, estabelecer novos preceitos sobre o contrato de concessão e as obrigações da RTP, que derrogam implicitamente a Lei n.º 29/92.

Na verdade, segundo o art. 42.º da LTV, "2 — O contrato de concessão entre o Estado e a concessionária estabelece as obrigações de programação, de prestação de serviços específicos, de produção original, de cobertura do território nacional, de inovação e desenvolvimento tecnológico, de cooperação com os países lusófonos e as relativas às emissões internacionais, bem como as condições de fiscalização do respectivo cumprimento e as sanções aplicáveis em caso de incumprimento.

3 — O contrato a que se refere o número anterior carece de parecer da Alta Autoridade para a Comunicação Social e do Conselho de Opinião, previsto no artigo 48.º, no âmbito das respectivas atribuições".

Por outro lado, o art. 44.º da LTV impõe "**obrigações gerais de programação**", nos termos seguintes:

"A concessionária deve assegurar uma programação de qualidade e de referência que satisfaça as necessidades culturais, educativas, formativas, informativas e recreativas dos diversos públicos específicos, obrigando-se designadamente a:

a) Assegurar o pluralismo, o rigor e a objectividade da informação, bem como a sua independência perante o Governo, a Administração Pública e os demais poderes públicos;

b) Emitir uma programação inovadora e variada que estimule a formação e a valorização cultural, tendo em especial atenção o público jovem;

c) Privilegiar a produção de obras de criação original em língua portuguesa, nomeadamente nos domínios da ficção e do documentário e da animação;

d) Difundir uma programação que exprima a diversidade cultural e regional do País e que tenha em conta os interesses específicos das minorias;

e) Garantir a cobertura noticiosa dos principais acontecimentos nacionais e estrangeiros;

f) Emitir programas regulares destinados especialmente aos portugueses residentes fora de Portugal e aos nacionais dos países de língua oficial portuguesa, incluindo programas facultados por operadores privados".

Segundo o artigo 45.º da LTV, "Constituem **obrigações específicas de programação** da concessionária do serviço público de televisão, nomeadamente:

a) Emitir o tempo de antena dos partidos políticos, do Governo, das organizações sindicais, profissionais e representativas das actividades económicas e das associações de defesa do ambiente e do consumidor, nos termos dos artigos 49.º e seguintes da presente lei;

b) Ceder o tempo de emissão necessário para o exercício do direito de réplica política, nos termos do artigo 58.º;

c) Assegurar um tempo de emissão às confissões religiosas, para o prosseguimento das respectivas actividades, tendo em conta a sua representatividade;

d) Proceder à emissão das mensagens a que se refere o artigo 23.º;

e) Garantir, de forma progressiva, que as emissões possam ser acompanhadas por pessoas surdas ou com deficiência auditiva, recorrendo para o efeito à legendagem e à interpretação através da língua gestual, bem como emitir programação específica direccionada para esse segmento do público;

f) Ceder tempo de emissão à Administração Pública, com vista à divulgação de informações de interesse geral, nomeadamente em matéria de saúde e segurança públicas" (negrito nosso).

Segundo o art. 46.º da LTV, "Constituem ainda obrigações da concessionária do serviço público de televisão:

a) Desenvolver a cooperação com os países lusófonos, designadamente a nível de informação e de produção de programas, formação e desenvolvimento técnico;

b) Conservar e actualizar os arquivos áudio-visuais ([1]) e facultar o seu acesso, em condições de eficácia e acessibilidade de custos, nomeadamente, aos operadores privados de televisão, aos produtores de cinema, áudio-visuais e multimedia e aos interessados que desenvolvam projectos de investigação científica, em termos a regulamentar por portaria do membro do Governo responsável pela área da comunicação social;

c) Promover a eficiência e a qualidade do serviço prestado através de meios que acompanhem a inovação e o desenvolvimento tecnológicos".

b) O **contrato de concessão** previsto na Lei n.º 21/92, de 14.8, e actualmente em vigor, foi assinado, em 31.12.1996 ([2]).

c) Por outro lado, a **Lei de Defesa do Consumidor** (Lei n.º 24/96, de 31.7) estabelece que "O serviço público de rádio e de televisão deve reservar espaços, em termos que a lei definirá, para a promoção dos interesses e direitos do consumidor" (art. 7.º, n.º 2).

7. A RTP, S.A. é *financiada*, fundamentalmente, por subsídios do Estado, receitas de publicidade e patrocínios e de prestações de serviços ([3]).

Como contrapartida destas obrigações, o art. 5.º da Lei n.º 29/92 conferiu à RTP o direito a indemnização compensatória ([4]). Tal preceito

---

([1]) A P n.º 111/91, de 7.2, determina que a RTP, E.P., conserve em arquivo, e nas melhores condições de utilização, os registos classificados como de interesse público.

([2]) Cf. A. GOMES DA COSTA, *A Televisão em Portugal — 40 Anos de História Legislativa*, 1997, pág. 131 e segs., que transcreve também os contratos anteriores; e *Legislação da Comunicação Social*, Lisboa, IN-CM/Gab. Sec. Estado da Comun. Soc., 1999, pág. 257 e segs..

([3]) Foram abolidas as **taxas de televisão**, pelo Dec.-Lei n.º 53/91, de 26.1. O regime destas taxas constou, fundamentalmente, dos seguintes diplomas: Dec.-Lei n.º 22.783, de 29.6.1933, Dec.-Lei n.º 41.486, de 30.10.1957, Dec.-Lei n.º 353/76, de 13.5, Dec.-Lei n.º 401/79, de 21.9, Port. n.º 26/N1/80, de 9.1, Dec.-Lei n.º 171/80, de 29.5, Dec.-Lei n.º 472/82, de 16.12, e Dec.-Lei n.º 38/88, de 6.2. Sobre o financiamento das empresas de televisão, cf. C. DEBBASCH, *Droit de l'audiovisuel*, 1995, pág. 301 e segs..

([5]) Este artigo dispunha o seguinte: "O cumprimento das obrigações de serviço público cometidas à RTP, S. A., nos termos do artigo anterior e do contrato de concessão nele previsto, confere àquela sociedade o direito a uma indemnização compen-

Os sujeitos da comunicação social   357

deve, porém, considerar-se revogado pela Lei n.º 31-A/98, de 14.7, cujo art. 47.º, sob a epígrafe "financiamento", dispõe o seguinte:

"1 — O financiamento do serviço público de televisão é garantido através de uma verba a incluir anualmente no Orçamento do Estado.

2 — A apreciação e fiscalização da correspondência entre a prestação das missões de serviço público e o pagamento do respectivo custo são objecto, anualmente, de uma auditoria externa, a realizar por entidade especializada a indicar pela Alta Autoridade para a Comunicação Social.

3 — Os excedentes que eventualmente venham a ocorrer em resultado da actividade da concessionária do serviço público de televisão na exploração ou participação noutros canais, uma vez observadas as normas legais aplicáveis à distribuição dos lucros e reservas das sociedades, revertem para o financiamento de iniciativas do serviço público, nomeadamente em matéria de reconversão tecnológica".

Deve notar-se que, segundo o art. 43.º, n.º 4, da LTV, "A difusão de publicidade nos canais de serviço público é objecto das limitações especificadas no respectivo contrato de concessão".

8. A RTP, SA, tem apresentado, nos últimos anos, resultados financeiros (líquidos) fortemente negativos: 18,5 milhões de contos, em 1996, 32,2 milhões de contos, em 1997, e 25,5 milhões de contos em 1998. Isto, apesar de ter recebido do Estado elevados montantes a título de indemnização compensatória do serviço público: 14,5 milhões de contos, em 1996, 10,3 milhões de contos, em 1997, e 14 milhões de contos, em 1998. Para isso, contribuiu significativamente o aumento do número de trabalhadores e o agravamento dos custos com o pessoal ([1]).

---

satória, cujo montante exacto será correspondente ao efectivo custo da prestação do serviço público, o qual será apurado com base em critérios objectivamente quantificáveis e no respeito pelo princípio da eficiência de gestão".

([1]) Cf. *Privatizações e Regulação — A Experiência Portuguesa*, Lisboa, Min. Finanças, 1999, pág. 130 e segs..

SUBSECÇÃO VI
Televisão hertziana privada

DIVISÃO I
Licenciamento, autorização e registo

1. A actividade da televisão, mais acentuadamente ainda do que a da radiodifusão sonora, exige diversos equipamentos complexos, que envolvem alguns perigos e limitações, e pode ter grande influência sobre a opinião pública.

Por isso, aplicam-se, também, à televisão as exigências da lei de várias espécies de autorizações ou licenças, nomeadamente:

a) Homologação de *equipamentos* emissores, receptores ou emissores-receptores de radiocomunicações, exigida aos seus fabricantes, importadores, vendedores, alugadores ou outros detentores ocasionais, para verificação das especificações técnicas, pelo Dec.-Lei n.º 147/87, de 24.3, art. 22.º e segs.;

b) Autorização de *detenção, estabelecimento e utilização de equipamento* emissor, receptor ou emissor-receptor de radiocomunicações — exigida pelo Dec.-Lei n.º 147/87, de 24.3, art. 11.º, mas não aplicável a receptores de radiodifusão sonora ou de televisão ([1]), nem a equipamentos de pequena potência e de pequeno alcance (art. 12.º); foi regulamentada pela Lei n.º 320/88, de 14.9 (art. 5.º e segs.) ([2]);

c) *Licença da estação de radiodifusão*, exigida para verificação das especificações e normas técnicas, no quadro do respectivo alvará, pelo Dec.-Lei n.º 130/97, de 27.5, art. 23.º a 30.º.

d) Autorização para o *exercício de actividade de operador de rede de distribuição por cabo* — regulada pelo Dec.-Lei n.º 241/97, de 18.9 ([3]);

([1]) O Dec.-Lei n.º 317/88, de 8.9, aprovou o Regulamento das Estações de Recepção de Sinais de Televisão de Uso Privativo Transmitidos por Satélites.

([2]) A instalação de antenas individuais ou colectivas para recepção de radiodifusão sonora e televisiva está regulada pelo art. 9.º do Dec.-Lei n.º 147/87, de 24.3, e pelo Dec.-Lei n.º122/89, de 14.4, que impõe a instalação de certos tipos de antenas nos prédios a construir ou já construídos.

([3]) Este diploma revogou e substituiu o Dec.-Lei n.º 292/91, de 13.8.

e) Licença ou autorização para o **exercício da actividade de televisão** — reguladas pela Lei n.º 31-A/98, de 14.7 (art. 11.º a 19.º), regulamentada pelo Dec.-Lei n.º 237/98, de 5.8.

Interessa-nos agora, sobretudo, esta licença ou autorização para o exercício da actividade de televisão. É de notar que não se trata de uma licença ou autorização para a constituição da empresa de radiodifusão, mas sim para o exercício dessa actividade. Isto significa que a licença ou a autorização é atribuída a uma empresa já anteriormente constituída (nos termos da lei aplicável ao respectivo tipo: CSC, CCoop, etc.).

2. Segundo o art. 38.º, n.º 7, da CRP, "As estações emissoras (...) de radiotelevisão só podem funcionar mediante licença, a conferir por concurso público, nos termos da lei".

A Lei n.º 31-A/98, de 14.7, estabelece, todavia, que "O acesso à actividade televisiva é objecto de licenciamento, mediante concurso público, ou de autorização, consoante as emissões a realizar utilizem ou não o espectro hertziano terrestre" (art. 12.º, n.º 1).

O simples confronto deste art. 12.º, n.º 1, com o art. 38.º, n.º 7, da CRP suscita dúvidas sobre a **constitucionalidade** daquele preceito legal, precisamente por dispensar o concurso público para a concessão de autorização a emissões que não utilizem o espectro hertziano terrestre. Compreende-se o motivo da dispensa, uma vez que a televisão por satélite ou por cabo não está sujeita aos mesmos constrangimentos técnicos que a televisão hertziana terrestre, mas a verdade é que a CRP não distingue...

A nova Lei da Televisão confere à Alta Autoridade para a Comunicação Social **competência** para atribuir as licenças e as autorizações para o exercício da actividade de televisão ([1]) — enquanto a Lei anterior a conferia ao Conselho de Ministros ([2]). O novo regime revela a intenção de tornar as empresas televisivas mais independentes do Governo.

3. Os **candidatos** a operadores de televisão devem ser *sociedades anónimas* ou *cooperativas*, que tenham como *objecto exclusivo* o exercício da actividade de televisão ([3]), e possuam um *capital social*

([1]) Lei n.º 31-A/98, de 14.7, art. 13.º, e Dec.-Lei n.º 237/98, de 5.8, art. 2.º.

([2]) Lei n.º 58/90, de 7.9, art. 11.º, n.º 3.

([3]) CRP art. 38.º, n.º 4, embora a Lei n.º 31-A/98 apenas exija que tenha tal actividade como "objecto principal" (art. 11.º, n.º 1).

360   *Direito da Comunicação Social*

mínimo de 250.000 contos ou 1.000.000 contos, consoante se trate de canais temáticos ou generalistas, a realizar integralmente até oito dias após a notificação da decisão que atribua a licença ([1]).

Podem ser candidatos a canais sem fins lucrativos, destinados a divulgação científica e cultural, *associações* ou *fundações*, das quais não se exige um capital mínimo ([2]).

Em todo o caso, "A atribuição de licenças ou autorizações fica condicionada pela verificação da qualidade técnica e da viabilidade económica do projecto" ([3]). E "Considera-se adequada a garantir a viabilidade económica do projecto a cobertura, por capitais próprios em montante não inferior a 25%, do valor do investimento global referente à actividade que o operador se propõe desenvolver" ([4]).

Como vimos, "A actividade de televisão não pode ser exercida nem financiada por partidos ou associações políticas, autarquias locais ou suas associações, organizações sindicais, patronais ou profissionais, directa ou indirectamente, através de entidades em que detenham capital ou por si subsidiadas" ([5]). É uma garantia importante de independência das empresas de televisão relativamente ao poder político e económico.

Por outro lado, "As acções constitutivas do capital social das sociedades candidatas ao licenciamento são nominativas" ([6]).

4. O *processo* de obtenção de *licença* é diferente, todavia, do processo de obtenção da *autorização*.

([1]) LTV art. 11.º, n.º 2 e 4.

([2]) LTV art. 11.º, n.º 2.

([3]) LTV art. 15.º e Dec.-Lei n.º 237/98, de 5.8, art. 7.º, n.º 1. Segundo o art. 9.º da LTV, "A definição das condições técnicas do exercício da actividade televisiva, assim como a fixação das quantias a pagar pela emissão das licenças ou autorizações a que haja lugar e pela autorização dos meios técnicos necessários à transmissão, constam de diploma regulamentar". Por sua vez, o Dec.-Lei n.º 238/98, de 5.8, estabeleceu que "As normas técnicas a que devem obedecer as emissões televisivas processadas através da via hertziana terrestre, por cabo e por satélite, são fixadas por portaria do membro do Governo responsável pela área das comunicações" (art. 17.º, n.º 1), tendo revogado expressamente o Dec.-Lei n.º 401/90, de 20.12. A Portaria referida no citado preceito tem o n.º 711/98, de 8.9.

([4]) Dec.-Lei n.º 237/98, art. 7.º, n.º 2

([5]) LTV art. 3.º, n.º 1.

([6]) LTV art. 9.º, n.º 4.

Os sujeitos da comunicação social   361

5. O *licenciamento da actividade* de **televisão hertziana terrestre** deve ser precedido de *concurso público*, cujo *regulamento* deve ser aprovado mediante *portaria* do membro do Governo responsável pela área da comunicação social ([1]).

a) A atribuição de licença depende de ***requerimento*** do interessado, dirigido à AACS, mas entregue, para ***instrução*** do processo, ao Instituto da Comunicação Social ([2]). Com o requerimento devem ser apresentados diversos elementos indicados na lei, bem como prestada caução de 200.000 contos, no caso de canais generalistas, e de 100.000 contos, no caso de canais temáticos ([3]).

O ICS deve solicitar o *parecer* do Instituto das Comunicações de Portugal, no que respeita às condições técnicas da candidatura ([4]).

b) Concluída a instrução, o ICS submete os processos à ***apreciação*** da Alta Autoridade para a Comunicação Social, que deve atender aos critérios de selecção indicados na lei ([5]) e deliberar no prazo de 45 dias ([6]).

([1]) Dec.-Lei n.º 237/98, de 5.8, art. 6.º, n.º 2.

([2]) Dec.-Lei n.º 237/98, de 5.8, art. 8.º, n.º 1.

([3]) Dec.-Lei n.º 237/98, de 5.8, art. 8.º, n.º 3 e 4, e 9.º.

([4]) LTV art. 14.º, n.º 1.

([5]) LTV art. 14.º, n.º 2, e 15.º. Segundo este último preceito, "1 — A atribuição de licenças ou autorizações fica condicionada pela verificação da qualidade técnica e da viabilidade económica do projecto.

2 — Havendo lugar a selecção entre projectos apresentados ao mesmo concurso, para a atribuição de licenças, ter-se-á em conta, sucessivamente, para efeitos de graduação das candidaturas:

a) O conteúdo da grelha de programas, designadamente o número de horas dedicadas à informação;

b) O tempo e horário de emissão;

c) A área de cobertura;

d) O número de horas destinadas à emissão de obras recentes de produção própria ou independente e de criação original em língua portuguesa;

e) A inclusão de programação acessível à população surda, designadamente através da tradução em língua gestual portuguesa (...).

4 — Na atribuição de licenças para emissões terrestres digitais de cobertura nacional será reservada capacidade de transmissão para os canais detidos pelos operadores licenciados à data da entrada em vigor do presente diploma.

5 — No licenciamento de canais codificados são objecto de especial ponderação os custos de acesso, bem como as condições e as garantias de prestação do serviço aos consumidores".

([6]) Dec.-Lei n.º 237/98, de 5.8, art. 10.º, n.º 1.

362 Direito da Comunicação Social

6. A actividade de **televisão por satélite ou por cabo** depende de *autorização*, que, nos termos da LTV, não carece de concurso público.

a) A atribuição de autorização depende, também, de *requerimento* do interessado, dirigido à AACS, mas entregue, para *instrução* do processo, ao Instituto da Comunicação Social ([1]). Com o requerimento devem ser apresentados diversos elementos indicados na lei (os mesmos que são exigidos para o licenciamento, mais o título comprovativo do acesso à rede ou declaração de que pretendem usar rede própria), bem como prestada caução ([2]).

O ICS deve solicitar o *parecer* do Instituto das Comunicações de Portugal, no que respeita às condições técnicas da candidatura ([3]).

O ICS deve promover "a divulgação mensal, num dos jornais diários de informação geral de maior tiragem, das autorizações concedidas e das candidaturas que à data se encontrem pendentes de autorização" ([4]).

b) Concluída a instrução, o ICS submete os processos à *apreciação* da Alta Autoridade para a Comunicação Social, que deve deliberar no prazo de 15 dias ([5]).

7. A decisão de licenciamento ou de autorização da AACS deve ser *publicada* no *Diário da República* ([6]) e dela cabe *recurso contencioso* para o Tribunal Administrativo do Círculo de Lisboa ([7]).

8. Os operadores de televisão devem *iniciar as suas emissões* no prazo de *seis meses* após a atribuição da licença ou de *três meses* após a atribuição de autorização ([8]).

9. Além do *registo comercial* a que está sujeita a constituição das empresas operadoras de TV, que tenham a forma de sociedade comer-

---

([1]) Dec.-Lei n.º 237/98, de 5.8, art. 13.º e 8.º, n.º 1.
([2]) Dec.-Lei n.º 237/98, art. 12.º, n.º 1 e 2, e 13.º, n.º 1.
([3]) LTV art. 14.º, n.º 1.
([4]) Dec.-Lei n.º 237/98, art. 14.º.
([5]) Dec.-Lei n.º 237/98, de 5.8, art. 13.º, n.º 2.
([6]) Dec.-Lei n.º 237/98, de 5.8, art. 10.º, n.º 3.
([7]) Lei n.º 43/98, de 6.8 (LAACS), art. 23.º, n.º 4, e Dec.-Lei n.º 124/84, de 27.4 (Estatuto dos Tribunais Administrativos e Fiscais), art. 51.º, n.º 1, al. a).
([8]) LTV art. 11.º e 15.º.

Os sujeitos da comunicação social 363

cial, os operadores de TV licenciados ou autorizados estão sujeitos a um *registo* específico, na Divisão de Registos do Departamento de Meios de Comunicação Social do *Instituto da Comunicação Social* ([1]).

10. "As licenças e autorizações para o exercício da actividade televisiva de âmbito nacional são emitidas pelo *prazo* de *15 anos*, renovável por iguais períodos" ([2]). Podem ser *suspensas* e *revogadas* pela AACS, em certas condições previstas na lei ([3]).

11. A licença de exercício de actividade de televisão é *intransmissível* ([4]).

12. As empresas privadas de televisão são *financiadas* pelos seus capitais próprios, pelas receitas da publicidade e patrocínios e, desde Abril de 1998, pelos preços pagos pelos assinantes de canais codificados, além, obviamente, de diversas formas de crédito.

13. A Lei n.º 31-A/98, de 14.7, apenas regula "as emissões de televisão transmitidas por operadores televisivos sob jurisdição do Estado Português" (art. 2.º, n.º 1).

A recepção, em Portugal de *emissões provenientes do estrangeiro* está sujeita a limitações decorrentes do *Acordo europeu para a repressão das emissões de radiodifusão por estações fora do território nacional*, de 22.1.1965 ([5]), bem como da *Convenção Europeia sobre a Televisão sem Fronteiras*, celebrada em Estrasburgo, em 16.11.1989, no âmbito do Conselho da Europa.

([1]) Dec.-Lei n.º 34/97, de 31.1, art. 11.º, n.º 4, e Lei n.º 31-A/98, de 14.7, art. 72.º. Este registo foi criado na Direcção-Geral da Comunicação Social (Lei n.º 58/90, de 7.9, art. 61.º) e, depois da extinção desta, passou para a Secretaria-Geral da Presidência do Conselho de Ministros, donde seguiu para o ICS.

([2]) LTV art. 17.º, n.º 1, e Dec.-Lei n.º 237/98, de 5.8, art. 4.º.

([3]) LTV art. 18.º.

([4]) LTV art. 12.º, n.º 3. Este preceito refere-se aos "direitos da sociedade licenciada", mas parece evidente que só tem em vista os direitos decorrentes da licença — ou a própria licença.

([5]) Aprovada para ratificação pelo Dec.-Lei n.º 48.982, de 11.4.1969, tendo o aviso de adesão sido publicado no *Diário do Governo*, n.º 250, de 1969.

Esta Convenção é especialmente importante, por ter estabelecido os princípios da livre circulação da informação e ideias e da independência dos radiodifusores.

Devem ser respeitadas também as disposições da citada Directiva 89/552/CEE do Conselho, de 3 de Outubro de 1989, relativa à coordenação de certas disposições legislativas, regulamentares e administrativas dos Estados-Membros relativas ao exercício de actividades de radiodifusão televisiva ([85])

Divisão II

Organização

As empresas privadas de televisão têm uma **organização** correspondente ao tipo de pessoa colectiva adoptado: caso sejam sociedades anónimas, têm por órgãos a *colectividade dos sócios*, o órgão de *administração* (conselho de administração ou direcção) e o órgão de *fiscalização* (conselho fiscal ou fiscal único ou conselho geral e revisor oficial de contas).

Quanto à *organização interna* das empresas privadas de televisão, a Lei n.º 31.º-A/98, de 14.7, é clara no sentido de exigir um *director* de programas e um director de informação (embora não lhes ponha estes nomes, que são os correntes).

Na verdade, no capítulo das "obrigações dos operadores", o art. 27.º, sob a epígrafe "Director", dispõe que

"1 — Cada canal de televisão deve ter um director responsável pela orientação e supervisão do conteúdo das emissões.

2 — Cada canal de televisão que inclua programação informativa deve designar um responsável pela informação".

Por outro lado, segundo o art. 30.º da LTV, "Nos canais com mais de cinco jornalistas existe um *conselho de redacção*, a eleger segundo a forma e com as competências definidas por lei" (negrito nosso). Estas competências estão, hoje, definidas no EJorn de 1999, art. 13.º, em termos comuns para todos os órgãos de comunicação social.

([85]) *Jornal Oficial* n.º L 298, de 17/10/1989, p. 23-30, alterada pela Directiva 97/36/CE, in *Jornal Oficial* n.º L 202, de 30.07.97, p.60.

DIVISÃO III

SIC

1. A SIC — Sociedade Independente de Comunicação, S.A. foi a primeira empresa de televisão privada a constituir-se depois da relativa liberalização do sector, pela Lei n.º 58/90, de 7.9. Obteve o licenciamento, após concurso público, em 22.2.1992 ([1]).

Nela tem posição preponderante o Dr. Francisco Pinto Balsemão, fundador e primeiro director do Expresso e ex-Primeiro Ministro.

2. Tem sede em Carnaxide, freguesia de Linda-a-Velha, concelho de Oeiras, e adoptou a estrutura tradicional (monista) para a administração e fiscalização (tendo um conselho de administração e um conselho fiscal).

3. Tem uma rede de 20 emissores e 72 retransmissores ([2]).

Conseguiu atingir e manter a primeira posição na parte de audiências ("share"), ultrapassando a RTP 1.

DIVISÃO IV

TVI

1. A TVI — Televisão Independente, S.A. foi a segunda empresa de televisão privada a constituir-se, depois da relativa liberalização do sector pela Lei n.º 58/90, de 7.9.

Obteve o licenciamento, após concurso público, em 22.2.1992 ([3]), ao mesmo tempo que a SIC, e iniciou as emissões em Fevereiro de 1993.

Resultou de um projecto desenvolvido, ao longo de 12 anos, pela Rádio Renascença, a Universidade Católica Portuguesa, Misericórdias e diversas congregações e institutos religiosos, vindo a conseguir a adesão de cerca de 20.000 accionistas, bem como do Patriarcado de Lis-

---

([1]) RCM n.º 6/92, de 22.2.

([2]) Cf. *Estações de Radiodifusão Sonora e Televisiva*, Lisboa, Instituto das Comunicações de Portugal, Novembro de 1999, pág. 66 e segs..

([3]) RCM n.º 6/92, de 22.2.

boa, da IP — Information et Publicité (francesa), da Antena 3 — Televisión (espanhola) e de fundos de investimento europeus ([1]).

A Carta de Princípios, anexa ao contrato de sociedade (art. 1.º, n.º 3), vinculava a TVI aos "valores fundamentais da pessoa humana", "às grandes causas da Humanidade: a Liberdade, a Justiça, a Paz, a Solidariedade e a Verdade" e aos "valores universais e perenes do Humanismo cristão".

A exploração deficitária dos três primeiros anos conduziu à necessidade de aumentos de capital, fundamentalmente subscritos por fundos de investimento ingleses. A nova direcção, eleita em Abril de 1996, esforçou-se por reduzir os custos de exploração e por negociar um acordo de redução e novo aumento de capital. Não conseguiu, porém, evitar um processo de recuperação da empresa, que conduziu à aquisição da maioria pelo grupo SONAE, que deixou de aplicar a Carta de Princípios.

2. Tem sede em Lisboa (na Rua Ivens, 14) e adoptou a *estrutura* de inspiração germânica (dualista), tendo uma direcção, um conselho geral e um revisor oficial de contas.

3. Tem uma rede de 21 emissores e 8 retransmissores ([2]).

SECÇÃO VI
Operadores de rede de distribuição por cabo

1. A Lei da televisão n.º 58/90, de 7.9, remeteu para legislação especial a regulamentação da utilização de redes de *televisão por cabo* (art. 2.º). No desenvolvimento deste preceito, o Dec.-Lei n.º 292/91, de 13.8, regulou, pela primeira vez, o regime de acesso e de exercício de actividade de operador de rede de distribuição de emissões alheias de *televisão por cabo*, para uso público, no território nacional, tendo sido regulamentado por diversas portarias ([3]).

([1]) Segundo amável informação facultada pelo Eng. F. Magalhães Crespo.

([2]) Cf. *Estações de Radiodifusão Sonora e Televisiva*, Lisboa, Instituto das Comunicações de Portugal, Novembro de 1999, pág. 71 e seg..

([3]) P n.º 1127/91, de 30.10, que fixou as regras técnicas a que devem obedecer a instalação e funcionamento da rede de distribuição de televisão por cabo (alterada

Alguns anos depois, o Dec.-Lei n.º 239/95, de 13.9, veio permitir que os operadores de rede de distribuição de televisão por cabo fossem autorizados a distribuir também o sinal de *radiodifusão sonora*, emitido por operadores de radiodifusão licenciados.

Entretanto, as inovações tecnológicas e a liberalização comunitária do mercado de serviços ([1]), levou a profundas reformas introduzidas pelo Dec.-Lei n.º 241/97, de 18.9, que regula o regime de acesso e de exercício da actividade de operador de rede de distribuição por cabo, para uso público, no território nacional, e revogou todos os referidos decretos-leis ([2]). O novo diploma veio permitir serviços interactivos, de natureza endereçada (Internet, vídeo a pedido, e outros), ligações bidireccionais para transmissão de dados e a locação a terceiros de capacidade de transmissão da rede para outros serviços de telecomunicações.

2. Em face deste diploma, a actividade de **operador de rede de distribuição por cabo** envolve a instalação e a exploração da correspondente infra-estrutura para a transmissão e retransmissão de informação, compreendendo, nomeadamente, a distribuição de emissões de radiodifusão *sonora* e de *televisão* próprias e de terceiros, codificadas ou não, a prestação de serviços de natureza endereçada, de serviços de transmissão de dados e a oferta de capacidade de transmissão a terceiros (art. 1.º, n.º 2).

Assim, os operadores de redes de distribuição por cabo tanto podem distribuir emissões de radiodifusão *sonora* como *televisiva*.

Podem ter emissões *próprias* ou limitar-se a distribuir emissões *alheias* (de terceiros).

O Dec.-Lei n.º 241/97 regula apenas a distribuição por cabo de *emissões de terceiros*, processada de forma simultânea e integral (art. 1.º, n.º 3). A transmissão por cabo de emissões de rádio e de televisão

---

pela P n.º 79/94, de 4.2), a P n.º 1155/91, de 7.11, que aprovou as normas D2 MAC (Multiplex Analogic Component), e a P n.º 501/95, de 26.5, que aprovou o Regulamento de Exploração de Redes de Distribuição de Televisão por Cabo. Os artigos 17.º e 19.º do Dec.-Lei n.º 292/91 foram alterados pelo Dec.-Lei n.º 157/95, de 6.7.

([1]) Inclusivamente, com a aprovação da Directiva n.º 95/47/CE, do Parlamento Europeu e do Conselho, de 24 de Outubro, in *JOCE* n.º L , de .

([2]) Devem mencionar-se, ainda, a Lei n.º 6/97, de 1.3, que autorizou a difusão de trabalhos parlamentares nas redes públicas e privadas de TV Cabo, e a Res. da Assembleia da República n.º 48/97, que aprovou regras complementares ao referido regime de difusão.

368   *Direito da Comunicação Social*

próprias, bem como a de emissões de terceiros, mas processadas de forma não simultânea ou não integral, são reguladas por "legislação específica" (ainda não publicada ([1])).

Isto significa que a actividade de operador de redes de distribuição por cabo, regulada pelo Dec.-Lei n.º 241/97, é uma actividade predominantemente *técnica* e não mediática. O distribuidor não elabora, ele próprio, a informação a emitir: limita-se a distribuir emissões alheias — o que tem diversas consequências importantes quanto ao seu regime.

O operador que distribui por cabo emissões *próprias* é uma empresa de televisão, abrangida pela Lei n.º 31-A/98, acima analisada.

3. A actividade de distribuidor de rede de distribuição por cabo só pode ser exercida mediante *autorização*, cuja concessão é da *competência* do membro do Governo responsável pela área das comunicações, sob proposta do Instituto das Comunicações de Portugal (ICP)([2]).

É de notar que o Secretário de Estado da Comunicação Social não tem qualquer intervenção neste processo, em virtude do carácter predominantemente técnico da actividade do distribuidor.

4. A autorização para o exercício da actividade de operador de rede de distribuição por cabo só pode ser concedida a *empresas públicas*, estatais ou municipais, a *sociedades comerciais* e a *pessoas colectivas sem fins lucrativos*, desde que a actividade destas últimas seja exclusivamente dedicada aos seus associados ([3]).

5. A concessão de autorizações rege-se pelo *princípio da acessibilidade* plena (Dec.-Lei n.º 241/97, art. 6.º), não dependendo de concurso público.

O operador autorizado pode, sem mais licenças, transmitir serviços de natureza *endereçada* (Dec.-Lei n.º 241/97, art. 9.º).

Pode, também, locar a terceiros a capacidade de transmissão da rede para a prestação de serviços de *telecomunicações*, salvo do serviço fixo de *telefone* (Dec.-Lei n.º 241/97, art. 10.º, n.º 2 e 3).

Para oferecer ligações bidireccionais para *transmissão de dados* precisa, todavia, de licença, nos termos do Dec.-Lei n.º 346/90, de 3.11

([1]) Pode entender-se que algumas disposições relativas à televisão por cabo estão contidas na Lei n.º 31-A/98, de 14.7.

([2]) Dec.-Lei n.º 241/97, de 18.9, art. 4.º.

([3]) Dec.-Lei n.º 241/97, art. 5.º.

Os sujeitos da comunicação social   369

(que define o regime do estabelecimento, gestão e exploração de serviços de telecomunicações complementares).

6. O operador de rede de distribuição por cabo deve distribuir os canais de serviço público de televisão, bem como as emissões de serviço público de radiodifusão sonora (Dec.-Lei n.º 241/97, art. 12.º).

7. O Dec.-Lei n.º 241/97 estabelece ainda diversos outros direitos e deveres dos operadores de redes de distribuição por cabo, bem como o respectivo regime sancionatório, que não é possível, contudo, aprofundar aqui.

8. Foram já constituídas e iniciaram as suas actividades diversas empresas operadoras de redes de distribuição por cabo.

9. A difusão de **trabalhos parlamentares** através de redes de televisão por cabo está sujeita a um regime específico. A própria Assembleia da República definiu as linhas orientadoras da reestruturação do chamado *Canal Parlamento*. As decisões relativas à sua programação são tomadas pelo conselho de direcção, composto por um representante de cada grupo parlamentar e deliberando por consenso ([1]).

SECÇÃO VII
Teledifusora de Portugal, S.A.

Quando o Governo do Prof. Cavaco Silva deliberou permitir a abertura de dois novos canais de televisão privados, tornou-se necessário não só aprovar o plano técnico de frequências, como também definir os sistemas de transporte e difusão do sinal televisivo. De entre as várias soluções possíveis para este efeito, o Governo optou por atribuir a titularidade, a gestão e a utilização do sistema a uma sociedade anónima de capitais maioritariamente públicos, a criar ([2]).

Para isso, foi destacada do património da RTP a parte afecta ao transporte e difusão do sinal televisivo, para constituir uma nova

---

([1]) Lei n.º 6/97, de 1.3, Res. A.R. n.º 48/97, de 16.7, e Res. A.R. n.º 23/2000, de 22.3.

([2]) Dec.-Lei n.º 401/90, de 20.12.

empresa pública, logo transformada em sociedade anónima de capitais maioritariamente públicos — a **Teledifusora de Portugal, S.A.** ([1]).

Foi, desde logo, admitida a participação no seu capital de outras entidades públicas ou privadas, através de aumentos de capital (Dec.--Lei n.º 138/91, art. 9.º, n.º 5). A Teledifusora de Portugal, S.A., veio a ser integrada na Portugal Telecom, em 1998.

A RTP e as empresas privadas de televisão pagam à Teledifusora de Portugal, S.A., pelo acesso às redes de transporte e difusão do sinal televisivo uma taxa fixada por despacho governamental (Dec.-Lei n.º 138/91, art. 14.º).

A Teledifusora de Portugal, S.A., não intervém, todavia, no conteúdo da informação por ela transportada ou distribuída. Não é, por isso, uma empresa de comunicação social.

SECÇÃO VIII

Empresas de comunicação social electrónica

1. Várias empresas jornalísticas, de rádio e de televisão têm vindo a divulgar textos, sons e imagens através das redes de computadores (Internet). Entretanto, têm surgido empresas, individuais e colectivas, de comunicação social exclusivamente electrónica — que apenas divulgam informações através da Internet ([2]). Umas e outras podem englobar-se na categoria comum das *empresas mediáticas electrónicas* — empresas que, de modo regular e organizado, colocam no seu sítio da rede jornais electrónicos (textos, sons ou e imagens) à disposição de qualquer utilizador.

Note-se que pode tratar-se de prestadores de serviços informativos ou noticiosos, mas também de outros tipos de serviços audiovisuais.

2. Estas empresas mediáticas electrónicas não devem confundir-se com outras espécies de **intervenientes na rede.**

a) Na verdade, intervém, necessariamente, nela, pelo menos, um *operador de telecomunicações*, que se limita, porém, a transportar, por

---

([1]) Dec.-Lei n.º 138/91, de 8.4.

([2]) Um dos primeiros e mais conhecidos exemplos de empresas comerciais electrónicas tendo por objecto publicações é o da livraria Amazon (www.amazon.com).

Os sujeitos da comunicação social 371

cabo, por via hertziana ou e por satélite, os sinais electrónicos entre as consolas dos utilizadores e os computadores dos servidores. É função exercida, no nosso país, pela Portugal Telecom, mas também, cada vez mais pela TMN, a Telecel, a Optimus e outras empresas.

b) Papel importante é o do ***servidor*** ("provider"), cujo computador presta o serviço técnico de administrar e fornecer programas e informações entre os utilizadores e os empresas mediáticas electrónicas. É função exercida, em Portugal, pela Telepac — Serviços de Telecomunicações, S.A. (sociedade anónima de capitais públicos), por diversas instituições universitárias e outras empresas especializadas. Por ocasião da difusão na Europa de mensagens de pedófilos, os administradores de algumas empresas servidoras foram sujeitos a medidas penais, suscitando a questão da licitude da sua intervenção sobre as mensagens transmitidas por seu intermédio ([1]). Problema análogo foi suscitado, em Portugal, com a utilização do sítio Terravista, então disponibilizado pelo Ministério da Cultura, para mensagens e imagens pornográficas.

c) Menos clara é a distinção entre a empresa mediática electrónica e o ***utilizador*** (ou utente), que é a pessoa que se liga à rede para obter ou difundir informação. Diferentemente do que se passa com os meios mais antigos, qualquer utilizador pode não só *receber* (como *leitor, ouvinte* ou *espectador*), mas também *colocar* informação na rede, à disposição de qualquer outro utilizador (logo, do público), assumindo uma posição semelhante à do *autor, editor, produtor* ou *realizador*.

3. A **liberdade de expressão**, consagrada no art. 37.º da CRP, é, manifestamente, aplicável a esta modalidade de comunicação social (desenvolvida pelos prestadores de serviços informativos e pelos utilizadores).

Já estão esclarecidos pela lei portuguesa alguns problemas relacionados com estas empresas e as suas actividades, mas outros estão ainda por resolver, faltando uma lei específica que globalmente trate da comunicação social electrónica, como vimos ([2]).

([1]) Cf. BASILE ADER, "La Loi de 1881 à l'épreuve d'Internet", in *Légipresse*, n.º 142, Junho 1997, pág. II-68 e seg..

([2]) Nalguns países estrangeiros, existe já legislação específica para estas empresas ou legislação genérica que lhes é aplicável. Cf. BASILE ADER, "La Loi de 1881 à

Nos casos de lacuna da lei, haverá, por isso, que aplicar, por analogia, as regras estabelecidas para as demais empresas de comunicação social. Esta aplicação suscita, porém, dificuldades que conviria evitar.

Por exemplo, quanto à imprensa, a LImp de 1999 exige um director e um conselho de redacção para cada publicação (art. 19.º e 23.º); quanto à rádio e a TV, a regra é, também, que exista um director de programação e um director de informação e de um conselho de redacção para cada canal, como vimos.

No caso da difusão na Internet de um noticiário regular exclusivamente electrónico, é obrigatória a existência de um director?

O art. 13.º do Dec. Reg. n.º 8/99, de 9.6, dispõe que "As entidades proprietárias de publicações periódicas não podem iniciar a sua edição, mesmo *electrónica*, antes de efectuado o registo" (itálico nosso).

Este preceito impõe, directamente, o registo das empresas de comunicação social electrónica e das respectivas publicações periódicas (utilizando um conceito de publicação periódica mais amplo que o da LImp de 1999, como disse). Indirectamente, parece tornar aplicável a tal registo o disposto no art. 17.º, sobre os elementos do registo.

Deste preceito decorre, por seu turno, que do registo das *publicações periódicas* (inclusivamente *electrónicas*) deve constar o nome do **director** designado e do director-adjunto ou subdirector, se existirem. Logo, as publicações periódicas electrónicas devem ter um director. Não está dito, porém, a quem compete designá-lo, devendo aplicar-se, por analogia, o disposto na LImp de 1999, ao menos no caso de publicações electrónicas (textos escritos).

Uma empresa mediática meramente electrónica (que não edite qualquer publicação impressa) deve ter, também, um conselho de redacção, por força do disposto no art. 1.º, n.º 1, "in fine", e no art. 13.º do EJorn de 1999.

No caso de um "programa" audiovisual exclusivamente electrónico, é obrigatória a identificação de um responsável?

---

l'épreuve d'Internet", in *Légipresse*, n.º 142, Junho 1997, pág. II-65 e segs.; NICOLAS BRAULT, "Homepage personnelle, site de presse ou site d'entreprise: Régimes et responsabilités de la publication sur le Web", in *Légipresse*, n.º 152, Junho 1998, pág. II-69 e segs.; PIERRE CHAULEUR, "Problèmes Juridiques posés par Internet", in *Courier Juridique des Finances*, n.º 87, Maio de 1998; FRANK KOCH, *Internet-Recht*, München, Oldenbourg, 1998, pág. 541 e segs.; THOMAS SMEDINGHOFF, *Online Law*, Reading (Mass.), Addison-Wesley, 1996, pág. 14 e segs.

A resposta deveria ser afirmativa, mas a lei é omissa e, implicando tais exigências limitações à liberdade de expressão constitucionalmente garantida, parece que seria necessário preceito expresso a impô-las.

Acresce que tais exigências se arriscam a ser ineficazes, enquanto não houver normas internacionais sobre a matéria, pois facilmente pode deslocar-se o local de "emissão" das mensagens.

SECÇÃO IX

Outras empresas de comunicação social

Sem falar agora das empresas de *cinema*, sujeitas sobretudo ao regime dos espectáculos públicos, e além das empresas de imprensa, de rádio, de televisão e de comunicação social electrónica, há outras empresas que se dedicam a actividades semelhantes ou instrumentais da comunicação social, como, por exemplo, os *produtores* de programas de cinema, de rádio e de televisão e as *agências de publicidade*.

Não é possível, todavia, aprofundar aqui o estudo do seu regime jurídico [1].

SECÇÃO X

Associações empresariais e associações patronais mediáticas

1. É natural que as empresas de comunicação social — públicas e privadas — se associem entre si para defesa e promoção dos seus inte-

---

[1] Sobre as **empresas cinematográficas,** cf. ANTÓNIO XAVIER — JÚLIO MELO, *Espectáculos e Divertimentos Públicos — Regime Jurídico*, Lisboa, Dir.-Geral Com. Social, 1987; I. BEL MALLEN — L. CORREDOIRA Y ALFONSO — PILAR COUSIDO, *Derecho de la información*, 1992, pág. 468 e segs.; E. DERIEUX, *Droit de la Communication*, 1991, pág. 221 e segs..

Sobre as **agências de publicidade,** cf. Código da Publicidade de 23.10.1990, art. 5.º. al. b); PEDRO QUARTIN GRAÇA SIMÃO JOSÉ, *A Publicidade e a Lei*, Lisboa, Vega, 1995, pág. 43; I. BEL MALLEN — L. CORREDOIRA Y ALFONSO — PILAR COUSIDO, *Derecho de la información*, 1992, pág. 399 e segs.; ROGER FOURÈS, *Le droit et la publicité*, Paris, Delmas, 1968, pág. 113 e segs..

resses — como outras empresas agrícolas, industriais e comerciais —
ao abrigo da liberdade de associação, consagrada na CRP (art. 46.º).

2. Entre as associações de empresas (ou de empresários), a doutrina costuma distinguir, fundamentalmente, as associações patronais e as associações empresariais.

As *associações patronais* são associações de empregadores privados ([1]), sujeitas à Lei das Associações Patronais (LAP), que têm por objecto a defesa e promoção dos interesses dos associados, como entidades *empregadoras*, perante os trabalhadores, tendo, nomeadamente, competência para celebrar contratos colectivos de trabalho ([2]). Muitas delas são sucessoras dos antigos grémios corporativos; outras foram constituídas antes de 1926 ou depois de 1974.

As *associações empresariais* são uma espécie de associações constituídas de harmonia com a lei geral sobre a liberdade de associação ([3]), tendo por objecto o exercício de qualquer actividade a que não corresponda um outro tipo de associação, v.g., a defesa e promoção dos seus interesses perante os fornecedores, clientes, banca, Estado, etc.. As associações empresariais podem adquirir o estatuto das associações patronais, nos termos do art. 16.º da LAP.

3. Entre as *associações patronais* de empresas mediáticas incluem-se:
— AID — Associação da Imprensa Diária ([4]);

([1]) O Dec.-Lei n.º 215-C/75, de 30.4 (Lei das Associações Patronais — LAP), restringe o conceito de "entidade patronal", para os efeitos nele previstos, à "pessoa, singular ou colectiva, de direito privado", donde pode concluir-se que as pessoas colectivas de direito público (incluindo as empresas públicas, como tais qualificadas por lei) não podem pertencer a "associações patronais". A RDP e a RTP são, todavia, pessoas colectivas de direito privado, uma vez que são sociedades anónimas, embora de capitais exclusivamente públicos.

([2]) Nos termos do Dec.-Lei n.º 519-C1/79, de 29.12.

([3]) Dec.-Lei n.º 594/74, de 7.11, alterado pelo Dec.-Lei n.º 71/77, de 25.2, e CCiv art. 167.º a 184.º e 195.º a 201.º. As associações deste género são muito antigas. Foi constituída uma confraria de livreiros em 1460, na Ermida de Nossa Senhora de Ribamar, surgindo regulada como ofício, em 1539.

([4]) Sucedeu ao Grémio da Imprensa Diária. Os novos estatutos, aprovados na sequência do Dec.-Lei n.º 293/75, de 16.6, foram publicados no *DG*, 3.ª série, n.º 216, de 18.9.1975. Os estatutos actualmente em vigor foram publicados no *BTE*, 1.ª série, n.º 26 (5.º suplemento), de 15.7.1980.

Os sujeitos da comunicação social

— AIND — Associação da Imprensa não Diária [1];
— APR — Associação Portuguesa de Radiodifusão [3];
— APEL — Associação Portuguesa de Editores e Livreiros.

Têm especial importância neste domínio as *associações da imprensa regional*, a que a lei confere diversos benefícios, nomeadamente, os decorrentes da qualidade de pessoas colectivas de utilidade pública, nos termos do art. 5.º do Estatuto da Imprensa Regional, aprovado pelo Dec.--Lei n.º 106/88, de 31.3. Entre elas se incluem a APIR — Associação Portuguesa da Imprensa Regional e a UNIR — União Portuguesa da Imprensa Regional [4],

Os meios de comunicação social de *inspiração cristã* criaram também diversas associações patronais:

— AIC — Associação da Imprensa de Inspiração Cristã;
— AIRIC — Associação da Imprensa Regional de Inspiração Cristã;
— ARIC — Associação das Rádios de Inspiração Cristã [4]; e
— Nova — Federação dos Meios de Comunicação Social de Inspiração Cristã [5].

5. Há também diversas ***associações internacionais*** de empresas de comunicação social.

A LImp de 1975 impunha, aliás, ao Governo o dever de facilitar "a participação da imprensa portuguesa nas organizações internacionais que visem a promoção e defesa da liberdade de imprensa (...)" (art. 71.º, que não tem correspondente na LImp de 1999). A LTV, por seu lado, estabelece que "O Governo deve apoiar e privilegiar a cooperação no âmbito da actividade de televisão com os países de língua oficial portuguesa" (art. 64.º).

---

[1] Sucedeu ao Grémio da Imprensa Não Diária. Os novos estatutos, aprovados na sequência do Dec.-Lei n.º 293/75, de 16.6, foram publicados no *DG*, 3.ª série, n.º , de . . . Os estatutos actualmente em vigor foram publicados no *BTE*, 3.ª série, n.º 13, de 15.7.1986, pág. 545.

[2] Constituída em 21.7.1992, no seguimento do Instituto das Rádios Locais, constituído em 16.6.1988. Tem 198 associados. Cf. F. Magalhães Crespo, "Comunicação", in *Colóquios sobre Rádio*, 1996, pág. 22.

[3] Tem sede em Viana do Castelo.

[4] Constituída em 27.9.1991, tendo cerca de 50 associados. Cf. F. Magalhães Crespo, "Comunicação", in *Colóquios sobre Rádio*, 1996, pág. 22.

[5] Criada, em Maio de 1994, pela AIC, a Rádio Renascença, a ARIC, a TVI e o Departamento de Ciências da Comunicação da Universidade Católica Portuguesa.

São exemplos de tais associações:
— Fédération Internationale des Éditeurs de Journaux, com sede em Paris;
— União Europeia de Radiodifusão (UER), com sede em Genebra ([1]);
— Associação das Televisões Comerciais Europeias ([2]);
— a AER — Associação Europeia de Rádios (privadas) ([3]).

([1]) Em 4.4.1925, foi criada a **União Internacional de Radiodifusão** (UIR), com sede em Genebra, que contava com 58 membros em 1939. Depois da II guerra mundial e da divisão do mundo em blocos, foi dissolvida. Sucedeu-lhe a **Organização Internacional de Radiodifusão** (OIR), constituída em Bruxelas, em 28.6.1946, como associação internacional com fins científicos. Em 1950, mudou a sede para Praga, passando a denominar-se **Organização Internacional de Radiodifusão e Televisão (OIRT)** e a agrupar países do Leste europeu; criou o sistema de intercâmbio de programas designado por *Intervision* (Cf. C. DEBBASCH, *Droit de l'audiovisuel*, 1995, pág. 640 e seg.). Entretanto, foi constituída, em 12.2.1950, a **União Europeia de Radiodifusão** (UER ou EBU), como organização internacional *não governamental*, sob a forma de associação de direito privado entre organismos da Europa ocidental e do Mediterrâneo; um dos serviços da UER é a *Eurovisão*, que permite organizar uma cooperação institucionalizada entre organismos de televisão europeus (C. DEBBASCH, *Droit de l'audiovisuel*, 1995, pág. 650 e seg. e 721).

([2]) Cf. C. DEBBASCH, *Droit de l'audiovisuel*, 1995, pág. 651 e seg..

([3]) São associados da AER: a ARIC e a APR.

CAPÍTULO III
Jornalistas

SECÇÃO I
Definição de jornalista; equiparados, correspondentes locais e colaboradores especializados; jornalistas da imprensa regional

1. Uma vez estudado o regime das empresas de comunicação social, interessa analisar as normas aplicáveis aos jornalistas, que nelas desempenham um *papel fundamental* [1]. São eles que pesquisam, recolhem, seleccionam e tratam a informação para divulgação, tanto na imprensa como na rádio, na televisão e nos meios electrónicos [2].

Os serviços noticiosos e as funções de redacção das estações de rádio de cobertura geral e regional, bem como os serviços noticiosos da televisão são obrigatoriamente exercidos por jornalistas profissionais [3].

Quando assinam os seus trabalhos, assumem a autoria e a plena responsabilidade pelo que fazem, embora devam respeitar o estatuto editorial e as orientações do director (que também é jornalista ou equiparado). Quando não os assinam, ficam numa posição menos aparente,

---

[1] Sobre o tema, em geral, cf. R. CAYROL, *Les Médias — Presse écrite, radio, télévision*, 1991, pág. 189 e segs.; J. M. AUBY — R. DUCOS-ADER, *Droit de l'information*, 2.ª ed., pág. 211 e segs.; C. DEBBASCH, *Traité*, pág. 165 e segs.; EMMANUEL DERIEUX, *droit de la Communication*, 1999, pág. 299 e segs.; I. BEL MALLEN — L. CORREDOIRA Y ALFONSO — PILAR COUSIDO, *Derecho de la información*, 1992, pág. 147 e segs..

[2] No começo dos anos 40, apenas 208 jornalistas portugueses tinham carteira profissional. No início da década de 70, estavam registados 459 jornalistas. Nas vésperas do 25.4.1974, havia cerca de 700 (Cf. HÉLDER BASTOS, "Pretérito imperfeito", in *Jornal de Notícias*, de 28.2.1995). Em Setembro de 1991, havia 2784 jornalistas com título profissional, dos quais 2464 sindicalizados (Cf. JACINTO BAPTISTA, in *Quem é Quem no Jornalismo Português*, Lisboa, Clube de Jornalistas, 1992, pág. 12).

[3] Lei n.º 87/88, de 30.7, art. 12.º-A (na redacção da Lei n.º 2/97, de 18.1); Lei n.º 58/90, de 7.9, art. 22.º.

mas não deixam por isso de influenciar decisivamente o conteúdo da informação a divulgar (e de responder por ela).

A própria Constituição (no art. 38.º, n.º 2) e a lei conferem aos jornalistas diversos direitos específicos, ao mesmo tempo que lhes impõem vários deveres próprios.

Importa, por isso, delimitar o conceito de jornalista, conhecer as espécies que a lei distingue, assim como saber quem pode desempenhar tal papel, quem goza dos correspondentes direitos e está obrigado a cumprir os respectivos deveres e qual o regime da cessação de funções.

Além disso, interessa conhecer o regime sindical e de segurança social dos jornalistas.

2. Antes de 1924, são escassas as referências das leis portuguesas de imprensa ao regime da profissão de jornalista ([1]).

De 1924 a 1971, alguns diplomas, adiante mencionados, regulam a emissão da carteira profissional do jornalista (com esta ou outra designação equivalente) e, a esse propósito, estabelecem algumas regras sobre o exercício da profissão.

A *LImp de 1971*, define os "profissionais da imprensa periódica", prevê a definição dos requisitos indispensáveis ao exercício dessa actividade e as respectivas categorias em "estatuto próprio" (Base IV e XI), consagra o direito dos profissionais da imprensa de acesso às fontes de informação (Base VI), incumbe o Governo de promover o ensino do jornalismo (Base XII) e permite que os directores e redactores dos periódicos e os editores da imprensa sejam interditos, temporária ou definitivamente, do exercício da profissão (Base XXXVI). Por seu lado, o *Estatuto da Imprensa de 1972* (Dec.-Lei n.º 150/72, de 5.5) dedica os art. 69.º a 82.º e 116.º aos "profissionais da imprensa".

Haveria, porém, que esperar até 1979 pelo aparecimento do primeiro **Estatuto do Jornalista** (Lei n.º 62/79, de 20.9 — **EJorn de 1979**), digno desse nome, aliás, recentemente substituído pela Lei n.º 1/ /99, de 13.1(**EJorn de 1999**).

É deste diploma e do **Estatuto da Imprensa Regional** (aprovado pelo Dec.-Lei n.º 106/88, de 31.3 — **EIR**) que constam actualmente as principais disposições relativas aos profissionais do jornalismo — além, naturalmente, de alguns grandes princípios consagrados na CRP.

([1]) Por exemplo, a figura do director de periódico aparece na Carta de Lei de 10.11.1837, sob a designação de "editor responsável" (art. 1.º).

Os sujeitos da comunicação social 379

3. São várias as **profissões jornalísticas**, tendo cada uma delas alguns direitos e deveres específicos.

O EJorn de 1999 distingue: os *jornalistas*, os *directores de informação*, os *correspondentes* e os *colaboradores* (art. 1.º e 15.º).

O EIR distingue: os *jornalistas da imprensa regional* e os *colaboradores da imprensa regional* (art. 6.º) ([1]).

Dentro de cada uma destas profissões, a lei distingue ainda várias categorias.

4. A lei portuguesa anterior a 1999, como a de outros países ([2]), não tinha, em rigor, uma *definição* de jornalista (a partir do género próximo e da diferença específica), mas apenas duas *enunciações* de categorias de pessoas a que reconhecia a qualidade de jornalista profissional: uma na Lei de Imprensa de 1975, limitada aos profissionais das empresas jornalísticas e noticiosas ([3]); e outra no art. 1.º do Estatuto do

---

([1]) Existe, além disso, uma **Classificação Nacional das Profissões** (CNP), cuja última versão, de 1980, foi elaborada pelo Núcleo de Estudo de Profissões da Direcção-Geral de Emprego, da Secretaria de Estado do Emprego, seguindo o modelo da "Classification Internationale Type des Professions", publicada, em 1968, pelo Bureau International du Travail. A CNP não tem, por si própria, força vinculativa, mas serve, frequentemente, de base à definição de categorias profissionais, constante de convenções colectivas de trabalho. Estas, sim, têm efeitos jurídicos importantes, que não é possível, todavia, desenvolver neste contexto. A CNP descreve, nomeadamente, as profissões de chefe de redacção, redactor de jornais e revistas, repórter de jornais e revistas, jornalista da rádio e televisão (comentador da rádio e televisão), correspondente, redactor de anúncios publicitários, redactor de relações públicas, redactor técnico, editor, e outros autores, jornalistas e escritores similares (n.º 1-59).

([2]) Como a França. Cf. EMMANUEL DERIEUX, *Droit de la Communication*, Paris, LGDJ, 1991, pág. 286 e segs..

([3]) Segundo o art. 10.º da LImp, "1. Consideram-se jornalistas profissionais e como tal obrigados a título profissional:

a) Os indivíduos que, por virtude de um contrato com uma empresa jornalística ou noticiosa, façam das actividades próprias da direcção e da redacção a sua ocupação principal, permanente e remunerada;

b) Os colaboradores directos, permanentes e remunerados da redacção: os redactores-paginadores, os redactores-tradutores, os repórteres fotográficos, com exclusão dos agentes de publicidade, mesmo redigida, e de todos os que só contribuem com colaboração eventual;

c) Os indivíduos que exerçam de forma efectiva, permanente e remunerada funções de natureza jornalística em regime livre para qualquer das empresas acima mencionadas, fazendo dessa actividade a sua ocupação principal;

d) Os correspondentes, quer trabalhem em território português, quer no estran-

380   *Direito da Comunicação Social*

Jornalista de 1979 ([1]), alargada a todas as empresas de comunicação social (incluindo imprensa, rádio, televisão, cinema informativo, etc.).

Actualmente, a LImp de 1999 não contém qualquer definição de jornalista e o EJorn de 1999, no art. 1.º, define os **jornalistas** do seguinte modo:

"1 — São considerados jornalistas aqueles que, como ocupação principal, permanente e remunerada, exercem funções de pesquisa, recolha, selecção e tratamento de factos, notícias ou opiniões, através de texto, imagem ou som, destinados a divulgação informativa pela imprensa, por agência noticiosa, pela rádio, pela televisão ou por outra forma de difusão electrónica.

2 — Não constitui actividade jornalística o exercício de funções referidas no número anterior quando desempenhadas ao serviço de publicações de natureza predominantemente promocional, ou cujo

---

geiro, desde que recebam remuneração fixa e satisfaçam as condições previstas na alínea a);

e) Os indivíduos que exerçam as funções de correspondentes de imprensa estrangeira e façam desta actividade a sua ocupação principal.

2. São equiparados a jornalistas profissionais, obrigados a título profissional, os indivíduos que exerçam de forma efectiva e permanente as funções de direcção e chefia ou coordenação de redacção de uma publicação informativa de expansão regional ou de uma publicação de informação especializada, mesmo que as suas funções não sejam remuneradas nem constituam a sua ocupação principal (...)".

([1]) Aprovado pela Lei n.º 62/79, de 20.9, por imposição da própria LImp art. 10.º, n.º 3, 4 e 5. Segundo o art. 1.º do EJorn de 1979, "São considerados *jornalistas profissionais*, para os efeitos do disposto nesta lei, os indivíduos que, em regime de *ocupação principal, permanente e remunerada*, exerçam as seguintes *funções*:

a) De *redacção* ou *reportagem fotográfica*, em regime de *contrato de trabalho* com empresa jornalística ou noticiosa;

b) De *natureza jornalística*, em regime de *contrato de trabalho*, em *empresa de comunicação social* ou que produza, por forma regular e sistemática, *documentários cinematográficos* de carácter informativo;

c) De *direcção* de publicação periódica editada por empresa jornalística, de serviço de informação de agência noticiosa, de emissora de televisão ou radiodifusão, ou de empresa que produza, por forma regular e sistemática, documentários cinematográficos de carácter informativo, desde que hajam anteriormente exercido, por período não inferior a dois anos, qualquer das funções mencionadas nas alíneas anteriores;

d) De *natureza jornalística*, em *regime livre*, para qualquer empresa de entre as mencionadas nas alíneas anteriores, desde que haja exercido a profissão durante pelo menos *quatro anos*;

e) De *correspondente*, em território nacional ou no estrangeiro, em virtude de *contrato de trabalho* com um órgão de comunicação social".

Os sujeitos da comunicação social 381

objecto específico consista em divulgar, publicitar ou por qualquer forma dar a conhecer instituições, empresas, produtos ou serviços, segundo critérios de oportunidade comercial ou industrial".

Assim, o EJorn toma como referência para a definição de jornalista os seguintes elementos:

a) Têm de ser *indivíduos* (não pessoas colectivas) ([1]);

b) Têm de exercer determinadas *funções*: pesquisa, recolha, selecção e tratamento de factos, notícias ou opiniões, através de texto, imagem ou som — funções que correspondem às tradicionais categorias profissionais de redactor ([2]), de repórter fotográfico ([3]) e de director;

([1]) Não é habitual falar de "ocupação" relativamente a uma pessoa colectiva. Mais claramente, o art.º 2.º do EJorn fala de "cidadãos maiores de 18 anos"; o art. 3.º trata da "profissão" de jornalista, expressão que também não é habitual aplicar a pessoas colectivas; e o art. 5.º exige um estágio, que não faz sentido para pessoas colectivas.

([2]) A CNP descreve do seguinte modo a função do *redactor de jornais e revistas* (que pode considerar-se a função mais característica da profissão): "Junta a documentação e informações necessárias e redige com carácter definitivo artigos, crónicas, reportagens e noticiários: recebe, interpreta, selecciona e coordena os artigos e notícias enviados pelas agências internacionais e pelos correspondentes nacionais e estrangeiros ou por quaisquer outras fontes de informação; corrige-lhes o estilo e redige-os novamente numa linguagem jornalística e de acordo com a orientação do jornal; envia repórteres ou, se for caso disso, dirige-se ele próprio aos locais onde se registam acontecimentos dignos de interesse e aí procura captar a realidade em todas as suas dimensões, através da observação directa, de entrevistas, inquéritos ou por quaisquer outros processos de informação; regista os factos observados e redige reportagens e notícias numa linguagem adequada; dá uma forma definitiva aos apontamentos sobre acontecimentos vários, recolhidos pelos repórteres; transmite, por vezes, notícias por telex, telefone ou outro meio de comunicação. Por vezes, participa em reuniões de equipa para se integrar na orientação e apresentação do jornal ditada pela direcção. Pode ocupar-se de determinadas áreas de informação e ser designado em conformidade, como: *Redactor da secção "estrangeiro", Redactor da secção "cidade", Redactor da secção "província", Redactor desportivo*" (1-59.10).

A CNP descreve, também, do seguinte modo a função do *redactor de rádio e televisão (comentador de rádio e televisão)*: "Obtém e selecciona informações por meio de observações directas, entrevistas, inquéritos ou qualquer outro processo, redige-as numa linguagem viva, clara e concisa e relata-as pela rádio e/ou televisão: executa as tarefas fundamentais do «repórter — jornais e revistas» (1-59.15), mas o seu trabalho destina-se a ser difundido pela rádio e/ou televisão. Pode ocupar-se de um género particular de notícias e ser designado em conformidade" (1-59.20).

A LImp de 1975 considerava os redactores-paginadores e os redactores-tradutores como meros "colaboradores da redacção".

([3]) A LImp de 1975 considerava os repórteres fotográficos como "colaboradores da redacção".

c) O texto, imagem ou som resultante do exercício dessas funções tem por *finalidade* a *divulgação informativa* pela imprensa, por agência noticiosa, pela rádio, pela televisão ou por outra forma de difusão electrónica, com expressa exclusão de finalidade *promocional* ou *publicitária* comercial ou industrial;

d) Tais funções têm de ser exercidas como *ocupação principal, permanente e remunerada* (não necessariamente exclusiva, mas não ocasional nem gratuita) ([1]); em todo o caso, os jornalistas que tenham exercido a profissão durante 10 anos seguidos ou 15 interpolados têm direito à carteira profissional, "independentemente do exercício efectivo da profissão" ([2]).

Tais funções tanto podem ser exercidas em regime de *contrato de trabalho* (subordinado — sujeito ao Regime Jurídico do Contrato Individual de Trabalho e demais legislação laboral), como em "regime livre", isto é, na base de um *contrato de prestação de serviço* (também chamado contrato de trabalho autónomo — como profissão liberal — sujeito ao regime do Código Civil, art. 1154.º e 1156.º). Embora o EJorn de 1999 (diversamente do de 1975) não seja expresso a este respeito, há muito que se admitem estas duas modalidades de exercício da profissão, estando a segunda expressamente consagrada no art. 7.º do Regulamento da Carteira Profissional do Jornalista de 1997 (art. 7.º). Adiante veremos melhor em que consistem estes regimes.

Deve notar-se, porém, que não são jornalistas as pessoas que tomam a iniciativa de enviar mensagens (escritos, sons ou imagens) para os meios de comunicação social, sem um contrato prévio nem remuneração, mesmo que o façam com frequência e tais mensagens sejam publicadas.

5. O EJorn de 1999 não qualifica como jornalistas, mas como **"equiparados a jornalistas"** para certos efeitos, os **directores de informação**, isto é, "os indivíduos que, não preenchendo os requisitos fixados no artigo 1.º, exerçam, contudo, de forma efectiva e permanente, as

---

([1]) Quanto a profissionais liberais, o EJorn de 1979 exigia o exercício da profissão durante, pelo menos, dois ou quatro anos, consoante os casos (art. 1.º, al. c) e d)). O EJorn de 1999 não estabelece tais prazos, mas exige um estágio obrigatório de acesso à profissão de, pelo menos, 24 meses, podendo ser reduzido para 18 ou 12 meses, caso o candidato disponha de determinadas habilitações (art. 5.º).

([2]) Regulamento da Carteira Profissional do Jornalista, art. 3.º, n.º 5.

Os sujeitos da comunicação social 383

funções de direcção do sector informativo de órgão de comunicação social" (art. 15.º).

A referência aos "requisitos fixados no artigo 1.º" tem em vista o exercício de funções como *ocupação principal e remunerada*. Ou seja, os indivíduos que exerçam funções de direcção do sector informativo de um órgão de comunicação social como *ocupação principal, permanente e remunerada* são considerados *jornalistas*; os que exerçam tais funções de forma *efectiva e permanente*, mas não como ocupação principal ou como ocupação não remunerada, são apenas *equiparados a jornalistas*.

Esta equiparação é feita "Para efeitos de garantia de acesso à informação, de sujeição às normas éticas da profissão e de incompatibilidades" (art. 15.º, n.º 1).

Como sinal da diferença em relação aos directores que sejam jornalistas, os directores meramente equiparados a jornalistas "estão obrigados a possuir um cartão de identificação próprio, emitido nos termos previstos no Regulamento da Carteira Profissional de Jornalista" (EJorn art. 15.º, n.º 2).

6. O EJorn de 1999, nos art. 16.º a 18.º, distingue dois outros grupos de profissões jornalísticas, sujeitas a regime específico: os **correspondentes** e os **colaboradores**.

Uns e outros exercem "regularmente actividade jornalística sem que esta constitua a sua ocupação principal, permanente e remunerada".

a) Entre os **correspondentes**, o EJorn distingue duas espécies, sem as definir ([1]):

i — Os **correspondentes locais** (art. 16.º); e

([1]) A CNP define as funções do *correspondente* do seguinte modo: "Recolhe informações dos factos ocorridos na sua área (aldeia, cidade ou país), selecciona-os e, acerca deles, redige noticiários, enviando-os pelo telefone, telex ou outro meio, para o seu jornal ou agência: escolhe e junta, através de contactos pessoais e da leitura de jornais locais, informações que interessem ao seu jornal ou agência; redige as notícias objectivamente, dando-lhes uma forma definitiva que, no entanto, pode ser modificada ou enriquecida na sede do jornal ou da agência; transmite-as o mais rapidamente possível, normalmente pelo telefone ou telex; elabora recortes e fichas de todos os acontecimentos que surgem em jornais e que possam contribuir para o enriquecimento dos noticiários; contabiliza a sua actividade. Pode dedicar-se à recolha de notícias de acontecimentos ocorridos em ministérios, hospitais, aeroportos, portos ou polícia, que redige e envia para publicação nos diversos órgãos de informação" (1-59.25).

ii — Os **correspondentes estrangeiros** ou "correspondentes de órgãos de comunicação social em Portugal" (art. 17.º).

Uns e outros têm direito de acesso às fontes de informação e estão vinculados aos deveres éticos dos jornalistas, tendo direito a um documento de identificação específico, emitido pela Comissão da Carteira Profissional de Jornalista.

b) Entre os **colaboradores**, o EJorn de 1999 distingue três espécies:

i — Os **colaboradores especializados**, não definidos pelo EJorn;

ii — Os **colaboradores regionais ou locais** ou, mais exactamente, os "colaboradores da área informativa de órgãos de comunicação social regionais ou locais";

iii — Os **colaboradores nas comunidades portuguesas**, definidos como os "cidadãos que exerçam uma actividade jornalística em órgãos de comunicação social destinados às comunidades portuguesas no estrangeiro e aí sediados"

Os dois primeiros tipos de colaboradores têm direito de acesso às fontes de informação e estão vinculados aos deveres éticos dos jornalistas, tendo direito a um documento de identificação específico, emitido pela Comissão da Carteira Profissional de Jornalista.

Os colaboradores nas comunidades portuguesas têm direito a "um título identificativo, a emitir nos termos definidos em portaria conjunta dos membros do Governo responsáveis pelas áreas das comunidades e da comunicação social". O EJorn de 1999 não diz nada sobre o direito a acesso a informação nem sobre a vinculação a deveres éticos, naturalmente porque, estando eles, por definição, sediados no estrangeiro, têm os direitos e os deveres estabelecidos na lei do local onde exercem actividade.

7. O Estatuto da Imprensa Regional (EIR) ([1]) prevê um regime específico para os **jornalistas da imprensa regional** e para os **colaboradores da imprensa regional**.

Os **jornalistas da imprensa regional**, que têm direito à emissão de um cartão de identificação próprio e têm certos outros direitos e deveres específicos (art. 6.º a 8.º), podem ser de duas espécies:

a) **Jornalistas profissionais** (segundo o conceito acima anali-

---

([1]) Aprovado pelo Dec.-Lei n.º 106/88, de 31.3.

Os sujeitos da comunicação social 385

sado (¹)) que exerçam funções em publicações da imprensa regional (definida pelo art. 1.º do EIR);

b) Indivíduos que exerçam de forma efectiva e permanente, ainda que não remunerada, as funções de **director, subdirector, chefe de redacção, coordenador de redacção, redactor** ou **repórter fotográfico** das publicações **da imprensa regional** (EIR art. 6.º, n.º 1).

O EIR reconhece aos *colaboradores* ou *correspondentes da imprensa regional* o direito à emissão de um cartão de identificação (art. 6.º, n.º 3). Não define, porém, tais categorias, devendo, para esse fim, atender-se ao referido acima.

SECÇÃO II

Espécies

1. Como disse, a lei actual admite a existência de jornalistas em dois regimes jurídicos diferenciados:

a) Uns ligados a empresas mediante contratos de **trabalho subordinado**;

b) Outros em "regime de trabalho independente" (conhecidos vulgarmente por "freelances" ou "freelancers")(²), que corresponde, em regra, a contratos de **prestação de serviço**, também designados contratos de *trabalho autónomo* (³).

Esta é, do ponto de vista jurídico e prático, uma distinção fundamental, pois há diferenças profundas entre os dois regimes, que importa conhecer, ainda que resumidamente. A maioria dos jornalistas enquadram-se numa destas duas modalidades de exercício da profissão.

Mais raros, mas nem por isso menos importantes, são os **jornalistas independentes**, em sentido estrito, a que os franceses chamam "pigistes", cujo contrato suscita mais dificuldades de qualificação.

(¹) A expressão "jornalistas profissionais" era a usada pelo EJorn de 1979, que estava em vigor quando o EIR foi aprovado. Não é curial, todavia, admitir uma remissão para uma norma revogada. Por isso, deve entender-se que tal expressão equivale, actualmente, à expressão "jornalistas" do art. 1.º do EJorn de 1999, acima analisado.

(²) A alínea c) do n.º 1 do art. 10.º da LImp de 1975 e na alínea d) do art. 1.º do EJorn de 1979 usavam a expressão "regime livre". O Regulamento da Carteira Profissional de Jornalista (aprovado pelo Dec.-Lei n.º 305/97, de 11.11) usa a expressão referida no texto.

(³) Quando, no texto seguinte, nos referirmos a trabalhadores, sem mais, temos em vista apenas trabalhadores subordinados.

Direito da Comunicação Social

2. A distinção entre trabalho subordinado e prestação de serviço ou trabalho autónomo — que, obviamente, não diz respeito apenas a jornalistas, mas à generalidade dos trabalhadores — resulta de diversos factores históricos, que, a partir da revolução industrial, levaram a que o trabalho subordinado fosse mais frequente e suscitasse problemas específicos, que exigiram a intervenção do legislador.

a) Nomeadamente, o progresso técnico e económico e a concorrência entre os patrões (que os estimula a pagar baixos custos de produção, v.g. salários) e entre os trabalhadores (que os leva a aceitar baixos salários e más condições de trabalho, em vez do desemprego) estão na origem de situações de miséria de muitos trabalhadores, desde a revolução industrial do séc. XIX.

Como meio de sair destas situações, os trabalhadores criaram partidos políticos e associações sindicais, que desencadearam reivindicações, greves e revoluções (¹).

Para restabelecer a ordem, a justiça e a paz social, o Estado sentiu-se na necessidade de intervir, no sentido de conferir especial protecção aos trabalhadores: estabelecendo limites máximos de duração do trabalho diário e semanal (1891 e 1915), uma idade mínima de admissão de menores ao trabalho (1891 e 1893), o descanso pós parto (1891 e 1893), a proibição de trabalho nocturno das mulheres (1907), a liberdade sindical (1891 e 1911), o direito de greve (1910), a possibilidade de celebração de convenções colectivas de trabalho (1924, 1933, 1937 e 1947), com limites mínimos de remuneração, férias pagas (1937), previdência social (1933-1935), protecção contra despedimentos colectivos (1962) e sem justa causa (1976), etc..

Estas normas de protecção aos trabalhadores, que constituem o **direito do trabalho**, constam, hoje, de uma multiplicidade de leis (²) e, sobretudo, de numerosos instrumentos de regulamentação colectiva de trabalho: convenções colectivas de trabalho (³), decisões de comissões

---

(¹) Em Portugal, as primeiras *greves* de que há notícia foram as dos fundidores e serralheiros da Boavista, em Lisboa, em 12.9.1849, dos tipógrafos de Lisboa e dos manipuladores de tabaco, em 1852 — logo proibidas pelo Código Penal de 1852.

(²) Entre as colectâneas existentes, cf., por exemplo, ABÍLIO NETO, *Contrato de Trabalho — Notas*, Lisboa, Ediforum, 15.ª ed., 1998; JORGE LEITE — COUTINHO DE ABREU, *Legislação do Trabalho*, Coimbra, 14.ª ed., 2000.

(³) Convenção colectiva de trabalho é um acordo entre uma ou mais associações ou entidades patronais, por uma parte, e uma ou mais associações sindicais, por

Os sujeitos da comunicação social

paritárias, decisões arbitrais, portarias de extensão e portarias de regulamentação de trabalho ([1]).

É importante notar, a este propósito, que os instrumentos de regulamentação colectiva de trabalho têm por objecto regular as relações entre as partes contratantes (entidades ou associações patronais e associações sindicais) e os direitos e deveres recíprocos entre os trabalhadores e as entidades patronais vinculados por contratos individuais de trabalho; mas não podem "limitar o exercício dos direitos fundamentais constitucionalmente garantidos" ([2]). Não podem, portanto, limitar a liberdade de expressão do pensamento dos jornalistas, consagrada na CRP art. 38.º, n.º 2, al. a).

Naturalmente, são também fontes de direito do trabalho a jurisprudência ([3]) e a doutrina ([4]).

---

outra parte, tendentes a regular relações de trabalho. O seu regime consta, actualmente, do Dec.-Lei. n.º 519C1/79, de 29.12 (LRCT). Entre as convenções colectivas de trabalho (em sentido estrito), a LRCT distingue três espécies, consoante os outorgantes e o âmbito de aplicação (LRCT, art. 2.º, n.º 3):

a) Contratos colectivos de trabalho (CCT), celebrados entre associações sindicais e associações patronais;

b) Acordos colectivos de trabalho (ACT) outorgados por associações sindicais e uma pluralidade de entidades patronais para uma pluralidade de empresas;

c) Acordos de empresa (AE), subscritos por associações sindicais e uma só entidade patronal para uma só empresa.

Entre as CCT em sentido amplo podem incluir-se, ainda, os *acordos de adesão*, pelos quais, pelo menos, uma entidade ou associação patronal ou uma associação sindical, que não participaram na celebração de certa CCT, vem, depois, a aceitar em bloco o texto dessa CCT anteriormente celebrada por outrem (LRCT, art. 28.º).

([1]) Cf., por exemplo, MONTEIRO FERNANDES, *Direito do Trabalho*, 1994, vol. I, pág. 53 e segs..

([2]) Dec.-Lei n.º 519-C1/79, de 29.12, art. 5.º e 6.º, n.º 1, al. a).

([3]) Cf., por exemplo, os sumários de acórdãos constantes de ABÍLIO NETO, *Contrato de Trabalho — Notas Práticas*, Lisboa, Ediforum, 15.ª ed. 1998.

([4]) Como *bibliografia* portuguesa fundamental sobre direito do trabalho, pode ver-se:

CORDEIRO, ANTÓNIO MENEZES, *Manual de Direito do Trabalho*, Coimbra, Almedina, 1991.

CORREIA, LUÍS BRITO, *Direito do Trabalho*, Lisboa, Univ. Católica, vol. I, 1980-81; vol. III, 1984.

FERNANDES, ANTÓNIO L. MONTEIRO, *Direito do Trabalho*, Coimbra, Livraria Almedina, vol. I, 9.ª ed.,1994, vol. II, 4.ª ed. 1996.

MARTINEZ, PEDRO ROMANO, *Direito do Trabalho*, Lisboa, 1994/95.

388 *Direito da Comunicação Social*

b) As normas do direito do trabalho aplicam-se aos contratos de trabalho subordinado, mas não aos contratos de **prestação de serviço**, que estão, fundamentalmente, regulados, consoante os casos, pelas disposições do direito civil (constantes do CCiv art. 1156.º a 1184.º), ou do direito comercial (constantes do CCom art. 231.º e segs.)([1]).

3. Importa muito, por isso, conhecer a distinção entre estas duas figuras.

A lei define o *contrato de trabalho*, em duas disposições idênticas do CCiv, art. 1152.º, e da LCT, art. 1.º, nos seguintes termos: "Contrato de trabalho é aquele pelo qual uma pessoa se obriga, mediante retribuição, a prestar a sua actividade intelectual ou manual a outra pessoa, sob a autoridade e direcção desta".

Em paralelo, o art. 1154.º do CCiv. diz que "Contrato de prestação de serviço é aquele em que uma das partes se obriga a proporcionar à outra certo resultado do seu trabalho intelectual ou manual, com ou sem retribuição".

4. O contrato individual ([2]) de trabalho é um **contrato bilateral**:

PINTO, MÁRIO, *Direito do Trabalho — Introdução — Relações Colectivas de Trabalho*, Lisboa, Univ. Católica, 1996.

PINTO, MÁRIO — P. FURTADO MARTINS — A. NUNES DE CARVALHO, *Comentário às Leis do Trabalho*, Lisboa, Lex, vol. I, 1994.

VEIGA, ANTÓNIO J. DA MOTTA, *Lições de Direito do Trabalho*, Lisboa, Univ. Lusíada, 1993.

XAVIER, BERNARDO DA GAMA LOBO, *Curso de Direito do Trabalho*, Lisboa, Verbo, 1992.

XAVIER, BERNARDO DA GAMA LOBO — P. FURTADO MARTINS — A. NUNES DE CARVALHO, *Iniciação ao Direito do Trabalho*, Lisboa, Verbo, 1994.

Especificamente sobre o regime aplicável aos **jornalistas**, cf. I BEL MALLEN — L. CORREDORA Y ALFONSO — PILAR COUSIDO, *Derecho de la Información*, 1992, pág. 242 e segs.; E. DERIEUX, *Droit de la communication*, 1991, pág. 303 e segs..

([1]) Para maiores desenvolvimentos, cf. F.A. PIRES DE LIMA — J. M. ANTUNES VARELA, *Código Civil Anotado*, Coimbra, 3.º ed., vol. II, pág. 702 e segs.; MANUEL JANUÁRIO C. GOMES, "Contrato de Mandato", in A. MENEZES CORDEIRO, *Direito das Obrigações — 3.º Volume — Contratos em Especial*, 1991, pág. 265 e segs.; MANUEL JANUÁRIO C. GOMES, *Em Tema de Revogação do Mandato Civil*, Coimbra, Almedina, 1989; J.-P. DE CRAYENCOUR, *Comunidade Europeia e Livre Circulação das Profissões Liberais — Reconhecimento Mútuo de Diplomas*, Bruxelas, Serv. Public. Oficiais das C. E., 1981.

([2]) O qualificativo "individual" é, frequentemente, utilizado para distinguir este tipo de contrato do contrato colectivo de trabalho, celebrado entre uma associação

Os sujeitos da comunicação social

entre um *empregador* ([1]), que se obriga a dar trabalho e a pagar a retribuição, e um *trabalhador* ([2]), que se obriga a prestar a sua actividade sob o poder de direcção e o poder disciplinar daquele — e, por isso, se chama também trabalhador *subordinado* ([3]).

O *trabalhador* tem de ser uma *pessoa física*, capaz de prestar ela própria uma actividade, sendo escolhida em função das suas aptidões

---

patronal e uma associação sindical, para regular várias relações individuais de trabalho (constituídas por contratos individuais).

([1]) Até 1933, a lei portuguesa usa frequentemente a palavra *patrão* (à semelhança, aliás, dos instrumentos da OIT, que usam o termo francês "patron"), que melhor se aplicará a pessoas físicas. Está ligada à ideia de patrono e de padrão — de protector e de modelo — e associada a atitudes de paternalismo, em sentido depreciativo (por se ter, injustamente, deixado degradar a imagem do pai). Por isso, os instrumentos da OIT passaram a usar o termo francês "employeurs" (tendo usado sempre o termo inglês "employers"). E as leis portuguesas posteriores a 1933 passaram a usar a expressão *entidade patronal* (supostamente mais adequada a grandes organizações) ou *empresa* (imprecisamente, por haver empregadores que não são empresas — como, por exemplo, uma pessoa idosa ou doente com um motorista particular — e empresas sem trabalhadores — por exemplo, empresas familiares). O termo *empregador* é a tradução literal do francês "employeur", havendo quem a rejeite por ser "neologismo inútil", ao mesmo tempo que aceita a expressão *entidade empregadora* (tão neologismo como aquela) — usada desde a Lei da greve de 1977 — que tem o inconveniente de ser mais complicada, sem necessidade.

([2]) Antigamente, a lei portuguesa (e, ainda hoje, a lei alemã e a francesa, por exemplo) distinguia entre *empregados* e *assalariados* ou *operários*, consoante o trabalho era predominantemente intelectual ou manual, respectivamente (Lei n.º 1952, de 10.3.1937, art. 4.º). E tal distinção tinha efeitos significativos em matéria de retribuição (com denominações e regimes diferentes: ordenado, mensal, e salário, diário), férias, despedimentos, etc.. A LCT (primeiro aprovada pelo Dec.-Lei n.º 47.032, de 27.05.1966, e, depois, pelo vigente Dec.-Lei n.º 49 408, de 24.11.1969) deixou de fazer esta distinção.

Por vezes, usa-se, como sinónima, a expressão "*funcionários*", que, em rigor, se deve aplicar apenas a certos tipos de agentes da Administração Pública central, regional ou local (também chamados trabalhadores da função pública), sujeitos a um regime jurídico de direito público, significativamente diferente do aplicável aos trabalhadores subordinados (de entidades privadas). Cf., por exemplo, CPen art. 386.º; MARCELO CAETANO, *Manual de Direito Administrativo*, II vol., 8.ª ed., pág. 645 e segs.; JOÃO ALFAIA, *Conceitos Fundamentais do regime Jurídico do Funcionalismo Público*, Coimbra, Almedina, 1985, vol. I, pág. 7 e segs.. Para salvaguarda da sua independência relativamente ao poder político, deve o jornalista recusar funções que a comprometam (Cód. Deontológico, n.º 10). Por isso, deve o jornalista recusar ser funcionário público ou, se quiser aceitá-lo, abandonar a profissão de jornalista.

([3]) Enquanto se diz, por vezes, que o prestador de serviço é um trabalhador *autónomo*.

390   *Direito da Comunicação Social*

específicas para realizar certos tipos de tarefas ("intuitu personae"). Por isso, não pode fazer-se substituir. Se um trabalhador ficar impossibilitado de prestar trabalho e for substituído, a relação de trabalho com o substituto é uma relação distinta da que vincula o substituído (embora aquela possa ser condicionada ao regresso do trabalhador substituído ([1])).

Diversamente, o *prestador de serviço* pode ser uma pessoa física ou uma pessoa colectiva e, em princípio, pode socorrer-se de auxiliares ou fazer-se substituir ([2]).

5. O objecto essencial do contrato de *trabalho* é a prestação de uma **actividade**, enquanto o contrato de *prestação de serviço* tem por objecto um **resultado**.

O *trabalhador subordinado* obriga-se a prestar um determinado tipo de actos sucessivos orientados para um fim, e não o resultado dessa actividade (o efeito, produto ou utilidade por ela causado), diferentemente do que se passa com o prestador de serviço (CCiv, art. 1154.º).

Isto não significa que o resultado da actividade do trabalhador seja juridicamente irrelevante. Não basta a simples prática formal dos actos determinados pelo empregador, para que a obrigação do trabalhador possa considerar-se cumprida. É necessário que o trabalhador exerça a sua actividade com diligência e lealdade (LCT, art. 20.º, n.º 1, b) e d)), o que envolve a obrigação de fazer certo grau de esforço e de o orientar para o resultado pretendido pelo empregador, na medida em que seja conhecido. Mas o contrato considera-se cumprido (e a retribuição devida) desde que seja prestada a actividade com diligência e lealdade, mesmo que o resultado pretendido não seja alcançado (sem culpa do trabalhador). É o empregador que corre o risco da empresa.

Essencial é que o trabalhador coloque a sua capacidade de trabalho á disposição do empregador. O trabalhador cumpre a sua obrigação desde que obedeça às ordens recebidas: se a entidade patronal não lhe der que fazer, considera-se cumprida a obrigação de prestar trabalho, apesar de o trabalhador estar efectivamente inactivo, desde que esteja pronto a trabalhar ([3]). Por exemplo, o trabalhador cumpre a sua obriga-

---

([1]) Cf. LCCT, art. 41.º, n.º 1, al. a), e 48.º.

([2]) Por exemplo, pode utilizar subcontratados (CCiv, art. 1165.º).

([3]) Neste sentido, fala-se frequentemente de "força de trabalho", enquanto "energia física e psíquica", que o trabalhador põe à disposição da entidade patronal. E diz--se mesmo que o objecto do contrato de trabalho não é a prestação de trabalho, mas

Os sujeitos da comunicação social

ção enquanto espera (mesmo inactivo) que outros trabalhadores concluam uma fase prévia do seu trabalho, ou se houver falta de encomendas — e se não receber ordens para executar outras tarefas ([1]).

Assim, a actividade do trabalhador é definida, concretamente, à medida que o empregador precisa, mediante ordens deste, a que o trabalhador deve obediência (embora dentro de limites decorrentes da categoria do trabalhador e de certas regras legais).

Diversamente, no contrato de *prestação de serviço*, o resultado a prestar é definido à partida, embora possa ser complementado por instruções do dador de serviço, que o prestador deve respeitar (CCiv art. 1156.º e 1161.º, al. a)). Em todo o caso, as alterações exigidas pelo dador ao serviço inicialmente estipulado podem envolver alteração do preço (CCiv art. 1216.º).

6. A actividade do *trabalhador* é, em regra, uma *actividade duradoura*, exercida, normalmente (mas não necessariamente), como *profissão*. Por isso, o contrato de trabalho é um contrato de execução sucessiva ou continuada e, mais frequentemente, sem prazo ([2]).

Quer o trabalhador, quer o próprio empregador têm, em regra, interesse na estabilidade da relação de trabalho, embora por motivos dife-

---

a "força de trabalho" (cf., por exemplo, J. BARROS MOURA, *Notas para uma Introdução ao Direito do Trabalho*, 1980, pág. 24). Todavia, esta expressão é uma tradução menos feliz do alemão "Arbeitskraft": "Kraft" não significa apenas "força", mas também "vigor", "vigência" e "capacidade". Por outro lado, é habitual admitir, em relação à generalidade dos contratos, que eles têm por objecto mediato coisas ou prestações, mesmo quando a respectiva realização (e o correspondente cumprimento do contrato) exige a colaboração do credor, sem que, por isso, se diga que objecto do contrato seja apenas a "força" ou capacidade (aptidão física ou disponibilidade) para realizar a dita prestação. Além disso, a expressão "força de trabalho" adapta-se mal aos casos em que o contrato tem por objecto trabalho intelectual e reflecte uma concepção do trabalho como "mercadoria sui generis", que tem sido criticada (cf. *Laborem exercens*", n.º 7).

([1]) Quando se diz que o contrato de trabalho tem por objecto uma actividade, isso não significa que ele tenha necessariamente de ter por objecto uma *acção*, isto é, uma modificação duma situação física ou espiritual. Uma atitude de *omissão* ou de passividade pode constituir objecto de um contrato de trabalho, como, por exemplo, a "actividade" de um guarda, de um modelo vivo para um artista ou de uma "baby-sitter" a quem é pedida uma simples presença. Observações como esta revelam, aliás, a dificuldade de delimitação rigorosa dum conceito jurídico de trabalho.

([2]) Cf. LCCT, art. 41.º.

rentes: o trabalhador para assegurar o seu rendimento principal e a sua realização pessoal; o empregador para evitar encargos e inconvenientes com a formação e adaptação de cada novo trabalhador. E isso reflecte-se no regime do contrato, v. g., em matéria de despedimento e rescisão do contrato (cf. LCCT, art. 9.º e segs., 24.º e segs.).

O contrato de *prestação de serviço* pode ser celebrado com carácter *duradouro* ou (mais frequentemente) *ocasional*, podendo o prestador de serviço ser profissional ou não.

7. A prestação de trabalho pode consistir quer numa *actividade material* (seja manual, como construir ou reparar uma parede, seja intelectual, como redigir um texto), quer numa *actividade jurídica* (por exemplo, obter autorização para utilizar um texto da autoria de outrem).

"Quando a natureza da actividade do trabalhador envolver a prática de negócios jurídicos, o contrato de trabalho implica a concessão àquele dos necessários poderes, salvo nos casos em que a lei expressamente exigir procuração especial" (LCT, art. 5.º, n.º 3).

Deste modo, o contrato de trabalho pode envolver, por si só, a atribuição de poderes de representação ao trabalhador (CCiv, art. 258.º e segs.), independentemente de procuração — salvo se a lei exigir procuração especial (¹). É o que acontece, normalmente, com o director de um publicação periódica (LImp art. 19.º).

Isto não significa que o contrato de trabalho se confunda com o contrato de mandato — modalidade de contrato de prestação de serviço pelo qual alguém se obriga a praticar actos jurídicos por conta de outra (CCiv, art. 1157.º). O contrato de mandato pode envolver ou não a concessão de poderes de representação e pode ser ou não retribuído; mas apenas tem por objecto, pelo menos a título principal, a prática de actos jurídicos, não de actos materiais. E o mandatário, embora deva cumprir as instruções do mandante (CCiv, art. 1161.º, al. a)), não se encontra numa situação de subordinação jurídica relativamente ao mandante, enquanto o trabalhador está sujeito ao poder de direcção e ao poder disciplinar da entidade patronal. O mandatário obriga-se a prestar actos jurídicos por conta de outrem. As instruções do mandante visam definir o resultado a atingir, não o modo ou o processo de o alcançar (²).

(¹) V. g., CCiv, art. 262.º, 1620.º, CNot, art. 127.º e 128.º, CRCiv, art. 55.º, 56.º, CRPred art. 90.º a 92.º, CPC, art. 35.º.

(²) Cf. I. GALVÃO TELLES, "Contratos civis", in *BMJ*, n.º 83, pág. 166.

8. Um dos mais importantes factores de distinção entre o contrato de trabalho e o de prestação de serviço reside na *subordinação jurídica* do trabalhador ao empregador.

Segundo o art. l.º da LCT, o trabalhador obriga-se a prestar a sua actividade "sob a autoridade e direcção" da entidade patronal.

Isto significa que a entidade patronal tem um *poder de direcção* e um *poder disciplinar* sobre o trabalhador.

A entidade patronal tem o poder de determinar, em cada momento ou de forma genérica (através de ordens ou instruções, v.g., regulamento interno), o modo ou o conteúdo e circunstâncias da prestação de trabalho — dentro dos limites do contrato e das normas que o regem (LCT, art. 39.º). E o trabalhador deve obediência à entidade patronal em tudo o que respeite à execução e disciplina de trabalho, sem prejuízo dos seus direitos e garantias (LCT, art. 20.º, n.º 1, al. c)).

Além disso — e diferentemente do que acontece na generalidade dos contratos de direito privado — a entidade patronal tem um poder disciplinar, isto é, pode aplicar sanções ao trabalhador, caso este não cumpra os seus deveres laborais, v.g., não obedeça à entidade patronal. Perante esse poder, o trabalhador encontra-se numa situação de *sujeição*.

Trata-se aqui, em todo o caso, de uma situação de dependência potencial: basta que a entidade patronal tenha o poder de dar ordens e de aplicar sanções; não é preciso que as dê ou as aplique constantemente.

A subordinação jurídica do trabalhador encontra o seu fundamento último na necessidade de *unidade de comando* de um processo produtivo colectivo. Toda a actividade produtiva exige organização e coordenação sob um comando unitário (o que não quer dizer, necessariamente, que só uma pessoa tenha poderes para mandar).

O que é específico do contrato de trabalho subordinado é que o poder de direcção seja atribuído à entidade patronal, enquanto entidade privada (sem posição de autoridade pública), que tem a iniciativa e a responsabilidade da actividade e dispõe dos meios de produção.

Esta *subordinação jurídica* do trabalhador à entidade patronal é compatível com a *autonomia técnica* do trabalhador, pelo menos quanto às actividades normalmente exercidas como profissão liberal (advogado, médico, arquitecto, etc.) (LCT, art. 5.º, n.º 2). Isso significa que, mesmo quando tais actividades sejam exercidas na base de um contrato de trabalho (e não de prestação de serviço), o trabalhador não deve obediência a ordens da entidade patronal que violem regras técnicas ou deontológicas da profissão.

394   *Direito da Comunicação Social*

A autonomia técnica dos **jornalistas**, que sejam trabalhadores subordinados, é ainda mais reforçada e fundamental, pois decorre de diversas disposições não só legais como constitucionais, nomeadamente, das que consagram a sua liberdade de expressão e criação ([1]) e a sua independência ([2]). Significa que *o empregador não pode dar ordens que colidam com a liberdade e a consciência do jornalista nem com os seus deveres deontológicos*. Não impede, todavia, que seja o director da publicação ou do serviço de informação ou programação a determinar, em última análise, o conteúdo da mensagem a divulgar ou difundir. As fronteiras entre a autonomia técnica e o poder de direcção suscitam, todavia, problemas teóricos e práticos importantes e difíceis.

No contrato de *prestação de serviço*, o resultado da actividade a desenvolver está definido desde o início e o prestador de serviço pode alcançar esse resultado como e quando entender. Deve, é certo, respeitar as *instruções* do dador de serviço (CCiv, art. 1156.º, 1161.º, al. a)). Mas não está sujeito ao poder disciplinar deste e o próprio poder de dar instruções é relativamente limitado ([3]) e visa definir o resultado a atingir, não o modo ou o processo de o alcançar. Por outro lado, o prestador de serviço é que corre os riscos da sua actividade.

9. Por vezes, é difícil determinar, *na prática*, se existe ou não subordinação jurídica em certa relação de trabalho — o que é fundamental para decidir se lhe é aplicável o regime do trabalho subordinado ou o do trabalho autónomo (v.g., da prestação de serviço).

Por isso, a doutrina tem tentado identificar os *sinais de subordinação jurídica* que permitam qualificar as relações concretas.

A qualificação de prestação de serviço atribuída pelas próprias partes pode não ser decisiva, caso não corresponda à situação real, de efectiva subordinação.

São sinais inequívocos dessa subordinação, certamente, as estipulações das partes que, mais ou menos claramente, façam referência a um poder de direcção ou disciplinar da entidade patronal ou a um dever de obediência do trabalhador, bem como a prática incontestada de actos de direcção ou de acções disciplinares.

([1]) CRP art. 38.º, n.º 2, al. a), EJorn art. 5.º, al. a), e 6.º; Código Deontológico de 1993, n.º 3.

([2]) CRP art. 38.º, n.º 2, al. b); EJorn art. 5.º, al. d), e 9.º; LImp art. 1.º, n.º 3, al. f).

([3]) CCiv 1208.º e 1214.º e segs..

Na falta de sinais inequívocos, haverá que recorrer a sinais meramente indicativos, cada um dos quais pode ser, só por si, insuficiente para uma qualificação segura da relação, permitindo, em todo o caso, a sua verificação conjugada resolver muitas dúvidas.

Assim, correspondem normalmente (mas não necessariamente) a relações de trabalho subordinado as situações: em que a entidade patronal tem a *propriedade* (ou disponibilidade) *dos meios de produção*; em que o *local de trabalho* é o estabelecimento da entidade patronal (e não o domicílio, oficina ou escritório do trabalhador); em que o trabalhador se obrigou a uma *actividade* e não a um resultado; em que o trabalhador se obrigou ou efectivamente respeita um *horário de trabalho*; em que existe uma *retribuição regular e periódica* (que não se designe por avença ou honorários — designações mais características das prestações de serviço); em que o risco da obra corre por conta da entidade patronal; etc. ([1])([2]).

([1]) A distinção entre contrato de trabalho e contrato de prestação de serviço tem implicações significativas quanto ao regime do **imposto sobre o rendimento das pessoas singulares** que incide sobre as respectivas remunerações. Na verdade, o empregador deve reter a parte da retribuição do trabalhador subordinado ("por conta de outrem") correspondente ao imposto e entregá-la aos serviços fiscais (CIRS art. 92.º e 93.º). Diferentemente, o prestador de serviço, recebe a totalidade da remuneração (contra um recibo de modelo oficial — "verde") e paga o correspondente imposto anualmente, a não ser que a entidade devedora da remuneração tenha contabilidade organizada (CIRS art. 94.º).

Paralelamente, o trabalhador subordinado está sujeito a um regime de **segurança social** diverso do prestador de serviço. O empregador deve promover a inscrição do trabalhador, nos serviços de segurança social, descontar-lhe na retribuição um montante correspondente à contribuição do trabalhador (11%) — e entregá-lo ao Instituto de Gestão Financeira da Segurança Social, juntamente com a contribuição do próprio empregador (23,75% — DL n.º 103/80, de 9.5, art. 5.º, Dec.-Lei n.º 140-D/86, de 14.6, art. 1.º, alterado pelo Dec.-Lei n.º 295/86, de 19.9).

Diversamente, o prestador de serviço, quando obrigado a inscrição na Segurança Social, deve, ele próprio, inscrever-se e pagar as respectivas contribuições sem qualquer obrigação específica da outra parte (Dec.-Lei n.º 328/93, de 25.9, alterado pelo Dec.-Lei n.º 240/96, de 14.12).

Porque existem estas diferenças de regime, é frequente e admissível tomar como elemento indicativo (ainda que não necessariamente conclusivo) para a qualificação de contratos concretos o regime adoptado para efeitos fiscais e de segurança social, nomeadamente a utilização ou não de recibos "verdes" e a efectivação ou não de descontos para as contribuições da segurança social.

([2]) Para maiores desenvolvimentos sobre a distinção entre contrato de trabalho e contrato de prestação de serviço, cf. MONTEIRO FERNANDES, *Direito do Trabalho*,

396   *Direito da Comunicação Social*

10. Em regra, o *trabalhador* encontra-se também numa situação de **dependência económica** relativamente ao empregador.

Isto significa que a actividade laboral se integra num processo produtivo dominado pelo empregador: o trabalhador utiliza os meios de produção (matérias primas, equipamentos, etc.) pertencentes ao empregador, coloca grande parte do seu tempo e os produtos do seu trabalho à disposição deste e conjuga a sua actividade com a do empregador e a dos demais colaboradores deste, sob a sua orientação.

Além disso, o trabalhador recebe uma retribuição que é frequentemente o seu meio de subsistência principal ou até exclusivo: a sua sobrevivência depende então da entidade patronal.

Diversamente, o *prestador de serviço* tem vários clientes, de tal modo que não depende de nenhum (ou depende de todos...), correndo, ele próprio, o risco das flutuações do mercado.

11. O contrato de trabalho é um **contrato sinalagmático**: ambas as partes contraem *obrigações recíprocas* (isto é, entre as quais existe um nexo causal). Por outras palavras, enquanto o trabalhador assume a obrigação de prestar trabalho, a entidade patronal obriga-se a pagar uma retribuição, que tem o seu fundamento naquela obrigação: "quem não trabalha, não ganha". E este carácter reflecte-se em vários aspectos do regime do contrato (v.g., quanto a faltas).

Além disso, o contrato de trabalho é um **contrato oneroso**: ambas as partes prestam *atribuições patrimoniais recíprocas*. A prestação de trabalho tem como contrapartida necessária a retribuição ([1]).

Também neste aspecto, o contrato de trabalho distingue-se do contrato de *prestação de serviço*, que pode ser oneroso, mas também pode ser gratuito (CCiv, art. 1154.º, 1158.º).

1994, vol. I, pág. 128 e segs.; MÁRIO PINTO — PEDRO FURTADO MARTINS — A. NUNES DE CARVALHO, *Comentário às Leis do Trabalho*, Lisboa, Lex, 1994, pág. 28 e seg.. Quanto a caso do médico, cf. Ac *STA*, de 8.6.1976, in *AcD*, 178, 1306. Quanto a caso do advogado, cf. Ac STA, de 4.12.1981, in *AcD*, pág. 252, Ac STJ de 30.11.1979, in *BMJ*, n.º 291, pág. 382.

([1]) Recorde-se que as duas qualificações — contrato sinalagmático e contrato oneroso — não são coincidentes: há contratos onerosos não sinalagmáticos. Por exemplo, no empréstimo, é o mutuário (ou comodatário) que assume a obrigação de restituir (e eventualmente de pagar os juros), apesar de haver duas atribuições patrimoniais recíprocas (entrega da coisa e sua restituição, com ou sem juros).

Cf. I. GALVÃO TELLES, *Dos Contratos em geral*, 2.ª ed. pág. 397 e segs. e 402.º e segs..

A retribuição laboral compreende, em regra, prestações regulares e periódicas, feitas directa ou indirectamente, em dinheiro ou em espécie (LCT, art. 82.º), embora possa ser certa, variável ou mista (LCT, art. 83).

A retribuição dos trabalhadores é fixada por acordo entre as partes, mas deve respeitar os mínimos fixados quer por lei (a remuneração mínima mensal garantida (^{1})) quer pelo instrumento de regulamentação colectiva de trabalho aplicável. Na prática, os trabalhadores recebem, frequentemente, uma retribuição mensal, com uma multiplicidade de componentes (remuneração de base, diuturnidades, subsídio de refeição, etc.), e ainda diversas prestações não retributivas (ajudas de custo, gratificações, participação nos lucros, etc.).

A remuneração dos *prestadores de serviço* depende apenas da vontade das partes, não existindo limites impostos por lei nem por instrumentos de regulamentação colectiva (^{2}).

13. A contrapartida do trabalho prestado devida pela entidade patronal é, em princípio, apenas a retribuição. Nessa medida, pode distinguir-se o contrato de trabalho do **contrato de aprendizagem**, em que a entidade patronal se obriga a prestar ensinamentos (formação profissional) ao aprendiz, o qual, por seu lado, se obriga a receber esses ensinamentos e a executar as tarefas que lhe forem confiadas, mediante retribuição ou uma bolsa de formação.

O regime jurídico da *aprendizagem* consta do Dec.-Lei n.º 102/84, de 29.3 (^{3}), revisto pelo Dec.-Lei n.º 436/88, de 23.11. Aí se define o contrato de aprendizagem como "aquele pelo qual uma empresa reconhecida como qualificada para esse fim se compromete a assegurar, em colaboração com outras instituições, a formação profissional do aprendiz, ficando este obrigado a executar as tarefas inerentes a essa formação" (art. 6.º).

O aprendiz deve ter idade compreendida entre 14 e 25 anos (art. 7.º). O contrato tem de ser escrito (art. 10.º) e registado (art. 11.º). O aprendiz tem direito a uma bolsa de formação, comparticipada pelo

---

(^{1}) Cujo regime geral consta do Dec.-Lei n.º 69-A/87, de 9.2, sendo os respectivos montantes fixados anualmente por Dec.-Lei, o último dos quais foi o n.º 573/99, de 30.12.

(^{2}) Embora existam alguns critérios de cálculo, por exemplo, para advogados (Estatuto da Ordem dos Advogados, aprovado pelo Dec.-Lei n.º 84/84, de 16.3, art. 65.º).

(^{3}) Na sequência de estudos anteriores, como o Projecto publicado no *Bol. Min. Trab.*, n.º 11, de 15.6.1976, pág. 887 e segs..

Instituto do Emprego e Formação Profissional e pelas entidades com acções de aprendizagem (art. 14.º). O aprendiz não pode inscrever-se como tal na segurança social (art. 15.º). A aprendizagem deve obedecer a normas regulamentares fixadas por portaria conjunta para cada profissão ou grupo de profissões (art. 22.º) e terá apoio técnico e financeiro de vários Ministérios (art. 33.º e 34.º).

14. A diferença fundamental entre os jornalistas trabalhadores subordinados e os jornalistas prestadores de serviço reside, como disse, na *subordinação jurídica* dos primeiros contraposta à *autonomia* dos segundos.

Prezando os jornalistas, talvez mais que qualquer outra profissão, a sua **independência**, compreende-se que valorizem tanto mais o seu exercício quanto maior ela for.

No limite, encontra-se aquilo a que os franceses chamam o jornalista "à la pige" ou "**pigiste**", isto é, o jornalista pago "à peça", consoante a quantidade e a qualidade da obra que apresenta.

É discutida na doutrina francesa a natureza do contrato com o "pigiste".

Segundo E. DERIEUX, "o único verdadeiro "pigiste" é o que é senhor do seu trabalho; que nenhum vínculo de subordinação liga à empresa para que trabalha; que determina por si só a natureza dos seus artigos e os assuntos das suas reportagens; que organiza o seu tempo de trabalho e a sua actividade como entende; que suporta os encargos e os riscos dela. O "pigiste" é um trabalhador independente que não tem nenhuma obrigação nem está vinculado a qualquer serviço a nenhum empregador. Não recebe directrizes de ninguém nem está submetido a nenhum controlo.

Suprema riqueza, sorte inigualável, felicidade ilustre, privilégio insigne reservado aos maiores e aos mais prestigiados dos jornalistas, cuja independência e liberdade são, assim, garantidos... ou, ao contrário, infelicidade do indigente, condição dos principiantes, situação desconfortável e inquietante de trabalho precário ou de semi-desemprego de quem não encontrou colocação em parte alguma, remunerado à tarefa, por pequenas contribuições sem glória!" ([1]).

Enquanto o jornalista prestador de serviço é *solicitado* a realizar certo resultado, este **jornalista independente** toma a iniciativa de escrever os seus textos ou realizar as suas reportagens fotográficas ou audio-

---

([1]) E. DERIEUX, *Droit de la communication*, 1999, pág. 320 e segs.

visuais e, em seguida, cede-as a um órgão de comunicação social para publicação ou difusão, mediante uma contrapartida.

Não é fácil a qualificação deste contrato entre o jornalista independente e a empresa mediática.

Não se trata de um contrato de *prestação de serviço*, pois o jornalista não se obriga a prestar o resultado de um trabalho a empreender. O trabalho está pronto. O que o jornalista se obriga a entregar é a obra feita.

Tão pouco se trata de um contrato de *edição*, concebido pelo Código do Direito de Autor e dos Direitos Conexos (CDA) para obras não periódicas e com autonomia: caracteristicamente, livros (no art. 83.º e segs.).

Parece tratar-se, simplesmente, de um contrato de *compra e venda* de uma obra jornalística, literária ou artística ([1]). Repugna, todavia, reduzir a obra jornalística a uma coisa, como outra qualquer ([2]), que se vende e se perde.

Do que se trata, verdadeiramente, é de um contrato de **autorização de utilização da obra jornalística** por terceiro ou e, porventura, da **transmissão**, total, ou parcial, **do conteúdo patrimonial do direito de autor** sobre a obra. Estas figuras contratuais estão, hoje, tipificadas pelo CDA, no art. 40.º e segs., e serão objecto de análise posteriormente.

SECÇÃO III

Contrato: capacidade e incompatibilidades; forma; estágio e período experimental

1. Os contratos de trabalho subordinado ou autónomo de que sejam partes jornalistas devem satisfazer os *pressupostos* e *requisitos* comuns aos diversos contratos: personalidade e capacidade jurídica das partes, mútuo acordo, idoneidade do objecto, legitimidade e idoneidade da causa. Não interessa aqui aprofundar o estudo dessas matérias, importando apenas chamar a atenção para alguns aspectos específicos ou que mais interessam aos jornalistas.

([1]) Neste sentido, cf. MIGUEL REIS, *O Direito de Autor no Jornalismo*, Lisboa, Quid Juris, 1999, pág. 26; no sentido do texto, cf., todavia, *ibidem*, pág. 34, nota 70.

([2]) Regulada, fundamentalmente, pelo CCiv art. 874.º a 938.º, e pelo CCom art. 463.º a 476.º.

2. A lei estabelece requisitos de **capacidade** para todos os jornalistas, sejam trabalhadores, sejam prestadores de serviço.

a) Na verdade, quanto à generalidade dos **jornalistas**, dispõe o EJorn de 1999, no art. 2.º, que: "Podem ser jornalistas os cidadãos maiores de 18 anos no pleno gozo dos seus direitos civis".

A exigência de *cidadania* (ou nacionalidade portuguesa) visa evitar que a imprensa portuguesa seja influenciada por estrangeiros, que prossigam interesses estranhos aos nacionais. Tal exigência não pode, todavia, aplicar-se, hoje, a cidadãos de outros Estados membros da União Europeia, por motivos já acima referidos.

O requisito da *maioridade* de 18 anos coincide com a regra geral do Código Civil (art. 122.º). Em todo o caso, a exigência do EJorn exclui a possibilidade de admissão como jornalistas de indivíduos menores de 18 anos, mas com capacidade jurídica resultante de emancipação pelo casamento (CCiv art. 130.º a 133.º).

O requisito do *pleno gozo dos seus direitos civis* visa afastar da profissão jornalística os interditos (por anomalia psíquica, surdez-mudez ou cegueira grave — CCiv. art. 138.º e segs.) e os inabilitados (por anomalia psíquica, surdez-mudez ou cegueira menos grave, prodigalidade, alcoolismo ou toxicodependência — CCiv. art. 152.º e segs.).

O EJorn de 1979 acrescentava que "O exercício do jornalismo é vedado aos que sejam considerados delinquentes habituais à face e nos termos da lei penal" (art. 2.º, n.º 2).

A exclusão de *delinquentes habituais* tinha em vista uma das espécies de "delinquentes perigosos e de difícil correcção", que o art. 67.º do Código Penal de 1886 (na versão de 1936/1972) distinguia: os delinquentes habituais e os delinquentes por tendência.

O CPen de 1982, revisto em 1995, no art. 83.º, chama *delinquentes por tendência* aos que eram antes qualificados como delinquentes de difícil correcção, definindo aqueles de modo próximo do tipo anterior dos delinquentes habituais, tendo suprimido o anterior tipo dos delinquentes por tendência ([1]). Devia entender-se, por isso, que a exclusão do EJorn de 1979 se aplicava aos delinquentes por tendência, como tais qualificados pelos tribunais.

([1]) Para maiores desenvolvimentos, cf. MANUEL CAVALEIRO DE FERREIRA, *Lições de Direito Penal — Parte Geral — II — Penas e Medidas de Segurança*, 1989, pág. 22 e segs..

Os sujeitos da comunicação social 401

O EJorn de 1999 não reproduz o citado n.º 2 do art. 2.º do EJorn de 1979. O CPen de 1982/1995 não permite que uma pena envolva como efeito necessário a perda de direitos civis, profissionais ou políticos (art. 65.º), mas prevê a aplicação da pena de proibição ou suspensão do exercício de certas profissões dependentes de título público ou de autorização da autoridade pública (como é o caso do jornalismo) no caso da prática de crimes punidos com prisão superior a 3 anos quando o facto:

a) For praticado com flagrante e grave abuso da função ou com manifesta e grave violação dos deveres que lhe são inerentes;

b) Revelar indignidade no exercício do cargo; ou

c) Implicar a perda da confiança necessária ao exercício da função (art. 66.º e 67.º)([2]).

b) Quanto aos **directores**, directores-adjuntos e subdirectores de publicações periódicas, a LImp de 1975 exigia que tivessem nacionalidade portuguesa, estivessem no pleno gozo dos seus direitos civis e políticos e não tivessem sofrido condenação por crime doloso (art. 18.º e 19.º, n.º 2).

Quanto ao requisito de *nacionalidade*, valia o que acabamos de dizer, relativamente à generalidade dos jornalistas.

Dos directores era exigido, não só o *pleno gozo dos direitos civis* (acima caracterizado), mas também o *pleno gozo de direitos políticos*. Tinha-se em vista o disposto no CPen de 1886 (na redacção de 1954), que previa, entre as penas maiores, a suspensão de direitos políticos por 15 a 20 anos (art. 55.º, n.º 6.º) e, entre as penas correccionais, a suspensão temporária de direitos políticos (art. 56.º, n.º 3.º). Consistiam na incapacidade de tomar parte no estabelecimento ou no exercício do poder político e na incapacidade de exercer funções públicas, durante um certo tempo (art. 60.º e 81.º).

O CPen de 1982/1995 não prevê a pena de suspensão de direitos políticos, nem permite que uma pena envolva como efeito necessário a perda de direitos civis, profissionais ou políticos (art. 65.º), embora preveja a possibilidade de a lei fazer corresponder a certos crimes a proibição do exercício de certos direitos ou profissões, como vimos.

([2]) Para maiores desenvolvimentos, cf. M. CAVALEIRO DE FERREIRA, *ob. cit.*, pág. 50 e segs..

Segundo a LImp de 1975, "O requisito do pleno gozo dos direitos civis e políticos referido neste diploma não se aplicará relativamente a todas as pessoas condenadas por crime político antes de 25 de Abril de 1974" (art. 58.º).

Também não podem ser directores os que não tenham sofrido condenação por qualquer *crime doloso*. Tem-se em vista o crime praticado com dolo, e não por mera negligência. O CPen de 1995, no seguimento da doutrina anterior, define o dolo no art. 14:.º:

"1. Age com dolo quem representando um facto que preenche um tipo de crime, actuar com intenção de o realizar.

2. Age ainda com dolo quem representar a realização de um facto que preenche um tipo de crime como consequência necessária da sua conduta (...)."

Deste modo, a LImp de 1975 era mais exigente para os directores, do que para a generalidade dos jornalistas.

Nem a LImp de 1999 nem o EJorn de 1999 reproduzem estas disposições da LImp de 1975. O regime dos directores é, hoje, igual, neste aspecto, ao da generalidade dos jornalistas.

3. A lei estabelece para todos os jornalistas, sejam trabalhadores sejam prestadores de serviço, diversas e importantes *incompatibilidades*, que têm por objectivo, fundamentalmente, assegurar a sua independência perante o poder político e económico.

Na verdade, o EJorn de 1999, no art. 3.º, dispõe o seguinte:

"1 — O exercício da profissão de jornalista é incompatível com o desempenho de:

a) Funções de angariação, concepção ou apresentação de mensagens publicitárias (¹);

b) Funções remuneradas de marketing, relações públicas, assessoria de imprensa e consultoria em comunicação ou imagem, bem como de orientação e execução de estratégias comerciais;

c) Funções em qualquer organismo ou corporação policial;

d) Serviço militar;

e) Funções de membro do Governo da República ou de governos regionais;

(¹) Segundo a Convenção Europeia sobre a Televisão sem Fronteiras, de 5.5.1989, "A publicidade não deve socorrer-se, em termos de imagem ou de locução, de pessoas que apresentem regularmente os jornais televisivos e os programas de actualidades informativas" (art. 13.º, n.º 4).

Os sujeitos da comunicação social 403

f) Funções de presidente de câmara ou de vereador, em regime de permanência, a tempo inteiro ou a meio tempo, em órgão de administração autárquica.

2 — É igualmente considerada actividade publicitária incompatível com o exercício do jornalismo o recebimento de ofertas ou benefícios que, não identificados claramente como patrocínios concretos de actos jornalísticos, visem divulgar produtos, serviços ou entidades através da notoriedade do jornalista, independentemente de este fazer menção expressa aos produtos, serviços ou entidades.

3 — O jornalista abrangido por qualquer das incompatibilidades previstas nos números anteriores fica impedido de exercer a respectiva actividade, devendo depositar junto da Comissão da Carteira Profissional de Jornalista o seu título de habilitação, o qual será devolvido, a requerimento do interessado, quando cessar a situação que determinou a incompatibilidade.

4 — No caso de apresentação de mensagens publicitárias previstas na alínea a) do n.º 1 do presente artigo, a incompatibilidade vigora por um período mínimo de seis meses e só se considera cessada com a exibição de prova de que está extinta a relação contratual de cedência de imagem, voz ou nome de jornalista à entidade promotora ou beneficiária da publicidade".

Ao requerer a carteira profissional de jornalista, o requerente deve declarar, "sob compromisso de honra, que não se encontra abrangido por nenhuma das situações de incompatibilidade previstas no Estatuto do Jornalista" ([1]), sem o que a carteira não lhe é concedida.

Se ocorrer posteriormente qualquer incompatibilidade, o jornalista deve comunicá-la à Comissão da Carteira Profissional de Jornalista, ficando o direito ao título profissional de jornalista, desde logo, suspenso ([2]).

O desempenho por um jornalista de funções incompatíveis com esta profissão constitui contra-ordenação punível com coima de 100.000$00 a 1.000.000$00, podendo ser objecto da sanção acessória de interdição do exercício da profissão por um período de 12 meses. A instrução de tais processos e a aplicação das coimas compete à Comissão da Carteira Profissional de Jornalista ([3]).

([1]) Dec.-Lei n.º 305/97, de 11.11, art. 4.º, n.º 2, al. e), e 5.º.
([2]) Dec.-Lei n.º 305/97, de 11.11, art. 13.º.
([3]) EJorn de 1999, art. 20.º, n.º 1, alínea a), 2 e 4.

404 *Direito da Comunicação Social*

4. O contrato de trabalho subordinado com um jornalista não está sujeito a **forma** escrita, podendo ser meramente verbal (¹). Em todo o caso, o empregador tem o dever de informar, por escrito, o trabalhador sobre as condições aplicáveis ao contrato de trabalho (²).

O contrato de prestação de serviço também não está sujeito a forma escrita, não tendo o dador de serviço aqueles deveres de informação (³).

5. A lei estabelece para a generalidade dos *jornalistas* um período de **estágio** obrigatório para *acesso à profissão*. Isto significa que o estágio deve preceder a celebração do contrato de trabalho ou de prestação de serviço como jornalista, embora seja normal que o início do estágio seja precedido de um contrato de trabalho ou de prestação de serviço como estagiário.

Esse estágio, a concluir com aproveitamento, tem a "duração de 24 meses, sendo reduzido a 18 meses em caso de habilitação com curso superior, ou a 12 meses em caso de licenciatura na área da comunicação social ou de habilitação com curso equivalente, reconhecido pela Comissão da Carteira Profissional de Jornalista" (EJorn art. 5.º, n.º 1).

"O regime do estágio, incluindo o acompanhamento do estagiário e a respectiva avaliação, será regulado por portaria conjunta dos membros do Governo responsáveis pelas áreas do emprego e da comunicação social" (EJorn art. 5.º, n.º 2)(⁴).

6. Este estágio precede a atribuição da carteira profissional de jornalista e é independente do **período experimental**, que existe, em regra, no início de cada relação de trabalho, nos termos do Regime Jurídico da Cessação do Contrato de Trabalho e do Contrato a Prazo (LCCT)(⁵).

Durante este período experimental pode qualquer das partes pôr termo ao contrato de trabalho sem aviso prévio e sem necessidade de invocação de justa causa, não havendo direito a qualquer indemnização (LCCT art. 55.º, n.º 1).

Para contratos sem termo, este período experimental laboral é de 60, 90, 180 ou 240 dias consoante os casos, podendo ainda as conven-

---

(¹) LCT art. 6.º.
(²) Nos termos do Dec.-Lei n.º 5/94, de 11.1.
(³) CCiv art. 219.º e 1156.º.
(⁴) P n.º 318/99, de 12.5.
(⁵) Aprovado pelo Dec.-Lei n.º 64-A/89, de 27.2.

ções colectivas ou os contratos individuais estabelecer prazos menores (LCCT art. 55.º, n.º 2 e 3). Para contratos a termo, o período experimental é de 30 ou 15 dias consoante os casos (LCCT art. 43.º).

SECÇÃO IV
Título profissional; carteira profissional; cartão de identificação de jornalista da imprensa regional

1. Beneficiando os jornalistas de alguns importantes direitos que não são reconhecidos à generalidade das pessoas (como o direito de acesso a fontes oficiais de informação), compreende-se a necessidade de prova da qualidade de jornalista. Daí a exigência legal de um *título profissional*, cujo processo de emissão permite verificar a capacidade dos candidatos ([1]).

O título profissional de jornalista é certificado pela *carteira profissional* de jornalista, que é condição do exercício da profissão e, simultaneamente, o documento de identificação do seu titular ([2]).

Sendo indispensável para o exercício da profissão, compreende-se como é importante saber a quem e em que condições compete emiti-lo e retirá-lo.

2. Antes de 1924, o Comissariado da Polícia de Segurança Pública de Lisboa concedia *"Passes da Imprensa"* aos jornalistas.

O Dec. n.º 10.401, de 22.12.1924, substituiu estes passes por uma *Carteira de Identidade*, que era fornecida pelo Sindicato dos Profissionais da Imprensa, mas tinha de ser visada pela Repartição de Segurança Pública do Ministério do Interior.

Depois, o Dec. n.º 19.493, de 23.3.1931, criou o *bilhete de identidade dos jornalistas da pequena imprensa e da imprensa regional*, a conceder pelo sindicato respectivo ([3]), com visto da Intendência Geral da Segurança Pública.

([1]) Sobre o tema, em geral, cf. E. DERIEUX, *Droit de la Communication*, 1999, pág. 311 e segs.

([2]) EJorn de 1999, art. 4.º, e Regulamento da Carteira Profissional do Jornalista, art. 3.º.

([3]) Cf. também a P n.º 7.624, de 8.7.1933.

406   *Direito da Comunicação Social*

Em substituição da carteira de identidade e do bilhete de identidade referidos, o Dec.-Lei n.º 24.006, de 13.6.1934, criou a *carteira de identidade* dos jornalistas, fornecida pelo Sindicato Nacional dos Jornalistas, devendo ter o visto do Instituto Nacional do Trabalho e Previdência e da Direcção-Geral da Segurança Pública.

O Dec.-Lei n.º 26.474, de 30.3.1936, passou a exigir o visto do INTP e do Comando Geral da Polícia de Segurança Pública e revogou a legislação anterior.

Entretanto, o Dec.-Lei n.º 29.931, de 15.09.1939, estabeleceu um novo regime da *carteira profissional* para a generalidade dos trabalhadores [1]. Segundo este regime, as carteiras profissionais eram passadas pelos sindicatos e visadas pelo Ministério das Corporações, segundo os regulamentos relativos a cada profissão, aprovados pelo Ministério [2].

Foi neste contexto que o Dec.-Lei n.º 31.119, de 30.1.1941, criou a *carteira profissional dos jornalistas* e a considerou título indispensável ao exercício da profissão [3].

Depois do 25.4.1974, este regime manteve-se [4], entendendo-se, contudo, que os sindicatos não podiam recusar a concessão de carteira profissional a pretexto de não inscrição do trabalhador no Sindicato ou do não pagamento de quotizações sindicais — para salvaguardar o princípio da liberdade sindical [5].

Nestas circunstâncias, o EJorn [6] regulou, de novo, o regime da carteira profissional dos jornalistas, atribuindo à respectiva organização sindical (o Sindicato dos Jornalistas) a competência para a sua emissão, embora acentuando que tal emissão não pode "depender da qualidade de sindicalizado do requerente" (art. 12.º e 13.º). A emissão da carteira veio a ser regulamentada pelo Dec.-Lei n.º 513/79, de 24.12 [7].

---

[1] Que foi alterado pelo Dec.-Lei n.º 33.744, de 29.6.1944, e pelo Dec.-Lei n.º 43.182, de 23.9.1960

[2] Dec.-Lei n.º 29.931, art. 3.º. Cf. uma lista dos regulamentos das carteiras profissionais, então em vigor, em BERNARDO XAVIER, *Regime Jurídico do Contrato de Trabalho*, 2.ª ed., 1972, pág. 40.

[3] O Dec.-Lei n.º 46.833, de 11.1.1966, tornou extensivo às províncias ultramarinas o Dec.-Lei n.º 31.119.

[4] Cf. por exemplo, DN in *BTE*, 1ª s., n.º 13, de 8.4.1982.

[5] CRP, art. 57.º, n.º 2, al. b) (na redacção inicial, correspondente à alínea b) do n.º 2 do art. 55º, na versão de 1989), e Lei n.º 57/77, de 5.8, art. 6.º.

[6] Aprovado pela Lei n.º 62/79, de 20.9.

[7] Os modelos dos cartões foram aprovados pelo DN n.º 30/88, de 17.5. O

Depois de o Tribunal Constitucional ter julgado inconstitucionais algumas disposições da lei sobre carteiras profissionais ([1]), considerou-se, todavia, necessário modificar esta lei para a adaptar aos princípios da liberdade de escolha de profissão e da liberdade sindical.

Por isso, o Dec.-Lei n.º 358/84, de 13.11, veio estabelecer o princípio de que "o exercício de profissões cuja natureza exija qualificações especiais só pode ser condicionado à existência dessas qualificações para defesa da saúde e da integridade física e moral das pessoas ou da segurança dos bens" (art. 1.º, n.º 1). Além disso, a passagem de carteira profissional deixou de ser atribuição dos sindicatos para ser da competência dos serviços respectivos do Ministério do Trabalho ou das Secretarias Regionais respectivas (art. 4.º).

O Estatuto da Imprensa Regional previu a atribuição aos jornalistas da imprensa regional de um cartão de identificação próprio — que não substitui a carteira profissional ([2]).

Entretanto, foi suscitado, também, o problema da constitucionalidade do art. 13.º do EJorn de 1979, questionando-se a compatibilidade da competência do Sindicato dos Jornalistas para emitir carteiras profissionais com o princípio da liberdade sindical. O Tribunal Constitucional veio a decidir no sentido de considerar *inconstitucional* o referido art. 13.º ([3]).

Por isso, o Dec.-Lei n.º 291/94, de 16.11 ([4]), alterou o Regulamento da Carteira Profissional dos Jornalistas, no sentido de atribuir competência para a sua emissão a uma Comissão da Carteira Profissional, com uma composição mista (art. 2.º, n.º 3).

Este diploma veio a ser revogado e substituído pelo Dec.-Lei n.º 305/97, de 11.11, actualmente em vigor ([5]).

---

regime referido não se aplicava a realizadores coordenadores de programas, locutores e técnicos de radiodifusão, por força da P n.º 26/88, de 13.1.

([1]) Cf. ac. RelP de 25.11.1983, in *BTE*, 2ª s., n.º 3-4/85, pág. 430; ac. TC de 23.5.1984, in *BTE*, 2ª s., n.º 7-8-9/84, pág. 869; ac. TC n.º 91/85, de 18.6.1985, in *DR*, 1ª s., de 18.7.1985.

([2]) EIR (aprovado pelo Dec.-Lei n.º 106/88, de 31.3), art. 6.º, n.º 2 a 8, regulamentado pelo DN n.º 30/88, de 17.5

([3]) Ac. TC n.º 445/93, de 13.8.1993, in *BMJ* n.º 429, pág. 251.

([4]) Alterado pela Lei n.º 14/95, de 5.5.

([5]) A P n.º 148/99, de 4.3, regulamentou as condições de emissão do cartão de identificação emitido pela Comissão da Carteira Profissional do Jornalista (CCPJ), que titule a actividade profissional dos correspondentes de órgãos de comunicação

408 Direito da Comunicação Social

3. A primeira questão que pode suscitar-se, em face do regime vigente, é a da **natureza da carteira profissional**: é um pressuposto (ou condição) do exercício da profissão? ou, antes, um dever de quem já começou a exercer tal profissão, sem cujo cumprimento deixa de poder continuar a exercê-la? ou uma mera condição de exercício de certos direitos atribuídos aos profissionais titulados?

Na verdade, a lei estabelece que é condição do exercício da profissão de jornalista a habilitação com o respectivo *título* ([1]).

Aliás, a LCT dispõe que "Sempre que o exercício de determinada actividade seja legalmente condicionado à posse de carteira profissional, a falta desta importa nulidade do contrato" (de trabalho) e a sujeição da entidade patronal a coima ([2]).

Também diz, no entanto, o EJorn de 1999 que as empresas de comunicação social não podem admitir como jornalistas profissionais pessoas sem o título, a não ser que o tenham requerido e enquanto aguardam decisão (art. 4.º, n.º 2).

Por outro lado, os indivíduos que ingressem na carreira jornalística, qualificados como jornalistas estagiários durante dois anos, devem possuir um *título provisório*, que substitui a carteira profissional ([3]).

Por seu lado, o art. 3.º do Regulamento de 1997 considera a carteira "título de habilitação bastante para o exercício da profissão e dos direitos que a lei lhe confere" (n.º 1) e "condição indispensável ao exercício da profissão" (n.º 2). Logo no n.º 5, porém, reconhece o direito à titularidade da carteira "aos jornalistas que durante 10 anos seguidos ou 15 interpolados tenham exercido a sua actividade profissional em regime de ocupação principal, independentemente do exercício efectivo da profissão" (sic!). Ou seja, admite que possa ser — e ter sido durante 10 anos ou mais — jornalista uma pessoa que não tenha carteira.

---

social estrangeiros em Portugal. A P n.º 360/99, de 19.5, define as condições de emissão do título de identificação dos cidadãos que exercem actividade jornalística em órgãos de comunicação social destinados às comunidades portuguesas no estrangeiro e aí sediados.

([1]) EJorn de 1999, art. 4.º, n.º 1, como já, anteriormente, a LImp de 1975, art. 10.º, n.º 1, e o EJorn de 1979, art. 4.º, n.º 1.

([2]) LCT art. 4.º, n.º 1 e 3, e Dec.-Lei n.º 358/84, de 13.11, art. 6.º (como, antes, o Dec.-Lei n.º 29.931, de 15.9.1939, art. 5.º e § único, na redacção do Dec.--Lei n.º 33.744, de 29.6.1944).

([3]) Regul. Cart. Prof. Jorn. art. 4.º (como, antes, o EJorn de 1979, art. 4.º, n.º 3, e 12.º, n.º 3).

Parece de concluir, assim, que a carteira profissional não é *pressuposto* (ou condição) indispensável para o início da profissão: pode e, em certos casos, deve ser requerida *após* o início da profissão. Só que, sem a carteira (sem o título ou sem documento comprovativo de o ter requerido, dentro do prazo legal ([1])), o jornalista não consegue fazer a *prova* dessa sua profissão, ficando por isso, *inibido* do exercício dos direitos a ela inerentes. Além disso, o empregador que o tenha contratado fica sujeito a coima. Por outras palavras, é um comprovativo oficial da qualidade (profissão) de jornalista, normalmente, necessário para o exercício de certos direitos — um ***comprovante de legitimação***.

4. A lei prevê, actualmente, a emissão de seis tipos de títulos diferentes, dos quais cinco regulados pelo Regulamento da Carteira Profissional de Jornalista de 1997 e um por uma Portaria específica:

a) Carteira profissional de jornalista (art. 3.º e 5.º a 7.º);

b) Título provisório de estagiário (art. 4.º);

c) Cartão de equiparado a jornalista (art. 8.º);

d) Cartão de colaborador de órgão de comunicação social regional ou local (art. 9.º);

e) Cartão de correspondente estrangeiro (art. 10.º ([2]));

f) Título de identificação dos colaboradores nas comunidades portuguesas (P n.º 360/99, de 19.5)([3]).

É de salientar que a carteira profissional do jornalista é válida pelo período de dois anos civis consecutivos, carecendo de renovação para o biénio subsequente (Reg. art. 6.º, n.º 1).

A emissão da carteira pressupõe a apresentação de um requerimento e de diversos elementos, entre os quais se inclui uma declaração pela qual o requerente se compromete a respeitar os deveres deontológicos da profissão (Reg. art. 4.º, n.º 2, al. e), 5.º).

([1]) Cf. art. 4.º, n.º 1, e 5.º do Regulamento.

([2]) Como vimos, a P n.º 148/99, de 4.3, regulamentou as condições de emissão do cartão de identificação emitido pela Comissão da Carteira Profissional do Jornalista (CCPJ), que titule a actividade profissional dos correspondentes de órgãos de comunicação social estrangeiros em Portugal.

([3]) Não está ainda regulamentada a emissão do documento de identificação dos correspondentes locais e dos colaboradores especializados, a que se refere o art. 16.º do EJorn de 1999.

4. A emissão, renovação, suspensão e cassação destes títulos é da **competência** da Comissão da Carteira Profissional do Jornalista (CCPJ), de cujas deliberações cabe recurso para a Comissão de Apelo.

A **Comissão da Carteira Profissional do Jornalista** (CCPJ) é uma entidade pública independente (Reg., art. 17.°).

É *composta* por sete membros efectivos e outros tantos suplentes, designados por dois anos, sendo um magistrado judicial, designado pelo Conselho Superior da Magistratura, três representantes dos órgãos de comunicação social (imprensa, rádio e televisão), designados pelas respectivas associações, e três representantes dos jornalistas profissionais, eleitos por estes de entre os que tenham um mínimo de cinco anos de exercício da profissão (Reg., art. 18.°).

A eleição dos representantes dos jornalistas é organizada pela CCPJ, podendo as candidaturas ser apresentadas quer pelas associações sindicais de jornalistas de âmbito nacional, quer por um mínimo de 50 jornalistas inscritos nos cadernos eleitorais (Reg. art. 19.°).

A **Comissão de Apelo** é *composta* por três membros: um magistrado judicial, um representante das empresas de comunicação social e um representante dos jornalistas.

Das deliberações da Comissão de Apelo cabe ainda **recurso** para o Tribunal Administrativo de Círculo de Lisboa (Reg. art. 23.°).

A CCPJ deve comunicar, anualmente, ao Instituto da Comunicação Social a lista dos titulares acreditados para o respectivo exercício profissional (Reg. art. 30.°)([1]).

A CCPJ não tem quaisquer poderes disciplinares sobre os jornalistas.

([1]) No âmbito da União Europeia, vigora o princípio da liberdade de circulação de pessoas, de estabelecimento e de prestação de serviços, seja quanto a trabalhadores seja quanto a profissionais liberais. Nesse contexto, têm sido feitos diversos esforços tendentes ao reconhecimento de diplomas académicos e profissionais, incluindo a aprovação de uma Directiva sobre o reconhecimento de diplomas, n.° 89/48/CEE, in *JOCE*, n.° L 19, de 24.1.1989. Sobre o assunto, cf. J.-P. DE CRAYENCOUR, *Comunidade Europeia e Livre Circulação das Profissões Liberais — Reconhecimento Mútuo de Diplomas*, Bruxelas, CEE, 1981; *Direito Comunitário das Profissões Liberais e Jurisprudência Mais Significativa* (Col. Divulgação do Direito Comunitário, ano 8, n.° 21), Lisboa, Min. Just./Gab. Dir. Europeu, 1996; MARIA LUÍSA DUARTE, *A Liberdade de Circulação de Pessoas e a Ordem Pública no Direito Comunitário*, Coimbra, Coimbra Editora, 1992; ANTÓNIO GOUCHA SOARES, *A Livre Circulação de Pessoas na Europa Comunitária — Alargamento Jurisprudencial do Conceito*, Lisboa, Fragmentos, 1990.

Os sujeitos da comunicação social 411

Pode, em todo o caso, decidir a **cassação do título**, em caso de ocorrência superveniente de incompatibilidade, se o jornalista não cumprir o dever de comunicar a situação e entregar o título à CCPJ ([1]).

As decisões dos tribunais que impliquem a **proibição ou suspensão do exercício da actividade** ([2]) de jornalista devem ser comunicadas à CCPJ, que deve averbá-las no respectivo processo individual. Os jornalistas assim inibidos do exercício da profissão devem restituir a carteira, sem o que será solicitada a apreensão às autoridades competentes (Reg. art. 14.º).

SECÇÃO V

Direitos e deveres profissionais

SUBSECÇÃO I

Considerações gerais

Os jornalistas têm direitos e deveres diversos consoante sejam trabalhadores subordinados ou prestadores de serviço, em consequência do

---

([1]) Efectivamente, o art. 13.º do Regulamento da Carteira Profissional do Jornalista dispõe o seguinte: "1 — A ocorrência superveniente de incompatibilidade, prevista no Estatuto do Jornalista, suspende o direito ao título profissional de jornalista, de estagiário ou de equiparado, determinando:

a) O dever de o titular comunicar à CCPJ a correspondente situação e de entregar o título;

b) A não renovação do título enquanto a situação subsistir.

2 — A devolução ou renovação opera-se mediante solicitação do interessado, que comprovará pelos meios adequados a cessação da causa de incompatibilidade.

3 — O incumprimento do disposto na alínea a) do n. 1, logo que a situação seja do conhecimento da CCPJ, implica a notificação do interessado para, em 10 dias, proceder à entrega do título.

4 — A CCPJ determina a cassação do título que não seja entregue nos termos e no prazo do número anterior, devendo solicitar a apreensão daquele às autoridades competentes".

([2]) Nomeadamente, por aplicação da pena acessória de proibição do exercício de função, prevista no art. 66.º, n.º 2, e 67.º, n.º 3, do CPen. No sentido da aplicabilidade destes preceitos a profissões liberais, cf. M.O. LEAL HENRIQUES — M. J. C. SIMAS SANTOS, *O Código Penal de 1982*, Lisboa, Rei dos Livros, 1986, vol. I, pág. 359 e segs..

regime geral dos dois tipos de contratos de trabalho e de prestação de serviço. Não nos interessa estudá-los aqui, remetendo para os manuais de direito do trabalho ou de direito civil, já acima referenciados.

Há, todavia, alguns direitos e deveres comuns a ambos os grupos de jornalistas — que são *específicos* do direito da comunicação social.

Trata-se de direitos e deveres entre, por um lado, jornalistas e, por outro lado, o Estado, o empregador ou dador de serviço, ou outros jornalistas ou o público.

Nascem com o início do exercício da profissão, que, normalmente, coincide com a celebração de um contrato de trabalho ou de prestação de serviço.

Estes direitos e deveres estão regulados por diversos diplomas, os mais importantes dos quais são: a Constituição (art. 38.º, n.º 2, al. a) e b)), a Lei de Imprensa de 1999 (art. 22.º), o Estatuto dos Jornalistas de 1999 (art. 6.º a 14.º), o Estatuto da Imprensa Regional (art. 7.º e 8.º) e o Código Deontológico dos Jornalistas.

SUBSECÇÃO II
Liberdade de expressão e criação

A todas as pessoas é reconhecida a liberdade de expressão de pensamento, como vimos. A situação dos jornalistas a este respeito é, todavia, de tal modo importante, que a CRP e a lei ordinária expressamente lha confirmam.

Na verdade, a própria CRP estabelece que "A liberdade de imprensa implica: a) A liberdade de expressão e criação dos jornalistas e colaboradores literários (...)" (art. 38.º, n.º 2).

O EJorn de 1999, por seu lado, depois de incluir esta liberdade entre os "direitos fundamentais dos jornalistas" (art. 6.º, al. a)), dispõe o seguinte no art. 7.º:

"1 — A liberdade de expressão e de criação dos jornalistas não está sujeita a impedimentos ou discriminações nem subordinada a qualquer forma de censura.

2 — Os jornalistas têm o direito de assinar, ou fazer identificar com o respectivo nome profissional registado na Comissão da Carteira Profissional de Jornalista, os trabalhos da sua criação individual ou em que tenham colaborado.

Os sujeitos da comunicação social   413

3 — Os jornalistas têm o direito à protecção dos textos, imagens, sons ou desenhos resultantes do exercício da liberdade de expressão e criação, nos termos das disposições legais aplicáveis" ([1]).

Por seu lado, o Código Deontológico de 4.5.1993, no n.º 3, estabelece que "O jornalista deve lutar contra (…) as tentativas de limitar a liberdade de expressão e o direito de informar. É obrigação do jornalista divulgar as ofensas a estes direitos".

Adiante aprofundaremos este tema.

SUBSECÇÃO III
Acesso às fontes oficiais de informação

1. A CRP estabelece, também, que "A liberdade de imprensa implica: (...) *b)* O direito dos jornalistas, nos termos da lei, ao acesso às fontes de informação (…)" (art.º 38.º).

O EJorn de 1999, por seu turno, depois de incluir esta liberdade entre os "direitos fundamentais dos jornalistas" (art. 6.º, al. b)), dispõe o seguinte, no art. 8.º, sob a epígrafe "**direito de acesso a fontes oficiais de informação**":

"1 — O direito de acesso às fontes de informação é assegurado aos jornalistas:

a) Pelos órgãos da Administração Pública enumerados no n.º 2 do artigo 2.º do Código do Procedimento Administrativo ([2]);

b) Pelas empresas de capitais total ou maioritariamente públicos, pelas empresas controladas pelo Estado, pelas empresas concessionárias de serviço público ou do uso privativo ou exploração do domínio público e ainda por quaisquer entidades privadas que exerçam poderes públicos ou prossigam interesses públicos, quando o acesso pretendido respeite a actividades reguladas pelo direito administrativo.

([1]) Quanto aos jornalistas da imprensa regional, cf. EIR art. 7.º, n.º 1, al. a).

([2]) Este n.º 2 do art. 2.º do CPAdmin (aprovado pelo Dec.-Lei n.º 442/91, de 15.11, e alterado pelo Dec.-Lei n.º 6/96, de 31.1) dispõe que "São órgãos da Administração Pública, para efeitos deste Código:

a) Os órgãos do Estado e das Regiões Autónomas que exerçam funções administrativas;

b) Os órgãos dos institutos públicos e das associações públicas;

c) Os órgãos das autarquias locais e suas associações e federações".

414 *Direito da Comunicação Social*

2 — O interesse dos jornalistas no acesso às fontes de informação é sempre considerado legítimo para efeitos do exercício do direito regulado nos artigos 61.º a 63.º do Código do Procedimento Administrativo ([1]).

3 — O direito de acesso às fontes de informação não abrange os processos em segredo de justiça, os documentos classificados ou protegidos ao abrigo de legislação específica, os dados pessoais que não sejam públicos dos documentos nominativos relativos a terceiros, os documentos que revelem segredo comercial, industrial ou relativo à propriedade literária, artística ou científica, bem como os documentos que sirvam de suporte a actos preparatórios de decisões legislativas ou de instrumentos de natureza contratual.

4 — A recusa do acesso às fontes de informação por parte de algum dos órgãos ou entidades referidos no n.º 1 deve ser fundamentada nos termos do artigo 125.º do Código do Procedimento Administrativo e contra ela podem ser utilizados os meios administrativos ou contenciosos que no caso couberem.

5 — As reclamações apresentadas por jornalistas à Comissão de Acesso aos Documentos Administrativos contra decisões administrativas que recusem acesso a documentos públicos ao abrigo da Lei n.º 65//93, de 26 de Agosto, gozam de regime de urgência. " ([2]).

2. Sobre o direito de **acesso a locais públicos** o art. 9.º do EJorn de 1999 dispõe o seguinte:

"1 — Os jornalistas têm o direito de acesso a locais abertos ao público desde que para fins de cobertura informativa.

2 — O disposto no número anterior é extensivo aos locais que, embora não acessíveis ao público, sejam abertos à generalidade da comunicação social.

3 — Nos espectáculos ou outros eventos com entradas pagas em que o afluxo previsível de espectadores justifique a imposição de condicionamentos de acesso poderão ser estabelecidos sistemas de credenciação de jornalistas por órgão de comunicação social.

4 — O regime estabelecido nos números anteriores é assegurado em condições de igualdade por quem controle o referido acesso".

([1]) Os art. 61.º a 63.º do CPAdmin regulam o direito à informação, incluindo o direito à consulta do processo e passagem de certidões.

([2]) Quanto aos jornalistas da imprensa regional, cf. EIR art. 7.º, n.º 1, al. b), e 2.

Os sujeitos da comunicação social 415

Quanto ao **exercício do direito de acesso,** o art. 10.º do EJorn de 1999 acrescenta o seguinte:

"1 — Os jornalistas não podem ser impedidos de entrar ou permanecer nos locais referidos no artigo anterior quando a sua presença for exigida pelo exercício da respectiva actividade profissional, sem outras limitações além das decorrentes da lei.

2 — Para a efectivação do exercício do direito previsto no número anterior, os órgãos de comunicação social têm direito a utilizar os meios técnicos e humanos necessários ao desempenho da sua actividade.

3 — Nos espectáculos com entradas pagas, em que os locais destinados à comunicação social sejam insuficientes, será dada prioridade aos órgãos de comunicação de âmbito nacional e aos de âmbito local do concelho onde se realiza o evento.

4 — Em caso de desacordo entre os organizadores do espectáculo e os órgãos de comunicação social, na efectivação dos direitos previstos nos números anteriores, qualquer dos interessados pode requerer a intervenção da Alta Autoridade para a Comunicação Social, tendo a deliberação deste órgão natureza vinculativa e incorrendo em crime de desobediência quem não a acatar.

5 — Os jornalistas têm direito a um regime especial que permita a circulação e estacionamento de viaturas utilizadas no exercício das respectivas funções, nos termos a estabelecer por portaria conjunta dos membros do Governo responsáveis pelas áreas da administração interna e da comunicação social".

3. O regime especial de **circulação e estacionamento de viaturas** utilizadas por jornalistas no exercício das suas funções está regulamentado pela Portaria n.º 480/99, de 30.6.

4. Acresce que, segundo o n.º 3 do Código Deontológico de 4.5.1993, "O jornalista deve lutar contra as restrições no acesso às fontes de informação (...). É obrigação do jornalista divulgar as ofensas a estes direitos".

Adiante analisaremos este assunto, numa perspectiva mais ampla.

SUBSECÇÃO IV

Segredo profissional

1. O segredo profissional dos jornalistas é uma matéria importantíssima e de grande delicadeza, em que confluem diversos interesses contraditórios, sendo fundamental discernir diversos tipos de situações.

Compreende-se que os jornalistas têm o dever de *identificar* as suas fontes de informação, não devendo divulgar informações prestadas por anónimos nem meros boatos. É uma garantia de verdade e credibilidade.

Compreende-se, também, que, em regra, os jornalistas têm, perante o público, o dever de *indicar* a fonte das notícias publicadas, quando estas provenham de outro meio de comunicação social com *direito de autor* ou *direito de exclusivo* (v.g. uma agência noticiosa) ou de outra entidade com interesse nessa divulgação (v.g. por resultar de pesquisa valiosa). É, igualmente, uma garantia de credibilidade.

O problema do direito e do dever de sigilo põe-se quando as informações provêem de fonte que, explícita ou implicitamente, pretende que a sua identidade não seja divulgada.

2. Em vários países estrangeiros, onde a lei é omissa sobre o assunto, a doutrina discute a existência de um direito e um dever dos jornalistas ao segredo sobre as suas fontes de informação. No limite, trata-se de saber se um jornalista pode e se deve revelar a um *tribunal* ou outra *autoridade pública* a identidade das pessoas que lhe facultaram informações.

É claro que o segredo diz respeito às fontes e não às informações prestadas, pois estas são, naturalmente, destinadas a divulgação (salvo quando sejam prestadas sob reserva de confidencialidade — "off the record").

A questão é delicada porque existe um dever legal de colaboração com a Justiça ([1]).

A favor do dever de segredo invocam-se, fundamentalmente, dois motivos. O primeiro é que o informador presta a informação com reserva, expressa ou implícita, de confidencialidade e, de outro modo, não daria a informação (v.g. por recear que tal divulgação ponha em

---

([1]) CPC art. 519.º.

Os sujeitos da comunicação social   417

risco a sua segurança); consequentemente, a revelação da fonte violaria a confiança depositada no jornalista e inviabilizaria a futura prestação de novas informações, prejudicando, em última análise, o público interessado e até as autoridades. O segundo é que as autoridades podem chegar a conhecer a fonte da informação do mesmo modo que o jornalista (sobretudo, com a ajuda prestada pelo conhecimento da informação em si), sem precisar de o obrigar a trair a confiança nele depositada. A credibilidade do jornalista depende também da confiança que o público tenha nele.

Contra o dever e, mesmo, o direito de segredo, argumenta-se, essencialmente, que, primeiro, a função dos tribunais de fazer justiça deve prevalecer sobre o que seria um privilégio dos jornalistas ([1]); segundo, a ocultação da fonte poderá conduzir à condenação de um inocente; e, terceiro, não está provado que a comunicação social actue melhor ou pior consoante tenha ou não o direito ou o dever de segredo profissional.

Apesar disso, a doutrina dominante nesses países é no sentido de afirmar, mais ou menos firmemente, o direito e mesmo o dever dos jornalistas de não revelarem as suas fontes confidenciais de informação ([2]).

3. A *Constituição* estabelece, claramente, que "A liberdade de imprensa implica: (...) *b)* O direito dos jornalistas, nos termos da lei, (...) à protecção (...) do sigilo profissionais (...)" (art. 38.º, n.º 2).

Este direito é, também, incluído pelo EJorn entre os "direitos fundamentais dos jornalistas" (art. 6.º, al. c)), dispondo no art. 11.º mais o seguinte:

"1 — Sem prejuízo do disposto na lei processual penal, os jornalistas não são obrigados a revelar as suas fontes de informação, não sendo o seu silêncio passível de qualquer sanção, directa ou indirecta.

2 — Os directores de informação dos órgãos de comunicação social e os administradores ou gerentes das respectivas entidades proprietárias, bem como qualquer pessoa que nelas exerça funções, não podem, salvo com autorização escrita do jornalista envolvido, divulgar

---

([1]) Em todo o caso, não é um "privilégio" exclusivo dos jornalistas: os padres, os médicos e os advogados, por exemplo, encontram-se em situação análoga.

([2]) Cf. I. BEL MALLEN — L. CORREDOIRA Y ALFONSO — P. COUSIDO, *Derecho de la información*, 1992, pág. 221 e segs.; E. DERIEUX, *Droit de la Communication*, 1991, pág. 314 e segs..

as suas fontes de informação, incluindo os arquivos jornalísticos de texto, som ou imagem das empresas ou quaisquer documentos susceptíveis de as revelar.

3 — Os jornalistas não podem ser desapossados do material utilizado ou obrigados a exibir os elementos recolhidos no exercício da profissão, salvo por mandado judicial e nos demais casos previstos na lei.

4 — O disposto no número anterior é extensivo às empresas que tenham em seu poder os materiais ou elementos ali referidos" ([1]).

4. Por outro lado, o **Código de Processo Penal** consagra o direito ao segredo dos jornalistas, embora admita excepções, muito limitadas.

Na verdade, o art. 135.º do CPPen dispõe que "1. (…) os jornalistas (…) e as demais pessoas a quem a lei permitir ou impuser que guardem segredo profissional podem escusar-se a depor sobre os factos abrangidos por aquele segredo.

2. Havendo dúvidas fundadas sobre a legitimidade da escusa, a autoridade judiciária perante a qual o incidente se tiver suscitado procede às averiguações necessárias. Se, após estas, concluir pela ilegitimidade da escusa, ordena, ou requer ao tribunal que ordene, a prestação do depoimento.

3. O tribunal superior àquele onde o incidente se tiver suscitado, ou, no caso de o incidente se ter suscitado perante o Supremo Tribunal de Justiça, o plenário das secções criminais, pode decidir da prestação de testemunho com quebra do segredo profissional sempre que esta se mostre justificada face às normas e princípios aplicáveis da lei penal, nomeadamente face ao princípio da prevalência do interesse preponderante. A intervenção é suscitada pelo juiz, oficiosamente ou a requerimento (…).

5. Nos casos previstos nos n.ᵒˢ 2 e 3, a decisão da autoridade judiciária ou do tribunal é tomada ouvido o organismo representativo da profissão relacionada com o segredo profissional em causa, nos termos e com os efeitos previstos na legislação que a esse organismo seja aplicável" ([2]).

([1]) Quanto aos jornalistas da imprensa regional, cf. EIR art. 7.º, n.º 1, al. c).

([2]) Relativamente à apreensão de documentos, o art. 182.º do CPPen dispõe o seguinte: "1. As pessoas indicadas no artigos 135.º e 136.º apresentam à autoridade judiciária, quando esta ordenar, os documentos ou quaisquer objectos que tiverem na

Os sujeitos da comunicação social 419

5. Em ***processo civil***, o dever de sigilo profissional é fundamento legítimo de recusa à colaboração para a descoberta da verdade ([1]).

6. Deve notar-se que a violação de segredo profissional é punível como crime, com pena de prisão até 1 ano ou com pena de multa até 240 dias (CPen art. 195.º).

7. O Código Deontológico de 4.5.1993, por seu turno, dispõe, no n.º 6, que "O jornalista deve usar como critério fundamental a identificação das fontes. O jornalista não deve revelar, mesmo em juízo, as suas fontes confidenciais de informação, nem desrespeitar os compromissos assumidos, excepto se o tentarem usar para canalizar informações falsas. As opiniões devem ser sempre atribuídas" ([2]).

SUBSECÇÃO V

Independência

Não são só as empresas de comunicação social que gozam de independência perante o poder político e económico. Também os jornalistas têm, não apenas direito à independência perante o poder político e económico, como relativa autonomia perante os seus superiores hierárquicos, na empresa a que estão ligados, embora limitada pelos poderes de intervenção do director, também ele jornalista (ou equiparado).

---

sua posse e devam ser apreendidos, salvo se invocarem, por escrito, segredo profissional ou segredo de Estado.

2. Se a recusa se fundar em segredo profissional, é correspondentemente aplicável o disposto no artigo 135.º, n.º 2. (...)".

([1]) CPC art. 519.º, n.º 3.

([2]) Para maiores desenvolvimentos, cf. SARA PINA, *A Deontologia dos Jornalistas Portugueses*, Coimbra, Minerva, 1997, pág. 66 e segs.; RODRIGO SANTIAGO, *Do Crime de Violação de Segredo profissional no Código Penal de 1982*, Coimbra, Almedina, 1992; JORGE WEMANS, "Os jornalistas perante o segredo de justiça e o segredo profissional", in *Rev. Min. Públ.* (Cadernos – 2 — Jornadas de Processo Penal), pág. 169 e segs.; PIERRE LAMBERT, *Le secret professionnel*, Bruxelas, Nemesis, 1985; MARC CARRILLO, *La cláusula de conciencia y el secreto profesional de los periodistas*, Madrid, Civitas, 1993; C. COURTNEY — D. NEWELL — S. RASAIAH, *The Law of Journalism*, 1995, pág. 261 e segs.; G. ROBERTSON — ANDREW NICOL, *Media Law*, 1992, pág. 196 e segs. (que considera que o direito ao segredo das fontes de informação depende de quem pergunta, distinguindo a situação perante a polícia e outros investigadores, os queixosos em acções de calúnia e os tribunais).

A CRP estabelece, na verdade, que "A liberdade de imprensa implica: (...) *b)* O direito dos jornalistas, nos termos da lei, (...) à protecção da independência (...) profissionais" (art. 38.º, n.º 2).

Este direito é incluído pelo EJorn de 1999 entre os "direitos fundamentais dos jornalistas" (art. 6.º, al. d)), dispondo, no art. 12.º, mais o seguinte:

"1 — Os jornalistas não podem ser constrangidos a exprimir ou subscrever opinião nem a desempenhar tarefas profissionais contrárias à sua consciência, nem podem ser alvo de medida disciplinar em virtude de tal recusa (...).

4 — Os jornalistas podem recusar quaisquer ordens ou instruções de serviço com incidência em matéria editorial emanadas de pessoa não habilitada com título profissional ou equiparado" ([1]).

Este direito à independência visa a protecção da liberdade e da consciência dos jornalistas, sendo também um modo de protecção do interesse do público.

A independência dos jornalistas é limitada pelos poderes do director da publicação ou do serviço de informação ou programação, na medida em que a estes compete a determinação do conteúdo das publicações ou dos programas, em cooperação com o conselho de redacção, em termos acima referidos ([2]).

A independência dos jornalistas perante os seus superiores hierárquicos é de tal modo importante, que uma mudança profunda na orientação do órgão de comunicação social pode ser fundamento de rescisão unilateral do contrato de trabalho, com direito a indemnização de antiguidade (EJorn art. 12.º, n.º 2 e 3; LImp art. 22.º, al. g)) — como veremos melhor adiante ([3]).

([1]) Quanto aos jornalistas da imprensa regional, cf. EIR art. 7.º, n.º 1, al. d).

([2]) LImp art. 19.º, al. a), e 22.º, al. b); Estatuto da RDP, S.A., art. 4.º, n.º 2; Lei n.º 21/92, de 14.8, art. 4.º, n.º 5, e Estatutos da RTP, S.A., art. 4.º, n.º 2.

([3]) Sobre a independência e ética do comentário político, cf. *O Comentário Político na Comunicação Social* (Textos de um colóquio organizado pela AACS), Lisboa, AACS, 1996, pág. 29 e segs..

SUBSECÇÃO VI

Participação no órgão de comunicação social

1. A CRP reconhece a todos os trabalhadores o direito de criarem *comissões de trabalhadores* para defesa dos seus interesses e intervenção democrática na vida da empresa (art. 54.º (¹)).

Para além deste direito de participação (informação, consulta e fiscalização), que respeita, sobretudo, a aspectos *económico-sociais* da vida da empresa, os jornalistas têm o direito de *participar na orientação editorial* dos respectivos órgãos de comunicação social através dos conselhos de redacção. Trata-se de uma forma de assegurar a liberdade de expressão, em termos colectivos, possibilitando uma certa coerência ou equilíbrio de orientação, mesmo quando haja diversidade e confronto de opiniões.

Este direito foi introduzido em Portugal pela LImp de 1975, tendo sido, depois, consagrado na CRP de 1976 e noutros diplomas.

A CRP estabelece, efectivamente, que "A liberdade de imprensa implica: (...) *a)* (...) a intervenção dos primeiros (jornalistas) na orientação editorial dos respectivos órgãos de comunicação social, salvo quando pertencerem ao Estado ou tiverem natureza doutrinária ou confessional;

b) (...) o direito de elegerem conselhos de redacção" (art. 38.º, n.º 2)(²).

O EJorn, por seu lado, inclui, entre os "direitos fundamentais dos jornalistas", "A participação na orientação do respectivo órgão de informação" (art. 6.º, al. e)); e, no art. 13.º, dispõe o seguinte:

"1 — Os jornalistas têm direito a participar na orientação editorial do órgão de comunicação social para que trabalhem, salvo quando tiverem natureza doutrinária ou confessional, bem como a pronunciar-se sobre todos os aspectos que digam respeito à sua actividade profissio-

---

(¹) Regulamentado pela Lei n.º 46/79, de 12.9. Para maiores desenvolvimentos, cf. Luís Brito Correia, *Direito do Trabalho — III — Participação nas Decisões*, Lisboa, Univ. Cat. Port., 1984.

(²) Seria mais correcto, do ponto de vista da sistematização, que os trechos da CRP acima transcritos estivessem numa mesma alínea, uma vez que tratam substancialmente do mesmo assunto: o direito de eleger conselhos de redacção é um instrumento do direito de intervenção na orientação editorial dos órgãos de comunicação social.

nal, não podendo ser objecto de sanções disciplinares pelo exercício desses direitos.

2 — Nos órgãos de comunicação social com mais de cinco jornalistas, estes têm o direito de eleger um conselho de redacção, por escrutínio secreto e segundo regulamento por eles aprovado.

3 — As competências do conselho de redacção são exercidas pelo conjunto dos jornalistas existentes no órgão de comunicação social, quando em número inferior a cinco.

4 — Compete ao conselho de redacção:

a) Cooperar com a direcção no exercício das funções de orientação editorial que a esta incumbem;

b) Pronunciar-se sobre a designação ou demissão, pela entidade proprietária, do director, bem como do subdirector e do director-adjunto, caso existam, responsáveis pela informação do respectivo órgão de comunicação social;

c) Dar parecer sobre a elaboração e as alterações ao estatuto editorial;

d) Pronunciar-se sobre a conformidade de escritos ou imagens publicitárias com a orientação editorial do órgão de comunicação social;

e) Pronunciar-se sobre a invocação pelos jornalistas do direito previsto no n.º 1 do artigo 12.º;

f) Pronunciar-se sobre questões deontológicas ou outras relativas à actividade da redacção;

g) Pronunciar-se acerca da responsabilidade disciplinar dos jornalistas profissionais, nomeadamente na apreciação de justa causa de despedimento, no prazo de cinco dias a contar da data em que o processo lhe seja entregue. ".

Já analisámos acima este preceito e as disposições correspondentes da Lei de Imprensa de 1999 (art. 23.º) ([1]), da Lei da Rádio (art. 12.º-A ([2])) e das leis da televisão ([3]).

([1]) Quanto aos jornalistas da imprensa regional, o EIR não faz qualquer referência a este direito de participação, mas também não o nega.

([2]) Lei n.º 87/88, de 30.7, na redacção da Lei n.º 2/97, de 18.1.

([3]) Lei n.º 21/92, de 14.8, art. 10.º (quanto à RTP), e Lei n.º 31-A/98, de 14.7, art. 30.º, quanto às empresas de televisão privadas.

SUBSECÇÃO VII

Deveres; deontologia profissional

1. Além dos deveres decorrentes do contrato de trabalho (assiduidade, diligência, obediência, conservação e boa utilização dos bens confiados, respeito, lealdade, não concorrência, etc.) ou do contrato de prestação de serviço (prestação do serviço estipulado, prestação de informações e de contas, etc.), o jornalista tem *deveres específicos* da sua profissão.

Estes deveres são tão importantes que constituem objecto de uma disciplina autónoma do curso a cujos estudantes são, primariamente, destinadas estas folhas. Por isso, o seu estudo não vai ser desenvolvido aqui.

Entendemos, em todo o caso, dever fazer algumas breves observações, que nos parecem oportunas.

A primeira é que a *deontologia* ([1]) profissional dos jornalistas estuda, não só os deveres *jurídicos*, como também os deveres *éticos*, sendo certo que o direito sanciona, fundamentalmente, um "mínimo ético". Adiante estudaremos o regime das principais modalidades de sanções jurídicas (penais, contra-ordenacionais e civis ([2])) para as violações dos seus deveres profissionais.

A segunda é que a afirmação e tutela de deveres profissionais pelo direito é, reconhecidamente, *insuficiente* para assegurar o seu cumprimento. Daí o relevo que as próprias normas jurídicas conferem à "*autoregulação*" dos meios de comunicação social. Fundamental é, sobretudo, a própria consciência ética, o sentido da dignidade, da honra e da responsabilidade de cada jornalista — que, em parte, são inatos, mas também se educam ou deseducam.

A terceira é que as intervenções — e as omissões — da comunicação social têm, actualmente, uma enorme *importância* sobre as opiniões e os comportamentos das pessoas.

Por isso, é sempre pouco tudo o que se faça para incentivar os profissionais da comunicação social a pensar nas consequências — boas ou más — que as suas mensagens têm para quem as recebe. Queiram ou não, os profissionais mediáticos influenciam sempre as outras pessoas. E não é indiferente que as influenciem para o bem ou para o mal.

([1]) Deontologia significa ciência dos deveres.

([2]) As sanções disciplinares são estudadas também pela doutrina do direito do trabalho. Delas não nos ocuparemos aqui.

424   *Direito da Comunicação Social*

2. Os **deveres jurídicos** dos jornalistas encontram-se enunciados, fundamentalmente, no Estatuto dos Jornalistas, no Estatuto da Imprensa Regional (art. 8.º) e no Código Deontológico, embora se encontrem muitos outros dispersos na lei.

Segundo o art. 14.º do *EJorn de 1999*, "Independentemente do disposto no respectivo código deontológico, constituem deveres fundamentais dos jornalistas:

a) Exercer a actividade com respeito pela ética profissional, informando com rigor e isenção;

b) Respeitar a orientação e os objectivos definidos no estatuto editorial do órgão de comunicação social para que trabalhem;

c) Abster-se de formular acusações sem provas e respeitar a presunção de inocência;

d) Não identificar, directa ou indirectamente, as vítimas de crimes contra a liberdade e autodeterminação sexual, bem como os menores que tiverem sido objecto de medidas tutelares sancionatórias;

e) Não tratar discriminatoriamente as pessoas, designadamente em função da cor, raça, religião, nacionalidade ou sexo;

f) Abster-se de recolher declarações ou imagens que atinjam a dignidade das pessoas;

g) Respeitar a privacidade de acordo com a natureza do caso e a condição das pessoas;

h) Não falsificar ou encenar situações com intuitos de abusar da boa fé do público;

i) Não recolher imagens e sons com o recurso a meios não autorizados a não ser que se verifique um estado de necessidade para a segurança das pessoas envolvidas e o interesse público o justifique".

O *Código Deontológico*, de 4.5.1993, diz o seguinte:

"1. O jornalista deve relatar os factos com rigor e exactidão e interpretá-los com honestidade. Os factos devem ser comprovados, ouvindo as partes com interesses atendíveis no caso. A distinção entre notícia e opinião deve ficar bem clara aos olhos do público.

2. O jornalista deve combater a censura e o sensacionalismo e considerar a acusação sem provas e o plágio como graves faltas profissionais.

3. O jornalista deve lutar contra as restrições no acesso às fontes de informação e as tentativas de limitar a liberdade de expressão e o direito de informar. É obrigação do jornalista divulgar as ofensas a estes direitos.

4. O jornalista deve usar meios leais para obter informações, imagens ou documentos e proibir-se de abusar da boa fé de quem quer que seja. A identificação como jornalista é a regra e outros processos só podem justificar-se por razões de incontestável interesse público.

5. O jornalista deve assumir a responsabilidade por todos os seus trabalhos e actos profissionais, assim como promover a pronta rectificação das informações que se revelem inexactas ou falsas. O jornalista deve também recusar actos que violentem a sua consciência.

6. O jornalista deve usar como critério fundamental a identificação das fontes. O jornalista não deve revelar, mesmo em juízo, as suas fontes confidenciais de informação, nem desrespeitar os compromissos assumidos, excepto se o tentarem usar para canalizar informações falsas. As opiniões devem ser sempre atribuídas.

7. O jornalista deve salvaguardar a presunção de inocência dos arguidos até a sentença transitar em julgado. O jornalista não deve identificar, directa ou indirectamente, as vítimas de crimes sexuais e os delinquentes menores de idade, assim como deve proibir-se de humilhar as pessoas ou perturbar a sua dor.

8. O jornalista deve rejeitar o tratamento discriminatório das pessoas em função da cor, raça, credos, nacionalidade ou sexo.

9. O jornalista deve respeitar a privacidade dos cidadãos excepto quando estiver em causa o interesse público ou a conduta do indivíduo contradiga, manifestamente, valores e princípios que publicamente defende. O jornalista obriga-se, antes de recolher declarações e imagens, a atender às condições de serenidade, liberdade e responsabilidade das pessoas envolvidas.

10. O jornalista deve recusar funções, tarefas e benefícios susceptíveis de comprometer o seu estatuto de independência e a sua integridade profissional. O jornalista não deve valer-se da sua condição profissional para noticiar assuntos em que tenha interesses" [1].

---

[1] Para maiores desenvolvimentos, cf. ANTÓNIO QUADROS, "Algumas reflexões sobre a deontologia da Comunicação Social", in *Democracia e Liberdade*, Abril/Maio de 1982, Lisboa, Inst. Amaro da Costa; SARA PINA, *A Deontologia dos Jornalistas Portugueses*, Coimbra, Minerva, 1997; I. BEL MALLEN — L. CORREDOIRA Y ALFONSO — PILAR COUSIDO, *Derecho de la información*, Madrid, Colex, 1992, pág. 293 e segs.; NICETO BLASQUEZ, *Etica y Medios de Comunicacion*, Madrid, B.A.C., 1994, pág. 107 e segs., 421 e segs.; EMMANUEL DERIEUX, *Droit de la Communication*, Paris, LGDJ, 1991, pág. 318 e segs.; ASENJO, PORFIRIO BARROSO, *Codigos Deontologicos de los Medios de Comunicación — Prensa, Radio, Television, Cine, Publicidad y Relaciones*

426   *Direito da Comunicação Social*

3. Os deveres deontológicos dos jornalistas são deveres profissionais, que, por isso mesmo, são também *deveres disciplinares laborais*, cujo desrespeito pode constituir fundamento da aplicação de *sanções disciplinares*, "maxime", de despedimento por justa causa. Compete aos empregadores a aplicação de tais sanções laborais ([1]).

4. A Alta Autoridade para a Comunicação tem poderes relativos aos órgãos de comunicação social ([2]), mas não quanto aos jornalistas — embora possa adoptar "as providências adequadas" a comportamentos violadores de normas legais.

5. O Sindicato dos Jornalistas tem um Conselho Deontológico, ao qual compete "A análise de todos os casos de infracção do Código deontológico, aos estatutos do Sindicato, ao Estatuto do Jornalista e ao regulamento da Carteira Profissional" e "a aplicação das medidas previstas no Código Deontológico" ([3]).

É evidente, todavia, que a competência deste Conselho Deontológico só abrange os sócios do Sindicato (não sendo obrigatória a filiação neste) e o Código Deontológico de 1993 não prevê nenhumas medidas para a violação dos deveres nele referidos, pelo que a eficiência daquelas disposições é reduzida ou nula...

SECÇÃO VI

Rescisão do contrato de trabalho por alteração na orientação ou na natureza do meio de comunicação social

1. A relação de *trabalho* (subordinado) do jornalista com a sua empregadora pode terminar por qualquer das causas previstas na legislação laboral: mútuo acordo, caducidade, despedimento com justa causa, despedimento colectivo, rescisão pelo trabalhador. Não vamos agora estudar esse regime, que está sujeito ao direito do trabalho ([4]).

Públicas, Madrid, Ediciones Paulinas, 1984, 1984; MATTHIAS KARMASIN, *Journalismus: Beruf ohne Moral? Journalistisches Berufshandeln in Österreich*, Viena, Linde, 1996;

([1]) LCT art. 20.º, 26.º a 35.º; LCCT art. 9.º a 15.º.

([2]) Lei n.º 43/98, de 6.8, art. 4.º, al. n).

([3]) Estatutos do Sindicato dos Jornalistas (in *BTE*, n.º 10, 3.ª série, de 30.5.1990), art. 43.º, al. b), e 44.º.

([4]) Dec.-Lei n.º 64-A/89, de 27.2; Dec.-Lei n.º 400/91, de 16.10. Cf. bibliografia jus-laboral acima referenciada.

Os sujeitos da comunicação social 427

Paralelamente, a relação de *prestação de serviço* do jornalista (profissional liberal) pode terminar por qualquer das causas prevista na lei civil: mútuo acordo, revogação e caducidade. Tão pouco vamos agora estudar esse regime, que está sujeito ao direito civil ([1]).

O que importa muito salientar aqui é o regime da chamada ***cláusula de consciência***, que permite aos jornalistas que sejam trabalhadores subordinados rescindirem unilateralmente o seu contrato com direito a indemnização, no caso de alteração profunda na linha de orientação ou na natureza do respectivo órgão de comunicação social, confirmada pela Alta Autoridade para a Comunicação Social. Constitui uma garantia fundamental da liberdade dos jornalistas, que os outros trabalhadores não têm.

2. O regime desta cláusula de consciência foi introduzido pela LImp de 1975 (art. 23.º), e, depois, generalizado, com algumas alterações importantes, pelo EJorn de 1979 (art. 9.º, n.º 2). Consta, hoje, do art. 12.º, n.º 2 e 3, do EJorn de 1999.

3. ***Pressuposto*** do direito de rescisão com justa causa é uma "alteração profunda na linha de orientação ou na natureza do órgão de comunicação social, confirmada pela Alta Autoridade da Comunicação Social". Pode tratar-se de uma alteração do estatuto editorial, mas basta uma alteração de facto na linha editorial, mesmo sem alteração daquele estatuto, ou na natureza do órgão (v.g. a passagem de público a privado ou vice-versa).

Indispensável é que tal alteração seja ***confirmada*** pela AACS a *requerimento* do jornalista, apresentado no prazo de 60 dias (a contar da ocorrência da alteração). A AACS deve *deliberar* sobre tal confirmação no prazo de 30 dias a contar da solicitação do jornalista.

Em tal caso, o jornalista pode extinguir a relação de trabalho por sua iniciativa unilateral, com direito a indemnização. Tem, todavia, de exercer tal direito no prazo de 30 dias a contar da notificação da deliberação da AACS, sob pena de caducidade.

Em face do EJorn de 1999, o jornalista tem direito à respectiva ***indemnização***, "nos termos da legislação laboral aplicável". Esta legislação trata do assunto nos art. 36.º e 52.º, n.º 4, do Regime Jurídico da

---

([1]) CCiv art. 1170.º a 1177.º. Cf. a bibliografia jus-civilística acima referenciada.

Cessação do Contrato Individual de Trabalho e da Celebração e Caducidade do Contrato a Prazo, de 27.2.1989.

Destes preceitos decorre que o trabalhador *contratado sem termo* tem direito a "uma indemnização correspondente a um mês de remuneração de base por cada ano de antiguidade ou fracção, não podendo ser inferior a três meses, contando-se para o efeito todo o tempo decorrido até à data da sentença".

O trabalhador *contratado a termo* tem "direito a uma indemnização correspondente a mês e meio de remuneração de base por cada ano de antiguidade ou fracção, até ao limite das remunerações de base vincendas" [1].

SECÇÃO VII

Sindicatos e outras associações de jornalistas

1. A generalidade dos trabalhadores sentiu necessidade de se associar, constituindo associações sindicais, para defender, colectivamente, os seus interesses laborais perante o Estado e os respectivos empregadores, nomeadamente, promovendo reivindicações colectivas e greves, participando na elaboração da legislação do trabalho, celebrando convenções colectivas de trabalho e participando na gestão das instituições de segurança social [2].

O mesmo se passou com os jornalistas, que tiveram, aliás, um papel importante na elaboração da imprensa sindical [3].

2. Em Portugal, a primeira associação sindical ("de classe") de jornalistas teve vida efémera. Na verdade, a *Associação de Jornalistas*

---

[1] Para maiores desenvolvimentos, cf. I. BEL MALLEN — L. CORREDOIRA Y ALFONSO — PILAR COUSIDO, *Derecho de la información*, Madrid, Colex, 1992, pág. 259 e segs.; EMMANUEL DERIEUX, *Droit de la Communication*, Paris, LGDJ, 1991, pág. 320 e segs.; MARC CARRILLO, *La cláusula de conciencia y el secreto profesional de los periodistas*, Madrid, Civitas, 1993.

[2] Sobre a história e o regime dos sindicatos, em geral, cf. as obras de direito do trabalho, acima referenciadas, bem como a Lei Sindical (Dec.-Lei n.º 215-B/75, de 30.4, com várias alterações posteriores), a Lei dos Instrumentos de Regulamentação Colectiva de Trabalho (Dec.-Lei n.º 519-C1/79, de 29.12, com algumas alterações posteriores) e a Lei da greve (Lei n.º 65/77, de 26.8).

[3] Sobre o assunto, cf. I. BEL MALLEN — L. CORREDOIRA Y ALFONSO — PILAR COUSIDO, *Derecho de la información*, Madrid, Colex, 1992, pág. 283.

e Escritores, criada em Lisboa, em 10.6.1880, por iniciativa de Eduardo Coelho, durou cerca de uma dúzia de anos.

Melhor sorte teve a Associação de Jornalistas e Homens de Letras do Porto, constituída em 13.10.1882.

A *Associação dos Jornalistas*, criada em 24.9.1896 e organizadora do Congresso Internacional de Imprensa, realizado em 1898, na Sociedade de Geografia de Lisboa, passou, em 1906, a chamar-se *Associação dos Jornalistas e Escritores Portugueses*.

Dela saíram alguns jornalistas que, em 20.9.1897, aprovaram os estatutos da *Associação da Imprensa Portuguesa*.

Depois de nova fase de repressão e resistência, a seguir à Lei de 7.7.1898, foi constituída, em Julho de 1904, a *Associação de Classe dos Trabalhadores da Imprensa de Lisboa*, a promotora, em 1921, de uma greve de jornalistas. Esta Associação deu lugar ao *Sindicato dos Profissionais da Imprensa*, que, em 1924, viria a ser encarregado de emitir as carteiras de identidade dos jornalistas [1]. Este Sindicato foi extinto, em 14.11.1933, pelo facto de a classe se ter recusado a aceitar o Estatuto do Trabalho Nacional e o Decreto sobre os sindicatos nacionais, integrados na organização corporativa [2].

Entretanto, foram criados, em 1931, a *Associação Portuguesa da Imprensa Técnica e Profissional* e o *Sindicato da Pequena Imprensa e Imprensa Regional* [3], tendo este, em 6.12.1931, alterado os estatutos, passando a denominar-se *Sindicato da Imprensa Portuguesa* [4].

Em 24.2.1934, foi constituído o *Sindicato Nacional dos Jornalistas*, como organismo corporativo de inscrição facultativa, de harmonia com o referido regime corporativista [5]. Foi este Sindicato que assinou o primeiro contrato colectivo de trabalho dos jornalistas, em 21.12.1951[6].

---

[1] Dec. n.º 10.401, de 22.12.1924.

[2] Dec.-Lei n.º 23.050, de 23.9.1933.

[3] Dec. n.º 19.493, de 23.3.1931.

[4] P n.º 7.624, de 8.7.1933.

[5] O primeiro presidente da direcção deste Sindicato foi António Ferro. Os Estatutos deste Sindicato foram alterados, em 16.10.1940 e em 1962.

[6] Para a elaboração do texto acima, utilizámos elementos gentilmente facultados pelo Sindicato dos Jornalistas, bem como apresentados no interessante artigo de JOSÉ CARLOS VALENTE, "Os jornalistas, a classe e as classes — Notas a propósito de um século de sindicalismo", in *Passa Palavra*, n.º 3, de Janeiro de 1997, pág. 10 e segs.. Para maiores desenvolvimentos, cf. JOSÉ CARLOS VALENTE, *Elementos para a História do Sindicalismo dos Jornalistas Portugueses — I Parte (1834-1934)*, Lisboa, Sindicato dos Jornalistas, 1998.

430   *Direito da Comunicação Social*

A seguir ao 25.4.1975, os estatutos deste Sindicato foram alterados, beneficiando a sua actividade da consagração da liberdade sindical e do direito à greve, primeiro, no Programa do MFA e, depois, na CRP de 1976 (art. 57.º e 59.º, correspondentes, na versão actual, aos art. 55.º e 57.º).

A associação sindical representativa dos jornalistas é, actualmente, o *Sindicato dos Jornalistas*, cujos estatutos, em vigor, foram registados no Ministério do Emprego e Segurança Social, em 8.5.1990 ([1]).

3. O Sindicato dos Jornalistas *abrange* os jornalistas ([2]) e estagiários da imprensa, rádio, televisão e agências noticiosas, bem como os correspondentes portugueses dos órgãos de informação estrangeiros residentes no País e os correspondentes portugueses dos órgãos de informação residentes no estrangeiro (art. 1.º).

O Sindicato tem por *órgãos*: a assembleia geral, o conselho geral, a direcção nacional, o conselho deontológico e as direcções regionais das Regiões Autónomas dos Açores e da Madeira (art. 13.º).

4. Tem sido discutida a conveniência da criação de uma *associação pública dos jornalistas* com poderes para aplicar sanções disciplinares aos jornalistas por violações de normas deontológicas da profissão, à semelhança das ordens dos médicos, advogados, etc. ([3]).

([1]) Foram publicados no *BTE*, n.º 1, 3.ª série, de 30.5.1990.

([2]) Consideram-se jornalistas, para este efeito, "os indivíduos que, fazendo do jornalismo a sua ocupação principal, permanente e remunerada, sejam portadores da respectiva carteira profissional ou título provisório devidamente actualizados", bem como os jornalistas reformados (art. 2.º).

([3]) Sobre as associações públicas, em geral, cf. JORGE MIRANDA, *Associações Públicas*, Lisboa, Cognitio, 1985; VITAL MOREIRA, *Administração Autónoma e Associações Públicas*, Coimbra, Coimbra Ed., 1997, pág. 255 e segs.. Parece-me, efectivamente, errado atribuir ao Sindicato dos Jornalistas a incumbência de elaborar e aplicar um código deontológico. Por natureza, um Sindicato é uma associação duradoura de trabalhadores para *defesa* e promoção dos seus interesses. O seu objecto fundamental é a afirmação e defesa dos *direitos* dos jornalistas, não dos deveres. Como pode um Sindicato ser, simultaneamente, legislador (ao definir deveres), advogado de defesa (sua função principal), advogado de acusação e juiz (ao aplicar sanções)?! É manifestamente inconveniente, além de contrário a toda a tradição democrática de separação de poderes. Aliás, basta pensar no princípio da liberdade sindical (consagrado no art. 55.º da Constituição), para concluir que qualquer jornalista pode subtrair-se à jurisdição do Conselho Deontológico do Sindicato de uma forma muito sim-

Os sujeitos da comunicação social

5. Além das associações sindicais referidas, há *outras associações de jornalistas*, com finalidades específicas, inclusivamente associações internacionais ([1]), como, por exemplo: a Organisation Internationale des Journalistes, com sede em Paris, a Fédération Internationale des Rédacteurs en Chefs, a Association des Journalistes Européens ([2]).

---

ples: sai do Sindicato, porque este não tem poder disciplinar sobre um não associado! Também me parece insatisfatória a ideia de confiar a autodisciplina profissional a um organismo representativo, sem natureza associativa (sugerida por Vital Moreira, no *Público* de 3.6.1998), por ser difícil assegurar essa representatividade na ausência de uma associação. A solução está em seguir o exemplo de outras profissões mais antigas e respeitadas, como as dos médicos, advogados, engenheiros, etc., e criar uma associação pública dos jornalistas. Sendo uma associação pública, de inscrição obrigatória para todos os que pretendam exercer a profissão, podem ser-lhe atribuídas funções disciplinares eficazes: quem não cumpre as regras deixa de poder exercer a profissão. Do mesmo passo, ficaria resolvido o discutido problema da carteira profissional dos jornalistas. Dir-se-á que isso limita a liberdade de comunicação social dos jornalistas. Claro que limita, em relação a quem não cumpre as regras da profissão e apenas no âmbito desta; mas não exclui totalmente a liberdade de expressão do afastado da profissão, na medida em que este fica colocado na posição de qualquer outro cidadão (não jornalista). E é compatível com o princípio constitucional da liberdade sindical: pode continuar a existir o Sindicato dos Jornalistas, ao lado da associação pública, como acontece com o Sindicato dos Advogados, por exemplo. Nem esta enfraquece aquele, antes, pelo contrário, podem potenciar-se. A solução parece razoável, tanto mais que as sanções a aplicar podem ser temporárias (v.g., suspensão do exercício da profissão por alguns dias, ou meses, ou anos, além da repreensão privada ou pública). De resto, a ideia não é nova, tendo sido já defendida, por exemplo, por ALFREDO DA CUNHA, numa conferência pronunciada na Sociedade de Geografia de Lisboa, em 8.5.1941 (*Jornalismo nacional — Das Malogradas Associações de Imprensa à alvitrada Ordem dos Jornalistas Portugueses*). E não se diga que é uma ideia "corporativista" (logo, fascista, logo, politicamente incorrecta), porque, se assim fosse, deveriam acabar também as ordens dos médicos, dos advogados, etc., o que, hoje, ninguém seriamente defende. Por outro lado, pode evitar-se o termo ordem (já rejeitado pela classe), chamando-lhe, por exemplo, Associação Portuguesa dos Jornalistas. Penso que uma Associação Pública dos Jornalistas pode contribuir significativamente para um jornalismo melhor e mais credível.

([1]) A LImp de 1975 impunha ao Governo que facilitasse a participação da imprensa portuguesa nas organizações internacionais que visem a promoção e defesa da liberdade de imprensa (art. 71.º), o que parecia abranger tanto as associações de empresas de imprensa como associações de jornalistas. A LImp de 1999 não reproduz este preceito.

([2]) Cf. I. BEL MALLEN — L. CORREDOIRA Y ALFONSO — PILAR COUSIDO, *Derecho de la información*, Madrid, Colex, 1992, pág. 275 e segs.; J. M. AUBY — R. DUCOS-ADER, *Droit de l'information*, 2ª ed., pág. 231 e segs..

SECÇÃO VIII
Segurança social dos jornalistas

1. Tal como a generalidade dos trabalhadores e, mesmo, dos cidadãos, os jornalistas beneficiam dos sistemas de previdência ou segurança social, criados, entre nós, a partir de 1919 ([1]), e inspirados, inicialmente, no modelo introduzido na Alemanha pelo Chanceler Bismarck, desde 1881, e, depois, nos modelos de Roosevelt (1935) e de Lord Beveridge (1945).

Trata-se de assegurar um conjunto de prestações, em dinheiro ou em espécie, para protecção dos riscos de doença, acidente de trabalho, desemprego, invalidez, velhice e morte, bem como prestações familiares (abono de família, subsídio de aleitação, etc.), mediante contribuições dos empregadores e dos trabalhadores ou e do Estado ([2]).

2. Após as primeiras leis portuguesas sobre seguros sociais obrigatórios, de 11.5.1919, que não chegaram a ser concretizadas, foi concedido um alvará à Casa dos Jornalistas, para "fundar uma casa de repouso". E, em 1925, foi criada a *Caixa de Previdência do Sindicato dos Profissionais da Imprensa de Lisboa*, que está na origem da actual Casa da Imprensa — Associação Mutualista ([3]).

Já no âmbito do sistema de previdência social criado pelo Estado Novo, em ligação com a organização corporativa ([4]), o Dec. n.º 32.633, de 20.1.1943, criou a *Caixa de Reformas dos Jornalistas*. Este diploma

---

([1]) As primeiras leis são de 1919 (Dec. n.º 5636, 5637 e 5638), de Sidónio Pais, mas tiveram escassa concretização. Na sequência da Constituição de 1933 (art. 41.º) e do Estatuto do Trabalho Nacional, de 23.9.1933 (art. 48.º), a Lei n.º 1884, de 16.3.1935, instituiu a previdência social, mais tarde transformada no sistema de segurança social, previsto pela CRP de 1976 (art. 63.º).

([2]) Para maiores desenvolvimentos, Cf. APELLES J. B. CONCEIÇÃO, *Legislação da Segurança Social*, Coimbra, Almedina; APELLES J. B. CONCEIÇÃO, *Segurança Social — Sector Privado e Empresarial do Estado — Manual prático*, Lisboa, Rei dos Livros; ILÍDIO DAS NEVES, *Direito da Segurança Social — Princípios Fundamentais numa Análise Prospectiva*, Coimbra, Coimbra Editora, 1996.

([3]) Cf. Estatutos da Casa da Imprensa, 1992, art. 1.º.

([4]) O primeiro e fundamental diploma deste sistema é o Estatuto do Trabalho Nacional, aprovado pelo Dec.-Lei n.º 23.048, de 23.9.1933 (art. 48.º e 49.º), cujos princípios foram desenvolvidos pela Lei n.º 1884, de 26.3.1935. Cf. ILÍDIO DAS NEVES, *Direito da Segurança Social*, 1996, pág. 188 e segs..

Os sujeitos da comunicação social 433

estabeleceu que as receitas desta Caixa consistiriam nas contribuições das empresas e dos beneficiários e num *adicional de 1% sobre toda a publicidade* paga nos jornais diários.

Após a reforma da previdência social introduzida pela Lei n.º 2115, de 18.6.1962 ([1]), esta Caixa foi substituída pela *Caixa de Previdência e Abono de Família dos Jornalistas*, com estatuto aprovado pelo alvará de 23.9.1968, que a integrou no sistema da previdência.

Depois da CRP de 1976, da Lei Orgânica da Segurança Social ([2]) e, mesmo, da Lei de Bases do Sistema de Segurança Social ([3]), foi reestruturado o regime de segurança social dos trabalhadores independentes ([4]), e alterado o Estatuto da Caixa ([5]), no sentido de alargar o seu âmbito aos jornalistas em regime livre, bem como aos directores dos jornais que exerçam funções remuneradas.

Além disso, foi criado um *Fundo Especial de Segurança Social dos Jornalistas* ([6]), tendo sido gerido, provisoriamente, pelo Instituto de Gestão Financeira da Segurança Social e pela Caixa de Previdência e Abono de Família dos Jornalistas. O adicional de 1% sobre toda a publicidade paga nos jornais diários passou a constituir receita deste Fundo.

Entretanto, este Fundo Especial foi integrado na *Casa da Imprensa — Associação Mutualista* ([7]).

A imprensa diária contestou o adicional de 1% sobre a publicidade, tendo sido suspensa a sua cobrança, em 1995, e extinto o próprio adicional, em 1998 ([8]) — o que criou algumas dificuldades à Casa da Imprensa.

([1]) Esta Lei de 1962 corresponde ao início da 2.ª fase do sistema português de previdência social, que viria a perdurar até 1976. Cf. ILÍDIO DAS NEVES, *ob. cit.*, pág. 194 e segs..

([2]) Dec.-Lei n.º 549/77, de 31.12. Estes diplomas marcaram a 3.ª fase da história do direito da segurança social em Portugal. Cf. ILÍDIO DAS NEVES, *ob. cit.*, pág. 204 e segs..

([3]) Lei n.º 28/84, de 14.8, que é o diploma fundamental do sistema actualmente em vigor. Cf. ILÍDIO DAS NEVES, *ob. cit.*, pág. 213 e segs..

([4]) Dec.-Lei n.º 8/82, de 18.1.

([5]) Dec.-Lei n.º 306/86, de 22.9.

([6]) Regulamentado pela Portaria n.º 477/87, de 5.6.

([7]) Pela P. n.º 506/92, de 19.6. A Casa da Imprensa aprovou novos estatutos em 1992, de harmonia com o Código das Associações Mutualistas, aprovado pelo Dec.-Lei n.º 72/90, de 3.3.

([8]) Dec.-Lei n.' 135/98, de 15.5.

Actualmente, os jornalistas beneficiam, pois, do sistema de segurança social *comum* à generalidade dos trabalhadores subordinados ou dos trabalhadores independentes, consoante os casos, bem como de um sistema *complementar* de carácter mutualista, prestado pela Casa da Imprensa ([1]).

([1]) Cf. ILÍDIO DAS NEVES, *ob. cit.*, pág. 877; APELLES J. B. CONCEIÇÃO, *Segurança Social — Sector Privado e Empresarial do Estado — Manual prático*, 1994, pág. 233.

CAPÍTULO IV

Outros colaboradores da comunicação social

Como é evidente, as empresas de comunicação social utilizam os serviços, não só de jornalistas, como de diversos outros colaboradores: artistas intérpretes ou executantes (actores, cantores, músicos, bailarinos, etc.), produtores de fonogramas e videogramas, tradutores, técnicos, etc.. Teria, obviamente, interesse o estudo dos aspectos específicos do seu regime jurídico, quer laboral quer autoral, mas não é fácil, neste contexto.

Quando adiante tratarmos, na generalidade, do direito de autor e dos direitos conexos, teremos ocasião de analisar alguns aspectos importantes desse regime.

Agora, limitamo-nos a uma breve **bibliografia** ([1]).

([1]) Cf. MARGARIDA ALMEIDA ROCHA, "Protecção dos artistas intérpretes ou executantes e dos produtores de fonogramas e videogramas", in *Documentação e Direito Comparado*, n.º 51/52, 1992, pág. 335 e segs.; FRANCISCO JOSÉ MAGALHÃES, *Da Tradução profissional em Portugal*, Lisboa, Ed. Colibri, 1996; C. DEBBASCH, *Traité*, pág. 121 e segs. e 185 e segs..

CAPÍTULO V

Alta Autoridade para a Comunicação Social

SECÇÃO I
Noção, atribuições e história

1. Continuando a apresentar os principais sujeitos da comunicação social, interessa referir, agora, organismos no âmbito do Estado, em que tem um lugar de destaque a Alta Autoridade para a Comunicação Social (AACS).

Trata-se de um órgão *independente*, que funciona junto da Assembleia da República (em Lisboa) e que tem por *atribuições* fundamentais assegurar o direito à informação, a liberdade de imprensa, a isenção e rigor da informação, a independência dos órgãos de comunicação social perante os poderes político e económico, a possibilidade de expressão e confronto das diversas correntes de opinião, a isenção no licenciamento de operadores de rádio e de televisão, o respeito pelos direitos individuais e os padrões éticos, e o exercício dos direitos de antena, de resposta e de réplica política [1].

2. A ideia de que os litígios sobre o conteúdo dos jornais pode ser resolvido por um organismo independente não jurisdicional surgiu na *Suécia*, onde editores e jornalistas criaram um *Conselho de Equidade na Imprensa*, em 1916 [2]

Seguindo esta primeira experiência sueca, foi criado, na *Grã-Bretanha*, em 1953, o *Conselho de Imprensa* (primeiro designado "General Council of the Press" e, desde 1963, "Press Council" [3]) para defender

---

[1] CRP art. 39.º, n.º 1, 4 e 5; Lei n.º 43/98, de 6.8, art. 2.º e 3.º.

[2] «'Press Fair Practices' Board». Cf. GEOFFREY ROBERTSON & ANDREW G. L. NICOL, *Media* Law, Londres, 1984, pág. 339.

[3] Cf. ROLAND CAYROL, *Les Médias*, 1991, pág. 341.

438 *Direito da Comunicação Social*

a liberdade de imprensa, estudar as reclamações dos cidadãos contra jornais ou organismos da imprensa, sancionar moralmente as infracções à deontologia da imprensa, informar o público sobre as concentrações de empresas jornalísticas e representar a profissão perante as autoridades britânicas e internacionais, como dissemos acima ([1]).

Outros países adoptaram instituições semelhantes.

3. Em *Portugal*, um despacho do Ministro da Comunicação Social, Victor Alves, de 30.12.1974, determinou a criação de um *Conselho de Informação*, de algum modo inspirada em experiências estrangeiras como as referidas.

Passado pouco tempo, a LImp de 1975 previu a criação de um *Conselho de Imprensa*, como órgão independente para salvaguarda da liberdade de imprensa perante o poder político e o poder económico, que funcionaria junto do Ministério da Comunicação Social durante a vigência do Governo Provisório ([2]).

Após as *nacionalizações* de 1975, a existência de um número considerável de meios de comunicação social pertencentes ao sector público tornou patente a necessidade de salvaguardar a sua independência perante o Governo e a Administração Pública, bem como de assegurar o pluralismo, a possibilidade de expressão e confronto das várias correntes de opinião, o rigor e a objectividade da informação e de impedir a propaganda da ideologia fascista e de quaisquer outras, igualmente contrárias às liberdades democráticas e à Constituição. Para isso, os constituintes de 1976 previram a criação de *conselhos de informação*, integrados proporcionalmente por representantes indicados pelos partidos políticos com assento na Assembleia da República (CRP art. 39.º).

Para executar esta disposição constitucional, a Lei n.º 78/77, de 25.10, criou, junto da Assembleia da República, quatro *Conselhos de Informação* — para a Imprensa, a RDP, a RTP e a ANOP ([3]).

([1]) Cf. Geoffrey Robertson & Andrew G. L. Nicol, *Media* Law, Londres, 1984, pág. 339; Roland Cayrol, *Les Médias*, pág. 341 e seg.; J. M. Auby — R. Ducos-Ader, *Droit de l'information*, 2ª ed., pág. 68; Niceto Blasquez, *Etica y Medios de Comunicación*, pág. 104..

([2]) Art. 17.º. Cf. também os art. 18.º, n.º 2 e 4, 22.º, al. a), e 65.º, todos eles revogados pela Lei n.º 15/90, de 15.6. Este Conselho de Imprensa viria a entrar em funções por força do Despacho do Presidente do Conselho de Ministros, de 30.4.1975, que estabeleceu a sua constituição. Em Maio de 1975, foi aprovado o Regulamento do Conselho de Imprensa.

([3]) Esta Lei veio a ser alterada pela Lei n.º 67/78, de 14.10, e pela Lei n.º 1/81, de 18.2.

Entretanto, o Dec.-Lei n.º 816-A/76, de 10.11, determinara que o Conselho de Imprensa passasse a exercer as suas funções junto da Assembleia da República e alterara a sua composição; mas o preceito sobre a composição veio a ser considerado organicamente inconstitucional pelo Conselho da Revolução (¹).

Posteriormente, a Lei n.º 31/78, de 20.6, aprovou um novo regime jurídico para o Conselho de Imprensa (²).

No decurso da *revisão constitucional de 1982*, optou-se pela substituição dos quatro conselhos de informação por um único *Conselho da Comunicação Social* (³).

Dando execução a estes preceitos, a Lei n.º 23/83, de 6.9, regulou a organização e o funcionamento do Conselho da Comunicação Social (⁴), para tratar dos meios do sector público, continuando a funcionar o Conselho de Imprensa, ocupado com os problemas da imprensa privada.

Na *revisão constitucional de 1989*, já depois de iniciado o processo de privatizações, optou-se por substituir o Conselho de Imprensa e o Conselho de Comunicação Social por uma única *Alta Autoridade para a Comunicação Social* (CRP art. 39.º), cujas atribuições, competências, organização e funcionamento vieram a ser regulados pela Lei n.º 15/90, de 30.6 (⁵).

Esta Lei foi recentemente revogada e substituída pela Lei n.º 43//98, de 6.8, que reduziu o peso do Governo na AACS e alargou as suas competências.

(¹) Resolução n.º 78/77, de 12.4.

(²) A Lei n.º 69/79, de 11.10, criou e regulamentou o Serviço de Apoio ao Conselho de Imprensa. Sobre o regime e a actividade do Conselho de Imprensa, cf. *Conselho de Imprensa — O que é. Para que serve*, Lisboa, Conselho de Imprensa/ Assembleia da República, 1983; A. ARONS DE CARVALHO, *A Liberdade de Informação e o Conselho de Imprensa — 1975 — 1985*, Lisboa, Dir.-Ger. da Com. Soc., 1986.

(³) CRP, art. 39.º, 166.º, alínea h), e 238.º, na nova redacção.

(⁴) A entrada em funções deste Conselho demorou mais tempo do que o previsto na CRP, tendo suscitado problemas delicados, sobre os quais foi emitido o Parecer n.º 6/84, de 9.3.1984, da Procuradoria-Geral da República (in *BMJ*, n.º 339, pág. 163). O Regimento do Conselho de Comunicação Social foi publicado no *DR*, II série, n.º 42, de 14.3.1986, pág. 1657 e segs..

(⁵) Alterada pela Lei n.º 30/94, de 29.8.

SECÇÃO II

Natureza e competência

1. A AACS é um organismo do Estado, embora *independente*, que funciona junto da Assembleia da República ([1]), tendo, consequentemente, âmbito *nacional*.

Dizemos que é um organismo do *Estado*, porque criado pela Constituição, composto maioritariamente por membros eleitos por órgãos do Estado (Conselho Superior da Magistratura, Assembleia da República e Governo) e financiado pelo orçamento geral do Estado, embora dotado de autonomia administrativa.

É, sem dúvida, um organismo de *direito público*, pois tem poderes de autoridade ([2]).

A *independência* da AACS e dos seus membros é várias vezes afirmada pela CRP (art. 39.º, n.º 3) e pela Lei n.º 43/98 ([3]), significando a não sujeição a ordens ou instruções de qualquer outra entidade. É garantida quer pela incompatibilidade da qualidade de membro da AACS e de dirigente mediático ou partidário, quer pela não reeligibilidade e inamovibilidade ([4]).

2. As *atribuições* da Alta Autoridade para a Comunicação Social estão definidas no art. 3.º da Lei n.º 43/98 ([5]).

([1]) Lei n.º 43/98, art. 2.º.

([2]) Lei n.º 43/98, art. 4.º, alínea a), b), i), n), o), 7.º, n.º 5, 8.º, 23.º, n.º 1 e 2, e 27.º.

([3]) Art. 2.º e 18.º, n.º 1, al. a), e 2.

([4]) Lei n.º 43/98, art. 11.º, n.º 2, 13.º, n.º 3, e 14.º.

([5]) "Incumbe a Alta Autoridade:

a) Assegurar o exercício do direito à informação e à liberdade de imprensa;

b) Providenciar pela isenção e rigor da informação;

c) Zelar pela independência dos órgãos de comunicação social perante os poderes político e económico;

d) Salvaguardar a possibilidade de expressão e confronto, através dos meios de informação, das diversas correntes de opinião;

e) Contribuir para garantir a independência e o pluralismo dos órgãos de comunicação social pertencentes ao Estado e a outras entidades públicas ou a entidades directa ou indirectamente sujeitas ao seu controlo económico;

f) Assegurar a isenção do processo de licenciamento ou autorização dos operadores de rádio e de televisão;

g) Assegurar a observância dos fins genéricos e específicos da actividade de

Em face deste preceito, a AACS tem um *âmbito* que abrange a *imprensa*, a *rádio* e a *televisão*, tanto do *sector público*, como do *sector privado*. Deste modo, tem um âmbito mais amplo do que o dos conselhos de imprensa, da rádio, da televisão e da ANOP, e que o Conselho de Comunicação Social, anteriormente existentes. Em todo o caso, algumas atribuições e competências respeitam especificamente aos órgãos de comunicação social do sector público ([1]).

Por outro lado, tem um papel fundamental para assegurar determinados objectivos da política de comunicação social consagrados na Constituição — o direito à informação, a liberdade, a independência, o pluralismo, o confronto das várias correntes de opinião, a isenção e o rigor da informação.

3. Dando cumprimento ao disposto no art. 39.º da CRP, a Lei n.º 43/98 e outros diplomas legais atribuem à AACS diversas *competências*, acerca das quais importa salientar o seguinte.

Em primeiro lugar, a AACS tem a faculdade de elaborar *directivas genéricas* e *recomendações* que visem a realização dos seus objectivos.

Esta é uma competência fundamental. Já vimos que estas **directivas genéricas** têm força vinculativa e, tendo carácter genérico, correspondem a normas jurídicas. Trata-se de uma *função* **regulamentar**, de criação de normas. É uma função *subordinada* às leis da Assembleia da República e do Governo e *limitada* ao âmbito da comunicação social (*especializada*).

As **recomendações** são providências políticas, não vinculativas, mas persuasivas e flexíveis, tendentes a incitar as pessoas a adoptar determinados comportamentos. Neste domínio, podem ter uma importância considerável. A emissão de recomendações corresponde a uma *função* **política** ou **administrativa** ([2]).

---

rádio e televisão, bem como dos que presidiram ao licenciamento dos respectivos operadores, garantindo o respeito pelos interesses do público, nomeadamente dos seus extractos mais sensíveis;

h) Incentivar a aplicação, pelos órgãos de comunicação social, de critérios jornalísticos ou de programação que respeitem os direitos individuais e os padrões éticos exigíveis;

i) Garantir o exercício dos direitos de antena, de resposta e de réplica política.

([1]) Lei n.º 43/98, art. 4.º, al. e), e 6.º.

([2]) Em todo o caso, o Conselho das Comunidades Europeias pode emitir recomendações aos Estados membros.

442   *Direito da Comunicação Social*

Segundo a nova Lei n.º 43/98, compete à AACS atribuir *licenças* e autorizações para o exercício da actividade de rádio e televisão ([1]). Trata-se de *funções* **administrativas**, que anteriormente competiam ao Governo, mediante mero parecer prévio da AACS ([2]).

Exercer as funções relativas à *publicação de sondagens* nos termos das leis aplicáveis, nomeadamente da legislação eleitoral, assim como *classificar os órgãos de comunicação social* (al. h) e n)) são também *funções* **administrativas**.

Outra competência da AACS é *arbitrar os conflitos* suscitados entre os titulares do *direito de antena*, quanto à elaboração dos planos gerais de utilização, bem como apreciar as condições de acesso aos *direitos de antena, de resposta e réplica política pronunciando-se sobre as queixas* a que esse respeito sejam apresentadas. Estas são funções muito importantes de carácter **jurisdicional** (análogas às de um tribunal), com a particularidade de que o não acatamento de algumas delas pode ser punido como crime de desobediência qualificada ([3]). Não incumbe, porém, à AACS a aplicação de certos tipos de sanções, reservadas para os tribunais ou outras autoridades (penas criminais, indemnização de perdas e danos, sanções disciplinares, etc.).

O direito de antena é uma garantia da liberdade de expressão das várias correntes de opinião, do pluralismo. Os direitos de resposta e de réplica política visam repor a verdade e reparar prejuízos causados à imagem e ao bom nome e reputação das pessoas. Com objectivos diferentes, a intervenção da AACS destina-se, porém, a dirimir conflitos.

Da mesma natureza é a competência para deliberar sobre os recursos interpostos em caso de recusa do exercício do *direito de resposta* (al. *c)* e art. 7.º), bem como para apreciar queixas sobre a *violação das normas* legais aplicáveis aos órgãos de comunicação social, adoptando a providências adequadas (al. *l)*).

Além disso, a AACS tem competência para *aplicar coimas* ([4]).

Estas *funções* de carácter **jurisdicional** de um órgão especializado visam obter uma decisão mais expedita do que a dos tribunais, e recorrendo a meios mais persuasivos do que coercivos. Não exclui, no entanto, o direito que os interessados mantêm de recorrer aos tribunais para defesa plena e definitiva dos seus direitos.

([1]) Art. 4.º, al. a) e b).
([2]) Lei n.º 15/90, de 30.6, art. 4.º, n.º 1, al. e).
([3]) Lei n.º 87/88, de 30.7, art. 35.º, al. a).
([4]) Lei 43/98, art. 27.º.

Compete à AACS "Emitir parecer prévio, público e fundamentado, sobre a nomeação e destituição dos directores que tenham a seu cargo as áreas da programação e informação, assim como dos respectivos directores-adjuntos e subdirectores, dos órgãos de comunicação social pertencentes ao Estado e a outras entidades públicas ou a entidades directa ou indirectamente sujeitas ao seu controlo económico" (al. e)). É uma competência *consultiva*, complementar de uma *função política ou administrativa*. Impor a audição de um maior número de pessoas acerca de uma nomeação é um modo de reforçar a imparcialidade da escolha e de evitar o arbítrio e o favoritismo.

Por outro lado, há várias competências para actividades de *fiscalização*: sobre o cumprimento das normas referentes à propriedade das empresas de comunicação social (al. *f)*), sobre o cumprimento das normas que obrigam as empresas de comunicação social à publicação de dados de qualquer espécie (al. *g)*).

Além disso, diversos outros diplomas atribuem competência à AACS para praticar vários tipos de actos ([1]).

Em resumo, *a AACS tem competências de **diversas naturezas**: regulamentar, administrativa, consultiva, fiscalizadora e jurisdicional*.

4. Da observação do conjunto das competências da AACS resulta que ela tem poderes de intervenção em muitos domínios da comunicação social, mas com poderes sancionatórios limitados. Uma das principais "forças" da AACS decorre da obrigação de *publicidade* das directivas genéricas e recomendações pelos órgãos de comunicação social a que dizem respeito, bem das directivas genéricas e dos relatórios anuais pelo *Diário da República* ([2]).

([1]) Cf., por exemplo, LImp de 1999, art. 16.º, n.º 2, 17.º, n.º 2; DL n.º 130/97, de 27.5, art. 3.º, n.º 2, 11.º. 13.º, n.º3, 15.º, n.º 3, 20.º, n.º 2, 3 e 4, e 22.º; LRádio art. 2.º, n.º 5 e 6, 16.º, n.º 6, 25.º, n.º 3, 28.º, n.º 1 e 3, 35.º, al. a)., e 45.º, n.º 2; DL n.º 237/98, de 5.8, art. 1.º, n.º 4, 2.º, 8.º, n.º 1, 9.º, n.º 1, 10.º, n.º 2, e 13.º, n.º 2; LTV art. 3.º, n.º 3 e 4, 6.º, n.º 3, 7.º, n.º 7, 13.º, 14.º, n.º 2, 156.º, n.º 1e 2, 19.º, n.º 2, al. e), 25.º, n.º 3, 4 e 5, 28.º, n.º 2, 42.º, n.º 3, 47.º, n.º 2, 49.º, n.º 6, 56.º, n.º 3 e 6, 62.º, al. c), 66.º, n.º 2, al. a), e 74.º.

([2]) Lei n.º 43/98, art. 24.º. É possível conhecer a actividade desenvolvida pela AACS, ao longo dos anos, bem como o sentido das deliberações tomadas através da consulta dos relatórios anuais, publicados não só *no Diário da República*, mas também editados em livro pela própria AACS.

444 *Direito da Comunicação Social*

Como é evidente, esta publicidade pode afectar a credibilidade e o prestígio dos meios de comunicação social e dos seus autores, constituindo, por isso, um sério incentivo ao respectivo cumprimento.

5. Das decisões da AACS que tenham a natureza de acto administrativo cabe "recurso contencioso, nos termos gerais de direito" ([1]), o qual deve ser interposto para o Tribunal Administrativo do Círculo de Lisboa ([2]).

SECÇÃO III
Composição e estatuto dos seus membros

1. Importa que a composição da AACS assegure os objectivos que se pretende que este órgão alcance, nomeadamente, a independência e o pluralismo nos meios de comunicação social. Para isso, é necessário que dele façam parte pessoas representativas das várias correntes de opinião existentes no País, do ponto de vista político, religioso, cultural, etc., e que sejam independentes, quer dos partidos políticos quer das empresas de comunicação social.

São diversas, por isso, as entidades a quem compete designar os membros da AACS (art. 10.º), que estão sujeitos a um regime exigente de incapacidades e incompatibilidades (art. 11.º), são inamovíveis durante o período do mandato (de 4 anos), não sendo reelegíveis por mais de dois mandatos (art. 13.º, n.º 1 e 3, e 14.º) e gozam de certos direitos e regalias (art. 17.º, todos da Lei n.º 43/98, de 6.8).

Mais importante é que as pessoas escolhidas sejam honestas, íntegras e suficientemente fortes para não se deixarem influenciar por pressões exteriores.

2. A *composição* da AACS é definida na CRP (art. 39.º, n.º 3) e na Lei n.º 43/98 (art. 10.º).

Segundo estes preceitos, a AACS é composta por 11 membros:

1.º Um magistrado designado pelo Conselho Superior da Magistratura, que preside — e é importante a presença de um magistrado por

---

([1]) Lei n.º 43/98, art. 23.º, n.º 4.

([2]) Dec.-Lei n.º 124/84, de 27.4 (Estatuto dos Tribunais Administrativos e Fiscais), art. 51.º, n.º 1, al. a).

Os sujeitos da comunicação social 445

estar habituado, pela profissão que desempenha, a uma posição de independência, de imparcialidade política e ideológica e, portanto, estar numa posição importante para exercer algumas funções da Alta Autoridade de carácter jurisdicional.

2.º Cinco membros eleitos pela Assembleia da República (por voto maioritário) segundo o sistema proporcional do método da média mais alta de Hondt — o que conduz à representação dos vários partidos políticos;

3.º Um membro designado pelo Governo ([1]);

4.º Quatro membros cooptados pelos demais, representativos, designadamente, da opinião pública, da comunicação social e da cultura.

Sendo estes membros cooptados, tenderá a haver predomínio ideológico do partido maioritário na Assembleia da República, o que não deixa de reflectir a situação do próprio eleitorado, porventura com um desfasamento resultante de não serem coincidentes as datas das eleições legislativas e das designações dos membros da AACS.

De qualquer modo, não pode dizer-se que a AACS seja um órgão de autoregulação dos órgãos de comunicação social, uma vez que estes não estão nela maioritariamente representados.

SECÇÃO IV

Organização e funcionamento

A Lei n.º 43/98 regula, em linhas gerais, a organização e funcionamento da AACS: as funções do Presidente (art. 19.º), as espécies de reuniões (ordinárias e extraordinárias — art. 20.º), o modo de fixação da ordem de trabalhos (art. 21.º), o quórum constitutivo (7 membros — art. 22.º, n.º 1), o quórum deliberativo (maioria absoluta dos membros presentes ou, em certos casos, da totalidade dos membros em efectividade de funções — art. 22.º, n.º 2 e 3), a publicidade das deliberações (art. 24.º), o regimento (art. 25.º), encargos, pessoal e instalações (art. 26.º).

([1]) A versão anterior da CRP indicava três membros designados pelo Governo, o que conferia ao partido maioritário na Assembleia da República um peso na AACS muito superior ao que tinha no País. Esta situação foi criticada (considerada uma forma de "governamentalização" da AACS), pelo que foi alterada pela revisão constitucional de 1997.

CAPÍTULO VI

A Administração Pública e a comunicação social

1. Existem vários serviços da Administração Pública ligados à comunicação social, quer para elaborar e cuidar da execução de leis e regulamentos administrativos, quer para tratar da difusão de informações oficiais ou oficiosas através desses meios.

O modo como estão organizados tais serviços é revelador da orientação política, mais ou menos interventora, dominante em cada momento.

2. Durante o Governo de Salazar, as comissões de censura foram, primeiro, subordinadas directamente ao gabinete do Ministro do Interior ([1]) e, depois, à *Direcção-Geral dos Serviços de Censura* ([2]). Pouco mais tarde, foi criado o *Secretariado da Propaganda Nacional*, junto da Presidência do Conselho ([3]), que viria a dar lugar ao *Secretariado Nacional de Informação, Cultura Popular e Turismo (S.N.I.)*([4]), em que foram integrados os serviços de censura ([5]). Como o Secretário Nacional era de livre nomeação do Presidente do Conselho e com este despachava, a censura passou a ser controlada por Salazar ([6]).

Com Marcelo Caetano, ao S.N.I. sucedeu a *Secretaria de Estado da Informação e Turismo* ([7]), de quem dependiam as comissões de exame prévio ([8]).

Após o 25 de Abril de 1974, o primeiro Governo Provisório incluiu um *Ministro da Comunicação Social*.

([1]) Dec. n.° 22.469, de 11.4.1933, art. 5.°.

([2]) Dec. n.° 22.756, de 29.6.1933.

([3]) Dec. n.° 23.054, de 25.9.1933.

([4]) Cf Dec.-Lei n.° 33.545, de 23.2.1944, completado pelo Dec. n.° 33.570, de 11.3.1944, Dec.-Lei n.° 34.133, de 24.11.1944, Dec. n.° 34.134, de 24.11.1944.

([5]) Cf. A. ARONS DE CARVALHO, *A Censura e as Leis de Imprensa*, pág. 56 e segs..

([6]) Cf. A. ARONS DE CARVALHO, *ob. cit.*, pág. 57.

([7]) Dec.-Lei n.° 48.686, de 15.11.1968.

([8]) Dec.-Lei n.° 150/72, de 5.5, art. 103.°.

Em Governos posteriores, sucedeu-lhe a *Secretaria de Estado da Comunicação Social*, que viria a ser extinta pelo Dec.-Lei n.º 230-A/ /81, de 27.7, do Governo de Cavaco Silva. As competências desta passaram, então, a ser exercidas pela **Direcção-Geral da Comunicação Social** ([1]). Esta Direcção-Geral foi extinta e as respectivas competências foram distribuídas por vários organismos, nomeadamente pela Secretaria-Geral da Presidência do Conselho de Ministros (onde passou a existir um Gabinete de Apoio à Imprensa), pela Secretaria-Geral do Ministério da Justiça (quanto ao registo de imprensa) e pelo Ministério dos Negócios Estrangeiros ([2]).

O actual Governo, do Eng. António Guterres, voltou a ter um *Secretário de Estado para a Comunicação Social* e foi criado o *Instituto da Comunicação Social*, que passou a ter as competências relacionadas com a definição, execução e avaliação das políticas para a comunicação social, bem como a aplicação dos sistemas de incentivos e os registos relativos comunicação social ([3]). Simultaneamente, foi extinto o Gabinete de Apoio à Imprensa ([4]).

3. Num plano diverso, o **Instituto das Comunicações de Portugal**, tutelado pelo Ministro das Obras Públicas, Transportes e Comunicações, tem competências importantes em aspectos (técnicos) de telecomunicações, que afectam, em certa medida, a comunicação social sonora, televisiva e electrónica e até o trabalho dos jornalistas ([5]).

([1]) Criada pelo Dec.-Lei n.º 420/82, de 12.10.

([2]) Dec.-Lei n.º 48/92, de 7.4, Dec.-Lei n.º 49/92, de 7.4, revogado pelo Dec.--Lei n.º 147/93, de 3.5.

([3]) Dec.-Lei n.º 34/97, de 31.1. O quadro do pessoal do ICS foi aprovado pela P n.º 304/97, de 9.5. Foi criada uma Comissão interministerial para a definição de uma política integrada na área do audiovisual (RCM n.º 86/97, de 2.6.). A Secretaria de Estado da Comunicação Social tem uma página na Internet, com interessantes informações (http://www.secs.pt).

([4]) Para maiores desenvolvimentos sobre o tema, em geral, cf. J. M. AUBY — R. DUCOS-ADER, *Droit de l'information*, 2ª ed., pág. 175 e segs.; I. BEL MALLEN — L. CORREDOIRA Y ALFONSO — PILAR COUSIDO, *Derecho de la información*, Madrid, Colex, 1992, pág. 325 e segs..

([5]) Criado pelo Dec.-Lei n.º 188/81, de 2.7, regulamentado pelo Dec. Reg. n.º 70/83, de 20.7 (que aprovou os primeiros estatutos), e actualmente, regulado pelo Dec.-Lei n.º 283/89, de 23 de Agosto, alterado pelo Dec.-Lei n.º 379/90, de 7.6, Dec.--Lei n.º 165/92, de 5.8, e Dec.-Lei n.º 100/98, de 21.4.

Os sujeitos da comunicação social 449

4. A generalidade dos Ministérios tem *Gabinetes de Imprensa* ocupados com a comunicação para o público de informações sobre as suas actividades e a composição da imagem do Ministério e do Ministro.

5. Além disso, há em todos os Ministérios *serviços de documentação* e *arquivos* a que os jornalistas, em princípio, têm acesso, na base do direito à informação ([1]).

6. Existe, ainda, o *Conselho Consultivo da Actividade Publicitária* ([2]).

7. Durante os períodos eleitorais, a *Comissão Nacional de Eleições* ([3]) desempenha um importante papel em matéria mediática, nomeadamente na distribuição dos tempos de antena reservados aos candidatos na RDP e na RTP ([4]).

([1]) Para maiores desenvolvimentos, cf. E. DERIEUX, *Droit de la Communication*, 1999, pág. 263 e segs..

([2]) Regulado nos artigos 31.º e seguintes do Código da Publicidade.

([3]) Criada e regulada pela Lei n.º 71/78, de 27.12.

([4]) Cf., por exemplo, Dec.-Lei n.º 319-A/76, de 3.5 (Lei Eleitoral do Presidente da República), art. 53.º, n.º 2, 54.º, 58.º, 62.º.

CAPÍTULO VII

A Igreja e a comunicação social

1. Entre as entidades com relevância nos meios de comunicação social inclui-se a Igreja Católica, que é uma entidade com personalidade jurídica de direito internacional e que tem a sua própria ordem jurídica — o Direito Canónico.

Na dependência do Papa existe uma *Comissão Pontifícia para a Comunicação Social*.

A Igreja tem uma publicação periódica oficial, o *Osservatore Romano*, e uma estação de rádio (Rádio Vaticano).

2. Em Portugal, como em todo o mundo, está dividida em dioceses, que não coincidem necessariamente com os distritos, embora em vários casos se aproxime da divisão territorial do Estado.

A liberdade de comunicação social da Igreja é reconhecida pela Concordata entre Portugal e a Santa Sé, de 7.5.1940 (art. II).

Existe uma *Comissão Episcopal dos Meios de Comunicação Social* e um *Secretariado Nacional das Comunicações Sociais* da Igreja, no âmbito da Conferência Episcopal (nacional). Há, também, *secretariados diocesanos* para as comunicações sociais.

A Igreja não tem, actualmente, um jornal de âmbito nacional [1], mas tem uma rádio (a Rádio Renascença) e uma agência noticiosa (Ecclesia), e a doutrina cristã é inspiradora de numerosas publicações periódicas e rádios locais [2][3].

---

[1] Teve o *Novidades* e a *Nova Terra*.

[2] Inicialmente, a TVI era, também, dominada por instituições ligadas à Igreja católica e a Carta de Princípios refere tal inspiração. Depois da aquisição da maioria do capital pelo grupo Sonae, a Carta de Princípios deixou de ser aplicada.

[3] Sobre o assunto, cf. I. BEL MALLEN — L. CORREDOIRA Y ALFONSO — PILAR COUSIDO, *Derecho de la información*, 1992, pág. 320 e segs..

CAPÍTULO VIII
Organizações internacionais

1. A comunicação social tornou-se planetária, pois há frequente intercâmbio internacional de publicações e ganharam importância as emissões radiofónicas e televisivas de longa distância, graças à televisão por satélite e por cabo, com muitas dezenas de canais à disposição do público. Tornou-se possível ler, ouvir e ver em Portugal jornais, emissões de rádio e televisão não só dos países europeus, como dos Estados Unidos, do México, do Japão, da África do Sul, etc..

Esta evolução cria problemas novos, como, por exemplo, o das "rádios piratas", quer dizer, emissões feitas de fora do território de um país (por exemplo, a partir do alto mar): pergunta-se quem exerce a autoridade sobre tais emissões, ou como são atribuídas frequências que abranjam vários países.

Tais problemas só podem ser resolvidos por organizações de carácter internacional, constituídas por dois ou mais Estados.

Na realidade, há várias organizações internacionais que se ocupam de questões ligadas aos meios de comunicação social, promovendo quer o intercâmbio de informações e a cooperação política, quer a celebração de convenções internacionais.

Algumas têm *carácter geral*, ocupando-se da comunicação social, entre diversas outras matérias; outras respeitam *especificamente* a todos ou alguns meios de comunicação social.

Muitas são *multilaterais* e de âmbito *mundial* ou *regional* (europeias, africanas, americanas, etc.); outras são *bilaterais* (entre dois Estados apenas).

Portugal participa em muitas delas, nalguns casos como um dos Estados fundadores ([1]).

([1]) Dando cumprimento ao disposto no art. 71.º da LImp de 1975 (que não foi reproduzido na LImp de 1999): "O Governo facilitará a participação da imprensa portuguesa nas organizações internacionais que visem a promoção e defesa da liberdade de imprensa, procurando ainda consolidá-la mediante a celebração ou adesão a convenções internacionais destinadas a proteger o direito à informação".

2. Entre as organizações internacionais *de carácter geral* e *de âmbito mundial*, incluem-se:

a) A **ONU** ([1]), que aprovou a Declaração Universal dos Direitos do Homem, de 10.12.1948, o Pacto Internacional de Direitos Civis e Políticos, de 16.12.1966, e a Convenção sobre o Direito Internacional de Rectificação, de 16.12.1952; e algumas da suas organizações especializadas, como

b) A **UNESCO** ([2]); e

c) A **Organização Mundial da Propriedade Intelectual** ([3]).

3. Entre as organizações internacionais de carácter geral e *de âmbito europeu*, são de destacar:

a) O **Conselho da Europa**, que se ocupa, sobretudo, com questões políticas e a promoção dos direitos do Homem, tendo aprovado, em 4.11.1950, a Convenção Europeia dos Direitos do Homem, que

---

([1]) **Organização das Nações Unidas**, criada pela Carta das Nações Unidas, assinada em São Francisco, em 26.6.1945, tendo sede em Nova Iorque. Portugal foi admitido como membro em 14.12.1955, mas a Carta só foi publicada no *Diário da República*, I série-A, de 22.5.1991!... Para maiores desenvolvimentos, cf. ANDRÉ GONÇALVES PEREIRA — FAUSTO DE QUADROS, *Manual de Direito Internacional Público*, Coimbra, Almedina, 3.ª ed., 1993, pág. 461 e segs.; I. BEL MALLEN — L. CORREDOIRA Y ALFONSO — PILAR COUSIDO, *Derecho de la información*, 1992, pág. 86 e segs..

([2]) **Organização das Nações Unidas para a Educação, Ciência e Cultura**, criada em Novembro de 1945, como organização especializada da ONU, tendo sede em Paris. A UNESCO, como também a ONU, tem contribuído significativamente para a definição de princípios deontológicos da comunicação social; e a 20.ª Conferência Geral da UNESCO aprovou, em 28.11.1978, uma importante Declaração sobre os princípios fundamentais relativos à contribuição dos meios de comunicação social para o fortalecimento da paz e da compreensão internacional, a promoção dos direitos humanos e a luta contra o racismo, o *apartheid* e a incitação à guerra (Cf. N. BLASQUEZ, *Etica y medios de comunicación*, 1994, pág. 129 e segs. e 160). Para maiores desenvolvimentos, cf. ANTÓNIO DOS SANTOS LABISA, *Organismos Internacionais*, Lisboa, Banco de Portugal, 1995, pág. 61 e segs.; I. BEL MALLEN — L. CORREDOIRA Y ALFONSO — PILAR COUSIDO, *Derecho de la información*, 1992, pág. 89 e segs..

([3]) Em 20.3.1883, fora constituída a **União de Paris para a Protecção da Propriedade Industrial** e, em 9.9.1886, a **União de Berna para a Protecção das Obras Literárias e Artísticas**. A Convenção de Estocolmo, de 14.7.1967, instituiu a Organização Mundial da Propriedade Intelectual (**OMPI**), com sede em Genebra, para coordenar a administração das referidas Uniões.

incluiu algumas disposições importantes sobre comunicação social (art. 10.º)([1]);

b) A **Comunidade Europeia**, que, no domínio audiovisual, tem desenvolvido esforços no sentido da harmonização técnica e de legislações e de apoio à indústria de programas, tendo aprovado, como vimos, directivas relativas à televisão sem fronteiras ([2]);

c) A **Conferência para a Segurança e Cooperação na Europa**, que aprovou, em 1.8.1975, o célebre Acto Final da Conferência de Helsínquia, que teve um papel extremamente importante enquanto existiu a União Soviética, consagrando não só disposições sobre cooperação política e económica, mas também sobre direitos do Homem, inclusivamente em matéria de comunicação social no âmbito internacional ([3]).

4. São especialmente importantes as organizações que têm por objecto *específico* as questões da comunicação social ou de telecomunicações.

As mais importantes são:

a) A **Organização Internacional das Telecomunicações** ([4]);

([1]) O **Conselho da Europa** foi constituído em Londres, em 5.5.1949. Portugal aderiu em 1976 (Lei n.º 9/76, de 31.12), tendo os Estatutos sido publicados no *DR*, I s., de 22.11.1978. Para maiores desenvolvimentos, cf. A. LABISA, *Organismos Internacionais*, 1995, pág. 179 e seg.; I. BEL MALLEN — L. CORREDOIRA Y ALFONSO — PILAR COUSIDO, *Derecho de la información*, 1992, pág. 84 e segs..

([2]) Como é sabido, a integração comunitária europeia resultou de sucessivos tratados internacionais, de que se destacam: o Tratado de Paris, de 18.4.1951, que instituiu a **Comunidade Europeia do Carvão e do Aço** (CECA); o Tratado de Roma, de 25.3.1957, que instituiu a **Comunidade Económica Europeia** (CEE); o Tratado de Roma de 25.3.1957, que instituiu a **Comunidade Europeia da Energia Atómica** (Euratom); o Tratado da **União Europeia**, assinado em Maastricht, em 7.2.1992; o Tratado de Amsterdão, de 17.6.1997. Para maiores desenvolvimentos, cf. *A política audiovisual da Comunidade Europeia* (Col. O Dossier da Europa — 6/1992).

([3]) A CSCE foi constituída em Helsínquia, em 23.11.1972. Para maiores desenvolvimentos, cf. A. LABISA, *Organismos Internacionais*, 1995, pág. 187; I. BEL MALLEN — L. CORREDOIRA Y ALFONSO — PILAR COUSIDO, *Derecho de la información*, 1992, pág. 83 e seg..

([4]) Constituída em 1865, com sede em Genebra, destina-se, fundamentalmente, a promover a cooperação internacional visando o melhoramento e o emprego racional das telecomunicações. Em matéria de radiodifusão, a sua actividade principal visa a atribuição de frequências do espectro e o seu registo. Para maiores desenvolvimentos, cf. C. DEBBASCH, *Droit de l'audiovisuel*, 1995, pág. 636 e segs..

b) A **INTELSAT** — Organização Internacional de Telecomunicações por Satélite ([1]);

c) A **EUTELSAT** — Organização Europeia de Satélites de Telecomunicações ([2]).

([1]) Criada em 20.8.1964, montou um sistema comercial mundial de telecomunicações por satélites. Para maiores desenvolvimentos, cf. C. Debbasch, *Droit de l'audiovisuel*, 1995, pág. 639.

([2]) É um organismo europeu, criado provisoriamente, em Junho de 1977, pela **Conferência Europeia dos Correios e Telecomunicações (CEPT)** e, de modo mais duradouro, pela Convenção de Paris, de 14.5.1982. Tem sede em Paris. O seu objectivo principal é construir, estabelecer e explorar um sector espacial europeu para serviços de comunicações telefónicas e emissões de rádio e televisão, tendo lançado vários satélites (ECS — European Communication Satellites). (Cf. C. Debbasch, *Droit de l'audiovisuel*, 1995, pág. 646).

PARTE II
A LIBERDADE DE COMUNICAÇÃO SOCIAL E O DIREITO DA INFORMAÇÃO

CAPÍTULO I

Natureza e protecção jurídica
da liberdade de comunicação social

SECÇÃO I

Direitos do Homem, direitos naturais, direitos fundamentais
e direitos de personalidade

1. Terminado o estudo dos sujeitos da comunicação social, interessa analisar agora a liberdade de comunicação social em geral.

A liberdade de comunicação social é uma manifestação do *direito à liberdade*. Para entender o que é a liberdade de comunicação social convém, por isso, começar por caracterizar, sumariamente, a liberdade.

Na ordem dos *factos*, a liberdade consiste na ausência de impedimentos ao exercício de actividade pessoal. Por natureza, o homem é livre, no sentido de que pode escolher entre o bem e o mal, assumindo o risco e a responsabilidade de realizar o seu próprio destino. Tendo de viver em sociedade, a liberdade de cada um encontra limites na liberdade dos outros e no respeito pelo bem comum. Por isso, se distingue entre a liberdade interior, como autonomia de consciência, do homem perante si próprio, e a liberdade exterior, perante os outros, que se realiza na vida social, sendo, sobretudo, esta a relevante do ponto de vista jurídico ([1]).

Como *direito* (subjectivo), a liberdade corresponde à ausência de impedimentos ao exercício de actividade pessoal garantida pela ordem jurídica; ou, dito de outro modo, consiste no complexo de direitos sub-

---

([1]) Sobre o assunto, cf. MANUEL CAVALEIRO DE FERREIRA, "A liberdade e a ordem jurídica", in *Obra Dispersa — I*, 1933/1959, Lisboa, Univ. Cat. Ed., 1996, pág. 355 e segs..

jectivos criadores de posições de proeminência realizáveis mediante o arbítrio individual ([1]).

O **direito geral à liberdade** está consagrado na Constituição, art. 27.º, n.º 1, e no CCiv, art. 70.º, no sentido de *poder de autodeterminação do homem*, ou seja, do poder que o homem exerce sobre si mesmo, autoregulando o seu corpo, o seu pensamento, a sua inteligência, os seus sentimentos, a sua vontade, agindo ou não agindo por si mesmo ([2]). E isto, quer no sentido de liberdade *negativa* — que proíbe que qualquer pessoa seja constrangida por outrem a praticar ou deixar de praticar qualquer facto — quer no sentido de liberdade *positiva* — que permite a cada um praticar ou deixar de praticar qualquer facto que não seja proibido ([3]).

2. O direito geral à liberdade compreende várias **liberdades**, que a doutrina procura classificar segundo diversos critérios.

Alguns autores incluem a liberdade de comunicação social entre as **liberdades de comunicação**, ao lado da liberdade religiosa e da liberdade de ensino ([4]).

Outros classificam-na entre as **liberdades socioculturais**, ao lado da liberdade de estado, de religião e de culto, de reunião e manifestação, de associação (inclusivamente, de associação política e sindical) e de educação ([5]).

De qualquer modo, a liberdade de comunicação social, como espécie da **liberdade de expressão do pensamento**, é considerada fundamental para a realização da pessoa e para a sua participação responsável na vida social e política.

Pressupõe a **liberdade de opinião**, quer no sentido *negativo*, de a pessoa não dever ser prejudicada pelas opiniões que expressa (correspondendo-lhe, da parte do Estado e da generalidade das outras pessoas, um dever de neutralidade, de tolerância, de igualdade, de pluralismo político e de laicidade religiosa), quer no sentido *positivo*, de impor aos

---

([1]) Cf. Adriano de Cupis, *Os Direitos da Personalidade* (trad. portug. de Adriano Vera Jardim), Lisboa, Moraes, 1961, pág. 95 e segs..

([2]) Cf. Rabindranath Capelo de Sousa, *O Direito Geral de Personalidade*, Coimbra, 1995, pág. 256 e segs..

([3]) Cf. R. Capelo de Sousa, *Ob. cit.*, pág. 259 e seg..

([4]) Cf. J. Miranda, *Manual de Direito Constitucional*, 1993, vol. IV, pág. 355 e segs., 377 e segs. e 399 e segs..

([5]) Cf. R. Capelo de Sousa, *Ob. cit.*, pág. 259 e seg..

A *liberdade de comunicação social em geral* 461

outros uma atitude de respeito, de consentimento a manifestações dessa opinião (no culto religioso, no ensino, na admissibilidade da objecção de consciência relativa ao serviço militar obrigatório, etc.) ([1]).

Sendo algo de muito importante para a realização da pessoa humana, a liberdade de expressão de pensamento ou de comunicação, nomeadamente, através dos meios de comunicação social, é considerada entre os chamados **direitos do homem**, isto é, os direitos de todo o homem só por ser homem, em expressão consagrada desde a Declaração francesa de 1789 ([2]).

3. Para quem, como nós, acredite na existência de um **direito natural** — de um direito (em sentido objectivo) baseado na natureza humana que se impõe a todos os homens e aos próprios legisladores ([3]) —, a fonte da liberdade de cada homem é a sua natureza e não um acto de outros homens (legisladores).

Por isso, o direito geral à liberdade de cada pessoa precede e deve ser respeitado pelo próprio legislador.

Como parte do direito geral à liberdade, a liberdade de expressão de pensamento, por qualquer meio, inclusivamente pelos meios de comunicação social, constitui um **direito natural** do homem (em sentido subjectivo).

Consequentemente, deve ser respeitado, nos seus aspectos essenciais, pelo próprio legislador constituinte, embora possa ser concretizado pela lei ordinária de modos diversos, quer para o garantir contra abusos de outros homens, inclusivamente em funções de autoridade, quer para o compatibilizar (coercivelmente) com a liberdade de expressão dos outros homens e com outros valores de igual ou superior importância.

([1]) Cf. COLLIARD, *Libertés Publiques*, Paris, Dalloz, 1968, pág. 311 e segs..

([2]) Há quem prefira a expressão "direitos humanos" (de "human rights"), designadamente, para evitar a utilização da palavra homem, quando se tem em vista tanto o homem como a mulher. É sabido, todavia, que, não havendo na língua portuguesa género neutro (como em latim e alemão), se usa a expressão homem para abranger todos os seres humanos (masculinos e femininos). A expressão direitos do homem (como "droits de l'homme") está de tal modo enraizada, entendida e consagrada em diplomas fundamentais (incluindo a CRP, art. 16.º, n.º 2), que não se vê motivo bastante para a alterar.

([3]) Cf. M. BIGOTTE CHORÃO, *Introdução ao Estudo do Direito*, 1989, pág. 139 e segs..

Direito da Comunicação Social

4. Por isso mesmo, a liberdade de comunicação social tem vindo a ser consagrada, há mais de dois séculos, em constituições de numerosos Estados do mundo, bem como em diversas declarações e convenções internacionais, e regulamentada nas leis internas dos Estados. Inclui-se entre os chamados **direitos fundamentais**, protegidos pelo direito positivo, alguns dos quais podem, aliás, não ser de direito natural ([1]).

Como vimos já, a Constituição portuguesa consagra a liberdade de comunicação social, entre os direitos, liberdades e garantias (nos art. 37.º a 40.º).

A própria Constituição, no art. 16.º, n.º 2 ([2]), dá relevância constitucional à Declaração Universal dos Direitos do Homem, de 10.12.1948, que consagra a liberdade de expressão e de informação, no art. 19.º.

Também a Convenção Europeia dos Direitos do Homem, de 4.11.1950 ([3]), a acolhe, no art. 10.º ([4]).

5. O direito geral à liberdade é considerado, também, como um **direito de personalidade**, no sentido de direito que incide sobre um elemento da personalidade, enquanto objecto de tutela jurídica ([5]).

Pensamos na personalidade como unidade físico-psíco-ambiental, composta por uma multiplicidade de elementos integrados e dinâmicos (corpo e espírito, com vida: com instintos, sentimentos, inteligência, vontade, fé, capacidade criadora e de trabalho) e capaz de se autodetermi-

---

([1]) Sobre a distinção entre direitos do homem e direitos fundamentais, cf. J. MIRANDA, *Manual de Direito Constitucional*, 1993, vol. IV, pág. 49 e segs..

([2]) "Os preceitos constitucionais e legais relativos aos direitos fundamentais devem ser interpretados e integrados de harmonia com a Declaração Universal dos Direitos do Homem".

([3]) Aprovada para ratificação pela Lei n.º 65/78, de 13.10.

([4]) Para maiores desenvolvimentos, cf. J. MIRANDA, *Manual de Direito Constitucional*, 1993, vol. IV, pág. 7 e segs.; JORGE MANUEL ALVES DE OLIVEIRA, *A Necessidade de um Direito da Informação e de um Controlo da Actividade Informativa*, Lisboa, Uni. Cat. Port., 1984; ALCIDES GOUVEIA, *Por uma Cultura dos Direitos Humanos*, Lisboa, Comissão Nacional justiça e Paz, 1997; I. BEL MALLEN — L. CORREDOIRA Y ALFONSO — PILAR COUSIDO, *Derecho de la información*, Madrid, Colex, 1992, pág. 101 e segs.; P. DAGTOGLOU, *Wesen und Grenzen der Pressefreiheit*, Stuttgart, 1963; CLAUDE-ALBERT COLLIARD, *Libertés Publiques*, Paris, Dalloz.

([5]) Cf. RABINDRANATH CAPELO DE SOUSA, *O Direito Geral de Personalidade*, pág. 106 e segs.; J. CASTRO MENDES, *Teoria Geral do Direito Civil*, 1978, vol. I, pág. 310 e segs..

A liberdade de comunicação social em geral 463

nar e de se relacionar com outras personalidades (de as conhecer, as amar ou odiar, as respeitar, defender ou atacar) (¹).

Consequentemente, como manifestação do direito à liberdade, a liberdade de comunicação social pode considerar-se como um direito de personalidade (²).

SECÇÃO II

Protecção constitucional da liberdade de comunicação social

1. O facto de a liberdade de comunicação social estar consagrada na Constituição portuguesa, entre os "direitos e deveres fundamentais", envolve a aplicação de um conjunto de importantes princípios que fazem parte do regime jurídico *comum* dos direitos fundamentais, bem como de alguns princípios *específicos* dos "direitos, liberdades e garantias" (distintos dos aplicáveis aos "direitos económicos, sociais e culturais"). Desses princípios decorre uma protecção reforçada da liberdade de comunicação social, que importa analisar (³).

2. A aplicabilidade do **regime comum** *dos direitos fundamentais* envolve os princípios da *universalidade* e da *igualdade*, consagrados nos art. 12.º e 13.º da CRP, bem como a possibilidade de recurso a diversos meios de *protecção jurídica*. Simultaneamente, o exercício de tais direitos está sujeito a certos *limites* importantes.

a) Como vimos, os princípios da **universalidade** e da **igualdade** não se confundem: o princípio da universalidade significa que *todos* têm todos os direitos e deveres fundamentais; o princípio da igualdade significa que todos (os que estão em situação igual) têm os *mesmos* direitos e deveres fundamentais.

(¹) Cf. R. CAPELO DE SOUSA, *ob. cit.*, pág. 198 e segs..

(²) Cf. ADRIANO DE CUPIS, *Os Direitos da Personalidade*, pág. 105; e outros autores cit. por R. CAPELO DE SOUSA, *ob. cit.*, pág. 273 e seg. (nota 656).

(³) Pode encontrar-se uma excelente síntese sobre esta matéria, em JORGE MIRANDA, "O regime dos direitos liberdades e garantias", in Estudos sobre a Constituição, Lisboa, Petrony, 1979, vol. III, pág. 41 e segs., que desenvolve e actualiza o seu pensamento no Manual de Direito Constitucional, 1993, vol. IV, pág. 193 e segs. e 275 e segs., que sigo de perto, com a devida vénia.

O princípio da *universalidade* encontra-se afirmado no art. 12.º, da CRP:

"1. Todos os cidadãos gozam dos direitos e estão sujeitos aos deveres consignados na Constituição.

2. As pessoas colectivas gozam dos direitos e estão sujeitas aos deveres compatíveis com a sua natureza".

O princípio da *igualdade* está afirmado no art. 13.º, da CRP:

"1. Todos os cidadãos têm a mesma dignidade social e são iguais perante a lei.

2. Ninguém pode ser privilegiado, beneficiado, prejudicado, privado de qualquer direito ou isento de qualquer dever em razão de ascendência, sexo, raça, língua, território de origem, religião, convicções políticas ou ideológicas, instrução, situação económica ou condição social".

Já analisámos, acima, os mais importantes aspectos destes princípios, as suas limitações (v.g. quanto menores, deficientes mentais e confissões religiosas), assim como as regras dos art. 14.º e 15.º, sobre os portugueses no estrangeiro e sobre os estrangeiros e apátridas, respectivamente ([1]).

b) A possibilidade de recurso aos meios de ***protecção jurídica*** traduz-se na abertura do conjunto dos meios de tutela que a ordem jurídica põe à disposição dos cidadãos para fazer valer os seus direitos, incluindo o direito à *informação jurídica, o acesso aos meios jurisdicionais* (aos tribunais, incluindo o Tribunal Constitucional) para defesa e efectivação dos direitos (CRP art. 20.º), o direito de *resistência* (art. 21.º), a *responsabilidade das entidades públicas* por violações dos direitos fundamentais (CRP art. 22.º), o direito de *recorrer ao Provedor de Justiça* (CRP art. 23.º) e o direito de *petição* (CRP art. 52.º)([2]).

c) A CRP não contém uma *cláusula geral* sobre os **limites ao exercício dos direitos fundamentais**, mas, no art. 16.º, n.º 2, remete para a Declaração Universal dos Direitos do Homem, que a inclui, no art. 29.º ([3]).

([1]) Cf. J. MIRANDA, *Manual cit.*, vol. IV, pág. 193 e segs..

([2]) Cf. J. MIRANDA, *Manual cit.*, vol. IV, pág. 229 e segs..

([3]) Sobre as dúvidas suscitadas pela aplicação deste preceito, cf. J. MIRANDA, *Manual cit*, vol. IV, pág. 265 e segs..

A *liberdade de comunicação social em geral* 465

Na verdade, o n.º 2 deste preceito dispõe que "No exercício dos seus direitos e no gozo das suas liberdades toda a pessoa está sujeita unicamente às limitações estabelecidas pela lei, com vista exclusivamente a promover o reconhecimento e o respeito dos direitos e liberdades dos outros e a fim de satisfazer as exigências da moral, da ordem pública e do bem-estar numa sociedade democrática".

E o n.º 3 acrescenta que "Em caso algum, estes direitos e liberdades poderão ser exercidos contra os fins e os princípios das Nações Unidas" ([1]).

Além disso, pode sustentar-se que decorre de várias disposições constitucionais uma outra limitação tendente a salvaguardar o Estado de direito democrático, baseado no "pluralismo de expressão e organização democráticas", tendo como única excepção (que, em certa medida, a confirma) a proibição de organizações que perfilhem a ideologia fascista ([2]).

3. Por outro lado, aplica-se à liberdade de comunicação social o **regime específico** *dos direitos, liberdades e garantias.*

Na verdade, os art. 37.º a 40.º da CRP encontram-se incluídos no título II, "Direitos, liberdades e garantias", da parte I, "Direitos e deveres fundamentais" da CRP.

Dessa localização sistemática e do próprio art. 17.º ([3]) decorrem várias consequências importantes.

([1]) Os fins (ou objectivos) e os princípios das Nações Unidas são os enunciados na Carta das Nações Unidas, de 26.6.1945: manter a paz e a segurança internacionais, desenvolver relações de amizade entre as nações baseadas no princípio da igualdade de direitos e da autodeterminação dos povos, realizar a cooperação internacional, resolvendo os problemas internacionais de carácter económico, social, cultural ou humanitário, promovendo e estimulando o respeito pelos direitos do homem e pelas liberdades fundamentais para todos, sem distinção de raça, sexo, língua ou religião (art. 1.º); os princípios do cumprimento de boa fé das obrigações assumidas, da resolução pacífica dos conflitos, da abstenção da ameaça ou do uso da força nas relações entre Estados, etc. (art. 2.º).

([2]) Neste sentido, cf. J. MIRANDA, *Manual cit.*, vol. IV, pág. 270 e segs.. Como disse acima, esta excepção compreende-se por motivos históricos, que, todavia, podem considerar-se ultrapassados.

([3]) Segundo o art. 17.º, da CRP, sob a epígrafe "Regime dos direitos, liberdades e garantias", "O regime dos direitos, liberdades e garantias aplica-se aos enunciados no título II e aos direitos fundamentais de natureza análoga".

a) Em primeiro lugar, dela decorre a ***aplicação imediata*** dos preceitos constitucionais, independentemente de regulamentação por lei ordinária, bem como a ***vinculação das entidades públicas e privadas*** (CRP art. 18.º, n.º 1 (¹)). Isto significa que as disposições constitucionais sobre estas matérias não são meramente programáticas (²).

b) Por outro lado, daí decorre também a ***reserva de lei*** e o ***carácter restritivo das restrições*** aos direitos, liberdades e garantias.

Efectivamente, segundo o n.º 2 do art. 18.º da CRP, "A lei só pode restringir os direitos, liberdades e garantias nos casos expressamente previstos na Constituição, devendo as restrições limitar-se ao necessário para salvaguardar outros direitos ou interesses constitucionalmente protegidos".

Além disso, segundo o n.º 3 do mesmo preceito, "As leis restritivas de direitos, liberdades e garantias têm de revestir carácter geral e abstracto e não podem ter efeito retroactivo, nem diminuir a extensão e o alcance do conteúdo essencial dos preceitos constitucionais" (³).

Em todo o caso, deve ter-se presente também que "Os direitos fundamentais não excluem quaisquer outros constantes das leis e das regras aplicáveis de direito internacional" (CRP art. 16.º).

c) Daí resulta também o ***carácter excepcional da suspensão*** do exercício de direitos fundamentais, em caso de *estado de sítio* ou de *estado de emergência*, nos termos do art. 19.º da CRP:

"1. Os órgãos de soberania não podem, conjunta ou separadamente, suspender o exercício dos direitos, liberdades e garantias, salvo em caso de estado de sítio ou de estado de emergência, declarados na forma prevista na Constituição.

2. O estado de sítio ou o estado de emergência só podem ser declarados, no todo ou em parte do território nacional, nos casos de agressão efectiva ou iminente por forças estrangeiras, de grave ameaça ou perturbação da ordem constitucional democrática ou de calamidade pública.

(¹) Segundo o art. 18.º da CRP, sob a epígrafe "Força jurídica", "1. Os preceitos constitucionais respeitantes aos direitos, liberdades e garantias são directamente aplicáveis e vinculam as entidades públicas e privadas".

(²) Sobre o assunto, cf. J. MIRANDA, *Manual cit.*, vol. IV, pág. 275 e segs.

(³) Sobre o assunto, cf. J. MIRANDA, *Manual cit.*, vol. IV, pág. 290 e segs..

A liberdade de comunicação social em geral 467

3. O estado de emergência é declarado quando os pressupostos referidos no número anterior se revistam de menor gravidade, e apenas pode determinar a suspensão de alguns dos direitos, liberdades e garantias susceptíveis de serem suspensos.

4. A opção pelo estado de sítio ou pelo estado de emergência, bem como as respectivas declaração e execução, devem respeitar o princípio da proporcionalidade e limitar-se, nomeadamente quanto às suas extensão e duração e aos meios utilizados, ao estritamente necessário ao pronto restabelecimento da normalidade constitucional.

5. A declaração do estado de sítio ou do estado de emergência é adequadamente fundamentada e contém a especificação dos direitos, liberdades e garantias cujo exercício fica suspenso, não podendo o estado declarado ter duração superior a quinze dias, ou à duração fixada por lei quando em consequência de declaração de guerra, sem prejuízo de eventuais renovações com salvaguarda dos mesmos limites.

6. A declaração do estado de sítio ou do estado de emergência em nenhum caso pode afectar os direitos à vida, à integridade pessoal, à identidade pessoal, à capacidade civil e à cidadania, a não retroactividade da lei criminal, o direito de defesa dos arguidos e a liberdade de consciência e de religião.

7. A declaração do estado de sítio ou do estado de emergência só pode alterar a normalidade constitucional nos termos previstos na Constituição e na lei, não podendo nomeadamente afectar a aplicação das regras constitucionais relativas à competência e ao funcionamento dos órgãos de soberania e de governo próprio das regiões autónomas ou os direitos e imunidades dos respectivos titulares.

8. A declaração do estado de sítio ou do estado de emergência confere às autoridades competência para tomarem as providências necessárias e adequadas ao pronto restabelecimento da normalidade constitucional" ([1]).

Deste modo, verifica-se que a liberdade de expressão e de comunicação social pode ser restringida, quer em estado de sítio quer em

---

([1]) Sobre o assunto, cf. J. MIRANDA, *Manual cit.*, vol. IV, pág. 308 e segs.; JORGE BACELAR GOUVEIA, *O Estado de Excepção no Direito Constitucional entre a Eficiência e a Normatividade das Estruturas de Defesa extraordinária da Constituição*, Coimbra, Almedina, 1999, vol. II, pág. 853 e segs.; W. FABIAN, *Notstand der Demokratie — Die Presse- und Meinungsfreiheit in der Notstandsgesetzgebung*, Frankfurt/ /M., 1967.

estado de emergência, mas estes só podem ser decretados em casos excepcionais e segundo um condicionalismo muito restritivo.

O regime do estado de sítio e do estado de emergência consta da Lei n.º 44/86, de 30.9.

A declaração do estado de sítio ou do estado de emergência compete ao Presidente da República e depende da audição do Governo e da autorização da Assembleia da República ou, quando esta não estiver reunida nem for possível a sua reunião imediata, da respectiva Comissão Permanente (¹).

d) Outra consequência importante é que *a limitação, a suspensão ou a privação* de direitos fundamentais a qualquer pessoa *apenas é permitida nos casos e com as garantias da Constituição e da lei*.

Efectivamente, a garantia dos direitos fundamentais respeita a todos os cidadãos em condições normais da vida jurídica. Pode acontecer, todavia, que certos cidadãos estejam ou se coloquem em condições diferentes, que justifiquem que os seus direitos fundamentais sejam afectados, nomeadamente, em consequência de deficiências físicas ou psíquicas ou pela prática de actos ilícitos, sobretudo crimes.

Mesmo para esses casos, a CRP estabelece diversas *garantias* — que interessam também à liberdade de comunicação social:

i — Em caso algum pode alguém ser privado, mesmo temporariamente, de *todos* os seus direitos, liberdades e garantias (nem sequer dos direitos susceptíveis de suspensão em estado de sítio);

ii — Não é admissível, em princípio, a *privação* com carácter *perpétuo* ou com duração *ilimitada ou indefinida* de qualquer direito, liberdade ou garantia (art. 30.º, n.º 1);

iii — As incapacidades e as privações têm de ser as constantes da lei *geral*, não admitem *analogia* e não podem ser aplicadas *retroactivamente* (²);

iv — Nenhuma medida pode atingir os direitos, liberdades e garantias senão em consequência de *incapacidades* ou da prática de actos declarados *ilícitos* pela lei geral, nunca a título preventivo (³);

v — Nenhuma *medida de polícia* (art. 272.º, n.º 2) pode atingir o conteúdo dos direitos, liberdades e garantias; quando muito, pode tradu-

---

(¹) Lei n.º 44/86, de 30.9, art. 10.º.

(²) Art. 13.º, n.º 2, e 48.º, n.º 2.

(³) Art. 27.º, n.º 2, 36.º, n.º 6, 37.º n.º 3

A liberdade de comunicação social em geral 469

zir-se em condicionamento de alguns deles (¹) ou em medida provisória sujeita a validação judicial (art. 16.º, n.º 3 e 4);

vi — Aos *tribunais* judiciais compete a aplicação das reacções criminais (penas e medidas de segurança — art. 29.º, n.º 1 e 5, e 205.º, n.º 2) — ressalvada a jurisdição própria dos tribunais militares (art. 215.º) — assim como a aplicação de quaisquer outras sanções ou medidas que atinjam os direitos, liberdades e garantias (²); e a providência de *habeas corpus* contra prisão ou detenção ilegal é interposta perante o tribunal judicial ou militar, consoante os casos (art. 31.º, n.º 1) (³).

e) Da referida localização sistemática deduz-se a possibilidade de auto-tutela mediante o **direito de resistência** (art. 21.º) (⁴).

f) Outra consequência ainda é a **responsabilidade criminal** *dos titulares de cargos políticos por violação de direitos, liberdades e garantias* (CRP art. 120.º e Lei n.º 34/87, de 16.7).

4. Um aspecto importante do regime da liberdade de comunicação social, que decorre da sua inclusão entre os direitos, liberdades e garantias é a **reserva de competência legislativa da Assembleia da República**, a que já fiz referência, a propósito das fontes de direito: reserva **absoluta**, quanto a regimes do estado de sítio e do estado de emergência e restrições ao exercício de direitos por militares e agentes militarizados dos quadros permanentes em serviço efectivo (art. 167.º, al. e) e p)); reserva **relativa**, quanto à generalidade dos direitos liberdades e garantias (CRP art. 168.º, n.º 1, al. b)).

Por outro lado, compete à Assembleia da República a aprovação de convenções internacionais sobre direitos liberdades e garantias (CRP art. 164.º, al. j)) (⁵).

5. Além disso, resulta da inclusão da liberdade de comunicação social entre os direitos, liberdades e garantias o facto de constituir um **limite material à revisão constitucional** (CRP art. 288.º, al. d)) (⁶).

(¹) Art. 16.º da Lei n.º 20/89, de 12.6

(²) Art. 27.º, n.º 2 e 3, 28.º, n.º 1 e 3, 29.º, n.º 1 e 5, 30.º, n.º 2, 32.º, n.º 2, 4, 5 e 7, 33.º, n.º 4, 34.º, n.º 2, 36.º n.º 6, 37.º, n.º 3, 46.º, n.º 2, 87.º, n.º 2.

(³) Sobre o assunto, cf. J. MIRANDA, *Manual cit.*, vol. IV, pág. 320 e segs..

(⁴) Sobre o assunto, cf. J. MIRANDA, *Manual cit.*, vol. IV, pág. 322 e segs..

(⁵) Sobre o assunto, cf. J. MIRANDA, *Manual cit.*, vol. IV, pág. 332 e segs..

(⁶) Sobre o assunto, cf. J. MIRANDA, *Manual cit.*, vol. IV, pág. 338 e segs..

6. Finalmente, a Constituição consagra, nos art. 37.º a 40.º, um *regime específico* para a *liberdade de expressão e informação* e para a *liberdade de imprensa e meios de comunicação social*, que contém todo um conjunto de meios de protecção, que a lei ordinária não pode restringir e que serão analisados no capítulo seguinte, nomeadamente, o direito de antena, de resposta e de réplica política ([1]).

SECÇÃO III

Protecção internacional da liberdade de comunicação social

1. A liberdade de comunicação social beneficia, também, de protecção internacional, estando consagrada, como vimos, em diversos tratados internacionais multilaterais ([2]).

Esta protecção internacional traduz-se na possibilidade de *acesso dos cidadãos a instâncias internacionais* ([3]) e no *dever de informação*

([1]) Para maiores desenvolvimentos sobre o tema desta secção, cf. J. C. VIEIRA DE ANDRADE, *Os Direitos Fundamentais na Constituição Portuguesa de 1976*, Coimbra, Almedina, 1983; J. A. MELO ALEXANDRINO, *Estatuto Constitucional da Actividade de Televisão*, Coimbra, Coimbra Editora, 1998, pág. 194 e segs.; I. BEL MALLEN — L. CORREDOIRA Y ALFONSO — PILAR COUSIDO, *Derecho de la información*, Madrid, Colex, 1992, pág. 106 e segs.; C.-A. COLLIARD, *Libertés Publiques*, Paris, Dalloz, 3ª ed., 1968; MAURIZIO PEDRAZA, *Giornalismo e Costituzione*, Pádua, CEDAM, 1988; R. ZACCARIA, *Radiotelevisione e Costituzione*, Milano, 1977.

([2]) Cf. a Declaração Universal dos Direitos do Homem, de 10.12.1948, art. 19.º, a Convenção Europeia dos Direitos do Homem, de 4.11.1950, art. 10.º, o Pacto Internacional de Direitos Cívicos e Políticos, de 16.12.1966, art. 19.º, e o Acto Final da Conferência de Helsínquia sobre a Segurança e Cooperação na Europa, de 1.8.1975, "2-Informação". Este último incluiu extensas e importantes declarações sobre a melhoria da difusão, do acesso e da troca de informação impressa, filmada, radiodifundida e televisionada, a cooperação no domínio da informação e a melhoria das condições de trabalho dos jornalistas. É de admitir que tenha tido influência significativa na evolução dos países do Leste europeu, que conduziu ao fim dos regimes comunistas.

([3]) As convenções internacionais aplicam-se, em princípio, apenas aos cidadãos dos Estados que as subscreveram e ratificaram. Os cidadãos de Estados não signatários não estão por elas protegidos. Vigora o princípio da soberania dos Estados e da não intervenção de cada Estado nos assuntos internos dos outros Estados, embora haja uma certa tendência para a comunidade internacional intervir junto de Estados não signatários para protecção de direitos do Homem postos em causa de modo gritante, ainda que formalmente "legal".

internacional pelos Estados signatários dos respectivos tratados, v.g. pelo Estado português ([1]).

2. Efectivamente, os cidadãos vítimas de ofensas aos seus direitos, liberdades e garantias, que tenham esgotado os meios de defesa no âmbito do ordenamento jurídico português, podem pedir a *intervenção de instâncias internacionais*.

a) Nomeadamente, qualquer pessoa singular, organização não governamental ou grupo de particulares pode, nos termos da Convenção de Roma de 1950, dirigir-se à *Comissão Europeia dos Direitos do Homem* alegando uma violação de direitos consignados na Convenção ou nos seus Protocolos Adicionais.

O conhecimento da petição ou queixa que, assim, venha a ser aberto pode desembocar, se for caso disso, em processo perante o *Tribunal Europeu dos Direitos do Homem* (por iniciativa, porém, apenas da própria Comissão ou de outro Estado) e levar a uma decisão jurisdicional condenatória e obrigatória para o Estado ([2]).

b) Por outro lado, de acordo com o 1.º Protocolo Adicional Facultativo ao Pacto Internacional de Direitos Civis e Políticos, da ONU, os cidadãos dos Estados-partes (entre os quais Portugal, desde 1982) podem dirigir comunicações ou exposições ao *Comité dos Direitos do*

([1]) Na exposição subsequente sigo de perto, com a devida vénia, o texto de JORGE MIRANDA, *Manual de Direito Constitucional*, 1993, vol. IV, pág. 331 e seg.. Para maiores desenvolvimentos, cf. ASSIS FERREIRA, *Direito internacional do audiovisual* (folhas); KAREL VASAK, *As Dimensões Internacionais dos Direitos do Homem — Manual Destinado ao Ensino dos Direitos do Homem nas Universidades*, Lisboa, UNESCO/Livros Técnicos e Científicos, 1978/1983, pág. 181 e segs.; IRENEU CABRAL BARRETO, *A Convenção Europeia dos Direitos do Homem*, Lisboa, Aequitas/Ed. Notícias, 1995; ROGER PINTO, *La liberté d'information en droit international*, Paris, Economica, 1984; FELIX FERNÁNDEZ-SHAW, *Relaciones internacionales y medios audiovisuales*, Madrid, Tecnos, 1985; Balle, ob. cit., pág. 491 e segs.; DEBBASCH, *ob. cit.*, pág. 582 e segs.; BENEDETTO CONFORTI — FRANCESCO FRANCIONI, *Enforcing human rights in domestic courts*, The Hague, Martinus Nijhoff Publ., 1997.

([2]) Portugal encontra-se nestas condições, por ter aceite a jurisdição tanto da Comissão como do Tribunal, com a ratificação da Convenção Europeia de 4.11.1950 (aprovada para ratificação, com reservas, pela Lei n.º 65/78, de 13.10, tendo a maioria das reservas sido eliminadas pela Lei n.º 12/87, de 7.4) e a Declaração referida no Aviso de 6.2.1979.

Homem — criado pelo Pacto — a alegar serem vítimas de uma violação de qualquer dos direitos enunciados no Pacto.

O Comité leva as comunicações ou exposições ao conhecimento dos Estados, para efeito de eventuais explicações ou declarações, procede ao seu exame e, no final, transmite as conclusões a que chegar aos interessados e insere-as no relatório anual que deve enviar à *Assembleia Geral das Nações Unidas*.

Este regime não se substitui ao da Convenção Europeia dos Direitos do Homem e não é tão aperfeiçoado como o que aí se prescreve. Não deixa, contudo, de oferecer algum interesse.

3. Além disso, o Estado português está obrigado a prestar *informação internacional*, nomeadamente, nos casos de desrespeito pelos direitos do Homem.

a) Assim, segundo o art. 40.º do Pacto Internacional de Direitos Civis e Políticos, os Estados-partes comprometem-se a apresentar *relatórios* sobre as providências adoptadas com vista à efectivação dos direitos declarados no Pacto e sobre os progressos obtidos na fruição desses direitos ([1]).

Ao Comité dos Direitos do Homem cabe estudar os relatórios e, por seu turno, transmitir os relatórios por ele elaborados e quaisquer observações de carácter geral que julgue oportunas. Pode igualmente o Comité levar essas observações ao conhecimento do *Conselho Económico e Social* (das Nações Unidas), acompanhadas de cópias dos relatórios recebidos dos Estados (art. 40.º, n.º 4).

b) Deve ser prestada, também, informação internacional em caso de "derrogações" ou suspensão de direitos, liberdades e garantias.

([1]) Os relatórios deverão apontar, se for caso disso, os factos e as dificuldades que afectem a concretização dos preceitos do Pacto (art. 40º, n.º 2, 2ª parte). Os relatórios serão apresentados, dentro de um ano a contar da entrada em vigor do Pacto, por cada Estado-parte interessado em relação àquilo que lhe disser respeito (cf., por exemplo, o relatório de Portugal publicado no *BMJ*, n.º 311 (1981), págs. 11 e segs..); e para o futuro, sempre que o Comité dos Direitos do Homem o solicitar.

CAPÍTULO II
A liberdade de comunicação social e as suas limitações

SECÇÃO I
A liberdade de expressão do pensamento e de comunicação social e os seus componentes [1]

1. Vimos já que vários diplomas jurídicos do mais elevado grau hierárquico afirmam o princípio da liberdade da comunicação social. É chegado o momento de analisar mais profundamente em que consiste e quais os limites dessa liberdade.

Sabemos que, ao longo da história, este princípio foi afirmado, sobretudo, para pôr termo a intromissões indesejáveis do Estado e de outros poderes públicos na expressão de pensamento dos indivíduos, nomeadamente através da imprensa, rádio, televisão e outros meios de comunicação social. Interessa-nos, porém, conhecer melhor em que termos a lei portuguesa vigente regula o conteúdo e limites deste direito fundamental.

2. Desde logo deve acentuar-se que a CRP distingue entre a liberdade de expressão de pensamento e a liberdade de comunicação social.

Uma e outra são manifestações do direito geral à liberdade, destinando-se, não só a permitir a realização plena das pessoas, mas tam-

---

[1] Sobre este tema, em geral, cf. J. M. AUBY — R. DUCOS-ADER, *Droit de l'information*, 2ª ed., pág. 415 e segs.; D. CZAJKA, *Pressefreiheit und öffentliche Aufgabe der Presse*, Stuttgart, 1968; BENNO C. SCHMIDT Jr., *Freedom of Press vs. Public access*, New York — Londres, Praeger, 1976; JAVIER CREMADES, *Los limites de la liberdad de expresión en el ordenamiento español*. Madrid, La Ley, 1995; SANTIAGO SANCHEZ GONZALES, *La libertad de expresión*, Madrid, Marcial Pons, 1992; ANTONIO AGUILERA FERNANDEZ, *La libertad de expresión del ciudadano y la libertad de prensa o información (Posibilidades y limites constitucionales)*, Granada, Comares, 1990; MODESTO SAAVEDRA LÓPEZ, *La libertad de expresión en el Estado de Derecho — Entre la utopia y la realidad*, Barcelona, Ariel, 1987.

bém a abrir caminhos para a descoberta da verdade, do bem e da justiça, para a crítica e a denúncia de erros, falsidades e injustiças, para a participação na vida política e social. Implica a rejeição da censura prévia, que corresponde a não reconhecer à Administração Pública uma autoridade infalível em matéria informativa, política ou social.

3. Sob a epígrafe *"liberdade de expressão e informação"*, a **Constituição** afirma, no art. 37.º, n.º 1, que

"1. Todos têm o direito de exprimir e divulgar livremente o seu pensamento pela palavra, pela imagem ou por qualquer outro meio, bem como o direito de informar, de se informar e de ser informados, sem impedimentos nem discriminações.

2. O exercício destes direitos não pode ser impedido ou limitado por qualquer tipo ou forma de censura".

Deste modo, é possível distinguir *quatro direitos*, a que a CRP dá protecção relativa a **todas as pessoas** e a que poderemos chamar *primários*:

a) A liberdade de expressão e divulgação do pensamento;

b) O direito de informar (de prestar informações);

c) O direito de se informar (de buscar informação onde ela se encontrar, independentemente de colaboração alheia);

d) O direito de ser informado (de exigir a prestação de informações por quem as tenha).

A estes direitos, os n.ºs 2, 3 e 4 do art. 37.º ([1]) acrescentam *garantias* do seu correcto exercício:

a) A proibição de impedimentos ou discriminações, v.g., de censura;

b) A submissão das infracções aos princípios gerais do direito criminal e à competência dos tribunais judiciais;

c) O direito de resposta e de rectificação;

d) O direito a indemnização por danos sofridos.

([1]) "2. O exercício destes direitos não pode ser impedido ou limitado por qualquer tipo ou forma de censura.

3. As infracções cometidas no exercício destes direitos ficam submetidas aos princípios gerais de direito criminal, sendo a sua apreciação da competência dos tribunais judiciais.

4. A todas as pessoas, singulares ou colectivas, é assegurado, em condições de igualdade e eficácia, o direito de resposta e de rectificação, bem como o direito a indemnização pelos danos sofridos".

A liberdade de comunicação social em geral

4. Para além destes direitos reconhecidos a "todos", a Constituição consagra, nos art. 38.º e 40.º (³), diversos direitos e garantias específicos dos **meios de comunicação social**, que podem sintetizar-se do seguinte modo.

(³) Artigo 38.º **(Liberdade de imprensa e meios de comunicação social)**
"1. É garantida a liberdade de imprensa.
2. A liberdade de imprensa implica:
a) A liberdade de expressão e criação dos jornalistas e colaboradores literários, bem como a intervenção dos primeiros na orientação editorial dos respectivos órgãos de comunicação social, salvo quando pertencerem ao Estado ou tiverem natureza doutrinária ou confessional;
b) O direito dos jornalistas, nos termos da lei, ao acesso às fontes de informação e à protecção da independência e do sigilo profissionais, bem como o direito de elegerem conselhos de redacção;
c) O direito de fundação de jornais e de quaisquer outras publicações, independentemente de autorização administrativa, caução ou habilitação prévias.
3. A lei assegura, com carácter genérico, a divulgação da titularidade e dos meios de financiamento dos órgãos de comunicação social.
4. O Estado assegura a liberdade e a independência dos órgãos de comunicação social perante o poder político e o poder económico, impondo o princípio da especialidade das empresas titulares de órgãos de informação geral, tratando-as e apoiando-as de forma não discriminatória e impedindo a sua concentração, designadamente através de participações múltiplas ou cruzadas.
5. O Estado assegura a existência e o funcionamento de um serviço público de rádio e de televisão.
6. A estrutura e o funcionamento dos meios de comunicação social do sector público devem salvaguardar a sua independência perante o Governo, a Administração e os demais poderes públicos, bem como assegurar a possibilidade de expressão e confronto das diversas correntes de opinião.
7. As estações emissoras de radiodifusão e de radiotelevisão só podem funcionar mediante licença, a conferir por concurso público, nos termos da lei.
Artigo 40.º **(Direitos de antena, de resposta e de réplica política)**
"1. Os partidos políticos e as organizações sindicais, profissionais e representativas das actividades económicas têm direito, de acordo com a sua representatividade e segundo critérios objectivos a definir por lei, a tempos de antena no serviço público de rádio e televisão.
2. Os partidos políticos representados na Assembleia da República, e que não façam parte do Governo, têm direito, nos termos da lei, a tempos de antena no serviço público de rádio e televisão, a ratear de acordo com a sua representatividade, bem como o direito de resposta ou de réplica política às declarações políticas do Governo, de duração e relevo iguais aos dos tempos de antena e das declarações do Governo.
3. Nos períodos eleitorais os concorrentes têm direito a tempos de antena, regulares e equitativos, nas estações emissoras de rádio e de televisão de âmbito nacional e regional, nos termos da lei".

476   *Direito da Comunicação Social*

5. Quanto a ***todos os meios de comunicação social***:

a) A garantia de divulgação da titularidade e dos meios de financiamento;

b) A liberdade e independência perante o poder político e o poder económico;

c) O princípio da especialidade;

d) O direito a tratamento e apoio não discriminatório;

e) O impedimento da concentração.

Estes direitos e garantias foram já acima estudados.

6. Quanto aos ***meios de comunicação social do sector público***, a CRP consagra:

a) A garantia de independência perante os poderes públicos;

b) A possibilidade de expressão e confronto das diversas correntes de opinião.

A primeira foi já estudada anteriormente; a segunda interessa aprofundar adiante.

7. Quanto à ***imprensa***, além da afirmação geral da liberdade de imprensa, a CRP consagra:

a) O direito de todos de fundação de jornais e de quaisquer outras publicações;

b) Os direitos dos jornalistas:

i — Liberdade de expressão e criação;

ii — Direito ao acesso às fontes de informação;

iii — Direito de elegerem conselhos de redacção;

iv — Direito de intervenção na orientação editorial dos órgãos de comunicação social privados não doutrinários nem confessionais;

v — Direito à protecção da independência;

vi — Direito ao sigilo profissional;

c) A liberdade de expressão e criação dos colaboradores literários.

Alguns destes direitos e garantias (alíneas a), b) iii, v e vi) já foram estudados acima; outros (alíneas b) i e ii e c)) sê-lo-ão mais adiante.

8. Quanto à ***rádio*** e à ***televisão***, a CRP consagra:

a) A garantia de existência e funcionamento de um serviço público assegurado pelo Estado;

b) O direito de antena, no serviço público, dos partidos políticos e

A *liberdade de comunicação social em geral*   477

das organizações sindicais, profissionais e representativas das actividades económicas;

c) O direito de resposta e de réplica política dos partidos políticos da oposição parlamentar;

d) A garantia de licenciamento de emissoras privadas por concurso público.

A primeira e a última foram já analisadas; o segundo e o terceiro sê-lo-ão mais adiante.

9. Já estudámos, também, o papel e o regime da **Alta Autoridade para a Comunicação Social** (CRP art. 39.º)([1]).

10. Abstraindo, agora, de direitos já analisados anteriormente, parece *possível reconduzir estes vários direitos a três fundamentais*, que nos interessa aprofundar:

*a) A **liberdade de expressão de pensamento**,* afim, embora autonomizada do **direito de informar** (ou *direito de difundir informação*);

([1]) A **LImp de 1975** apresentava, no art. 1.º, um quadro de conceitos que não correspondia ao da CRP (o que não era de estranhar, por ser anterior a esta). Efectivamente, este preceito dispunha o seguinte:

"1. A liberdade de expressão do pensamento pela imprensa, que se integra no direito fundamental dos cidadãos a uma informação livre e pluralista, é essencial à prática da democracia, à defesa da paz e ao progresso político, social e económico do País.

2. O direito à informação compreende o direito a informar e o direito a ser informado.

3. O direito da imprensa a informar integra, além da liberdade de expressão do pensamento:

a) A liberdade de acesso às fontes oficiais de informação;

b) A garantia do sigilo profissional;

c) A liberdade de publicação e difusão;

d) A liberdade de empresa;

e) A liberdade de concorrência;

f) A garantia da independência do jornalista profissional e da sua participação na orientação da publicação jornalística.

4. O direito dos cidadãos a serem informados é garantido, nomeadamente, através:

a) De medidas antimonopolistas;

b) Da publicação do estatuto editorial das publicações informativas;

c) Da identificação da publicidade;

d) Do reconhecimento do direito de resposta;

e) Do acesso ao Conselho de Imprensa".

A **LImp de 1999** é, naturalmente, harmónica com a CRP.

478   *Direito da Comunicação Social*

b) **O direito de se informar** (ou *direito de procurar informação*); e
c) O **direito de ser informado** (ou *direito de receber informação*)([1]).

11. Vejamos, mais detidamente, em que consiste cada um destes direitos, e em que medida a lei ordinária vem esclarecer, completar e dar execução ao regime constitucional, em geral e na imprensa, na rádio, na televisão e nos meios electrónicos.

Posteriormente, veremos o regime das sanções aplicáveis às violações destes direitos.

SECÇÃO II

A liberdade de expressão do pensamento

1. A CRP consagra, primeiro, a liberdade de expressão do pensamento, como um *direito comum a todas as pessoas*: "Todos têm o direito de exprimir e divulgar livremente o seu pensamento pela palavra, pela imagem ou por qualquer outro meio (...), sem impedimentos nem discriminações" (art. 37.º, n.º 1).

Embora a CRP utilize termos correntes, é conveniente aprofundar um pouco a sua análise para determinar o seu verdadeiro alcance

A liberdade de expressão do pensamento significa *o poder de todos os homens exprimirem ou não exprimirem o seu pensamento por qualquer meio (em **sentido positivo**) e a proibição de todos os impedimentos ou discriminações a essa expressão (em **sentido negativo**), quer estes consistam em impor certas expressões não desejadas (confissões ou declarações forçadas, etc.), quer em obstar a determinadas expressões (impondo o silêncio), quer em diferenciar pessoas em situações iguais.*

A liberdade de expressão de pensamento *pressupõe* a própria *liberdade de **pensar***, como acto de conhecimento, da inteligência ou da razão, o que implica a proibição de métodos de *coacção* ou *manipulação* (como,

---

([1]) Estes direitos estão apresentados na CRP por esta ordem, que corresponde à ordem cronológica da sua consagração pelo direito. A ordem lógica parece ser diferente: primeiro, o direito de se informar (pois tudo começa com a busca, a recolha e a selecção da informação); segundo, o direito de informar (de divulgar a informação recolhida e tratada, bem como a opinião a seu respeito); terceiro, o direito a ser informado (a receber a informação e opinião divulgada). Cf. LUIS ESCOBAR DE LA SERNA, *Manual de Derecho de la Informacion*, 1997, pág. 54 e segs..

A liberdade de comunicação social em geral

por exemplo, a lavagem ao cérebro ou a imposição de mensagens subliminares, tendentes a influenciar contra vontade ou sem que o destinatário sequer dê por isso). No entanto, ao direito interessa, sobretudo, o pensamento que coloca um sujeito em *relação* com os outros: a *expressão* do pensamento.

Exprimir significa manifestar, exteriorizar, dar a conhecer a outras pessoas; e *divulgar* significa comunicar a uma pluralidade de pessoas — ao público. Isso envolve a *possibilidade* de a mensagem emitida ser *recebida* pelo destinatário, não podendo o Estado separar um indivíduo do seu auditório. Não implica, todavia, o direito de *ser escutado*: a generalidade das pessoas privadas não tem, em regra, o dever de ouvir quem quer falar [1][2].

Quando a lei fala em *expressão de pensamento* abrange qualquer resultado do conhecimento, da inteligência ou da razão. Exprimir um pensamento tanto pode significar, por isso, a comunicação de uma *informação* sobre um *facto* (notícia), como a manifestação de uma *opinião*, de um conceito, de uma reflexão, de uma convicção, de um juízo ou mesmo de um desejo, de um ideal, de uma *valoração*.

É frequente defender-se a distinção entre *informação* (sobre um facto) e *opinião* (envolvendo um juízo valorativo) — com o objectivo de separar uma da outra nos meios de comunicação social, assegurando, assim, maior rigor na comunicação e maior liberdade de crítica para o destinatário. Tal distinção é, teoricamente, desejável e obrigatória, mas é, praticamente, muito difícil, se não mesmo impossível, uma vez que toda a comunicação sobre factos pressupõe um juízo valorativo sobre a fonte de informação e uma selecção do que é relevante, os quais podem influenciar a opinião do público destinatário [3]. O próprio modo como é apresentada uma informação (v. g., os adjectivos — positivos ou

---

[1] Em relação ao Estado, os cidadãos têm o **direito de petição**, ou seja, "o direito de apresentar, individual ou colectivamente, aos órgãos de soberania ou a quaisquer autoridades petições, representações, reclamações ou queixas, para defesa dos seus direitos, da Constituição, das leis ou do interesse geral e, bem assim, o direito a serem informados, em prazo razoável, sobre o resultado da respectiva apreciação" (CRP art. 52.º, n.º 1). Têm, além disso, o **direito de acesso aos tribunais** (CRP art. 20.º), por via do qual podem, em certa medida, obrigar terceiros (inclusivamente particulares) a tomar posição sobre as pretensões apresentadas.

[2] Neste sentido, cf. NUNO E SOUSA, *A Liberdade de Imprensa*, 1984, pág. 142.

[3] Cf. SCHEUNER, *Pressefreiheit*, VVDStRL, 1965, pág. 65 e segs., HELWIG, cit. por NUNO E SOUSA, *A Liberdade de Imprensa*, pág. 137 e seg..

480 Direito da Comunicação Social

negativos — utilizados para chamar a atenção) nem sempre consegue ser neutro. De qualquer modo, agora o que interessa acentuar é que a CRP garante ambas: a liberdade de exprimir *informações* e *opiniões*.

Na liberdade de expressão de opiniões inclui-se a **propaganda** religiosa, ideológica e política (v.g. eleitoral), por vezes, sujeita a disciplina específica, tendente a assegurar o pluralismo, o confronto de opiniões e um certo equilíbrio entre tendências ([1]).

Na liberdade de expressão de opiniões inclui-se a própria **publicidade** (comercial), embora esta esteja sujeita a diversos condicionamentos tendentes a proteger os consumidores ([2]), como veremos.

A liberdade de expressão abrange qualquer *meio*:

a) pela *palavra*, incluindo toda a transmissão acústica (de ondas de sons), quer pela voz falada ou cantada, ao vivo, quer gravada (em disco, banda magnética, qualquer que seja o seu invólucro, ou outras técnicas) e reproduzida ou retransmitida;

b) pela *imagem* (fixa ou móvel), incluindo qualquer conjunto de sinais identificáveis através do seu próprio conteúdo (independentemente de convenção anterior, diversamente do que se passa com a escrita), ou seja, por desenhos, gravuras, pinturas, fotografias, filmes, vídeos, etc.;

c) por qualquer *outro meio*, incluindo a escrita (que abrange qualquer conjunto de sinais — letras, cifras, símbolos — de significado convencional) em qualquer espécie de suporte (papiro, pergaminho, papel, cartão, madeira, plástico, gravação electromagnética, etc.), bem como qualquer outra linguagem (gestual, etc.) ou meio de comunicação, inventada ou mesmo a inventar no futuro ([3]).

A Declaração Universal dos Direitos do Homem, de 1948, proclama também a liberdade de opinião e de expressão "por qualquer meio de expressão" (art. 19.º).

Mais explicitamente, o Pacto Internacional dos Direitos Civis e Políticos, de 1966, reconhece a liberdade de expressão "quer seja oralmente, quer por escrito, ou outra forma impressa ou artística, ou por qualquer outro processo da sua escolha" (art. 19.º, n.º 2).

É claro que a liberdade de expressão permite a utilização de qualquer meio que esteja à disposição da pessoa em causa (porque é proprie-

---

([1]) Cf., por exemplo, LRádio art. 14.º, al. c); e LTV art. 24.º.

([2]) Neste sentido, cf. NUNO E SOUSA, *ob. cit.*, pág. 142 e seg..

([3]) Cf. NUNO E SOUSA, *ob. cit.*, pág. 140 e seg..

A liberdade de comunicação social em geral

dade sua ou dele tem direito de utilização a outro título) — não faculta, só por si, a utilização de meios alheios ou mesmo do Estado. O regime de utilização desses meios depende das normas sobre direitos reais (propriedade, usufruto, etc.) e ou direitos de crédito (locação, empréstimo, etc.).

2. Além da afirmação constitucional da liberdade de expressão, em sentido positivo, como acabo de descrever, é importante a explícita *proibição de impedimentos ou discriminações*, nomeadamente, de *censura* (CRP art. 37.º, n.º 2).

Deste modo, pretendeu-se pôr termo, definitivamente, a sistemas de *censura* ou exame prévio de informações ("lato sensu") a divulgar — como existiram antes do 25 de Abril de 1974 ([1]) —, mas também a diversos outros tipos de *impedimentos* e *discriminações* que a experiência histórica registou: impedimento de conferências, escuta e intercepção de comunicações, apreensão e destruição de publicações, destruição das máquinas (fotográficas, impressoras, etc.), intervenções de autoridades a favorecer ou desfavorecer determinada corrente de opinião, etc. ([2]).

3. O direito de informar *sem impedimentos nem discriminações*, nomeadamente, sem intromissões do Governo, da Administração e de outros poderes públicos que afectem a sua independência, corresponde ao "direito de não ser inquietado pelas suas opiniões", a que se refere o art. 19.º da Declaração Universal dos Direitos do Homem, de 1948. Este direito abrange o de não ser prejudicado no emprego, repreendido, etc..

Neste mesmo sentido, o Pacto Internacional de Direitos Civis e Políticos, de 1966, afirma que "Ninguém poderá ser molestado por causa das suas opiniões" (art. 19.º).

Compreende também a "liberdade de receber e de transmitir informações ou ideias sem que possa haver ingerência de quaisquer autoridades públicas e sem consideração de fronteiras", como dispõe a Convenção Europeia dos Direitos do Homem, no art. 10.º.

Compreende, sobretudo, a proibição da **censura** ou **exame prévio**.

([1]) Sobre o assunto, cf. ALBERTO ARONS DE CARVALHO — A. MONTEIRO CARDOSO, *Da Liberdade de Imprensa*, Lisboa, Meridiano, 1971, pág. 225 e segs.; ALBERTO ARONS DE CARVALHO, *A Censura e as leis de Imprensa*, Lisboa, seara Nova, 1973; GRAÇA FRANCO, *A Censura à Imprensa (1820-1974)*, Lisboa, Imprensa Nacional-Casa da Moeda, 1993.

([2]) Cf. NUNO E SOUSA, *ob. cit.*, pág. 141 e seg..

Durante séculos (embora com intervalos de liberdade), viveu-se em regime de censura (eclesiástica e ou civil), que tinha por *objectivo* impedir a divulgação de informações ou opiniões que pudessem ofender a religião (católica, protestante ou outra), o Governo (pondo em causa a sua autoridade, provocando a queda dos governantes ou do próprio regime, ou prejudicando a sua actuação) ou valores ou interesses fundamentais da sociedade (a unidade e a independência dos países, v.g. em tempo de guerra) ou dos indivíduos (o bom nome e reputação, a intimidade privada, os bons costumes, etc.).

O que é característico do regime de censura é que seja uma intervenção *preventiva* (anterior à divulgação das informações) e efectuada por uma autoridade *administrativa* ou *militar* (dependente do Governo).

Assenta numa base de *desconfiança* (quando não na presunção de ignorância e falibilidade) relativamente aos jornalistas e outros comunicadores e no *receio da gravidade dos males* que podem ser desencadeados mediante a divulgação de informações ou opiniões e que, uma vez consumados, podem ser *irremediáveis* ou *dificilmente reparáveis*: a mentira, a calúnia, a libertinagem, o escândalo, a desordem, a subversão, a anarquia, a guerra, etc. ([1]).

Em contrapartida, baseia-se na confiança na normal correcção dos *censores*, que se presumem conhecedores e defensores da verdade e do bem.

Não dispensa, porém, a intervenção (*repressiva*) dos tribunais, das prisões, das apreensões, etc., mais ou menos independentes e regulamentados.

Como é sabido, este regime, eventualmente justificável em situações de guerra ou de emergência, presta-se a arbitrariedades ([2]), sendo

---

([1]) Cf. Parecer da Câmara Corporativa n.º 27/X (sobre o Projecto de Lei n.º 5/X e a Proposta de Lei n.º 13/X, que estão na origem da Lei de Imprensa de 1971 — Lei n.º 5/71, de 5.11), n.º 46 a 51, 117 e 118; JOSÉ FERNANDES NUNES BARATA, "Evolução histórica da censura", in *Informação Cultura Popular e Turismo*, n.º 4, Out.-Dez. 1970, pág. 37 e segs.; SILVA BASTOS, *História da Censura Intelectual em Portugal*, Coimbra, Imprensa da Universidade, 1926; GRAÇA FRANCO, *A Censura à Imprensa*, Lisboa, INCM, 1993; CÂNDIDO DE AZEVEDO, *Mutiladas e Proibidas*, Lisboa, Caminho, 1997; MORAES ROCHA, *O Essencial sobre a Imprensa em Portugal*, Lisboa, INCM, 1998.

([2]) Diz LOPES PRAÇA (*Direito Constitucional Portuguez*, 1878, vol. I, pág. 54) que "Como os adversários da luz podem ser ignorantes ou perversos, as verdades mais necessárias podem ser sufocadas ou perseguidas, os erros mais deleterios espa-

A liberdade de comunicação social em geral

frequentemente utilizado por ditadores para se perpetuarem no poder. Além disso, atrasa inutilmente a divulgação das publicações (¹). Aliás, não consegue impedir a imprensa clandestina, muito mais perigosa, em virtude da dificuldade de defesa.

Pressupõe, em todo o caso, que os informadores sejam distintos e, em certa medida, independentes do Estado. Caso contrário, cai-se no extremo do totalitarismo ditatorial, pior ainda que a censura (²).

Diversamente, o regime consagrado pela Constituição portuguesa vigente, à semelhança da generalidade dos países democráticos, assenta no reconhecimento da *liberdade* das pessoas, nomeadamente, dos jornalistas. Não significa menor estima pelos demais direitos fundamentais das pessoas e pelos valores do bem comum, que são (até melhor) tutelados pela ordem jurídica: a liberdade é limitada, não só pela liberdade dos outros, mas também por outros direitos fundamentais.

Equivale, sim, a recusar reconhecer ao Governo (seja qual for o partido dominante) ou a censores por ele nomeados o monopólio da verdade e do bem e a infalibilidade, admitindo que os abusos sejam desincentivados pelas cominações penais e, *depois* de cometidos, realmente *sancionados* pelos tribunais (independentes do Governo e sujeitos à lei e aos princípios processuais comuns).

Corre-se, conscientemente, o risco de que aconteçam alguns desmandos — que são o preço da democracia —, mas assegura-se a pos-

---

lhados, e o progresso da humanidade comprometido". Um dos casos mais célebres é o de Galileu, condenado pela Inquisição por defender que a Terra andava à volta do Sol...

(¹) Segundo D. António da Costa (cit. por LOPES PRAÇA, *Direito Constitucional Portuguez*, 1878, vol. I, pág. 53, nota 1) "Só nas censuras, levava tres annos cada livro, mesmo dos immaculados para ver a luz".

(²) Foi o que aconteceu nos países comunistas e acontece ainda nos poucos que restam, em que os meios de comunicação social são totalmente dominados pelo Estado, publicando tudo e só o que o Governo (dominado pelo partido comunista) deseja. É significativo o que disse Kaganovitch no jornal *Pravda*, em 1930: "A imprensa é, simultaneamente, uma organizadora de massas, um instrumento de cultura, uma arma de propaganda e, naturalmente, também uma arma de agitação política". Mais explicitamente, escreveu Kumischev: "Todas as dissertações sobre informação completa e objectiva não passam de uma hipocrisia liberal. O fim da informação não consiste em comercializar as notícias, mas antes em educar a grande massa dos trabalhadores, organizá-los, sob a direcção do partido, tendo em vista objectivos claramente definidos. A liberdade, a objectividade da imprensa, não passam de ficção. A informação é um meio de luta de classes, não é um espelho a reflectir objectivamente os acontecimentos" (cit. no referido Parecer da Câmara Corporativa, n.º 48). São conhecidos, hoje, os resultados destas experiências.

484 Direito da Comunicação Social

sibilidade de crítica, de busca da verdade, de progresso, de denúncia de abusos, de defesa de outras liberdades, de fiscalização da actividade dos governantes e de alternância governativa (na base de eleições periódicas, por sufrágio universal) (¹) (²).

(¹) Para maiores desenvolvimentos, a favor da liberdade de expressão do pensamento ou da liberdade de imprensa e contra a censura, cf. JOHN MILTON, *Areopagitica — A Speech for the Liberty of Unlicenced Printing to the Parliament of England*, London, 1644 (in *Complete English Poems, of Education, Areopagitica*, 4.ª edição de Gordon Campbel, Everyman, London, 1998, pág. 573 e segs..); JOHN LOCKE, *Essay on civil government*, 1690; JEAN-JACQUES ROUSSEAU, *Du Contrat Social*, 1762, e *Émile*, 1762; VOLTAIRE, "Liberté de penser", in *Dictionnaire philosophique*, 1765 (na edição de Paris, Gallimard, 1994, pág. 355 e segs.); em Portugal, *Diário das Cortes Gerais Extraordinárias da Nação Portuguesa*, n.º 14 e 15, respectivamente de 14 e 15.2.1821; MANUEL FERNANDES TOMÁS *A Revolução de 1820*, Lisboa, Seara Nova, 1974, pág. 77 e segs.; FAUSTINO JOSÉ DA MADRE DE DEOS, *A Constituição de 1822 Comentada e Desenvolvida na Pratica*, Lisboa, Tipografia Maigrense, 1823, pág. 7 e seg.; J. J. LOPES PRAÇA, *Direito Constitucional Portuguez*, Coimbra, Imprensa Literária, 1878 (reimpressão da Coimbra Editora, de 1997), vol. I, pág. 52 e segs.; BENTO CARQUEJA, *A Liberdade de Imprensa*, Porto, Tip. Comércio do Porto, 1893; TRINDADE COELHO, *Manual Político do Cidadão Portuguez*, Porto, Empresa Litteraria e Typographica, 2.ª ed., 1908, pág. 43, 408 e 699; MARNOCO E SOUSA, *Constituição Política da República Portuguêsa — Commentario*, Coimbra, França Amado, 1913, pág. 106 e seg.; AUGUSTO DA COSTA DIAS, *Discursos sobre a Liberdade de Imprensa no Primeiro Parlamento Português: 1821*, Lisboa, Portugália, 1966 (2.ª ed. Lisboa, Estampa, 1978); JOSÉ TENGARRINHA, *Da Liberdade Mitificada à Liberdade Subvertida — Uma Exploração no Interior da Repressão à Imprensa periódica de 1820 a 1828*, Lisboa, Colibri, 1993, pág. 40 e segs.; MARIA MANUELA PAIS DOS SANTOS FIGUEIREDO, *Liberdade de Expressão* (dissertação), Lisboa, Univ. Católica Portuguesa, 1983; GRAÇA FRANCO, *A Censura à Imprensa (1820-1974)*, Lisboa, Imprensa Nacional-Casa da Moeda, 1993, pág. 11 e segs..

(²) A censura eclesiástica tem, actualmente, fundamentos, significados e consequências totalmente diferentes da civil. Aliás, a Igreja não tem, hoje, meios para impedir a divulgação de mensagens contrárias (fora das igrejas), apenas podendo desincentivá-las. Tal censura tem por *objectivo* preservar a integridade das verdades da fé (tal como foram recebidas pelos apóstolos e seus sucessores) ou dos costumes, defendendo-as de doutrinas heréticas ou heterodoxas, e assim incentivar a unidade dos cristãos. Consiste na *apreciação* por uma autoridade eclesiástica (bispo ou censor nomeado pelo bispo) dos escritos a publicar pelos fiéis (clérigos ou leigos), relativos à fé ou à moral ou nocivos à ortodoxia da fé ou aos bons costumes (v. g., sagradas Escrituras, livros litúrgicos ou de orações, catecismos, decretos de autoridades eclesiásticas). Pode conduzir a licença ou aprovação ("nihil obstat") ou a reprovação. A publicação de textos reprovados está sujeita a *sanções* canónicas, nomeadamente, admoestação, repreensão, penitência (obra de religião, piedade ou caridade), privação

A liberdade de comunicação social em geral

4. A liberdade de expressão do pensamento é muito ampla, mas não é absoluta e ilimitada.

Os próprios pensadores liberais sempre reconheceram que a liberdade de cada um tem por *limites* a liberdade e os direitos dos outros.

No caso da liberdade de expressão do pensamento, diversas disposições da lei mostram que, nomeadamente, deve ser respeitada a verdade ([1]), o rigor e objectividade da informação, o bom nome, a intimidade da vida privada, a imagem e a palavra das pessoas, o interesse público e a ordem democrática ([2]). O desrespeito por tais valores constitui acto ilícito, que pode estar sujeito a diversos tipos de sanções criminais (penas e medidas de segurança), contra-ordenacionais (coimas), disciplinares (repreensão, multa, suspensão, despedimento), administrativas (multas, inibição de exercício de actividades, etc.) ou civis (indemnização de perdas e danos, etc.).

5. Por isso é importante a *submissão das infracções aos princípios gerais do direito criminal* e à *competência dos tribunais judiciais*.

São garantias fundamentais de aplicação às infracções à liberdade de expressão de princípios consagrados na própria CRP, como, por exemplo, o princípio da *legalidade* e da *tipicidade* dos crimes e das penas, do direito a *ser ouvido*, a *defender-se* e a *ser julgado* perante juizes imparciais, à validação judicial da prisão preventiva, ao "*habeas corpus*", às garantias do processo criminal (CRP art. 27.º a 32.º).

---

de certos direitos canónicos, demissão do estado clerical, excomunhão (que envolve, nomeadamente, a proibição de celebrar ou receber sacramentos, ou de desempenhar cargos eclesiásticos)(Código de Direito Canónico, cânon 822 e segs., 1331 e segs., 1369, 1371 e 1373). O fundamento último de tal poder está na missão conferida por Cristo aos apóstolos (e seus sucessores) de transmitir a Boa Nova revelada. Obviamente, não se aplica a quem não tem fé em Cristo e na Igreja. Qualquer publicação doutrinária (v. g., religiosa ou político-partidária), como qualquer confissão religiosa ou partido político, que queira ter um mínimo de coerência e de eficácia, impõe semelhante disciplina aos respectivos adeptos.

([1]) Cf., por exemplo, NUNO E SOUSA, *ob. cit.*, pág. 144 e seg.; D. GUANTER, *La verdad en la información*, Valhadolide, 1976, pág. 69 e segs.; SMEND, *Staatsrechliche Abhandlungen und andere Aufsätze — Das Problem der Presse in der heutigen geistigen Lage*, Berlin, 1968, pág. 384 e segs.; NICETO BLASQUEZ, *Etica y medios de comunicación*, 1994, pág. 54 e segs., 166, 197 e segs..

([2]) LImp de 1999, art. 3.º; EJorn art. 14.º, al. a), f) e g).

486   *Direito da Comunicação Social*

Pretendeu-se, claramente, acabar com acusações forjadas perante tribunais especiais, sem garantias mínimas de defesa do arguido — que constrangem injustamente o próprio acusado e atemorizam todos os demais.

Adiante estudaremos o regime dos crimes de comunicação social.

6. Também importante é o ***direito de resposta e de rectificação***.

É fundamental que a generalidade das pessoas se habitue a expressar o seu pensamento de modo a respeitar a verdade e o rigor, assim como o bom nome e a reputação dos outros. Por isso, a CRP garante a qualquer pessoa que se sinta afectada por uma afirmação inverídica ou errónea de outra o direito de responder e de rectificar, para repor a verdade dos factos e assegurar a defesa dos seus interesses legítimos.

Na perspectiva de quem exerce estes direitos, é fundamental a possibilidade de expressão livre do seu pensamento. Do ponto de vista da parte contrária, convém que reflicta no que diz antes de o fazer, se quer evitar ser desmentido e deseja manter a credibilidade e até o bom nome.

Adiante desenvolveremos mais a análise do regime destes direitos.

7. Igualmente importante é a consagração constitucional do *direito a **indemnização** por danos sofridos* (art. 37.º, n.º 4), embora o seu regime conste da lei ordinária, em termos a estudar mais adiante.

SECÇÃO III

A liberdade de comunicação social

SUBSECÇÃO I

Considerações gerais

1. Para além destes princípios sobre a "liberdade de expressão e informação" (art. 37.º), a CRP consagra diversos princípios sobre o que pode chamar-se a liberdade de comunicação social (art. 38.º).

O que significa esta distinção constitucional entre a liberdade de expressão de pensamento e a liberdade de comunicação social?

A *liberdade de expressão de pensamento* é reconhecida à generalidade das pessoas, para ser exercida por qualquer forma ou meio, como

A *liberdade de comunicação social* em geral 487

cada uma puder e quiser. Isso significa que as outras pessoas — a começar pelo Estado — não podem opor obstáculos a essa liberdade, a não ser os que resultam da liberdade das outras pessoas (de modo que todos possam gozar de igual liberdade), bem como de outros valores de igual ou superior valia.

A *liberdade de comunicação social* é uma modalidade da liberdade de expressão de pensamento através dos meios de comunicação social, isto é, da imprensa, da rádio, da televisão, do cinema, da Internet, etc.. É reconhecida *formalmente* à generalidade das pessoas, mas os condicionamentos da realidade fazem com que só certas pessoas possam, *de facto*, ter *acesso* a tal liberdade e todas estas vêem a sua liberdade limitada pelos *constrangimentos técnicos, financeiros e organizativos* das *empresas* respectivas. Em contrapartida, a comunicação social tem muito maior impacte, alcançando um público muito mais amplo (sobretudo, a televisão e a Internet). Tais circunstâncias dão origem a problemas específicos, que exigem legislação apropriada.

Mais concretamente, só têm acesso à liberdade de *imprensa* aqueles que dispõem de meios financeiros, técnicos e de gestão que lhes possibilitem a produção e distribuição de jornais — quer meios próprios, quer meios facultados por outros (na base de contratos de trabalho, de prestação de serviço, de publicidade, etc.). E os que têm tal acesso não podem deixar de atender, nomeadamente, às limitações de espaço (número e dimensão das páginas, apresentação gráfica, etc.), às necessidades de coordenação dos vários intervenientes, às conveniências decorrentes de uma certa unidade e coerência de orientação (mesma com diversidade e pluralismo de conteúdos), exigidas pelo próprio público (mercado), que se pretende fidelizar. Dos constrangimentos a que, por facilidade, chamei organizativos decorre, nomeadamente, o papel fundamental do director e do conselho de redacção, em termos já anteriormente abordados.

Na *rádio*, o acesso é limitado pelos constrangimentos técnicos e administrativos do espectro radioeléctrico e dos equipamentos utilizados, bem como pelo próprio tempo (só podendo, em cada frequência, falar um de cada vez...). E os que têm tal acesso devem respeitar as regras de programação e, também, as necessidades de coordenação dos vários intervenientes e as conveniências decorrentes de uma certa unidade e coerência de orientação. Dos constrangimentos técnicos decorre, nomeadamente, a importante distinção dos regimes, consoante a emissão seja em directo ou em diferido — assegurando a primeira maior

488   *Direito da Comunicação Social*

liberdade e a correspondente responsabilidade individual, enquanto a segunda possibilita intervenções sucessivas de várias pessoas, com eventuais limitações da liberdade e co-responsabilização. Nos programas em directo, o papel fundamental do director reside mais na escolha das pessoas e no planeamento do programa, do que na sua execução em concreto. Já nos programas em diferido, o director pode ter uma intervenção mais alargada e, por consequência, também mais responsabilizante.

Na *televisão* (sobretudo hertziana), o acesso é ainda mais limitado, acrescendo aos constrangimentos do som os da imagem em movimento, assim como as características próprias dos diversos segmentos do público.

Nos *meios electrónicos*, é preciso que alguém tenha e ligue o computador (com modem, ligação e programas adequados) e saiba trabalhar com ele.

2. A CRP contém alguns princípios *comuns* aos vários meios de comunicação social e outros *específicos* para a imprensa, para a rádio e para a televisão.

Entre os princípios *comuns*, é de salientar que, no art. 38.º, n.º 6, a CRP estabelece uma regra importante relativa aos *meios de comunicação do sector público* (imprensa, rádio e televisão):

"A estrutura e o funcionamento dos meios de comunicação social do sector público devem (...) assegurar a possibilidade de expressão e confronto das diversas correntes de opinião".

Esta afirmação constitucional do princípio do *pluralismo interno* significa que o Estado não assume como sua uma determinada crença religiosa, nem qualquer ideologia política ou social. Reconhece aos cidadãos a liberdade de consciência e de expressão das suas opiniões. Não impõe qualquer fé religiosa, nem qualquer ideologia política ou social. Admite o pluralismo ideológico na sociedade portuguesa, respeitando o pluralismo realmente existente.

Do ponto de vista ideológico, a Constituição não contém nenhuma referência a Deus, nem à Igreja Católica (apesar de a grande maioria dos portugueses se declarar católica, praticante ou não) [1].

O preâmbulo da CRP continua a afirmar, em todo o caso, a decisão do povo português de "abrir caminho a uma sociedade socialista"

---

[1] No art. 41.º, consagra a liberdade de consciência de religião e de culto, fazendo referência a "igrejas e outras comunidades religiosas".

A *liberdade de comunicação social em geral* 489

(sem a definir exactamente) e a rejeição do fascismo (confirmada no art. 46.º, n.º 4, e 294.º, também sem definição).

Assim, a proclamação da liberdade de expressão do pensamento corresponde a um princípio de *tolerância democrática e liberal*, que não necessariamente de relativismo ideológico ou moral. A Constituição aponta um caminho (o socialismo), sem excluir que se discutam outros, com excepção da ideologia fascista, por óbvios motivos históricos ([1]).

É de salientar que a possibilidade de expressão e confronto das diversas correntes de opinião imposta aos órgãos de comunicação social do *sector público* significa que em *cada um* destes órgãos deve ser possível tal confronto — independentemente de existir ou não uma pluralidade de meios de comunicação social do mesmo género.

Nem a CRP nem a lei estabelecem o mesmo princípio de pluralismo interno para o *sector privado*, certamente por presumir que tal confronto resulta da concorrência de vários meios de comunicação social, podendo cada um deles ter a sua orientação (inclusivamente, mediante publicações doutrinárias — LImp de 1999 art. 13.º, n.º 1).

SUBSECÇÃO II
A liberdade de imprensa

1. Os princípios que acabamos de analisar, relativos à liberdade de comunicação social, aplicam-se qualquer que seja o meio utilizado.

Além disso, a CRP garante explicitamente a *liberdade de imprensa* (art. 38.º, n.º 1 e 2 ([2]))([3]), que é regulada com maior desenvolvimento pela LImp de 1999.

([1]) Esta orientação resultava já, para a imprensa, da LImp de 1975, cujo art. 4.º, n.º 3, dispunha que "É lícita a discussão e crítica de doutrinas políticas, sociais e religiosas, das leis e dos actos dos órgãos de soberania e da administração pública, bem como do comportamento dos seus agentes, desde que se efectue com respeito pela presente Lei". A LImp de 1999 não tem disposição equivalente, não sendo, aliás, necessária, em face do disposto na CRP.

([2]) "1. É garantida a liberdade de imprensa.

2. A liberdade de imprensa implica:

a) A liberdade de expressão e criação dos jornalistas e colaboradores, bem como a intervenção dos primeiros na orientação editorial dos respectivos órgãos de comunicação social, salvo quando tiverem natureza doutrinária ou confessional;

b) O direito dos jornalistas, nos termos da lei, ao acesso às fontes de informação

490   *Direito da Comunicação Social*

2. A liberdade de imprensa é a mais antiga das modalidades da liberdade de comunicação social, compreendendo-se, por isso, que seja, também, a mais estudada pela doutrina.

Já vimos que a liberdade de imprensa corresponde, inicialmente, ao direito de todo o cidadão de *imprimir* livremente, usando máquinas gráficas, como a inventada por Gutenberg. Posteriormente, passou a utilizar-se o termo imprensa para referir a chamada imprensa *periódica* (jornais e revistas), aplicando-se as primeiras leis também às publicações *unitárias* (livros e cartazes).

Em meados deste século, chegou a admitir-se um **conceito amplo** de liberdade de imprensa, abrangendo as várias técnicas de difusão do pensamento para o público (rádio, televisão, cinema, etc.).

A partir do momento em que se verificou que a rádio, a televisão e o cinema suscitavam problemas específicos, que foram objecto de legislação própria, voltou-se a um *conceito restrito* de imprensa, que é o mais comum, actualmente.

A definição do conceito de imprensa, em sentido restrito, suscita, todavia, divergências na doutrina, pois alguns autores preferem um conceito *material*, enquanto outros se inclinam para um conceito *formal*.

O **conceito material** restringe a imprensa, em função do conteúdo, à publicação de impressos de interesse público, no âmbito de uma função pública da imprensa, com exclusão das publicações derivadas de um interesse comercial do publicador ou de um interesse de mero recreio ou sensação do leitor. Imprensa seria só a publicação de notícias sobre questões políticas, culturais, ideológicas ou de informações ou reportagens objectivas, em jornais ou revistas. Deste modo, pretende-se

---

e à protecção da independência e do sigilo profissionais, bem como o direito de elegerem conselhos de redacção;

c) O direito de fundação de jornais e de quaisquer outras publicações, independentemente de autorização administrativa, caução ou habilitação prévias".

(³) Importa não confundir a liberdade *de* imprensa — enquanto situação *jurídica* subjectiva, decorrente das normas jurídicas aplicáveis — e a liberdade *da* imprensa — enquanto situação *de facto* de maior ou menor respeito pelas normas jurídicas. Mesmo em países democráticos e com boas leis de imprensa, nem sempre a realidade corresponde ao modelo legal. É interessante referir a este propósito a publicação periódica (anual) de relatórios sobre a situação da liberdade da imprensa no mundo, elaborada pelos "Reporters sans frontières", nomeadamente, o *Rapport 1998 — La liberté de la presse dans le monde*, Paris, Dif'Pop', 1998 (*Supplément à la Lettre de reporters sans frontières*, n.º 1233, de 6.4.1998).

A liberdade de comunicação social em geral

limitar a liberdade de imprensa em função dos serviços prestados à sociedade ou, pelo menos, estabelecer um regime diverso (e mais favorecido) do aplicável às demais publicações (que gozariam apenas da liberdade de comércio e indústria), nomeadamente, em matéria de restrições e responsabilidade ([1]).

Outros autores defendem um **conceito formal** da imprensa, baseado apenas nos métodos ou técnicas de reprodução, de tal modo que nele ficariam abrangidos todos os impressos (jornais, revistas, livros, folhas volantes, circulares, cartazes, reclamos, etc.), produzidos por processos mecânicos ou químicos (gravura, fotografia, litografia, heliografia, "offset", etc.) que criam exemplares iguais que não precisam para a sua difusão de instalação especial. Ficam excluídos o cinema, a rádio, a televisão, quer porque difundem sons e imagens, sem reprodução material de exemplares idênticos, quer porque carecem de instalações especiais para emissão e recepção. Não basta, porém, a multiplicação de exemplares, é necessário que se destinem a publicação, a divulgação pelo público. Não é essencial a periodicidade ([2]).

A CRP não define, nem tinha de definir, um conceito de imprensa. Do conjunto de elementos de interpretação, pode, todavia, deduzir-se que acolhe um conceito restrito e formal de imprensa, contrapondo a imprensa aos outros meios de comunicação social (rádio, televisão, cinema, etc.), mas sem distinguir as publicações periódicas das não periódicas, e não acolhendo o conceito material ([3]).

A definição de imprensa constante do art. 2.º da LImp de 1975 ([4]) corresponde, manifestamente, ao conceito restrito e formal.

A LImp de 1999 adopta, no art. 9.º, um conceito de imprensa restrito e material ([5]). Isso tem como consequência que o regime nela

---

([1]) Cf. MANGOLDT-KLEIN, *Das Bonner Grundgesetz*, Frankfurt/Main, 1957; NUNO E SOUSA, *A Liberdade de Imprensa*, 1984, pág. 5 e segs..

([2]) Cf. MAUNZ-DÜRIG-HERZOG, *Grundgesetz-Kommentar*, München, 1968; NUNO E SOUSA, *Ob. cit.*, 1984, pág. 8 e segs..

([3]) Neste sentido e para maiores desenvolvimentos, cf. NUNO E SOUSA, *Ob. cit.*, 1984, pág. 13 e segs..

([4]) "Entende-se por imprensa todas as reproduções impressas para serem difundidas, que serão designadas por publicações, com excepção dos impressos oficiais e dos correntemente utilizados nas relações sociais."

([5]) "1 — Integram o conceito de imprensa, para efeitos da presente lei, todas as reproduções impressas de textos ou imagens disponíveis ao público, quaisquer que sejam os processos de impressão e reprodução e o modo de distribuição utilizado.

2 — Excluem-se boletins de empresa, relatórios, estatísticas, listagens, catálo-

estabelecido se aplica às publicações abrangidas por esse conceito; quanto às excluídas dele, aplica-se o regime resultante da CRP e de outros diplomas específicos eventualmente aplicáveis.

Deste modo, haverá que verificar, caso a caso, em que medida outros diplomas adoptam um conceito diverso ou mandam aplicar as respectivas disposições a publicações não abrangidas pela LImp de 1999.

É o caso, por exemplo, do Dec.-Lei n.º 74/82, de 3.3. relativo ao depósito legal, que adopta um conceito de imprensa ([1]) significativamente diferente do da LImp de 1999.

3. A imprensa desempenha várias **funções**, que a doutrina tem vindo a tentar identificar. São, em boa parte, comuns aos demais meios de comunicação social, mas apresentam alguns aspectos específicos que interessa salientar.

---

gos, mapas, desdobráveis publicitários, cartazes, folhas volantes, programas, anúncios, avisos, impressos oficiais e os correntemente utilizados nas relações sociais e comerciais".

([1]) "Art. 2.º Entende-se por publicação toda a obra de reflexão, imaginação ou de criação, qualquer que seja o seu modo de reprodução, destinada à venda, empréstimo ou distribuição gratuita e posta à disposição do público em geral ou de um grupo particular (...).

Art. 4.º — 1 — São objecto de depósito legal as obras impressas ou publicadas em qualquer ponto do País, seja qual for a sua natureza e o seu sistema de reprodução, isto é, todas as formas e tipos de publicações ou quaisquer outros documentos resultantes de oficinas, fábricas ou serviços de reprografia destinados a venda ou distribuição gratuita.

2 — É, nomeadamente, obrigatório o depósito de livros, brochuras, revistas, jornais e outras publicações periódicas, separatas, atlas e cartas geográficas, mapas, quadros didácticos, gráficos estatísticos, plantas, planos, obras musicais impressas, programas de espectáculos, catálogos de exposições, bilhetes-postais ilustrados, selos, estampas, cartazes, gravuras, fonogramas e videogramas, obras cinematográficas, microformas e outras reproduções fotográficas.

3 — Não são abrangidos pela obrigatoriedade do depósito previsto nos números anteriores os cartões de visita, cartas e sobrescritos timbrados, facturas comerciais, títulos de valores financeiros, etiquetas, rótulos, calendários, álbuns para colorir, cupões e outros equivalentes, modelos de impressos comerciais e outros similares.

Art. 5.º São equiparadas às obras portuguesas, para cumprimento do n.º 2 do artigo 4.º, as obras impressas no estrangeiro que tenham indicação do editor domiciliado em Portugal.

Art. 6.º São consideradas como obras diferentes, sujeitas, pois, a obrigação de depósito, as reimpressões e as novas edições, desde que não se trate de simples aumentos de tiragem.".

A liberdade de comunicação social em geral 493

A mais evidente é a *função de informação*, de divulgação de notícias sobre os acontecimentos da vida política, económica e social — podendo fazê-lo com maior rigor e desenvolvimento que a rádio ou a televisão (embora esta beneficie da riqueza da imagem e do som) e, por isso, exercendo uma influência mais profunda e duradoura que os meios audiovisuais (embora com menor rapidez).

Segunda função importante é a que pode chamar-se *função de integração*, de divulgação de opiniões de modo que possibilita a congregação de opiniões individuais em correntes de opinião, ajuda as pessoas a formarem as suas próprias opiniões e a reunirem-se para a realização de objectivos comuns. Esta é uma função em certa medida interactiva: os jornalistas e colaboradores exprimem as suas opiniões, mas os leitores podem responder e podem procurar predominantemente as publicações que melhor correspondem às suas ideias, condicionando, assim, a própria redacção. A rádio e a televisão podem desempenhar esta função de uma forma mais imediata e mais viva (v.g. através de debates em directo), mas também menos duradoura (salvo se houver gravação, que exige equipamento de reprodução) e envolvendo menor número de participantes.

A terceira função da imprensa pode chamar-se *função de controlo*, de verificação, crítica e denúncia de eventuais abusos por parte dos governantes.

Deste modo, a imprensa, como os outros meios de comunicação social, conseguem influenciar, efectivamente, a vida política e social — embora nem sempre decisivamente. É essa influência que está na origem da ideia de que os meios de comunicação social constituem o quarto poder do Estado ([1])([2]).

4. Afirmar e defender a liberdade de imprensa exige a sua **protecção** em três fases fundamentais:

a) Na fase anterior à redacção dos textos — evitando exigências de autorizações, cauções ou habilitações prévias a empresas, jornalistas

---

([1]) Neste contexto, é de referir o disposto no art. 1.º, n.º 1, da LImp de 1975: "A liberdade de expressão do pensamento pela imprensa, que se integra no direito fundamental dos cidadãos a uma informação livre e pluralista, é essencial à prática da democracia, à defesa da paz e ao progresso político, social e económico do País". A LImp de 1999 não reproduz, todavia, este preceito.

([2]) Para maiores desenvolvimentos, cf. NUNO E SOUSA, *Ob. cit.*, 1984, pág. 25 e segs..

494   *Direito da Comunicação Social*

ou outros colaboradores, bem como pressões para escrever ou não em determinado sentido;

b) Na fase de redacção, composição e impressão dos textos — proibindo a censura (tendente a sujeitá-los a exame prévio e eventuais cortes ou distorções) e outros impedimentos;

c) Na fase de distribuição e circulação da publicação impressa — proibindo apreensões arbitrárias ou outras dificuldades.

A LImp de 1999 protege a liberdade de imprensa em todas estas fases, como resulta, claramente, do disposto no art. 33.º, relativo ao crime de atentado à liberdade de imprensa.

Na verdade, este preceito dispõe o seguinte:

"1 — É punido com pena de prisão de 3 meses a 2 anos ou multa de 25 a 100 dias aquele que, fora dos casos previstos na lei e com o intuito de atentar contra a liberdade de imprensa:

a) Impedir ou perturbar a composição, impressão, distribuição e livre circulação de publicações;

b) Apreender quaisquer publicações;

c) Apreender ou danificar quaisquer materiais necessários ao exercício da actividade jornalística.

2 — Se o infractor for agente do Estado ou de pessoa colectiva pública e agir nessa qualidade, é punido com prisão de 3 meses a 3 anos ou multa de 30 a 150 dias, se pena mais grave lhe não couber nos termos da lei penal".

Importa, todavia, analisar melhor a protecção da liberdade de imprensa nas suas várias fases.

5. O princípio da não subordinação da fundação de jornais e de outras publicações a qualquer *autorização, caução* ou *habilitação prévia* está, hoje, consagrado na CRP (art. 38.º, n.º 2, al. c)) e na LImp de 1999 ([1])).

A exigência de autorização constituiria uma injustificada restrição à liberdade. A exigência de caução ou habilitação prévia iria criar um privilégio para quem dispusesse de elevados recursos para a prestar ou a obter, respectivamente. É importante a explicitação desse princípio porque não vai longe o tempo em que elas eram exigidas ([2]).

([1]) Art. 2.º, n.º 1, alínea c). Constava já da LImp de 1975, art. 4.º, n.º 1.

([2]) ALEXANDRE HERCULANO opôs-se tenazmente, na Câmara dos Deputados, a um projecto governamental de lei de imprensa de 1840, que exigia habilitações dis-

A *liberdade de comunicação social em geral* 495

6. Em todo o caso, a LImp de 1999 (como a anterior) estabelece algumas **exigências formais**, necessárias para a identificação dos principais intervenientes e eventuais responsáveis e para um certo *controlo administrativo* das publicações: *requisitos das publicações* e *registo de imprensa* (a que acresce o *depósito legal*, a analisar mais adiante) ([1]).

a) Na verdade, o art. 15.º da LImp de 1999 estabelece uma série de **requisitos das publicações**, quer periódicas quer não periódicas:

"1 — As publicações periódicas devem conter, na primeira página de cada edição, o título, a data, o período de tempo a que respeitam, o nome do director e o preço por unidade ou a menção da sua gratuitidade.

2 — As publicações periódicas devem conter ainda, em página predominantemente preenchida com materiais informativos, o número de registo do título, o nome, a firma ou denominação social do proprietário, o número de registo de pessoa colectiva, os nomes dos membros do conselho de administração ou de cargos similares e dos detentores com mais de 10% do capital da empresa, o domicílio ou a sede do editor, impressor e da redacção, bem como a tiragem.

3 — As publicações não periódicas devem conter a menção do autor, do editor, do número de exemplares da respectiva edição, do domicílio ou sede do impressor, bem como da data de impressão.

4 — Nas publicações periódicas que assumam a forma de revista não é obrigatória a menção do nome do director na primeira página".

As publicações que não contenham os requisitos exigidos pelo n.º 1 do art. 15.º podem ser objecto de medida cautelar de *apreensão*, como veremos ([2]).

---

pendiosas para a publicação de jornais políticos. Dez anos depois, a Carta de Lei de 3.8.1850 exigia dos responsáveis dos periódicos depósitos prévios, em dinheiro ou títulos de dívida pública, e habilitações (art. 75.º a 85.º). Cf., também, a Lei de 11.4.1907 (art. 34.º, § 1.º e 2.º), revogada pela Lei de 28.10.1910, que não reproduz os mencionados preceitos; P. n.º 118, de 28.12.1917, n.º 1; Dec.-Lei n.º 26.589, de 14.5.1936, art. 2.º e 8.º; Regulamento do Serviço de Censura. Cf. ARONS DE CARVALHO — MONTEIRO CARDOSO, *Da Liberdade de Imprensa*, 1971, pág. 213 e segs..

([1]) Sobre o assunto, cf. E. DERIEUX, *Droit de la Communication*, 1999, pág. 79 e segs..

([2]) LImp de 1999, art. 35.º, n.º 3.

A inobservância dos requisitos exigidos pelos n.ᵒˢ 2 e 3 do art. 15.º constitui *contra-ordenação* punível com coima de 100 a 500 contos ([1]).

Já atentámos anteriormente na importância de alguns de tais requisitos, por exemplo, para permitir a identificação dos responsáveis por certas informações ou opiniões publicadas e voltaremos adiante a analisar outras implicações deles.

Agora, importa salientar a importância do **título** do periódico. Sendo um elemento fundamental de identificação da publicação pelo seu público, ganha, com o tempo, um elevado valor económico, enquanto atrai clientela e, consequentemente, ganhos patrimoniais.

Por isso, o título é objecto de *protecção jurídica*, tendente a assegurar a exclusividade da sua utilização pela pessoa a quem pertence. Essa protecção pode resultar do reconhecimento de um ***direito de autor*** (desde que esteja registado no Registo da Comunicação Social ([2])), de um ***direito da propriedade industrial*** (como *marca*, desde que esteja registada no Instituto da Propriedade Industrial ou, em certos casos, desde que goze de prioridade de registo ou seja uma marca notória, bem como por via da protecção penal contra actos de *concorrência desleal* ([3])) ([4]).

b) Outra exigência legal importante é a que se refere ao **registo das publicações periódicas**, nos serviços respectivos do Instituto da Comunicação Social.

Na verdade, este não respeita apenas às empresas jornalísticas, mas também às "Publicações periódicas nacionais" ([5]).

Tal registo está regulamentado pelo DReg n.º 8/99, de 9.6.

Antes de efectuado o registo não poderá ser editada qualquer publicação periódica, mesmo electrónica ([6]). Estão também sujeitas a registo

---

([1]) LImp de 1999, art. 35.º, n.º 1, al. a).

([2]) CDA art. 5.º.

([3]) Código da Propriedade Industrial (aprovado pelo Dec.-Lei n.º 16/95, de 24.1), art. 165.º e segs. e 260.º e 264.º.

([4]) Para maiores desenvolvimentos, cf. A. FERRER CORREIA — M. NOGUEIRA SERENS — J. OLIVEIRA ASCENSÃO — ANTÓNIO MARIA PEREIRA — LUÍS FRANCISCO REBELLO, *Protecção do Título de Jornal*, Lisboa, SPA, 1989; J. OLIVEIRA ASCENSÃO, "Título, marca e registo de imprensa", in *ROA,*

([5]) LImp de 1999, art. 5.º, n.º 2, alínea a).

([6]) DReg n.º 8/99, de 9.6, art. 13.º.

as alterações aos elementos dele constantes, devendo ser requerido no prazo de 30 dias, sob cominação de coima ([1]).

O registo das publicações não tem a natureza de uma autorização administrativa nem pode considerar-se uma forma de censura, pois não implica um juízo sobre o conteúdo das publicações, mas apenas uma verificação da sua regularidade formal — do cumprimento dos requisitos mínimos legais ([2]).

7. A CRP de 1976 e a LImp de 1999 ([3]) reafirmaram a proibição da *censura*, que havia já sido expressa pelo Programa do MFA, logo após o 25 de Abril de 1974 ([4]), e pela LImp de 1975 (art. 4.º, n.º 1), tendo o Dec.-Lei n.º 330/88, de 27.9, revogado as normas de controlo administrativo prévio sobre publicações.

Como vimos, a censura consiste no exame *prévio* por uma autoridade administrativa da mensagem a publicar, tendo tal autoridade o poder de impedir a divulgação da mensagem, quer mediante a supressão do texto ou de parte dele (antes de impresso) ([5]), quer mediante a apreensão da publicação (depois de impressa, mas antes de ser distribuída ou vendida) ([6]).

Problema delicado é o da chamada *"censura interna"*, acusação que os jornalistas por vezes dirigem à administração da empresa, ao director ou aos chefes de redacção, quando alteram de algum modo o texto que eles pretendem divulgar. O problema reside em saber em que

---

([1]) DReg n.º 8/99, de 9.6, art. 8.º e 37.º, n.º 1, al. a).

([2]) Sobre a questão, cf. as referências de NUNO E SOUSA, *ob. cit.* pág. 135.

([3]) CRP art. 37.º, n.º 2; e LImp de 1999, art. 1.º, n.º 3, e 2.º, n.º 2, alínea c) (que consagra o **"direito de livre impressão de publicações"**).

([4]) A-g) do Anexo à Lei n.º 3/74, de 14.5.

([5]) Segundo o art. 6.º do Dec. n.º 22.469, de 11.4.1933, "As comissões encarregadas da censura não poderão alterar o texto censurado com aditamentos ou substituições, devendo limitar-se a eliminar os trechos ou passagens reputados inconvenientes, de harmonia com o disposto no artigo 3.º". Este preceito dispunha que "A censura terá somente por fim impedir a perversão da opinião pública na sua função de força social e deverá ser exercida por forma a defendê-la de todos os factores que a desorientem contra a verdade, a justiça, a moral, a boa administração e o bem comum, e a evitar que sejam atacados os princípios fundamentais da organização da sociedade". Cf. também a Lei n.º 5/71, de 5.11, base XXVIII, e Dec.-Lei n.º 150/72, de 5.3, art. 98.º a 103.º, sobre o regime do exame prévio.

([6]) Para maiores desenvolvimentos sobre o debate acerca da censura prévia, cf. a bibliografia referida na secção anterior.

medida podem essas entidades proceder a tais alterações. Já vimos anteriormente que a definição do conteúdo das publicações periódicas e da informação radiodifundida compete ao director. Por isso, a intervenção deste é, em princípio, legítima, sobretudo quando se contenha dentro dos limites fixados pelo estatuto editorial. Já a intervenção no conteúdo da informação por parte da administração da empresa é, em princípio, ilícita.

8. Uma vez impressa a publicação, a lei impõe a obrigação de **depósito legal** ([1]), mas proíbe impedimentos à sua distribuição e circulação, incluindo a sua apreensão.

Quanto ao depósito legal das publicações, o art. 18.º da LImp de 1999 ([2]) dispõe o seguinte:

"1 — O regime de depósito legal constará de decreto regulamentar, no qual se especificarão as entidades às quais devem ser enviados exemplares das publicações, o número daqueles e o prazo de remessa.

2 — Independentemente do disposto no número anterior, será remetido ao Instituto da Comunicação Social um exemplar de cada edição de todas as publicações que beneficiem do sistema de incentivos do Estado à imprensa".

O depósito legal está, actualmente, regulado pelo Dec.-Lei n.º 74/ /82, de 3 de Março.

Segundo este diploma, "Entende-se por depósito legal o depósito obrigatório de um ou vários exemplares de toda e qualquer publicação feito numa instituição pública para tal designada" (art. 1.º).

"Consideram-se objectivos do depósito legal:

a) Defesa e preservação dos valores da língua e cultura portuguesas;

([1]) Não deve confundir-se o depósito legal, que tens os fins indicados no texto, com o *depósito prévio* de um exemplar de cada publicação junto do Agente do Ministério Público, que a Carta de Lei de 3.8.1850 exigia, para constituir elemento de prova de eventuais crimes. Tais exemplares eram restituídos um ano depois, "salvo quando forem de natureza criminosa e houverem de formar parte dos processos" (art. 88.º). Cf., também, a Lei de 18.7.1898, art. 16.º.

([2]) O depósito legal parece ter sido imposto, em Portugal, pela primeira vez, pelo Dec. de 28.10.1810, art. 8.º e 9.º. Foi regulado, sucessivamente, pelo Dec. n.º 11.839, de 5.7.1926, art. 7.º e 8.º, Dec. n.º 12.008, de 29.7.1926, art. 7.º e 8.º, Dec. n.º 19.952, de 27.6.1931, art. 77.º a 85.º, Dec. n.º 20.636, de 19.12.1931, LImp n.º 5/71, de 5.11, Base XXI e XL, n.º 1, al. b), Dec.-Lei n.º 150/72, de 5.5, art. 59.º a 62.º, e LImp de 1975, art. 12.º.

A liberdade de comunicação social em geral 499

b) Constituição e conservação de uma colecção nacional (todas as publicações editadas no País);

c) Produção e divulgação da bibliografia nacional corrente;

d) Estabelecimento da estatística das edições nacionais;

e) Enriquecimento de bibliotecas dos principais centros culturais do País" (Art. 3.º).

Em regra, é exigido o depósito de 14 exemplares destinados a 12 bibliotecas e às Regiões Autónomas dos Açores e da Madeira (art. 7.º e 8.º).

O depósito legal torna possível a verificação, *a posteriori*, do conteúdo das publicações por ele abrangidas; mas não pode considerar-se uma forma de censura, visto que nenhuma autoridade administrativa pode alterar esse conteúdo ou impedir a divulgação das publicações.

9. Como vimos, a lei estabelece o princípio da proibição da **apreensão de publicações**.

Na verdade, o art. 33.º, n.º 1, da LImp de 1999 dispõe que "É punido (...) aquele que, fora dos casos previstos na lei e com o intuito de atentar contra a liberdade de imprensa: (...) b) Apreender quaisquer publicações (...)".

Esta proibição é particularmente importante na medida em que, em períodos históricos anteriores, foi permitida a apreensão administrativa de publicações, que, na realidade, foi tantas vezes arbitrária ([1]).

Esse mesmo preceito admite, porém, que haja casos excepcionais em que tal apreensão é permitida. Quais são esses casos? Quais as autoridades competentes e qual o processo a adoptar?

Estes casos são, fundamentalmente, de cinco espécies: *publicações clandestinas*, *publicações conexas com crimes*, *publicações conexas com ilícitos civis*, *estado de sítio* e *estado de emergência* ([2]).

([1]) Cf. ARONS DE CARVALHO — MONTEIRO CARDOSO, *Da Liberdade de Imprensa*, 1971, pág. 302 e segs..

([2]) O art. 32.º da LImp de 1975 permitia a suspensão de *publicações estrangeiras*, nestes termos:

"1. Poderá ser suspensa pelo tribunal a circulação de publicações estrangeiras que contenham escrito ou imagem susceptíveis de incriminação, de acordo com a lei penal portuguesa.

2. Aquelas publicações poderão ser apreendidas preventivamente pelo tribunal,

500　　*Direito da Comunicação Social*

a) A primeira espécie de casos é a das **publicações clandestinas**, para utilizar a expressão tradicional, acolhida pela LImp de 1975 (no art. 31.º).

A LImp de 1999 não utiliza esta expressão, mas dispõe no art. 35.º, n.º 3 que "As *publicações que não contenham os requisitos exigidos* pelo n.º 1 do art. 15.º podem ser objecto de *medida cautelar de apreensão*, nos termos do artigo 48.º-A do Decreto-Lei n.º 433/82, de 27 de Outubro, na redacção que lhe foi dada pelo Decreto-Lei n.º 244//95, de 14 de Setembro" (itálico nosso)([1]).

A aplicação desta medida cautelar de apreensão é da competência do Instituto da Comunicação Social ([2]).

O modo de processamento é o comum à generalidade das contra--ordenações, previsto no citado Dec.-Lei n.º 433/82.

b) A segunda espécie de casos é a das **publicações conexas com crimes**.

A LImp de 1975 previa expressamente este caso, no art. 50.º ([3]).

---

no caso de colocarem em risco a ordem pública, violarem direitos individuais ou, reiteradamente, incitarem ou provocarem à prática de crimes.

3. É competente, para a decisão a que se refere o n.º 1 o Tribunal da Comarca de Lisboa".

A LImp de 1999 não reproduz este preceito, devendo aplicar-se às publicações estrangeiras, neste aspecto, o mesmo regime das nacionais.

([1]) O Dec.-Lei n.º 433/82, de 27.10, que aprovou o regime geral das contra--ordenações, dispõe o seguinte no referido art. 48.º-A (na redacção de 1995): "1. Podem ser provisoriamente apreendidos pelas autoridades administrativas competentes os objectos que serviram ou estavam destinados a servir para a prática de uma contra-ordenação, ou que por esta foram produzidos, e bem assim quaisquer outros susceptíveis de servir de prova.

2. Os objectos são restituídos logo que se tornar desnecessário manter a apreensão para efeitos de prova, a menos que a autoridade administrativa pretenda declará--los perdidos.

3. Em qualquer caso, os objectos são restituídos logo que a decisão condenatória se torne definitiva, salvo se tiverem sido declarados perdidos".

([2]) É o que resulta da conjugação do disposto nos art. 48.º-A, n.º 1, e 33.º a 40.º do Dec.-Lei 433/82, de 27.10, e nos art. 36.º, n.º 2, da LImp de 1999, uma vez que se trata de uma diligência de instrução do processamento das contra-ordenações ou, quando sejam declaradas perdidas, de uma sanção acessória.

([3]) "1. Só o tribunal da comarca onde correr o processo do crime cometido através da imprensa poderá ordenar a apreensão da publicação que contenha o escrito

A LImp de 1999 não reproduz este preceito, devendo considerar-se aplicável o regime geral das apreensões, constante do art. 178.º do Código de Processo Penal ([1]).

Desta disposição resulta, em síntese, que podem ser apreendidos objectos (v.g. publicações) conexos com um crime:

i — Que tenham servido ou estivessem destinados à prática de um crime;

ii — Que constituírem o produto, lucro, preço ou recompensa de um crime;

---

incriminado e determinar as medidas que julgar adequadas para obstar à sua difusão, como acto preparatória ou incidente do respectivo processo.

2. O tribunal poderá, a requerimento de qualquer queixoso, ou do Ministério Público, decretar a apreensão provisória da publicação que contenha o escrito ou imagem incriminados, ou tomar as providências indispensáveis para obstar à respectiva difusão, quando entender que desta podem resultar danos irreparáveis.

3. A apreensão ou providências previstas nos números anteriores ficam dependentes de exposição fundamentada em que se indicie a prática do ilícito criminal e a probabilidade de danos irreparáveis geradores de convicção por parte do julgador.

4. Se o considerar indispensável, o juiz deverá proceder à recolha sumária de prova, a fim de decidir a concessão ou denegação da providência.

5. No caso de o requerente da diligência ter agido com má-fé, incorrerá em responsabilidade civil, a fixar nos tribunais cíveis, pelos prejuízos que tenha causado".

([1]) "1 — São apreendidos os objectos que tiverem servido ou estivessem destinados a servir a prática de um crime, os que constituírem o seu produto, lucro, preço ou recompensa, e bem assim todos os objectos que tiverem sido deixados pelo agente no local do crime ou quaisquer outros susceptíveis de servir a prova.

2 — Os objectos apreendidos são juntos ao processo, quando possível, e, quando não, confiados à guarda do funcionário de justiça adstrito ao processo ou de um depositário, de tudo se fazendo menção no auto.

3 — As apreensões são autorizadas, ordenadas ou validadas por despacho da autoridade judiciária.

4 — Os órgãos de polícia criminal podem efectuar apreensões no decurso de revistas ou de buscas ou quando haja urgência ou perigo na demora, nos termos previstos no artigo 249.º, n. 2, alínea c).

5 — As apreensões efectuadas por órgão de polícia criminal são sujeitas a validação pela autoridade judiciária, no prazo máximo de setenta e duas horas.

6 — Os titulares de bens ou direitos objecto de apreensão podem requerer ao juiz de instrução a modificação ou revogação da medida. É correspondentemente aplicável o disposto no artigo 68.º, n. 5.

7 — Se os objectos apreendidos forem susceptíveis de ser declarados perdidos a favor do Estado e não pertencerem ao arguido, a autoridade judiciária ordena a presença do interessado e ouve-o. A autoridade judiciária prescinde da presença do interessado quando esta não for possível".

502   *Direito da Comunicação Social*

iii — Que tiverem sido deixados pelo agente no local do crime ou quaisquer outros susceptíveis de servir de prova.

Interessa ao nosso domínio o primeiro tipo de casos, que corresponde ao de publicações que tenham sido instrumento de um crime, v.g., por conterem um texto de conteúdo ilícito (injurioso, difamatório, incitador de um crime, etc.).

A apreensão, nestes casos, tem de ser autorizada, ordenada ou validada por uma autoridade judiciária (juiz, juiz de instrução ou magistrado do Ministério Público ([1])).

c) Terceiro caso é o das **publicações conexas com ilícitos civis**.

A LImp de 1999 não refere expressamente esta espécie de casos, mas tem de admitir-se que eles são possíveis nos termos gerais previstos no Código de Processo Civil (CPC).

Na verdade, o art. 2.º do CPC dispõe que "a todo o direito, excepto quando a lei determine o contrário, corresponde a acção adequada a fazê-lo reconhecer em juízo, a prevenir e reparar a violação dele e a realizá-lo coercivamente, bem como os procedimentos necessários para acautelar o efeito útil da acção".

No âmbito de processos civis, é possível pedir a apreensão publicações, fundamentalmente, mediante três tipos de providências ([2]):

i — A **providência cautelar não especificada**, regulada no art. 381.º e segs. do CPC; aplica-se "sempre que alguém mostre fundado receio de que outrem cause lesão grave e dificilmente reparável ao seu direito", podendo, nesse caso, requerer "a providência conservatória ou anticipatória concretamente adequada a assegurar a efectividade do direito ameaçado"; pode, portanto, consistir na suspensão ou apreensão judicial de publicações;

ii — A **penhora**, que consiste na apreensão judicial de bens em processo de execução, regulado no art. 821.º e segs. e 930.º do CPC; aplica-se quando o proprietário de uma publicação, considerada como mercadoria com valor patrimonial, tenha uma dívida vencida e não paga e a apreensão (para posterior venda ou adjudicação) da publicação seja adequada para satisfazer o crédito;

([1]) CPPenal art. 1.º, n.º 1, al. b).

([2]) Quando exista a obrigação de apresentação de coisas ou documentos, prevista nos art. 574.º e 575.º do CCiv, poderá, eventualmente, aplicar-se o processo especial de apresentação de documentos, regulado pelos art. 1476.º a 1478.º do CPC.

iii — O **arresto**, procedimento cautelar que consiste na apreensão judicial de bens, regulada no art. 406.º e segs. do CPC; aplica-se quando um credor "tenha justificado receio de perder a garantia patrimonial do seu crédito"; nomeadamente, pode utilizar-se quando o proprietário de uma publicação, considerada como mercadoria com valor patrimonial, tenha uma dívida vencida e não paga e exista o risco de desaparecimento dos bens que integram o seu património.

d) Quando seja declarado o **estado de sítio** ou o **estado de emergência**, já vimos que é possível restringir a liberdade de imprensa, tornando-se possível a apreensão de publicações pela autoridade administrativa ou militar, nos termos da respectiva declaração.

10. "A edição, distribuição ou venda de publicações suspensas ou apreendidas por decisão judicial" constitui crime de desobediência qualificada, punível com pena de prisão até 2 anos ou multa até 240 dias ([1]).

SUBSECÇÃO III

A liberdade de expressão pela rádio

1. A liberdade de expressão pela rádio está consagrada no art. 8.º da LRádio ([2]), nos seguintes termos:

"1 — A liberdade de expressão de pensamento através da radiodifusão integra o direito fundamental dos cidadãos a uma informação que, através dos diversos órgãos de comunicação, assegure o pluralismo ideológico e a livre expressão e confronto das diversas correntes de opinião, essenciais à prática da democracia, e a criação de um espírito crítico do povo português.

2 — As entidades que exerçam a actividade de radiodifusão são independentes e autónomas em matéria de programação, no quadro da presente lei, não podendo qualquer órgão de soberania ou a Administração Pública impedir ou impor a difusão de quaisquer programas.

3 — Não é permitida a transmissão de programas ou mensagens que atentem contra a dignidade da pessoa humana, incitem à prática da violência ou sejam contrários à lei penal.

([1]) LImp de 1999, art. 32.º, al. c), e CPenal art. 348.º, n.º 2.

([2]) Os n.ᵒˢ 3 e 4 têm a redacção da Lei n.º 2/97, de 18 de Janeiro.

504 *Direito da Comunicação Social*

4 — As rádios devem adoptar um estatuto editorial, que definirá claramente os seus objectivos, a orientação e características da sua programação e incluirá o compromisso de assegurar o respeito pelo rigor e pluralismo informativo, pelos princípios da ética e da deontologia, assim como pela boa fé dos ouvintes".

2. Estudámos já a **classificação** das empresas de rádio em função do **conteúdo da programação**, em termos que podem afectar, em certa medida a liberdade de expressão pela rádio. Na verdade não será normal que uma rádio temática de conteúdo musical ou desportivo se ocupe com debates políticos, por exemplo.

3. Também já analisámos os **fins** da rádio, que estão definidas nos art. 4.º, 5.º e 6.º da LRádio, e que influenciam, naturalmente, toda a sua actividade e, portanto, a liberdade de expressão pela rádio.

4. A lei impõe a produção e difusão de **serviços noticiosos** quer nas rádios de cobertura geral quer nas de cobertura regional e local.
Na verdade, segundo o art. 12.º da LRádio ([1]), "1 — As entidades que exercem a actividade de radiodifusão de cobertura geral são obrigadas a produzir e difundir serviços noticiosos regulares.
2 — As rádios de cobertura regional e local de conteúdo generalista devem produzir e difundir um mínimo de três serviços noticiosos respeitantes à sua área geográfica, obrigatoriamente transmitidos entre as 7 e as 24 horas e mediando entre eles um período de tempo não inferior a três horas".

5. As rádios de cobertura local e de conteúdo generalista têm obrigações mínimas de transmissão de **programação própria** ([2]).

([1]) Na redacção da Lei n.º 2/97, de 18 de Janeiro, que dispõe, no art. 3.º, n.º 2, que "Os artigos 12.º, n.º 2 e 12.º-B entram em vigor na data que for estabelecida no decreto-lei a que se refere o n.º 1 do artigo 2.º da Lei n.º 87/88, de 30 de Julho".
([2]) LRádio, art. 12.º-B (aditado pela Lei n.º 2/97, de 18 de Janeiro): "1 — As rádios de cobertura local e de conteúdo generalista devem transmitir no mínimo seis horas de programação própria, a emitir entre as 7 e as 24 horas.
2 — Para efeitos do disposto no número anterior, considera-se programação própria a que é produzida pela entidade detentora do alvará e especificamente dirigida aos ouvintes da sua área geográfica de cobertura, de acordo com os fins previstos no artigo 6.º do presente diploma.
3 — Durante o tempo de emissão da programação própria, a que se refere o

A liberdade de comunicação social em geral

6. É obrigatória a **identificação dos programas**, mediante a indicação do título e do nome do autor ([1]), bem como o **registo das obras difundidas** ([2]).

SUBSECÇÃO IV

A liberdade de expressão pela televisão

1. A liberdade de expressão pela televisão está consagrada no art. 20.º da LTV, sob a epígrafe "Autonomia dos operadores", nos seguintes termos:

"1 — A liberdade de expressão do pensamento através da televi-

---

número anterior, as rádios devem indicar a sua denominação, a frequência de emissão e a localidade de onde emitem, a intervalos não superiores a uma hora".

([1]) LRádio, art. 10.º, na redacção da Lei n.º 2/97, de 18.10: "1 — Os programas devem incluir a indicação do título e do nome do autor, presumindo-se ser este o responsável pela emissão.

2 — Na falta da indicação dos elementos referidos no número anterior, os responsáveis pela programação respondem pela emissão e pela omissão".

([2]) LRádio art. 11.º: "1 — As entidades que exerçam a actividade de radiodifusão organizam mensalmente o registo das obras difundidas nos seus programas, para efeitos dos correspondentes direitos de autor.

2 — O registo a que se refere o número anterior compreende os seguintes elementos:

a) Título da obra;

b) Autoria;

c) Intérprete;

d) Língua utilizada;

e) Empresa editora ou procedência do registo magnético;

f) Data e hora da emissão;

g) Responsável pela emissão.

3 — O registo das obras difundidas é enviado, durante o mês imediato, às instituições representativas dos autores e ao departamento da tutela, quando solicitado".

Art. 49.º — "1 — As entidades que exerçam a actividade de radiodifusão organizarão arquivos sonoros e musicais com o objectivo de conservar os registos de interesse público.

2 — A cedência e utilização dos registos referidos no número anterior devem ser definidos por portaria conjunta dos responsáveis governamentais pela comunicação social e pela cultura, tendo em atenção o seu valor histórico, educacional e cultural para a comunidade, cabendo a responsabilidade pelos direitos de autor e conexos protegidos por lei à entidade requisitante.

508 *Direito da Comunicação Social*

são integra o direito fundamental dos cidadãos a uma informação livre e pluralista, essencial à democracia, à paz e ao progresso económico e social do País.

2 — Salvo os casos previstos na presente lei, o exercício da actividade de televisão assenta na liberdade de programação, não podendo a Administração Pública ou qualquer órgão de soberania, com excepção dos tribunais, impedir, condicionar ou impor a difusão de quaisquer programas" ([1]).

É importante salientar que a Directiva do Conselho n.º 89/552/CE, de 3.10.1989, consagra o dever de os Estados membros assegurarem a liberdade de recepção e de não colocarem obstáculos à retransmissão nos seus territórios de emissões de televisão provenientes de outros Estados membros, embora com algumas derrogações (art. 2.º-A ([2])).

2. A LTV estabelece, porém, importantes **limites à liberdade de programação**, no art. 21.º, nos seguintes termos:

"1 — Não é permitida qualquer emissão que viole os direitos, liberdades e garantias fundamentais, atente contra a dignidade da pessoa humana ou incite à prática de crimes.

2 — As emissões susceptíveis de influir de modo negativo na formação da personalidade das crianças ou adolescentes ou de afectar outros públicos mais vulneráveis, designadamente pela exibição de imagens particularmente violentas ou chocantes, devem ser precedidas de advertência expressa, acompanhadas da difusão permanente de um identificativo apropriado e apenas ter lugar em horário subsequente às 22 horas.

3 — As imagens a que se refere o número anterior podem, no entanto, ser transmitidas em quaisquer serviços noticiosos quando, revestindo importância jornalística, sejam apresentadas com respeito pelas normas éticas da profissão e antecedidas de uma advertência sobre a sua natureza.

4 — A difusão televisiva de obras que tenham sido objecto de classificação etária, para efeitos da sua distribuição cinematográfica ou videográfica, deve ser precedida da menção que lhes tiver sido atribuída pela comissão competente, ficando obrigatoriamente sujeita às demais

---

([1]) Para maiores desenvolvimentos, cf. MIGUEL MENDES PEREIRA, "O direito de informação na televisão face ao direito comunitário", in *ROA*, ano 56, 1996, III, pág. 1011 e segs..

([2]) Aditado pela Dir.ª n.º 97/36/CE, de 30.6.1997.

A liberdade de comunicação social em geral   507

exigências a que se refere o n.º 2 sempre que a classificação em causa considerar desaconselhável o acesso a tais obras por menores de 16 anos.

5 — Integram o conceito de emissão, para efeitos do presente diploma, quaisquer elementos da programação, incluindo a publicidade ou os extractos com vista à promoção de programas" ([1]).

3. Para a definição do regime da liberdade de expressão pela TV hertziana é importante atender à **tipologia dos canais**, constante do art. 7.º da LTV, anteriormente analisado. Já sabemos que "Os canais televisivos podem ser generalistas ou temáticos e de acesso condicionado ou não condicionado" e em que consiste cada um deles, sendo compreensível que daí resultam limitações à liberdade de expressão pela televisão.

4. Quanto às **funções** da televisão (hertziana), a LTV apenas tem em consideração os canais generalistas, relativamente aos quais enuncia diversos fins, no art. 8.º, já analisado anteriormente.

5. A LTV estabelece alguns princípios importantes em matéria de **informação e propaganda política.**

Por um lado, no art. 24.º, proíbe "aos operadores televisivos a cedência de espaços de propaganda política, sem prejuízo do disposto no capítulo V" (sobre o direito de antena, de resposta e de réplica política).

Por outro lado, segundo o art. 25.º, n.º 1, "É nula a aquisição, por quaisquer operadores de televisão, de direitos exclusivos para a transmissão de acontecimentos de natureza política".

5. Além disso, a LTV de 1998 esclareceu alguns dos problemas suscitados anteriormente acerca da **aquisição de direitos exclusivos** de acontecimentos de interesse generalizado do público ([2]), dando cumpri-

---

([1]) O art. 22.º da LTV acrescenta que "O anúncio da programação prevista para os canais de televisão é obrigatoriamente acompanhado da advertência e da menção de classificação a que se referem os n.º 2 e 4 do artigo 21.º".

([2]) O art. 25.º dispõe o seguinte: "2 — Em caso de aquisição, por operadores de televisão que emitam em regime de acesso condicionado ou sem cobertura nacional, de direitos exclusivos para a transmissão, integral ou parcial, directa ou em diferido, de outros acontecimentos que sejam objecto de interesse generalizado do público, os titulares dos direitos televisivos ficam obrigados a facultar, em termos não discriminatórios e de acordo com as condições normais do mercado, o seu acesso a outro

508   *Direito da Comunicação Social*

mento ao disposto na Directiva do Conselho n.º 89/552/CE, de 3.10.1989 (art. 3.º-A ([1])).

Consagrou ainda o **direito a extractos informativos** relativos a espectáculos e outros eventos públicos (v.g. desportivos) ([2]).

---

ou outros operadores interessados na transmissão que emitam por via hertziana terrestre com cobertura nacional e acesso não condicionado.

3 — Na falta de acordo entre o titular dos direitos televisivos e os demais operadores interessados na transmissão do evento, haverá lugar a arbitragem vinculativa da Alta Autoridade para a Comunicação Social, mediante requerimento de qualquer das partes.

4 — Os eventos a que se referem os números anteriores, bem como as condições da respectiva transmissão, constam de lista a publicar na 2.ª série do *Diário da República*, até 31 de Outubro de cada ano, pelo membro do Governo responsável pelo sector, ouvida a Alta Autoridade para a Comunicação Social, sem prejuízo da publicação de aditamentos excepcionais determinados pela ocorrência superveniente e imprevisível de factos da mesma natureza.

5 — Os titulares de direitos exclusivos para a transmissão de quaisquer eventos ficam obrigados a ceder o respectivo sinal, em directo ou em diferido, se assim o exigirem, aos operadores que disponham de emissões internacionais, para utilização restrita a estas, em condições a definir em diploma regulamentar, que estabelecerá os critérios da retribuição pela cedência, havendo lugar, na falta de acordo entre os interessados, a arbitragem vinculativa da Alta Autoridade para a Comunicação Social.

6 — Aos operadores televisivos sujeitos à presente lei é vedado o exercício de direitos exclusivos adquiridos após 30 de Julho de 1997 em termos que impeçam uma parte substancial do público de outro Estado membro da União Europeia de acompanhar, na televisão de acesso não condicionado, eventos constantes das listas a que se refere o n.º 8, nas condições nelas fixadas.

7 — A inobservância do disposto nos n.ºˢ 2 ou 6 não dará lugar à aplicação das respectivas sanções sempre que o titular do exclusivo demonstre a impossibilidade de cumprimento das obrigações neles previstas.

8 — Para efeitos do disposto no n.º 6, a lista definitiva das medidas tomadas pelos Estados membros, tal como divulgada no *Jornal Oficial das Comunidades Europeias*, será objecto de publicação na 2.ª série do *Diário da República* por iniciativa do membro do Governo responsável pela área da comunicação social".

O diploma regulamentar previsto no n.º 5 é a P. n.º 953/98, de 7.11. Entretanto, o Despacho n.º 19 030-A/98 (2.ª série), de 31.10, define os acontecimentos (desportivos) que devem ser qualificados de interesse generalizado do público.

([1]) Aditado pela Dir.ª n.º 97/36/CE, de 30.6.1997.

([2]) Segundo o art. 26.º da LTV, "1 — Os responsáveis pela realização de espectáculos ou outros eventos públicos, bem como os titulares de direitos exclusivos que sobre eles incidam, não podem opor-se à transmissão de breves extractos dos mesmos, de natureza informativa, por parte de qualquer operador de televisão, nacional ou não.

2 — Para o exercício do direito à informação previsto no número anterior, os

A *liberdade de comunicação social em geral* 509

6. A apresentação de **serviços noticiosos** é obrigatória apenas para as televisões de conteúdo generalista ([1]).

7. Há limites legais ao **número de horas de emissão** ([2]), bem como ao **tempo reservado à publicidade** ([3]) e a **blocos de televenda** ([4]).

---

operadores podem utilizar o sinal emitido pelos titulares dos direitos exclusivos, suportando apenas os custos que eventualmente decorram da sua disponibilização, ou recorrer, em alternativa, à utilização de meios técnicos próprios, nos termos legais que asseguram o acesso dos órgãos de comunicação social a locais públicos.

3 — Os extractos a que se refere o n.º 1 devem:

a) Limitar-se à duração estritamente indispensável à percepção do conteúdo essencial dos acontecimentos em questão, desde que não exceda noventa segundos, salvo período superior acordado entre os operadores envolvidos, tendo em conta a natureza dos eventos;

b) Ser difundidos exclusivamente em programas regulares de natureza informativa geral, e em momento posterior à cessação do evento, salvo acordo para utilização diversa, a estabelecer entre as partes;

c) Identificar a fonte das imagens, caso sejam difundidas a partir do sinal transmitido pelo titular do exclusivo".

([1]) Segundo o art. 29.º da LTV, As entidades que exercem a actividade de televisão de conteúdo generalista devem apresentar, durante os períodos de emissão, serviços noticiosos regulares, assegurados por jornalistas.

([2]) Segundo o art. 31.º da LTV, 1 — Os canais de televisão de cobertura nacional devem emitir programas durante pelo menos seis horas diárias.

2 — Para efeitos do presente artigo, não são considerados programas televisivos as emissões de publicidade e de televenda, sem prejuízo do disposto no n.º 4 do artigo 7.º, bem como as que reproduzam imagens fixas ou meramente repetitivas".

([3]) Segundo o art. 32.º da LTV, "1 — Nos canais de cobertura nacional e acesso não condicionado, o tempo reservado às mensagens publicitárias não pode exceder 15% do período diário de emissão salvo quando inclua outras formas de publicidade ou mensagens de televenda, caso em que esse limite pode elevar-se a 20%.

2 — Nos canais de cobertura nacional e acesso condicionado, a difusão de publicidade ou de mensagens de televenda não deve exceder 10% do período diário de emissão.

3 — Nos canais temáticos de televenda ou de auto-promoção, o tempo destinado à publicidade não deve exceder 10% do período diário de emissão.

4 — O tempo de emissão destinado às mensagens publicitárias e de televenda em cada período compreendido entre duas unidades de hora não pode exceder 10% ou 20%, consoante se trate ou não de canais de acesso condicionado.

5 — Excluem-se dos limites fixados no presente artigo as mensagens informativas difundidas pelos operadores televisivos relacionadas com os seus próprios programas e produtos directamente deles derivados e os blocos de televenda a que se refere o artigo seguinte".

([4]) Segundo o art. 33.º da LTV, "1 — Os canais de cobertura nacional e de

510   *Direito da Comunicação Social*

8. À semelhança da rádio, também para a TV a lei impõe a **identificação dos programas** ([1]), bem como a **gravação das emissões** ([2]).

9. À semelhança da imprensa, a LTV impõe o **depósito legal** dos registos das emissões ([3]).

SUBSECÇÃO V
A liberdade de expressão por meios electrónicos

Como vimos, a liberdade de expressão de pensamento através de meios de comunicação social electrónicos (v.g. Internet) está consagrada na CRP, art. 37.º, mas não existe mais legislação específica sobre a utilização da rede para a difusão de jornais electrónicos.

Haverá, por isso, que aplicar, por analogia, a legislação da imprensa, da rádio ou da TV, consoante a que for mais adequada.

---

acesso não condicionado podem transmitir diariamente até oito blocos de televenda, desde que a sua duração total não exceda três horas, sem prejuízo do disposto no artigo anterior.

2 — Os blocos de televenda devem ter uma duração ininterrupta de, pelo menos, quinze minutos.

3 — Nos canais de autopromoção é proibida a transmissão de blocos de televenda".

([1]) LTV art. 34.º: "Os programas devem ser identificados e conter os elementos relevantes das respectivas fichas artística e técnica".

([2]) LTV art. 35.º: "Independentemente do disposto no artigo 71.º [a seguir transcrito], as emissões devem ser gravadas e conservadas pelo prazo mínimo de 90 dias, se outro mais longo não for determinado por lei ou por decisão judicial".

([3]) LTV art. 71.º: "1 — Os registos das emissões qualificáveis como de interesse público, em função da sua relevância histórica ou cultural, ficam sujeitos a depósito legal, para efeitos de conservação a longo prazo e acessibilidade aos investigadores.

2 — O depósito legal previsto no número anterior será regulado por diploma próprio, que salvaguardará os interesses dos autores, dos produtores e dos operadores televisivos.

3 — O Estado promoverá igualmente a conservação a longo prazo e a acessibilidade pública dos registos considerados de interesse público anteriores à promulgação do diploma regulador do depósito legal, através de protocolos específicos celebrados com cada um dos operadores".

SECÇÃO IV

Limitações à liberdade de comunicação social em geral

SUBSECÇÃO I

Considerações gerais

1. A liberdade de comunicação social é importante para a difusão da verdade, a realização das pessoas, a promoção da democracia, do desenvolvimento económico e social e da paz, mas importa evitar que ela seja utilizada para prejudicar o bem comum e outros interesses legítimos das pessoas.

O exercício da liberdade de comunicação social, como de qualquer outra liberdade, está sujeito a **limitações**, tendo em vista o respeito por outros valores com que pode entrar em conflito, quer de interesse público quer de interesse particular.

Não resulta especificamente da CRP um **princípio geral** sobre tais limitações, mas pode deduzir-se do *Pacto Internacional de Direitos Civis e Políticos*, de 1966, segundo o qual o exercício da liberdade de expressão "tem em si deveres e responsabilidades especiais. Por conseguinte pode estar sujeito a certas restrições que deverão, contudo, ser expressamente determinadas pela lei e ser necessárias para:

a) Assegurar o respeito dos direitos ou da reputação dos outros;

b) A protecção da segurança nacional, da ordem pública e da saúde e da moral públicas" (art. 19.º, n.º 3).

O mesmo Pacto proclama que "1. Está proibida pela lei toda a propaganda a favor da guerra.

2. Toda a apologia do ódio de nações, raças ou religiões que constitua incitamento à discriminação, hostilidade ou violência, está proibido pela lei" (art. 20.º).

Por outro lado, segundo a *Convenção Europeia dos Direitos do Homem*, de 1950, o exercício da liberdade de expressão "implica deveres e responsabilidades, pode ser submetido a certas formalidades, condições, restrições ou sanções, previstas pela lei, que constituam providências necessárias, numa sociedade democrática, para a segurança nacional, a integridade territorial ou a segurança pública, a defesa da ordem e a prevenção do crime, a protecção da saúde ou da moral, a protecção da honra ou dos direitos de outrem, para impedir a divulgação de informações confidenciais, ou para garantir a autoridade e a imparcialidade do Poder Judicial" (art. 10.°).

Além disso, resulta da *LImp de 1999* que "A liberdade de imprensa tem como únicos limites os que decorrem da Constituição e da lei, de forma a salvaguardar o rigor e a objectividade da informação, a garantir os direitos ao bom nome, à reserva da intimidade da vida privada, à imagem e à palavra dos cidadãos e a defender o interesse público e a ordem democrática." (art. 3.°).

Alguns limites resultam também dos *fins* atribuídos por lei às actividades de rádio e de televisão, acima referidos ([1]).

Podem invocar-se, a este respeito, ainda, os princípios gerais sobre o *abuso do direito* e sobre a *colisão de direitos*, consagrados pelo CCiv art. 334.° e 335.°, que analisaremos mais adiante.

2. Agora, interessa-nos, porém, analisar as principais limitações específicas da liberdade de comunicação social, que podem consistir quer em **deveres de não divulgar** certas informações quer em **deveres de divulgar** certas informações, que, de outro modo, não seriam divulgadas.

Entre as primeiras incluem-se as restrições à liberdade de expressão dos *militares e agentes militarizados* e a proibição de divulgar *segredos* — dirigida a todas as pessoas ou apenas a certos grupos profissionais —, bem como a proibição de cometer *abusos da liberdade* de comunicação social. Tais deveres de segredo constituem, do ponto de vista dos jornalistas, limitações ao acesso à informação.

Entre as segundas incluem-se os deveres de divulgação de certas *mensagens* e os correspondentes aos *direitos de antena, de resposta, de rectificação* e *de réplica política*.

Importa verificar, em relação a cada uma dessas limitações em que medida afectam a generalidade das pessoas ou apenas determinadas categorias delas, especialmente os jornalistas.

SUBSECÇÃO II

Militares e agentes militarizados

1. É de salientar que o art. 270.° da CRP contém importantes *restrições à liberdade de comunicação social dos militares.*

([1]) LRádio art. 4.°, 5.° e 6.°; LTV art. 8.°.

A liberdade de comunicação social em geral 513

"A lei pode estabelecer restrições ao exercício dos direitos de expressão (...) dos militares e agentes militarizados dos quadros permanentes em serviço efectivo, na estrita medida das exigências das suas funções próprias".

Trata-se de limitações fundadas na necessidade de salvaguardar a disciplina militar e a eficácia da organização e das operações.

2. Relativamente a *militares* e *agentes militarizados* dos quadros permanentes e contratados em serviço efectivo das Forças Armadas, a Lei de Defesa Nacional e das Forças Armadas (Lei n.º 29/82, de 11.12), prevê, efectivamente, no art. 31.º, restrições ao exercício de direitos, entre os quais a liberdade de expressão, nos termos seguintes.

"2. (...) não podem fazer declarações públicas de carácter político ou quaisquer outras que ponham em risco a coesão e a disciplina das Forças Armadas ou desrespeitem o dever de isenção política e apartidarismo dos seus elementos.

3. (...) não podem, sem autorização superior, fazer declarações públicas que abordem assuntos respeitantes às Forças Armadas, excepto se se tratar de artigos de natureza exclusivamente técnica inseridos em publicações editadas pelas Forças Armadas e da autoria de militares que desempenhem funções permanentes na respectiva direcção ou redacção (...)".

3. A Lei de Defesa Nacional e das Forças Armadas estabeleceu, no art. 69.º, que o disposto no citado artigo 31.º é aplicável aos militares e agentes militarizados dos quadros permanentes e contratados em serviço efectivo na *Guarda Nacional Republicana* e na *Guarda Fiscal* (n.º 1); e é transitoriamente aplicável à *Polícia de Segurança Pública (PSP)*, até à publicação de nova legislação (n.º 2) ([1]).

Quanto ao *pessoal com funções policiais* em serviço efectivo na *PSP*, a Lei n.º 6/90, de 20.2, veio estabelecer restrições ao exercício de direitos, entre os quais a liberdade de expressão, "não podendo:

a) Fazer declarações que afectem a subordinação da polícia à legalidade democrática, a sua isenção política e partidária, a coesão e o

---

([1]) Foi discutida a constitucionalidade deste preceito, que foi confirmada pelo Ac. TC n.º 103/87, de 24.3.1987, in *DR*, de 6.5.1987, e pelo Ac. TC n.º 221/90, de 20.6.1990, in *BTE*, n.º 1-2-3/91, pág. 186. O prazo de seis meses inicialmente previsto para a apresentação da proposta de lei foi prorrogado pela Lei n.º 41/83, de 21.12, para 15.6.1984.

514   *Direito da Comunicação Social*

prestígio da instituição, a dependência da instituição perante os órgãos do governo ou que violem o princípio da disciplina e da hierarquia de comando;

b) Fazer declarações sobre matérias de que tomem conhecimento no exercício das suas funções e constituam segredo de Estado ou de justiça ou respeitem a assuntos relativos ao dispositivo ou actividade operacional da polícia classificados de reservado ou superior, salvo, quanto a estes, autorização da entidade hierarquicamente competente (...)".

SECÇÃO V
Deveres de segredo

SUBSECÇÃO I
Considerações gerais

1. Várias limitações à liberdade de comunicação social (no sentido de liberdade de informar) resultam de deveres de segredo impostos para protecção de valores mais importantes, seja à generalidade das pessoas, em função da natureza da informação em si (enquanto objecto), seja a certos grupos profissionais (ministros de religiões, titulares de cargos políticos, funcionários civis, magistrados, notários, advogados, médicos, bancários, seguradores, trabalhadores subordinados, etc.), seja a pessoas que desempenham certos tipos de tarefas [1].

Alguns destes deveres de segredo apenas obrigam determinadas categorias de pessoas, constituindo para elas uma limitação à liberdade de comunicação social. Os jornalistas não estão vinculados por alguns desses deveres, que para eles constituem apenas uma limitação à liberdade de acesso às fontes de informação, com fundamentos diversos [2].

2. É de salientar que, em geral, as pessoas sujeitas a segredo profissional podem escusar-se a depor como testemunhas ou a entregar documentos em processo penal (CPPen art. 135.º a 137.º, 182.º).

---

[1] É o caso, nomeadamente, do dever de segredo profissional imposto aos responsáveis do tratamento de dados pessoais, pelo art. 17.º da Lei n.º 67/98, de 26.10, adiante analisado.

[2] Sobre o segredo da informação, em geral, cf. MARIA EDUARDA GONÇALVES, *Direito da Informação*, Coimbra, Almedina, 1994, pág. 72 e segs.

As pessoas sujeitas a segredo profissional estão, porém, obrigadas, em certas circunstâncias, a prestar informações à *Alta Autoridade contra a Corrupção*. Efectivamente, segundo o art. 7.º, n.º 2, da Lei n.º 45/86, de 1.10, "O dever de sigilo não expressamente protegido pela Constituição e pela lei de quaisquer cidadãos ou entidades e o sigilo bancário cedem perante o dever de cooperação com a Alta Autoridade, no âmbito da competência desta" ([1]).

3. A *revelação* não consentida de qualquer *segredo alheio* conhecido em razão do estado, ofício, emprego, profissão ou arte do seu autor é punível criminalmente (CPen art. 195.º). Punível é também o *aproveitamento* de segredo alheio (CPen art. 196.º).

Interessa-nos conhecer, ainda que sumariamente, o regime dos principais deveres de segredo, observando, especialmente, em que medida ele afecta os jornalistas.

SUBSECÇÃO II

Segredo religioso

Segundo a Lei n.º 4/71, de 5.11 (Lei da Liberdade Religiosa), "1. Os ministros de qualquer religião ou confissão religiosa devem guardar segredo sobre todos os factos que lhes tenham sido confiados ou de que tenham tomado conhecimento em razão e no exercício das suas funções, não podendo ser inquiridos sobre eles por nenhuma autoridade. 2. A obrigação do sigilo persiste, mesmo quando o ministro tenha deixado de exercer o seu múnus. 3. Consideram-se ministros da religião ou da confissão religiosa aqueles que, de harmonia com a organização delas, exerçam sobre os fiéis qualquer espécie de jurisdição ou cura de almas" (Base XIX).

Deste modo, o sigilo religioso apenas obriga os ministros de religião ou confissão religiosa, constituindo para eles uma limitação à liberdade de comunicação social. Os jornalistas não estão vinculados por tal dever, que para eles constitui apenas uma limitação à liberdade de acesso ás fontes de informação, com fundamento óbvio.

([1]) Cf. JORGE P. PAÚL, "O sigilo bancário", in *RB*, n.º 12, Out./Dez. 1989, pág. 89 e seg..

SUBSECÇÃO III

Segredo de Estado

1. Uma das mais importantes limitações à liberdade de comunicação social é o que decorre do chamado *segredo de Estado.*

Note-se que não se trata agora apenas de uma questão de acesso a informações confidenciais, mas sim da proibição de divulgação de certas informações conhecidas de qualquer modo (lícito ou ilícito), por motivos de segurança do Estado ([1]).

Efectivamente, segundo a Lei n.º 6/94, de 7.4, que actualmente regula esta matéria em Portugal ([2]), não só os funcionários e agentes do Estado, mas também quaisquer pessoas que, em razão das suas funções, tenham acesso a matérias classificadas são obrigadas a guardar sigilo (Lei n.º 6/94, art. 10.º).

2. *Objecto* do segredo de Estado são "os documentos e informações cujo conhecimento por pessoas não autorizadas é susceptível de pôr em risco ou de causar dano à independência nacional, à unidade e integridade do Estado e à sua segurança interna e externa" (Lei n.º 6/94 art. 2.º, n.º 1).

Segundo este artigo, "2 — O risco e o dano referidos no número anterior são avaliados caso a caso em face das suas circunstâncias concretas, não resultando automaticamente da natureza das matérias a tratar.

3 — Podem, designadamente, ser submetidos ao regime de segredo de Estado, mas apenas verificado o condicionalismo previsto nos números anteriores, documentos que respeitem às seguintes matérias:

a) As que são transmitidas, a título confidencial, por Estados estrangeiros ou por organizações internacionais;

b) As relativas à estratégia a adoptar pelo País no quadro de negociações presentes ou futuras com outros Estados ou com organizações internacionais;

c) As que visam prevenir e assegurar a operacionalidade e a segurança do pessoal, dos equipamentos, do material e das instalações das Forças Armadas e das forças e serviços de segurança;

([1]) Cf. P. SCHNEIDER, *Pressefreiheit und Staatssicherheit*, Mainz, 1968.

([2]) Sobre esta Lei, cf. Ac. TC n.º 458/93, in *DR*, I série A, de 17.9.1993.

A liberdade de comunicação social em geral 517

d) As relativas aos procedimentos em matéria de segurança na transmissão de dados e informações com outros Estados ou com organizações internacionais;

e) Aquelas cuja divulgação pode facilitar a prática de crimes contra a segurança do Estado;

f) As de natureza comercial, industrial, científica, técnica ou financeira que interessam à preparação da defesa militar do Estado".

Para que fiquem sujeitas a segredo de Estado estas informações têm de ser objecto de *classificação*, que é da competência (não delegável) do Presidente da República, do Presidente da Assembleia da República, do Primeiro-Ministro, dos Ministros e do Governador de Macau, bem como, em caso de urgência e sujeitos a ratificação, do Chefe do Estado-Maior das Forças Armadas e dos directores dos serviços do Sistema de Informações da República (Lei n.º 8/94, art. 3.º).

Tal classificação tem de ser fundamentada (art. 5.º) e, em regra, dura 4 anos (art. 6.º). O acto de classificação está sujeito a impugnação graciosa ou contenciosa, que, todavia, depende de parecer prévio da Comissão de Fiscalização, criada pela Lei n.º 6/94 (art. 13.º e 14.º)([¹]).

3. As informações respeitantes a indícios da prática de *crimes contra a segurança do Estado* devem, todavia, ser comunicados às entidades competentes para a sua investigação (Lei n.º 6/94 art. 7.º).

4. Os documentos sujeitos a segredo de Estado devem ser especialmente *protegidos* contra acções de sabotagem e de espionagem e contra fugas de informação; e quem tomar conhecimento de documento classificado que, por qualquer razão, não se mostre devidamente acautelado deve entregá-lo à entidade responsável pela sua guarda ou à autoridade mais próxima (Lei n.º 6/94, art. 8.º).

5. Só têm acesso a documentos classificados como segredo de Estado pessoas autorizadas por entidade competente para a classificação e

---

([¹]) Por exemplo, segundo o art. 9.º do Dec.-Lei n.º 254/95, de 30.9, que estabelece a orgânica do Serviço de Informações Estratégicas de Defesa e Militares (SIEDM), "São abrangidos pelo segredo de Estado os registos, documentos e dossiers, bem como os resultados das análises e os elementos conservados no centro de dados e nos arquivos do SIEDM, respeitantes às matérias mencionadas no n.º 1 do artigo 2.º": "informações que contribuam para a salvaguarda da independência nacional, dos interesses nacionais, da segurança externa do Estado Português, para o cumprimento das missões das Forças Armadas e para a segurança militar".

518   *Direito da Comunicação Social*

quando deles careçam para o cumprimento das suas funções (Lei n.º 6/94 art. 9.º, n.º 1).

As testemunhas em processo penal não podem ser inquiridas sobre factos que constituam segredo de Estado ([1]).

6. A violação do dever de segredo de Estado é punível criminal e disciplinarmente ([2]) ([3]).

SUBSECÇÃO IV

Segredo dos titulares de cargos políticos

Afim do segredo de Estado, mas sujeito a regime diferente, é o dever de **segredo** que vincula os **titulares de cargos políticos**.

Em regra, o exercício de cargos políticos deve ser transparente, de modo a permitir o controlo democrático. Há, todavia, certos matérias em que o próprio bem comum exige sigilo, cuja violação é punível.

Efectivamente, a Lei n.º 34/87, de 16.7, relativa aos crimes de responsabilidade dos titulares dos cargos políticos, dispõe o seguinte, no art. 27.º.

"1 — O titular de cargo político que, sem estar devidamente autorizado, revelar segredo de que tenha conhecimento ou lhe tenha sido confiado no exercício das suas funções, com a intenção de obter, para si ou para outrem, um benefício ilegítimo ou de causar um prejuízo do interesse público ou de terceiros, será punido com prisão até três anos ou multa de 100 a 200 dias.

([1]) CPPen art.137.º: "1. As testemunhas não podem ser inquiridas sobre factos que constituam segredo de Estado.

2. O segredo de Estado a que se refere o presente artigo abrange, nomeadamente, os factos cuja revelação, ainda que não constitua crime, possa causar dano à segurança, interna ou externa do Estado Português ou à defesa da ordem constitucional.

3. Se a testemunha invocar segredo de Estado, deve este ser confirmado, no prazo de 30 dias, por intermédio do Ministro da Justiça. Decorrido este prazo sem a confirmação ter sido obtida, o testemunho deve ser prestado". Cf. também o art. 182.º do CPPen.

([2]) Lei n.º 6/94 art. 11.º; CPen art. 316.º, EDFAACRL art. 11.º.

([3]) Para maiores desenvolvimentos, cf. MARIA EDUARDA GONÇALVES, *Direito da Informação*, 1994, pág. 76 e segs.

A liberdade de comunicação social em geral

2 — A violação de segredo prevista no n.º 1 será punida mesmo quando praticada depois de o titular de cargo político ter deixado de exercer as suas funções.

3 — O procedimento criminal depende de queixa da entidade que superintenda, ainda que a título de tutela, no órgão de que o infractor seja titular, ou do ofendido, salvo se este for o Estado".

SUBSECÇÃO V

Segredo dos funcionários e agentes da Administração Pública

1. Entre os diversos grupos profissionais que estão sujeitos a deveres de segredo profissional contam-se os funcionários e agentes da Administração Central, Regional e Local.

Efectivamente, o Estatuto Disciplinar dos Funcionários e Agentes da Administração Central, Regional e Local (EDFAACRL), aprovado pelo Dec.-Lei n.º 24/84, de 16.1, inclui entre os deveres gerais destas pessoas o dever de sigilo (art. 3.º, n.º 4).

"O dever de sigilo consiste em guardar segredo profissional relativamente aos factos de que tenha conhecimento em virtude do exercício das suas funções e que não se destinem a ser do domínio público" (art. 3.º, n.º 9).

Naturalmente, haverá que conjugar estas disposições com as dos diplomas que regulam o acesso a informações administrativas, que teremos ocasião de estudar posteriormente, a propósito do direito à informação.

Os funcionários não podem ser inquiridos em processo penal sobre factos que constituam segredo e de que tiverem conhecimento no exercício das suas funções (CPPen art. 136.º e 182.º).

2. A infracção ao dever de sigilo está sujeita a sanção disciplinar, que pode consistir em repreensão escrita, multa, suspensão, inactividade, aposentação compulsiva ou demissão (EDFAACRL art. 11.º).

SUBSECÇÃO VI

Segredo de justiça

1. O segredo de justiça refere-se aos processos judiciais, tem um regime diverso consoante se trate de processos *criminais* ou de proces-

520 *Direito da Comunicação Social*

sos *cíveis* e deve conjugar-se com o dever de segredo profissional dos magistrados judiciais, dos magistrados do Ministério Público, dos advogados e dos funcionários judiciais.

O conhecimento deste regime é particularmente importante, atendendo à grande apetência do público por notícias relativas a crimes e processos criminais. Consequentemente, é muito frequente o interesse dos jornalistas por obter informações sobre isso.

Recentemente, começou mesmo a admitir-se a transmissão televisiva em directo de audiências, tendo tido grandes repercussões sobre a opinião pública.

A questão é tanto mais delicada, quanto a publicidade dos julgamentos constitui uma garantia importante de justiça, mas as notícias e comentários sobre tais assuntos podem conduzir a pressões sobre os juízes para decidir em certo sentido, em prejuízo da desejável imparcialidade ([1]).

2. O **processo penal** é *público* a partir da *decisão instrutória* ([2]) ou, se a instrução não tiver lugar, do momento em que já não pode ser requerida ou, se a instrução for requerida apenas pelo arguido e este não se opuser à publicidade, a partir do recebimento do requerimento de abertura da instrução. Antes desses momentos, vigora o **segredo de justiça** ([3]).

Assim, o processo penal é secreto nas fases preliminares e público nas restantes.

A *publicidade* é uma garantia de transparência da justiça e um modo de facilitar a fiscalização da legalidade do procedimento.

([1]) Sobre o assunto, cf., por exemplo, AGOSTINHO EIRAS, *Segredo de Justiça e Controlo de Dados Pessoais Informatizados*, Coimbra, Coimbra Editora, 1992.

([2]) Actualmente, o processo penal comum tem, caracteristicamente, cinco fases: a) a fase da **notícia do crime** (por conhecimento próprio ou mediante denúncia) e das **medidas cautelares e de polícia** (exames, recolha de informações, apreensões, identificação e detenção do suspeito); b) a fase do **inquérito** (investigação sobre o crime e seus agentes e recolha de provas pelo Ministério Público, que termina com a decisão de arquivamento ou com a acusação por este); c) a fase da **instrução** (comprovação, pelo juiz de instrução criminal, da acusação e debate instrutório oral, que termina com a *decisão instrutória*, podendo consistir em despacho de pronúncia ou não pronúncia); d) a fase de **julgamento** (despacho saneador, contestação, audiência e sentença); e e) a fase dos **recursos** (para os tribunais superiores).

([3]) CPPen art. 86.º.

A *publicidade* do processo implica os direitos de:

a) Assistência, pelo público em geral, à realização dos actos processuais;

b) Narração dos actos processuais, ou reprodução dos seus termos, pelos meios de comunicação social;

c) Consulta do auto e obtenção de *cópias*, extractos e certidões de quaisquer partes dele (CPPen art. 86.º, n.º 2).

A publicidade dos actos processuais declarados públicos pela lei pode, todavia, ser *restringida* por despacho do juiz se for de presumir que a publicidade causaria grave dano à dignidade das pessoas, à moral pública ou ao normal decurso do acto (CPPen art. 87.º, n.º 1 e 2). É o que acontece, em regra, nos processos por crime sexual que tenha por ofendido um menor de 16 anos (CPPen art. 87.º, n.º 3).

O *sigilo* do processo, nas fases preliminares, justifica-se pela necessidade de, para combate à criminalidade e defesa da comunidade, evitar que os criminosos prejudiquem a descoberta da verdade (escondendo ou destruindo provas dos factos) e se subtraiam a eventual detenção e julgamento. Justifica-se, também, para defesa da honra e consideração devidas ao suspeito (que goza da presunção de inocência até ser definitivamente condenado).

"O segredo de justiça vincula todos os participantes processuais, bem como as pessoas que, por qualquer título, tiverem contacto com o processo e conhecimento de elementos a ele pertencentes. Implica as proibições de:

a) assistência à prática ou tomada de conhecimento do conteúdo de acto processual a que não tenham o direito ou o dever de assistir;

b) divulgação da ocorrência de acto processual ou dos seus termos" ([1]).

Especificamente quanto aos *meios de comunicação social*, o art. 88.º do CPPen permite, "dentro dos limites da lei, a narração circuns-

---

([1]) CPPen art. 86.º, n.º 2. Há quem entenda que a expressão "a qualquer título" deve ser interpretada restritivamente, no sentido de abranger só os sujeitos e participantes processuais. Cf. AUGUSTO ISIDORO, "Violação do Segredo de Justiça por Jornalista", in *RMP*, ano 14, Jan.-Mar.1993, n.º 53, pág. 99 e segs.. Não parece, todavia, que esta interpretação restritiva seja a mais correcta, pois, os sujeitos e participantes processuais estão abrangidos pela primeira parte da frase, ficando então a segunda parte sem utilidade, que não é de presumir. Neste sentido, cf. GERMANO MARQUES DA SILVA, *Curso de Processo Penal*, Lisboa, Verbo, 1993, vol. II, pág. 20 e segs..

tanciada do teor de actos processuais que se não encontrem cobertos por segredo de justiça ou a cujo decurso for permitida a assistência do público em geral" (n.º 1).

Segundo o n.º 2 do mesmo preceito, "Não é, porém, autorizada, sob pena de desobediência simples:

a) A reprodução de peças processuais ou de documentos incorporados em processos pendentes, salvo se tiverem sido obtidos mediante certidão solicitada com menção do fim a que se destina, ou se para tal tiver havido autorização expressa da autoridade judiciária que presidir à fase em que se encontra o processo no momento da publicação;

b) A transmissão de imagens ou de tomadas de som relativas à prática de qualquer acto processual, nomeadamente da audiência, salvo se a autoridade judiciária referida na alínea anterior, por despacho, a autorizar;

c) A publicação, por qualquer meio, da identidade de vítimas de crimes sexuais, contra a honra ou contra a reserva da vida privada, antes da audiência, ou mesmo depois, se o ofendido for menor de dezasseis anos".

"Até à decisão sobre a publicidade da audiência não é ainda autorizada, sob pena de desobediência simples, a narração de actos processuais anteriores àquela quando o juiz, oficiosamente ou a requerimento, a tiver proibido com fundamento nos factos ou circunstâncias referidos no n.º 2 do artigo anterior" (n.º 3).

A violação do segredo de justiça é punível como crime ([1]).

Apesar disso, é frequente a publicação de factos criminosos sujeitos a processo penal na fase de inquérito ou de instrução — ou porque os ofendidos denunciam os factos a jornalistas, ou porque os jornalistas conseguem antecipar-se na investigação, ou porque as polícias gostam de mostrar os seus êxitos e, também, porque o público gosta de escândalos. Na prática, é difícil saber quem é responsável por tais situações, uma vez que os jornalistas têm direito ao segredo sobre as fontes de informação e todos reconhecem o importante papel do jornalismo de investigação na denúncia de actividades criminosas ([2]).

([1]) CPen art. 371.º.

([2]) Para maiores desenvolvimentos sobre esta matéria, que tem suscitado viva polémica, cf. GERMANO MARQUES DA SILVA, *ob. cit.* vol. II, pág. 18 e segs. e 88 e segs.; PIETRO NUVOLONE, *Il Diritto Penale della Stampa*, Pádua, 1971; LUÍS RODRIGUES RAMOS — TERENCIANO ÁLVAREZ PEREZ — PEDRO RODRIGUEZ, *Libertad de Expre-*

3. Em **processo civil**, a regra da *publicidade* é afirmada com maior amplitude, mas, mesmo assim, sujeita a algumas limitações.

Na verdade, segundo o art. 167.º do CPC, "1. O processo civil é público, salvas as restrições previstas na lei.

2. A publicidade do processo implica o direito de exame e consulta dos autos na secretaria e de obtenção de cópias ou certidões de quaisquer peças nele incorporadas, pelas partes, por qualquer pessoa capaz de exercer o mandato judicial ou por quem nisso revele interesse atendível (...)".

O art. 168.º do CPC estabelece, porém, limitações à publicidade do processo:

"1. O acesso aos autos é limitado nos casos em que a divulgação do seu conteúdo possa causar dano à dignidade das pessoas, à intimidade da vida privada ou familiar ou à moral pública, ou pôr em causa a eficácia da decisão a proferir.

2. Preenchem, designadamente, as restrições à publicidade previstas no número anterior:

a) Os processos de anulação de casamento, divórcio, separação de pessoas e bens e os que respeitem ao estabelecimento ou impugnação de paternidade, a que apenas podem ter acesso as partes e os seus mandatários;

b) Os procedimentos cautelares pendentes que só podem ser facultados aos requerentes e seus mandatários e aos requeridos e respectivos mandatários, quando devam ser ouvidos antes de ordenada a providência".

Por outro lado, "A audiência é pública, salvo quando o tribunal decidir o contrário, em despacho fundamentado, para salvaguarda da dignidade das pessoas e da moral pública, ou para garantir o seu normal funcionamento" ([1]).

4. É de salientar que as **comissões parlamentares de inquérito** gozam de todos os poderes de investigação das autoridades judiciárias; têm direito à coadjuvação dos órgãos de polícia criminal e de autoridades administrativas nos mesmos termos que os tribunais; e podem solicitar por escrito aos órgãos do Governo e da Administração ou a enti-

---

sion y Derecho Penal, Madrid, 1985, pág. 157 e segs.; DANIEL SOULEZ LARIVIÈRE, *Du cirque médiatico-judiciaire et des moyens de s'en sortir*, Paris, Seuil, 1993.

([1]) CPC art. 656.º.

dades privadas as informações e documentos que julguem úteis à realização do inquérito.

"No decorrer do inquérito só será admitida a recusa de fornecimento de documentos ou de prestação de depoimentos com o fundamento em segredo de Estado ou segredo de Justiça, nos termos da legislação respectiva" (Lei n.º 5/93, de 1.3, art. 13.º).

5. O segredo de justiça é reforçado pela imposição de deveres de **segredo profissional** aos **magistrados judiciais, magistrados do Ministério Público, advogados, solicitadores** [1], **notários** [2], **funcionários judiciais** [3], **agentes da Polícia Judiciária** [4] e **conservadores dos registos** [5].

Na verdade, "Os magistrados judiciais não podem fazer declarações relativas a processos nem revelar opiniões emitidas durante as conferências nos tribunais que não constem de decisões, actas ou documentos oficiais de carácter não confidencial ou que versem assuntos de natureza reservada" [6].

"Os magistrados do Ministério Público não podem fazer declarações relativas a processos nem emitir opiniões que versem assuntos de natureza confidencial ou reservada" [7].

"1. O advogado é obrigado a segredo profissional no que respeita:

a) A factos referentes a assuntos profissionais que lhe tenham sido revelados pelo cliente ou por sua ordem ou conhecidos no exercício da profissão;

b) A factos que, por virtude de cargo desempenhado na Ordem dos Advogados, qualquer colega, obrigado quanto aos mesmos factos ao segredo profissional, lhe tenha comunicado;

c) A factos comunicados por co-autor, co-réu ou co-interessado do cliente ou pelo respectivo representante;

---

[1] Estatuto dos Solicitadores (Dec.-Lei n.º 483/76, de 19.6) art. 71.º.

[2] CNot art. 32.º.

[3] Lei Orgânica das Secretarias Judiciais e Estatuto dos Funcionários de Justiça (Dec.-Lei n.º 367/87, de 11.12), art. 79.º.

[4] Dec.-Lei n.º 364/77, de 2.9, art. 14.º.

[5] Quanto ao registo civil cf. CRCiv art. 214.º. Quanto ao registo predial, cf. CRPredial art. 104.º. Quanto ao registo comercial, cf. CRCom art. 73.º.

[6] Estatuto dos Magistrados Judiciais (Lei n.º 21/85, de 30.7), art. 12.º.

[7] Lei Orgânica do Ministério Público (Lei n.º 47/86, de 15.10), art. 63.º.

d) A factos de que a parte contrária do cliente ou respectivos representantes lhe tenham dado conhecimento durante negociações para acordo amigável e que sejam relativos à pendência.

2. A obrigação do segredo profissional existe quer o serviço solicitado ou cometido ao advogado envolva ou não representação judicial ou extrajudicial, quer deva ou não ser remunerado, quer o advogado haja ou não chegado a aceitar e a desempenhar a representação ou serviço, o mesmo acontecendo para todos os advogados que, directa ou indirectamente, tenham qualquer intervenção no serviço.

3. O segredo profissional abrange ainda documentos ou outras coisas que se relacionem, directa ou indirectamente, com os factos sujeitos a sigilo.

4. Cessa a obrigação de segredo profissional em tudo quanto seja absolutamente necessário para a defesa da dignidade, direitos e interesses legítimos do próprio advogado ou do cliente ou seus representantes, mediante prévia autorização do presidente do conselho distrital respectivo, com recurso para o presidente da Ordem dos Advogados.

5. Não podem fazer prova em juízo as declarações feitas pelo advogado com violação de segredo profissional.

6. Sem prejuízo do disposto no n.º 4, o advogado pode manter o segredo profissional" ([1]).

SUBSECÇÃO VII

Segredo dos médicos, farmacêuticos e pessoal hospitalar

1. O dever de segredo profissional dos *médicos* provém do célebre juramento de Hipócrates (460-377 a.C.) ([2]), sendo fundamental para preservar a intimidade da vida privada.

Suscitou, recentemente, grande celeuma, quando da publicação de um livro pelo médico do Presidente Miterrand a revelar uma doença grave que, durante anos, ele escondeu ao público.

([1]) Estatuto da Ordem dos Advogados (aprovado pelo Dec.-Lei n.º 84/84, de 16.3), art. 81.º.

([2]) Cf. PIERRE LAMBERT, *Le secret professionnel*, Bruxelas, Nemesis, 1983, pág. 149.

Em Portugal, o Estatuto da Ordem dos Médicos ([1]) inclui entre os deveres dos médicos "guardar sigilo profissional" (art. 13.º, al. c)), estabelecendo que a sua violação sujeita o seu autor a sanção disciplinar (art. 14.º), que pode consistir em advertência, censura, suspensão ou expulsão (art. 74.º).

É competente para aplicar estas sanções o conselho disciplinar regional da Ordem (art. 71.º e 73.º), de cujas decisões cabe recurso para o Conselho Nacional de Disciplina e deste para o Tribunal administrativo (art. 68.º e 69.º).

A aplicação destas sanções pode, aliás, cumular-se com pena criminal, por violação de segredo ou aproveitamento indevido de segredo (CPen art. 195.º a 197.º) ([2]).

2. Também os **farmacêuticos** estão obrigados a segredo profissional ([3]).

32. Além dos médicos, todo o **pessoal hospitalar** "é obrigado a guardar segredo de ofício relativamente aos factos de que tenha conhecimento no exercício das suas funções, nos mesmos termos que vigorarem para o pessoal médico. 2. O pessoal dos serviços administrativos tem, além disso, o dever de segredo de ofício próprio dos assuntos com que trabalha" ([4]).

([1]) Aprovado pelo DL n.º 282/77, de 5.7.

([2]) Cf., também, Dec.-Lei n.º 47.749, de 6.6.1967, art. único, Lei n.º 6/84, de 11.5, art. 5.º (relativa à interrupção voluntária da gravidez); Dec.-Lei n.º 73/90, de 6.3 (Regime das Carreiras Médicas), art. 20.º, n.º 1, al. d). Para maiores desenvolvimentos, cf. DOMINIQUE THOUVENIN, *Le secret médical et l'information du malade*, Lyon, Presses Universitaires de Lyon, 1982; CUNHA RODRIGUES, "Sobre o segredo médico", in *Lugares do Direito*, Coimbra, Coimbra Editora, 1999, pág. 471 e segs.

([3]) Dec.-Lei n.º 48.547, de 27.8.1968, art. 23.º a 28.º; Dec.-Lei n.º 15/93, de 22.1 (Combate à droga), art. 18.º.

([4]) Estatuto Hospitalar (aprovado pelo DL n.º48.357, de 27.4.1968), art. 57.º; Estatuto dos Capelães Hospitalares (DReg n.º 58/80, de 10.10), art. 5.º, al. e), e 6.º, n.º 1, al. c); P n.º 52/85, de 26.1 (Serviços de Consulta de Planeamento Familiar e Centros de Atendimento de Jovens), art. 10.º; Dec.-Lei n.º 72/91, de 8.2, art. 17.º; Dec.-Lei n.º 437/91, de 8.11 (Regime legal da carreira de enfermagem), art. 34.º, n.º 9.

SUBSECÇÃO VIII
Segredo bancário

1. Um dos mais importantes deveres das instituições de crédito e das sociedades financeiras e dos seus colaboradores é o dever de segredo bancário.

É uma modalidade de segredo profissional, considerada fundamental para preservar a privacidade das pessoas ([1]) e assegurar a confiança no sistema financeiro ([2]), mas simultaneamente tem sido muito discutida, em todo o mundo, a conveniência de lhe abrir excepções, para permitir a redução dos riscos do sistema financeiro e a sua supervisão, o combate a certos tipos de crime (tráfico de droga, corrupção, branqueamento de capitais, etc.), a obtenção de provas em tribunal, o combate à evasão fiscal, etc..

2. Actualmente, o dever de segredo bancário está regulado nos art. 78.º a 84.º do Regime Geral das Instituições de Crédito e Sociedades Financeiras ([3]), e em disposições contidas em vários diplomas dispersos, entre os quais são de destacar os Códigos Penal e de Processo Penal e os diplomas sobre o "branqueamento de capitais" provenientes do tráfico de estupefacientes ([4]).

([1]) A privacidade das pessoas significa, neste domínio o desejo de, por um lado, preservar em bom recato uma parte mais ou menos importante do seu património, por precaução (por razões de segurança), para evitar pedidos, tributações, invejas, furtos, chantagens, roubos, confiscos e outras fraudes ou e para, mais tarde, o utilizar para adquirir bens de consumo, de uso ou de investimento ou para obras de caridade, beneficência, solidariedade social ou mecenato cultural.

([2]) A importância da confiança resulta da experiência: em períodos de instabilidade política, económica ou social, muitas pessoas levantam os seus valores do sistema bancário, para os colocarem em lugar presumivelmente mais seguro (desde o colchão ou outros esconderijos até bancos na Suíça ou em paraísos fiscais). Quando corre a informação ou até o boato de que certo banco está à beira da falência ou não respeita o segredo bancário, é compreensível que as pessoas corram a retirar de lá os seus valores. São conhecidos muitos casos de corridas aos bancos e de volumosas fugas de capitais por motivos desse género. Basta recordar o *crash* da Bolsa de Nova Iorque, em 1929, e o período pós 28 de Setembro de 1974, em Portugal.

([3]) Aprovado pelo DL n.º 298/92, de 31.12.

([4]) DL n.º 15/93, de 22.1, art. 60.º, e DL n.º 313/93, de 15.9.

3. O *princípio* fundamental está definido no art. 78.º do RGICSF:

"1 — Os membros dos órgãos de administração ou de fiscalização das instituições de crédito, os seus empregados, mandatários, comitidos e outras pessoas que lhes prestem serviços a título permanente ou ocasional não podem revelar ou utilizar informações sobre factos ou elementos respeitantes à vida da instituição ou às relações desta com os seus clientes cujo conhecimento lhes advenha exclusivamente do exercício das suas funções ou da prestação dos seus serviços.

2 — Estão, designadamente, sujeitos a segredo os nomes dos clientes, as contas de depósito e seus movimentos e outras operações bancárias.

3 — O dever de segredo não cessa com o termo das funções ou serviços".

4. Deste modo, o dever de segredo bancário tem um *âmbito subjectivo* muito amplo: estão por ele abrangidos todos os colaboradores (membros dos seus órgãos e trabalhadores, subordinados ou autónomos) das instituições de crédito. Por outro lado, abrange, não só as instituições de crédito, como também as sociedades financeiras ([1]) e as instituições de tutela ([2]) e os respectivos colaboradores ([3]).

5. A lei admite, todavia, diversas **excepções** ao dever de segredo bancário, algumas das quais interessa mencionar neste contexto.

a) Segundo o art. 79.º do RGICSF que "1. Os factos ou elementos das relações do cliente com a instituição podem ser revelados mediante autorização do cliente, transmitida à instituição.

([1]) RGICSF art. 195.º.

([2]) RGICSF art. 80.º, n.º 1: "As pessoas que exerçam ou tenham exercido funções no Banco de Portugal, bem como as que lhe prestem ou tenham prestado serviços a título permanente ou ocasional, ficam sujeitas a dever de segredo sobre factos cujo conhecimento lhes advenha exclusivamente do exercício dessas funções ou da prestação desses serviços e não poderão divulgar nem utilizar as informações obtidas". CMVM art. 45.º.

([3]) Estão também sujeitos a dever de segredo, por força de outros diplomas: a Central de Valores Mobiliários (CMVM art. 74.º), as Associações de Bolsa (CMVM art. 233.º), as associações prestadoras de serviços especializados (CMVM art. 498.º), as associações do mercado de balcão (CMVM art. 522.º), os intermediários financeiros (CMVM art. 650.º).

A liberdade de comunicação social em geral 529

2. Fora do caso previsto no número anterior, os factos e elementos cobertos pelo dever de segredo só podem ser revelados:

a) Ao Banco de Portugal, no âmbito das suas atribuições;

b) À Comissão do Mercado de Valores Mobiliários, no âmbito das suas atribuições;

c) Ao Fundo de Garantia de Depósitos, no âmbito das suas atribuições;

d) Nos termos previstos na lei penal e de processo penal ([1]);

e) Quando exista outra disposição legal que expressamente limite o dever de segredo".

b) Além disso, segundo o art. 83.º do RGICSF, "Independentemente do estabelecido quanto ao Serviço de Centralização de Riscos de Crédito, as instituições de crédito poderão organizar, sob regime de segredo, um sistema de informações recíprocas com o fim de garantir a segurança das operações".

c) Por outro lado, o DL n.º 15/93, de 22.3 dispõe que não podem ser recusadas pelas instituições bancárias, financeiras ou equiparadas a prestação de informações e a apresentação de documentos, pedidas de modo individualizado e suficientemente concretizado, respeitantes a bens, depósitos ou quaisquer outros valores pertencentes a indivíduos suspeitos ou arguidos da prática de determinados *crimes relativos à produção, tráfico e consumo de estupefacientes*, com vista à sua apreensão pelo Estado (art. 60.º).

No mesmo sentido, o DL n.º 313/93, de 15.9, sobre a prevenção da utilização do sistema financeiro para efeitos de *branqueamento de capitais*, impõe às entidades financeiras o dever de informar a autoridade judiciária competente logo que saibam ou fundadamente suspeitem que quaisquer somas inscritas nos seus livros são provenientes da prática de um *crime relativo à produção, tráfico e consumo de estupefacientes*, ou logo que tenham conhecimento de quaisquer factos que possam constituir indícios da prática do crime de um desses crimes (art. 10.º, n.º 1).

([1]) O CPPen prevê excepções ao dever de segredo bancário relativamente a depoimento testemunhal (art. 135.º), apreensão de documentos e outros objectos em instituições de crédito (art. 182.º). Em *processo civil*, o regime é diferente.

530   *Direito da Comunicação Social*

As informações prestadas de boa fé, nos termos deste preceito, "não constituem violação de qualquer dever de segredo, nem implicam para quem as preste, responsabilidade de qualquer tipo" (art. 13.º).

d) Outra derrogação legal ao dever de segredo bancário justifica--se pela necessidade de *combate à corrupção* e *criminalidade económica e financeira* ([1]).

e) De grande relevo, na prática do *processo civil*, é a derrogação introduzida no art. 861.º-A do CPC pelo Dec.-Lei n.º 180/96, de 25.9, alterado pelo Dec.-Lei n.º 375-A/99, de 20.9. Segundo aquele preceito, a instituição de crédito detentora de depósito penhorado deve comunicar ao tribunal o saldo da conta objecto de penhora; e, "se tiverem sido nomeados à penhora saldos em contas bancárias que o exequente não consiga identificar adequadamente, o tribunal solicitará previamente ao Banco de Portugal informação sobre quais as instituições em que o executado é detentor de contas bancárias".

f) Importantes e discutidas são as excepções de natureza *fiscal*, relativas, quer à *fiscalização* tributária, quer a determinados casos de tributação em imposto sobre as sucessões e doações, IRS e IRC ([2]).

([1]) Consta da Lei n.º 45/86, de 1.10, relativa aos poderes da Alta Autoridade contra a Corrupção, e da Lei n.º 36/94, de 29.9, relativa a medidas de *combate à corrupção e criminalidade económica e financeira* (art. 5.º). Efectivamente, este diploma dispõe, no n.º 1 do art. 5.º, que "Nas fases de inquérito, instrução e julgamento relativas a crimes previstos no n.º 1 do artigo 1.º (Corrupção, peculato, participação económica em negócio, administração danosa em unidade económica do sector público, fraude na obtenção ou desvio de subsídio, subvenção ou crédito, infracções económico-financeiras cometidas de forma organizada, com recurso à tecnologia informática, infracções económico-financeiras de dimensão internacional ou transnacional), o segredo profissional dos membros dos órgãos sociais das instituições de crédito e sociedades financeiras, dos seus empregados e pessoas que prestem serviços às mesmas instituições e sociedades cede se houver razões para crer que a respectiva informação é de grande interesse para a descoberta da verdade ou para a prova". Cf. JORGE P. PAÚL, "O sigilo bancário", in *RB*, n.º 12, Out./Dez. 1989, pág. 89 e seg..

([2]) Para maiores desenvolvimentos, cf. LUÍS BRITO CORREIA, *Direito Bancário*, 1997, pág. 172 e segs.; A. MENESES CORDEIRO, *Manual de Direito Bancário*, Coimbra, Almedina, 1998, pág. 309 e segs..

SUBSECÇÃO IX

Segredo segurador

O *mediador* de seguros tem a obrigação de "Guardar segredo profissional, em relação a terceiros, dos factos de que tome conhecimento por força do exercício da sua actividade" ([1]).

SUBSECÇÃO X

Segredo dos trabalhadores subordinados

Os trabalhadores subordinados, em geral, devem "Guardar lealdade à entidade patronal, nomeadamente não (...) divulgando informações referentes à sua organização, métodos de produção ou negócios (...)" ([2]).

As comissões de trabalhadores, como organismos representativos dos trabalhadores de cada empresa, têm o direito de receber diversas informações relativas à vida da respectiva empresa, bem como o direito ao controlo de gestão (direito de informação, consulta e fiscalização)([3]).

Em contrapartida, "Os membros das comissões de trabalhadores estão sujeitos ao dever de sigilo relativamente às informações que tenham obtido com reserva de confidencialidade, que será devidamente justificada pela empresa" ([4]).

SECÇÃO VI

Deveres de divulgação

SUBSECÇÃO I

Mensagens de divulgação obrigatória

1. Entre as limitações à liberdade de comunicação social que correspondem ao *dever de divulgar* certas informações, que, de outro modo,

---

([1]) DL n.º 388/91, de 10.10, art. 8.º, alínea j).

([2]) Regime Jurídico do Contrato Individual de Trabalho (aprovado pelo DL n.º 49.408, de 24.11.1969), art. 20.º, n.º 1, al. g).

([3]) Lei n.º 46/79, de 12.9, art. 23.º a 31.º.

([4]) Lei n.º 46/79, de 12.9, art. 18.º, n.º 3.

não seriam divulgadas, conta-se, em primeiro lugar, o caso das *mensagens de divulgação obrigatória*.

2. Estas mensagens são *comunicados oficiais de publicação obrigatória pelos órgãos de comunicação social*.

Limitados pelo princípio da independência dos meios de comunicação social relativamente ao poder político, certos órgãos do Estado podem, em todo o caso, impor a publicação de mensagens que seja de interesse público divulgar, dentro de certo condicionalismo.

3. A obrigação de publicação de "documentos officiaes, relações authenticas e informações que lhe forem remetidas por qualquer Authoridade pública" aparece já na Carta de Lei de 3.8.1850, mas "sempre que por esta forem pagas as despesas da impressão pelo preço dos anuncios" (art. 83.º, § 1.º).

A figura das **notas oficiosas** foi *criada* pelo Dec. n.º 19.140, de 19.12.1930. Segundo este diploma, podiam ser impostas pelos ministros, que podiam indicar a página onde elas podiam ser publicadas. A falta de publicação podia ser sancionada com a suspensão do periódico. Depois, a figura veio a ser incluída na CRP de 1933 (art. 23.º) e a LImp de 1971 regulou-a expressamente.

O regime das notas oficiosas veio a constar do art. 15.º da LImp de 1975, que foi, porém, revogado e substituído pela Lei n.º 60/79, de 18.9 (alterada pela Lei n.º 5/86, de 26.3).

Esta Lei n.º 60/79 impunha a divulgação gratuita de *notas oficiosas* provenientes dos Gabinetes do Presidente da Assembleia da República e do Primeiro-Ministro às *publicações informativas diárias, rádio* e *televisão*, desde que se verificassem determinados tipos de situações de emergência e dentro de certos limites.

Entretanto, foi suscitado o problema da **inconstitucionalidade** da Lei n.º 60/79, por ser uma limitação à liberdade de comunicação social (das empresas privadas) não prevista na CRP ([1]).

Pondo termo a este debate, a Lei n.º 31-A/98, de 14.7 (Lei da TV), revogou expressamente a Lei n.º 60/79, de 18.9 e a Lei n.º 5/86, de 26.3 (art. 75.º, n.º 1).

([1]) Cf. VITAL MOREIRA, *O Direito de Resposta na Comunicação Social*, Coimbra, Coimbra Ed., 1994, pág. 168.

A liberdade de comunicação social em geral 533

Mantêm-se em vigor, todavia, as disposições da Lei da Rádio e da Lei da TV, que impõem a divulgação obrigatória de mensagens do Presidente da República, do Presidente da Assembleia da República e do Primeiro-Ministro, em certas condições.

4. Efectivamente, a Lei n.º 87/88, de 30.7 (**LRádio**), dispõe, no art. 15.º, o seguinte:

"1 — São obrigatória, gratuita e integralmente divulgados pelo serviço público de radiodifusão, com o devido relevo e a máxima urgência, as mensagens cuja difusão seja solicitada pelo Presidente da República, Presidente da Assembleia da República e Primeiro-Ministro e, nos termos da lei aplicável, os comunicados e as notas oficiosas.

2 — Em caso de declaração do estado de sítio, emergência ou de guerra, o disposto no número anterior aplica-se a todas as entidades que exerçam a actividade de radiodifusão".

Deste modo, a *competência* para impor a divulgação de mensagens pertence apenas ao Presidente da República, Presidente da Assembleia da República e Primeiro-Ministro.

Em regra, só está *obrigado* a tal divulgação o "serviço público de radiodifusão", ou seja, a RDP. No entanto, em caso de declaração do estado de sítio, emergência ou de guerra, tal obrigação pode ser imposta a todas as empresas de rádio, públicas ou privadas ([1]).

Note-se que a LRádio impõe a divulgação de *mensagens* e, "nos termos da lei aplicável", *comunicados* e *notas oficiosas* — sendo certo que, como vimos, a Lei sobre as Notas Oficiosas foi revogada. Fica aberto, porém, o caminho para outras leis imporem a publicação de comunicados ou notas oficiosas.

5. A Lei n.º 31-A/98, de 14.7 (**LTV**), por seu lado, estabelece, no art. 23.º, o seguinte:

"1 — São obrigatoriamente divulgadas através do serviço público de televisão, com o devido relevo e a máxima urgência, as mensagens cuja difusão seja solicitada pelo Presidente da República, pelo Presidente da Assembleia da República e pelo Primeiro-Ministro.

([1]) Estas imposições não suscitam dúvidas sobre a sua inconstitucionalidade, uma vez que a CRP impõe a existência de um serviço público de rádio e de televisão (art. 38.º, n.º 5), em que se pode enquadrar a emissão de mensagens dos órgãos do Estado; e admite restrições aos direitos fundamentais em caso de estado de sítio ou de emergência (art. 19.º).

534   *Direito da Comunicação Social*

2 — Em caso de declaração do estado de sítio ou do estado de emergência, a obrigação prevista no número anterior recai também sobre os operadores privados de televisão".

Os órgãos do Estado *competentes* para impor a divulgação de mensagens são os mesmos que os previsto na Lei da Rádio e, em regra, apenas o serviço público de televisão (a RTP) está *obrigado* a divulgar tais mensagens.

Enquanto, na rádio, as mensagens devem ser divulgados "gratuita e integralmente" e "com o devido relevo e a máxima urgência", na televisão, não está dito que a divulgação seja *gratuita*.

6. A lei não prevê, porém, **sanções** específicas para o incumprimento destes deveres de divulgação de mensagens, comunicados ou notas oficiosas de divulgação obrigatória. Quanto às empresas de serviço público de rádio e televisão, o Governo tem, obviamente, possibilidade de intervenção junto dos respectivos administradores, mas o mesmo não pode dizer-se quanto a empresas privadas (salvo em estado de sítio ou estado de emergência).

7. Para a Região Autónoma da **Madeira**, o Dec. Regional n.º 17//78/M, de 29.3, regula a difusão das notas oficiosas do Governo Regional na Imprensa, e o Dec. Regional n.º 2/82/M, de 6.3, regula a difusão das mensagens e comunicados da Assembleia Regional e notas oficiosas do Governo Regional nos Centros Regionais da RDP, da RTP e da ANOP.

Para a Região Autónoma dos **Açores**, o Dec. Regional n.º 30/80/A, de 23.9, regula a difusão das mensagens e comunicados da Assembleia Regional e das notas oficiosas do Governo Regional pelos Centros Regionais da RDP, da RTP e da ANOP e pelas publicações informativas diárias.

Pode, todavia, suscitar-se, em relação a estes diplomas regionais, o problema da sua inconstitucionalidade, uma vez que se trata de restrições a direitos, liberdades e garantias, que são matérias da reserva relativa de competência legislativa da Assembleia da República, sobre os quais as Regiões Autónomas não podem legislar ([1]).

([1]) CRP art. 165.º, al. b) e c), e 227.º, n.º 1, al. a). Era já assim, em face da versão de 1976 destes preceitos.

8. As disposições legais acima referidas não se aplicam directamente a órgãos de comunicação social **electrónicos** e, tratando-se de limitações à liberdade de expressão, não devem sequer aplicar-se por analogia.

Aliás, para dar divulgação a mensagens oficiosas na Internet bastaria impor a introdução nos sítios dos jornais electrónicos de uma ligação ("link") a um sítio próprio do respectivo órgão do Estado, onde tais mensagens possam encontrar-se.

SUBSECÇÃO II
Direito de espaço na imprensa e direito de antena

DIVISÃO I
Considerações gerais

1. O *direito de espaço na imprensa* é um direito de acesso obrigatório e gratuito à imprensa do Estado por parte dos partidos políticos da oposição parlamentar.

O *direito de antena* é um direito de acesso obrigatório e gratuito às estações de rádio e televisão por parte dos partidos políticos e de organizações económicas e sociais.

Afim do direito de antena (se não idêntico) é aquilo a que a LTV chama *tempo de emissão* das confissões religiosas.

A *função* destes direitos é facultar às principais forças políticas, económicas e sociais, bem como às confissões religiosas, a oportunidade de exporem as suas ideias, apresentarem e defenderem as suas propostas, fazerem propaganda e crítica.

Enquadra-se no objectivo de assegurar a possibilidade de expressão e confronto das diversas correntes de opinião (CRP art. 38.º, n.º 6) e, especialmente, o exercício do direito das minorias a oposição democrática (CRP art. 117.º, n.º 2).

Pode considerar-se, de certo modo, uma contrapartida equitativa e transparente para o princípio da independência dos órgãos de comunicação social relativamente ao poder político e económico [1].

---

[1] Cf. VITAL MOREIRA, *O Direito de Resposta na Comunicação Social*, 1994, pág. 171 e seg..

Em relação a *jornais electrónicos*, não existe ainda legislação sobre esta matéria.

2. O direito de antena foi, pela *primeira vez* ([1]), consagrado pela Constituição de 1976, no art. 40.º, que foi alterado nas revisões constitucionais de 1982 e 1989.

Ainda antes destas revisões constitucionais, o Estatuto do Direito de Oposição (Lei n.º 59/77, de 5.8), atribuiu aos partidos da oposição parlamentar o *direito de antena* na rádio e na televisão, bem como o *direito de espaço na imprensa* pertencente directa ou indirectamente ao Estado, "em igualdade de circunstâncias com o Governo, nos termos do Estatuto da Informação" (art. 8.º, n.º 1).

Só que, depois das privatizações do Governo Cavaco Silva, não existem já publicações periódicas de informação geral do Estado, estando, assim, praticamente, esvaziado de conteúdo útil este direito de espaço na imprensa estatal.

3. Na versão em vigor, a CRP, no art. 40.º ([2]), consagra três **modalidades** de *direito de antena*, a que acresce uma modalidade de *tempo de emissão*, prevista no art. 25.º da LTV:

a) Direito de antena *geral* dos partidos políticos, das organizações sindicais, profissionais e representativas das actividades económicas (art. 40.º, n.º 1);

([1]) A Base XI das Bases da concessão do serviço público de televisão, aprovadas pelo DL n.º 40.341, de 18.10.1955, previa uma reserva de tempo das emissões para o Estado (por intermédio da Emissora Nacional), para as emissoras de rádio accionistas da RTP e para a concessionária, que nada tem a ver com o direito de antena, tal como está hoje previsto na CRP.

([2]) "1. Os partidos políticos e as organizações sindicais, profissionais e representativas das actividades económicas têm direito, de acordo com a sua representatividade e segundo critérios objectivos a definir por lei, a tempos de antena no serviço público de rádio e televisão.

2. Os partidos políticos representados na Assembleia da República, e que não façam parte do Governo, têm direito, nos termos da lei, a tempos de antena no serviço público de rádio e televisão, a ratear de acordo com a sua representatividade, bem como o direito de resposta ou de réplica política às declarações políticas do Governo, de duração e relevo iguais aos dos tempos de antena e das declarações do Governo.

3. Nos períodos eleitorais os concorrentes têm direito a tempos de antena, regulares e equitativos, nas estações emissoras de rádio e de televisão de âmbito nacional e regional, nos termos da lei".

A liberdade de comunicação social em geral 537

b) Direito de antena *específico* dos partidos da oposição parlamentar (art. 40.º, n.º 2);

c) Direito de antena *nos períodos eleitorais* dos concorrentes (art. 40.º, n.º 3);

d) Tempo de emissão das confissões religiosas (LTV art. 45.º, al. c)).

As duas primeiras modalidades estão *regulamentadas* na Lei da Rádio ([1]) e na Lei de Televisão ([2]) e *obrigam* apenas as estações públicas de rádio e de televisão.

A terceira está *regulamentada* nas leis eleitorais e *obriga* as estações de rádio e de televisão de âmbito nacional e regional, públicas ou privadas.

A quarta modalidade *obriga* apenas o 2.º canal do serviço público de televisão.

Nenhuma destas modalidades de direito de antena se aplica directamente a órgãos de comunicação social **electrónicos** e, tratando-se de limitações à liberdade de expressão, não devem sequer aplicar-se por analogia.

Aliás, para dar divulgação a mensagens das referidas organizações na Internet bastaria impor a introdução nos sítios dos jornais electrónicos de uma ligação ("link") a um sítio próprio da respectiva organização, onde as mensagens possam encontrar-se.

4. *Titulares* do direito de antena são apenas os partidos políticos e as organizações sindicais, profissionais e representativas das actividades económicas — não existindo um direito geral de qualquer pessoa aceder à rádio e à televisão.

O direito a "tempo de emissão" é limitado às confissões religiosas.

O *conteúdo* da emissão difundida no exercício do direito de antena é da responsabilidade do titular do direito de antena, limitando-se a estação a pôr a antena à disposição dele ([3]).

5. Compete à **Alta Autoridade para a Comunicação Social** apreciar as *condições de acesso* ao direito de antena, pronunciar-se sobre as **queixas** ou *recursos* que, a esse respeito, lhe sejam apresentados e *arbi-*

([1]) Art. 16.º a 21.º.

([2]) Art. 32.º a 34.º e 40.º, n.ᵒˢ 1 e 2.

([3]) LRádio art. 16.º, n.º 2; LTV art. 32.º, n.º 2.

538   *Direito da Comunicação Social*

trar os conflitos suscitados entre os titulares do direito de antena, na rádio e na televisão, quanto à elaboração dos respectivos planos gerais de utilização. As deliberações sobre estas matérias têm carácter vinculativo ([1]).

6. Os responsáveis pelas estações emissoras de televisão devem assegurar a ***contagem dos tempos*** de antena, de resposta e de réplica política, dando conhecimento dos respectivos resultados aos interessados ([2]).

DIVISÃO II

Direito de antena geral

1. O direito de antena geral dos partidos políticos, das organizações sindicais, profissionais e representativas das actividades económicas ([3]) é regulado de modo um tanto diferente para a rádio e a televisão — em qualquer caso, apenas para as *estações públicas* (RDP e RTP).

2. A *LRádio* (Lei n.º 87/88, de 30.7) define tempo de antena como "o espaço de programação própria da responsabilidade do titular do direito, facto que deve ser expressamente mencionado no início e termo de cada programa" (art. 16.º, n.º 2).

A LRádio determina, em termos globais, a *duração* do tempo de antena a que tem direito cada categoria dos respectivos titulares e o modo da sua *distribuição*.

Assim, dispõe no art. 16.º, n.º 3 (na redacção da Lei n.º 2/97, de 18.1), que "As entidades referidas no n.º 1 têm direito, gratuita e mensalmente, ao seguinte tempo de antena:

a) Cinco minutos por cada partido representado na Assembleia da República, acrescidos de cinco segundos por cada deputado por ele eleito acima de cinco;

([1]) Lei n.º 43/98, art. 4.º, n.º al. c) e d), e 23.º, n.º 2.

([2]) LTV art. 73.º.

([3]) A LRádio (art. 16.º, n.º 1) e a LTV (art. 32.º, n.º 1) reconhecem o direito de antena "Aos partidos políticos e às organizações sindicais, profissionais e patronais", mas não parece que esta diferença de redacção possa envolver redução de direitos para alguma das entidades abrangidas pelo referido art. 40.º, n.º 1, da CRP.

A liberdade de comunicação social em geral

b) Um minuto por cada partido político não representado na Assembleia da República que tenha obtido o mínimo de 50.000 votos nas mais recentes eleições legislativas, acrescido de meio minuto por cada 10.000 votos, ou fracção superior a 5.000, acima daquele mínimo;

c) Trinta minutos para as organizações sindicais, trinta minutos para as organizações profissionais e dos organismos representativos das actividades económicas e trinta minutos para as associações de defesa do ambiente e do consumidor, a ratear de acordo com a sua representatividade".

Acrescenta que "4 — Cada titular não pode utilizar o direito de antena mais de uma vez em cada 30 dias.

5 — Os responsáveis pela programação devem organizar com os titulares do direito de antena, e de acordo com o presente diploma, planos gerais da respectiva utilização.

6 — Na impossibilidade insuperável de acordo sobre os planos referidos no número anterior e a requerimento dos interessados cabe a arbitragem à Alta Autoridade para a Comunicação Social" ([1]).

A LRádio regula também o *exercício* do direito de antena, definindo os períodos dentro dos quais pode ou não ser difundido (art. 17.º e 18.º), bem como o modo e os prazos do pedido respectivo (art. 19.º e 20.º) ([2]).

O exercício do direito a tempo de antena pode ser *suspenso* no caso de infracção a certas disposições da LRádio, v.g., atentado à dig-

---

([1]) Lei n.º 43/98, de 6.8, art.º 4.º, al. c).

([2]) Art. 17.º: "O exercício do direito de antena é difundido por um dos canais de maior cobertura geral do serviço público e tem lugar no período compreendido entre as 10 e as 20 horas, não podendo, porém, interferir com a emissão dos serviços noticiosos ou com os programas cuja interrupção seja desaconselhável, em virtude das características dos mesmos".

Art. 18.º: "1 — O direito de antena previsto nos artigos anteriores não pode ser exercido aos sábados, domingos e feriados nacionais, nem a partir de um mês antes da data fixada para o início do período de campanha eleitoral para a Presidência da República, Assembleia da República, Parlamento Europeu e autarquias locais, bem como, nas Regiões Autónomas dos Açores e da Madeira, para a respectiva assembleia regional.

2 — Nos períodos eleitorais, o exercício do direito de antena rege-se pela Lei Eleitoral.

3 — Fora dos períodos eleitorais, é vedado o apelo directo ao voto durante o exercício do direito de antena".

Artigo 19.º: "1 — Os titulares do direito de antena devem solicitar à respectiva entidade emissora a reserva do correspondente tempo de emissão até cinco dias

nidade da pessoa humana, incitamento à prática da violência, actos contrários à lei penal, ou apelo ao voto fora dos períodos eleitorais ([1]).

3. A Lei da *Televisão* (Lei n.º 31-A/98, de 14.7) define tempo de antena — em termos semelhantes aos da Lei da *Rádio* — como "o espaço de programação própria da responsabilidade do titular do direito, facto que deve ser expressamente mencionado no início e termo de cada programa" (art. 49.º, n.º 3).

Também à semelhança da LRádio, a LTV determina, em termos globais, a *duração* do tempo de antena a que tem direito cada categoria dos respectivos titulares e o modo da sua *distribuição*. É, todavia, muito mais reduzido o tempo de antena atribuído, considerando que é mais oneroso o serviço.

Por outro lado, a LTV de 1998 inclui entre os beneficiários do direito de antena geral o *Governo* e os partidos da *oposição parlamentar* (art. 49.º, n.º 2, al. c)), o que a lei anterior não fazia.

Efectivamente, segundo o art. 49.º da LTV, "2 — As entidades referidas no número anterior têm direito, gratuita e anualmente, aos seguintes tempos de antena:

a) Dez minutos por partido representado na Assembleia da República, acrescidos de trinta segundos por cada deputado eleito;

b) Cinco minutos por partido não representado na Assembleia da República com participação nas mais recentes eleições legislativas, acrescidos de trinta segundos por cada 15 000 votos nelas obtidos;

c) Sessenta minutos para o Governo e sessenta minutos para os partidos representados na Assembleia da República que não façam parte do Governo, a ratear segundo a sua representatividade;

---

antes da transmissão, devendo a respectiva gravação ser efectuada ou os materiais pré-gravados até quarenta e oito horas antes da difusão do programa.

2 — No caso de programas pré-gravados e prontos para a difusão, a entrega pode ser feita até vinte e quatro horas antes da transmissão.

3 — Aos titulares do direito de antena são assegurados os indispensáveis meios técnicos para a realização dos respectivos programas, em condições de absoluta igualdade".

Art. 20.º: "1- O não cumprimento dos prazos previstos no artigo anterior, ou no exercício do direito de antena até ao final de cada mês, determina a caducidade do direito, sem prejuízo do disposto no número seguinte.

2 — Se o não exercício do direito de antena decorrer de facto não imputável ao seu titular, o tempo de antena não utilizado pode ser acumulado ao do primeiro mês imediato em que não exista impedimento".

([1]) LRádio art. 36.º.

A liberdade de comunicação social em geral 541

d) Noventa minutos para as organizações sindicais, noventa minutos para as organizações profissionais e representativas das actividades económicas e trinta minutos para as associações de defesa do ambiente e do consumidor, a ratear de acordo com a sua representatividade;

e) Quinze minutos para outras entidades que tenham direito de antena atribuído por lei (...).

4 — Cada titular não pode utilizar o direito de antena mais de uma vez em cada 15 dias nem em emissões com duração superior a dez ou inferior a três minutos, salvo se o seu tempo de antena for globalmente inferior.

5 — Os responsáveis pela programação devem organizar, com a colaboração dos titulares do direito de antena e de acordo com a presente lei, planos gerais da respectiva utilização.

6 — Na impossibilidade insanável de acordo sobre os planos referidos no número anterior e a requerimento dos interessados, cabe a arbitragem à Alta Autoridade para a Comunicação Social".

A LTV regula também o *exercício* do direito de antena, definindo os períodos dentro dos quais pode ou não ser difundido, bem como o modo e os prazos da respectiva *reserva* ([1]).

A LTV prevê também a possibilidade de *suspensão* do direito de antena em caso de infracção (art. 65.º, n.º 3).

([1]) Artigo 50.º — Limitação ao direito de antena:

"1 — A utilização do direito de antena não é concedida aos sábados, domingos e feriados nacionais, devendo ainda ser suspensa um mês antes da data fixada para o início do período de campanha em qualquer acto eleitoral ou referendário, nos termos da legislação respectiva.

2 — O direito de antena é intransmissível."

Artigo 51.º — Emissão e reserva do direito de antena:

"1 — Os tempos de antena são emitidos no canal de cobertura nacional de maior audiência entre as 19 e as 22 horas.

2 — Os titulares do direito de antena devem solicitar a reserva do tempo de antena a que tenham direito até 15 dias antes da transmissão, devendo a respectiva gravação ser efectuada ou os materiais pré-gravados entregues até setenta e duas horas antes da emissão do programa.

3 — No caso de programas prontos para emissão, a entrega deve ser feita até quarenta e oito horas antes da transmissão.

4 — Aos titulares do direito de antena são assegurados os indispensáveis meios técnicos para a realização dos respectivos programas em condições de absoluta igualdade."

DIVISÃO III

Direito de espaço na imprensa estatal
e direito de antena da oposição parlamentar

1. Além do direito de antena geral, cujo regime acabamos de analisar, o Estatuto do Direito de Oposição (Lei n.º 59/77, de 5.8), atribuiu, como vimos, aos partidos da oposição parlamentar o *direito de antena* na rádio e na televisão, bem como o *direito de espaço na imprensa* pertencente directa ou indirectamente ao Estado, "em igualdade de circunstâncias com o Governo, nos termos do Estatuto da Informação" (art. 8.º, n.º 1).

Esta Lei entende por *oposição* "toda a actividade democrática de crítica e fiscalização política da acção do Governo e a formação de alternativas constitucionalmente legítimas ao Governo" (art. 1.º, n.º 3).

2. O *direito de espaço na imprensa estatal* não chegou a ser regulamentado e, em consequência das privatizações, ficou praticamente esvaziado de conteúdo útil.

Por outro lado, pode suscitar-se, actualmente, quanto a este direito o mesmo problema, anteriormente referido quanto às notas oficiosas, de falta de base constitucional para uma manifesta limitação de um direito, liberdade e garantia constitucionalmente protegido ([1]).

3. O mesmo não acontece com o referido *direito de antena* da oposição parlamentar, que não só tem consagração constitucional (art. 40.º, n.º 2, e 117.º, n.º 2), como está regulamentado na Lei n.º 36/86, de 5.9, na LRádio e na LTV.

Na verdade, os partidos políticos representados na Assembleia da República e que não façam parte do Governo têm direito, gratuita e mensalmente, a tempo de antena no serviço público de rádio e de televisão idêntico ao concedido ao Governo, a ratear de acordo com a sua representatividade ([2]).

A diferença entre este direito de antena da oposição parlamentar e o direito de antena geral reside no facto de ele se constituir sempre que, por qualquer motivo, os meios de comunicação social ocupem tempo

---

([1]) O art. 117.º da CRP não lhe faz qualquer referência.

([2]) Lei n.º 36/86, de 5.9, art. 1.º, LRádio art. 21.º, n.º 1, e LTV art. 49.º, n.º 2, al. c).

A *liberdade de comunicação social em geral* 543

de antena com acontecimentos ou mensagens do Governo, mesmo para além do tempo de antena geral que lhe é reconhecido. Visa colocar a oposição em pé de igualdade com o Governo perante o público.

2. "À reserva e realização dos tempos de emissão decorrentes do Estatuto do Direito de Oposição aplicam-se, com as devidas adaptações, as disposições do regime geral do direito de antena" [1].

DIVISÃO IV

**Direito de espaço na imprensa e direito de antena
nos períodos eleitorais e referendários**

1. A própria Constituição consagra, desde 1976, o direito dos "concorrentes" a eleições a "tempos de antena, regulares e equitativos, nas estações emissoras de rádio e de televisão de âmbito nacional e regional, nos termos da lei" (art. 40.º, n.º 3).

O regime deste direito está sujeito aos *princípios gerais de direito eleitoral*, sobretudo os relativos às **campanhas eleitorais**, consagrados no art. 113.º, n.º 3, da CRP.

A LRádio e a LTV remetem a regulamentação do direito de antena, nos períodos eleitorais, para as leis eleitorais [2]. A LRádio proíbe, mesmo, o apelo ao voto fora desses períodos [3], enquanto a LTV proíbe a cedência de espaços de propaganda política fora dos períodos eleitorais, sem prejuízo do direito de antena, de resposta e de réplica política [4].

As diversas leis eleitorais estabelecem, efectivamente, regras importantes relativas não só à *rádio* e *televisão*, como também à *imprensa*, não havendo ainda quaisquer disposições a este respeito em relação a *jornais electrónicos*.

Quando o regime do **referendo** foi introduzido na Constituição, na revisão de 1989 (então, no art. 118.º, correspondente, na versão actual, ao art. 115.º), dispôs-se que a ele seriam aplicáveis várias normas relativas a eleições (n.º 7), não se incluindo, todavia, remissão expressa

---

[1] Lei n.º 36/86, de 5.9, art. 1.º, n.º 2, LRádio art. 21.º, n.º 2, e LTV art. 49.º a 51.º.

[2] LRádio, art. 18.º, n.º 2; LTV, art. 52.º.

[3] LRádio, art. 18.º, n.º 3

[4] LTV art. 24.º.

para o art. 40.º, sobre o direito de antena. Apesar desta omissão, as leis sobre o regime do referendo impõem aos órgãos de comunicação social públicos e privados diversas obrigações correspondentes a direitos a espaço na imprensa e a direitos de antena na rádio e na televisão ([1]).

Muitas regras das leis eleitorais e referendárias são comuns às várias modalidades de eleições e referendos.

Nuns casos, porque se encontram repetidas, *mutatis mutandis*, nos vários diplomas específicos para cada um deles ([2]): eleições para o Presidente da República ([3]), para a Assembleia da República ([4]), para as assembleias legislativas Regionais da Madeira ([5]) e dos Açores ([6]) e para os órgãos das autarquias locais ([7]), e referendos nacionais ([8]).

Noutros casos, por força de disposições remissivas. Nomeadamente, a Lei Eleitoral para o Parlamento Europeu manda aplicar à campanha eleitoral (reduzida a 12 dias) o disposto na Lei Eleitoral para a Assembleia da República ([9]), exigindo, no caso de duas eleições na mesma data, tempos de antenas distintos. A lei relativa aos referendos locais manda aplicar à campanha de propaganda as disposições relativas à campanha eleitoral para as eleições autárquicas ([10]).

([1]) Em consequência de tal omissão da CRP, podem suscitar-se dúvidas sobre a constitucionalidade das disposições das leis sobre os referendos, na medida em que limitam uma liberdade fundamental sem previsão constitucional expressa — a menos que se adopte uma interpretação muito ampla para a expressão "períodos eleitorais", do art. 40.º, n.º 3, abrangendo no conceito de eleição, não só a escolha de pessoas, mas também a escolha de políticas.

([2]) O primeiro diploma a tratar desta matéria, após o 25.4.1974, foi o Dec.-Lei n.º 85-D/75, de 26.2, que estabeleceu "normas sobre o tratamento jornalístico que deve ser dado pelas publicações noticiosas diárias, ou não diárias de periodicidade inferior a quinze dias, às candidaturas à Assembleia Constituinte".

([3]) Reguladas pelo DL n.º 319-A/96, de 3.5 (LEPR).

([4]) Reguladas pela Lei n.º 14/79, de 16.5 (LEAR).

([5]) Reguladas pelo DL n.º 318-E/76, de 30.4 (LEALRAM).

([6]) Reguladas pelo DL n.º 267/80, de 8.8 (LEALRAA).

([7]) Regulados pelo DL n.º 701-B/76, de 29.9 (LEOAL).

([8]) Lei n.º 15-A/98, de 3.4 (LOR — que revogou a primeira Lei n.º 45/91, de 3.8), art. 39.º a 70.º.

([9]) Lei n.º 14/87, de 29.4 (LEPE), art. 1.º e 10.º, que manda aplicar o regime da campanha para as eleições dos deputados à Assembleia da República, com redução do tempo de campanha para doze dias e.

([10]) Lei n.º 49/90, de 24.8 (LRL — Lei relativa a consultas directas aos cidadãos eleitores a nível local), art. 23.º.

A *liberdade de comunicação social em geral* 545

Na impossibilidade de uma análise exaustiva deste complexo regime, vamos analisar os princípios comuns às várias eleições e referendos, mencionando as diferenças mais importantes, quando existem.

2. São de salientar, primeiro, os **princípios constitucionais comuns** a todas as campanhas eleitorais e referendárias (que constam do art. 113.º, n.º 3, para que remete o art. 115.º, n.º 9):

"As campanhas eleitorais ([1]) regem-se pelos seguintes princípios:

a) Liberdade de propaganda;

b) Igualdade de oportunidades e de tratamento das diversas candidaturas;

c) Imparcialidade das entidades públicas perante as candidaturas (...)".

3. O princípio constitucional da ***liberdade de propaganda*** aparece regulado nas leis eleitorais quer através da reafirmação e mesmo alargamento da liberdade de expressão, durante os períodos de campanha, quer através da explicitação do que se entende por propaganda eleitoral, mas também pela proibição de propaganda política através dos meios de publicidade comercial.

Na verdade, é interessante observar que as leis eleitorais dispõem o seguinte:

"1. No decurso da campanha eleitoral não pode ser imposta qualquer limitação à expressão de princípios políticos, económicos e sociais, sem prejuízo de eventual responsabilidade civil ou criminal.

2. Durante o período da campanha eleitoral não podem ser aplicadas às empresas que explorem meios de comunicação social, nem aos seus agentes, quaisquer sanções por actos integrados na campanha, sem prejuízo da responsabilidade em que incorram, a qual só pode ser efectivada após o dia da eleição" ([2]).

([1]) Cada uma das leis aplicáveis define rigorosamente a duração da respectiva campanha, que se inicia desde o 15.º, 14.º, 11.º, 16.º ou 12.º dia anterior e finda às 24 horas da antevéspera do dia marcado para as eleições ou o referendo, consoante os casos. Cf. LEPR art. 44.º; LEAR art. 53.º (e LEPE art. 10.º); LEALRAM art. 46.º; LEALRAA art. 43.º; LEOAL art. 44.º (e LRL art. 23.º) e LOR art. 47.º, respectivamente.

([2]) LEAR art. 58.º (e LEPE art. 10.º). São semelhantes (embora com variantes) as disposições das outras leis: LEPR art. 48.º; LEALRAM art. 51.º; LEALRAA art. 58.º; e LEOAL art. 49.º (e LRL art. 23.º); LOR art. 42.º, 43.º e 48.º.

A propaganda eleitoral é definida como "toda a actividade que vise directa ou indirectamente promover candidaturas, seja dos candidatos, dos partidos políticos, dos titulares dos seus órgãos ou seus agentes ou de quaisquer outras pessoas, nomeadamente a publicação de textos ou imagens que exprimam ou reproduzam o conteúdo dessa actividade" [1].

A afirmação deste princípio da liberdade de propaganda eleitoral é tanto mais importante quanto a LRádio proíbe o apelo directo ao voto durante o exercício do direito de antena, fora dos períodos eleitorais; e a LTV proíbe aos operadores televisivos a cedência de espaços de propaganda política, com ressalva dos direitos de antena, de resposta e de réplica política [2].

4. O princípio da *igualdade de oportunidades e de tratamento das candidaturas* significa que os candidatos, os subscritores das candidaturas e os partidos políticos ou coligações que os propõem, bem como os grupos de cidadãos intervenientes, têm direito a igual tratamento por parte das entidades públicas e privadas a fim de efectuarem, livremente e nas melhores condições, a sua campanha eleitoral ou referendária [3].

5. O princípio constitucional da *imparcialidade das entidades públicas perante as candidaturas* aparece explicitado nas leis eleitorais e referendárias através de disposições como esta: "Os titulares dos órgãos e os agentes do Estado, das pessoas colectivas de direito público, das pessoas colectivas de utilidade pública administrativa, das sociedades concessionárias de serviços públicos, de bens do domínio público ou de obras públicas e das empresas públicas ou mistas devem, no exercício das suas funções, manter rigorosa neutralidade perante as diversas candidaturas e os partidos políticos. Nessa qualidade, não podem intervir directa ou indirectamente na campanha eleitoral nem praticar actos que, de algum modo, favoreçam ou prejudiquem um concorrente às eleições em detrimento ou vantagem de outros" [4].

---

[1] LEPR art. 51.º; LEAR art. 61.º (e LEPE art. 10.º); LEALRAM art. 54.º; LEALRAA art. 61.º; LEOAL art. 52.º (e LRL art. 23.º). A LOR não contém uma definição, mas várias disposições a regulá-la (art. 50.º a 52.º).

[2] LRádio art. 18.º, n.º 3; LTV art. 24.º.

[3] LEPR art. 46.º; LEAR art. 56.º (e LEPE art. 10.º); LEALRAM art. 49.º; LEALRAA art. 56.º; LEOAL art. 47.º (e LRL art. 23.º); LOR art. 44.º.

[4] LEPR art. 47.º; LEAR art. 57.º (e LEPE art. 10.º); LEALRAM art. 50.º; LEALRAA art. 57.º; LEOAL art. 48.º (e LRL art. 23.º); LOR art. 45.º.

A violação deste dever de imparcialidade é punível com prisão e multa ([1]).

6. Importa fazer referência, em seguida, a algumas **regras comuns** aos vários meios de comunicação social constantes das várias **leis eleitorais**.

Primeira é a regra da *gratuitidade* da utilização do direito de antena para os respectivos titulares. A lei prevê a indemnização pelo Estado ou pela respectiva Região de certos custos de utilização, mas apenas quanto às estações de rádio privadas ([2]).

Segunda é a da *proibição*, a partir da marcação da data das eleições e dos referendos, da propaganda política através dos meios de *publicidade comercial* (inclusivamente, meios de comunicação social), sendo a infracção a esta proibição punível com multa ([3]).

Terceira é a da promoção pela Comissão Nacional de Eleições na RTP, RDP e imprensa de *esclarecimento cívico* ([4]).

7. Quanto ao **direito de espaço na imprensa**, as leis eleitorais reafirmam o princípio da *igualdade de tratamento* (ou da não discriminação) entre as candidaturas ou intervenientes nos referendos, que não é, todavia, aplicável às *publicações doutrinárias* ([5]).

A imprensa *estatizada* tem o dever de inserção de propaganda eleitoral.

A imprensa *privada* não tem esse dever. As leis eleitorais (com excepção da autárquica) permitem, todavia, a inserção gratuita de propaganda eleitoral pelas publicações noticiosas, diárias ou não diárias, com periodicidade inferior a 15, 10 ou 8 dias (consoante os tipos de eleições), desde que comuniquem tal pretensão à Comissão Nacional de Eleições até dois ou três dias (consoante o tipo de eleições) antes da abertura da campanha.

([1]) LEPR art. 120.º; LEAR art. 129.º; LEPE art. 14.º; LEALRAM art. 116.º; LEALRAA art. 129.º; LEOAL art. 109.º; LOR art. 194.º.

([2]) LEPR art. 60.º; LEAR art. 69.º; LEALRAM art. 63.º; LEALRAA art. 69.º; LOR art. 58.º (epígrafe).

([3]) LEPR art. 63.º e 122.º; LEAR art. 72.º e 131.º; LEALRAM art. 66.º e 118.º; LEALRAA art. 72.º e 131.º; LEOAL art. 60.º e 111.º; LOR art. 53.º e 227.º.

([4]) LEPR art. 62.º; LEAR art. 71.º; LEALRAM art. 65.º; LEALRAA art. 71.º.

([5]) LEPR art. 54.º, n.º 2 e 3, e 61.º; LEAR art. 64.º, n.º 2 e 3, e 70.º; LEALRAM art. 57.º, n.º 2.º, e 64.º; LEALRAA art. 64.º, n.º 2 e 3, e 70.º; LEOAL art. 53.º, n.º 1, e 59.º; LOR art. 54.º a 56.º.

Se não fizerem esta comunicação, não podem inserir propaganda eleitoral, mas só matéria enviada pela Comissão Nacional de Eleições ([1]).

Quanto a eleições autárquicas, a LEOAL (também aplicável a referendos locais) não faz tal exigência de comunicação (art. 53.º).

Em qualquer caso, é permitida a *utilização em comum* ou a *troca* de espaços de publicação entre os respectivos titulares ([2]).

8. O **direito de antena na rádio e na televisão** é regulado de modo mais ou menos desenvolvido pelas várias leis eleitorais e referendárias.

Titulares desses direitos são, consoante os casos, os candidatos ou seus representantes ([3]), os partidos e coligações ([4]), ou os partidos e grupos de cidadãos eleitores ([5]). Para as eleições autárquicas e referendos locais não se prevê, porém, o exercício do direito de antena pelos candidatos, partidos ou outros intervenientes.

Sujeitos passivos do direito de antena são as estações de rádio e televisão, tanto públicas como privadas ([6]).

Cada uma das leis eleitorais (com excepção da LEOAL) e do referendo nacional define a extensão dos **tempos de antena** a distribuir pelos respectivos titulares ([7]).

([1]) LEPR art. 54.º (15 dias/3 dias) e 58.º; LEAR art. 64.º (15 dias/3 dias); LEALRAM art. 57.º (10 dias/24 horas) e 61.º; LEALRAA art. 64.º (8 dias/3 dias). A LOR (art. 54.º a 56.º) exige a comunicação à CNE a quaisquer publicações informativas, pertencentes a entidades privadas ou cooperativas, qualquer que seja a sua periodicidade.

([2]) LEPR art. 57.º; LEAR art. 67.º; LEALRAM art. 60.º; LEALRAA art. 67.º; LEOAL art. 56.º; LOR art. 68.º.

([3]) LEPR art. 52.º.

([4]) LEAR art. 62.º, n.º 1; LEPE art. 10.º 3; LEALRAM art. 55.º (sem menção de coligações); LEALRAA art. 62.º.

([5]) LOR art. 57.º a 60.º.

([6]) LEPR art. 52.º; LEAR art. 62.º; LEALRAM art. 55.º (neste caso, só quando as estações tenham comunicado à Comissão Nacional de Eleições que pretendem inserir matéria respeitante à campanha eleitoral); LEALRAA art. 62.º; LOR art. 57.º a 60.º (neste caso, as estações privadas de âmbito local, só quando tenham comunicado à Comissão Nacional de Eleições que pretendem inserir matéria respeitante à campanha para o referendo).

([7]) LEPR art. 52.º; LEAR art. 62.º; LEALRAM art. 55.º; LEALRAA art. 62.º; LOR art. 57.º a 60.º.

Por exemplo, o art. 62.º da LEAR estabelece o seguinte:

"2. Durante o período da campanha eleitoral a televisão e as estações de rádio reservam aos partidos políticos e às coligações os seguintes tempos de emissão:

a) A Radiotelevisão Portuguesa, no seu 1.º programa:

De domingo a sexta-feira — trinta minutos entre as 20 e as 23 horas, imediatamente a seguir ao serviço informativo;

Aos sábados — quarenta minutos entre as 20 e as 23 horas, imediatamente a seguir ao serviço informativo;

b) A Radiodifusão Portuguesa, nos programas 1 e 3, em onda média e frequência modelada, ligada a todos os seus emissores regionais — noventa minutos diários, dos quais sessenta minutos entre as 18 e as 20 horas;

c) Os emissores regionais da Radiodifusão Portuguesa, bem como as estações privadas de âmbito regional ou local — trinta minutos diários;

d) As estações privadas de âmbito nacional em onda média e frequência modulada, ligadas a todos os seus emissores, quando os tiverem — noventa minutos diários, dos quais sessenta entre as 20 e as 24 horas;

e) Emissões de onda curta em língua portuguesa — quinze minutos diários em cada direcção, a ratear entre os partidos políticos e coligações concorrentes aos círculos eleitorais fora do território nacional.

3. Até 10 dias antes da abertura da campanha as estações devem indicar à Comissão Nacional de Eleições o horário previsto para as emissões.

Cada uma das leis referidas contém regras de **distribuição dos tempos reservados**, incluindo o *princípio da igualdade* ou da *proporcionalidade* ([1]).

Por exemplo, o art. 63.º da LEAR estabelece o seguinte:

"1. Os tempos de emissão reservados pela Radiotelevisão Portuguesa, pela Radiodifusão Portuguesa ligada a todos os seus emissores e pelas estações de rádio privadas cujas emissões abranjam todo ou a maior parte do continente são atribuídos aos partidos políticos e coligações que hajam apresentado o mínimo de cinquenta candidatos e concorrido

---

([1]) LEPR art. 53.º; LEAR art. 63.º; LEALRAM art. 56.º; LEALRAA art. 63.º; LOR art. 61.º a 64.º.

no mínimo de cinco círculos e são repartidos em proporção do número de candidatos apresentados.

2. Os tempos de emissão reservados pelos emissores regionais da Radiodifusão Portuguesa e pelas estações privadas de âmbito regional ou local são repartidos em igualdade entre os partidos políticos e as coligações que tiverem apresentado no círculo ou num dos círculos eleitorais cobertos no todo ou na sua maior parte pelas respectivas emissões.

3. A Comissão Nacional de Eleições, até 3 dias antes da abertura da campanha eleitoral, organiza, de acordo com os critérios referidos nos números anteriores, tantas séries de emissões quantos os partidos políticos e as coligações com direito a elas, procedendo-se a sorteio entre os que estiverem colocados em posição idêntica".

O *incumprimento* destes deveres relativos à distribuição dos tempos de antena é punível com prisão e multa ([1]).

Além disso, as leis eleitorais prevêem a possibilidade de *suspensão do direito de antena* no caso de prática de certas infracções.

Por exemplo, o art. 133.º da LEAR dispõe o seguinte:

"1. É suspenso o exercício do direito de antena da candidatura que:

a) Use expressões ou imagens que possam constituir crime de difamação ou injúria, ofensa às instituições democráticas, apelo à desordem ou à insurreição ou incitamento ao ódio, à violência ou à guerra;

b) Faça publicidade comercial.

2. A suspensão é graduada entre um dia e o número de dias que a campanha ainda durar, consoante a gravidade da falta e o seu grau de frequência, e abrange o exercício do direito de antena em todas as estações de rádio e televisão, mesmo que o facto que a determinou se tenha verificado apenas numa delas".

DIVISÃO V

Direito de antena das confissões religiosas

1. Como vimos, a liberdade de comunicação social das confissões

---

([1]) LEPR art. 123.º; LEAR art. 132.º; LEALRAM art. 119.º; LEALRAA art. 132.º; LOR art. 234.º.

A liberdade de comunicação social em geral

religiosas é assegurada pela CRP, mediante "a utilização de meios de comunicação próprios para o prosseguimento das suas actividades" (art. 41.º) ([1]).

Por outro lado, a Concordata entre Portugal e a Santa Sé, de 7.5.1940, reconhece à Igreja Católica a liberdade de comunicação social por meios próprios. Compreende-se, por isso, que a Igreja edite diversas publicações, disponha de diversas estações de rádio (Rádio Renascença e diversas rádios locais) e tenha tido uma participação significativa na TVI.

Além disso, a LTV, no art. 25.º, garante às confissões religiosas um tempo de antena no 2.º canal do serviço público de televisão, até duas horas diárias, para o prosseguimento das suas actividades (n.º 1).

A atribuição e distribuição deste tempo de emissão deve ser feita segundo critérios objectivos e de acordo com a representatividade de cada confissão religiosa (n.º 2). "As condições de utilização do tempo de emissão são fixadas pela entidade que gere o serviço público" (n.º 3).

Este regime foi adoptado após acesa controvérsia, pois a Igreja invocava um compromisso de Sá Carneiro de lhe conceder mais tempo de emissão no 2.º canal. A solução adoptada está na origem da decisão da Igreja de adquirir uma participação importante na TVI, para concorrer à atribuição do 4.º canal de TV.

Na realidade, só em Maio de 1997 é que foi possível chegar a acordo sobre o exercício deste direito de antena.

SUBSECÇÃO III

Direito de resposta e de rectificação

1. A liberdade de imprensa começou por ser afirmada como liberdade *perante o Estado*, acreditando-se que a liberdade de criação de jornais e a concorrência entre eles assegurariam a verdade e o pluralismo da informação.

([1]) A Lei n.º 5/71, de 5.11 (Lei da Liberdade Religiosa), ainda em vigor, também afirma que "É lícito às pessoas, em matéria de crenças e de culto religioso: (...) c) Difundir pela palavra, por escrito ou outros meios de comunicação, a doutrina da religião que professam (...)" (Base III).

Cedo se verificou, todavia, que a imprensa podia afectar os direitos dos particulares, relativos ao seu bom nome, reputação, intimidade, etc.; e que só algumas pessoas tinham, de facto, acesso às publicações, que passaram a ser instrumento de importantes forças políticas, económicas e sociais. Daí a necessidade de afirmar a liberdade de expressão *em face da imprensa*, como, depois, também da *rádio* e da *televisão*.

Surge, assim, o *direito de resposta*, como um meio de defesa dos cidadãos perante os meios de comunicação social ([1]).

Mais exactamente, o *direito de resposta* consiste no *poder assegurado a todas as pessoas, que sejam pessoalmente afectadas por uma mensagem divulgada num órgão de comunicação social, de exigirem a divulgação gratuita pelo mesmo órgão de um desmentido, rectificação ou defesa.*

2. O direito de resposta tem uma **história** relativamente antiga, pois foi reconhecido, pela primeira vez, pela lei francesa de 1822, em termos muito amplos ([2]).

Outros países vieram a reconhecer, posteriormente, um direito semelhante, embora em moldes, por vezes, diferentes. Nomeadamente, a Alemanha, desde a Lei de Imprensa de Baden de 1831, reconhece o direito de resposta apenas quanto a declarações de facto (não quanto a opiniões ou juízos de valor) ([3]).

Não é habitual, todavia, que o direito de resposta tenha consagração *constitucional*, sendo, normalmente, regulado apenas por lei ordinária ([4]).

Os países anglo-saxónicos são-lhe, mesmo, hostis, tendo sido, inclusivamente, considerado inconstitucional nos Estados Unidos da América ([5]).

O direito de resposta não está explicitado em nenhuma das grandes declarações *internacionais* de direitos do homem (v.g., na Declaração Universal das N.U. de 1948, na Convenção Europeia, de 1950, no Pacto Internacional de Direitos Civis e Políticos, de 1966).

([1]) Cf. VITAL MOREIRA, *O Direito de Resposta na Comunicação Social*, Coimbra, Coimbra Ed., 1994, pág. 9 e seg..

([2]) Cf. VITAL MOREIRA, *ob. cit.*, pág. 43.

([3]) Cf. VITAL MOREIRA, *ob. cit.*, pág. 10 e 48 e segs..

([4]) Cf. VITAL MOREIRA, *ob. cit.*, pág. 62; E. DERIEUX, *Droit de la Communication*, 1991, pág. 373.

([5]) Cf. VITAL MOREIRA, *ob. cit.*, pág. 10 e 215.

Apenas foi acolhido pela Convenção Americana de Direitos do Homem, de 1969 (art. 14.º-1), que não se aplica a Portugal.

Além disso, foi aprovada, em 16.12.1952, por iniciativa da França, uma *Convenção das Nações Unidas sobre o direito internacional de resposta*, que entrou em vigor em 24.8.1962 ([1]), mas que foi ratificada por um escasso número de países, em que não se inclui nenhuma das grandes potências. Aliás, esta Convenção apenas garante aos Estados (não aos seus nacionais) uma forma de resposta, através dos respectivos governos, às referências de facto inverídicas ou deturpadas publicadas noutro país e transmitidas por uma agência de informações de um país para outro e susceptíveis de prejudicar as suas relações com outros Estados ou a sua imagem nacional. Não obriga directamente à publicação de uma resposta; apenas permite ao Estado interessado enviar um comunicado de rectificação à agência de informações responsável pela transmissão da notícia questionada, bem como ao Estado em que ela tenha sido reproduzida, devendo este transmiti-la às agências de informação activas no seu território. Caso este Estado não cumpra tal dever, pode o Estado interessado dirigir-se ao Secretário-Geral das Nações Unidas, o qual cuidará de dar publicidade adequada ao desmentido ([2]).

O Comité de Ministros do *Conselho da Europa* aprovou uma Resolução (74)26, de 2.7.1974, recomendando aos Estados membros a adopção de «regras mínimas relativas ao direito de resposta na imprensa, na rádio e na televisão e noutros meios de comunicação de carácter periódico» ([3]).

Além disso, a Directiva do Conselho das *Comunidades Europeias* n.º 89/552/CEE, de 3.10.1989, sobre a *"televisão sem fronteiras"* ([4]), reconhece o direito de resposta «ou medida equivalente» a todas as pessoas singulares ou colectivas, cujos legítimos interesses, nomeadamente, a sua honra e reputação, tenham sido lesados por efeito de afirmações de facto não conformes à verdade ([5]).

([1]) In *BMJ*, n.º 249, pág. 288; Nações Unidas, *Recueil des Traités*, vol.439, pág. 191; e *Human Rights — A compilation of international instruments of the United Nations*, New York, United Nations, 1973, pág. 79.

([2]) Cf. VITAL MOREIRA, *ob. cit.*, pág. 61 e seg..

([3]) Cf. VITAL MOREIRA, *ob. cit.*, pág. 59 e seg..

([4]) In *JOCE* n.º L 298, de 17.10.1989, art. 23.º, na redacção da Dir.ª n.º 97/36//CE, de 30.6.1997.

([5]) Cf. VITAL MOREIRA, *ob. cit.*, pág. 60.

3. Em **Portugal**, o direito de resposta foi consagrado, primeiro, na Lei de Imprensa «setembrista» de 10.11.1837 (art. 9.º), vindo a ser retomado, em termos pouco diferentes, na Carta de Lei de 3.8.1850 (art. 83.º) e na Lei de Imprensa de 17.5.1866 (art. 9.º a 12.º).

A LImp de 7.7.1898 introduziu várias alterações substanciais, que vieram a ser mantidas na LImp de 11.4.1907 (art. 35.º) e na LImp de 28.10.1910 (art. 32.º).

Após o 28 de Maio de 1926, o Dec. de 5.7.1926, estabeleceu uma disciplina mais extensa e mais rigorosa, que veio a ser retomada pelo Dec. n.º 12.008, de 29.7.1926 (art. 53.º e 54.º). A Constituição de 1933 inseriu, pela primeira vez, o direito de resposta na lei fundamental (art. 8.º, § 2.º, "in fine" ([1])). A matéria foi também regulada na LImp n.º 5/71, de 5.12.1971 e no DL n.º 150/72, de 5.5.

Após o 25.4.1974, a LImp de 1975 reformulou a matéria no art. 16.º, em termos, aliás, mais restritivos do que os da LImp de 1971.

A CRP de 1976 acolheu expressamente o direito de resposta, no art. 37.º, n.º 4, tendo a revisão constitucional de 1982, não só alterado esse preceito, como acrescentado uma referência ao direito de resposta dos partidos da oposição parlamentar, no art. 40.º, n.º 2. Este último preceito veio de novo a ser alterado pela revisão constitucional de 1989.

Entretanto, foi reconhecido, pela primeira vez, o direito de resposta na *televisão*, pela Lei n.º 75/79, de 29.11 (art. 22.º a 26.º), que foi objecto de alterações pela Lei n.º 58/90, de 7.9 (art. 35.º a 40.º).

Quanto à *rádio*, o direito de resposta só veio a ser reconhecido pela Lei n.º 87/88, de 30.7 (art. 22.º a 27.º) ([2]).

O art. 16.º da LImp de 1975 foi, ainda, objecto de alterações em sentido restritivo, decorrentes da Lei n.º 15/95, de 25.5. Esta Lei foi, todavia, revogada pela Lei n.º 8/96, de 14.3, que repristinou o regime anteriormente em vigor.

No seguimento da revisão constitucional de 1982, a LImp de 1999 veio regulamentar separadamente o direito de resposta e o direito de rectificação, ainda que tenham um regime em grande parte semelhante, e aperfeiçoar os preceitos aplicáveis (art. 24.º a 27.º).

4. Actualmente, as *fontes* do regime jurídico do direito de resposta e de rectificação são: a Constituição (art. 37.º, n.º 4, e 40.º, n.º 2), a

---

([1]) Acima transcrito, na secção histórica.

([2]) Para maiores desenvolvimentos, cf. VITAL MOREIRA, *ob. cit.*, pág.65 e segs..

LImp de 1999 (art. 24.º a 27.º), a LRádio (art. 22.º a 27.º), a LTV (art. 53.º a 57.º) e uma Directiva da AACS sobre o exercício do direito de resposta na imprensa, de 14.6.1991 [1].

5. A *CRP* estabelece, no art. 37.º, n.º 4, que "A todas as pessoas, singulares ou colectivas, é assegurado, em condições de igualdade e eficácia, o direito de resposta e de rectificação (...)".

Estando, assim, consagrado na CRP entre os "direitos, liberdades e garantias", o direito de resposta e de rectificação goza da ***protecção constitucional***, acima analisada.

É interessante notar, todavia, que a generalidade dos direitos fundamentais, que seguem o paradigma liberal, são direitos de liberdade *perante o Estado*, enquanto o direito de resposta tem por objecto uma prestação (a publicação ou divulgação de uma mensagem) a efectuar *por um terceiro* (órgão de comunicação social), que, normalmente, não é uma autoridade pública, mas antes uma entidade privada [2].

Por outro lado, o direito de resposta pode ser encarado, quer como um *direito fundamental* por si (componente do direito de expressão e informação), quer como *garantia* de outros direitos fundamentais (v. g., dos direitos de personalidade e do direito do público à informação), quer como *limite* da liberdade de expressão dos órgãos de comunicação social [3].

6. A CRP reconhece um ***direito de resposta*** e ***de rectificação*** (art. 37.º, n.º 4, na versão de 1982).

Efectivamente, em França, distingue-se, tradicionalmente, o *direito de resposta* — que tem por objecto tanto a correcção de factos ou informações erróneos, como a rejeição de críticas ou juízos de valor — e o *direito de rectificação* — que tem apenas por objecto a correcção de factos ou informações erróneas. A Administração Pública francesa apenas tem o direito de rectificação. A generalidade dos cidadãos tem um direito de resposta pleno, que abrange o direito de rectificação, mas o excede, por visar críticas ou juízos de valor [4].

---

[1] In *DR*, 2.ª série, de 6.7.1991.
[2] Cf. VITAL MOREIRA, *ob. cit.*, pág. 73.
[3] Cf. VITAL MOREIRA, *ob. cit.*, pág. 74 e seg..
[4] Cf. VITAL MOREIRA, *ob. cit.*, pág. 14; E. DERIEUX, *Droit de la Communication*, 1991, pág. 372 e segs. e 389 e segs.

O direito português vigente reconhece, todavia, o direito de resposta e de rectificação "a todas as pessoas, singulares ou colectivas" — logo, também à Administração Pública.

Os dois direitos têm, pois, o mesmo âmbito subjectivo de aplicação, mas apresentam, em todo o caso, algumas diferenças de regime, em face da CRP e da LImp de 1999.

Entende-se, nomeadamente, que o acrescento do direito de rectificação pela revisão constitucional de 1982 tem o sentido de "reconhecer explicitamente um direito geral de rectificação de informações relativas a factos inverídicos, independentemente da verificação dos demais pressupostos tradicionalmente exigidos do direito de resposta em sentido estrito (ofensa ao bom nome e reputação, etc.)" [1].

A LImp de 1999 reconhece o direito de *resposta* a quem "tiver sido objecto de referências, ainda que indirectas, que possam afectar a sua reputação e boa fama"; e o direito de *rectificação* "sempre que tenham sido feitas referências de facto inverídicas ou erróneas que lhes digam respeito".

A LRádio (art. 23.º, n.º 2) e a LTV (art. 53.º, n.º 3) prevêem a opção por uma "*simples rectificação*", mas agora num sentido um tanto diferente: tem-se em vista a simples correcção de dados de facto, feita pela própria emissora com o consentimento do interessado, em substituição do exercício do direito de resposta.

7. O direito de resposta, como direito fundamental autónomo, não tem por **fundamento** apenas a liberdade de expressão. Traduzindo-se num direito a exigir do órgão de comunicação social uma certa prestação (a publicação ou difusão de um texto ou mensagem), o direito de resposta é um *instrumento de defesa* dos direitos da pessoa visada por uma declaração publicada ou difundida — fundamentalmente, os *direitos de personalidade*: o direito à identidade pessoal, ao bom nome e reputação, à imagem, à intimidade da vida privada e familiar, etc. [2].

Além disso, o direito de resposta é também uma *garantia do direito do público à informação*, assegurada mediante o direito de acesso individual aos meios de comunicação social, para possibilitar o contraditório, isto é, para permitir à pessoa visada apresentar a sua versão dos factos e a sua opinião — que é relevante também para o público [3].

---

[1] Cf. VITAL MOREIRA, *ob. cit.*, pág. 75 e seg..

[2] Cf. VITAL MOREIRA, *ob. cit.*, pág. 77 e segs..

[3] Cf. VITAL MOREIRA, *ob. cit.*, pág. 80 e seg.; *Alta Autoridade para a Comu-*

A *liberdade de comunicação social em geral* 557

8. Nos termos da CRP, o direito de resposta é "assegurado em condições de igualdade e de eficácia" (art. 37.º, n.º 4).

Deste modo, a CRP pretende garantir, sobretudo, a *igualdade* entre o órgão de comunicação social e a pessoa visada — aquilo a que muitas vezes se chama o princípio da *igualdade de armas*.

A garantia de *eficácia* significa a imposição, por um lado, de *imediaticidade* (ou seja, o dever de publicação ou difusão sem demora) e, por outro lado, de *equivalência* da resposta, quanto ao local e forma da publicação ou transmissão respondida ([1]).

9. Na CRP, o *âmbito subjectivo* do direito de resposta, do lado do *sujeito activo*, é muito amplo: é um direito *universal*, reconhecido a qualquer pessoa singular ou colectiva (art. 37.º, n.º 4). Abrange, assim, pessoas singulares, nacionais ou estrangeiras, capazes ou incapazes (que o exercem através dos respectivos representantes legais), inclusivamente jornalistas; abrange igualmente pessoas colectivas privadas ou públicas. A LImp de 1999 (art. 24.º, n.º 1) e a LTV (art. 53.º, n.º 1) referem expressamente "qualquer organização, serviço ou organismo público", o que parece desnecessário ([2]).

Em todo o caso, só pode exercer o direito de resposta quem seja *visado* numa mensagem publicada ou difundida: não existe um "direito popular de resposta". Em todo o caso, não é preciso que a pessoa seja expressamente nomeada: basta que ela possa ser reconhecida, sendo suficiente uma menção implícita, indirecta, subentendida ou até equívoca. A própria omissão de referência a certa pessoa pode ser fundamento do direito de resposta, por exemplo, quando certa obra colectiva seja atribuída apenas a algum dos seus autores e não aos outros, tendo estes o direito de resposta.

Pode inclusivamente, tratar-se de pessoa *falecida* ([3]). Neste caso,

---

nicação Social — Primeiro Mandato 1990-1994 — Actividade Desenvolvida, Lisboa, 1995, pág. 41.

([1]) Cf. VITAL MOREIRA, *ob. cit.*, pág. 81.

([2]) Cf. VITAL MOREIRA, *ob. cit.*, pág. 90 e segs.. A LRádio (art. 22.º, n.º 1) refere "qualquer serviço ou organismo público". O objectivo parece ser o de admitir o direito de resposta mesmo a entidades sem personalidade jurídica autónoma, o que não parece curial. Pode é admitir-se que, pertencendo o direito, naturalmente, à pessoa colectiva, seja exercido, não só pelo seu representante legal, mas também por outras pessoas que chefiem serviços ou organismos internos.

([3]) Cf. VITAL MOREIRA, *ob. cit.*, pág. 94 e segs..

o direito de resposta pode ser exercido pelos *herdeiros* ou pelo *cônjuge sobrevivo* ([3]).

O direito de resposta pode ser exercido pela própria pessoa visada, questionando-se a possibilidade de *representação*. Quanto a incapazes e pessoas colectivas, parece indiscutível a admissibilidade de exercício pelo representante *legal* ou *orgânico*. Já a possibilidade de representação *voluntária* parece afastada pela LImp de 1999 (art. 25.º, n.º 1) e pela LTV (art. 55.º, n.º 1), sendo admitida nos termos comuns pela LRádio (art. 23.º, n.º 1).

10. Do lado do **sujeito passivo**, o direito de resposta é garantido na CRP em termos gerais.

A lei ordinária dá-lhe, porém, relevo sobretudo quanto à imprensa *periódica* e as emissões *regulares* de rádio e de televisão. Compreende-se esta situação, uma vez que o direito de resposta pressupõe a possibilidade de publicação ou divulgação de certa mensagem no mesmo meio de comunicação social em que foi proferida a declaração respondida, gratuitamente e em tempo útil, de modo a atingir, tendencialmente, o mesmo público.

No caso de o periódico ter cessado a publicação, antes da inserção da resposta, parece dever aplicar-se, por analogia, o disposto no art. 34.º, n.º 3, da LImp de 1999: a resposta deve ser publicada, a expensas do responsável, "num dos periódicos de maior circulação da localidade" ([2]).

Tem-se entendido, além disso, que o direito de resposta pode ser exercido quanto a *filmes*, despachos de *agências noticiosas* e emissões de *videotexto* ([3]).

Dados os termos amplos em que está consagrado na CRP, parece dever entender-se que pode ser exercido, também, nas *publicações electrónicas* (na Internet).

([1]) LImp de 1999, art. 25.º, n.º 1; LRádio art. 24.º, n.º 1; LTV art. 55.º, n.º 1. A LImp e a LTV não referem o cônjuge sobrevivo, que, normalmente, é também herdeiro (CCiv art. 2133.º, n.º 1). Pode, todavia, acontecer que o cônjuge sobrevivo não seja herdeiro (v.g., se, à data da morte, se encontrava divorciado ou separado judicialmente, por sentença proferida ou a proferir — CCiv art. 2133.º, n.º 3). Assim, parece dever entender-se que, quando o cônjuge sobrevivo não seja herdeiro, só pode exercer o direito de resposta na rádio, não na imprensa nem na TV.

([2]) Cf. VITAL MOREIRA, *ob. cit.*, pág. 100.

([3]) Cf. VITAL MOREIRA, *ob. cit.*, pág. 82 e segs. e 98 e segs..

A *liberdade de comunicação social em geral* 559

11. A LImp de 1999 (art. 24.º, n.º 1), a LRádio (art. 22.º, n.º 1) e a LTV (art. 53.º, n.º 1 e 2) consideram como **pressuposto** do **direito de resposta**, quanto à generalidade das pessoas, ter sido objecto de referências, ainda que indirectas, que *possam afectar a sua reputação ou boa fama* ([1]) ([2]).

Os mesmos diplomas consideram **pressuposto** do **direito de rectificação** quanto à generalidade das pessoas, ter sido objecto de referências de facto *inverídicas* ou *erróneas* que lhes digam respeito ([3]).

12. **Pressuposto objectivo** do direito de resposta pode ser qualquer texto, som ou imagem publicado ou difundido num meio de comunicação social ([4]).

Ficam, assim, abrangidos, inclusivamente, as mensagens de divulgação obrigatória, os comunicados oficiais, as notas oficiosas, os relatos de debates parlamentares, as sentenças judiciais, as cartas de leitores e suas respostas, os anúncios publicitários, independentemente do lugar da publicação (capa, títulos, etc.) ou difusão ([5]).

([1]) A LImp de 1975 considerava como pressuposto do direito de resposta um prejuízo resultante da publicação ou difusão de ofensas directas ou referências de facto inverídicas ou erróneas que possam afectar o bom nome (ou boa fama) e reputação. Sobre o que devesse entender-se por ofensa directa e por reputação e boa fama, cf. MANUEL LOPES ROCHA, "Sobre o direito de resposta na legislação portuguesa de imprensa (algumas questões)", in *BMJ.*, n.º 346, pág. 20 e segs..

([2]) Quanto aos organismos públicos, a LImp de 1975 previa, ainda, o direito de resposta para "desmentido ou rectificação oficial" — o que pressupunha referências de facto inverídicas ("qualquer notícia"), independentemente de lesarem a reputação e boa fama. A doutrina entendia, todavia e bem, que o direito de resposta visava proteger, não só o direito ao nome, à identidade e à imagem, mas também o direito à verdade pessoal; e observava que a CRP não estabelece qualquer restrição ao exercício do direito de resposta, pelo que considerava inconstitucionais as exigências legais quer de um prejuízo, quer de referências inverídicas ou atentórias do bom nome e reputação. Consequentemente, admitia o exercício de direito de resposta: a) quanto a *referências de facto*, se atentórias do bom nome e reputação (mesmo que sejam verdadeiras) ou se inverídicas; b) quanto a *juízos de valor*, quando ofensivos (mesmo que não prejudiquem o bom nome e reputação, não bastando, todavia, que fossem meramente críticos). Cf. VITAL MOREIRA, *ob. cit.*, pág. 85 e segs., e autores aí cit.. Em face da LImp de 1999, este problema põe-se em moldes diferentes, como se refere no texto.

([3]) LImp de 1999, art. 24.º, n.º 2, a LRádio art. 22.º, n.º 3 (que exige que o sujeito "se considere prejudicado"), e a LTV (art. 53.º, n.º 1 e 2)

([4]) A LImp de 1999 é expressa neste sentido (art. 24.º, n.º 3).

([5]) Cf. VITAL MOREIRA, *ob. cit.*, pág. 101 e segs..

560   *Direito da Comunicação Social*

13. O exercício do direito de resposta deve respeitar algumas regras de *processo*, mais ou menos simples, consoante se trate da imprensa ou da rádio e da televisão.

a) Na verdade, quanto à **imprensa**, o exercício do direito de resposta apenas exige um *pedido* do interessado, com assinatura e identificação do autor, entregue através de procedimento que comprove a sua recepção ([1]), incluindo o texto da resposta ou da rectificação, acompanhado, se for caso disso, de imagem ([2]).

Convém que o pedido de publicação do texto e ou imagem identifique, minimamente, o texto respondido, mas é indispensável que invoque "expressamente o direito de resposta ou o de rectificação ou as competentes disposições legais" (art. 25.º, n.º 3).

É isso que o distingue da simples *carta de leitor*, cuja publicação não é obrigatória ([3]).

b) Quanto à **rádio**, estão previstas quatro formalidades principais, três das quais desconhecidas da LImp ([4]):

i — *Audição* e *obtenção* de *cópia* do registo magnético da emissão ([5]);

([1]) A LImp de 1975 exigia que fosse formulado por "carta registada, com aviso de recepção e assinatura reconhecida". A Dir.ª da AACS sobre o exercício do direito de resposta na imprensa, de 14.6.1991 (in *DR*, 2.ª s., de 6.7.1991), admitiu a possibilidade de a identidade da pessoa atingida pela ofensa, bem como a autoria do texto que se pretende publicar serem garantidas por outros meios, além dos previstos na LImp. Entretanto, o reconhecimento notarial foi abolido pelo Dec.-Lei n.º 250/96, de 24.12, devendo a exigência da LImp de 1975 ser considerada dispensada, bastando a "indicação feita pelo signatário, do número, data e entidade emitente do respectivo bilhete de identidade ou documento equivalente emitido pela autoridade competente de um dos países membros da União Europeia ou do passaporte".

([2]) LImp de 1999, art. 25.º, n.º 3.

([3]) Cf. Vital Moreira, *ob. cit.*, pág. 110 e seg..

([4]) Apesar de não previstas, podem também admitir-se, na imprensa, o pedido de esclarecimento e a possibilidade de opção por simples rectificação a cargo do próprio periódico. Neste sentido, cf. Vital Moreira, *ob. cit.*, pág. 107.

([5]) LRádio art. 23.º, na redacção da Lei n.º 2/97, de 18.1. A Lei não diz, expressamente, se esta cópia é gratuita ou onerosa, diversamente do que faz a actual LTV. Dos termos da Lei ("O titular (...) pode obter (...) uma cópia (...)") parece, todavia, dever deduzir-se que é gratuita.

A liberdade de comunicação social em geral

ii — Pedido de *esclarecimento* sobre se a emissão se refere ao interessado e sobre o seu entendimento e significado ([1]);

iii — Possibilidade de *opção pela simples rectificação* a cargo da emissora, nos termos acordados com o interessado ([2]);

iv — *Petição* do interessado, formulada por "carta registada, com aviso de recepção e assinatura reconhecida" ([3]), incluindo o texto da resposta ([4]).

c) Quanto à **televisão**, estão previstas três formalidades principais:

i — *Visionamento* e *obtenção de cópia* (mediante o pagamento do custo do suporte) do registo da emissão ([5]);

ii — Possibilidade de *opção pela simples correcção, rectificação ou outro meio de exposição*, a cargo da emissora, nos termos acordados com o interessado ([6]);

iii — *Petição* do interessado, com assinatura e identificação do autor, apresentada "através de procedimento que comprove a sua recepção" ([7]), incluindo o texto da resposta ou da rectificação e a invocação expressa do respectivo direito ou as correspondentes disposições legais ([8]).

c) Para as **publicações electrónicas** (Internet) não existem disposições legais específicas.

Caso os dados do jornal electrónico se mantenham em memória disponível, não se justifica um direito de audição, visionamento ou obtenção de cópia, que são, por natureza, possíveis e simples.

([1]) LRádio art. 23.º, n.º 1, na redacção da Lei n.º 2/97, de 18.1.

([2]) LRádio art. 23.º, n.º 2 e 3. Sobre estas diligências preliminares, cf. VITAL MOREIRA, *ob. cit.*, pág. 109 e segs., 130 e seg. e 162 e segs..

([3]) O reconhecimento notarial foi abolido pelo DL n.º 250/96, de 24.12, devendo a exigência da LRádio ser considerada dispensada, bastando a "indicação feita pelo signatário, do número, data e entidade emitente do respectivo bilhete de identidade ou documento equivalente emitido pela autoridade competente de um dos países membros da União europeia ou do passaporte".

([4]) LRádio art. 24.º, n.º 2, na redacção da Lei n.º 2/97, de 18.1.

([5]) LTV art. 54.º, n.º 1 e 3.

([6]) LTV art. 53.º, n.º 3. Sobre estas diligências preliminares, em face da LTV de 1990, cf. VITAL MOREIRA, *ob. cit.*, pág. 109 e segs., 130 e seg. e 162 e segs..

([7]) Com esta expressão permite-se a utilização de carta registada com aviso de recepção ou a simples entrega em mão mediante assinatura de protocolo ou recibo.

([8]) LTV art. 55.º, n.º 3.

562   *Direito da Comunicação Social*

Caso os dados sejam eliminados rapidamente, poderá justificar-se um direito de audição, visionamento ou obtenção de cópia, por aplicação analógica do disposto na LRádio e na LTV.

Em qualquer caso, parece necessário sempre um **pedido** do interessado, com assinatura e identificação do autor, entregue através de procedimento que comprove a sua recepção, incluindo o texto da resposta ou da rectificação, acompanhado, se for caso disso, de imagem, e invocando expressamente o direito de resposta ou o de rectificação ou as competentes disposições legais — por aplicação analógica da LImp (a mais recente das três potencialmente aplicáveis).

14. Em todos os meios de comunicação social, o **conteúdo** da resposta ou rectificação depende dos seus fundamentos.

A resposta ou rectificação pode conter referências de facto ou de valor, negando, desmentindo, corrigindo, precisando. Pode responder a notícias ofensivas ou atentórias do bom nome e reputação, contestando, justificando, defendendo, esclarecendo ou mesmo questionando a autoridade e legitimidade do ataque ([1]).

Pode consistir tanto num texto, como em imagens ou e sons ([2]).

Em todo o caso, a lei estabelece **limites** para a resposta ou rectificação, pressupondo que ela conste de um texto.

Tais limites de extensão e de conteúdo são necessários para encontrar um justo equilíbrio entre a liberdade e o interesse do órgão de comunicação social e o interesse do ofendido-respondente, baseado nos princípios da *igualdade* de armas e de *eficácia* da resposta ([3]).

Efectivamente, na *imprensa*, a resposta não pode ultrapassar 300 palavras ou a extensão do texto respondido, se for maior ([4]).

Na *rádio*, não pode exceder, em qualquer caso, 300 palavras ([5]).

Na *televisão*, não pode exceder o número de palavras do texto respondido ([6]).

Por outro lado, a resposta deve ter relação directa e útil com o texto que a motiva (princípio da *pertinência*); e não deve conter "expres-

---

([1]) Cf. VITAL MOREIRA, *ob. cit.*, pág. 104 e seg..
([2]) LImp de 1999, art. 25.º, n.º 3; cf. VITAL MOREIRA, *ob. cit.*, pág. 105.
([3]) Cf. VITAL MOREIRA, *ob. cit.*, pág. 114 e segs..
([4]) LImp de 1999, art. 25.º, n.º 4.
([5]) LRádio art. 24.º, n.º 3.
([6]) LTV art. 55.º, n.º 4.

A *liberdade de comunicação social em geral* 563

sões desproporcionadamente desprimorosas" ou que envolvam responsabilidade criminal ou civil (princípio da *continência*) ([1]).

Quanto a **publicações electrónicas** não existem disposições legais específicas. Consoante se trate de textos (ou imagens fixas), sons ou imagens em movimento, parece razoável aplicar, por analogia, os limites estabelecidos pela LImp, a LRádio ou a LTV.

No entanto, existe na Internet a possibilidade de a resposta, por simples indicação de um endereço, remeter o leitor para outro sítio pertencente, por hipótese, ao respondente, onde este pode incluir textos, imagens ou sons. Não se justifica limitar legalmente a liberdade do respondente de inclusão na sua resposta de endereços para tal efeito. Por outro lado, como estes conteúdos não envolvem encargo suplementar relevante para o jornal electrónico, não se vê motivo para introduzir qualquer limite de espaço ou tempo para eles.

Quanto a publicações electrónicas que se mantenham, por vários dias ou indefinidamente, à disposição do público, pode, inclusivamente, exigir-se que a resposta seja incluída ou a sua existência e endereço (como ligação para outro sítio) sejam acrescentados na publicação editada. Deste modo, pode evitar-se a continuação da divulgação do erro ou infâmia. Em alternativa, pode exigir-se a correcção da própria mensagem electrónica errada ou ofensiva, de modo satisfatório para o ofendido.

15. O direito de resposta e de rectificação só tem plena utilidade se for exercido rapidamente. Por isso, aos **prazos** de pedido de exercício do direito de resposta aplica-se o chamado princípio da *actualidade* ou da *imediaticidade* ([2]).

São diversos, em todo o caso, consoante se trate da imprensa ou da rádio e da televisão.

Os *prazos* de exercício do direito de resposta ou de rectificação, na **imprensa**, são de 30 dias, se se tratar de diário ou semanário, ou de 60 dias, no caso de publicação com menor frequência ([3]).

Na **rádio** e na **televisão**, o *prazo* é de 20 dias ([4]).

([1]) LImp de 1999, art. 25.º, n.º 4, LRádio art. 24.º, n.º 3; LTV art. 55.º, n.º 4. Cf. VITAL MOREIRA, *ob. cit.*, pág. 116 e segs..

([2]) Cf. VITAL MOREIRA, *ob. cit.*, pág. 107 e segs..

([3]) LImp de 1999, art. 25.º, n.º 1.

([4]) LRádio art. 24.º, n.º 1 (na redacção da Lei n.º 2/97, de 18.1); LTV art. 55.º, n.º 1. A LTV admite a suspensão deste prazo na hipótese de impedimento por motivo de força maior (art. 55.º, n.º 2).

564 *Direito da Comunicação Social*

Para as **publicações electrónicas**, não existe legislação específica. Parece de aplicar, por analogia, o regime da LImp, mas para evitar controvérsias, convirá ao respondente exercer o direito de resposta dentro de 20 dias (os prazos previstos pelas LRádio e LTV, potencialmente aplicáveis por analogia).

16. Ao direito de resposta e de rectificação corresponde o **dever de publicação ou difusão** por parte do órgão de comunicação social — sem necessidade de imposição judicial.

a) Tal publicação ou difusão deve respeitar também o princípio da *actualidade* ou da *imediaticidade* ([4]).

Na *imprensa*, "A resposta ou a rectificação devem ser publicadas:

a) Dentro de dois dias a contar da recepção, se a publicação for diária;

b) No primeiro número impresso após o segundo dia posterior à recepção, tratando-se de publicação semanal;

c) No primeiro número distribuído após o 7.º dia posterior à recepção, no caso das demais publicações periódicas" ([1]).

Na *rádio*, deve a emissora difundir a resposta ou rectificação, no prazo de 48 horas a contar da recepção do pedido, avisando previamente o interessado do dia e hora ([2]).

Na *televisão*, deve o operador transmitir a resposta ou rectificação, no prazo de 24 horas a contar da recepção do pedido ([3]).

Para as **publicações electrónicas** não existe legislação específica, parecendo dever aplicar-se, por analogia, a LImp.

b) A publicação ou difusão deve *identificar* o texto *como resposta* ou *rectificação* do interessado ([4]); e deve ser *integral*, sem interpolações nem interrupções (princípio da *integridade* ou *indivisibilidade* da resposta) ([5]).

([4]) Cf. Vital Moreira, *ob. cit.*, pág. 131 e segs..

([1]) LImp de 1999, art. 16.º, n.º 1.

([2]) LRádio art. 25.º, n.º 1, na redacção da lei n.º 2/97, de 18.1.

([3]) LTV art. 56.º.

([4]) Dir.ª da AACS sobre o exercício do direito de resposta na imprensa, de 14.6.1991 (in *DR*, 2.ª s., de 6.7.1991), n.º V; LImp de 1999, art. 26.º, n.º 3; LRádio art. 26.º, n.º 2, na redacção da Lei n.º 2/97, de 18.1; a LTV não é expressa neste sentido. Cf. Vital Moreira, *ob. cit.*, pág. 132 e seg..

([5]) LImp de 1999, art. 26.º, n.º 3; LRádio art. 22.º, n.º 1, na redacção da Lei n.º 2/97, de 18.1. A LTV, no art. 57.º, n.º 4, estabelece que "A resposta ou a rectifi-

c) A resposta ou rectificação deve ser inserida num espaço correspondente ao do texto ou imagem que o motivou e com o mesmo destaque, tendo em vista atingir o mesmo público e com o mesmo relevo (princípio da *equivalência*).

Na *imprensa*, este princípio suscitou dificuldades e controvérsia ([1]). Por isso, a LImp de 1999 veio estabelecer um regime complexo.

A regra é que "A publicação é gratuita e feita na mesma secção, com o mesmo relevo e apresentação do escrito ou imagem que tiver provocado a resposta ou rectificação (...)" (art. 26.º, n.º 3).

O mesmo artigo admite, todavia, excepções: "4 — Quando a resposta se refira a texto ou imagem publicados na primeira página, ocupando menos de metade da sua superfície, pode ser inserida numa página ímpar interior, observados os demais requisitos do número antecedente, desde que se verifique a inserção na primeira página, no local da publicação do texto ou imagem que motivaram a resposta, de uma nota de chamada, com a devida saliência, anunciando a publicação da resposta e o seu autor, bem como a respectiva página.

5 — A rectificação que se refira a texto ou imagem publicados na primeira página pode, em qualquer caso, cumpridos os restantes requisitos do n.º 3, ser inserida em página ímpar interior".

Além disso, segundo o n.º 1 do art. 26.º, "Se a resposta exceder os limites previstos no n.º 4 do artigo anterior, a parte restante é publicada, por remissão expressa, em local conveniente à paginação do periódico e mediante pagamento equivalente ao da publicidade comercial redigida, constante das tabelas do periódico, o qual será feito antecipadamente ou assegurado pelo envio da importância consignada bastante".

Na *rádio*, a resposta ou rectificação deve ser inserida no mesmo programa ou, caso não seja possível, em hora de emissão equivalente ([2]).

---

cação são lidas por um locutor da entidade emissora em moldes que assegurem a sua fácil percepção e pode incluir componentes áudio-visuais sempre que a referência que as motivaram tiver utilizado técnica semelhante". Cf. VITAL MOREIRA, *ob. cit.*, pág. 133 e seg..

([1]) A LImp de 1975, no art. 16.º, n.º 3 (na versão original, restabelecida pela Lei n.º 8/96, de 14.3), estabelecia que "A publicação será feita (...) no mesmo local e com caracteres do escrito que a tiver provocado (...)". A Lei n.º 15/95, de 25.5, admitia que, caso o texto inicial tivesse sido destacado em título na primeira ou na última página, fosse inserida uma nota de chamada na mesma página, com indicação da página onde seria publicada a resposta. Cf. VITAL MOREIRA, *ob. cit.*, pág. 135 e segs..

([2]) LRádio art. 22.º, n.º 1, na redacção da Lei n.º 2/97, de 18.1.

566 *Direito da Comunicação Social*

Na *televisão*, deve ser inserida no mesmo programa ou, caso não seja possível, em hora de emissão equivalente e de forma semelhante ou com técnicas audiovisuais semelhantes ([1]).

Nas *publicações electrónicas*, estas regras devem aplicar-se, por analogia, com as necessárias adaptações.

d) A resposta ou rectificação não pode ser objecto de qualquer *comentário* ou contra-resposta: o exercício do direito de resposta não deve ser ocasião de debate.

Na *imprensa*, em todo o caso, "No mesmo número em que for publicada a resposta ou a rectificação só é permitido à direcção do periódico fazer inserir uma breve anotação à mesma, da sua autoria, com o estrito fim de apontar qualquer inexactidão ou erro de facto contidos na resposta ou na rectificação, a qual pode originar nova resposta ou rectificação, nos termos dos n.os 1 e 2 do artigo 24.º'" ([2]). A inserção de comentário ou contra-resposta é punível com coima ([3]).

Na *rádio* e na *televisão*, apenas se permite "corrigir possíveis inexactidões factuais" contidas na resposta, sob pena de haver lugar a nova resposta ou rectificação e a multa ou coima ([4]).

Para as *publicações electrónicas* não existe legislação específica, parecendo dever aplicar-se, por analogia, a LImp.

17. A publicação ou difusão da resposta pode, todavia, ser objecto de *recusa*, embora em casos limitados.

Na verdade, a *LImp* permite a recusa por um dos fundamentos seguintes:

a) Intempestividade (por apresentação do pedido depois de passado o prazo legal);

b) Ilegitimidade do requerente (por não ser o próprio titular, nem um seu representante legal, nem um seu herdeiro);

c) Carência manifesta de todo e qualquer fundamento (por não haver referências que possam afectar a reputação ou boa fama do requerente, nem referências de facto inverídicas ou erróneas que lhe digam respeito);

([1]) LTV art. 57.º, n.º 2 e 4.
([2]) LImp de 1999, art. 26.º, n.º 6.
([32]) LImp de 1999, art. 35.º, n.º 1, alínea b).
([4]) LRádio art. 26.º, n.º 3 (na redacção da Lei n.º 2/97, de 18.1), e 37.º, n.º 1; LTV art. 57.º, n.º 5, e 64.º, al. b). Cf. VITAL MOREIRA, *ob. cit.*, pág. 139 e seg..

d) Falta de relação directa e útil da resposta ou rectificação com o escrito ou imagem que a provocou;

e) Extensão excessiva (podendo o ofendido exigir a publicação do excedente, desde que pague o montante previsto nas tabelas do periódico para a publicidade comercial redigida);

f) Expressões desproporcionadamente desprimorosas;

d) Conteúdo susceptível de envolver responsabilidade criminal (para o respondente) ([1]).

A recusa só pode ser decidida pelo director do periódico, ou quem o substitua, ouvido o conselho de redacção, devendo a decisão ser comunicada ao respondente por escrito, expedida nos 3 ou 10 dias seguintes à recepção da resposta ou rectificação, consoante se trate de diário ou semanário ([2]).

A *LRádio* permite a recusa também no caso de manifesta falta dos pressupostos que legitimam o direito de resposta ou de rectificação, não exigindo consulta do conselho de redacção, e devendo ser avisado o interessado no prazo de dois dias úteis ([3]).

A *LTV* permite a recusa da resposta ou rectificação, por fundamentos semelhantes, não exigindo a consulta do conselho de redacção e devendo o operador informar o interessado, por escrito, no prazo de 24 horas, da recusa e sua fundamentação. Caso o conteúdo da resposta ou rectificação viole as regras legais (exceda a relação directa e útil com as referências provocatórias ou contenha expressões excessivamente desprimorosas ou responsabilizantes), deve o operador *convidar* o interessado *a eliminar* as passagens ou expressões em questão, nas 48 horas seguintes, sem o que poderá haver recusa ([4]).

Em qualquer caso, a recusa não pode ser *parcial* (princípio da *integridade* ou *indivisibilidade* da resposta) ([5]).

([1]) LImp art. 26.°, n.° 7. Note-se que, tal como está redigido o n.° 4 do art. 25.° da LImp de 1999, a existência de expressões que envolvam responsabilidade meramente civil para o respondente parece não ser fundamento bastante de recusa da resposta ou rectificação, embora nunca possam envolver responsabilidade civil para o proprietário ou director da publicação.

([2]) LImp art. 26.°, n.° 7. Não é exigido parecer favorável do conselho de redacção, como fazia a LImp de 1975, art. 16.°, n.° 7.

([3]) LRádio art. 25.°, n.° 2, na redacção da lei n.° 2/97, de 18.1. Cf. VITAL MOREIRA, *ob. cit.*, pág. 119 e segs..

([4]) LTV art. 56.°. Cf. VITAL MOREIRA, *ob. cit.*, pág. 127 e seg..

([5]) Cf. VITAL MOREIRA, *ob. cit.*, pág. 126 e seg..

Para as **publicações electrónicas** não existe legislação específica, parecendo dever aplicar-se, por analogia, a LImp.

18. Da recusa cabe *recurso* para a AACS ([1]) e para o tribunal ([2]).

A recusa injustificada de satisfação do direito de resposta ou de rectificação constitui contra-ordenação ([3]).

O não acatamento de decisão judicial ou da AACS que ordene a publicação da resposta ou rectificação constitui *crime* de desobediência qualificada ([4]).

A estas sanções pode acrescer *responsabilidade civil* pelos prejuízos causados ([5]).

SUBSECÇÃO IV

Direito de resposta ou de réplica política da oposição parlamentar

1. Além do direito de resposta geral, a Constituição consagra o direito de resposta ou de réplica política dos partidos da oposição parlamentar.

([1]) CRP art. 39.°, n.° 1; LAACS art. 3.°, al. g), 4.°, n.° 1, al. b), 5.°, n.° 1, e 7.°; LImp de 1999, art. 27.°, n.° 1; LRádio art. 25.°, n.° 3, na redacção da Lei n.° 2/97, de 18.1; LTV art. 56.°, n.° 3. Cf. VITAL MOREIRA, *ob. cit.*, pág. 145 e segs..

([2]) A LImp de 1999 regula este recurso no art. 53.°, que dispõe o seguinte: "2 — Requerida a notificação judicial do director do periódico que não tenha dado satisfação ao direito de resposta ou de rectificação, é o mesmo imediatamente notificado por via postal para contestar no prazo de dois dias, após o que será proferida em igual prazo a decisão, da qual há recurso com efeito meramente devolutivo.

3 — Só é admitida prova documental, sendo todos os documentos juntos com o requerimento inicial e com a contestação.

4 — No caso de procedência do pedido, o periódico em causa publica a resposta ou rectificação nos prazos do n.° 2 do artigo 26.°, acompanhada da menção de que a publicação é efectuada por efeito de decisão judicial ou por deliberação da Alta Autoridade para a Comunicação Social."

A LRádio e a LTV prevêem o recurso, mas não o regulam. Cf. VITAL MOREIRA, *ob. cit.*, pág. 148 e segs..

([3]) LImp de 1999, art. 35.°, n.° 1, alínea a) e b); LRádio art. 35.°, n.° 1 (prevê a aplicação de multa); LTV art. 64.°, n.° 1, alínea a) e b).

([4]) LImp de 1999, art. 32.°, alínea a); LRádio art. 35.°, n.° 1; LTV art. 62.°, alínea a). Cf. VITAL MOREIRA, *ob. cit.*, pág. 156 e segs..

([5]) CRP art. 37.°, n.° 4; LImp de 1999, art. 29.°; LRádio art. 29.°, n.° 1, e 37.°, n.° 2; LTV art. 59.°. Cf. VITAL MOREIRA, *ob. cit.*, pág. 159 e segs..

A liberdade de comunicação social em geral 569

Na verdade, segundo o art. 40.º, n.º 2, "Os partidos políticos representados na Assembleia da República, e que não façam parte do Governo, têm (...) o direito de resposta ou de réplica política às declarações políticas do Governo, de duração e relevo iguais aos dos tempos de antena e das declarações do Governo, de iguais direitos gozando, no âmbito da respectiva região, os partidos representados nas Assembleias Legislativas Regionais" ([1]).

A CRP distingue, assim, o *direito de resposta* da generalidade das pessoas (art. 37.º, n.º 4), do *direito de resposta ou de réplica política* dos partidos da oposição parlamentar, "de duração igual aos dos tempos de antena e das declarações do Governo" (art. 40.º, n.º 2).

Não deve confundir-se este direito de resposta e de réplica política com o direito de antena, pois o direito de resposta e de réplica política pressupõe intervenções anteriores do Governo. Aliás, não podem ser utilizados cumulativamente o direito de antena e o direito de resposta em consequência de uma mesma declaração política do Governo ([2]).

2. A CRP não é clara quanto à opção por uma de *duas concepções* acerca deste direito de resposta e de réplica política da oposição parlamentar.

Com efeito, pode entender-se tal direito em sentido *amplo*, como um direito de *contradita política*, independentemente de os partidos serem ou não visados pelo Governo, isto é, como uma garantia de contraditório entre o Governo e oposição.

Pode, contudo, tomar-se também num sentido mais *restrito*, como um *direito de defesa* dos partidos aludidos ou criticados nas intervenções do Governo.

A LRádio e a LTV apontam claramente no sentido mais restrito. Na verdade, a LRádio apenas faculta o exercício daquele direito aos partidos "postos em causa" na declaração governamental (art. 27.º, n.º 2) e a LTV apenas reconhece tal direito relativamente às declarações "que directamente os atinjam" (art. 58.º, n.º 1).

A doutrina tem entendido, apesar disso, que este direito de resposta ou de réplica política dos partidos da oposição é algo mais do que o direito de resposta da generalidade das pessoas, o qual os partidos da oposição também podem exercer. Os requisitos do direito de

---

([1]) Na redacção de 1997.

([2]) Lei n.º 36/86, de 5.9, art. 3.º.

570   *Direito da Comunicação Social*

resposta geral não são aplicáveis, rigorosamente, ao direito de resposta e de réplica política dos partidos da oposição; e pode, mesmo, pôr-se em causa a *constitucionalidade* dos referidos preceitos da LRádio e da LTV [1].

3. O direito de resposta ou de réplica política é um direito dos partidos da oposição parlamentar, que está **regulado** não só pela LRádio e pela LTV, mas também pela Lei n.º 36/86, de 5.9, competindo à Alta Autoridade para a Comunicação Social emitir as directivas adequadas ao exercício deste direito [2].

Ao direito de réplica política são subsidiariamente aplicáveis, com as devidas adaptações, os procedimentos previstos na LRádio e na LTV para o exercício do direito de resposta [3].

4. O direito de resposta ou de réplica política é um **direito dos partidos da oposição parlamentar**, isto é, dos partidos representados na Assembleia da República e nas Assembleias Legislativas das Regiões Autónomas dos Açores e da Madeira — não de outros partidos que não consigam eleger quaisquer deputados.

5. Pode ser exercido apenas no *serviço público da rádio e da televisão* [4].

6. *Pressupõe* "declarações políticas do Governo", entendendo-se como tais "as que versem temas de política geral ou sectorial produzidas pelo Primeiro-Ministro ou por outros membros do Governo, em nome do Executivo, não relevando como tal as declarações relativas à gestão dos assuntos correntes dos respectivos departamentos" [5].

7. Para exercerem tal direito, os partidos da oposição parlamentar têm de comunicar a *reserva* de tempo de emissão até 24 horas após a transmissão da declaração do Governo [6].

---

[1] Neste sentido, cf. VITAL MOREIRA, *ob. cit.*, pág. 172 e segs..

[2] Lei n.º 36/86, de 5.9, art. 4.º; LAACS art. 4.º, al. c).

[3] LRádio art. 27.º, n.º 3; LTV art. 58.º, n.º 4.

[4] CRP art. 40.º, n.º 2, e LTV art. 58.º, n.º 1.

[5] Lei n.º 36/86, de 5.9, art. 2.º, n.º 2; LRádio art. 27.º, n.º 1; e LTV art. 58.º, n.º 5.

[6] Lei n.º 36/86, de 5.9, art. 2.º, n.º 3.

A liberdade de comunicação social em geral

"A emissão das respostas dos partidos que a hajam requerido terá lugar, com igual destaque e duração idêntica à concedida à declaração governamental, até ao máximo de 24 horas posteriores ao termo do prazo" de reserva ([1]).

Segundo a LRádio de 1988, "Quando houver mais de um titular que tenha solicitado o exercício do direito, o mesmo é rateado em partes iguais pelos vários titulares" (art. 27.º, n.º 4). A LTV acrescenta que o tempo a ratear nunca pode ser inferior a um minuto por cada interveniente (art. 58.º n.º 3) ([2]).

SECÇÃO VII
Deveres relativos ao conteúdo

SUBSECÇÃO I
Abuso do direito

1. Continuando a tratar de limitações à liberdade de comunicação social, interessa referir, em seguida, alguns princípios que, em certa medida, restringem o livre arbítrio dos directores, jornalistas e autores na definição dos *conteúdos* informativos ou opinativos a publicar ou difundir.

Em primeiro lugar, deve dizer-se que à liberdade de expressão e de comunicação é aplicável o princípio geral da proibição do abuso do direito: "É ilegítimo o exercício de um direito, quando o titular exceda manifestamente os limites impostos pela boa fé, pelos bons costumes ou pelo fim social ou económico desse direito" (CCiv art. 334.º) ([3]).

([1]) Lei n.º 36/86, de 5.9, art. 2.º, n.º 4.

([2]) Diversamente, a Lei n.º 36/86, de 5.9, no art. 2.º, n.º 5, dispõe que "O exercício do direito de resposta pelos partidos que o hajam requerido será repartido, no tempo disponível, de acordo com a respectiva representatividade, não sendo permitido o direito de acrescer". Uma vez que este preceito é anterior aos citados no texto, deve considerar-se revogado por eles.

([3]) O facto de este preceito estar consagrado no CCiv e não estar mencionado na CRP não implica inconstitucionalidade, até porque pode considerar-se abrangido pelo art. 16.º da CRP.

572 — Direito da Comunicação Social

2. O CCiv adopta, deste modo, a chamada **concepção objectiva** do **abuso do direito**, da qual decorre que "não é necessária a *consciência* de se excederem, com o seu exercício, os limites impostos pela boa fé, pelos bons costumes ou pelo fim social ou económico do direito; basta que se excedam esses limites". A consideração de factores *subjectivos* (como a intenção do agente) pode, todavia, ser relevante para certos efeitos ([1]).

3. A *boa fé*, referida no preceito citado, pode ser entendida em sentido *objectivo* (como princípios, regras, limites ou modos de actuação que devem ser observados) ou em sentido *subjectivo* (como mero conhecimento ou ignorância, desconhecimento sem culpa ou desculpável ou conhecimento de determinado facto) ([2]).

4. Entre os limites ao exercício do direito referidos no art. 334.º, são particularmente importantes, no domínio mediático, os *"bons costumes"*.

Alguns autores defendem uma concepção *idealista* dos bons costumes, baseada num ideal religioso ou filosófico, que pretende modificar práticas incorrectas, apesar de usuais, como, por exemplo, na base da moral cristã ([3]).

Actualmente, a doutrina dominante entende os bons costumes segundo uma concepção *sociológica*, como aqueles usos ou costumes que

---

([1]) Cf. PIRES DE LIMA — ANTUNES VARELA, *Código Civil Anotado*, 1987, vol. I, pág. 298; para maiores desenvolvimentos sobre o assunto, cf. F. CUNHA DE SÁ, *Abuso do Direito* (Cad. de Ciência e Técnica Fiscal, n.º 107), Lisboa, 1973.

([2]) Sobre a boa fé, cf. A. MENEZES CORDEIRO, *Teoria Geral do Direito Civil*, Lisboa, AAFDL, 1989, pág. 355 e segs.; e, mais desenvolvidamente, A. MENEZES CORDEIRO, *Da Boa Fé no Direito Civil*, Coimbra, Almedina, 1984.

([3]) Esta concepção foi sustentada em Portugal, quando a CRP de 1933 reconhecia a religião católica como a religião tradicional da Nação Portuguesa (art. 46.º). Cf. I. GALVÃO TELLES, *Manual de Direito das Obrigações*, 1957, vol. I, pág. 34, nota 2, e *Manual dos Contratos em Geral*, Lisboa, 3.ª ed., 1965, pág. 267 e seg.; PESSOA JORGE, *Direito das Obrigações*, vol. I, pág. 165. Não havia, porém, consenso a este respeito; cf. MANUEL DE ANDRADE, *Teoria Geral da Relação Jurídica*, vol. II, pág. 341; VAZ SERRA, "Objecto da Obrigação — A prestação — Suas espécies, conteúdo e requisitos", in *BMJ*, n.º 74, pág. 174 e segs.; F. CUNHA DE SÁ, *Abuso do Direito*, pág. 189 e segs..

A *liberdade de comunicação social em geral* 573

são valorados como bons pelo conjunto das regras morais aceites pela opinião socialmente dominante, sendo por natureza variáveis e contingentes ([1]).

5. A remissão do art. 334.º do CCiv para o *fim social ou económico desse direito* torna particularmente importantes as referências legais aos fins da imprensa, da rádio e da televisão, já acima analisados ([2]).

SUBSECÇÃO II

Colisão de direitos

1. A liberdade de comunicação social é importante, mas há outros valores tanto ou mais importantes e que devem ser respeitados por quem usa os meios de comunicação social, constituindo limites a essa liberdade. Dizia J.-J. Rousseau que a liberdade de cada um termina onde começa a liberdade dos outros.

Na verdade, acontece com frequência que a liberdade de comunicação social entre em *conflito* com outras liberdades ou direitos. Por exemplo, a liberdade de expressão e comunicação poderá ser invocada, mesmo quando seja usada para desrespeitar o bom nome e reputação ou a intimidade da vida privada de uma pessoa? Ou para pôr em causa a segurança nacional?

Põe-se, então, o problema de saber *qual dos direitos deve prevalecer.*

É claro que, sendo a liberdade de expressão um direito fundamental constitucionalmente protegido, só pode ser restringido por lei "nos casos expressamente previstos na Constituição" (CRP art. 18.º). Por isso, os direitos em colisão com a liberdade de expressão só podem prevalecer sobre esta na medida em que a própria CRP os acolha e valorize.

Em todo o caso, deve ter-se presente também que a CRP consagra diversos outros direitos fundamentais e acolhe direitos constantes de

---

([1]) Cf. R. CAPELO DE SOUSA, *O Direito Geral de Personalidade*, Coimbra, Coimbra Ed., 1995, pág. 531 e seg..

([2]) LImp de 1975, art. 1.º, n.º 1 (sem correspondência na LImp de 1999); LRádio art. 4.º, 5.º e 6.º, LTV art. 8.º.

574 *Direito da Comunicação Social*

outras leis: "Os direitos fundamentais não excluem quaisquer outros constantes das leis e das regras aplicáveis de direito internacional" (CRP art. 16.º).

2. O *princípio* fundamental a respeitar nos casos de colisão de direitos está formulado no art. 335.º do CCiv ([1]), que dispõe o seguinte.
"*1. Havendo colisão de direitos iguais ou da mesma espécie, devem os titulares ceder na medida do necessário para que todos produzam igualmente o seu efeito, sem maior detrimento para qualquer das partes.*
2. Se os direitos forem desiguais ou de espécie diferente, prevalece o que deva considerar-se superior".

Assim, a lei (incluindo a constitucional) deve ser encarada como uma *unidade*: devem ser respeitados todos os direitos nela consagrados.

Quando isso não seja possível, deve seguir-se o princípio da *concordância prática*, isto é, devem procurar-se soluções concretas que harmonizem, na medida do possível, os preceitos divergentes e que distribuam de modo proporcional os custos do conflito ([2]).

Sendo os direitos iguais ou da mesma espécie (por exemplo, quando está em colisão a liberdade de imprensa de duas pessoas), deve cada um dos titulares ceder um pouco da sua liberdade para que o outro goze igualmente a dele.

Se os direitos forem desiguais ou de espécie diferente, prevalece o superior. A questão está em saber, em concreto, qual o direito que deve considerar-se superior.

3. Nesta perspectiva, devem considerar-se, em regra, claramente superiores à liberdade de expressão, nomeadamente: o direito à vida (CRP art. 24.º), o direito à integridade moral e física (CRP art. 25.º), os direitos à identidade pessoal, à capacidade civil, à cidadania, ao bom nome e reputação, à imagem, à palavra e à reserva da intimidade da vida privada e familiar (CRP art. 26.º), o direito à inviolabilidade do domicílio e da correspondência (CRP art. 34.º), a liberdade de cons-

---

([1]) Embora o CCiv seja uma lei ordinária, que não se sobrepõe à CRP, este preceito consagra um princípio, que a doutrina tem acolhido como princípio geral de direito.

([2]) Cf. J. C. VIEIRA DE ANDRADE, *Os Direitos Fundamentais na Constituição Portuguesa de 1976*, Coimbra, 1983, pág. 220 e segs..

A liberdade de comunicação social em geral 575

ciência, de religião e de culto (CRP art. 41.º), a liberdade de criação intelectual, científica e artística (CRP art. 42.º).

A lei ordinária desenvolve, de vários modos, o regime destes direitos.

Assim, encontramos no Código Civil diversos preceitos tendentes a proteger os chamados *direitos de personalidade*, nomeadamente sobre a tutela geral da personalidade (art. 70.º), o direito ao nome (art. 72.º), o direito à reserva sobre cartas confidenciais (art. 75.º e 76.º), o direito à imagem (art. 79.º) e o direito à intimidade da vida privada (art. 80.º)([1]).

A violação culposa de alguns desses direitos é punível como crime, nos termos do CPen, que estudaremos no capítulo seguinte ([2]).

Além disso, a violação culposa destes direitos é sancionada mediante responsabilidade civil pelos prejuízos causados e o recurso a "providências adequadas às circunstâncias do caso, com o fim de evitar a consumação da ameaça ou atenuar os efeitos da ofensa já cometida" (CCiv art. 70.º, n.º 2, e 483.º e segs.).

SUBSECÇÃO III
Verdade, rigor, objectividade e isenção

1. Entre os mais importantes valores da comunicação social deve salientar-se a *verdade* ([3]).

A **verdade** pode ser definida, neste contexto, como a **conformidade entre a realidade e a sua representação** *(v.g. mediática)* ([4]).

([1]) Sobre o assunto, cf. R. CAPELO DE SOUSA, *O Direito Geral de Personalidade*, 1995.

([2]) É particularmente interessante o Ac. RelL de 9.5.1978, in *BMJ*, n.º 279, pág. 242, sobre um caso de colisão de direitos.

([3]) Sobre o tema, cf. NICETO BLASQUEZ, *Etica y Medios de Comunicación*, pág. 54, 197 e segs.

([4]) São Tomás de Aquino diz que "verdade é a adequação entre o objecto e o entendimento" *(Summa Theologiae*, q. 16a.); e que "o conhecimento é verdadeiro quando tem a imagem do conhecido" (ibidem, q. 16a.2). De outro modo, pode dizer-se que uma descrição é verdadeira quando é conforme à realidade descrita. Para maiores desenvolvimentos, cf., por exemplo, MANUEL DA COSTA FREITAS, "Verdade", in *Logos — Enciclopédia Luso-brasileira de Filosofia*, Lisboa, Verbo, 1992, vol. V.

Mais do que um limite à liberdade de expressão e de comunicação social, pode dizer-se que a verdade é um dos fins (porventura, o mais importante) que tais liberdades visam alcançar, correspondendo ao anseio de todo o homem na busca da verdade e ao desejo de comunicar aos outros as parcelas de verdade que vai encontrando.

O dever de respeito pela verdade, nomeadamente, no domínio da informação, significa, obviamente, que não se deve apresentar como real aquilo que o não é: não há liberdade para *mentir* – para faltar intencionalmente à verdade.

Nos meios de comunicação social, não é obrigatório dizer *toda a verdade*, nem tal seria possível, dadas as limitações de espaço ou tempo disponível. Basta dizer a verdade relevante: pode ser uma síntese das características da situação ou do acontecimento que permitam uma compreensão correspondente à realidade. Aquilo que se diz não deve ser, todavia, uma distorção tal, que a representação se torne significativamente diferente da realidade.

Também não é obrigatório que aquilo que se diz seja *só a verdade* e *nada mais do que a verdade*.

Nada impede a expressão de *opiniões* sobre factos (passados ou previsões sobre os futuros), mas é importante não confundir o relato de factos com as opiniões tecidas sobre eles.

Nada impede, tão pouco, as referências de *ficção* ou de *humor*, nomeadamente, em domínios literários ou de mero entretenimento. Não deve contudo, apresentar-se a ficção ou o ridículo imaginado como correspondendo à realidade. E devem separar-se claramente o relato de situações reais e os textos de ficção ou de humor.

2. Parece haver relutância da parte de algumas pessoas em defender a verdade como valor fundamental, talvez por pensarem, não só na verdade das realidades do dia a dia, mas também na verdade sobre a origem e o sentido da vida humana, sobre Deus, etc..

Há certas realidades transcendentes que, apesar de serem racionais (razoáveis, compatíveis com a razão, verosímeis), só são cognoscíveis através da revelação divina e da fé (assente na confiança nas pessoas que a transmitem). A verdade revelada, sendo matéria de fé, não é evidente e, por isso, não se impõe por si própria; nem podem uns homens impô-la aos outros (quando muito, "podem" impor *declarações* de fé, que podem não ser sinceras, verdadeiras). Por isso, há que ser tolerante

A *liberdade de comunicação social em geral* 577

com as pessoas, respeitando a caminhada de cada um na descoberta da verdade, embora cada um possa defender a verdade em que acredita e tentar convencer os outros ([1]).

Algumas correntes filosóficas modernas (com raízes antigas) recusam toda a transcendência (imanentismo), ou negam a possibilidade de conhecimento racional do transcendente (agnosticismo), ou defendem que o conhecimento da verdade depende do ponto de vista do sujeito (subjectivismo), sendo, por isso, variável (relativismo). Alguns chegam mesmo a negar a existência de uma verdade (niilismo — Nietzsche) ([2]).

Talvez por influência destas correntes, ou por receio de que o Estado imponha a "sua" verdade, o legislador preocupa-se mais com aspectos parcelares e pragmáticos da verdade, que, aliás, também são importantes: o rigor, a objectividade e a isenção.

3. Efectivamente, nem a CRP, nem a Declaração Universal dos Direitos do Homem, nem a Convenção Europeia dos Direitos do Homem afirmam o dever de respeito pela verdade por parte dos meios de comunicação social; e a LImp de 1999 ([3]), a LRádio, a LTV e o Código Deontológico não utilizam a palavra "verdade" uma única vez.

A lei ordinária não deixa, porém, de lhe dar considerável relevo a vários propósitos.

Nomeadamente, vimos já que as "referências inverídicas" são fundamento do direito de resposta ou e de rectificação ([4]).

Além disso, a prova da verdade da imputação exclui a punição por difamação ([5]).

([1]) "A verdade não se impõe de outro modo senão pela própria força que penetra nos espíritos de modo ao mesmo tempo suave e forte". Cf. *Dignitatis humana* (Documento do Concílio Vaticano II sobre a liberdade religiosa), 1.

([2]) Sobre o assunto, cf. a Encíclica de João Paulo II "*A fé e a razão*". Para maiores desenvolvimentos, cf. JEAN DAUJAUT, *Y a-t-il une vérité? Les grandes réponses de la philosophie*, Paris, Téqui, 1974, pág. 187 e segs.

([3]) Segundo a LImp de 1975, "Os limites à liberdade de imprensa decorrerão unicamente dos preceitos da presente lei e daqueles que a lei geral e a lei militar impõem, em ordem (...) a garantir a objectividade e a verdade da informação (...)" (art. 4.º, n.º 2). A LImp de 1999, em todo o caso, preocupa-se com a "veracidade da publicidade" (art. 2.º, n.º 2, al. d)).

([4]) LImp de 1999, art. 24.º, n.º 2, e 26.º, n.º 8; LRádio art. 22.º, n.º 3, e 43.º, n.º 1, e LTV art. 53.º, n.º 2.

([5]) CPen art. 180.º, n.º 2, al. b); LImp de 1975, art. 28.º (não reproduzido pela LImp de 1999, certamente por se entender que basta o disposto no CPen).

4. Com objectivos afins, o EJorn de 1999 inclui entre os deveres fundamentais do jornalista profissional o de "Exercer a actividade (...), informando com rigor e isenção" (art. 14.º, al. a)) ([1]).

Também a LAACS atribui à AACS a incumbência de "Providenciar pela isenção e rigor da informação" (art. 3.º, al. e)). Por isso, a AACS tem tido ocasião de apreciar diversas queixas por violação destes princípios ([2]).

A LImp de 1999, por seu lado, dispõe que "A liberdade de imprensa tem como únicos limites os que decorrem da Constituição e da lei, de forma a salvaguardar o rigor e a objectividade da informação (...)" (art. 3.º).

Segundo o Código Deontológico de 1993, "O jornalista deve relatar os factos com rigor e exactidão e interpretá-los com honestidade".

Rigor significa exactidão ou precisão na aplicação prática de uma norma. No caso de informações, o rigor significa que a descrição corresponde à realidade: não é falseada, nem distorcida, nem vaga ([3]).

Exactidão significa correcção, apreciação justa ou rigorosa, cumprimento rigoroso e diligente dos deveres.

Objectividade é a qualidade de quem descreve as coisas como elas realmente são, sem se deixar influenciar por preferências pessoais (subjectivas — do sujeito), sejam preferências religiosas, filosóficas, políticas, estéticas ou outras.

Isenção é a qualidade de quem descreve as coisas com imparcialidade, com independência, sem se deixar influenciar pelos seus próprios interesses ou pelos interesses de terceiros a quem deseja servir (seja o Governo, seja a oposição, seja determinado partido, força económica ou social, ou um amigo).

A isenção é fundamental na descrição de factos políticos, mas também de comportamentos alheios eventualmente censuráveis, por poder afectar a presunção de inocência das pessoas ou dar origem a discriminações. Para garantir a isenção, é frequentemente necessário ouvir as várias partes interessadas em certo acontecimento, não bastando ouvir uma delas, nem dizer que se tentou ouvir a outra sem o conseguir.

([1]) O EJorn de 1979 mandava "Respeitar escrupulosamente o rigor e a objectividade da informação" (art. 11.º, n.º 1, al. a)).

([2]) Cf. *Alta Autoridade para a Comunicação Social. Primeiro Mandato*, pág. 42 e segs..

([3]) Sobre o assunto, cf. *O Rigor da Notícia* (Textos de um colóquio organizado pela AACS), Lisboa, AACS, 1996.

A liberdade de comunicação social em geral 579

SUBSECÇÃO IV

Pluralismo interno

1. Outro princípio fundamental relativo ao conteúdo da comunicação é o do *pluralismo interno*.

Já vimos, a propósito do regime das empresas de comunicação social, a importância para a democracia e para a realização das pessoas da possibilidade de expressão e confronto das várias correntes de opinião; e referimos algumas disposições tendentes a assegurar a existência de uma pluralidade de empresas de comunicação social.

Interessa agora chamar a atenção para disposições tendentes a assegurar o pluralismo *dentro de cada meio de comunicação social*.

Em geral, o dever de pluralismo interno apenas respeita, porém, aos órgãos de comunicação social do *sector público*. Os privados podem adoptar uma determinada orientação dominante ou exclusiva (*maxime*, no caso de publicações ou emissões de rádio ou televisão doutrinárias), desde que respeitem os princípios deontológicos e éticos. O desejado pluralismo e o confronto das várias correntes de opinião resultará da concorrência dos vários meios de comunicação social (pluralismo externo, portanto).

Na verdade, a **CRP** estabelece que "A estrutura e o funcionamento dos meios de comunicação social do sector público devem (...) assegurar a possibilidade de expressão e confronto das diversas correntes de opinião" (art. 38.º, n.º 6).

Além disso, dispõe que "(...) a possibilidade de expressão e confronto das diversas correntes de opinião (...) são assegurados por uma Alta Autoridade para a Comunicação Social" (art. 39.º, n.º 1).

A **LImp de 1999** dá relevância explícita apenas ao pluralismo externo da informação ([1]).

A **LRádio** inclui entre os fins genéricos da actividade de radiodifusão: "*b)* Contribuir para a valorização cultural da população, assegu-

---

([1]) Art. 2.º, n.º 2: "O direito dos cidadãos a serem informados é garantido, nomeadamente, através: a) De medidas que impeçam níveis de concentração lesivos do pluralismo da informação (...)". Cf. também o art. 4.º, n.ºs 1 e 4.

A LImp de 1975 dispunha, no art. 4.º, n.º 3, que "É lícita a discussão e crítica de doutrinas políticas, sociais e religiosas, das leis e dos actos dos órgãos de soberania e da administração pública, bem como do comportamento dos seus agentes, desde que se efectue com respeito pela presente Lei".

580   *Direito da Comunicação Social*

rando a possibilidade de expressão e o confronto das diversas correntes de opinião (...)" (art. 4.º). E entre as incumbências específicas do serviço público de radiodifusão inclui assegurar o pluralismo (art. 5.º, n.º 2, al. a)) ([1]).

Encontramos disposições equivalentes na **LTV** ([2]).

Por outro lado, segundo a **LAACS**, "Incumbe à AACS: (...)

c) Salvaguardar a possibilidade de expressão e confronto, através dos meios de informação, das diversas correntes de opinião;

d) Contribuir para garantir a independência e o pluralismo dos órgãos de comunicação social pertencentes ao Estado e a outras entidades públicas sujeitas ao seu controlo económico (...)" ([3]).

A AACS tem entendido que esta regra do pluralismo interno é imperativa para os órgãos de comunicação social do sector público, não se impondo, todavia, aos privados, a menos que a acolham no seu estatuto editorial ([4]). Reconhece, porém, a dificuldade de compatibilizar o princípio do pluralismo com os chamados "critérios jornalísticos". Por isso, tendo recebido "inúmeras queixas" em matéria de pluralismo, a AACS suscitou debates sobre o tema ([5]), tendo adoptado algumas orientações importantes:

a) Considera inadmissível o silenciamento de correntes de opinião socialmente relevantes, devendo, pois, ser-lhes permitido o mínimo de expressão adequado;

b) As "apreciações de queixas sobre o desrespeito pelo pluralismo devem, em geral, incidir sobre períodos de tempo alargado";

c) "As apreciações casuísticas impõem-se sempre que a inobservância pontual do pluralismo afecte a isenção no tratamento da matéria

---

([1]) O art. 8.º, n.º 1, permite alcançar o pluralismo ideológico "através dos diversos órgãos de comunicação".

([2]) O art. 8.º, n.º 1, dispõe que "Constituem fins dos canais generalistas: (...) c) Favorecer a criação de hábitos de convivência cívica própria de um Estado democrático e contribuir para o pluralismo político, social e cultural (...)". E o art. 20.º, n.º 1, estabelece que "A liberdade de expressão do pensamento através da televisão integra o direito fundamental dos cidadãos a uma informação livre e pluralista, essencial à democracia, à paz e ao progresso económico e social do País".

([3]) Lei n.º 43/98, de 6.8, art. 3.º.

([4]) Neste sentido, cf. *Alta Autoridade para a Comunicação Social. Primeiro Mandato — 1990-1994. Actividade Desenvolvida*, Lisboa, AACS, 1995, pág. 42 e segs..

([5]) Cf. *Colóquio Internacional «O Pluralismo na Comunicação Social» — Lisboa, 4 a 6 de Junho de 1992*, Lisboa, AACS, 1993.

A *liberdade de comunicação social em geral* 581

que se pretende difundir ou possa reflectir menor independência face ao poder político ou económico. No essencial, tais situações configuram casos de actuações objectivamente discriminatórias por parte dos meios de informação";

d) "Da aplicação pelos meios de comunicação social dos seus «critérios jornalísticos» não pode resultar derrogação do quadro legal em vigor, mas sim a articulação harmoniosa destes dois vectores de modo a que do exercício da actividade profissional nos meios de comunicação social do sector público e nos canais de televisão não resulte nem um posicionamento unilateral perante os factos nem a substituição dos elementos próprios da notícia pelos do comentário";

e) "Em deliberações sobre esta matéria, a AACS tem sublinhado a importância da existência, nos diferentes meios de informação, de «livros de estilo» que assegurem coerência e transparência à forma como a informação é produzida" ([1]).

SUBSECÇÃO V
Sondagens e inquéritos de opinião

1. A preocupação com o pluralismo e o funcionamento da democracia política levou o legislador a introduzir normas relativas à elaboração de **sondagens e inquéritos de opinião** destinados a publicação ou difusão em órgãos de comunicação social, cujo objecto se relacione com eleições ou referendos.

Na verdade, verifica-se que muita gente é sensível à "opinião dominante" e tende a votar em conformidade com o que julga sê-lo, enquanto outras pessoas tendem a votar contra a opinião dominante. Por isso, a divulgação de dados sobre tal opinião influenciam, num sentido ou noutro, os resultados eleitorais, favorecendo ou desfavorecendo artificialmente os candidatos. A situação é mais grave, quando as sondagens ou inquéritos não respeitam regras mínimas de rigor e objectividade ([2]).

([1]) Cf. *Alta Autoridade para a Comunicação Social. Primeiro Mandato*, pág. 43.

([2]) Sobre o tema, cf. *Sondagens Políticas (Mesa Redonda — Abril 1992)*, Lisboa, AACS, 1992.

582   *Direito da Comunicação Social*

Para pôr termo a tais práticas, foi aprovada a **Lei n.º 31/91, de 20.7**, relativa à publicação ou difusão de sondagens e inquéritos de opinião, recentemente revogada e substituída pela **Lei n.º 10/2000, de 21.6**.

Esta lei é aplicável a todos os órgãos de comunicação social (imprensa, rádio, televisão, meios electrónicos, etc.), sujeitos à lei portuguesa (art. 1.º, n.º 1 e 4).

Abrange a realização e a publicação de sondagens e inquéritos de opinião, previsões ou simulações de voto e dados de sondagens, cujo *objecto* se relacione com órgãos constitucionais (estatuto, competência, funcionamento, eleições dos titulares, etc.), referendos nacionais, regionais e locais, associações e partidos políticos (art. 1.º, n.º 1, 2 e 3).

Tais sondagens e inquéritos só podem ser efectuados por entidades previamente credenciadas junto da AACS (art. 3.º).

A Lei estabelece regras relativas à **realização** das sondagens e inquéritos de opinião e à sua **divulgação e interpretação**.

2. Na verdade, quanto à **realização** das sondagens e inquéritos, o art. 4.º da Lei n.º 10/2000 estabelece diversas regras, sendo de destacar: a necessidade de anuência prévia dos inquiridos, a preservação do anonimato destes, a objectividade, clareza e precisão das perguntas (sem sugerirem as respostas), a representatividade da amostra, a fidelidade na interpretação dos resultados e a actualização destes.

A divulgação de qualquer sondagem ou inquérito de opinião apenas é permitida após o *depósito* desta junto da Alta Autoridade para a Comunicação Social, acompanhado de uma *ficha técnica* com diversas informações. Tal depósito deve ser efectuado até 30 minutos antes da divulgação, excepto quando se trate de sondagem em dia de acto eleitoral ou referendário, caso em que o depósito pode ser efectuado em simultâneo com a difusão dos resultados (art. 5.º e 6.º).

Esse depósito destina-se a possibilitar a verificação pela AACS (art. 15.º) e, assim, permitir uma avaliação do significado dos resultados.

3. Quanto à **divulgação e interpretação** das sondagens e inquéritos de opinião, a Lei n.º 10/2000, exige que elas sejam efectuadas de modo a não falsear ou deturpar o seu resultado, sentido e limites, e que sejam acompanhadas da publicação de diversas informações (art. 7.º e 8.º), tendentes a permitir ao público avaliá-las.

A liberdade de comunicação social em geral　　583

"A primeira divulgação pública de qualquer sondagem de opinião deve fazer-se até 15 dias a contar da data do depósito obrigatório (...)" (art. 9.º).

É proibida a divulgação, comentário, análise ou projecção de resultados de sondagens ou inquéritos de opinião relacionados com eleições para órgãos constitucionais, referendos nacionais, regionais ou locais, associações ou partidos políticos, desde o final da campanha até ao encerramento das urnas em todo o País (art. 10.º, n.º 1).

4. **Compete** à **AACS** verificar as condições de realização das sondagens e inquéritos de opinião e o rigor e objectividade na divulgação pública dos seus resultados, bem como apreciar queixas por violação da Lei (Lei n.º 10/2000, art. 13.º e 15.º).

Para isso, a AACS pode determinar a apresentação pela entidade que realizou a sondagem ou inquérito dos processos, de esclarecimentos e da documentação respectivos (art. 15.º, n.º 3).

O responsável pela divulgação de sondagem ou inquérito de opinião em violação da lei ou alterando o significado dos resultados obtidos é obrigado a divulgar, a expensas suas e no mesmo órgão de comunicação social, as rectificações exigidas pela Alta Autoridade para a Comunicação Social (art. 14.º).

A Comissão Nacional de Eleições tem competência para apreciar queixas relativas a actos eleitorais ou referendários e aplicar certas coimas (art. 13.º e 16.º).

5. A Lei n.º 10/2000 tipifica como **contra-ordenação**, punível com coima (de 1.000.000$ a 50.000.000$00, consoante os casos), o incumprimento do disposto em vários dos seus preceitos (art. 17.º) e impõe a **divulgação das decisões** administrativas ou judiciais condenatórias (art. 18.º).

SUBSECÇÃO VI

Defesa das línguas e das culturas portuguesas e europeias

1. Uma outra ordem de limitações à liberdade de comunicação social é a que decorre de diversas disposições legais tendentes a defender a língua e a cultura portuguesas.

584 Direito da Comunicação Social

Muito sumariamente, deve referir-se que a própria **CRP** inclui entre as tarefas fundamentais do Estado "proteger e valorizar o património cultural do povo português", bem como "defender o uso e promover a difusão internacional da língua portuguesa" (¹).

A **LRádio** inclui entre os fins genéricos da actividade de radiodifusão:

"*b)* Contribuir para a valorização cultural da população, assegurando a possibilidade de expressão e o confronto das diversas correntes de opinião, através do estímulo à criação e à livre expressão do pensamento e dos valores culturais que exprimem a identidade nacional;

c) defender e promover a língua portuguesa" (art. 4.º).

E, entre as incumbências específicas do serviço público de radiodifusão, refere: "*c)* Promover a defesa e a difusão da língua e cultura portuguesas com vista ao reforço da identidade nacional e da solidariedade entre os Portugueses dentro e fora do País" (²).

É um tanto diferente a redacção da **LTV**, sem deixar de acentuar a defesa da cultura e da língua portuguesas (³).

(¹) Art. 9.º, al. e) e f), e 78.º

(²) Art. 5.º, n.º 2. Mais desenvolvidamente, o art. 9.º da LRádio, sob a epígrafe "Defesa da cultura portuguesa", dispõe que: 1 — As emissões são difundidas em língua portuguesa, sem prejuízo da eventual utilização de quaisquer outras, nos seguintes casos:

a) Programas que decorram de necessidades pontuais de tipo informativo;

b) Programas destinados ao ensino de línguas estrangeiras;

c) Transmissão de programas culturais e musicais de outros países.

2 — As entidades que exerçam a actividade de radiodifusão devem em especial, nas suas emissões, assegurar e promover a defesa da língua e da produção musical portuguesa, de acordo com o disposto no presente diploma e nos termos do regime de licenciamento.

3 — A programação deve assegurar predominantemente a difusão de programas nacionais e incluir obrigatoriamente percentagens mínimas de música de autores portugueses nos termos da lei aplicável.

4 — Excepcionalmente, e quando tal se justifique, pode o alvará incluir autorização para o respectivo titular emitir em língua estrangeira para países estrangeiros, bem como para o território nacional, quando se trate de estações emissoras de âmbito local, definindo em todos os casos as condições de emissão".

(³) Cf. art. 8.º, n.º 1, al. d). O art. 36.º da LTV, sob a epígrafe "Defesa da língua portuguesa", dispõe que: "1 — As emissões devem ser faladas ou legendadas em português, sem prejuízo da eventual utilização de qualquer outra língua quando se

A lei impõe a difusão pela rádio e pela televisão de percentagens mínimas de *música* de autores portugueses e de música executada por intérpretes portugueses, bem como de composições vocais de música ligeira em língua portuguesa ([1]).

Além disso, a lei impõe determinados limites mínimos à difusão pela rádio e pela televisão de *produções dramáticas* portuguesas, considerando como dramáticas as produções de teatro, de teleteatro, teatro radiofónico, telenovela e romance radiofónico.

2. Outros países adoptam políticas análogas de protecção da respectiva língua e cultura ([3]).

A própria União Europeia publicou disposições tendentes a defender as línguas e culturas dos vários Estados membros, nomeadamente incluindo na Directiva sobre a "Televisão sem fronteiras" ([4]) quotas para programas europeus — o que, aliás, suscitou acesas críticas da parte dos americanos e japoneses ([5]).

---

trate de programas que preencham necessidades pontuais de tipo informativo ou destinados ao ensino de idiomas estrangeiros.

2 — Os canais de cobertura nacional devem dedicar pelo menos 50% das suas emissões, com exclusão do tempo consagrado à publicidade, televenda e teletexto, à difusão de programas originariamente em língua portuguesa.

3 — Sem prejuízo do disposto no número anterior, os operadores de televisão devem dedicar pelo menos 15% do tempo das suas emissões à difusão de programas criativos de produção originária em língua portuguesa.

4 — As percentagens previstas nos n.ºs 2 e 3 podem ser preenchidas até um máximo de 25% por programas originários de outros países lusófonos, para além de Portugal.

5 — Os operadores de televisão devem garantir que o cumprimento das percentagens referidas nos n.º 2 e 3 não se efectue em períodos de audiência reduzida".

([2]) Lei n.º 12/81, de 21.7, executada pelo DL n.º 316/84, de 1.10.

([3]) Cf., por exemplo, J. M. AUBY — R. DUCOS-ADER, *Droit de l'information*, 2ª ed., pág. 408 e segs.

([4]) Directiva do Conselho n.º 89/552/CE, de 3.10.1989, para a coordenação de determinadas disposições legais, regulamentares e administrativas dos Estados membros relativas á actividade de radiodifusão televisiva, in *JOCE* n.º L 298, de 17.10.1989, art. 4.º a 9.º, alterada pela Dir.ª n.º 97/36/CE, de 30.6.1997, in *JOCE* n.º L 202, de 30.07.1997.

([5]) Cf. JOSÉ MARTÍN Y PÉREZ DE NANCLARES, *La Directiva de Televisión — Fundamento jurídico, análisis y transposición al derecho de los Estados miembros de la Unión Europea*, Madrid, Colex, 1995, pág. 251 e segs..

586 *Direito da Comunicação Social*

Dando execução a estes objectivos, o art. 37.° da LTV, sob a epígrafe "Produção europeia", dispõe que "1 — Os operadores de televisão que explorem canais de cobertura nacional devem incorporar uma percentagem maioritária de obras de origem europeia na respectiva programação, uma vez deduzido o tempo de emissão consagrado aos noticiários, manifestações desportivas, concursos, publicidade, televenda e teletexto.

2 — A percentagem a que se refere o número anterior deve ser obtida progressivamente, tendo em conta os critérios a que se referem os n.ºs 1 e 3 do artigo 4.° da Directiva n.° 89/552/CEE, do Conselho, de 3 de Outubro, alterada pela Directiva n.° 97/36/CE, do Parlamento e do Conselho, de 30 de Junho ([1]).

3 — A qualificação prevista no n.° 1 processa-se de acordo com os instrumentos do direito internacional vinculativos do Estado Português.".

([2]) É o seguinte o texto destes n.ºs 1 e 3 do art. 4.° da Directiva: "1. Sempre que tal se revele exequível e através dos meios adequados, os Estados-membros velarão por que os organismos de radiodifusão televisiva reservem a obras comunitárias, na acepção do artigo 6.°, uma percentagem maioritária do seu tempo de antena, excluindo o tempo consagrado aos noticiários, a manifestação desportivas, jogos, publicidade, serviços de teletexto ou televenda. Essa percentagem, tendo em conta as responsabilidades do organismo de radiodifusão televisiva para com o seu público em matéria de informação, educação, cultura e diversão, deve ser obtida progressivamente com base em critérios adequados (...).

3. A partir de 3 de Outubro de 1991, os Estados-membros enviarão à Comissão, de dois em dois anos, um relatório relativo à aplicação do presente artigo e do artigo 5.°. Esse relatório compreenderá nomeadamente um levantamento estatístico da realização da percentagem referida no presente artigo e no artigo 5.° relativamente a cada um dos programas de televisão do âmbito da competência do Estado-membro em causa, as razões pelas quais não tenha sido possível em cada um dos casos atingir essa percentagem, bem como as medidas adoptadas ou previstas para a atingir.

A Comissão levará esses relatórios ao conhecimento dos outros Estados-membros e do Parlamento Europeu, acompanhados eventualmente de um parecer. A Comissão assegurará a aplicação do presente artigo e do artigo 5.° de acordo com as disposições do Tratado. No seu parecer, a Comissão pode atender nomeadamente ao progresso realizado em relação aos anos anteriores, à percentagem de obras de primeira difusão na programação, às circunstâncias particulares dos novos organismos de radiodifusão televisiva e da situação específica dos países de fraca capacidade de produção audiovisual ou de área linguística restrita (...)".

SUBSECÇÃO VII

Direito à honra

1. Entre os bens mais preciosos da personalidade moral protegida pelo direito inclui-se a *honra*.

A honra significa, em primeiro lugar, a *integridade moral* de cada indivíduo, o conjunto dos seus valores pessoais, incluindo os decorrentes da sua dignidade humana (inata e comum a todos os seres humanos, mesmo deficientes ou criminosos) e as qualidades adquiridas ao longo da vida, pelo seu esforço ou de outro modo e nos mais variados aspectos (familiares, políticos, profissionais, científicos, literários, artísticos, comerciais, etc.). Abrange, nomeadamente, qualidades de carácter, probidade, rectidão, lealdade, etc., correspondendo-lhe um sentimento de *auto-estima* pessoal. Baseia-se na consciência individual do próprio valor: num auto-reconhecimento e auto-avaliação.

O direito protege, todavia, não só este sentimento pessoal da própria dignidade, a que pode chamar-se a *honra interna*, mas sobretudo a *projecção* na consciência social do conjunto dos valores pessoais de cada indivíduo, a que pode chamar-se a *honra externa*: as qualidades necessárias a uma pessoa para ser respeitada num meio social, incluindo o bom nome e reputação, a consideração social.

Esta honra externa baseia-se no conhecimento e avaliação que os outros fazem de cada um, em função do seu comportamento externo, da sua imagem. O reconhecimento da honra é, por vezes, objectivado em manifestações de apreço (diplomas, prémios, medalhas, condecorações, louvores, etc.) ou de censura (condenações criminais, cíveis ou disciplinares, críticas, etc.).

A honra externa, em sentido amplo, inclui o *bom nome e reputação* (sínteses do apreço social pelas qualidades inatas e valores adquiridos de cada indivíduo), o *decoro* (projecção dos valores comportamentais do indivíduo no trato social) e o *crédito* (projecção social das aptidões económicas de cada um, das suas qualidades de iniciativa, organização, diligência, exactidão, prudência, lisura, como também das disponibilidades financeiras).

A honra externa é, obviamente, muito relevante para a vida familiar, profissional, política e social.

Como a generalidade dos direitos de personalidade, a honra é protegida desde o nascimento até à morte e, mesmo, quanto a nascituros e depois da morte ([1]).

A honra pode ser ofendida de modos muito variados, como a escravatura, a servidão, mutilações, a discriminação racial ou sexual, injúrias, difamação, etc.. Ofensas como estas perturbam a paz e a tranquilidade individuais, causam sofrimento e constituem, muitas vezes, desincentivos para o esforço de afirmação e progresso pessoais ([2]).

À semelhança da honra das pessoas físicas, o direito protege também a honra das pessoas colectivas: o bom nome e reputação, a credibilidade, o prestígio, a confiança.

2. Quer a Constituição quer a lei ordinária (penal, civil e mediática) tutelam tanto a honra interna ([3]), como a honra externa ([4]), protegendo, por vezes, autonomamente alguns direitos nela contidos ([5]).

3. No âmbito do *direito mediático*, é de salientar que, entre os limites da liberdade de imprensa, a LImp de 1999 inclui os decorrentes "da Constituição e da lei", "de forma (...) a garantir os direitos ao bom nome (...), à imagem (...) dos cidadãos" (art. 3.°) ([6]).

([1]) CCiv art. 66.°, 68.° e 71.°.

([2]) Para maiores desenvolvimentos, cf. R. CAPELO DE SOUSA, *O Direito Geral da Personalidade*, 1995, pág. 301 e segs.; A. J. F. OLIVEIRA MENDES, *O Direito à Honra e a sua Tutela Penal*, Coimbra, Almedina, 1996, pág. 16 e segs.; Ac. RelC de 3.7.1993, in *CJ*, 1993, t. IV, pág. 71.

([3]) CRP art. 25.°, n.° 1 ("A integridade moral (...) das pessoas é inviolável"); DUDH art. 12.° ("Ninguém poderá ser objecto (...) de ataques à sua honra ou à sua reputação"); CPen art. 180.°, n.° 1, e 181.°, n.° 1 (quando se refere à "honra"); CCiv art. 70.°, n.° 1 (Tutela geral da personalidade).

([4]) CRP art. 26.°, n.° 1 ("A todos são reconhecidos os direitos (...) ao bom nome e reputação (...)");CPen art. 180.°, n.° 1, e 181.°, n.° 1 (quando se refere à "consideração"); CCiv art. 72.°, n.° 1 (Direito ao nome), 79.° (direito à imagem) e 484.° (ofensa do crédito ou do bom nome).

([5]) É o caso, por exemplo, do **direito ao crédito e bom nome**, protegido pelo art. 484.° do CCiv: "Quem afirmar ou difundir um facto capaz de prejudicar o crédito ou o bom nome de qualquer pessoa, singular ou colectiva, responde pelos danos causados".

([6]) A LImp de 1975 considerava expressamente "lícita a discussão e crítica (...) dos actos dos órgãos de soberania e da administração pública, bem como do comportamento dos seus agentes, desde que se efectue com respeito pela presente Lei" (art. 4.°).

A liberdade de comunicação social em geral 589

Entre os instrumentos de protecção da honra específicos do direito mediático, conta-se o *direito de resposta e de rectificação* e a possibilidade de *apreensão* de publicações, já analisados acima.

4. No âmbito do **direito penal**, o direito à honra é protegido mediante a punição como crimes de ofensas graves, tipificadas como *difamação, injúria, ofensa à memória de pessoa falecida* ou *ofensa a pessoa colectiva, organismo ou serviço* [1].

a) Os crimes de **difamação** e de **injúria** consistem na imputação a outra pessoa de um facto, mesmo sob a forma de suspeita, ofensivo da sua honra ou consideração — quer verbalmente, quer por escrito, gestos, imagens ou qualquer outro meio de expressão [2].

A diferença entre estes dois tipos de crimes reside no facto de, na difamação, a imputação ser feita perante terceiro e sem a *presença do ofendido*, enquanto na injúria, a imputação é feita perante o ofendido. As penas da difamação são o dobro das penas da injúria, considerando que, sendo a imputação feita na ausência do ofendido, este não pode defender-se, sendo mais difícil a correcção e mais fácil a difusão.

O CPen não exige que a ofensa seja *grave*, sendo punível também a ofensa *leve*; mas tem de haver *dolo*.

Na jurisprudência, encontram-se orientações divergentes quanto ao requisito do *dolo*. Nuns casos, exige-se dolo directo, necessário ou eventual. Noutros casos, considera-se que bastam palavras ou expressões objectivamente difamatórias ou injuriosas, presumindo-se ilidivelmente o dolo [3].

Discute-se, também, na doutrina e na jurisprudência o enquadramento dos crimes de difamação e de injúria: uns entendem que são crimes *formais*, outros, que são crimes de *perigo* (num caso e noutro, independentes do resultado), e outros ainda, que são crimes de *dano* (que exigem certo resultado para haver consumação). Nos crimes *materiais* pode haver tentativa diferenciada da consumação, enquanto nos formais a tentativa é bastante para haver consumação [4].

-----

[1] CPen art. 180.º a 189.º, alterados pela lei n.º 65/98, de 2.9.

[2] CPen art. 180.º, n.º 1, 181.º, n.º 1, e 182.º.

[3] Para maiores desenvolvimentos, cf. A. J. F. OLIVEIRA MENDES, *O Direito à Honra e a sua Tutela Penal*, 1996, pág. 40 e segs.; Ac. RelC de 3.7.1993, in *CJ*, 1993, t. IV, pág. 71.

[4] Para maiores desenvolvimentos, cf. A. J. F. OLIVEIRA MENDES, *Ob. cit.*, pág. 42 e segs..

590 Direito da Comunicação Social

A lei prevê uma *causa de justificação* especial para estes crimes ([1]), ao dispor que "A conduta não é punível quando:

a) A imputação for feita para realizar interesses legítimos; e

b) O agente provar a verdade da mesma imputação ou tiver tido fundamento sério para, em boa fé, a reputar verdadeira".

Note-se que esta causa de justificação se aplica à *imputação* de um facto, mas já não à *formulação de juízos* ofensivos.

Observe-se, também, que para haver justificação é necessário que se verifiquem *cumulativamente* os dois requisitos (interesses legítimos e prova da verdade dos factos).

Além disso, a conduta não é justificada "quando se tratar da imputação de facto relativo à intimidade da vida privada e familiar" (n.º 3).

O requisito da realização de um *interesse legítimo* (público ou privado) é especialmente importante no âmbito da comunicação social ([2]).

Tal requisito estará, certamente, satisfeito, quando a imputação de um facto verdadeiro se enquadre no exercício do direito-dever de informação e crítica dos actos dos governantes, que é importante para a formação da opinião pública democrática, da consciência cívica, da capacidade de crítica, bem como para a preparação da escolha criteriosa dos candidatos a eleições, para a apreciação dos eleitos e para o desincentivo de abusos de poder ([3]). Está, então, em causa um interesse *público* legítimo.

A versão vigente do CPen contenta-se mesmo com a existência de um qualquer interesse legítimo, inclusivamente *privado*. Claro que tal interesse deverá ter um valor que supere ou, pelo menos, igualize o valor da honra da pessoa em causa.

([1]) Além das causas de justificação comuns, previstas no art. 31.º do CPen: legítima defesa, exercício de um direito, cumprimento de um dever e consentimento do ofendido. Note-se que o exercício do direito de informação pode, em certa medida, ser invocado como causa de justificação para estes tipos de crimes, inclusivamente quanto à formulação de juízos. Cf. A. J. F. OLIVEIRA MENDES, *Ob. cit.*, pág. 63.

([2]) Cf. A. J. F. OLIVEIRA MENDES, *Ob. cit.*, pág. 65 e segs..

([3]) Sobre o assunto, cf. JORGE FIGUEIREDO DIAS, "Direito de Informação e Tutela da Honra no Direito Penal de Imprensa Português", in *RLJ*, ano 115.º (1982-83), pág. 100-106, 133-137 e 170-173; A. J. F. OLIVEIRA MENDES, *ob. cit.*, pág. 66 e segs.; J. MORAES ROCHA, *ob. cit.*, 1996, pág. 126 e seg.; G. HAGER — G. WALENTA, *Persönlichkeitsschutz im Straf- und Medienrecht*, Viena, V. Medien und Recht, 3.ª ed., 1995.

Não será, porém, justificada a ofensa à honra que tenha por único objectivo fomentar maus instintos ou sentimentos mórbidos ([1]).

Por outro lado, para que a ofensa à honra seja justificada é necessário que o seu autor *prove a verdade* da imputação ou fundamento sério para a reputar verdadeira ([2]). Esta exigência de prova da verdade não vai, porém, até à verdade absoluta, científica ou sequer judiciária. Basta que haja fundamento sério para, em boa fé, reputar a imputação como verdadeira. Isto equivale a exigir um esforço sério na busca da informação, a utilização de fontes fidedignas, preferivelmente mais do que uma, e, sendo possível, a audiência do visado ([3]).

"A boa fé referida na alínea b) do n.º 2 exclui-se quando o agente não tiver cumprido o dever de informação, que as circunstâncias do caso impunham, sobre a verdade da imputação" ([4]).

A aplicação em concreto destes critérios tem de atender a todas as circunstâncias do caso.

Por exemplo, pode considerar-se, em princípio, lícita uma reportagem fiel nos meios de comunicação social de uma reunião pública em que um dos participantes dirigiu a outro expressões injuriosas ou lhe imputem factos desonrosos, quando, pelas funções sociais dos intervenientes ou pela importância social dos factos imputados, haja interesse social na divulgação, mesmo que esta acarrete danos para a honra ([5]).

A difamação e a injúria são puníveis qualquer que seja o *meio de expressão* utilizado: seja verbal, seja por escrito, gestos, imagens ou qualquer outro meio ([6]).

São, todavia, consideradas mais graves:

a) Se a ofensa for praticada com **publicidade** — através de meios ou em circunstâncias que facilitem a sua divulgação, nomeadamente através de *meio de comunicação social*;

([1]) Cf. A. J. F. Oliveira Mendes, *Ob. cit.*, pág. 71 e 76 e segs..

([2]) Note-se que, ao exigir a prova da verdade da imputação, não está o legislador a inverter o ónus da prova, que resulta da presunção legal de inocência do arguido ("in dubio pro reo" — CRP art. 32.º, n.º 2). Está, sim, a dar relevo ao dever de respeito pela verdade, que incumbe a quem quer que use os meios de comunicação social.

([3]) Cf. A. J. F. Oliveira Mendes, *ob. cit.*, pág. 74 e segs..

([4]) CPen art. 180.º, n.º 4.

([5]) Neste sentido, cf. R. Capelo de Sousa, *ob. cit.*, pág. 313 e seg..

([6]) CPen art. 182.º.

b) No caso de **calúnia** — isto é, quando o agente conhecia a falsidade da imputação ([1]).

Em regra, a difamação é *punível* com prisão até 6 meses ou multa até 240 dias ([2]); mas a pena é *agravada* de um terço no caso de haver publicidade e no caso de calúnia; e é mais grave ainda (até 2 anos de prisão ou multa não inferior a 120 dias) no caso de utilização de um meio de comunicação social ([3]). As penas são, ainda, agravadas de metade no caso de a vítima ser uma personalidade no exercício de certas funções de interesse público ou se o agente for funcionário e praticar o facto com grave abuso de autoridade ([4]).

O tribunal pode *dispensar de pena* o agente quando este der em juízo esclarecimentos ou explicações, se o ofendido os aceitar como satisfatórios, e quando a ofensa tiver sido provocada por uma conduta ilícita ou repreensível do ofendido. Se o ofendido ripostar, no mesmo acto, com uma ofensa a outra ofensa, o tribunal pode dispensar de pena ambos os agentes ou só um deles, conforme as circunstâncias ([5]).

Nos casos de difamação ou injúria com publicidade (v.g., através dos meios de comunicação social), o ofendido pode requerer a publicação da sentença condenatória ([6]).

b) Crime autónomo é o de **ofensa à memória de pessoa falecida**, previsto no art. 185.º do CPen:

"1- Quem, por qualquer forma, ofender gravemente a memória de pessoa falecida é punido com pena de prisão até 6 meses ou com pena de multa até 240 dias.

([1]) CPen art. 183.º.

([2]) CPen art. 180.º, n.º 1.

([3]) CPen art. 183.º.

([4]) CPen art. 184.º, que remete para o 132.º, n.º 2, al. j), o qual (na redacção da Lei n.º 65/98, de 2.9) dispõe o seguinte: "Praticar o facto contra membro de órgão de soberania, do Conselho de Estado, Ministro da República, magistrado, membro de órgão do governo próprio das Regiões Autónomas ou do território de Macau, Provedor de Justiça, governador civil, membro de órgão das autarquias locais ou de serviço ou organismo que exerça autoridade pública, comandante de força pública, jurado, testemunha, advogado, agente das forças ou serviços de segurança, funcionário público, civil ou militar, agente de força pública ou cidadão encarregado de serviço público, docente ou examinador, ou ministro de culto religioso, no exercício das suas funções ou por causa delas".

([5]) CPen art. 186.º.

([6]) CPen art. 189.º.

A liberdade de comunicação social em geral

2- É correspondentemente aplicável o disposto:
a) Nos n.ᵒˢ 2, 3, 4 e 5 do artigo 180.°; e
b) No artigo 183.°
3- A ofensa não é punível quando tiverem decorrido mais de 50 anos sobre o falecimento" ([1]).

c) Distinto é também o crime de **ofensa a pessoa colectiva, organismo ou serviço**, previsto no art. 187.° do CPen:
"1- Quem, sem ter fundamento para, em boa fé, os reputar verdadeiros, afirmar ou propalar factos inverídicos, capazes de ofenderem a credibilidade, o prestígio ou a confiança que sejam devidos a pessoa colectiva, instituição, corporação, organismo ou serviço que exerça autoridade pública, é punido com pena de prisão até 6 meses ou com pena de multa até 240 dias.
2- É correspondentemente aplicável o disposto:
a) No artigo 183.°; e
b) Nos n.ᵒˢ 1 e 2 do artigo 186.°"" ([2]).

5. No âmbito do *direito civil*, a honra é protegida, não pela imposição de deveres de acção, mas de um *dever geral de respeito* e *de abstenção de ofensas* ou mesmo *de ameaças*.
Esta protecção civil não se limita aos valores cuja ofensa é mais grave, como acontece no direito penal, antes abrange o bem na sua globalidade.
Além disso, enquanto o direito penal só pune as condutas dolosas (intencionais ([3])), o direito civil sanciona também comportamentos meramente negligentes ([4]). Em todo o caso, não constituem ofensas à honra civilmente ilícitas manifestações de simples desavença pessoal, de antipatia ou de descortesia.

([1]) Para maiores desenvolvimentos sobre o crime de ofensa à memória de pessoa falecida, cf. A. J. F. OLIVEIRA MENDES, *ob. cit.*, pág. 97 e segs.; M. N. PEDROSA MACHADO, "Crime de Ofensa à Memória de Pessoa falecida", in *ROA*, ano 50, 1991, pág. 107 e segs..

([2]) Para maiores desenvolvimentos sobre o crime de ofensa a pessoa colectiva organismo ou serviço, cf. A. J. F. OLIVEIRA MENDES, *ob. cit.*, pág. 107 e segs..

([3]) A negligência só é punível nos casos especialmente previstos na lei (CPen art. 13.°), o que não se verifica nos tipos de crimes dos art. 180.° a 189.°.

([4]) Os art. 70.°, n.° 2, e 483, n.° 1, do CCiv abrangem violações "com dolo ou mera culpa".

594 *Direito da Comunicação Social*

As *causas justificativas* de ofensas à honra relevantes no âmbito civil são semelhantes às consagradas no âmbito penal: a prova da verdade da imputação, o relevo de interesses legítimos em conflito ([1]).

As *sanções civis* para as ofensas à honra podem traduzir-se em "providências adequadas às circunstâncias do caso, com o fim de evitar a consumação da ameaça ou atenuar os efeitos da ofensa já cometida" ([2]). Estas providências podem consistir na reprovação judicial do ofensor, na *apreensão* ou e destruição dos escritos ou registos ofensivos, na condenação em indemnização de perdas e danos, na imposição da divulgação de desmentidos ou de desculpas públicas do ofensor, na publicação da sentença condenatória, na proibição da actividade lesiva ou ameaçadora sob a cominação de sanção pecuniária compulsória ([3]).

SUBSECÇÃO VIII

Reserva sobre a intimidade privada

1. Um outro bem da personalidade moral que o direito protege e que, frequentemente, colide com a liberdade de comunicação social é o da *reserva sobre a intimidade privada*. Aliás, a importância mediática deste tema tem sido acentuado por diversos casos recentes, como os da Princesa Diana e de Bill Clinton/Mónica Lewinsky.

A dignidade da natureza do homem, enquanto ser inteligente, livre e responsável, confere-lhe *autonomia* na condução da sua vida, na definição dos fins a prosseguir, na definição da escala de valores a observar, na tomada de decisões, na avaliação dos resultados dos seus actos e na sua correcção. Tal autonomia pressupõe que cada pessoa tenha uma *esfera privada* em que possa recolher-se, reflectir, retomar forças, e que os demais não podem licitamente violar, quer tomando conhecimento dela, quer documentando-a, divulgando-a ou aproveitando-se dela, quer intrometendo-se nela e perturbando-a. É o que se chama, por vezes, também, o *direito de estar só* ("right to be alone")

A reserva da intimidade privada abrange, de modo mais ou menos amplo, aspectos muito variados da vida pessoal, familiar, doméstica, sentimental e sexual, mas também a saúde, a imagem, variados aspec-

---

([1]) Cf. R. CAPELO DE SOUSA, *ob. cit.*, pág. 310 e segs..

([2]) CCiv art. 70.º, n.º 2.

([3]) CCiv art. 484.º e 829.º-A. Cf. R. CAPELO DE SOUSA, *ob. cit.*, pág. 307.

A liberdade de comunicação social em geral 595

tos do corpo e da afectividade e da actividade intelectual, o domicílio, a correspondência e comunicação privada, os dados pessoais informatizados, os lazeres, a situação económico-financeira, os elementos privados da actividade profissional ([1]).

A extensão exacta desta reserva depende, em primeiro lugar, da vontade da própria pessoa, que pode dar maior ou menor divulgação aos aspectos particulares da sua personalidade ou, inversamente, exigir sigilo sobre outros aspectos ([2]).

Depende, também, da condição da pessoa e da natureza do caso.

2. A preocupação e a protecção da privacidade perante os meios de comunicação social foi suscitado, em 1890, pelo caso da Sra. Warren, cuja vida social foi objecto de notícias em jornais de Boston, com pormenores pessoais e embaraçosos. Samuel D. Warren e Louis Brandeis escreveram, então, um artigo sob o título "The Right to Privacy" ([3]), que viria a influenciar decisivamente a doutrina americana e mundial ([4]).

Warren e Brandeis identificaram uma situação que justificava protecção autónoma: o direito de estar só ("the right to be let alone"). Prosser analisaria o conceito em quatro categorias: a) intrusão no direito de estar só; b) revelação pública de factos embaraçosos da vida privada de um indivíduo; c) publicidade que coloque alguém numa falsa posição aos olhos do público; apropriação, para vantagem pessoal, do nome ou da imagem de alguém.

Do direito de estar só passou-se à protecção do direito à autodeterminação (direito-liberdade) e deste à protecção do direito à afirmação da individualidade (direito-positivo) ([4]).

([2]) Cf. R. Capelo de Sousa, *ob. cit.*, pág. 318 e segs.; Maria Eduarda Gonçalves, *Direito da Informação*, 1994, pág. 74 e segs..

([1]) Pode citar-se, como um (mau) exemplo recente, a revelação antecipada pela SIC do texto da intervenção de José Saramago na cerimónia de entrega do prémio Nobel da literatura, contrariando instruções expressas do seu autor.

([2]) In 4 *Harvard Law Review*, 1890, pág. 193 e segs..

([3]) Cf. Rolf Weber — Daniel Thürer — Roger Zäch, *Datenschutz im europäischen Umfeld*, Zürich, Schultess, 1995, pág. 6 e segs.; e Cunha Rodrigues, "Perspectiva Jurídica da intimidade da pessoa", in *Lugares do Direito*, Coimbra, Coimbra Editora, 1999, pág. 27 e seg., cuja interessante síntese sigo de perto, neste número, com a devida vénia.

([4]) Neste sentido, cf. Marie-Thérèse Meulders-Klein, "Vie privée, vie familiale et droits de l'homme", in *Revue inernationale de droit comparé*, 44.º ano, n.º 4, 1992, pág. 771, cit. por Cunha Rodrigues, *ob. cit.*, pág. 29.

A tendência mais recente parece regressar à tutela do direito de estar só, embora segundo uma perspectiva de reparação patrimonial.

O progresso tecnológico possibilitou a multiplicação e a sofisticação dos meios de detecção, reprodução audiovisual e informatização. Ultimamente, as atenções concentram-se no armazenamento e utilização de dados pessoais informatizados.

A protecção da intimidade da vida privada e familiar ocorreu, primeiro, em alguns instrumentos de internacionais sobre os direitos do Homem (a DUDH, de 1948, a CEDH, de 1950, o PIDCP, de 1966) e, só depois, nos ordenamentos jurídicos nacionais, nomeadamente, no CCiv francês, art. 9.º (a partir da Lei n.º 70-643, de 17.7.1970)([1]), no CPen italiano, art. 615.º (a partir da Lei de 1974) ([2]).

Portugal foi dos primeiros a acolher este novo direito, no CCiv de 1966, art. 80.º, e na Lei n.º 3/73, de 5.4 ([3]), que veio a inspirar o CPen de 1982.

Actualmente, disposições legais de vários graus hierárquicos protegem, de modo mais ou menos definido, aspectos diversos deste direito à reserva da intimidade privada.

3. Na verdade, a própria *Constituição* de 1976 estabelece, no art. 26.º, que:

"1. A todos são reconhecidos os direitos (...) à reserva da intimidade da vida privada e familiar (...).

2. A lei estabelecerá garantias efectivas contra a utilização abusiva, ou contrária à dignidade humana, de informações relativas às pessoas e famílias" ([4]).

A *Declaração Universal dos Direitos do Homem*, de 1948, dispunha já que "Ninguém poderá ser objecto de ingerências arbitrárias na

---

([1]) Cf. E. DERIEUX, *Droit de la communication*, Paris, 3.ª ed., 1999, pág. 530 e segs..

([2]) Quanto à Alemanha, cf. LÖFFLER/RICKER, *Handbuch des Presserechts*, München, C.H. Beck, 3.ª ed., 1994, pág. 396 e segs..

([3]) O Parecer n.º 46/X da Câmara Corporativa emitido sobre o projecto de proposta de lei n.º 11/X, que veio a dar origem à Lei n.º 3/73, faz desenvolvidas considerações sobre o conceito de privacidade e sobre a tutela da intimidade da vida privada no direito português e em várias ordens jurídicas estrangeiras.

([4]) Segundo o art. 32.º, n.º 6, da CRP, "São nulas todas as provas obtidas mediante (...) abusiva intromissão na vida privada, no domicílio, na correspondência ou nas telecomunicações".

A liberdade de comunicação social em geral

sua vida privada, na sua família, no seu domicílio ou na sua correspondência (...)" (art. 12.°) (¹).

No âmbito especificamente mediático, a **LImp de 1999** estabelece que "A liberdade de imprensa tem como únicos limites os que decorrem da Constituição e da lei, de forma (...) a garantir os direitos (...) à reserva da intimidade da vida privada (...)" (art. 3.°) (²).

4. O *Código Penal* tipifica diversos *crimes contra a reserva da vida privada*: a violação de domicílio (art. 190.°), a introdução em lugar vedado ao público (art. 191.°), a devassa da vida privada (art. 192.° (³)), a devassa por meio de informática (art. 193.°), a violação de correspon-

---

(¹) Também o Pacto Internacional dos Direitos Civis e Políticos, de 1966, dispõe, no art. 17.°: "1. Ninguém será objecto de intromissões arbitrárias ou ilegais na sua vida privada, na sua família, no seu domicílio ou na sua correspondência, nem de ofensas ilegais à sua honra e reputação.

2. Todas as pessoas têm direito à protecção da lei contra tais intromissões ou ofensas.

A Convenção Europeia dos Direitos do Homem, de 1950, dispõe, no art. 8.°:

"1. Qualquer pessoa tem direito ao respeito da sua vida privada e familiar, do seu domicílio e da sua correspondência.

2. Não pode haver ingerência da autoridade pública no exercício deste direito senão quando esta ingerência estiver prevista na lei e constituir uma providência que, numa sociedade democrática, seja necessária para a segurança pública, para o bem--estar económico do país, a defesa da ordem e a prevenção de infracções penais, a protecção da saúde ou da moral, ou a protecção dos direitos e das liberdades de terceiros".

(²) O EJorn de 1999, a LRádio, a LTV e o Código Deontológico dos Jornalistas não contêm nenhuma disposição explícita sobre o tema.

(³) Segundo este art. 192.°, "1 — Quem, sem consentimento e com intenção de devassar a vida privada das pessoas, designadamente a intimidade da vida familiar ou sexual:

a) Interceptar, gravar, registar, utilizar, transmitir ou divulgar conversa ou comunicação telefónica;

b) Captar, fotografar, filmar, registar ou divulgar imagem das pessoas ou de objectos ou espaços íntimos;

c) Observar ou escutar às ocultas pessoas que se encontrem em lugar privado; ou

d) Divulgar factos relativos à vida privada ou a doença grave de outra pessoa; é punido com pena de prisão até 1 ano ou com pena de multa até 240 dias.

2 — O facto previsto na alínea d) do número anterior não é punível quando for praticado como meio adequado para realizar um interesse público legítimo e relevante."

Sobre os crimes de "devassa da vida privada" (CPen art. 192.°) e "fotografias ilícitas" (CPen art. 199.°), cf. Ac. STJ de 6.11.1996, in *RLJ*, ano 130.°, 1998, pág. 364 e segs., com anotação de Costa Andrade.

598   *Direito da Comunicação Social*

dência ou de telecomunicações (art. 194.º), a violação de segredo e o aproveitamento indevido de segredo (art. 195.º e 196.º). E prevê a *agravação* de quase todos eles no caso de serem praticados através de meio de comunicação social (art. 197.º, alínea b)).

Por outro lado, inclui entre os crimes contra outros bens jurídicos pessoais as gravações e fotografias ilícitas (art. 199.º ([1]))

5. Também o **Código Civil** consagra, no art. 80.º, o *direito à reserva sobre a intimidade da vida privada*:

"1- Todos devem guardar reserva quanto à intimidade da vida privada de outrem.

2- A extensão da reserva é definida conforme a natureza do caso e a condição das pessoas".

Além disso, protege o *direito á imagem*, sobre o qual o art. 79.º dispõe o seguinte:

"1 — O retrato de uma pessoa não pode ser exposto, reproduzido ou lançado no comércio sem o consentimento dela; depois da morte da pessoa retratada, a autorização compete às pessoas designadas no n.º 2 do artigo 71.º, segundo a ordem nele indicada.

2 — Não é necessário o consentimento da pessoa retratada quando assim o justifiquem a sua notoriedade, o cargo que desempenhe, exigências de polícia ou de justiça, finalidades científicas, didácticas ou culturais, ou quando a reprodução da imagem vier enquadrada na de lugares públicos, ou na de factos de interesse público ou que hajam decorrido publicamente.

3 — O retrato não pode, porém, ser reproduzido, exposto ou lançado no comércio, se do facto resultar prejuízo para a honra, reputação ou simples decoro da pessoa retratada".

([1]) Segundo este art. 199.º, "1- Quem sem consentimento:

a) Gravar palavras proferidas por outra pessoa e não destinadas ao público, mesmo que lhe sejam dirigidas; ou

b) Utilizar ou permitir que se utilizem as gravações referidas na alínea anterior, mesmo que licitamente produzidas; é punido com pena de prisão até 1 ano ou com pena de multa até 240 dias.

2 — Na mesma pena incorre quem, contra vontade:

a) Fotografar ou filmar outra pessoa, mesmo em eventos em que tenha legitimamente participado; ou

b) Utilizar ou permitir que se utilizem fotografias ou filmes referidos na alínea anterior, mesmo que licitamente obtidos.

3 — É correspondentemente aplicável o disposto nos artigos 197.º e 198.º"

A liberdade de comunicação social em geral

6. Não é fácil, contudo, definir os limites da intimidade privada.

Vários autores referem a **teoria das três esferas**, construída sobretudo pela doutrina alemã. Esta teoria distingue, na reserva da vida privada, a *vida íntima*, que compreende os gestos e os factos que, em absoluto, devem ser subtraídos ao conhecimento de outrem (respeitantes não apenas ao estado do sujeito enquanto separado do grupo, mas também a certas relações sociais), a *vida privada*, que engloba os acontecimentos que cada indivíduo partilha com um número restrito de pessoas, e a *vida pública*, que, correspondendo a eventos susceptíveis de serem conhecidos por todos, respeita à participação de cada um na vida da colectividade [1].

Claro que o conceito de esfera privada é mutável e, por isso, tem de ser "culturalmente adequado à vida contemporânea" [2].

Como observa CAPELO DE SOUSA e resulta do n.º 2 do art. 80.º do CCiv, a reserva da intimidade privada "desdobra-se em círculos de *resguardo*, nos quais se poderá tomar (em certas circunstâncias) conhecimento de determinadas manifestações das pessoas, mas em que são ilícitos a divulgação ou o aproveitamento das mesmas, e em círculos de *sigilo*, nos quais são liminarmente ilícitas a intromissão e a tomada de conhecimento das respectivas manifestações" [3].

É menor a intensidade da reserva nos casos em que a vida privada se desenvolve em *lugares públicos*. É mais intensa quanto aos elementos privados da actividade profissional e económica, e mais ainda quanto à vida familiar, doméstica, sentimental e sexual.

Por outro lado, a tutela civil do *sigilo* sobre a vida privada abrange não só os bens protegidos por disposições legais específicas (como as relativas ao segredo da correspondência e da comunicação privada, segredo profissional, segredo bancário, segredo de justiça, etc.), mas também todos os dados que qualquer indivíduo mantém escondidos, manifestando a vontade de os não revelar [4].

Consideram-se lícitos os relatos de acontecimentos da vida gerais e comuns a qualquer pessoa (nascimento, casamento, morte, promoções,

---

[1] Cf. RITA AMARAL CABRAL, *O Direito à Intimidade da Vida Privada*, Lisboa, 1988, pág. 30; CUNHA RODRIGUES, *ob. cit.*, pág. 37 e seg..

[2] Cf. GOMES CANOTILHO — VITAL MOREIRA, *Constituição da República Portuguesa Anotada*, Coimbra, 3.ª ed., 1993, pág. 182.

[3] Cf. *ob. cit.*, pág. 326 e seg..

[4] Cf. R. CAPELO DE SOUSA, *ob. cit.* pág. 329 e segs..

etc.), sem pormenores íntimos, bem como sobre dados divulgados pelos próprios interessados ou sobre os quais eles não guardem segredo.

Também são, em regra, lícitos, mas com limites, os relatos da vida de *figuras públicas.*

As pessoas que desempenhem ou pretendam desempenhar actividades públicas ou de representação social (v.g., os candidatos ou titulares de cargos políticos ([1])), não podem opor-se à revelação de aspectos da sua personalidade moral relevantes para a avaliação da sua capacidade para a gestão do interesse público.

Tão pouco as pessoas que, buscando publicidade ou notoriedade, originam o interesse do público pela sua vida particular (os profissionais liberais, os artistas, os escritores, os industriais, os comerciantes e os desportistas) podem surpreender-se com a curiosidade do público acerca de situações relacionadas com a sua notoriedade ([2]).

A justificação das violações da intimidade depende da importância do aspecto visado, da qualidade e do grau da ofensa e do valor do interesse jurídico em colisão (v.g., o interesse público na informação). Só uma apreciação caso a caso permite concretizar um juízo acertado ([3]).

As violações da intimidade privada podem originar responsabilidade penal (nos casos tipificados na lei), responsabilidade civil pelos danos causados e outras providências adequadas (v.g., o exercício do direito de resposta, a apreensão de publicações) ([4]).

([1]) A LImp de 1975 permitia expressamente "a discussão e crítica (...) dos actos dos órgãos de soberania e da administração pública, bem como *do comportamento dos seus agentes*, desde que se efectue com respeito pela presente Lei" (art. 4.º, n.º 3, com itálico nosso). A LImp de 1999 não reproduz este preceito, mas nem por isso devem considerar-se ilícitos tais actos.

([2]) Cf. R. CAPELO DE SOUSA, *ob. cit.* pág. 341 e segs.; CUNHA RODRIGUES, *ob. cit.*, pág. 36.

([3]) Diversas decisões da jurisprudência norte-americana mostram que merece tutela a privacidade de cidadãos anónimos em casos, como, por exemplo, o de identificação de uma pessoa atingida por uma doença rara, da divulgação do nome de um adolescente progenitor de um filho fora do casamento, da imagem de gémeos siameses, da fotografia de uma pessoa sujeita a cirurgia estética. Cf. CUNHA RODRIGUES, *ob. cit.*, pág. 37; R. CAPELO DE SOUSA, *ob. cit.* pág. 346 e segs..

([4]) Para maiores desenvolvimentos, cf. R. CAPELO DE SOUSA, *ob. cit.* pág. 316 e segs. (com abundante bibliografia e casos jurisprudenciais); MANUEL COSTA ANDRADE, *Liberdade de Imprensa e Inviolabilidade Pessoal — Uma Perspectiva Jurídico-Criminal*, Coimbra, Coimbra Ed., 1996; CUNHA RODRIGUES, "Perspectiva jurídica da intimidade da pessoa", in *Lugares do Direito*, Coimbra, Coimbra Ed., 1999, pág. 27 e

SUBSECÇÃO IX

Protecção de dados pessoais

1. A utilização da informática para o tratamento de dados pessoais torna muito fácil e rápida a recolha, o tratamento e a circulação de informações úteis para múltiplos fins, como, por exemplo, estudos sociológicos, planeamento económico-social e preparação de textos para publicação.

Suscita, porém, problemas delicados de protecção da privacidade ([1]), sobretudo quando esses dados sejam aproveitados para obtenção de ganhos patrimoniais ([2]).

As bases de dados pessoais são importantes para a comunicação social a vários títulos, quer porque as empresas mediáticas ou e os jornalistas têm interesse em criar e utilizar as suas bases de dados, quer porque podem adquirir ou utilizar bases de terceiros, devendo sempre respeitar as disposições legais que condicionam não só a recolha e tratamento dos dados como a sua divulgação.

Tais disposições constituem limites à liberdade de expressão, na medida em que, em regra, quem dispõe de dados pessoais de outrem

---

segs.; Resolução do Conselho e dos Representantes dos Governos dos Estados-membros, reunidos no Conselho, de 5 de Outubro de 1995, relativa ao tratamento da imagem da mulher e do homem na publicidade e nos meios de comunicação social, in *JOCE* n.º C 296, de 10.11.1995, p. 15; RITA AMARAL CABRAL, *O Direito à Intimidade da Vida Privada*, Lisboa, 1988; RICHERD C. TURKINTON — ANITA L. ALLEN, *Privacy Law — Cases and Materials*, St. Paul (Minnesota), West Group, 1999; CLAIRE FRANCIS — BEN PATTEN, *Privacy, the press and the public interest, legal history and comparative law*, 1990; GUIDO ALPA — RENATO PESCARA, et al., *Il diritto alla riservatezza in Italia ed in Francia*, Pádua, 1988.

([1]) A concentração de dados sobre a naturalidade, a saúde, a profissão, a família, os hábitos de consumo, a situação patrimonial, a actividade social, etc., pode conduzir a formas de controlo directo ou indirecto sobre toda a vida das pessoas.

([2]) Por exemplo, no caso Dwyer v. American Express Company, Uma sociedade gestora de cartões de crédito recolheu dados dos seus clientes, segundo os hábitos de consumo, e vendeu listas de endereços a diversas empresas comerciais, que as aproveitaram para campanhas de comercialização. Um portador desse cartão de crédito queixou-se de que tal prática violava a sua privacidade (revelando a sua situação financeira, etc.), mas o tribunal norte-americano não lhe deu razão, negando a extensão do direito de privacidade à caixa do correio e admitindo que a elaboração de listas de endereços cria um valor acrescentado que legitima a venda. O único prejuízo seria o excesso de correspondência na caixa do correio. Cf. GEORGE S. TAKACH, *Computer Law*, Toronto, Irwin Law, 1998, pág. 216

602 *Direito da Comunicação Social*

não pode divulgá-los sem autorização de cada um dos titulares dos dados, a não ser em certos casos ou para certos efeitos previstos na lei.

Interessam-nos, agora, as bases de dados criadas por qualquer pessoa privada. Adiante analisaremos o regime do acesso dos particulares e dos jornalistas a dados recolhidos pela Administração Pública, nomeadamente dados estatísticos.

2. A necessidade de protecção de dados pessoais informatizados foi sentida, primeiro, nos **Estados Unidos da América**, nos anos sessenta do século passado, quando começou o desenvolvimento e a difusão dos computadores e surgiram movimentos contestatários de intelectuais e estudantes, que deram origem, na Europa, à crise de Maio de 1968.

Uma subcomissão de inquérito do Senado americano recolheu dados relativos a muitos milhões de cidadãos (sobre criminalidade, doenças, abuso de droga, situação financeira, etc.), mas a reacção negativa do público levou o Governo a abandonar o projecto de criação de um Centro Nacional de Dados, integrando registos individuais disseminados por múltiplos departamentos estatais.

A discussão sobre os riscos para os direitos individuais dos cidadãos de tal concentração de dados não parou, todavia, estando na origem do *Fair Credit Reporting Act de 1970*, primeiro diploma, que regulou o tratamento de informações bancárias, e do *Privacy Act 1974*, que regulou o tratamento de dados no âmbito da Administração Pública americana ([1]).

Enquanto, nos países anglo-saxónicos, se manteve esta orientação de adoptar leis apenas para domínios específicos, nos países do continente europeu começaram a ser aprovadas leis de âmbito material geral, ao lado de diplomas para sectores específicos.

Na **Europa**, a primeira lei de protecção de dados pessoais informatizados foi a do Estado alemão de Hesse, de 1970; só em 12.11.1976, veio a ser aprovada uma lei para toda a República Federal da Alema-

---

([1]) Cf. THOMAS SMEDINGHOFF, *Online Law — The SPA's Legal Guide to Doing Business in the Internet*, Reading (Massachusetts), Addison-Wesley Developers Press, 2.ª ed., 1996, pág. 273 e segs.; ROLF WEBER — DANIEL THÜRER — ROGER ZÄCH, *Datenschutz im europäischen Umfeld*, Zürich, Schultess, 1995, pág. 3 e seg.; J. SEABRA LOPES, "A protecção de dados pessoais no contexto internacional e comunitário", in *Legislação — Cadernos de Ciência da Legislação*, n.º 8, Out.-Dez. 1993, pág. 10 e segs..

A *liberdade de comunicação social em geral* 603

nha. Entretanto, a segunda lei europeia foi a sueca ("Datalag"), de 1.7.1973, seguindo-se a lei francesa n.º 78-17, de 6.1 (relativa à informática, aos ficheiros e às liberdades), as duas leis dinamarquesas, de 8.6.1978 (uma para sector público e outra para o sector privado), a lei norueguesa, de 9.6.1978, a lei austríaca, de 18.10.1978, e a lei luxemburguesa de 31.3.1979 ([1]).

Sentindo-se a necessidade de **normas internacionais** sobre a matéria, foi aprovada em Estrasburgo, em 28.1.1981, a Convenção n.º 108 do Conselho da Europa sobre a protecção de dados pessoais ([2]), que entrou em vigor em 1.10.1985. Esta Convenção tornou-se no modelo para as leis dos outros Estados europeus e para alterações às leis anteriormente aprovadas ([3]).

Mais recentemente, foi aprovada a Directiva n.º 95/46/CE, do Parlamento Europeu e do Conselho, de 24.10.1995, relativa à protecção das pessoas singulares no que diz respeito ao tratamento dos dados pessoais e à livre circulação desses dados ([4]).

Já depois destas convenções internacionais, foram publicadas as leis italianas n.º 675 e 676, de 31.12.1996.

Em **Portugal**, a questão começou a ser discutida, no início dos anos 70, a propósito da atribuição de um número de identificação a cada cidadão ([5]) e de outras aplicações informáticas ([6]).

([1]) Cf. R. WEBER — D. THÜRER — R. ZÄCH, *ob. cit.*, pág. 10 e segs.; JÉRÔME HUET — HERBERT MAISL, *Droit de l'Informatique et des Télécommunications*, Paris, Litec, 1989, pág. 67 e segs..

([2]) Foi aprovada para ratificação pelo Dec. da A.R n.º 23/93, de 9.7. O Conselho da Europa aprovou também diversas resoluções e recomendações sobre esta matéria. Cf. JÚLIO REIS SILVA — L. BETTENCOURT MONIZ — M. LOPES ROCHA — M. R. VELOSO COTRIM — M. E. LEÃO MORGADO — P. Q. G. SIMÃO JOSÉ, *Direito da Informática — Legislação e Deontologia*, Lisboa, Cosmos, 1994, pág. 225 e segs..

([3]) O Data Protection Act 1984 britânico, a lei irlandesa de 1988, a finlandesa de 30.4.1987, a espanhola de 29.10.1992 e a belga de 8.12.1992. Cf. R. WEBER — D. THÜRER — R. ZÄCH, *ob. cit.*, pág. 12 e segs.

([4]) In *JOCE*, n.º L 281, de 31.11.1995. Cf. EHMANN — HELFRICH, *EG-Datenschutzrichtlinie — Kurzkommentar*, Köln, O. Schmidt, 1999;

([5]) Que viria a ser objecto da Lei n.º 2/73, de 10.2, regulamentada pelo Dec.-Lei n.º 555/73, de 26.10. O projecto foi suspenso pela RCM de 20.9.1974, sendo retomados os estudos pela RCM n.º 56/77, de 15.2. Na sequência desses estudos, o Dec.-Lei n.º 326/78, de 9.11, alterou o citado Dec.-Lei n.º 555/73, relativamente ao ficheiro central de pessoas colectivas e entidades equiparadas (que está na origem do actual Registo Nacional de Pessoas Colectivas).

([6]) Cf. JOAQUIM SEABRA LOPES, "A Identificação Pessoal Tratada por computa-

A Lei n.º 3/73, de 5.4, considerou punível com prisão e multa aquele que "devassando sem justa causa a intimidade da vida privada de outrem e sem o seu consentimento, forneça elementos a um ficheiro, base ou banco de dados, gerido por ordenador ou por outro equipamento fundado nos princípios da cibernética", bem como aquele que fizer uso desses elementos "para fins não consentidos por lei" (Base II).

A **Constituição de 1976** incluiu, no art. 35.º, entre os direitos, liberdades e garantias pessoais, diversos *direitos fundamentais* para protecção de dados pessoais informatizados ([1]). Este art. 35.º foi significativamente enriquecido pelas revisões constitucionais de 1982 e 1989 ([2]).

A matéria veio a ser objecto de disposições mais desenvolvidas, constantes, inicialmente ([3]), da **Lei da Protecção de Dados Pessoais**

---

dor" (Comunicação apresentada em Maio de 1971), in *BMJ*, n.º 216, pág. 30; MANUEL PEREIRA, "A Administração Local e o Planeamento dos Processos de Informática", in *Ciências Administrativas*, n.º 12, Março 1972, pág. 51 e segs.; JOAQUIM SEABRA LOPES, "A preparação da revolução informática", in *Boletim OM*, n.º 16, Julho-Dezembro 1972, pág. 14 e segs.; JOSÉ AUGUSTO GARCIA MARQUES, *Informática e Liberdade*, Lisboa, Dom Quixote, 1975; J. A. GARCIA MARQUES, "Número Fiscal — Informática e Liberdades Individuais" (Parecer da Auditoria Jurídica sobre a Consulta do Ministro das Finanças sobre o Projecto de Decreto-Lei que instituiu o número fiscal), in *BMJ*, n.º 294 (1980), pág. 120 e segs.; "Número único de funcionário — Número único de cidadão — Informática e liberdades — Dados nominativos — Dados sensíveis — Interconexão de ficheiros — Registo informático" (Parecer n.º 88/85 da Procuradoria Geral da República, de 27.2.1986), in *BMJ*, n.º 358 (1986), pág. 187.

([1]) Portugal foi o primeiro país Europeu a introduzir na Constituição estes direitos relativos a dados pessoais informatizados. Era a seguinte a versão inicial deste art. 35.º da CRP:

"1. Todos os cidadãos têm o direito de tomar conhecimento do que constar de registos mecanográficos a seu respeito e do fim a que se destinam as informações, podendo exigir a rectificação dos dados e a sua actualização.

2. A informática não pode ser usada para tratamento de dados referentes a convicções políticas, religiosa ou vida privada, salvo quando se trate do processamento de dados não identificáveis para fins estatísticos.

3. É proibida a atribuição de um número nacional único aos cidadãos".

A Constituição Espanhola, de 29.12.1978, dispõe, no art. 18.º, n.º 4, que "A lei limitará o uso da informática para garantir a honra e a intimidade pessoal e familiar dos cidadãos e o pleno exercício dos seus direitos".

([2]) Cf. JORGE BACELAR GOUVEIA, "Os direitos fundamentais à protecção dos dados pessoais informatizados", in *ROA*, ano 51, 1991, III, pág. 703 e segs..

([3]) Houve alguns diplomas anteriores sobre matérias vizinhas ou restritas, nomeadamente, o Dec.-Lei n.º 463/79, de 30.11, que criou o número fiscal de contribuinte. Cf. J. MATOS PEREIRA, *Direito de Informática — Legislação Portuguesa sobre Infor-*

A *liberdade de comunicação social em geral*   605

face à Informática, de 1991 ([1]), que criou a *Comissão Nacional de Protecção de Dados Pessoais Informatizados* (CNPDPI) e regulamentou os referidos direitos fundamentais ([2]).

A revisão constitucional de 1997 alargou aos dados pessoais constantes de ficheiros *manuais* a protecção conferida aos dados *informatizados* e introduziu diversas outras alterações no art. 35.º ([3]).

---

mática — Vida Privada — Fluxos de Dados Transfronteiras, Lisboa, Ed. do Autor, 1980. É interessante notar que, até 1991, a matéria da protecção de dados pessoais informatizados foi a única em que o Tribunal Constitucional reconheceu ter havido uma inconstitucionalidade por omissão, no Ac. n.º 180/89, in *DR*, 1.ª série, n.º 51, de 2.3.1989. Sobre este, cf. a anotação de JORGE MIRANDA, in *O Direito*, 1989, pág. 575 e segs..

([1]) Lei n.º 10/91, de 24.4, alterada pela Lei n.º 28/94, de 29.8. Sobre os trabalhos preparatórios da Lei n.º 10/91, cf. ISABEL REIS GARCIA, "Do direito da informática a um anteprojecto de lei de protecção de dados pessoais", in *ROA*, 1989, pág. 979 e seg.. Há algumas colectâneas de legislação da informática que, entre outros, incluem estes diplomas, v.g.: cf. JÚLIO REIS SILVA — L. BETTENCOURT MONIZ — M. LOPES ROCHA — M. R. VELOSO COTRIM — M. E. LEÃO MORGADO — P. Q. G. SIMÃO JOSÉ, *Direito da Informática — Legislação e Deontologia*, Lisboa, Cosmos, 1994; VICTOR MENDES, *Legislação sobre Informática*, Lisboa, Legis, 1995. Foi publicada, também, uma colectânea de jurisprudência, proferida à luz da legislação revogada e, num caso, até anterior a ela: MANUEL LOPES ROCHA, *Direito da Informática nos Tribunais Portugueses*, Matosinhos, Centro Atlântico, 1999.

([2]) O primeiro Regulamento da CNPDPI foi aprovado pela Res. A.R. n.º 53/94, de 14.7.

([3]) Actualmente, o art. 35.º da CRP, embora mantenha a epígrafe "Utilização da informática" (inadequada ao conteúdo do n.º 7), dispõe o seguinte:

"1. Todos os cidadãos têm o direito de acesso aos dados informatizados que lhes digam respeito, podendo exigir a sua rectificação e actualização, e o direito de conhecer a finalidade a que se destinam, nos termos da lei.

2. A lei define o conceito de dados pessoais, bem como as condições aplicáveis ao seu tratamento automatizado, conexão, transmissão e utilização, e garante a sua protecção, designadamente através de entidade administrativa independente.

3. A informática não pode ser utilizada para tratamento de dados referentes a convicções filosóficas ou políticas, filiação partidária ou sindical, fé religiosa, vida privada e origem étnica, salvo mediante consentimento expresso do titular, autorização prevista por lei com garantias de não discriminação ou para processamento de dados estatísticos não individualmente identificáveis.

4. É proibido o acesso a dados pessoais de terceiros, salvo em casos excepcionais previstos na lei.

5. É proibida a atribuição de um número nacional único aos cidadãos.

6. A todos é garantido livre acesso às redes informáticas de uso público, definindo a lei o regime aplicável aos fluxos de dados transfronteiras e as formas adequadas

Por isso e também para transpor para a ordem jurídica portuguesa a Directiva n.º 95/46/CE, a Lei de 1991 veio a ser revogada e substituída pela **Lei n.º 67/98, de 26.10**, que, tendo 52.º artigos, é o diploma mais importante sobre esta matéria, actualmente em vigor (¹).

Esta Lei deu a actual denominação à *Comissão Nacional de Protecção de Dados* (CNPD), que é "uma entidade administrativa independente, com poderes de autoridade, que funciona junto da Assembleia da República" (art. 21.º, n.º 1), que "tem como atribuição controlar e fiscalizar o cumprimento das disposições legais e regulamentares em matéria de protecção de dados pessoais, em rigoroso respeito pelos direitos do homem e pelas liberdades e garantias consagradas na Constituição e na lei" (art. 22.º). Tem amplos poderes de investigação e de inquérito, de autoridade para ordenar o bloqueio, apagamento ou destruição dos dados, bem como proibir o tratamento de dados pessoais, e de emitir pareceres prévios ao tratamento de dados pessoais (art. 22.º, n.º 3). As deliberações, pareceres e autorizações da CNPD constituem importante fonte de direito neste domínio (²).

O tema da protecção de dados pessoais suscitou numerosos estudos doutrinários, nas últimas décadas, quer no estrangeiro (³) quer em Portugal (⁴).

---

de protecção de dados pessoais e de outros cuja salvaguarda se justifique por razões de interesse nacional.

7. Os dados pessoais constantes de ficheiros manuais gozam de protecção idêntica à prevista nos números anteriores, nos termos da lei".

(¹) Esta Lei é completada pela Lei n.º 68/98, de 26.10, que determina a entidade que exerce as funções de instância nacional de controlo e a forma de nomeação dos representantes do Estado Português na instância comum de controlo, prevista na Convenção, fundamentada no artigo K.3 do Tratado da União Europeia, que cria o Serviço Europeu de Polícia (EUROPOL), e pela Lei n.º 69/98, de 28.10, que regula o tratamento de dados pessoais e a protecção da privacidade no sector das telecomunicações (transpõe a Directiva n.º 97/66/CE, do Parlamento Europeu e do Conselho, de 15.12.1997. Outros diplomas regulam aspectos sectoriais. Por exemplo, o Dec.-Lei 47/98, de 7.3, criou a base de dados dos recursos humanos da Administração Pública (alterado pelo Dec.-Lei n.º 450/99, de 5.11). Cf. AMADEU GUERRA, *Informática e Privacidade — Nova Lei de Protecção de Dados Pessoais e a Lei de Protecção de Dados no Sector das Telecomunicações*, Lisboa, Vislis, 1998.

(²) Podem ser consultados nos relatórios anuais publicados pela CNPD e no endereço http://www.cnpd.pt.

(³) Cf., por exemplo, BERGMANN — MÖHRLE — HERB, *Datenschutzrecht — Handkommentar zum Bundesdatenschutzgesetz und zu den Datenschutzgesetz der Länder*, Stuttgart, Boorberg, 1998 (Loseblatt; 2340 págs.); PETER GOLA — RUDOLF SCHO-

A liberdade de comunicação social em geral

3. Em síntese, a Lei n.° 67/98 considera como **dados pessoais**, sujeitos ao regime nela estabelecido, qualquer informação relativa a uma pessoa singular *identificada* ou *identificável*, directa ou indirectamente (art. 3.°, al. a) (¹)).

MERUS, *Datenschutzgestz-Kommentar (BDSG)*, München, C.H. Beck, 6.ª ed., 1997 (606 págs.); GEORGE S. TAKACH, *Computer Law*, Toronto, Irwin Law, 1998, pág. 213 e segs.; WOHLGEMUTH, *Datenschutzrecht — Eine Einführung mit praktischen Fällen*, München/Neuwied, Luchterhand, 3. Aufl.; ROLF WEBER — DANIEL THÜRER — ROGER ZÄCH, *Datenschutz im europäischen Umfeld*, Zürich, Schultess, 1995; CARLOS CASABONA, *Poder Informático y Seguridad Jurídica*, 1988; *Protection de la vie privée, informatique et progrès de la documentation statistique*, Luxembourg, Office des Publications Officielles des Communautés Européennes, 1986; V. FRANCESCHELLI, *La tutela della privacy informatica — Problemi e prospettive*, Milano, Giuffrè, 1998; G. BUTTTARELLI, *Banche dati e tutela della riservatezza*, Milano, Giuffrè, 1997; ONOFRIO FANELLI, *Banche di dati e diritti della persona — Atti del convegno, Sciacca, 9-10.11.1984*, Milano, Giuffrè, 1986.

(⁴) Além dos comentários à Constituição, cf., nomeadamente, JOSÉ ANTÓNIO BARREIROS, "Informática, liberdades e privacidade", in *Estudos sobre a Constituição*, Lisboa, 1977, vol. I, pág. 121 e seg.; JOSÉ AUGUSTO GARCIA MARQUES, "Número Fiscal, Informática e Liberdades Individuais" (Parecer da Auditoria Jurídica da Procuradoria-Geral da República), in *BMJ*, n.° 294, 1980, pág. 120 e segs.; M. JANUÁRIO GOMES, "O problema da salvaguarda da privacidade antes e depois do computador", in *BMJ*, n.° 319, 1982, pág. 39 e segs.; JOSÉ AUGUSTO GARCIA MARQUES, "Informática e Liberdade (Alguns subsídios complementares)", in *Rev. do Ministério Público*, n.° 27, 1986; "Número único de funcionário; número único de cidadão; informática e liberdades; dados nominativos; dados sensíveis; interconexão de ficheiros; registo informático" (Parecer n.° 88/85 da Procuradoria-Geral da República), in BMJ, n.° 358, 1986, pág. 187 e segs.; JORGE BACELAR GOUVEIA, "Os direitos fundamentais à protecção dos dados pessoais informatizados", in *ROA*, ano 51, 1991, vol. III, pág. 699 e segs.; MARIA EDUARDA GONÇALVES, *Direito da Informação*, Coimbra, Almedina, 1994, pág. 84 e segs.; MANUEL LOPES ROCHA — MÁRIO MACEDO, *O Direito no Ciberespaço*, Lisboa, Cosmos, 1996, pág. 100 e segs.; CUNHA RODRIGUES, "Perspectiva jurídica da intimidade da pessoa", in *Lugares do Direito*, Coimbra, Coimbra Ed., 1999, pág. 40 e segs..

(¹) Na definição deste preceito, que é importante para saber quem são os *sujeitos activos* dos direitos de protecção a dados pessoais, a Lei n.° 67/98 não distingue entre pessoas singulares *nacionais* ou *estrangeiras*, devendo aplicar-se o princípio da equiparação, consagrado no art. 15.° da CRP. A falta de referência a *pessoas colectivas* pode suscitar dúvidas sobre a inconstitucionalidade do art. 3.°, alínea a), da Lei n.° 67/98, semelhantes às que suscitava a Lei n.° 10/91. Cf. J. BACELAR GOUVEIA, "Os direitos fundamentais à protecção dos dados pessoais informatizados", in *ROA*, ano 51, 1991, III, pág. 711 e seg..

A CNPD, no Parecer n.° 10/95 (anterior à Lei n.° 67/98), sobre a realização de um estudo sociológico da população idosa do Concelho de Almada, classificou os dados pessoais objecto de tratamento informático em três categorias:

O **tratamento de dados pessoais** abrange qualquer operação ou conjunto de operações sobre dados pessoais, efectuadas com ou sem meios automatizados, como, por exemplo, a recolha, a consulta, a utilização, a comunicação e a destruição dos dados (art. 3.º, al. b)).

Responsável pelo tratamento — e, portanto, sujeito passivo dos deveres legais de protecção dos dados — pode ser qualquer pessoa singular ou colectiva, autoridade pública, serviço ou qualquer outro organismo que, individualmente ou em conjunto com outrem, determine as finalidades e os meios de tratamento dos dados pessoais (art. 3.º, al. d)) ([1]).

A Lei n.º 67/98 aplica-se ao tratamento de dados pessoais quer por **meios automatizados**, quer por meios **não automatizados** (art. 4.º, n.º 1).

Não se aplica, porém, ao tratamento de dados pessoais efectuado por pessoa singular no exercício de actividades exclusivamente *pessoais* ou *domésticas* (art. 4.º, n.º 2).

4. A Lei n.º 67/98 consagra, nos art. 2.º e 18.º, quatro princípios importantes sobre o tratamento de dados pessoais:
— o princípio da **transparência**;
— o princípio do respeito pela **reserva da vida privada**;
— o princípio do respeito pelos demais **direitos, liberdades e garantias fundamentais**;
— o princípio da **liberdade de circulação** de dados pessoais entre Estados membros da União Europeia.

---

a) dados não sensíveis: data de nascimento, sexo, habilitações académicas, estado civil, etc.;

b) dados sensíveis: situação patrimonial e financeira, do próprio e do seu agregado, estado de saúde;

c) dados cujo tratamento informático é proibido: dados respeitantes à vida privada, hábitos de vida, sentimentos do foro íntimo.

O art. 7.º da Lei n.º 67/98 adopta um quadro conceptual diferente, pois qualifica (na epígrafe) como "dados sensíveis", cujo tratamento é proibido, os "referentes a convicções filosóficas ou políticas, filiação partidária ou sindical, fé religiosa, vida privada e origem racial ou étnica", bem como os "relativos à saúde e à vida sexual, incluindo os dados genéticos".

([1]) A Lei n.º 10/91 não se aplicava ao Sistema de Informação da República Portuguesa (art. 3.º, n.º 3), o que suscitou dificuldades. Cf. Cf. J. BACELAR GOUVEIA, "Os direitos fundamentais à protecção dos dados pessoais informatizados", in *ROA*, ano 51, 1991, III, pág. 713. A Lei n.º 67/98 não contém qualquer disposição sobre o assunto.

A liberdade de comunicação social em geral 609

5. A Lei n.º 67/98 estabelece diversas regras importantes sobre a **qualidade dos dados** e a **legitimidade do seu tratamento**.

Nomeadamente, os dados pessoais devem ser recolhidos para *finalidades determinadas*, explícitas e legítimas, não podendo ser posteriormente tratados de forma incompatível com essas finalidades.

Devem ser adequados, pertinentes e *não excessivos* relativamente às finalidades para que são recolhidos e posteriormente tratados.

Devem ser *exactos* e, se necessário, *actualizados*.

E devem ser conservados de forma a permitir a identificação dos seus titulares apenas durante o *período necessário* para a prossecução das finalidades da recolha ou do tratamento posterior, salvo autorização especial da Comissão Nacional de Protecção de Dados (CNPD)(art. 5.º).

O tratamento de dados pessoais só pode ser efectuado se o seu titular tiver dado de forma inequívoca o seu *consentimento* ([1]) ou se o tratamento for necessário para determinadas *finalidades* enunciadas na Lei (art. 6.º):

"*a*) Execução de contrato ou contratos em que o titular dos dados seja parte ou de diligências prévias à formação do contrato ou declaração da vontade negocial efectuadas a seu pedido;

b) Cumprimento de obrigação legal a que o responsável pelo tratamento esteja sujeito;

c) Protecção de interesses vitais do titular dos dados, se este estiver física ou legalmente incapaz de dar o seu consentimento;

d) Execução de uma missão de interesse público ou no exercício de autoridade pública em que esteja investido o responsável pelo tratamento ou um terceiro a quem os dados sejam comunicados;

e) Prossecução de interesses legítimos do responsável pelo tratamento ou de terceiro a quem os dados sejam comunicados, desde que não devam prevalecer os interesses ou os direitos, liberdades e garantias do titular dos dados".

Em regra, é "proibido o tratamento de dados pessoais referentes a convicções filosóficas ou políticas, filiação partidária ou sindical, fé religiosa, vida privada e origem racial ou étnica, bem como o tratamento de dados relativos à saúde e à vida sexual, incluindo os dados genéti-

---

([1]) Segundo o art. 3.º, alínea h), da Lei n.º 67/98, vale como "«Consentimento do titular dos dados»: qualquer manifestação de vontade, livre, específica e informada, nos termos da qual o titular aceita que os seus dados pessoais sejam objecto de tratamento".

610 Direito da Comunicação Social

cos" (art. 7.º, n.º 1). Pode, em todo o caso, ser excepcionalmente permitido por disposição legal ou autorização da CNPD o tratamento destes **dados sensíveis** (art. 7.º, n.º 2 a 4 ([1])), bem como de dados relativos a pessoas **suspeitas** de actividades ilícitas, infracções penais e contra-ordenações (art. 8.º ([2])).

([1]) Estes preceitos dispõem o seguinte: "2 — Mediante disposição legal ou autorização da CNPD, pode ser permitido o tratamento dos dados referidos no número anterior quando por motivos de interesse público importante esse tratamento for indispensável ao exercício das atribuições legais ou estatutárias do seu responsável, ou quando o titular dos dados tiver dado o seu consentimento expresso para esse tratamento, em ambos os casos com garantias de não discriminação e com as medidas de segurança previstas no artigo 15.º.

3 — O tratamento dos dados referidos no n.º 1 é ainda permitido quando se verificar uma das seguintes condições:

a) Ser necessário para proteger interesses vitais do titular dos dados ou de uma outra pessoa e o titular dos dados estiver física ou legalmente incapaz de dar o seu consentimento;

b) Ser efectuado, com o consentimento do titular, por fundação, associação ou organismo sem fins lucrativos de carácter político, filosófico, religioso ou sindical, no âmbito das suas actividades legítimas, sob condição de o tratamento respeitar apenas aos membros desse organismo ou às pessoas que com ele mantenham contactos periódicos ligados às suas finalidades, e de os dados não serem comunicados a terceiros sem consentimento dos seus titulares;

c) Dizer respeito a dados manifestamente tornados públicos pelo seu titular, desde que se possa legitimamente deduzir das suas declarações o consentimento para o tratamento dos mesmos;

d) Ser necessário à declaração, exercício ou defesa de um direito em processo judicial e for efectuado exclusivamente com essa finalidade.

4 — O tratamento dos dados referentes à saúde e à vida sexual, incluindo os dados genéticos, é permitido quando for necessário para efeitos de medicina preventiva, de diagnóstico médico, de prestação de cuidados ou tratamentos médicos ou de gestão de serviços de saúde, desde que o tratamento desses dados seja efectuado por um profissional de saúde obrigado a sigilo ou por outra pessoa sujeita igualmente a segredo profissional, seja notificado à CNPD, nos termos do artigo 27.º, e sejam garantidas medidas adequadas de segurança da informação".

Segundo o art. 35.º, n.º 3, da CRP, o tratamento dos referidos dados sensíveis é excepcionalmente permitido "mediante consentimento expresso do titular, autorização prevista por lei com garantias de não discriminação ou para processamento de dados estatísticos não individualmente identificáveis".

Sobre o assunto, cf. J. BACELAR GOUVEIA, "Os direitos fundamentais à protecção dos dados pessoais informatizados", in *ROA*, ano 51, 1991, III, pág. 725 e segs..

([2]) Este artigo dispõe o seguinte: "1 — A criação e a manutenção de registos centrais relativos a pessoas suspeitas de actividades ilícitas, infracções penais, contra-

A **interconexão** de dados pessoais só é permitida quando prevista em disposição legal ou autorizada pela CNPD e deve ser adequada à prossecução das finalidades legais ou estatutárias e de interesses legítimos dos responsáveis dos tratamentos, não implicar discriminação ou diminuição dos direitos, liberdades e garantias dos titulares dos dados, ser rodeada de adequadas medidas de segurança e ter em conta o tipo de dados objecto de interconexão (art. 9.º).

Estas restrições à interconexão de dados pessoais visam impedir a relacionação de diferentes modalidades de dados relativos às mesmas pessoas e a sua apreciação em conjunto, por envolver riscos agravados de concentração, controlo e difusão dos dados pessoais ([1]).

É este, também, o principal motivo da proibição constitucional de atribuição de um **número nacional único** aos cidadãos (art. 35.º n.º 5), que poderia ser um critério de identificação comum para o acesso a dados pessoais memorizados, constituindo, também, um risco de apagamento da personalidade ([2]).

O responsável pelo tratamento de dados pessoais tem, em regra, a **obrigação de notificação à CNPD** da realização de tratamentos, embora alguns destes estejam isentos de notificação ([3]).

-ordenações e decisões que apliquem penas, medidas de segurança, coimas e sanções acessórias só podem ser mantidas por serviços públicos com competência específica prevista na respectiva lei de organização e funcionamento, observando normas procedimentais e de protecção de dados previstas em diploma legal, com prévio parecer da CNPD.

2 — O tratamento de dados pessoais relativos a suspeitas de actividades ilícitas, infracções penais, contra-ordenações e decisões que apliquem penas, medidas de segurança, coimas e sanções acessórias pode ser autorizado pela CNPD, observadas as normas de protecção de dados e de segurança da informação, quando tal tratamento for necessário à execução de finalidades legítimas do seu responsável, desde que não prevaleçam os direitos, liberdades e garantias do titular dos dados.

3 — O tratamento de dados pessoais para fins de investigação policial deve limitar-se ao necessário para a prevenção de um perigo concreto ou repressão de uma infracção determinada, para o exercício de competências previstas no respectivo estatuto orgânico ou noutra disposição legal e ainda nos termos de acordo ou convenção internacional de que Portugal seja parte.".

([1]) Cf. J. BACELAR GOUVEIA, "Os direitos fundamentais à protecção dos dados pessoais informatizados", in *ROA*, ano 51, 1991, III, pág. 723 e seg..

([2]) Cf. J. BACELAR GOUVEIA, "Os direitos fundamentais à protecção dos dados pessoais informatizados", in *ROA*, ano 51, 1991, III, pág. 727 e seg.

([3]) É o que resulta do art. 27.º da Lei n.º 67/98, de 26.10, cujo n.º 4 dispõe o seguinte: "Estão isentos de notificação os tratamentos cuja única finalidade seja a

612 *Direito da Comunicação Social*

Carecem de **autorização da CNPD** o *tratamento* de certas categorias de dados pessoais, a *interconexão* de certos dados e a *utilização* de dados pessoais para fins não determinantes da recolha.

Na verdade, segundo o art. 28.º da Lei n.º 67/98, "1 — Carecem de autorização da CNPD:

a) O tratamento dos dados pessoais a que se referem o n.º 2 do artigo 7.º [dados sensíveis] e o n.º 2 do artigo 8.º [suspeitas de actividades ilícitas, infracções penais, contra-ordenações e decisões que apliquem penas, medidas de segurança, coimas e sanções acessórias];

b) O tratamento dos dados pessoais relativos ao crédito e à solvabilidade dos seus titulares;

c) A interconexão de dados pessoais prevista no artigo 9.º [não prevista em disposição legal];

d) A utilização de dados pessoais para fins não determinantes da recolha.

2 — Os tratamentos a que se refere o número anterior podem ser autorizados por diploma legal, não carecendo neste caso de autorização da CNPD".

6. Da conjugação das disposições constitucionais e da Lei n.º 67//98, de 26.10, resulta a tutela de dois importantes **direitos do titular dos dados**: o *direito ao controlo* e o *direito ao segredo* dos dados pessoais tratados.

7. O **direito ao controlo dos dados pessoais tratados** é um direito complexo, que compreende vários direitos: de informação, de acesso, de oposição e de não sujeição a decisões individuais automatizadas.

a) Na fase de *recolha* dos dados, o seu titular tem o **direito de informação** sobre a identidade do responsável pelo tratamento, as finalidades deste, os destinatários, a obrigatoriedade da prestação de informações pelo titular, o direito de acesso e rectificação e a eventual possibilidade de circulação dos dados em redes abertas.

Estas informações devem ser prestadas pelo responsável pelo tratamento ou seu representante, quando recolher os dados *directamente* do seu titular, ou, se os dados não forem recolhidos junto do seu titu-

---

manutenção de registos que, nos termos de disposições legislativas ou regulamentares, se destinem a informação do público e possam ser consultados pelo público em geral ou por qualquer pessoa que provar um interesse legítimo".

A liberdade de comunicação social em geral

lar, no momento do registo ou da primeira comunicação desses dados (Lei n.º 67/98, art. 10.º, n.º 1 a 4).

Tal obrigação de informação pode ser dispensada em certos casos previstos na lei e **não se aplica ao tratamento de dados efectuado para fins exclusivamente *jornalísticos*** ([1]) ou de expressão artística ou literária (Lei n.º 67/98, art. 10.º, n.º 5 e 6).

b) Uma vez recolhidos os dados pessoais, o titular destes tem o **direito de acesso** aos dados que lhe digam respeito, o que compreende vários direitos a satisfazer pelo "responsável pelo tratamento, livremente e sem restrições, com periodicidade razoável e sem demoras ou custos excessivos":

i— O direito de *ser informado* sobre se existem dados pessoais tratados a seu respeito e, no caso afirmativo, quais eles são, a sua origem, a lógica e as finalidades do tratamento e os seus destinatários (Lei n.º 67/98, art. 11.º, n.º 1, al. a), b) e c));

ii — O direito de *rectificação, apagamento ou bloqueio* dos dados pessoais incorrectos (v.g., por terem sido obtidos ou tratados ilegalmente, por serem falsos ou enganosos, por estarem incompletos, inexactos ou desactualizados) (art. 11.º, n.º 1, al. d)) ([2]);

iii — O direito de *notificação aos terceiros* a quem os dados tenham sido comunicados de qualquer rectificação, apagamento ou bloqueio (art. 11.º, al. e)).

Em certos casos, o direito de acesso é exercido através da CNPD ou de outra autoridade competente (art. 11.º, n.º 2).

([1]) Esta excepção ao direito de informação assenta no art. 9.º da Directiva n.º 95/46/CE, mas tem sido muito criticada, por sobrepor a liberdade de comunicação social (envolvendo interesses comerciais) ao direito à privacidade. Neste sentido, PEDRO PAIS DE VASCONCELOS, "Protecção de dados pessoais e direito à privacidade", in *Direito da Sociedade de Informação*, Coimbra, Coimbra Editora, 1999, pág. 249 e segs.. Não pode esquecer-se, contudo, que os jornalistas sempre tomaram nota (manualmente) das informações que conseguiram obter e entenderam úteis acerca de personalidades relevantes. Importante é, sobretudo, a confirmação da sua veracidade e a sua utilização (ou não), de modo que não fira a dignidade e a privacidade das pessoas. É razoável admitir, por exemplo, que uma pessoa queira saber o que consta de bases de dados preparadas para publicação após a sua morte (obituários). Cf. CATHERINE COURTNEY — D. NEWELL — S. RASAIAH, *The Law of Journalism*, 1995, pág. 275.

([2]) Sobre o assunto, cf. J. BACELAR GOUVEIA, "Os direitos fundamentais à protecção dos dados pessoais informatizados", in *ROA*, ano 51, 1991, III, pág. 719 e segs. e 729.

Nomeadamente, *no caso de tratamento de dados efectuado para fins exclusivamente jornalísticos* ou de expressão artística ou literária, o direito de acesso do titular dos dados "é exercido através da CNPD com salvaguarda das normas constitucionais aplicáveis, designadamente as que garantem a liberdade de expressão e informação, a liberdade de imprensa e a independência e sigilo profissionais dos jornalistas" (art. 11.º, n.º 3).

Nestes casos (do n.º 2 e 3 do art. 11.º), "se a comunicação dos dados ao seu titular puder prejudicar a segurança do Estado, a prevenção ou a investigação criminal ou ainda a liberdade de expressão e informação ou a liberdade de imprensa, a CNPD limita-se a informar o titular dos dados das diligências efectuadas" (art. 11.º, n.º 4).

Fica, assim, salvaguardado o dever de sigilo dos jornalistas quanto às suas fontes de informação, pois o titular dos dados não tem, então, acesso a elas.

Quanto a dados de *saúde*, o direito de acesso é exercido por intermédio de médico escolhido pelo titular dos dados (art. 11.º, n.º 5).

Em certos outros casos, a lei pode restringir o direito de acesso ([1]).

c) O titular dos dados tem, em certas condições, o **direito de oposição** ao tratamento dos dados ou à sua utilização por conta de terceiros ([2]).

([1]) "No caso de os dados não serem utilizados para tomar medidas ou decisões em relação a pessoas determinadas, a lei pode restringir o direito de acesso nos casos em que manifestamente não exista qualquer perigo de violação dos direitos, liberdades e garantias do titular dos dados, designadamente do direito à vida privada, e os referidos dados forem exclusivamente utilizados para fins de investigação científica ou conservados sob forma de dados pessoais durante um período que não exceda o necessário à finalidade exclusiva de elaborar estatísticas" (art. 11.º, n.º 6).

([2]) Segundo o art. 12.º da Lei n.º 67/98, "O titular dos dados tem o direito de:

a) Salvo disposição legal em contrário, e pelo menos nos casos referidos nas alíneas d) e e) do artigo 6.º, se opor em qualquer altura, por razões ponderosas e legítimas relacionadas com a sua situação particular, a que os dados que lhe digam respeito sejam objecto de tratamento, devendo, em caso de oposição justificada, o tratamento efectuado pelo responsável deixar de poder incidir sobre esses dados;

b) Se opor, a seu pedido e gratuitamente, ao tratamento dos dados pessoais que lhe digam respeito previsto pelo responsável pelo tratamento para efeitos de marketing directo ou qualquer outra forma de prospecção, ou de ser informado, antes de os dados pessoais serem comunicados pela primeira vez a terceiros para fins de marketing directo ou utilizados por conta de terceiros, e de lhe ser expressamente facultado o direito de se opor, sem despesas, a tais comunicações ou utilizações".

A liberdade de comunicação social em geral 615

d) **Direito a não ficar sujeito a decisões individuais automatizadas:**

"1 — Qualquer pessoa tem o direito de não ficar sujeita a uma decisão que produza efeitos na sua esfera jurídica ou que a afecte de modo significativo, tomada exclusivamente com base num tratamento automatizado de dados destinado a avaliar determinados aspectos da sua personalidade, designadamente a sua capacidade profissional, o seu crédito, a confiança de que é merecedora ou o seu comportamento.

2 — Sem prejuízo do cumprimento das restantes disposições da presente lei, uma pessoa pode ficar sujeita a uma decisão tomada nos termos do n.º 1, desde que tal ocorra no âmbito da celebração ou da execução de um contrato, e sob condição de o seu pedido de celebração ou execução do contrato ter sido satisfeito, ou de existirem medidas adequadas que garantam a defesa dos seus interesses legítimos, designadamente o seu direito de representação e expressão.

3 — Pode ainda ser permitida a tomada de uma decisão nos termos do n.º 1 quando a CNPD o autorize, definindo medidas de garantia da defesa dos interesses legítimos do titular dos dados" (art. 13.º).

8. O titular dos dados pessoais tem *direito ao segredo* a seu respeito — o que afecta, obviamente, a liberdade de informar do responsável pelo tratamento de dados e o direito (de acesso) à informação de todos os terceiros (incluindo jornalistas).

Tal direito ao segredo decorre, actualmente ([1]), de várias disposições legais:

a) Da proibição de tratamento dos dados pessoais para *finalidades diversas* daquelas para que foram recolhidos (com consentimento ou informação do titular — Lei n.º 67/98, art. 5.º, n.º 1, al. b));

([1]) Na versão de 1982. o art. 35.º, n.º 2, da CRP dispunha que "São proibidos o acesso de terceiros a ficheiros com dados pessoais e a respectiva interconexão, bem como os fluxos de dados transfronteiras, salvo em casos excepcionais previstos na lei". Na revisão constitucional de 1989, a redacção deste preceito foi alterada, tendo, nomeadamente, sido suprimida a proibição dos fluxos de dados transfronteiras, atendendo, obviamente, à adesão de Portugal às Comunidades Europeias. Sobre estes preceitos, cf. J. BACELAR GOUVEIA, "Os direitos fundamentais à protecção dos dados pessoais informatizados", in *ROA*, ano 51, 1991, III, pág. 722 e segs.. Na revisão constitucional de 1997, foi suprimida do n.º 2 do art. 35.º a citada proibição de acesso e interconexão, passando esse n.º a ter a redacção actual, relativa ao conceito de dados pessoais.

616   *Direito da Comunicação Social*

b) Da **proibição da interconexão** de dados pessoais (art. 9.º);

c) Do direito do titular dos dados pessoais a **oposição à comunicação** deles **a terceiros** ou **à utilização** deles **por conta de terceiros** (art. 12.º, al. b));

d) Dos deveres de **adopção de providências de segurança** (art. 14.º a 16.º) e de **sigilo profissional** impostos aos responsáveis do tratamento dos dados pessoais (art. 17.º ([1])).

A violação do dever de segredo constitui crime (Lei n.º 67/98, art. 47.º).

9. A **circulação de dados pessoais entre Estados membros da União Europeia** é *livre*, no pressuposto de que todos estes respeitam os princípios da Directiva n.º 95/46/CE, de 24.10.1995, que a Lei portuguesa n.º 67/98 introduziu na ordem interna nacional e que acabam de ser sumariamente expostos. Ressalva-se o disposto nos actos comunitários de natureza fiscal e aduaneira (Lei n.º 67/98, art. 18.º).

A transferência de dados pessoais **para fora da União Europeia** só pode, em regra, realizar-se com o respeito das disposições da Lei n.º 67/98 e se o Estado para onde são transferidos assegurar um *nível de protecção adequado* (Lei n.º 67/98, art. 19.º e 20.º).

"Cabe à CNPD decidir se um Estado que não pertença à União Europeia assegura um nível de protecção adequado" (art. 19.º, n.º 3).

10. A **violação** de determinadas normas de protecção de dados pessoais constitui *crime*, nomeadamente, o não cumprimento de obrigações relativas a protecção de dados ([2]), o acesso indevido (art. 44.º), a

---

([1]) Segundo este preceito, "1 — Os responsáveis do tratamento de dados pessoais, bem como as pessoas que, no exercício das suas funções, tenham conhecimento dos dados pessoais tratados, ficam obrigados a sigilo profissional, mesmo após o termo das suas funções.

2 — Igual obrigação recai sobre os membros da CNPD, mesmo após o termo do mandato.

3 — O disposto nos números anteriores não exclui o dever do fornecimento das informações obrigatórias, nos termos legais, excepto quando constem de ficheiros organizados para fins estatísticos.

4 — Os funcionários, agentes ou técnicos que exerçam funções de assessoria à CNPD ou aos seus vogais estão sujeitos à mesma obrigação de sigilo profissional".

([2]) Segundo o art. 43.º da Lei n.º 67/98, "1 — É punido com prisão até um ano ou multa até 120 dias quem intencionalmente:

a) Omitir a notificação ou o pedido de autorização a que se referem os artigos 27.º e 28.º;

b) Fornecer falsas informações na notificação ou nos pedidos de autorização

A liberdade de comunicação social em geral 617

viciação ou destruição de dados pessoais (art. 45.°), a desobediência qualificada (art. 46.°), a violação do dever de sigilo (art. 47.°).

Algumas violações menos graves são puníveis como **contra-ordenações**, (art. 35.° a 42.°).

Qualquer acto ilícito cometido neste domínio que cause prejuízo a terceiros pode também dar origem a **responsabilidade civil** (Lei n.° 67//98, art. 34.°).

SUBSECÇÃO X
Obscenidades e pornografia

1. Particularmente importante, por estar em causa a integridade moral das pessoas ([1]), sobretudo dos menores, e também a intimidade privada, é a proibição de *obscenidades* e *pornografia* nos meios de comunicação social.

Trata-se de actos correntemente considerados em si mesmos imorais, que contribuem para a degradação da dignidade das pessoas e das famílias, estimulam a prostituição, contribuem para a difusão de doenças sexualmente transmissíveis (sida, sífilis, etc.) e para o aumento da criminalidade.

Esta matéria está, actualmente, regulada em diversos diplomas legais ([2]).

---

para o tratamento de dados pessoais ou neste proceder a modificações não consentidas pelo instrumento de legalização;

c) Desviar ou utilizar dados pessoais, de forma incompatível com a finalidade determinante da recolha ou com o instrumento de legalização;

d) Promover ou efectuar uma interconexão ilegal de dados pessoais;

e) Depois de ultrapassado o prazo que lhes tiver sido fixado pela CNPD para cumprimento das obrigações previstas na presente lei ou em outra legislação de protecção de dados, as não cumprir;

f) Depois de notificado pela CNPD para o não fazer, mantiver o acesso a redes abertas de transmissão de dados a responsáveis pelo tratamento de dados pessoais que não cumpram as disposições da presente lei.

2 — A pena é agravada para o dobro dos seus limites quando se tratar de dados pessoais a que se referem os artigos 7.° e 8.°.".

([1]) CRP art. 25.°, n.° 1, e CCiv art. 70.°, n.° 1.

([2]) A Lei de Imprensa de 4.7.1821, responsabilizava já o autor, editor, impressor, livreiro ou publicador, conforme os casos, pelos escritos que "contiverem expressões ou estampas obscenas" (art. 7.°). A Lei de 9.7.1912, por seu turno, permitia a

618 · Direito da Comunicação Social

2. Problema delicado é o da **definição** de pornografia e obscenidade.

Um diploma de 1976 considera pornográficos ou obscenos os objectos e meios "que contenham palavras, descrições ou imagens que ultrajem ou ofendam o pudor público ou a moral pública" ([1]).

Mais rigorosos, mas consentindo ainda grande subjectividade são os critérios legais de classificação dos espectáculos (cinema, teatro, etc.), que se aplicam também à televisão.

Na verdade, segundo os critérios gerais de classificação de espectáculos ([2]), consideram-se pornográficos "os espectáculos que apresentem, cumulativamente:

a) Exploração de situações e de actos sexuais com o objectivo primordial de excitar o espectador;

b) Baixa qualidade estética".

Especificamente, "1) Serão classificados no 1.º escalão (*hard-core*) os espectáculos que apresentem uma descrição ostensiva e insistente de actos sexuais realmente praticados, com exibição dos órgãos genitais;

2) Serão classificados no 2.º escalão (*soft-core*) os espectáculos que apresentem uma descrição ostensiva e insistente de actos sexuais simulados".

A dificuldade de definição da qualidade estética possibilita, de facto, uma considerável margem de flexibilidade.

3. A lei não proíbe totalmente a pornografia, embora estabeleça **limitações** e **desincentivos** à sua divulgação.

Nomeadamente, segundo um diploma de 1976, é *proibido* "afixar ou expor em montras paredes ou em outros lugares públicos, pôr à venda ou vender, exibir, emitir ou por outra forma dar publicidade a cartazes, anúncios, avisos, programas, manuscritos, desenhos, gravuras, pinturas, estampas, emblemas, discos, fotografias, filmes e em geral quaisquer impressos, instrumentos de reprodução mecânica e outros

---

apreensão pelas autoridades judiciais, administrativas e policiais de publicações "c) Que sejam pornográficas; ou d) Que sejam redigidas em linguagem despejada e provocadora contra a segurança do Estado, da ordem e da tranquilidade pública" (art. 1.º).

([1]) DL n.º 254/76, de 7.4, art. 1.º, n.º 2.

([2]) Definidos pela P n.º 245/83, de 3.3, art. 6.º e 7.º, em execução do DL n.º 396/82, de 21.9, sobre a classificação dos espectáculos e divertimentos públicos.

A liberdade de comunicação social em geral

619

objectos ou formas de comunicação audiovisual de conteúdo pornográfico ou obsceno, salvo nas circunstâncias previstos nos artigos seguintes" ([1]).

Segundo tais artigos, a *exposição* e *venda* de **objectos** pornográficos ou obscenos só é permitida "em estabelecimentos que se dediquem exclusivamente a esse tipo de comércio, devidamente licenciados (...)" ([2]).

É vedada a *venda* de tais objectos por ou a *menores* de 18 anos ([3]).

As **publicações** de conteúdo pornográfico são excluídas do benefício do porte pago ([4]).

É proibida a **publicidade** que utilize linguagem obscena ([5]), bem como a publicidade na rádio de objectos ou meios de conteúdo pornográfico ou obsceno ([6]).

Sobre os **filmes** classificados de pornográficos pela Comissão de Classificação de Espectáculos são agravadas a *sobretaxa de importação* e as taxas sobre o preço dos *bilhetes*, sendo proibida a entrada e assistência à respectiva exibição a *menores* de 18 anos ([7]).

4. Quanto à **televisão**, a Directiva do Conselho n.º 89/552/CE, de 3.10.1989, dispõe que "1 — Os Estados membros tomarão as medidas apropriadas para assegurar que as emissões televisivas dos organismos de radiodifusão sob sua jurisdição não incluam quaisquer programas susceptíveis de prejudicar gravemente o desenvolvimento físico, mental ou moral dos menores, nomeadamente programas que incluam cenas de pornografia ou de violência gratuita.

2 — As medidas referidas no n.º 1 são igualmente aplicáveis a todos os programas susceptíveis de prejudicar o desenvolvimento físico mental ou moral dos menores, excepto se, pela escolha da hora de emissão ou por quaisquer medidas técnicas, se assegurar que, em princípio, os menores que se encontrem no respectivo campo de difusão não verão nem ouvirão essas emissões.

([1]) DL n.º 254/76, de 7.4, art. 1.º, n.º 1.
([2]) DL n.º 254/76, de 7.4, art. 2.º, n.º 1.
([3]) DL n.º 254/76, de 7.4, art. 2.º, n.º 2.
([4]) DL n.º 284/97, de 22.10, art. 8.º, al. d).
([5]) Código da Publicidade, art. 7.º, n.º 2, al. f).
([6]) LRádio art. 14.º, al. b).
([7]) DL n.º 254/76, de 7.4, art. 4.º, n.º 2 a 4.

620   *Direito da Comunicação Social*

3 — Além do mais, sempre que esses programas não forem transmitidos sob forma codificada, os Estados membros assegurarão que os mesmos sejam precedidos de um sinal sonoro ou identificados pela presença de um símbolo visual durante todo o programa" ([1]).

Segundo a lei portuguesa, a exibição pela *televisão hertziana* de imagens obscenas, pornográficas ou chocantes só pode fazer-se depois das 22 horas, devendo ser precedida de advertência adequada e acompanhada de um identificativo apropriado permanente ([2]).

Em 9.7.1997, a RTP, a SIC, a TVI e o Presidente da AACS assinaram um acordo no sentido de passarem a assinalar com um círculo vermelho os programas não aconselháveis a públicos mais susceptíveis.

([1]) Art. 22.º, introduzido pela Dir.ª n.º 97/36/CE, de 30.6.1997. Mais estrita é a Convenção Europeia sobre a Televisão sem Fronteiras, de 5.5.1989 (ainda não ratificada por Portugal), segundo a qual "Todos os elementos dos serviços de programas devem respeitar, no que se refere à apresentação e ao seu conteúdo, a dignidade da pessoa humana e os direitos fundamentais de outrem.

Não devem, em especial:

a) Atentar contra os bons costumes e, nomeadamente, conter pornografia (...).

2. Os elementos dos serviços de programas que sejam susceptíveis de prejudicar o desenvolvimento físico, psíquico e moral das crianças ou adolescentes não deverão ser transmitidos em horário que lhes possibilite o seu acompanhamento (...)" (art. 7.º, n.º 1).

([2]) É o que resulta do art. 21.º da LTV, que dispõe o seguinte: "2 — As emissões susceptíveis de influir de modo negativo na formação da personalidade das crianças ou adolescentes ou de afectar outros públicos mais vulneráveis, designadamente pela exibição de imagens particularmente violentas ou chocantes, devem ser precedidas de advertência expressa, acompanhadas da difusão permanente de um identificativo apropriado e apenas ter lugar em horário subsequente às 22 horas.

3 — As imagens a que se refere o número anterior podem, no entanto, ser transmitidas em quaisquer serviços noticiosos quando, revestindo importância jornalística, sejam apresentadas com respeito pelas normas éticas da profissão e antecedidas de uma advertência sobre a sua natureza.

4 — A difusão televisiva de obras que tenham sido objecto de classificação etária, para efeitos da sua distribuição cinematográfica ou videográfica, deve ser precedida da menção que lhes tiver sido atribuída pela comissão competente, ficando obrigatoriamente sujeita às demais exigências a que se refere o n.º 2 sempre que a classificação em causa considerar desaconselhável o acesso a tais obras por menores de 16 anos.

5 — Integram o conceito de emissão, para efeitos do presente diploma, quaisquer elementos da programação, incluindo a publicidade ou os extractos com vista à promoção de programas".

A liberdade de comunicação social em geral 621

A emissão televisiva de programas obscenos ou pornográficos é *punível* com multa de 150 a 300 dias (¹), além de poder dar origem a *responsabilidade civil* (²).
Compete à AACS apreciar *queixas* neste domínio (³).

5. Quanto à *televisão por cabo*, como vimos já, o art. 16.º, n.º 2, do Dec.-Lei n.º 241/97, de 18.9, dispõe o seguinte: "Constituem obrigações dos operadores de rede de distribuição por cabo: (...)
b) Não retransmitir emissões televisivas que incluam elementos susceptíveis de prejudicar gravemente o desenvolvimento físico ou mental ou influir negativamente na formação da personalidade das crianças ou adolescentes, ou ainda de impressionar outros telespectadores particularmente vulneráveis, designadamente pela emissão de cenas particularmente violentas ou chocantes, nos termos da Lei n.º 58/90, de 7 de Setembro, excepto quando, pela escolha da hora de emissão primária ou por quaisquer medidas técnicas, se assegure a protecção dos segmentos do público em causa (...)"(⁴).

6. Neste contexto, são de mencionar os esforços da União Europeia para encontrar meios de *protecção dos menores e da dignidade humana* nos *serviços audiovisuais e de informação* (⁵), bem como para lutar contra o *conteúdo ilegal e lesivo na Internet* (⁶).
Além disso, vigora em Portugal a *Convenção sobre os Direitos da Criança* (⁷), segundo a qual "Os Estados Partes comprometem-se a proteger a criança contra todas as formas de exploração e de violência sexuais. Para este efeito, os Estados Partes devem, nomeadamente,

---

(¹) LTV art. 45.º.

(²) Neste sentido, cf. Ac. STJ de 24.5.1989, in *BMJ*, n.º 387, pág. 531, relativo a um caso de publicação não autorizada de uma fotografia em "topless".

(³) Lei n.º 43/98, de 6.8, art. 4.º, al. n).

(⁴) A remissão para a Lei n.º 58/90, Lei da Televisão hertziana, deve, hoje, considerar-se feita para a LTV em vigor (Lei n.º 31-A/98, de 14.7), que revogou aquela.

(⁵) Cf. o "livro verde" sobre a Protecção des Menores e da Dignidade Humana nos Serviços Audiovisuais e de Informação (in *Boletim UE* 10-1996, n.º 1.3.182).

(⁶) Cf. a Comunicação da Comissão «Conteúdo ilegal e lesivo na Internet», in *Boletim UE* 10-1996, n.º 1.3.112.

(⁷) Assinada em Nova Iorque, em 26.1.1990, no âmbito das Nações Unidas, e aprovada para ratificação pela Res. A.R. n.º 20/90, de 12.9. Considera como criança o menor de 18 anos (art. 1.º).

622 Direito da Comunicação Social

tomar todas as medidas adequadas, nos planos nacional, bilateral e multilateral para impedir:

a) Que a criança seja incitada ou coagida a dedicar-se a uma actividade sexual ilícita;

b) Que a criança seja explorada para fins de prostituição ou de outras práticas sexuais ilícitas;

c) Que a criança seja explorada na produção de espectáculos ou de material de natureza pornográfica" (art. 34.º).

SUBSECÇÃO XI

Violência

1. O tema da violência nos meios de comunicação social e, sobretudo, na televisão tem sido muito discutido nas últimas décadas.

Importa, antes de mais, partir de uma **noção** de violência. O termo é usado várias vezes na lei, sem que seja legalmente definido.

Podemos partir da *noção comum* de violência, enquanto *ofensa à integridade física, psíquica ou moral de uma pessoa.*

Abrange, obviamente, uma gama variada de actos, isolados ou em massa, contra a vida (homicídio, infanticídio, aborto provocado, massacres, guerras), ofensas corporais (agressões, violações), perseguições, ameaças (à mão armada, etc.), terrorismo, sequestros, coacção, etc. Provoca dor física, revolta, angústia, etc.

A violência *existe* na realidade ([1]) e, por isso, é natural e legítimo que seja objecto de *notícias* e *comentários* nos meios de comunicação social.

Quer a descrição ou *representação* (objectiva ou não) de factos violentos, quer os *comentários* podem, contudo, desencadear efeitos variados, consoante o modo como são apresentados e a atitude do público.

Uma notícia serena e proporcionada à gravidade dos factos pode

---

([1]) Em Portugal, em 1997, houve 1211 processos por crimes contra a vida, com 1253 arguidos, dos quais 795 foram condenados. Em 3 processos por crime contra a vida intra-uterina, houve 5 condenados, dos quais 1 em prisão não substituída por multa nem suspensa. No mesmo ano, houve 10.628 processos por crimes contra a integridade física, com 3507 condenados. Cf. *Estatísticas da Justiça — 1997*, Lisboa, Ministério da Justiça, pág. 165.

prevenir novas violências. Uma reportagem pormenorizada pode levar o espectador a sentir-se *participante* na acção. Um comentário sensacionalista ou especulativo pode *estimular* novas violências. Pode provocar revolta e rejeição, mas também suscitar vingança e novas violências; pode ensinar a ofender; pode banalizar. O efeito pode ser especialmente negativo em pessoas mais jovens ou mais vulneráveis ([1]).

Sabe-se que muitas pessoas são *atraídas* por representações de actos de violência, seja em noticiários seja em filmes (v.g. de ficção), quer por mera curiosidade relativamente ao que é anómalo, quer pelo prazer sádico de ver sofrer ou para satisfazer desejos de vingança. Isso incita as empresas mediáticas a utilizar tais representações para aumentar a audiência e, indirectamente, as receitas publicitárias ([2]).

O tema tem tal **importância**, que a própria UNESCO promoveu diversos estudos, colóquios e publicações sobre ele.

Parece-me de destacar o estudo de Georges Gerbner, de 1989 ([3]), o Colóquio Internacional sobre a violência nos meios de comunicação social, promovido pela AACS, em Lisboa, em 13 a 15.10.1993 ([4]), e a Conferência Internacional sobre a violência na televisão e os direitos da criança, realizada em Lund, na Suécia, em 26.9.1995.

O estudo de Gerbner é uma síntese interessantíssima das investigações feitas no mundo — e há centenas — sobre as relações entre a violência veiculada nas mensagens difundidas pelos meios de comunicação social e a violência individual e colectiva que se manifesta nas sociedades contemporâneas.

Começa por definir *violência* como uma *acção física que visa abertamente ferir ou matar ou que ameaça fazê-lo*. E considera *terrorismo*

([1]) Tem sido especialmente criticados certos filmes de animação japoneses para crianças, em que os heróis são particularmente violentos.

([2]) Diz-se, muitas vezes que um cão a morder num homem não é notícia; o que é notícia é um homem a morder num cão... Não será, todavia, chocante que, havendo cerca de 180 países em paz, a televisão ocupe a maior parte do tempo a falar de guerras entre os restantes 6? Se é verdade que "a violência vende", será legítimo vender veneno a crianças?

([3]) Cf. GEORGES GERBNER, *Violence et térreur dans les médias* (Études et Documents d'Information, n.º 102), Paris, UNESCO, 1989; MARY BURNET, *Meios de Informação e Violência*, Lisboa, Edições 70, 1971.

([4]) Cf. *A Violência nos Meios de Comunicação Social — Colóquio Internacional*, Outubro 1993, Lisboa, AACS, 1995; cf. também *Os Portugueses e a Violência na Comunicação Social — Estudo de Opinião*, Lisboa, AACS, 1994.

um acto de violência cometido por, entre ou contra Estados ou outras instâncias, cujo objectivo é provocar o medo e expressar uma posição de carácter quase sempre político.

Numerosos estudos chegam à conclusão de que a violência transmitida pelos MCS é causa de comportamentos agressivos, sobretudo entre as crianças e os jovens e, especialmente, quando as cenas de violência são mais realistas. A repetição de cenas de violência reduz a sensibilidade à violência.

Várias investigações feitas nos Estados Unidos verificaram uma correlação clara entre certos actos violentos mostrados na TV e actos análogos perpetrados na vida real. Por exemplo, o número de suicídios aumenta na proporção do espaço dedicado pelos meios de comunicação social a notícias de suicídios. Verificou-se que nos três dias seguintes a uma notícia de suicídio, o número de acidentes mortais de automóvel aumentou 31%. Outros estudos observam relações análogas relativamente a assassínios, falsos suicídios, combates de boxe e condenações à morte. Admite-se que a causa profunda dos comportamentos violentos não seja a exposição a acontecimentos violentos, mas esta desencadeia frequentemente aqueles, contribuindo para a criminalidade.

Além disso, a violência nos meios de comunicação social gera sentimentos de angústia, de insegurança e de medo, e leva as pessoas a pensar que a guerra é uma necessidade e a desejar ter armas de defesa.

Observa-se também que os filmes policiais tendem a reforçar nos telespectadores, em relação ao suspeito, a presunção de culpabilidade em vez da de inocência, tendem a intensificar a convicção de que os direitos reconhecidos pela lei protegem mais os culpados do que os inocentes e que a polícia pode legalmente usar qualquer método para confundir o suspeito.

Os efeitos negativos da violência na TV são mais acentuados nas famílias mais pobres.

Não pretendo com isto dizer, de modo nenhum, que a violência na TV seja a única ou sequer a principal causa da criminalidade: há muitas outras, genéticas, decorrentes da educação, desigualdades de riqueza e de oportunidades, diferenças culturais, droga, etc.. Mas é um facto que a violência na TV contribui em certa medida para o aumento da criminalidade.

Merece, por isso, cuidado especial da parte dos responsáveis pelos programas, que devem evitá-la, sobretudo, em horários em que as crianças têm maior facilidade de a ver.

A *liberdade de comunicação social em geral*   625

De resto, muito depende de se tratar de *violência real* ou *fictícia*, e da maneira — neutra, elogiosa ou condenatória — de a apresentar, quer nos noticiários, quer nos comentários, quer nos filmes. Uma mera descrição objectiva e neutra poderá ser menos estimulante que um comentário crítico. Se a personagem violenta é condenada, o efeito é menos negativo do que se ela for apresentada como herói.

2. Deverá o Estado impor regras sobre a emissão de cenas de violência na televisão, limitando a liberdade de comunicação social?

Em geral, a lei protege as pessoas contra qualquer ofensa ou ameaça de ofensa (real) à sua personalidade física ou moral ([1]).

Os efeitos negativos de certas representações mediáticas de violência justificam que a *lei* as restrinja, como efectivamente restringe, havendo diversas autoridades competentes para a fazer cumprir (Alta Autoridade para a Comunicação Social, tribunais, polícias, etc.).

As restrições consistem em proibições (limitadas), restrições de horário de emissão, imposição de advertência expressa e de difusão de indicativo apropriado

3. Mais concretamente, segundo a **Convenção Europeia sobre a Televisão sem Fronteiras** (ainda não ratificada por Portugal), "Todos os elementos dos serviços de programas devem respeitar, no que se refere à apresentação e ao seu conteúdo, a dignidade da pessoa humana e os direitos fundamentais de outrem.

Não devem, em especial: (...)

b) Atribuir proeminência indevida à violência ou serem susceptíveis de incitar ao ódio racial (...).

2. Os elementos dos serviços de programas que sejam susceptíveis de prejudicar o desenvolvimento físico, psíquico e moral das crianças ou adolescentes não deverão ser transmitidos em horário que lhes possibilite o seu acompanhamento (...)" (art. 7.º, n.º 1).

Por outro lado, segundo a **Convenção sobre os Direitos da Criança** ([2]), "Os Estados Partes tomam todas as medidas legislativas, administrativas, sociais e educativas adequadas à protecção da criança contra todas as formas de violência física ou mental (...) (art. 19.º, n.º 1).

([1]) CRP art. 25.º, n.º 1, CPen art. 131.º e segs., CCiv art. 70.º, n.º 1.

([2]) Assinada em Nova Iorque, em 26.1.1990, no âmbito das Nações Unidas, e aprovada para ratificação pela Res. A.R. n.º 20/90, de 12.9. Considera como criança o menor de 18 anos (art. 1.º).

Na **lei interna portuguesa**, o *Código Penal* pune a instigação pública a um crime e a apologia pública de um crime, em termos que abrangem, explicitamente, acções praticadas através dos meios de comunicação social ([1]).

As várias formas de violência são utilizadas entre os *Critérios de Classificação dos Espectáculos*, definidos pela Portaria n.º 245/83, de 3.3, que condicionam, não só o acesso a salas de cinema, teatro, etc., mas também a exibição de filmes na televisão.

A *Lei da Rádio*, no art. 8.º, n.º 3, estabelece que "Não é permitida a transmissão de programas ou mensagens que atentem contra a dignidade da pessoa humana, incitem à prática da violência ou sejam contrários à lei penal".

A *Lei da Televisão*, por seu lado, dispõe, no art. 21.º, o seguinte:

"1 — Não é permitida qualquer emissão que viole os direitos, liberdades e garantias fundamentais, atente contra a dignidade da pessoa humana ou incite à prática de crimes.

2 — As emissões susceptíveis de influir de modo negativo na formação da personalidade das crianças ou adolescentes ou de afectar outros públicos mais vulneráveis, designadamente pela exibição de imagens particularmente violentas ou chocantes, devem ser precedidas de advertência expressa, acompanhadas da difusão permanente de um identificativo apropriado e apenas ter lugar em horário subsequente às 22 horas ([2]).

3 — As imagens a que se refere o número anterior podem, no entanto, ser transmitidas em quaisquer serviços noticiosos quando, revestindo importância jornalística, sejam apresentadas com respeito pelas normas éticas da profissão e antecedidas de uma advertência sobre a sua natureza.

4 — A difusão televisiva de obras que tenham sido objecto de classificação etária, para efeitos da sua distribuição cinematográfica ou videográfica, deve ser precedida da menção que lhes tiver sido atribuída pela comissão competente, ficando obrigatoriamente sujeita às demais exigências a que se refere o n.º 2 sempre que a classificação em causa considerar desaconselhável o acesso a tais obras por menores de 16 anos.

([1]) Art. 297.º, 298.º, 326.º e 330.º.

([2]) Esta regra pressupõe que os pais e educadores impeçam o acesso de crianças à TV, após as 22 horas, o que nem sempre é o caso.

A *liberdade de comunicação social em geral* 627

5 — Integram o conceito de emissão, para efeitos do presente diploma, quaisquer elementos da programação, incluindo a publicidade ou os extractos com vista à promoção de programas".
A inobservância do disposto no n.º 1 deste art. 21.º constitui contra-ordenação punível com coima de 7.500 a 50.000 contos, enquanto a violação dos n.ºˢ 2 a 4, com coima de 2.000 a 20.000 contos ([1]).
Quanto à *televisão por cabo*, o art. 16.º, n.º 2, do Dec.-Lei n.º 241/97, de 18.9, dispõe o seguinte: "Constituem obrigações dos operadores de rede de distribuição por cabo: (...)
b) Não retransmitir emissões televisivas que incluam elementos susceptíveis de prejudicar gravemente o desenvolvimento físico ou mental ou influir negativamente na formação da personalidade das crianças ou adolescentes, ou ainda de impressionar outros telespectadores particularmente vulneráveis, designadamente pela emissão de cenas particularmente violentas ou chocantes, nos termos da Lei n.º 58/90, de 7 de Setembro, excepto quando, pela escolha da hora de emissão primária ou por quaisquer medidas técnicas, se assegure a protecção dos segmentos do público em causa (...)"([2]).
A violação deste preceito é punível com coima de 1.500 contos ([3]).
É proibida e punível como contra-ordenação a *publicidade* que faça apelo à violência, bem como a qualquer actividade ilegal ou criminosa ([4]).
Deve mencionar-se também a *deliberação da AACS*, de 17.11.1993, sobre a representação da violência nos meios de comunicação social.

4. Não basta, todavia, que a lei restrinja a liberdade de comunicação social neste domínio.
Tal como afirmou o Director-Geral da UNESCO, na Conferência de Lund, é preferível que os próprios jornalistas e outros dirigentes assumam as suas responsabilidades e criem normas de **autoregulação** e de autodisciplina, nomeadamente, através de códigos deontológicos explícitos sobre esta matéria.

([1]) LTV art. 64.º, n.º 1, al. b) e c).
([2]) A remissão para a Lei n.º 58/90, Lei da Televisão (hertziana), deve, hoje, considerar-se feita para a LTV em vigor (Lei n.º 31-A/98, de 14.7), que revogou aquela.
([3]) Dec.-Lei n.º 241/97, de 18.9, art. 19.º, n.º 1, al. d).
([4]) Código da Publicidade, art. 7.º, n.º 2, alínea b), 14.º, n.º 1, al. c), e 34.º.

O **Código Deontológico dos Jornalistas** elaborado pelo Sindicato, em 4.5.1993 (como o de 13.9.1976), não faz, todavia, nenhuma referência a esta matéria, diversamente do **Código Deontológico da UNESCO** ([1])([2]).

Entretanto, em 9.7.1997, a RTP, a SIC, a TVI e o Presidente da AACS assinaram um *acordo* no sentido de passarem a assinalar com um *círculo vermelho*, no canto superior direito do écran, os programas não aconselháveis a públicos mais susceptíveis.

5. Por outro lado, têm vindo a desenvolver-se técnicas de **autore-gulação pelos telespectadores**, nomeadamente, para permitir aos pais impedir os filhos menores de ver certos canais ou certos programas de televisão (mediante interruptores especiais, códigos de acesso, encripta-ção, etc.).

Igualmente importante é **educar** o *sentido crítico* das pessoas para não comprarem jornais sensacionalistas e para desligarem programas ina-ceitáveis.

([1]) Cf. NICETO BLASQUEZ, *Ética y Medios de Comunicación*, Madrid, Biblioteca de Autores Cristianos, 1994, pág. 163 e segs., n.º 9.

([2]) Além disso, é fundamental que os pais eduquem o sentido crítico dos filhos relativamente às cenas de violências, na linha do que recomenda o Decreto conciliar *Inter mirifica* e a instrução pastoral *Aetatis novae*, do Conselho Pontifício para as Comunicações Sociais, de 22.2.1992.

CAPÍTULO III
Direito à informação

SECÇÃO I
Direito de se informar e de ser informado

1. Uma vez terminado o estudo da liberdade de comunicação social, interessa-nos, agora, abordar o tema do **direito à informação**.

Ao tratar do **direito da informação**, em sentido amplo, é habitual distinguir entre o *direito de informar, de se informar* e *de ser informado*. Dito de outro modo, fala-se no direito de *difundir* informações, de *procurar* informações (ou investigar) e do direito de *receber* informações.

Pode dizer-se que o *direito de informar*, de difundir, de comunicar informações a outrem, sem impedimentos, é um aspecto da *liberdade de expressão do pensamento* e da *liberdade de comunicação social*, no sentido em que as estudámos anteriormente. A afirmação do direito de informar, como direito subjectivo, mais do que como simples liberdade, visa reforçar aquelas liberdades, cobrindo aspectos, porventura, não abrangidos por elas. Compreende, nomeadamente, o direito a meios para informar ([1]).

Agora, vamos estudar o **direito à informação**: aquilo a que a Constituição chama o *direito de se informar* e o *direito de ser informado* (art. 37.º, n.º 1) e a que pode chamar-se, também, o *direito de acesso à informação*.

O *direito de se informar* corresponde a um direito *absoluto*, de procurar e recolher informação (onde quer que ela esteja e quem quer que a tenha), tendo como contrapartida, do lado do sujeito passivo, um dever geral de respeito e de não impedimento. Compreende o direito de

---

([1]) Cf. J.J. GOMES CANOTILHO — VITAL MOREIRA, *Constituição da República Portuguesa Anotada*, Coimbra, 3.ª ed. 1993, pág. 225.

630   *Direito da Comunicação Social*

observar fenómenos naturais ou sociais, de tomar notas, de tirar fotografias, de filmar, de adquirir e ler publicações, de ouvir rádio, de ver
televisão (inclusivamente, emissões estrangeiras), etc., sem impedimentos nem discriminações.

O **direito de ser informado** corresponde a um direito *obrigacional*
a uma prestação de outrem, tendo o sujeito passivo um dever de prestar
informação, adequada e verdadeira. Compreende, designadamente, o
direito a obter dos poderes públicos documentos arquivados para consulta ou fotocópia, o direito de acesso aos meios de comunicação social,
e direitos específicos à informação reconhecidos pela CRP, directamente
(art. 54.°, n.° 5, al. a), 55.°, al. a), e 268.°, n.° 1) ou indirectamente (art.
54.°, n.° 5, al. d), 56.°, n.° 2, al. a), 77.°, n.° 2, etc.)([1]).

2. Logicamente, do ponto de vista da comunicação social, o direito de *procurar* e de *receber* informações *precede* a própria liberdade de
expressão de pensamento. Só é possível *divulgar* através da imprensa,
da rádio e de televisão os factos sobre os quais se obteve, previamente,
informação ([2]).

A lei, todavia, afirmou primeiro a *liberdade de expressão*, inclusivamente pela imprensa (em Inglaterra, em 1695, em França, em 1789,
em Portugal, em 1820, etc.), e só recentemente reconheceu o *direito à
informação*, neste sentido (de procurar e de receber informação)([3]).

3. A CRP e a DUDH consagram este direito de se informar como
um direito de "**todos**" ([4]).

([1]) Cf. J.J. GOMES CANOTILHO — VITAL MOREIRA, *Ob. cit.*, pág. 225 e seg..

([2]) Cf. LUIS ESCOBAR DE LA SERNA, *Manual de Derecho de la Informacion*,
1997, pág. 54 e segs..

([3]) Cf. E. DERIEUX, *Droit de la communication*, 1999, pág. 25 e segs.. A LImp
de 1975 dizia, no art. 1.°, "O direito à informação compreende o direito a informar e
o direito a ser informado". Assim, o direito à informação era o género e os direitos a
informar e a ser informado as espécies, sem qualquer menção ao direito de se informar. A própria versão inicial da CRP de 1976 apenas se referia ao "direito de exprimir e divulgar livremente o seu pensamento" e ao "direito de se informar". A referência ao direito a ser informado foi acrescentada pela revisão constitucional de 1982,
depois de GOMES CANOTILHO E VITAL MOREIRA (*Constituição da República Portuguesa Anotada*, Coimbra, 1978, pág. 109 e seg.) terem chamado a atenção para essa
omissão.

([4]) CRP art. 37.°, n.° 1: "Todos têm o direito de exprimir e divulgar livremente
o seu pensamento pela palavra, pela imagem ou por qualquer outro meio, bem como

A *liberdade de comunicação social em geral*

Nesta perspectiva, tal direito é, efectivamente, "essencial à prática da democracia, à defesa da paz e ao progresso político, social e económico do país", como dizia a LImp de 1975, no art. 1.º (¹). A informação tem grande importância para outros múltiplos efeitos, inclusivamente para preparar a adopção de decisões empresariais e privadas, nos mais variados domínios. Por isso, as pessoas estão dispostas a pagar para a obter, o que constitui um dos mais relevantes incentivos a toda a actividade mediática.

Pode é perguntar-se, porém, qual o conteúdo e limites deste direito de todos de se informar. Quem é o sujeito passivo e qual a extensão dos deveres que ele tem?

Se pensarmos no *Estado* como sujeito passivo, verificamos que há domínios em que qualquer cidadão pode exigir a prestação de informações (textos legais, registos públicos, como o registo predial, etc.), outros em que os cidadãos apenas podem exigir informações sobre assuntos que lhes dizem directamente respeito (conteúdos de processos administrativos pendentes, etc.) e outros ainda em que os cidadãos não podem exigir quaisquer informações (matérias sujeitas a segredo de Estado, etc.).

---

o direito de informar, de se informar e de ser informados, sem impedimentos nem discriminações".

DUDH art. 19.º: "Todo o indivíduo tem direito à liberdade de opinião e de expressão. Este direito inclui o de não ser inquietado por causa das suas ideias; o de procurar e receber e difundir, sem limitação de fronteiras, informações e ideias por qualquer modo de expressão".

LImp de 1999, art. 1.º: "2 — A liberdade de imprensa abrange o direito de informar, de se informar e de ser informado, sem impedimentos nem discriminações.

3 — O exercício destes direitos não pode ser impedido ou limitado por qualquer tipo ou forma de censura".

A LRádio, no art. 4.º, dispõe que "São fins genéricos da actividade de radiodifusão, no quadro dos princípios constitucionais vigentes e da presente lei:

a) Contribuir para a informação do público, garantindo aos cidadãos o direito de informar, de se informar e de ser informado, sem impedimentos nem discriminações (...)".

A LTV, por seu turno, dispõe, no art. 8.º, n.º 1, que "Constituem fins dos canais generalistas: (...)

b) Promover o direito de informar e de ser informado, com rigor e independência, sem impedimentos nem discriminações".

(¹) Cf. IGNACIO VILLAVERDE MENÉNDEZ, *Estado democrático e información: el derecho a ser informado*, Oviedo, Junta General del Principado de Astúrias, 1994.

632   *Direito da Comunicação Social*

É evidente que, se todos os cidadãos pudessem exigir de todo e qualquer agente administrativo toda e qualquer informação, os serviços correriam o risco de ficar paralisados: não teriam tempo para fazer mais nada senão prestar informações. É necessário, por isso, uma certa disciplina, uma certa organização no modo e nos limites da prestação de informações.

Por outro lado, é necessário respeitar a *intimidade privada das pessoas*: o Estado ocupa-se do bem comum e, por isso, precisa de dispor de dados sobre cada um dos cidadãos, dispondo, por vezes, de informações que se referem à vida privada das pessoas e que, por isso, ele não pode pôr à disposição de qualquer outra pessoa.

O regime do acesso directo dos cidadãos às fontes de informação consta de múltiplos diplomas legais relativos aos vários serviços administrativos: por exemplo, consta do Código do Procedimento Administrativo (art. 7.º e 61.º a 65.º), dos códigos dos registos civil, predial, comercial e do Código do Notariado, quanto à faculdade de obtenção de certidões.

Além disso, para poderem participar activamente na vida política e social, os cidadãos têm necessidade de uma massa de informação tal que, na realidade, não conseguem obter mediante *acesso **directo** às* respectivas *fontes*.

O papel dos jornalistas e dos meios de comunicação social pode, então, tornar-se fundamental, enquanto servem de *intermediários* profissionais entre as fontes de informação e o público.

Daí a importância da consagração do **direito do público de acesso aos meios de comunicação social**, como leitores de publicações, radiouvintes, telespectadores ([1]) e cibernautas. Este direito é, aliás, também, uma garantia da própria liberdade de comunicação social, pois assegura que as publicações e emissões chegam ao seu destinatário.

4. Daí, também, a importância da consagração do **direito dos jornalistas de acesso à informação**. Para que eles possam funcionar como

---

([1]) O art. 2.º-A da Directiva do Conselho n.º 89/552/CE, de 3.10.1989 (aditado pela Dir.ª n.º 97/36/CE, de 30.6.1997), obriga expressamente os Estados membros a assegurar a liberdade de recepção e a não colocarem entraves à retransmissão nos seus territórios de emissões de radiodifusão televisiva provenientes de outros Estados membros por razões que caiam nos domínios coordenados pela Directiva. Também o art. 4.º da Convenção Europeia sobre a Televisão sem Fronteiras, de 5.5.1989 (ainda não ratificada por Portugal), acolhe a liberdade de recepção.

A liberdade de comunicação social em geral 633

verdadeiros *intermediários* entre as fontes de informação e o público, facultando a este informações a que, de outro modo, não teria acesso efectivo, precisam, eles próprios, de ter amplo acesso a elas.

É possível, inclusivamente, garantir aos jornalistas um acesso directo às fontes de informação mais amplo do que o acesso disponível para o público (porque ocupa menos tempo aos serviços administrativos), embora encontre restrições decorrentes, nomeadamente, da reserva da intimidade privada e de diversas modalidades de segredo.

Não será de estranhar, por isso, que, em face da lei vigente, o direito de acesso à informação dos jornalistas seja mais amplo que o do público.

A própria CRP consagra "O direito dos jornalistas, nos termos da lei, ao acesso às fontes de informação" (art. 38.º, n.º 2, al. b)). A expressão "nos termos da lei" possibilita a regulamentação pela lei ordinária deste direito fundamental, de modo que admite algumas restrições.

Tal direito é reafirmado, em termos um pouco mais concretos e em relação à generalidade dos meios de comunicação social, pelo EJorn de 1999, não só no art. 6.º ([1]), mas sobretudo no art. 8.º, que dispõe o seguinte:

"1 — O direito de acesso às fontes de informação é assegurado aos jornalistas:

a) Pelos órgãos da Administração Pública enumerados no n.º 2 do artigo 2.º do Código do Procedimento Administrativo;

b) Pelas empresas de capitais total ou maioritariamente públicos, pelas empresas controladas pelo Estado, pelas empresas concessionárias de serviço público ou do uso privativo ou exploração do domínio público e ainda por quaisquer entidades privadas que exerçam poderes públicos ou prossigam interesses públicos, quando o acesso pretendido respeite a actividades reguladas pelo direito administrativo.

2 — O interesse dos jornalistas no acesso às fontes de informação é sempre considerado legítimo para efeitos do exercício do direito regulado nos artigos 61.º a 63.º do Código do Procedimento Administrativo.

3 — O direito de acesso às fontes de informação não abrange os processos em segredo de justiça, os documentos classificados ou protegidos ao abrigo de legislação específica, os dados pessoais que não

---

([1]) "Constituem direitos fundamentais dos jornalistas: (...) b) A liberdade de acesso às fontes oficiais de informação (...)."

634   *Direito da Comunicação Social*

sejam públicos dos documentos nominativos relativos a terceiros, os documentos que revelem segredo comercial, industrial ou relativo à propriedade literária, artística ou científica, bem como os documentos que sirvam de suporte a actos preparatórios de decisões legislativas ou de instrumentos de natureza contratual.

4 — A recusa do acesso às fontes de informação por parte de algum dos órgãos ou entidades referidos no n.º 1 deve ser fundamentada nos termos do artigo 125.º do Código do Procedimento Administrativo e contra ela podem ser utilizados os meios administrativos ou contenciosos que no caso couberem.

5 — As reclamações apresentadas por jornalistas à Comissão de Acesso aos Documentos Administrativos contra decisões administrativas que recusem acesso a documentos públicos ao abrigo da Lei n.º 65/ /93, de 26 de Agosto, gozam de regime de urgência.".

Deste modo, a lei consagra o direito de acesso às fontes de informação no âmbito da *Administração Pública* e do *sector empresarial do Estado*.

Prevê, todavia, a regulamentação por outro diploma legal do modo e extensão desse acesso e prevê, desde logo, alguns *limites* importantes: segredo de justiça, segredos militares, segredos de Estado, outros segredos legais (o que remete para o segredo profissional de várias categorias de pessoas, o segredo bancário, o segredo segurador, etc.), informações que afectem a posição concorrencial das empresas do sector público e a reserva da intimidade privada ([1]).

Já analisámos acima vários destes limites. Interessa-nos agora, fazer algumas observações mais importantes sobre o acesso à informação política, administrativa, estatística, económica e relativa a acontecimentos proeminentes.

Agora, importa, sobretudo, conhecer os limites a tal acesso, em função do *objecto*.

Não deve esquecer-se, todavia, que há limites também em função do *método* de obtenção da informação, nomeadamente, mediante fotografia, filmagem ou gravação não autorizada ([2]). Já analisámos anteriormente estas situações, a propósito da protecção da privacidade.

([1]) Cf. *Acesso às Fontes de Informação — Colóquio de 28 de Abril de 1998, na Culturgest*, Lisboa, Lisboa, AACS/Sind. Jorn., 1999; EMILIO DEL PESO NAVARRO, MIGUEL ÁNGEL RAMOS GONZALÉZ, *Confidencialidad y Seguridad de la Información: La LORTAD y sus implicaciones socioeconómicas*, Madrid, Diaz de Santos, 1994

([2]) CPen art. 199.º.

SECÇÃO II
Acesso à informação política

1. Para o funcionamento do sistema democrático, é fundamental que os cidadãos tenham acesso à informação sobre as decisões políticas que lhes digam respeito.

Por isso, a *CRP* consagra o princípio da **participação dos cidadãos na vida pública**, incluindo o direito de ser esclarecidos sobre os actos das entidades públicas e de ser informados acerca da gestão dos assuntos públicos ([1]). Trata-se de um princípio fundamental para o funcionamento do sistema democrático.

Além disso, consagra o princípio da **publicidade** de toda uma série de actos mais importantes, nomeadamente, actos legislativos ([2]).

([1]) Segundo o art. 48.º, "1. Todos os cidadãos têm o direito de tomar parte na vida política e na direcção dos assuntos públicos do país, directamente ou por intermédio de representantes livremente eleitos.

2. Todos os cidadãos têm o direito de ser esclarecidos objectivamente sobre actos do Estado e demais entidades públicas e de ser informados pelo Governo e outras autoridades acerca da gestão dos assuntos públicos".

([2]) CRP art. 119.º: "1. São publicados no jornal oficial, *Diário da República*:

a) As leis constitucionais;

b) As convenções internacionais e os respectivos avisos de ratificação, bem como os restantes avisos a elas respeitantes;

c) As leis, os decretos-leis e os decretos legislativos regionais;

d) Os decretos do Presidente da República;

e) As resoluções da Assembleia da República e das Assembleias Legislativas Regionais dos Açores e da Madeira;

f) Os regimentos da Assembleia da República, do Conselho de Estado e das Assembleias Legislativas Regionais dos Açores e da Madeira;

g) As decisões do Tribunal Constitucional, bem como as dos outros tribunais a que a lei confira força obrigatória geral;

h) Os decretos regulamentares e os demais decretos e regulamentos do Governo, bem como os decretos dos Ministros da República para as regiões autónomas e os decretos regulamentares regionais;

i) Os resultados de eleições para os órgãos de soberania, das regiões autónomas e do poder local, bem como para o Parlamento Europeu e ainda os resultados de referendos de âmbito nacional e regional.

2. A falta de publicidade dos actos previstos nas alíneas a) a h) do número anterior e de qualquer acto de conteúdo genérico dos órgãos de soberania, das regiões autónomas e do poder local, implica a sua ineficácia jurídica.

3. A lei determina as formas de publicidade dos demais actos e as consequências da sua falta."

2. Por outro lado, quanto à **Assembleia da República**, o Regimento consagra o princípio do carácter público das *reuniões plenárias*, permite que as *comissões* deliberem sobre o carácter público das suas reuniões, reserva lugares nas salas para representantes dos órgãos de comunicação social e impõe a publicação de diversos actos da Assembleia ([1]).

A Assembleia da República disponibiliza o sinal da sua rede interna de vídeo para efeitos da distribuição de emissões parlamentares nas redes de *televisão por cabo*, nos termos da Lei n.º 6/97, de 1.3, e das Regras complementares aprovadas pela Resolução da Assembleia da República n.º 48/97, de 16 de Julho.

3. Quanto ao **Conselho de Ministros**, o Regimento impõe a elaboração de um *comunicado final* relativo a cada reunião, que deve ser transmitido à comunicação social ([2]).

É vedada, todavia, a divulgação de quaisquer projectos submetidos ou a submeter à apreciação do Conselho de Ministros, salvo para efeitos de negociação ou audição a efectuar nos termos da lei ([3]). As agendas, as apreciações, os debates, as deliberações e as súmulas do Conselho de Ministros são confidenciais, a não ser que constem do comunicado final ([4])([5]).

4. Também no âmbito da **União Europeia** é reconhecido o direito de acesso a documentos do Parlamento Europeu, do Conselho e da Comissão.

([1]) Art. 119.º a 129.º, na redacção de 2.3.1993. Sobre a participação das comissões de trabalhadores e das associações sindicais na elaboração da legislação laboral, cf. CRP art. 54.º, n.º 54, al. d), 56.º, n.º 2, al. a), Lei n.º 16/79, de 26.5, e Regimento da AR, art. 145.º.

([2]) Art. 7.º do Regimento aprovado pela Res CM n.º 3/2000, de 13.1.

([3]) Sobre a audição das Regiões Autónomas e das associações representativas dos municípios e das freguesias, cf. art. 27.º e 28.º do Regimento do CM. Sobra a audições das comissões de trabalhadores e associações sindicais, cf. CRP art. 54.º, n.º 54, al. d), 56.º, n.º 2, al. a), Lei n.º 16/79, de 26.5, e Regimento do CM, art. 29.º.

([4]) Art. 10.º do Regimento do CM.

([5]) Para maiores desenvolvimentos sobre o tema, cf. CATHERINE COURTNEY — D. NEWELL — S. RASAIAH, *The Law of Journalism*, London, Butterworths, 1995, pág. 115 e segs..

A liberdade de comunicação social em geral 637

Efectivamente, o art. 255.º do Tratado CE (¹) estabelece o seguinte:
"1. Todos os cidadãos da União e todas as pessoas singulares ou colectivas que residam ou tenham a sua sede social num Estado-membro têm direito de acesso aos documentos do Parlamento Europeu, do Conselho e da Comissão, sob reserva dos princípios e condições a definir nos termos dos n.ᵒˢ 2 e 3.

2. Os princípios gerais e os limites que, por razões de interesse público ou privado, hão-de reger o exercício do direito de acesso aos documentos serão definidos pelo Conselho, deliberando nos termos do artigo 251.º, no prazo de dois anos a contar da data da entrada em vigor do Tratado de Amsterdão.

3. Cada uma das citadas Instituições estabelecerá, no respectivo regulamento interno, disposições específicas sobre o acesso aos seus documentos".

SECÇÃO III

Acesso à informação administrativa

1. Tão *importante* como o acesso à informação política, ligada à actividade dos órgãos do topo da hierarquia do Estado, é o acesso à informação administrativa, relacionada com actividade dos diversos serviços da Administração Pública, dependentes do Governo ou dotados de maior ou menor autonomia.

Tal informação abrange os mais variados domínios da actividade administrativa: a defesa nacional, a segurança interna, as finanças, a justiça, os negócios estrangeiros, a economia (agricultura, indústria, comércio, turismo), as obras públicas, a educação e cultura, a saúde, o ambiente, etc..

Compreende-se, por isso, que tenha grande interesse, não só para as pessoas directamente interessadas em determinados processos administrativos (²), mas também para o público e, portanto, para os jornalistas.

(¹) Na versão do Tratado de Amsterdão, que alterou o anterior art. 191.º-A.

(²) CRP art. 268.º; Cód. Procedimento Administrativo (CPAdmin — aprovado pelo Dec.-Lei n.º 442/91, de 15.11, alterado pelo Dec.-Lei n.º 6/96, de 31.1), art. 61.º a 64.º. Sobre o assunto, cf. RAQUEL CARVALHO, *O Direito à Informação Administrativa Procedimental*, Porto, Public. Univ. Católica, 1999.

2. O reconhecimento do direito de acesso dos cidadãos à informação administrativa corresponde a um movimento que despontou na Suécia, em 1766, passando depois à República de Veneza, em 1781, a França, em 1789, e à Suíça (Zug), em 1858.

Só nos anos setenta do séc. XX, todavia, se expandiu a toda a Europa, nomeadamente, com a Recomendação da Assembleia Parlamentar do Conselho da Europa n.º 854, de 1.2.1979, relativa ao acesso público aos documentos governamentais e à liberdade de imprensa, e a Recomendação n.º R (81)19, de 25.11.1981, do seu Comité de Ministros sobre o acesso à informação detida pelas autoridades públicas ([1]).

Em Portugal, o acesso às fontes de informação administrativa, consagrado nas disposições gerais acima citadas ([2]), bem como no art. 65.º do CPAdmin ([3]), está regulado mais desenvolvidamente pela **Lei n.º 65/93, de 26.8,** sobre o **acesso aos documentos da Administração** ([4])([5]).

Além disso, a Lei n.º 26/94, de 19.8, regulamenta a obrigatoriedade de **publicitação dos benefícios concedidos pela Administração Pública a particulares.**

([1]) Cf. FERNANDO CONDESSO, *Direito à Informação Administrativa*, Lisboa, Pedro Ferreira, 1995, pág. 13 e seg..

([2]) CRP art. 37.º, n.º 1, DUDH art. 19.º, EJorn de 1999, art. 8.º, LImp de 1999, art. 1.º, n.º 2 e 3, LRádio, art. 4.º, e LTV, art. 8.º, n.º 1, al. b).

([3]) Segundo este art. 65.º, sob a epígrafe "Princípio da administração aberta", "1 — Todas as pessoas têm o direito de acesso aos arquivos e registos administrativos, mesmo que não se encontre em curso qualquer procedimento que lhes dirá directamente respeito, sem prejuízo do disposto na lei em matérias relativas à segurança interna e externa, à investigação criminal e à intimidade das pessoas.

2 — O acesso aos arquivos e registos administrativos é regulado em diploma próprio".

([4]) Transpôs para a ordem jurídica interna portuguesa a Directiva do Conselho n.º 90/313/CEE, de 7.7.1990, relativa à liberdade de acesso à informação em matéria de ambiente. Foi alterada pela Lei n.º 8/95, de 29.3, e pela Lei n.º 94/99, de 16.7, e regulamentada pelo Dec.-Lei n.º 134/94, de 20.5.

([5]) Sobre o assunto, cf. FERNANDO CONDESSO, *Direito à Informação Administrativa*, Lisboa, Pedro Ferreira, 1995; os *Relatórios de Actividades* anuais da COMISSÃO DE ACESSO AOS DOCUMENTOS ADMINISTRATIVOS; CUNHA RODRIGUES, "Transparência e segredo no direito à informação sobre ambiente", in *Lugares do Direito*, Coimbra, Coimbra Editora, 1999, pág. 123 e segs.; MARIA EDUARDA GONÇALVES, *Direito da Informação*, Coimbra, Almedina, 1994, pág. 111 e segs.; E. DERIEUX, *Droit de la Communication*, Paris, LGDJ, 1999, pág. 248 e segs.

A liberdade de comunicação social em geral   639

Existe um **sistema de informação para a transparência dos actos da Administração Pública** (central, regional e local) (**SITAAP**), tendo por objectivo a recolha, tratamento e divulgação de dados estatísticos sobre diversos tipos de actos, como empreitadas e fornecimentos públicos, subsídios e diversos outros benefícios, sendo tais dados acessíveis telematicamente ([1]).

Existem outras disposições dispersas sobre estas matérias, mas interessa-nos, agora, analisar, sobretudo, os princípios fundamentais da Lei n.º 65/93.

3. Em síntese, incluem-se no **âmbito de aplicação** desta Lei n.º 65/93, de 26.8, os documentos relativos a actividades desenvolvidas por *entidades públicas*: órgãos do Estado e das Regiões Autónomas que exerçam funções administrativas, órgãos dos institutos públicos e das associações públicas e órgãos das autarquias locais, suas associações e federações e outras entidades no exercício de poderes de autoridade (art. 2.º e 3.º).

Ficam fora do âmbito de aplicação da Lei 65/93, os documentos cuja divulgação possa pôr em risco a segurança interna e externa do Estado (art. 5.º), os abrangidos pelo segredo de justiça (art. 6.º), os documentos notariais e registrais, de identificação civil e criminal, os documentos referentes a dados pessoais com tratamento automatizado e aos documentos depositados em arquivos históricos (art. 7.º, n.º 7) ([2]).

4. Quanto aos documentos administrativos abrangidos pela Lei n.º 65/93, vigoram os **princípio da publicidade e da transparência**: "Todos têm direito à informação mediante o acesso a documentos administrativos de carácter não nominativo" (art. 1.º e 7.º, n.º 1)([3]).

([1]) Lei n.º 104/97, de 13.9.

([2]) Os documentos notariais e registrais são, em regra, públicos, segundo, respectivamente, o art. 164.º do Código do Notariado (aprovado pelo Dec.-Lei n.º 207/ /95, de 14.8), o art. 214.º do Código do Registo Civil (aprovado pelo Dec.-Lei n.º 131/95, de 6.6), o art. 104.º do Código do Registo Predial (aprovado pelo Dec.-Lei n.º 224/84, de 6.7), o art. 73.º do Código do Registo Comercial (aprovado pelo Dec.-Lei n.º 403/86, de 3.12). O registo criminal é de acesso restrito, como resulta dos art. 9.º a 14.º do Dec.-Lei n.º 39/83, de 25.1. O regime geral dos arquivos e do património arquivístico consta do Dec.-Lei n.º 16/93, de 23.1.

([3]) A Lei n.º 65/93 considera documentos nominativos "quaisquer suportes de informação que contenham dados pessoais"; e considera dados pessoais "informações

640   *Direito da Comunicação Social*

Este direito compreende o direito de consulta gratuita, nos serviços que detêm os documentos, e de obter a sua reprodução, bem como o direito de ser informado sobre a sua existência e conteúdo (art. 7.º, n.º 2, e 12.º, n.º 1).

No entanto, segundo o art. 7.º, "4 — O acesso a documentos constantes de processos não concluídos ou a documentos preparatórios de uma decisão é diferido até à tomada da decisão, ao arquivamento do processo ou ao decurso de um ano após a sua elaboração.

5 — O acesso aos inquéritos e sindicâncias tem lugar após o decurso do prazo para eventual procedimento disciplinar.

6 — Os documentos a que se refere a presente lei são objecto de comunicação parcial sempre que seja possível expurgar a informação relativa à matéria reservada (...)".

5. O acesso aos documentos deve ser **solicitado** por escrito à respectiva entidade responsável, devendo esta dar **resposta** no prazo de 10 dias (art. 13.º, 14.º e 15.º).

"A Administração pode recusar o acesso a documentos cuja comunicação ponha em causa segredos comerciais, industriais ou sobre a vida interna das empresas" (art. 10.º, n.º 1).

"É vedada a utilização de informações com desrespeito dos direitos de autor e dos direitos de propriedade industrial, assim como a reprodução, difusão e utilização destes documentos e respectivas informações que possam configurar práticas de concorrência desleal" (art. 10.º, n.º 2).

"Os dados pessoais comunicados a terceiros não podem ser utilizados para fins diversos dos que determinaram o acesso, sob pena de responsabilidade por perdas e danos, nos termos legais" (art. 10.º, n.º 3).

6. No caso de indeferimento ou falta de decisão, o interessado pode apresentar **queixa** à Comissão de Acesso aos Documentos Administrativos (CADA), ou interpor **recurso** junto dos tribunais administrativos (art. 16.º e 17.º).

---

sobre pessoa singular, identificada ou identificável, que contenham apreciações, juízos de valor ou que sejam abrangidas pela reserva da intimidade da vida privada" (art. 4.º, n.º 1, al. b) e c)).

SECÇÃO IV

Acesso à informação estatística

À observação e estudo de diversos fenómenos interessa o conhecimento de dados quantitativos agregados relativamente a certo conjunto. Para isso, utiliza-se o método estatístico, que tem especial interesse quanto a fenómenos sociais e económicos.

A estatística sócio-económica assenta na recolha de dados individuais e no apuramento e difusão dos resultados.

O apuramento e a difusão de resultados estatísticos globais não suscita, em regra, problemas, que nos interesse estudar agora ([1]). Compreende-se, todavia, que as entidades que recolhem dados para elaborar estatísticas não devam divulgar informações individualizadas, sob pena de não merecerem a confiança de quem lhes presta os dados, o que conduziria à perda de significado dos resultados apurados

Por isso, a lei confere ao Instituto Nacional de Estatística (INE) o *exclusivo* da notação, apuramento, coordenação e difusão de dados estatísticos oficiais ([2]) e estabelece o princípio do **segredo estatístico**.

Com efeito, o art. 5.º da Lei n.º 6/89, de 15.4, dispõe o seguinte:

"1 — O segredo estatístico visa salvaguardar a privacidade dos cidadãos, preservar a concorrência entre os agentes económicos e garantir a confiança dos informadores no sistema estatístico.

2 — Todas as informações estatísticas de carácter individual colhidas pelo INE são de natureza confidencial, pelo que:

a) Não podem ser discriminadamente insertas em quaisquer publicações ou fornecidas a quaisquer pessoas ou entidades, nem delas pode ser passada certidão;

b) Constituem segredo profissional para todos os funcionários e agentes que deles tomem conhecimento;

c) Nenhum serviço ou autoridade pode ordenar ou autorizar o seu exame.

3 — As informações individualizadas sobre pessoas singulares nunca podem ser divulgadas.

([1]) Sobre o assunto, cf. por exemplo, PEDRO SOARES MARTINEZ, "Introdução a um Ensaio sobre Estatísticas Económicas", in *Rev. Fac. Direito de Lisboa*, vol. XI, 1957, pág. .

([2]) Lei n.º 6/89, de 15.4 (que estabeleceu o Sistema Estatístico Nacional), art. 3.º.

642 Direito da Comunicação Social

4 — Salvo disposição legal em contrário, as informações sobre a Administração Pública não estão abrangidas pelo segredo estatístico.

5 — As informações sobre cooperativas, empresas públicas e privadas, instituições de crédito e outros agentes económicos não podem ser divulgadas, salvo autorização escrita dos respectivos representantes ou após autorização do Conselho Superior de Estatística, caso a caso, desde que estejam em causa as necessidades do planeamento e coordenação económica ou as relações económicas externas".

Aliás, "é obrigatória a prestação de informações, a título não remunerado, que forem solicitadas pelo INE, no exercício das suas competências no quadro de autoridade estatística" ([1]).

SECÇÃO V

Acesso à informação económica

1. Pode perguntar-se em que medida é que o público e, sobretudo, os jornalistas têm acesso à informação económica. Não me refiro, agora, à informação recolhida pelo Estado ou outros entes públicos (sujeita ao regime analisado na secção anterior), mas sim à informação relativa às empresas privadas (fora do âmbito das estatísticas acima referidas).

A tal respeito, existem interesses contrapostos.

Por um lado, o público (v.g. os consumidores) tem conveniência em conhecer as qualidades dos produtos, a organização e os métodos de produção, os custos, etc..

As empresas têm, contudo, de salvaguardar segredos industriais e comerciais, perante os concorrentes e parceiros de negócios, bem como de proteger a sua privacidade, de afastar os seus bens da cobiça alheia (v.g. do Fisco...) e de evitar que a sua actividade seja afectada por informações sobre a sua situação e perspectivas de negócio (seja de grande prosperidade, seja de crise). É costume dizer que "o segredo é a alma do negócio". Em todo o caso, as empresas também têm interesse em publicitar as (boas) qualidades dos seus produtos e promover a sua imagem.

([1]) Art. 4.º, n.º 5, do Dec.-Lei n.º 280/89, de 23.8 (que aprova os estatutos do INE), na redacção do Dec.-Lei n.º 118/94, de 5.5.

A *liberdade de comunicação social em geral*   643

2. Quanto aos **comerciantes** (em nome individual ou sociedades comerciais), o Código Comercial estabelece, por um lado, o direito ao segredo sobre a escrituração mercantil (art. 41.º), mas prevê também diversas situações em que eles têm o dever de prestar informações, bem como de prestar contas (art. 63.º, 344.º a 350.º), para protecção dos sócios e dos credores.

Nomeadamente, as sociedades comerciais têm o dever de depositar no registo comercial (que é acessível ao público) e de publicar em publicações periódicas os estatutos e suas alterações, a designação e cessação de funções dos seus administradores, os relatórios de gestão e os balanços e contas anuais, as convocatórias de assembleias gerais, etc. ([1]).

A lei é especialmente exigente quanto a sociedades anónimas com acções cotadas nas bolsas de valores ([2]) ([3]).

SECÇÃO VI
Acesso a acontecimentos proeminentes

1. Há certos acontecimentos que suscitam grande interesse do público, mas que ocorrem em espaços de acesso restrito (nomeadamente, em recintos privados, abertos só a certas pessoas ou a quem pague bilhete). Por isso, certos órgãos de comunicação social conseguem obter junto dos organizadores **direitos exclusivos** de recolha e divulgação de informação, frequentemente mediante remuneração mais ou menos elevada.

O desporto — sobretudo, o futebol — tornou-se um espectáculo público que atrai multidões aos estádios e aos programas de televisão. Compreende-se, por isso, o apetite das empresas publicitárias pelos

---

([1]) Cf., por exemplo, CSC art. 5.º, 18.º, 70.º, 166.º, 167.º; CRegCom art. 3.º a 10.º, 15.º, 70.º, 73.º,

([2]) Cf., por exemplo, Código dos Valores Mobiliários (aprovado pelo Dec.-Lei n.º 486/99, de 13.11), art. 7.º, 17.º, 18.º, 140.º, 167.º, 174.º, 202.º, 222.º, 223.º, 234.º, 244.º a 250.º, 270.º, 354.º, 367.º, 389.º.

([3]) Para maiores desenvolvimentos, cf. LUÍS BRITO CORREIA, *Direito Comercial*, Lisboa, 1987, vol. I, pág. 309 e segs.; CARLOS OSÓRIO DE CASTRO, "A informação no direito do mercado de valores mobiliários", in *Direito dos Valores Mobiliários*, Lisboa, Lex, 1997, pág. 333 e segs.; AMADEU JOSÉ FERREIRA, *Direito dos Valores Mobiliários*, Lisboa, AAFDL, 1997, pág. 333 e segs..

644   *Direito da Comunicação Social*

espaços e tempos de divulgação das suas mensagens e o seu desejo de obter e vender direitos exclusivos de divulgação das grandes competições nacionais e internacionais.

Esses e outros acontecimentos, nomeadamente, de natureza política (congressos partidários, declarações de políticos destacados, etc.) e cultural (óperas, concertos, etc.) têm tal projecção, que se considera conveniente impor um mínimo de divulgação, ainda que respeitando legítimos direitos exclusivos obtidos por determinado órgão de comunicação social.

2. O problema foi suscitado em Portugal, sobretudo, a propósito do acesso de jornalistas a recintos desportivos, tendo sido objecto de um Parecer da Procuradoria-Geral da República, de 28.8.1985 ([1]), que suscitou debate na doutrina ([2]).

A matéria veio a ser regulada pelo art. 16.º, n.º 2, da Lei n.º 58//90, de 7.9 (1.ª LTV), mas continuou a suscitar litígios, que deram origem a dois Pareceres da Procuradoria-Geral da República ([3]) e a uma Directiva da Alta Autoridade para a Comunicação Social, de 15.5.1991 ([4]).

Entretanto, a *Convenção Europeia sobre a Televisão sem Fronteiras*, de 5.5.1989 (ainda não ratificada por Portugal), estabeleceu que "Cada Parte examinará as medidas jurídicas necessárias para evitar que o direito do público à informação não seja posto em causa pelo exercício, por um radiodifusor, de direitos exclusivos para a transmissão ou retransmissão, na acepção do art. 3.º ([5]), de um acontecimento de grande interesse para o público, de tal forma que prive um número substancial de espectadores, em uma ou diversas Partes, de acompanhar esse acontecimento através da televisão" (art. 9.º).

3. A questão foi retomada pela LTV de 1998, que dispõe o seguinte, no art. 25.º, sob a epígrafe "**Aquisição de direitos exclusivos**":

([1]) In *BMJ*, n.º 353, pág. 137.

([2]) Cf. J. OLIVEIRA ASCENSÃO, "Direito à informação e direito ao espectáculo", in *ROA*, ano 48, 1988, pág. 15 e segs..

([3]) IN *BMJ*, n.º 428 (1993), pág. 61 e 141.

([4]) In *Primeiro Mandato — 1990-1994 — Actividade Desenvolvida*, Lisboa, AACS, 1995, pág. 101 e seg.

([5]) Este art. 3.º refere-se a "todo o serviço de programas que possa ser recebido, directa ou indirectamente, em uma ou várias Partes, sempre que o mesmo seja transmitido ou retransmitido por organismos ou meios técnicos — cabo, emissor terrestre ou satélite — sujeitos à jurisdição de uma Parte".

A liberdade de comunicação social em geral 645

"1 — É *nula* a aquisição, por quaisquer operadores de televisão, de direitos exclusivos para a transmissão de *acontecimentos de natureza polí*tica.

2 — Em caso de *aquisição*, por operadores de televisão que emitam em regime de acesso condicionado ou sem cobertura nacional, *de direitos exclusivos* para a transmissão, integral ou parcial, directa ou em diferido, *de outros acontecimentos* que sejam objecto *de interesse generalizado do público*, os titulares dos direitos televisivos ficam *obrigados* a facultar, em termos não discriminatórios e de acordo com as condições normais do mercado, o seu *acesso* a outro ou *outros operadores interessados* na transmissão que emitam por *via hertziana terrestre* com cobertura nacional e acesso não condicionado.

3 — Na falta de acordo entre o titular dos direitos televisivos e os demais operadores interessados na transmissão do evento, haverá lugar a *arbitragem vinculativa* da Alta Autoridade para a Comunicação Social, mediante requerimento de qualquer das partes.

4 — Os eventos a que se referem os números anteriores, bem como as condições da respectiva transmissão, constam de *lista* a publicar na 2.ª série do *Diário da República*, até 31 de Outubro de cada ano, pelo membro do Governo responsável pelo sector, ouvida a Alta Autoridade para a Comunicação Social ([1]), sem prejuízo da publicação de aditamentos excepcionais determinados pela ocorrência superveniente e imprevisível de factos da mesma natureza.

5 — Os titulares de direitos exclusivos para a transmissão de quaisquer eventos ficam *obrigados a ceder o respectivo sinal*, em directo ou em diferido, se assim o exigirem, aos operadores que disponham de *emissões internacionais*, para utilização restrita a estas, em condições a definir em diploma regulamentar, que estabelecerá os critérios da retribuição pela cedência ([2]), havendo lugar, na falta de acordo entre os interessados, a *arbitragem vinculativa* da Alta Autoridade para a Comunicação Social.

6 — Aos operadores televisivos sujeitos à presente lei é vedado o exercício de direitos exclusivos adquiridos após 30 de Julho de 1997 em termos que impeçam uma parte substancial do *público de*

([1]) O Despacho n.º 19 030-A/98 (2.ª série), de 31.10, definiu, para 1998, os acontecimentos que devem ser qualificados de interesse generalizado do público, sendo todos eles de natureza desportiva.

([2]) Este diploma regulamentar é a Portaria n.º 953/98, de 7.11.

outro Estado membro da União Europeia de acompanhar, na televisão de acesso não condicionado, eventos constantes das listas a que se refere o n.º 8, nas condições nelas fixadas.

7 — A inobservância do disposto nos n.ᵒˢ 2 ou 6 não dará lugar à aplicação das respectivas *sanções* sempre que o titular do exclusivo demonstre a impossibilidade de cumprimento das obrigações neles previstas.

8 — Para efeitos do disposto no n.º 6, a lista definitiva das medidas tomadas pelos Estados membros, tal como divulgada no *Jornal Oficial das Comunidades Europeias*, será objecto de publicação na 2.ª série do *Diário da República* por iniciativa do membro do Governo responsável pela área da comunicação social" (itálicos nossos).

O artigo 26.º, sob a epígrafe "**Direito a extractos informativos**", acrescenta o seguinte:

"1 — Os responsáveis pela realização de espectáculos ou outros eventos públicos, bem como os titulares de direitos exclusivos que sobre eles incidam, *não podem opor-se* à transmissão de breves *extractos* dos mesmos, de natureza informativa, por parte de qualquer operador de televisão, nacional ou não.

2 — Para o exercício do direito à informação previsto no número anterior, os operadores podem utilizar o *sinal* emitido pelos titulares dos direitos exclusivos, suportando apenas os custos que eventualmente decorram da sua disponibilização, ou recorrer, em alternativa, à utilização de *meios técnicos próprios*, nos termos legais que asseguram o acesso dos órgãos de comunicação social a locais públicos.

3 — Os extractos a que se refere o n.º 1 devem:

a) Limitar-se à *duração* estritamente indispensável à percepção do conteúdo essencial dos acontecimentos em questão, desde que não exceda *noventa segundos*, salvo período superior acordado entre os operadores envolvidos, tendo em conta a natureza dos eventos;

b) Ser difundidos exclusivamente em *programas regulares de natureza informativa geral*, e em momento *posterior à cessação do evento*, salvo acordo para utilização diversa, a estabelecer entre as partes;

c) *Identificar a fonte* das imagens, caso sejam difundidas a partir do sinal transmitido pelo titular do exclusivo".

ÍNDICE

Abreviaturas	5
Prefácio	9
Nota preliminar	15

INTRODUÇÃO

Capítulo I – Importância e noção do direito da comunicação social 19

Secção I – Importância da comunicação social na sociedade contemporânea 19

Secção II – Noção comum e noção jurídica de comunicação social; distinção de figuras afins 22

Secção III – Classificação dos meios de comunicação social 48

Secção IV – Delimitação e caracterização do direito da comunicação social 49

Secção V – Lugar do direito da comunicação social no conjunto dos ramos de direito 57

Secção VI – Plano de estudo 61

Capítulo II – História do direito da comunicação social 63

Secção I – Importância do estudo da história do direito da comunicação social; principais fases 63

Secção II – Os primórdios da imprensa e as primeiras lutas pela liberdade (1450-1846) 63

Secção III – O nascimento da grande imprensa e o reconhecimento da liberdade (1850-1926) 79

Secção IV – O desenvolvimento da grande imprensa, o aparecimento da informação audiovisual e a censura (1926-1974) 88

Secção V – O reconhecimento da liberdade de comunicação social e a revolução informática e das telecomunicações (1974-...) 105

Capítulo III – Os principais sistemas jurídicos de comunicação social do mundo 129

Secção I – Considerações gerais 129

648 *Direito da Comunicação Social*

Secção II – O sistema britânico: auto-regulamentação da imprensa e desregulamentação da rádio e da televisão 132

Secção III – O sistema americano: liberdade, concorrência, concentração e desregulamentação 139

Secção IV – O sistema francês: liberdade de imprensa regulamentada e favorecida e desregulamentação da rádio e da televisão 145

Secção V – Enquadramento do sistema português actual 152

Capítulo IV – Fontes de direito 155

Secção I – Considerações gerais 155

Secção II – Fontes internas 157

    Subsecção I – Lei 157

        Divisão I – Lei constitucional 157

        Divisão II – Lei ordinária 158

        Divisão III – Regulamento administrativo 163

        Divisão IV – Directiva genérica da Alta Autoridade para a Comunicação Social 165

        Divisão V – Convenção colectiva de trabalho 169

        Divisão VI – Decisão arbitral 171

        Divisão VII – Código deontológico 171

        Divisão VIII – Estatuto editorial 174

    Subsecção II – Costume 176

    Subsecção III – Jurisprudência 177

    Subsecção IV – Doutrina; bibliografia 179

Secção III – Fontes internacionais 186

    Subsecção I – Considerações gerais 186

    Subsecção II – Fontes comunitárias 189

Secção IV – Hierarquia das fontes 191

Secção V – Interpretação da lei 192

Secção VI – Integração da lei 192

Secção VII – Aplicação da lei no tempo 195

Secção VIII – Aplicação da lei no espaço 196

PARTE I – OS SUJEITOS DA COMUNICAÇÃO SOCIAL 197

Capítulo I – Considerações gerais 199

Secção I – Universalidade subjectiva da liberdade de comunicação social 199

    Subsecção I – Princípio da universalidade 199

    Subsecção II – Organizações fascistas 201

Subsecção III – Pessoas singulares estrangeiras 202
Subsecção IV – Pessoas colectivas estrangeiras 205
Secção   II – Igualdade, restrições ao exercício da liberdade e pro-
  tecção de minorias 208
Subsecção   I – Princípio da igualdade 208
Subsecção   II – Menores 209
Subsecção III – Deficientes 213
Subsecção IV – Confissões religiosas 214
Secção III – Titularidade dos direitos de informação, de difusão e
  de recepção 215
Subsecção   I – A liberdade de comunicação social perante o Es-
  tado 215
  Divisão   I – Considerações gerais 215
  Divisão   II – Na imprensa 217
  Divisão   III – Na rádio e na televisão 222
  Divisão   IV – Na comunicação social electrónica 225
Subsecção   II – A liberdade de comunicação social perante a em-
  presa mediática 227
  Divisão   I – Considerações gerais 227
  Divisão   II – Empresas de imprensa 228
  Divisão   III – Empresas de rádio 232
  Divisão   IV – Empresas de televisão 235
  Divisão   V – Empresas de comunicação social electrónica ... 237
Secção IV – Associações de leitores, de radio-ouvintes e de teles-
  pectadores 238

Capítulo II – Empresas de comunicação social 239
Secção   I – Noção e espécies 239
Secção   II – Princípios comuns às empresas dos vários meios de
  comunicação social 254
Subsecção   I – Considerações gerais 254
Subsecção   II – Princípio do pluralismo e da concorrência; con-
  trolo das operações de concentração 254
Subsecção III – Princípio da independência perante o poder polí-
  tico 264
Subsecção IV – Princípio da independência perante o poder eco-
  nómico 272
Subsecção   V – Princípio da transparência do capital: nominatividade das acções; divulgação dos financiadores ... 274
Subsecção VI – Princípio da especialidade 277
Subsecção VII – Apoios do Estado e da União Europeia aos órgãos
  de comunicação social; princípio da não discri-
  minação 278

Subsecção VIII – Regime fiscal 283
Secção III – Empresas de imprensa 284
Subsecção I – Noção e espécies; âmbito da liberdade de empresa 284
Subsecção II – Liberdade de constituição de empresas de imprensa; registo de imprensa 288
Subsecção III – Empresas jornalísticas 292
Divisão I – Participação de estrangeiros 292
Divisão II – Organização 295
Subsecção IV – Empresas editoriais 303
Subsecção V – Empresas noticiosas 304
Subsecção VI – Livreiros 308
Subsecção VII – Distribuidores 309
Secção IV – Empresas de radiodifusão sonora 310
Subsecção I – Noção de empresa de radiodifusão 310
Subsecção II – Sistemas de monopólio e sistemas de pluralismo ... 312
Subsecção III – Espécies de empresas de rádio 314
Subsecção IV – Fins da radiodifusão 318
Subsecção V – O serviço público de rádio e a RDP, SA 320
Subsecção VI – Rádios privadas 327
Divisão I – Licenciamento e registo; organização 327
Divisão II – Organização 334
Divisão III – Rádio Comercial, S.A. 334
Divisão IV – Rádio Renascença 335
Divisão V – Rádios regionais e locais 337
Secção V – Empresas de televisão 339
Subsecção I – Noção de empresa de televisão 339
Subsecção II – Sistemas de monopólio e sistemas de pluralismo .. 341
Subsecção III – Espécies de empresas de televisão 344
Subsecção IV – Fins da televisão 348
Subsecção V – O serviço público de televisão e a RTP, S.A. 349
Subsecção VI – Televisão hertziana privada 358
Divisão I – Licenciamento, autorização e registo 358
Divisão II – Organização 364
Divisão III – SIC 365
Divisão IV – TVI 365
Secção VI – Operadores de rede de distribuição por cabo 366
Secção VII – Teledifusora de Portugal, S.A. 369
Secção VIII – Empresas de comunicação social electrónica 370
Secção IX – Outras empresas de comunicação social 373
Secção X – Associações empresariais e associações patronais mediáticas 373

Índice-Programa

Capítulo III – Jornalistas 377
Secção I – Definição de jornalista; equiparados, correspondentes locais e colaboradores especializados; jornalistas da imprensa regional 377
Secção II – Espécies 385
Secção III – Contrato: capacidade e incompatibilidades; forma; estágio e período experimental 399
Secção IV – Título profissional; carteira profissional; cartão de identificação de jornalista da imprensa regional 405
Secção V – Direitos e deveres profissionais.................................. 411
Subsecção I – Considerações gerais 411
Subsecção II – Liberdade de criação e expressão 412
Subsecção III – Acesso às fontes oficiais de informação 413
Subsecção IV – Segredo profissional 416
Subsecção V – Independência 419
Subsecção VI – Participação no órgão de comunicação social 421
Subsecção VII – Deveres; deontologia profissional 423
Secção VI – Rescisão do contrato de trabalho por alteração da orientação do meio de comunicação social 426
Secção VII – Sindicatos e outras associações de jornalistas.............. 428
Secção VIII – Segurança social dos jornalistas 432

Capítulo IV – Outros colaboradores da comunicação social 435

Capítulo V – Alta Autoridade para a Comunicação Social 437
Secção I – Noção, atribuições e história 437
Secção II – Natureza e competência 440
Secção III – Composição e estatuto dos seus membros 444
Secção IV – Organização e funcionamento 445

Capítulo VI – A Administração Pública e a comunicação social 447

Capítulo VII – A Igreja e a comunicação social 451

Capítulo VIII – Organizações internacionais 453

PARTE II – A LIBERDADE DE COMUNICAÇÃO SOCIAL O DIREITO À INFORMAÇÃO 457

Capítulo I – Natureza e protecção jurídica da liberdade de comunicação social 459
Secção I – Direitos do Homem, direitos naturais, direitos fundamentais e direitos de personalidade 459

Secção II – Protecção constitucional da liberdade de comunicação social 463
Secção III – Protecção internacional da liberdade de comunicação social 470

Capítulo II – A liberdade de comunicação social e as suas limitações 473
Secção I – A liberdade de expressão do pensamento e de comunicação social e os seus componentes 473
Secção II – A liberdade de expressão do pensamento 478
Secção III – A liberdade de comunicação social 486
Subsecção I – Considerações gerais 486
Subsecção II – A liberdade de imprensa 489
Subsecção III – A liberdade de expressão pela rádio 503
Subsecção IV – A liberdade de expressão pela televisão 505
Subsecção V – A liberdade de expressão por meios electrónicos .. 510
Secção IV – Limitações à liberdade de comunicação social em geral ... 511
Subsecção I – Considerações gerais 511
Subsecção II – Militares e agentes militarizados 512
Secção V – Deveres de segredo 514
Subsecção I – Considerações gerais 514
Subsecção II – Segredo religioso 515
Subsecção III – Segredo de Estado 516
Subsecção IV – Segredo dos titulares de cargos políticos 518
Subsecção V – Segredo dos funcionários e agentes da Administração Pública 519
Subsecção VI – Segredo de justiça 519
Subsecção VII – Segredo dos médicos, farmacêuticos e pessoal hospitalar 525
Subsecção VIII – Segredo bancário 527
Subsecção IX – Segredo segurador 531
Subsecção X – Segredo dos trabalhadores subordinados 531
Secção VI – Deveres de divulgação 531
Subsecção I – Mensagens de divulgação obrigatória 531
Subsecção II – Direito de espaço na imprensa e direito de antena .. 535
Divisão I – Considerações gerais 535
Divisão II – Direito de antena geral 538
Divisão III – Direito de espaço na imprensa estatal e direito de antena da oposição parlamentar 542
Divisão IV – Direito de espaço na imprensa e direito de antena nos períodos eleitorais e referendários ... 543
Divisão V – Direito de antena das confissões religiosas 550
Subsecção III – Direito de resposta e de rectificação 551

Subsecção IV – Direito de resposta e de réplica política da oposição parlamentar 568
Secção VII – Deveres relativos ao conteúdo 571
Subsecção I – Abuso do direito 571
Subsecção II – Colisão de direitos 573
Subsecção III – Verdade, rigor, objectividade e isenção 575
Subsecção IV – Pluralismo interno 579
Subsecção V – Sondagens e inquéritos de opinião 581
Subsecção VI – Defesa das línguas e das culturas portuguesas e europeias 584
Subsecção VII – Direito à honra 587
Subsecção VIII – Reserva sobre a intimidade privada 594
Subsecção IX – Protecção de dados pessoais 601
Subsecção X – Obscenidades e pornografia 617
Subsecção XI – Violência 622

Capítulo III – Direito à informação 629
Secção I – Direito de se informar e de ser informado 629
Secção II – Acesso à informação política 635
Secção III – Acesso à informação administrativa 637
Secção IV – Acesso à informação estatística 641
Secção V – Acesso à informação económica 642
Secção VI – Acesso a acontecimentos proeminentes 643

ADITAMENTO DE ACTUALIZAÇÃO

Tendo-se esgotado a 1.ª edição do vol. I desta obra, recebi pedidos insistentes da sua reedição. Não me sendo possível a sua actualização completa, limito-me, agora, a reimprimir a versão inicial acrescentando-lhe o texto revisto e actualizado do n.º 11 e segs. da Secção V do Capítulo II, sobre a história do direito da comunicação social, com menção a todos diplomas legislativos publicados desde 28.10.1995 até 12.3.2005. Junto também tabelas de correspondência entre as Leis da Rádio de 1988 e de 2001, entre o DLLic Rádio 130/97 e a Lei da Rádio de 2001, e entre as Leis da Televisão de 1998 e de 2003, e vice-versa.

CAPÍTULO II
História do direito da comunicação social

SECÇÃO V
**O reconhecimento da liberdade de comunicação social
e a revolução informática e das telecomunicações (1974-...)**

11. O **Governo do Partido Socialista**, presidido pelo Eng. António Guterres (28.10.1995-6.4.2002), manifestou grande empenho nos meios de comunicação social e na modernização do seu regime jurídico.

Logo depois da posse, foi restabelecida a figura do *Secretário de Estado da Comunicação Social*, assumida pelo Dr. Alberto Arons de Carvalho [1].

---

[1] DL n.º 96-A/95, de 17. 1, art. 6.º, n.º 1, al. e), e Dec. do PR n.º 85-A/95, de 30.10.

Direito da Comunicação Social

A Lei n.º 15/95, de 25.5, que havia introduzido *alterações* à *Lei de Imprensa* (v.g., em matéria de direito de resposta, responsabilidade do director e processos judiciais), foi revogada, quase integralmente, tendo sido reposta em vigor a legislação anteriormente aplicável([2]).

Posteriormente, foi aprovada uma *nova Lei de Imprensa*([3]), que definiu mais estritamente o seu âmbito de aplicação, consagrou expressamente alguns importantes direitos dos jornalistas, eliminou disposições desactualizadas ou contrárias ao direito comunitário, e retirou preceitos com melhor cabimento noutros diplomas (v.g., no EJorn, no CPen e no CPPen).

Foi, também, aprovado um novo *Estatuto do Jornalista*([4]) e um novo *Regulamento da Carteira Profissional do Jornalista*([5]) e extinto o *adicional* de 1% sobre toda a publicidade, que beneficiava a Caixa de Previdência e Abono de Família dos Jornalistas([6]).

Foi aprovado um novo regime de acesso e de exercício da actividade de operador da *rede de distribuição por cabo*, para uso público. Seguindo a política comunitária, este diploma liberalizou tal actividade, quanto a emissões próprias e alheias, e autorizou a oferta de serviços interactivos (Internet, "video-on-demand", etc.), a possibilidade de ligações bidirec-

---

([2]) Lei n.º 8/96, de 14.3.

([3]) Lei n.º 2/99 de 13.1. Baseou-se na Proposta de Lei n.º 90/VII, tendo o texto final sido aprovado com votos a favor do PS, PCP e Verdes, e abstenção do PSD e CDS-PP. Cf. *DAR*, II série A, n.º 25, de 19.12.1998, pág. 622.

([4]) Lei n.º 1/99, de 13.1. Baseou-se na Proposta de Lei n.º 179/VII (com exposição de motivos, in *DAR*, II série –A, n.º 55, de 30.5.1998); os relatórios das Comissões parlamentares respectivas foram publicados no DAR, n.º 4 e 5, de 24 e 26.9.1998, pág. 97 e 118, respectivamente; o texto final foi aprovado por unanimidade, em 17.12.1998. Cf. *DAR*, II série A, n.º 25, de 19.12.1998, pág. 630. A P. 318/99, de 12.5, regulou o estágio de acesso à profissão de jornalista. A P. 480/99, de 30.6, regulamentou o regime especial de circulação e estacionamento de viaturas utilizadas por jornalistas no exercício das suas funções.

([5]) Dec.-Lei n.º 305/97, de 11.11. A P n.º 148/99, de 4.3, regulamentou as condições de emissão do cartão de identificação emitido pela Comissão da Carteira Profissional do Jornalista (CCPJ), que titule a actividade profissional dos correspondentes de órgãos de comunicação social estrangeiros em Portugal. A P n.º 148/99, de 4.3, regula a emissão do cartão de identificação dos correspondentes de órgãos de comunicação social estrangeiros em Portugal. A P n.º 360/99, de 19.5, define as condições de emissão do título de identificação dos cidadãos que exerçam actividade jornalística em órgãos de comunicação social destinados às comunidades portuguesas no estrangeiro e aí sediados.

([6]) Dec.-Lei n.º 135/98, de 15.5.

Aditamento de Actualização

cionais para transmissão de dados, bem como a locação da capacidade de transmissão da rede para a prestação de outros serviços de telecomunicações ([7]).

Por outro lado, o regime de instalação de sistemas de recepção e distribuição de *radiodifusão* sonora e televisiva em edifícios (antenas colectivas e infra-estruturas de recepção e distribuição por cabo) foi reformulado ([8]).

A legislação das *telecomunicações* foi significativamente modernizada ([9]).

Foi regulado o *acesso das Regiões Autónomas* às emissoras de *rádio* e *televisão* ([10]).

([7]) DL n.º 241/97, de 18.9, que revogou os DL n.º 292/91, de 13.8, 157/95, de 6.7, e 239/95, de 13.9. A P n.º 791/98, de 22.9, fixou as normas técnicas a que devem obedecer a instalação e o funcionamento da rede de distribuição por cabo. Deve referir-se, também, a aprovação da *Lei de Bases das Telecomunicações* (Lei n.º 91/97, de 1.8), bem como do Dec.-Lei n.º 381-A/97, de 30.12, que regula o regime de acesso à actividade de *operador de redes públicas de telecomunicações* e de *prestador de serviço de telecomunicações de uso público*.

([8]) DL n.º 249/97, de 23.9.

([9]) A Lei n.º 91/97, de 1.8, definiu as bases gerais a que obedece o estabelecimento, gestão e exploração de redes de telecomunicações e a prestação de serviços de telecomunicações, revogando a Lei n.º 88/89, de 11.9. Foi regulamentada a exploração de redes públicas de telecomunicações (DL n.º 290-A/99, de 30.7) e dos serviços de telecomunicações de uso público (DL n.º 290-B/99, de 30.7) e definido o regime de estabelecimento e utilização de redes privativas de telecomunicações (DL n.º 290-C/99, de 30.7). O Dec.-Lei n.º 151-A/2000, de 20.7, estabeleceu o regime aplicável ao licenciamento de redes e estações de radiocomunicações e à fiscalização da instalação das referidas estações e da utilização do espectro radioeléctrico, bem como a definição dos princípios aplicáveis às taxas radioeléctricas, à protecção da exposição a radiações electromagnéticas e à partilha de infra-estruturas de radiocomunicações, revogando o Dec.-Lei n.º 147/87, de 24.3 (com ressalvas), o Dec.-Lei n.º 320/88, de 14.9 (com ressalvas), e o Dec.-Lei n.º 144/97, de 7.7. O Dec.-Lei n.º 192/2000, de 18.8, aprova o regime de livre circulação, colocação no mercado e colocação em serviço no território nacional dos equipamentos de rádio e equipamentos terminais de telecomunicações, bem como o regime da respectiva avaliação de conformidade e marcação, transpondo para a ordem jurídica interna a Directiva n.º 1999/5/CE, do Parlamento Europeu e do Conselho, de 9 de Março. O Dec.-Lei n.º 309/2001, de 7.12, aprovou novos Estatutos para o ICP — Autoridade Nacional das Comunicações (**ICP — ANACOM**).

([10]) Lei n.º 31/96 de 14.8.

A transição da tecnologia analógica para a **rádio e a televisão digital**, codificada ou não, foi objecto de regulamentação [11].

A **Lei da Rádio** de 1988 foi, primeiro, objecto de importantes alterações [12]. O regime de *licenciamento das estações emissoras de radiodifusão* foi reformulado [13]. Foi aberto novo concurso para atribuição de alvarás para 61 frequências de *rádio de cobertura local* [14]. O estabelecimento e a exploração de *redes de radiodifusão sonora digital* foram regulamentados [15]. Foi estabelecido um novo regime de instalação e operação do sistema de transmissão de dados em radiodifusão (*RDS*) pelos operadores de radiodifusão sonora [16].

O regime de acesso e de exercício da actividade de prestador de serviços de **audiotexto** foi regulado pelo Dec.-Lei n.º 177/99, de 21.5.

---

[11] O Dec.-Lei n.º 287/2001, de 8.11, estabeleceu o regime aplicável à oferta de acesso condicional aos serviços de televisão, de radiodifusão e da sociedade de informação, à respectiva protecção jurídica, bem como aos equipamentos de utilizador que lhe estão associados.

[12] A Lei n.º 2/97, de 18.1, alterou diversos artigos da Lei n.º 87/88, de 30.7. Nomeadamente, introduziu a distinção entre rádios generalistas e rádios temáticas (art. 2.º-A), com implicações em matéria de serviços noticiosos e de qualificação profissional (art. 12.º-A e 12.º-B); impôs a adopção de um estatuto editorial (art. 8.º, n.º 4); alargou o direito de antena às associações de defesa do ambiente e do consumidor (art. 16.º); regulou o direito de rectificação e previu a punição como crime de desobediência qualificada o não acatamento da deliberação da AACS sobre o direito de resposta (art. 35.º).

[13] DL n.º 130/97, de 27.5, rectificado pela Decl. Rect. n.º 11-A/97, de 30.6. A P n.º 931/97, de 12.9, alterou as taxas de alvarás de radiodifusão sonora e a P n.º 121/99, de 15.2, fixou o quadro dos procedimentos relativos ao licenciamento, funcionamento, segurança e condições técnicas a que devem obedecer as estações de radiodifusão.

[14] O Desp. n.º 7025/98, de 29.4 (2.ª série), aprovou o mapa de frequências disponíveis (61). O Desp. conjunto n.º 363/98, de 14.5, aprovou o Regulamento do Concurso para a Atribuição de Alvarás para o Exercício da Actividade de Radiodifusão Sonora. Podem ver-se na Internet (www.secs.pt/candidaturas.html) os resultados deste concurso.

[15] A P n.º 470-B/98, de 31.7, aprovou o Regulamento dos Concursos para a Atribuição de Licenças para o Estabelecimento e Fornecimento de Redes de Radiodifusão Sonora Digital Terrestre — T-DAB; e a P n.º 470-C/98, de 31.7, aprovou o Regulamento de Exploração das Redes de Radiodifusão Sonora Digital Terrestre.

[16] Dec.-Lei n.º 272/98, de 2.9, rectificado pela Decl. Rect. n.º 22-J/98, de 31.12. A P. n.º 96/99, de 4.2, definiu as aplicações do sistema RDS, bem como os procedimentos a observar para a obtenção da autorização de operação do sistema RDS.

Aditamento de Actualização

O Estado celebrou, em 30.6.1999, um novo contrato de *concessão* com a **RDP** [17].

Mais recentemente, uma nova **Lei da Rádio de 2001** revogou e substituiu, não só a Lei da Rádio de 1988, como também o regime de licenciamento das estações emissoras de radiodifusão [18].

Quanto à **televisão**, foi também celebrado, em 31.12.1996, um novo contrato de *concessão* com a **RTP**. Esta empresa iniciou um serviço de *teletexto*, em 1.1.1997. Por acordo entre as empresas de televisão, a RTP deixou de transmitir *publicidade* no segundo canal, desde 1.4.1997.

Foi autorizada a difusão de *trabalhos parlamentares* nas redes públicas e privadas de TV por cabo [19].

O regime da actividade de **televisão** (DL n.º 58/90, de 7.9) foi alterado, tendo em vista, sobretudo, a aquisição de direitos exclusivos para a cobertura e transmissão de acontecimentos de natureza política [20].

Posteriormente, uma nova **Lei da Televisão** [21] revogou a Lei das notas oficiosas (art. 75.º) e estabeleceu um novo regime de atribuição de licenças e autorizações para o exercício da actividade televisiva [22] tendo sido anunciado o lançamento próximo da televisão digital [23].

---

[17] Cf. *Legislação da Comunicação Social*, Lisboa, Imprensa Nacional — Casa da Moeda/Gab. do Sec. de Estado da Comunicação Social, 1999, pág. 296 e segs..

[18] A Lei n.º 4/2001, de 23.2, aprovou uma nova Lei da Rádio e revogou a Lei n.º 87/88, de 30.7, e o Dec.-Lei n.º 130/97, de 27.5, e respectivas alterações (art. 80.º).

[19] Lei n.º 6/97, de 1.3, Res. A.R. n.º 48/97, de 16.7, e Res. A.R. n.º 23/2000, de 22.3.

[20] A Lei n.º 95/97, de 23.8. A P n.º 953/98, de 7.11 (rectificada pela Decl. Rect. n.º 22-R/98, de 31.12), regulamentou as condições de cedência do sinal pelos titulares de direitos exclusivos para transmissão televisiva aos operadores que disponham de emissões internacionais.

[21] Lei n.º 31-A/98, de 14.7. Baseou-se na Proposta de Lei n.º 170/VII. A Lei n.º 8/2002, de 11.2, alterou os art. 44.º e 45.º para assegurar o acesso de surdos à TV, mediante legendagem ou linguagem gestual.

[22] DL n.º 237/98, de 5.8, que revogou o DL n.º 401/90, de 20.12. A P. n.º 711/98, de 8.9, fixou as normas técnicas a que devem obedecer as emissões televisivas processadas através da via hertziana terrestre, por cabo e por satélite.

[23] A Port. n.º 346-A/2001, de 6.4, aprovou o Regulamento do Concurso Público para a Atribuição de Uma Licença de Âmbito Nacional para o Estabelecimento e Exploração de Uma Plataforma de Televisão Digital Terrestre. Deve notar-se, porém, que se agravou muito a situação deficitária e endividada da RTP.

Direito da Comunicação Social

O regime jurídico da publicação ou difusão de *sondagens e inquéritos de opinião* foi reformulado [24].

Entretanto, acentuou-se a **concentração** de empresas mediáticas e de telecomunicações [25].

Com o objectivo de integrar, sob forma empresarial, a gestão das **participações do Estado** nas principais empresas de comunicação social (RTP, RDP e Lusa), foi criada a **Portugal Global, S.G.P.S, S.A.** [26]. Com esta nova "holding" de capitais exclusivamente públicos, para a qual foram transferidas as acções do Estado naquelas empresas, pretendeu o Governo, sobretudo, a reestruturação e o saneamento financeiro da RTP, de modo estabilizar o esforço financeiro do Estado em níveis suportáveis. Visou, além disso, à participação em outras empresas da área do "multimedia" ou da comunicação "on-line", no contexto do seu empenhamento na "sociedade de informação".

Para aumentar a transparência dos actos da Administração Pública (central, regional e local) e combater a corrupção e o nepotismo, foi criado um *sistema de informação* (*SITAAP*), tendo por objectivo a recolha, tratamento e divulgação de dados estatísticos sobre diversos tipos de actos, como empreitadas e fornecimentos públicos, subsídios e diversos outros benefícios [27].

Foram aprovados diversos diplomas relativos a *apoios do Estado* aos meios de comunicação social [28] [29], sendo de destacar o novo sistema de incentivos, aprovado em 2001 [30].

---

[24] Lei n.º 10/2000, de 21.6. Foi regulamentada, pela P. n.º 118/2001, de 23.2, a credenciação das empresas de sondagens, prevista no art. 3.º, n.º 5, daquela Lei. Esta Portaria foi alterada pela P. n.º 731/2001, de 17.7.

[25] Nomeadamente, em Abril de 2000, a Portugal Telecom (com 42%) e o Cor.el Luís Silva (com 58%) constituíram a PT Multimédia, tendo esta adquirido 100% do capital da Lusomundo. Em Novembro de 2000, o Cor.el Luís Silva trocou as suas acções na PT Multimédia por 2,5% da Portugal Telecom, pelo que esta passou a dominar totalmente o grupo Lusomundo.

[26] Dec.-Lei n.º 82/2000, de 11.5, alterado pelo Dec.-Lei n.º 2/2002, de 4.1.

[27] Lei n.º 104/97, de 13.9.

[28] P n.º 209/96, de 12.6, e DL n.º 84/96, de 29.6 (sobre diversos apoios e distribuição da publicidade do Estado na imprensa regional e na rádio), rectificado pela Decl. n.º 11-B/96, de 29.6, e alterado pela Lei n.º 52/96, de 27.12; P n.º 242/96, de 5.7 (porte pago de publicações periódicas destinadas a deficientes ou com interesse cultural); Lei n.º 41/96, de 31.8 (assunção pelo Estado dos encargos de expedição de livros, revistas e jornais de e para as Regiões Autónomas), regulamentada pela P n.º 766-A/96, de 28.12;

Aditamento de Actualização

Foi instituído o preço fixo do livro [31].

Foi aprovada a Convenção Europeia sobre Co-Produção *Cinematográfica* [32] e regulamentado o apoio financeiro à produção e co-produção [33] e à exibição cinematográficas [34]. Foi aprovado o Regulamento de Apoio às Artes de Espectáculo de Carácter Profissional e de Iniciativa Não Governamental [35].

Para reforçar as estruturas administrativas do sector, as competências anteriormente exercidas pelo Gabinete de Apoio à Imprensa (dependente da Secretaria-Geral da Presidência do Conselho de Ministros), foram

---

DL n.º 37-A/97, de 31.1 (Sistema de Incentivos do Estado aos Órgãos de Comunicação Social), regulamentado pela P n.º 118/97, de 21.2, e alterado pela Lei n.º 21/97, de 27.6, e pelo Dec.-Lei n.º 136/99, de 22.4; DL n.º 284/97, de 22.10 (iguala os preços de livros, revistas e jornais no continente e nas regiões Autónomas, suportando o Estado despesas de transporte e levantamento). O Dec.-Lei n.º 15/99, de 15.1, aprovou a intervenção do Estado nas actividades cinematográfica, audiovisual e multimedia, nos aspectos relacionados com as atribuições específicas do Ministério da Cultura, mas a sua vigência terminou por força da Res. A. R. n.º 41/99, de 15.5. A P. n.º 525/2000, de 27.7, aprovou o Regulamento de Apoio Financeiro à Produção Audiovisual. A P. n.º 225/2001, de 19.3, estabeleceu os preços mínimos de assinatura a que estão sujeitas as publicações periódicas para efeitos da atribuição de porte pago.

[29] O valor das indemnizações compensatórias do serviço público prestado por empresas mediáticas foi estabelecido pela RCM n.º 143/2000, de 23.10, e pela RCM n.º 6/2002, de 8.1.

[30] DL n.º 56/2001, de 19.2.

[31] DL n.º 176/96, de 21.9, alterado pelo DL n.º 216/2000, de 2.9.

[32] Dec. n.º 21/96, de 23.7.

[33] P n.º 314/96, 315/96, 316/96 e 317/96, de 29.7; P n.º 714/96, de 9.12 (alterada pela P n.º 175/97, de 10.3); P n.º 159/97, de 5.3; P n.º 1042-A/98, de 21.12; P n.º 1061/98, de 28.12; P n.º 1069/98, de 29.12. O Dec.-Lei n.º 15/2000, de 20.7, aprovou o Acordo de Co-Produção e Relações Cinematográficas entre a República Portuguesa e a República Italiana. O Dec. Regul. n.º 3/2001, de 5.2, aprovou o Regulamento de Apoio Selectivo às Co-Produções Cinematográficas de Longas-Metragens de Ficção com os Países de Língua Portuguesa. A P. n.º 481/2001, de 10.5, aprovou o Regulamento de Apoio Financeiro Selectivo à Produção Cinematográfica de Primeiras Obras de Longa Metragem de Ficção. A P. n.º 482/2001, de 10.5, aprovou o Regulamento de Apoio Financeiro Directo à Produção Cinematográfica de Longas Metragens de Ficção. A P. n.º 483/2001, de 10.5, aprovou o Regulamento de Apoio Financeiro Selectivo à Transcrição de Obras para DVD (Digital Video Disk). A P. n.º 310/2002, de 21.5, aprovou o Regulamento de Apoio Financeiro Automático à Produção Cinematográfica.

[34] P. n.º 515/96, de 26.9, alterada pela P. n.º 1200/2000, de 20.12, e mantida em vigor pela P. n.º 1452-A/2001, de 27.12.

[35] DN n.º 23/2000, de 3.5.

Direito da Comunicação Social

transferidas para o novo **Instituto da Comunicação Social**, sendo extinto o referido Gabinete (³⁶). Posteriormente, foi criado o *Gabinete do Direito de Autor*.

Os **registos** da comunicação social foram reorganizados (³⁷).

Foi criada uma Comissão interministerial para a definição de uma política integrada na área do *audiovisual* (³⁸), bem como um Conselho Superior do Cinema, do Audiovisual e do Multimédia (³⁹) e um *Instituto do Cinema, do Audiovisual e do Multimédia* (⁴⁰).

Uma nova Lei da **Alta Autoridade para a Comunicação Social** (⁴¹) reduziu o número de representantes do Governo neste órgão do Estado, alargou a sua competência e reforçou os mecanismos sancionatórios.

Foram introduzidas diversas alterações ao *Código do Direito de Autor* (⁴²), cujo art. 82.º foi regulamentado (⁴³). Foi regulada a protecção jurídica das bases de dados pelo direito de autor (⁴⁴).

O *Código da Publicidade* foi alterado (⁴⁵).

(³⁶) DL n.º 34/97, de 31.1, rectificado pela Decl. Rect. n.º 4-C/97, de 31.1, e alterado pelo Dec.-Lei n.º 65/99, de 11.3.

(³⁷) DReg n.º 8/99, de 9.6, rectificado pela Decl. Rect. n.º 10-BC/99, de 30.6. A P n.º 422/99, de 9.6, estabeleceu os emolumentos para tais registos.

(³⁸) RCM n.º 86/97, de 2.6.

(³⁹) Dec.-Lei n.º 393/98, de 4.12.

(⁴⁰) Pelo Dec.-Lei n.º 408/98, de 21.12, sucedendo ao Instituto Português da Arte Cinematográfica e Audiovisual, que havia sido criado pelo Dec.-Lei n.º 25/94, de 1.2, e foi extinto.

(⁴¹) Lei n.º 43/98, de 6.8. Baseou-se na Proposta de Lei n.º 176/VII, in *DAR*, II série-A, n.º 54, de 28.5.1998.

(⁴²) Com base na autorização legislativa constante da Lei n.º 99/97, de 3.9, foram aprovados os Dec.-Leis n.º 332/97, 333/97 e 334/87, todos de 27.11, que transpuseram várias Directivas comunitárias relativas ao direito de aluguer, ao direito de comodato e a certos direitos conexos, à harmonização do prazo de protecção e de certos direitos aplicáveis à radiodifusão por satélite e à retransmissão por cabo. A Lei n.º 83/2001, de 3.8, regulou a constituição, organização, funcionamento e atribuições das entidades de gestão colectiva do direito de autor e dos direitos conexos.

(⁴³) Lei n.º 62/98, de 1.9.

(⁴⁴) O Dec.-Lei n.º 122/2000, de 4.7, transpôs para a ordem jurídica interna a Directiva do Parlamento Europeu e do Conselho n.º 96/9/CE, de 11 de Março, relativa à protecção jurídica das bases de dados.

(⁴⁵) Dec.-Lei n.º 275/98, de 9.9; e Dec.-Lei n.º 51/2001, de 15.2; Dec.-Lei n.º 332/2001, de 24.12.

Devem mencionar-se, também, as diversas alterações a **leis eleitorais**, algumas com implicações mediáticas[46].

É de mencionar que, em 11.5.2001, foi anunciado o arranque do Canal *Canção Nova*, um projecto da Igreja no Brasil, que veio a iniciar emissões em Portugal, apadrinhado pelo Bispo de Leiria-Fátima[47].

Finalmente, no âmbito nacional, não pode esquecer-se a **5.ª Revisão constitucional**[48], que teve por objectivos, fundamentalmente, abrir caminho para a cooperação comunitária em matéria de segurança e justiça e a adesão ao Tribunal Penal Internacional (art. 7.º, n.º 6 e 7, e 33.º, novo n.º 5), um combate mais eficaz à criminalidade violenta ou altamente organizada e ao terrorismo (art. 34.º, n.º 3) e o reconhecimento aos militares e agentes de segurança do direito de associação sindical sem direito à greve (art. 270.º).

Deve mencionar-se, também, a aprovação da **Lei da Liberdade Religiosa**[49].

No âmbito comunitário, é de salientar a aprovação pela cimeira de Nice, de 7 e 8.12.2000, da **Carta dos Direitos Fundamentais da União Europeia**, que contém um artigo 11.º sobre a liberdade de expressão e informação[50]. Deve notar-se, porém, que esta Carta tem a natureza de mera declaração ou proclamação política, não juridicamente vinculativa, tendo a definição do seu estatuto jurídico sido remetida para uma conferência governamental, a realizar em 2004.

---

[46] A Lei n.º 23/2000, de 23.8 — 1.ª alteração às Leis n.ºs 56/98, de 18.8 (financiamento dos partidos políticos e das campanhas eleitorais) e 97/88, de 17.8 (afixação e inscrição de mensagens de publicidade e propaganda); a Lei orgânica n.º 3/2000, de 24.8 — 14.ª alteração ao regime jurídico da eleição do Presidente da República; a Lei orgânica n.º 4/2000, de 24.8 — Aprova o regime jurídico do referendo local; o P. n.º 27/2002, de 4.1, homologou a tabela de compensação pela emissão radiofónica dos tempos de antena relativos à campanha para a eleição dos órgãos das autarquias locais de 16.12.2001 para as estações de radiodifusão de âmbito local.

[47] Foi assinado um protocolo com a TV Cabo para retransmissão das emissões brasileiras transmitidas por satélite para Portugal e difundidas pelo canal 40.

[48] Lei Constitucional n.º 1/2001, de 12.12.

[49] Lei n.º 16/2001, de 22.6. O registo das pessoas colectivas religiosas veio a ser regulado pelo Dec.-Lei n.º 134/2003, de 28.6.

[50] "1. Todas as pessoas têm direito à liberdade de expressão. Este direito compreende a liberdade de opinião e a liberdade de receber e de transmitir informa-ções ou ideias, sem que possa haver ingerência de quaisquer poderes públicos e sem consideração de fronteiras.

2. São respeitados a liberdade e o pluralismo dos meios de comunicação social".

A Comissão da U.E. apresentou uma Proposta de decisão sobre a criação de um *Fundo Europeu de Garantia* para a promoção da produção cinematográfica e televisiva [51], aprovou uma comunicação sobre o conteúdo ilegal e lesivo na *Internet* [52], e publicou um «livro verde» sobre a *Protecção de Menores e a Dignidade Humana nos Serviços Audiovisuais e de Informação* [53] e um livro verde relativo à *Convergência dos sectores das telecomunicações, dos meios de comunicação social e das tecnologias da informação e às suas implicações na regulamentação – Para uma abordagem centrada na sociedade da informação* [54].

Em 12.7.2000, a Comissão da U.E. adoptou um conjunto de sete propostas legislativas para reforçar a concorrência nos mercados de comunicações electrónicas, que constitui uma reforma completa do quadro regulamentar das telecomunicações na Europa. Acentua a promoção de um acesso de muito alta velocidade à Internet em condições acessíveis e a criação de um quadro jurídico mais ligeiro para os agentes económicos [55]. Uma dessas propostas refere-se ao tratamento de dados pessoais e à protecção da privacidade no sector das comunicações electrónicas.

Portugal aderiu à Convenção Internacional para *Protecção dos Artistas Intérpretes ou Executantes, dos produtores de Fonogramas e dos Organismos de Radiodifusão* (Convenção de Roma), aprovada em Roma em 26.10.1961 [56], e ratificou a *Convenção Europeia sobre a Televisão Transfronteiras*, aprovada em Estrasburgo em 5.5.1989 [57].

Foram publicados, neste período, alguns *estudos jurídicos* sobre a comunicação social [58].

---

[51] *JOCE* n.º C 41, de 13.2.1996; cf. *Bol. UE* 11-1995, n.º 1.3.211; e *Bol. UE* 10-1996, n.º 1.3.183.

[52] Na sequência de um caso de pedofilia ocorrido na Bélgica, que provocou grande escândalo. Cf. *Bol. UE* 10-1996, n.º 1.3.112.

[53] Cf. *Bol. UE* 10-1996, n.º 1.3.182; *JOCE* n.º C 70, de 6.3.1997..

[54] COM(97) 623, *Boletim UE* 12-1997, n.º 1.2.159 e *Boletim UE* 6-1999, n.º 1.2.92.

[55] Cf. *Boletim EU* 7/8-2000, n.º 1.3.88 a 96.

[56] Dec. do PR n.º 168/99 e Res. AR n.º 61/99, de 22.7.

[57] Aprovada para ratificação pela Resolução da Assembleia da República

[58] Cf. MANUEL DA COSTA ANDRADE, *Liberdade de Imprensa e Inviolabilidade Pessoal — Uma Perspectiva Jurídico-Penal*, Coimbra, Coimbra Editora, 1996; MARIA DA GLÓRIA CARVALHO REBELO, *A Responsabilidade Civil pela Informação Transmitida pela Televisão*, Lisboa, Lex, 1998. De mencionar também HELDER BASTOS, *Jornalismo Electrónico. Internet. Reconfiguração de Práticas nas Redacções* (Tese de mestrado

Aditamento de Actualização

12. O **Governo do PPD-PSD/CDS-PP**, presidido pelo Dr. J. M. Durão Barroso (6.4.2002-6.7.2004), foi muito marcado pela necessidade de conter o déficit das contas públicas (para cumprir o Pacto de Estabilidade e Crescimento) e, consequentemente, reduzir as despesas e dívidas da RTP, melhorar a qualidade do serviço público e coordenar as actividades desta e da RDP.

As questões da comunicação social foram atribuídas ao Ministro da Presidência, Dr. Nuno Morais Sarmento, que levou a cabo um complexo processo de substituição dos administradores e do director de programas e informação da **RTP**[59] e promoveu alterações significativas na orientação do **serviço público de rádio e de televisão**[60][61]. A Assembleia da República recomendou ao Governo a criação de uma comissão de classificação (etária e qualitativa) dos programas de televisão[62]. Depois, aprovou um novo modelo de financiamento do serviço público de radiodifusão e de televisão[63], uma **nova Lei da Televisão** (LTV de

---

apresentada na Universidade Nova de Lisboa), 1999; DOMINGOS SILVA CARVALHO DE SÁ, *Leis da Comunicação Social*, Coimbra, Almedina, 2002.

[59] O Conselho de Opinião da RTP opôs-se à destituição dos administradores em exercício, ao abrigo do art. 48.º, n.º 2, alínea a), da Lei n.º 31-A/98, de 14.7 (LTV). O Governo apresentou uma proposta de alteração deste preceito, para retirar competência ao Conselho de Opinião para dar parecer vinculativo sobre a composição do órgão de administração da RTP, tendo o respectivo decreto da Assembleia da República n.º 3/IX sido declarado inconstitucional pelo acórdão do Tribunal Constitucional n.º 254/2002, de 11.6 (in *DR*, I série, de 27.6.2002). Tal preceito veio a ser eliminado pela Lei n.º 18-A/2002, de 18.7, que, em contrapartida, restringiu a possibilidade de destituição dos administradores da RTP (acrescentando um novo n.º 3 ao art. 43.º da LTV) e atribuiu carácter vinculativo ao parecer da AACS sobre a nomeação e exoneração dos directores dos órgãos de comunicação social do sector público (novo n.º 2 do art. 6.º da Lei n.º 43/98, de 6.8 (LAACS).

[60] O Governo nomeou uma Comissão composta por personalidades independentes para analisar a situação da RTP e da RDP e apresentar propostas. O Ministro da Presidência apresentou, em 17.12.2002, um extenso relatório com as "Novas Opções para o Audiovisual" (acessível na Internet: www.ics.pt).

[61] O Dec.-Lei n.º 2/2002, de 4.1, alterou as disposições sobre o capital social da Portugal Global, S.G.P.S., S.A., do Dec.-Lei n.º 82/2000, de 11.5, e dos Estatutos desta sociedade. A Resolução do Conselho de Ministros n.º 6/2002, de 8.1, aprovou, para este ano, a atribuição de indemnizações às empresas que prestam serviço público. A Lei n.º 8/2002, de 11.2, alterou a LTV para assegurar o acesso às emissões a deficientes auditivos, recorrendo à legendagem ou à linguagem gestual.

[62] Resol. A.R. n.º 56/2003, de 11.6.

[63] Lei n.º 30/2003, de 22.8.

Direito da Comunicação Social

2003) ([64]) e a reestruturação do sector empresarial do Estado na área do áudio-visual ([65]).

Em complemento do disposto na Lei da Rádio de 2001 e no Dec.-Lei n.º 151-A/2000, de 20.7, foi estabelecido um novo regime de *licenciamento radioeléctrico*, aplicável à radiodifusão sonora ([66]). O Dec.--Lei n.º 39/2003, de 2.9, aprovou os Actos Finais da Conferência Administrativa Regional, de 1984, para a Planificação do Serviço de Radiodifusão Sonora em Ondas Métricas (Região 1 e parte da Região 3).

Foram aprovados regulamentos de *apoio financeiro* à edição de ensaio, à edição de obras de literatura e cultura africanas e a revistas culturais ([67]).

As normas relativas à classificação de videogramas foram objecto de alteração ([68]).

A **Sexta revisão constitucional** ([69]) previu a substituição da **Alta Autoridade para a Comunicação Social** por uma "entidade administrativa independente", cuja composição, competências, organização e funcionamento serão definidas por lei — ainda não publicada.

Foram publicados, neste período, alguns importantes *estudos jurídicos* sobre a comunicação social ([70]).

([64]) Lei n.º 32/2003, de 22.8 — Lei da Televisão e 2.ª alteração do Dec.-Lei n.º 241/97, de 18.9, e 9.ª alteração ao Código da Publicidade. É de salientar, na nova LTV, a profunda reforma do serviço público de TV, incluindo a extinção do Conselho de Opinião (LTV de 1998, art. 48.º, que não tem correspondência na LTV de 2003).

([65]) A Lei n.º 33/2003, de 22.8, aprovou a reestruturação do sector empresarial do Estado na área do áudio-visual — 1.ª alteração ao Dec.-Lei n.º 2/94, de 10.1, à Lei n.º 4/2001, de 23.2, e à Lei n.º 18-A/2002, de 18.7. O DL n.º 169/2004, de 13.7, estabeleceu o regime de aposentação antecipada dos trabalhadores da Radiodifusão Portuguesa, S.A., que sejam subscritores da Caixa Geral de Aposentações.

([66]) Dec.-Lei n.º 126/2002, de 10.5.

([67]) Desp. Norm. n.º 47-A/2002, 47-B/2002 e 47-C/2002, todos de 16.10.

([68]) O Dec.-Lei n.º 121/2004, de 21.5, alterou o Decreto-Lei n.º 39/88, de 6 de Fevereiro, que estabelece normas relativas à classificação de videogramas.

([69]) Aprovada pela Assembleia da República, em 23.4.2004, embora publicada já depois da cessação de funções do Governo de Durão Barroso, como Lei Constitucional n.º 1/2004, de 24.7. Alterou, entre muitos outros, o art. 39.º, relativo à AACS.

([70]) Cf. JÓNATAS E. M. MACHADO, *Liberdade de Expressão — Dimensões Constitucionais da Esfera Pública no Sistema Social* (dissertação de doutoramento na Fac. Dir. da Univ. Coimbra), Coimbra, Coimbra Editora, 2002; e CLARA ELETE GOMES RABAÇA, *O Regime Jurídico-Administrativo da Concentração dos Meios de Comunicação*

Aditamento de Actualização

13. Após a saída do Dr. Durão Barroso, o **Governo do PPD- -PSD/CDS-PP**, presidido pelo Dr. Pedro Santana Lopes, no curto período em que exerceu funções (de 6.7.2004 a 12.3.2005), manteve, neste domínio, a linha de orientação anterior.

Durante o seu mandato, foram aprovadas normas sobre o tratamento de *dados pessoais* e a protecção da privacidade no sector das comunicações electrónicas [71], bem como sobre a organização e funcionamento da Comissão Nacional de Protecção de Dados [72].

Foi publicada uma nova **Lei da Arte Cinematográfica e do Audiovisual** [73].

Foi alterado o *Código da Publicidade* [74].

Foram transpostas normas sobre certos aspectos do *direito de autor* e dos direitos conexos na sociedade de informação [75].

Foi estabelecido um novo regime de *porte pago* para as publicações periódicas [76] e um sistema de *incentivos* do Estado à comunicação social [77].

Foi aprovado e regulamentado o *Programa de Emprego* para a Comunicação Social Regional e Local, que integra adaptações de medidas gerais activas de incentivo e apoio ao emprego e de combate ao desemprego, bem como uma medida específica de promoção da mobilidade geográfica dos profissionais de comunicação social independentemente da sua situação face ao emprego [78] [79].

Social em Portugal (dissertação de doutoramento na Univ. de Santiago de Compostela), Coimbra, Almedina, 2002.

[71] A Lei n.º 41/2004, de 18.8 — Transpõe para a ordem jurídica nacional a Directiva n.º 2002/58/CE, do PE e do Conselho, de 12.7, relativa ao tratamento de dados pessoais e à protecção da privacidade no sector das comunicações electrónicas.

[72] Lei n.º 43/2004, de 18.8.

[73] Lei n.º 42/2004, de 18.8.

[74] Lei n.º 43/2004, de 18.8.

[75] Lei n.º 50/2004, de 24.8 — Transpõe para a ordem jurídica nacional a Directiva n.º 2001/29/CE, do PE e do Conselho, de 22.5, relativa à harmonização de certos aspectos do direito de autor e dos direitos conexos na sociedade de informação

[76] Dec.-Lei n.º 6/2005, de 6.1.

[77] Dec.-Lei n.º 7/2005, de 6.1.

[78] Port. n.º 158/2005, de 9.2.

[79] Pode consultar-se a legislação da comunicação social no sítio do Instituto da Comunicação social: www.ics.pt.

É de mencionar a recente compra da Lusomundo Serviços à PT pelo grupo Olivedesportos, que passou a ser um dos grandes grupos de empresas mediáticas, em Portugal [80].

14. Aguarda-se a aprovação do programa do novo **Governo do PS**, presidido pelo Eng. José Sócrates (12.3.2005 - ...).

---

[80] A Lusomundo Serviços foi comprada, em 11.3.2005, à PT Multimédia pela Controlinveste, que lidera o grupo Olivedesportos. O negócio foi anunciado ontem pela e rondou os 300,4 milhões de euros. A Lusomundo Serviços detém 74,97 por cento da Lusomundo Media, 23,4 por cento da agência Lusa, 50 por cento da Gráfica Funchalense e 33,5 por cento da distribuidora VASP. A Lusomundo Media detém participações importantes na Global Notícias — empresa que publica o *Jornal de Notícias*, o *Diário de Notícias*, o *24 Horas*, o *Tal & Qual*, o *Ocasião* e outros jornais regionais — e na Rádio Notícias, que detém a emissora TSF.

Aditamento de Actualização

CORRESPONDÊNCIA ENTRE A DLLicRádio 130/97 E A LRádio 2001

DL130/97	LRádio 2001
1.º	1.º
2.º, n.º 1	3.º, n.º 1
2	2 e 14.º, n.º 1
3	
4	14.º, n.º 2
3.º, n.º 1	7.º, n.º 3
2	8.º, n.º 2
4.º	42.º
5.º, n.º 1	23.º, n.º 1
2	
6.º	24.º
7.º, n.º 1	25.º, n.º 1
2	2
8.º, a)	28.º
b)	
c)	
d)	
9.º, n.º 1	16.º, n.º 1, e 26.º, n.º 1
2, a)	
b)	
c)	
d)	
e)	
10.º	16.º, n.º 2
11.º	16.º, n.º 3
12.º	15.º, n.º 1
13.º, n.º 1	17.º, n.º 1
2	
3	
14.º, n.º 1, a)	15.º, n.º 2 e 3
b)	
c)	
d)	
e)	
f)	
g)	
h)	
i)	
2	
3	
4	
15.º, n.º 1	18.º, n.º 1
2	
3	
16.º	8.º, n.º 2, 12.º, n.º 1
17.º, n.º 1	29.º, n.º 1
2	19.º, n.º 1, e 29.º, n.º 2
18.º, n.º 1	
2	
3	
4	
19.º, n.º 1	27.º
2	
3	
20.º, n.º 1, a)	
b)	
2	
3, a)	
b)	
c)	
4	
21.º	7.º, n.º 4, e 30.º
22.º	19.º, n.º 2, e 31.º
23.º	13.º, n.º 1
24.º, n.º 1	
2	
3	
4	
5	
25.º, n.º 1	
2	
3	
4	
26.º	
27.º 5	
28.º, n.º 1	71.º
2, a)	
b)	
3	
4	
29.º	

DL130/97	LRádio 2001
30.º, n.º 1	
2	
3	
4	
5	
6	
31.º, a)	68.º
b)	
32.º, n.º 1	20.º, n.º 1, e 69.º
2	
33.º, n.º 1	72.º
2	
3	
4	
34.º, a)	20.º, n.º 1, e 70.º
b)	
c)	
d)	
35.º,	
36.º	
37.º	21.º
38.º	
39.º	
40.º	80.º
41.º, n.º 1	79.º
2	
3	
4	
5	
6	

Direito da Comunicação Social

CORRESPONDÊNCIA ENTRE A LEI DA TV N.º 32/2003 E A LEI DA TV N.º 31-A/98

LTV 2003	LTV 1998
1.º	1.º, n.º 1
2.º, n.º 1, a)	1.º, n.º 2
b)	-
c)	-
d)	7.º, n.º 6
e)	-
2	1.º, n.º 3
3.º, n.º 1	2.º, n.º 1
2	2.º, n.º 2
3	-
4.º, n.º 1	3.º, n.º 2
2	3.º, n.º 3
3	3.º, n.º 4
4	3.º, n.º 5
5	-
6	-
5.º, n.º 1	4.º, n.º 1
2	4.º, n.º 2
3	-
4	-
5	-
6.º	5.º
7.º	-
8.º, n.º 1	6.º, n.º 1
2	-
3	6.º, n.º 2, e 10.º, n.º 1
4	6.º, n.º 3
5	-
6	6.º, n.º 5
7	-
9.º, n.º 1	7.º, n.º 1
2	2
3	3
4	4
5	5
6	7
10.º, n.º 1	8.º, n.º 1
2	2
11.º	9.º
12.º, n.º 1	72.º, n.º 1
2	2
3	3
13.º, n.º 1	11.º, n.º 1 e 2
2	11.º, n.º 2
3	3
4	4
14.º	3.º, n.º 1
15.º, n.º 1	12.º n.º 1
2	2
3	3
4	4
16.º	13.º
17.º	14.º
18.º, n.º 1	15.º, n.º 1
2	3
3	4
4	5
19.º, n.º 1	16.º, n.º 1
2	16.º, n.º 1
3	-
4	16.º, n.º 2
20.º	17.º
21.º, n.º 1	18.º, n.º 1
2	2
22.º, n.º 1	19.º, n.º 1
2, a)	15.º, n.º 2
b)	19.º, n.º 2, a)
c)	b)
d)	c)
e)	d)
f)	e)
23.º, n.º 1	20.º, n.º 1
2	2
24.º, n.º 1	21.º, n.º 1
2	2 e 3
3	4
4	-
5	21.º, n.º 5
6	3
7	-
25.º	22.º
26.º, n.º 1	23.º, n.º 1
2	2
27.º	24.º

LTV 2003	LTV 1998
28.º, n.º 1	25.º, n.º 1
2	2
3	3
4	4
5	5
6	6
7	7
8	8
29.º, n.º 1	26.º, n.º 1
2	2
3	3
30.º, n.º 1	-
2	-
31.º, n.º 1	27.º n.º 1
2	2
32.º, n.º 1	28.º, n.º 1
2	2
3	3
4	4
33.º	29.º
34.º	30.º
35.º, n.º 1	31.º, n.º 1
2	2
36.º, n.º 1	32.º, n.º 1
2	2
3	3
4	4
5	5
37.º, n.º 1	33.º, n.º 1
2	2
3	3
38.º	34.º
39.º, n.º 1	35.º
2	-
40.º, n.º 1	36.º, n.º 1
2	2
3	3
4	4
5	5
41.º, n.º 1	37.º, n.º 1
2	2
3	3
42.º	38.º
43.º	39.º, n.º 1
44.º	40.º
45.º	41.º
46.º	-
47.º, n.º 1	44.º, pr.
2, a)	44.º, d)
b)	a)
c)	e)
d)	b)
e)	g)
f)	f) e 45.º, c)
g)	44.º, c), e 46.º, a)
h)	45.º, a) e b)
i)	45.º, d)
j)	45.º, f)
n.º 3, a)	44.º, c)
b)	-
48.º, n.º 1	43.º, n.º 1 e 2
2, a)	42, n.º 1
b)	44.º, g)
3, a)	46.º, b)
b)	44.º, d)
4	10.º, n.º 2
5	42.º, n.º 2
6	42.º, n.º 3
49.º, n.º 1	-
2	-
50.º, n.º 1	10.º, n.º 2
2	-
3	-
4	-
51.º, n.º 1	45.º, c), -
2	-
3	-
4	-
52.º, n.º 1	47.º, n.º 1
2	-
3	47.º, n.º 2
4	-
5	-

Aditamento de Actualização

CORRESPONDÊNCIA ENTRE A LEI DA TV N.º 32/2003 E A LEI DA TV N.º 31-A/98

LTV 2003	LTV 1998
53.º, n.º 1	49.º, n.º 1
2	2
3	3
4	4
5	5
6	6
54.º, n.º 1	50.º, n.º 1
2	2
55.º, n.º 1	51.º, n.º 1
2	2
3	3
4	4
56.º	-
57.º	52.º
58.º, n.º 1	58.º, n.º 1
2	2
3	3
4	4
5	5
59.º, n.º 1	53.º, n.º 1
2	2
3	3
4	4
60.º, n.º 1	54.º, n.º 1
2	2
3	3
61.º, n.º 1	55.º, n.º 1
2	2
3	3
4	4
5	5
62.º, n.º 1	56.º, n.º 1
2	2
3	3
4	4
5	5
6	6
63.º, n.º 1	57.º, n.º 1
2	2
3	3
4	4
5	5
64.º, n.º 1	59.º, n.º 1
2	2
65.º, n.º 1	60.º, n.º 1
2	-
3	60.º, n.º 2
4	3
5	4
66.º, n.º 1	61.º, n.º 1
2	2
3	-
67.º	62.º
68.º, n.º 1	63.º, n.º 1
2	2
3	3
69.º, n.º 1	64.º, n.º 1, a)
2	64.º, n.º 3
70.º, n.º 1	64.º, n.º 1, b)
2	64.º, n.º 3
71.º, n.º 1	64.º, n.º 1, c)
2	64.º, n.º 3
72.º	64.º, n.º 2
73.º	65.º, n.º 3
74.º, n.º 1	-
2	-
3	-
75.º, n.º 1	-
2	-
3	-
4	-
76.º	-
77.º, n.º 1	65.º, n.º 1
2	-
78.º, n.º 1	66.º, n.º 1
2	-
3	66.º, n.º 4
79.º, n.º 1	-
2	-
80.º, n.º 1	-
2	-
81.º	67.º

LTV 2003	LTV 1998
82.º, n.º 1	68.º, n.º 1
2	2
3	3
83.º	-
84.º, n.º 1	69.º, n.º 1
2	2
85.º	70.º
86.º, n.º 1	71.º, n.º 1
2	2
3	3
87.º	73.º
88.º	74.º
89.º, n.º 1	-
2	-
3	66.º, n.º 1
4	2
5	3
6	4
90.º	-
91.º	-
92.º	75.º, n.º 1

Direito da Comunicação Social

CORRESPONDÊNCIA ENTRE A LRÁDIO 2001 E A LRÁDIO 87/88 E O DL 130/97

LRádio 2001	LRádio 87/88	DL 130/97
1.º	1.º, n.º 1	1.º
2.º, n.º 1, a)	1.º, n.º 2	-
b)	-	-
c)	-	-
d)	2.º-A, n.º 3	-
e)	2.º-A, n.º 4	-
f)	12.º-B, n.º 2	-
g)	-	-
2, a)	-	-
b)	-	-
3.º, n.º 1	2.º, n.º 1	2.º, n.º 1
2	1.º, n.º 3, e 2.º, n.º 1	2.º, n.º 2
3	2.º, n.º 2	
4	-	
5	-	
4.º, n.º 1, a)	2.º-A, n.º 1, a)	
b)	b)	
c)	c)	
2	2.º-A, n.º 2	
3	2.º-A, n.º 5	
5.º, n.º 1	-	
2	-	
3	-	
4	-	
5	-	
6.º	3.º	
7.º, n.º 1	-	-
2	-	-
3	-	3.º, n.º 1
4	-	~21.º
8.º, n.º 1	-	-
2		3.º, n.º 2 e 16.º
9.º, n.º 1, a)	4.º, a)	
b)	b)	
c)	b)	
d	c)	
2	6.º	
3	-	
10.º	2.º, n.º 2	
11.º	-	-
12.º, n.º 1	-	16.º
2	-	
3	-	
13.º, n.º 1	-	23.º
2	-	-
14.º, n.º 1	-	2.º, n.º 2
2	-	4
3	-	15.º
4	-	
15.º, n.º 1	28.º, n.º 1	12.º
2	-	14.º
3	-	14.º
16.º, n.º 1	-	9.º
2	-	10.º
3	-	11.º
4	28.º, n.º 2	-
17.º, n.º 1	-	13.º, n.º 1
2	-	-
18.º, n.º 1		15.º
2		
3		
4		
19.º, n.º 1	-	17.º, n.º 2
2	-	22.º
3	-	
4	-	
20.º, n.º 1	-	32.º e 34.º
2	-	
21.º	2.º, n.º 1	37.º
22.º	-	-
23.º, n.º 1	-	5.º
2		
24.º	-	6.º
25.º, n.º 1	-	7.º, n.º 1
2		2
26.º, n.º 1	-	9.º
2		
27.º, n.º 1	-	19.º
2	-	
28.º, a)	-	8.º
b)	-	
c)	-	
d)	-	
29.º, n.º 1	-	17.º, n.º 1
2		2
30.º	-	21.º
31.º, n.º 1	-	22.º
2		

Aditamento de Actualização

CORRESPONDÊNCIA ENTRE A LRÁDIO 2001 E A LRÁDIO 87/88 E O DL 130/97

LRádio 2001	LRádio 87/88	DL 130/97
32.º n.º 1 2 3, a) b) c) 4	-	-
33.º, n.º 1 2 3	-	-
34.º, n.º 1 2	8.º, n.º 1 2	-
35.º, n.º 1 2	8.º, n.º 3	-
36.º, n.º 1 2 3 4 5	- - - - -	- - - - -
37.º	10.º	-
38.º, n.º 1 2 3 4	8.º, n.º 4 - - -	-
39.º, n.º 1 2	12.º, n.º 1 2	-
40.º, n.º 1 2	12.º-A, n.º 1 2	-
41.º, n.º 1 2	12.º-B, n.º 1 3	-
42.º	-	4.º
43.º, n.º 1 2 3, a) b) c) d)	- 11.º, n.º 1 e 3 2, a) b) e c) e) f)	-
44.º, n.º 1 2 3 4 5	13.º, n.º 1 3 - 2 4	-
45.º, n.º 1 2 3	2.º, n.º 2 2.º, n.º 2	-
46.º, n.º 1 2 3	2.º, n.º 1, e 46.º	-
47.º, n.º 1, a) b) c) d) e) f) g) 2	5.º, n.º 2, a) b) d) e f) d) - c) -	-
48.º, a) b) c) d) e) f)	-	-
49.º, n.º 1 2	-	-
50.º	-	-
51.º, n.º 1 2, a) b) c) d) e) f) g)	-	-
52.º, n.º 1 2 3, a) b) c) d) 4 5 6	16.º, n.º 1 2 3, a) b) c) - 4 5 6	-
53.º, n.º 1 2	18.º, n.º 1 -	-
54.º, n.º 1 2 3	17.º - -	-
55.º	20.º	-
56.º	18.º, n.º 2	-

Direito da Comunicação Social

CORRESPONDÊNCIA ENTRE A **LRádio 2001** E A **LRádio 87/88** E O **DL 130/97**

LRádio 2001	LRádio 87/88	DL 130/97
57.º, n.º 1	27.º, n.º 1	-
2	-	
3	4	
4	3	
5	5	
58.º, n.º 1	22.º, n.º 1	-
2	3	
3	2	
4	23.º, n.º 3	
5	22.º, n.º 5	
59.º, n.º 1	23.º, n.º 1	-
2	58.º, n.º 4	
60.º, n.º 1	24.º, n.º 1	-
2	-	
3	2	
4	3	
5	3	
61.º, n.º 1	25.º, n.º 2	-
2	-	
3	3	
4	-	
5	43.º	
6	45.º, n.º 1 e 2	
62.º, n.º 1	25.º, n.º 1 e 26.º, n.º 1 e 2	-
2	-	
3	-	
4	26.º, n.º 1	
5	26.º, n.º 3	
63.º, n.º 1	-	-
2	29.º, n.º 2	
64.º, n.º 1	29.º, n.º 3	-
2	30.º, n.º 1 a) e 3	
3	30.º, n.º 1 b) e 2	
4	31.º, n.º 2	
65.º, n.º 1	31.º, n.º 1	-
2	3	
66.º, a)	35.º a)	-
b)	b)	
c)	-	
67.º, n.º 1	-	-
2		
3		
68.º, a)	39.º	31.º
b)		
c)		
69.º, n.º 1	-	32.º
2		
3		
4		
5		
70.º, a)	-	34.º
b)		
c)		
d)		
e)		
f)		
71.º, n.º 1	-	28.º
2		
3		
72.º, n.º 1	-	33.º
2, a)		
b)		
3		
73.º	41.º	-
74.º, n.º 1	40.º, n.º 1	-
2	-	
3	2	
75.º, n.º 1	43.º, n.º 1	-
2	2	
76.º	47.º	-
77.º, n.º 1	49.º, n.º 1	-
2	2	
78.º	-	-
79.º, n.º 1	50.º	41.º
2		
3		
80.º, n.º 1	51.º	40.º
2		

Aditamento de Actualização

CORRESPONDÊNCIA ENTRE A LRÁDIO 1988 E A LRÁDIO 2001

LRádio 1988	LRádio 2001
1.º, n.º 1	1.º
2	2.º, n.º 1 a)
3	14.º, n.º 1
2.º, n.º 1	3.º, n.º 1, 21.º e 46.º, n.º 1
2	46.º, n.º 2 e 45.º, n.º 1 e 2
3	-
2.º-A, n.º 1, a)	4.º, n.º 1 a)
b)	b)
c)	c)
n.º 2	2
3	2.º, n.º 1 d)
4	e)
5	4.º, n.º 3
6	15.º, n.º 1
7	-
3.º	6.º
4.º, a)	9.º, n.º 1 a)
b)	b) e c)
c)	d)
d)	-
e)	d)
5.º, n.º 1	47.º, n.º 1
2, a)	1 a)
b)	b) e d)
c)	f)
d)	g)
e)	b)
f)	a)
6.º, a)	9.º, n.º 2
b)	
c)	
d)	
7.º	-
8.º, n.º 1	34.º, n.º 1
2	2, 9.º, n.º 1 a) e 47,n.º 1a)
3	35.º, n.º1
4	38.º, n.º 1
9.º, n.º 1, a)	9.º, n.º 1 d), 48.º e)
b)	-
c)	28.º d) e 47.º, n.º 1 g)
2	-
3	-
4	-
10.º, n.º 1	37.º
2	-
11.º, n.º 1	43.º, n.º 2
2, a)	3 a)
b)	b)
c)	b)
d)	-
e)	c)
f)	d)
3	2
12.º, n.º 1	39.º, n.º 1
2	2
12.º-A, n.º 1	40.º, n.º 1
2	2
3, a)	-
b)	-
c)	-
12.º-B, n.º 1	41.º, n.º 1
2	2.º, n.º 1 f)
3	41.º, n.º 2
13.º, n.º 1	44.º, n.º 1
2	4
3	2
4	5
14.º, , a)	-
b)	-
c)	-
15.º, n.º 1	48.º a)
2	-
16.º, n.º 1	52.º, n.º 1
2	2
3, a)	3 a)
b)	b)
c)	c)
4	4
5	5
6	6
17.º	54.º, n.º 1
18.º, n.º 1	53.º, n.º 1
2	56.º
3	-

LRádio 1988	LRádio 2001
19.º, n.º 1	54.º, n.º 2
2	2
3	3
20.º, n.º 1	55.º
2	-
21.º, n.º 1	-
2	-
22.º, n.º 1	58.º, n.º 1
2	3
3	2
4	5
23.º, n.º 1	59.º, n.º 1
2	58.º, n.º 4
3	4
24.º, n.º 1	60.º, n.º 1
2	3
3	4 e 5
25.º, n.º 1	61.º, n.º 1 e 62.º, n.º 1
2	-
3	61.º, n.º 3
26.º, n.º 1	62.º, n.º 1 e 4
2	
3	62.º, n.º 5
27.º, n.º 1	57.º, n.º 1
2	-
3	4
4	3
5	5
28.º, n.º 1	15.º, n.º 1
2	16.º, n.º 4
3	
29.º, n.º 1	
2	63.º, n.º 2
3	64.º, n.º 1
30.º, n.º 1, a)	64.º, n.º 2
b)	3
2	3
3	2
31.º, n.º 1, a)	65.º, n.º 1
b)	1
c)	1
2	64.º, n.º 4
3	65.º, n.º 2
32.º	-
33.º	-
34.º	-
35.º, a)	66.º a)
b)	b)
36.º, n.º 1	-
2	-
3	-
37.º, n.º 1	68.º
2	-
38.º, n.º 1	-
2	-
39.º, n.º 1, a)	68.º
b)	
2	
3	
40.º, n.º 1	74.º, n.º 1
2	3
41.º	73.º
42.º	-
43.º, n.º 1	61.º, n.º 5 e 75.º, n.º 1
2	75.º, n.º 2
44.º	-
45.º, n.º 1	61.º, n.º 6
2	6
46.º	46.º, n.º 1
47.º	76.º
48.º, n.º 1	72.º, n.º 2
2	1
49.º, n.º 1	77.º, n.º 1
2	2
50.º	79.º
51.º	80.º

Direito da Comunicação Social

CORRESPONDÊNCIA ENTRE A LEI DA TV N.º 31-A/98 E A LEI DA TV N.º 32/2003

LTV 1998	LTV 2003
1.º, n.º 1	1.º
2	2.º, n.º 1, a)
3	2.º, n.º 2
2.º, n.º 1	3.º, n.º 1
2	2
3.º, n.º 1	14.º
2	4.º, n.º 1
3	2
4	3
5	4
6	-
4.º, n.º 1	5.º, n.º 1
2	2
5.º	6.º
6.º, n.º 1	8.º, n.º 1
2	3
3	4
4	-
5	8.º, n.º 6
7.º, n.º 1	9.º, n.º 1
2	2
3	3
4	4
5	5
6	2.º, n.º 1, d)
7	9.º, n.º 6
8.º, n.º 1	10.º, n.º 1
2	2
9.º	11.º
10.º, n.º 1	8.º, n.º 3
2	48.º, n.º 4, e 50.º, n.º 1
11.º, n.º 1	13.º, n.º 1
2	1 e 2
3	3
4	4
12.º, n.º 1	15.º, n.º 1
2	2
3	3
4	4
13.º	16.º
14.º, n.º 1	17.º
2	17.º
15.º, n.º 1	18.º, n.º 1
2	-
3	18.º, n.º 2
4	3
5	4
16.º, n.º 1	19.º, n.º 1 e 2
2	4
3	-
17.º	20.º
18.º, n.º 1	21.º, n.º 1
2	2
19.º, n.º 1	22.º, n.º 1
2, a)	22.º, n.º 2, b)
b)	c)
c)	d)
d)	e)
e)	f)
20.º, n.º 1	23.º, n.º 1
2	2
21.º, n.º 1	24.º, n.º 1
2	2
3	2 e 6
4	3
5	5
22.º	25.º
23.º, n.º 1	26.º, n.º 1
2	2
24.º	27.º
25.º, n.º 1	28.º, n.º 1
2	2
3	3
4	4
5	5
6	6
7	7
8	8
26.º, n.º 1	29.º, n.º 1
2	2
3	3
27.º, n.º 1	31.º, n.º 1
2	2

LTV 1998	LTV 2003
28.º, n.º 1	32.º, n.º 1
2	2
3	3
4	4
29.º	33.º
30.º	34.º
31.º, n.º 1	35.º, n.º 1
2	2
32.º, n.º 1	36.º, n.º 1
2	2
3	3
4	4
5	5
33.º, n.º 1	37.º, n.º 1
2	2
3	3
34.º	38.º
35.º	39.º, n.º 1
36.º, n.º 1	40.º, n.º 1
2	2
3	3
4	4
5	5
37.º, n.º 1	41.º, n.º 1
2	2
3	3
38.º	42.º
39.º, n.º 1	43.º
2	
40.º	44.º
41.º	45.º
42.º, n.º 1	48.º, n.º 2
2	5
3	6
43.º, n.º 1	48.º, n.º 1
2	1
3	-
4	-
5	
44.º, pr.	47.º, n.º 1
a)	2, b)
b)	d)
c)	g) e n.º 3, a)
d)	a) e 48.º, n.º 3, b)
e)	c)
f)	f)
g)	g) e 48.º, n.º 2, b)
45.º, a)	47.º, n.º 2, h)
b)	h)
c)	51.º, n.º 1
d)	47.º, n.º 2, i)
e)	f)
f)	j)
46.º, a)	48.º, n.º 3, a)
b)	
c)	
47.º, n.º 1	52.º, n.º 1
2	52.º, n.º 3
3	
48.º, n.º 1	-
2	-
49.º, n.º 1	53.º, n.º 1
2	2
3	3
4	4
5	5
6	6
50.º, n.º 1	54.º, n.º 1
2	2
51.º, n.º 1	55.º, n.º 1
2	2
3	3
4	4
52.º	57.º
53.º, n.º 1	59.º, n.º 1
2	2
3	3
4	4
54.º, n.º 1	60.º, n.º 1
2	2
3	3

Aditamento de Actualização

CORRESPONDÊNCIA ENTRE A LEI DA TV N.º 31-A/98 E A LEI DA TV N.º 32/2003

LTV 1998	LTV 2003
55.º, n.º 1	61.º, n.º 1
2	2
3	3
4	4
5	5
56.º, n.º 1	62.º, n.º 1
2	2
3	3
4	4
5	5
6	6
57.º, n.º 1	63.º, n.º 1
2	2
3	3
4	4
5	5
58.º, n.º 1	58.º, n.º 1
2	2
3	3
4	4
5	5
59.º, n.º 1	64.º, n.º 1
2	2
60.º, n.º 1	65.º, n.º 1
2	3
3	4
4	5
61.º, n.º 1	66.º, n.º 1
2	2
62.º	67.º
63.º, n.º 1	68.º, n.º 1
2	2
3	3
64.º, n.º 1, a)	69.º, n.º 1
b)	70.º, n.º 1
c)	71.º, n.º 1
2	72.º
3	69.º, n.º 2, 70.º, n.º 2, e 71.º, n.º 2
65.º, n.º 1	77.º, n.º 1
2	-
3	73.º
4	-
5	-
66.º, n.º 1	78.º, n.º 1, e 89.º, n.º 3
2	89.º, n.º 4
3	89.º, n.º 5
4	78.º, n.º 3, 89.º, n.º 6
67.º	81.º
68.º, n.º 1	82.º, n.º 1
2	2
3	3
69.º, n.º 1	84.º, n.º 1
2	2
70.º	85.º
71.º, n.º 1	86.º, n.º 1
2	2
3	3
72.º, n.º 1	12.º, n.º 1
2	2
3	3
73.º	87.º
74.º	88.º
75.º, n.º 1	92.º
2	-